문체론 용어사전

김희영 · 고광식 · 김계영 · 김용석 · 김중현 · 류은영
문재은 · 박우수 · 박치완 · 원종익 · 이종오 · 임경순 지음

HU:iNE

문체론 용어사전

초판 인쇄 2014년 6월 20일
초판 발행 2014년 6월 30일

지 은 이 김희영, 고광식, 김계영, 김용석, 김중현, 류은영, 문재은, 박우수, 박치완, 원종익, 이종오, 임경순

발 행 인 김 인 철
발 행 처 한국외국어대학교 출판부
130-791 서울시 동대문구 이문로 107
전화 02)2173-2495~7
팩스 02)2173-3363
홈페이지 http://press.hufs.ac.kr
전자우편 press@hufs.ac.kr
출판등록 제6-6호(1969. 4. 30)
디자인·편집 (주)이환디앤비 02)2254-4301
인쇄·제본 현문자현 031)902-1424

ISBN 978-89-7464-923-4 91800 정가 45,000원

HU:iNE 은 한국외국어대학교출판부의 어학도서, 사회과학도서, 지역학 도서 Sub Brand이다. 한국외대의 영문명인 HUFS, 현명한 국제전문가 양성(International+Intelligent)의 의미를 담고 있으며, 휴인(携引)의 뜻인 '이끌다, 끌고 나가다'라는 의미처럼 출판계를 이끄는 리더로서, 혁신의 이미지를 담고 있다.

본 사전은 한국연구재단의 지원을 받아 발간되었음
(지원번호KRF-2009-322-A00105).

머리말

아리스토텔레스의 시학 또는 수사학의 전통을 잇는 문체론은 사유의 기반이 되는 언어 형식이나 서술기법 다시 말해 '쓰는 기술'을 연구하는 학문으로, 플로베르에 따르면 "모든 언어, 모든 문학 형식의 근간은 문체"라고 표현된다. 이 말은 곧 언어를 바탕으로 하는 시학이나 수사학, 언어학, 서사학, 철학, 나아가 문학비평이나 문화비평 등은 모두 문체론의 범주에 속한다는 의미며, 따라서 이런 다양한 분야에서 자주 담론화되는 핵심 용어를 새롭게 조망하고 한데 모아 우리나라 인문학적 연구를 활성화할 수 있는 토대를 마련하고자 이 사전은 편찬되었다.

문체론 분야의 연구를 주도해온 프랑스에서는 1961년에 고대에서 현대에 이르기까지 시학과 수사학 용어를 총망라한 앙리 모리에(H. Morier)의 『시학 · 수사학사전』이 편찬되었으며, 1989년에는 장 마잘레라(J. Mazaleyrat)와 조르주 몰리니에(G. Molinié)의 『문체론용어사전』이, 이와 비슷한 시기인 1990년 미국에서는 케이티 웨일즈(K. Wales)의 『문체론사전』이 출간되었다. 하지만 이로부터 20년이 지난 현재 이런 작업들을 보완한 새로운 사전은 출간되지 않았으며, 특히 우리나라에는 문체론사전이나 수사학사전이 전무한 상황이다. 본 「문체론용어사전』은 기존의 연구와 1990년 이후의 후속 논의를 종합 보완하여 편찬되었다.

기존의 문체론이 시작법을 중시하는 전통을 따랐다면, 현대의 문체론은 보다 넓은 지평에서 시학이나 수사학, 언어학, 서사학, 문학비평 등을 두루 아우르는 광의적인 학문을 지향한다. 이와 같은 문체론의 외연확장은 학제 간 연구나 학문의 융합을 지향하는 오늘날의 인문학적 토양에서는 필연적인 결과라고 할 수 있다. 특히 문자언어의 정체성 자체가 회의적인 디지털시대에 『문체론용어사전』의 출간은 언어에 대한 반성과 인문학적 소통의 기반을 확장한다는 데 무엇보다도 큰 의미가 있다. 탈장르, 탈언어 시대에 인문학의 위기를 극복하기 위해서는 무엇보다도 학문 융합 또는 통섭 과정에서 생기는 오해나 오류를 최소화할 수 있는 공론화된 정확한 용어 사용이 필수적이기 때문이다.

이와 같은 인식 하에 편찬된 본 사전은 지금까지 서구에서 발간된 문체론 사전이나 우리말로 발간된 여타의 문학비평 용어사전과 비교해 다음과 같은 특징을 지닌다.

첫째, 문체론 용어의 시의적 선별 및 정의를 시도했다는 점이다. 이를 위해 우선 철학이나 수사학에서 현대 문화론에 이르기까지 여러 인문학 분야에서 자주 담론화되는 핵심 용어들을 면밀히 검토하여 객관적 기준에 따라 선별작업을 거쳤으며, 이처럼 선별된 각 용어에 대해 문체론적 정의와 용례, 인접 분야별 사전적 의미를 종합적으로 분석 제시했다. 단선적인 설명의 차원을 넘어 용어의 통시적이고 공시적 측면을 수용하는 동시에 문체론 고유의 영역을 설정하고자 했다.

둘째, 문체론 용어의 학제적 성격을 고려하여 다양한 분야의 전문가들로 구성된 집필진이 연구에 참여했다는 점이다. 문체론은 시학과 언어학으로 대변되는 인접 학문에 비해 상대적으로 늦은 20세기 초에 본격적으로 정립된 학문이다. 이런 이유로 문체론은 여러 학문 분야와 상호 연계적으로 발전했으며, 용어 자체부터 학제적이고 종합적인 성격을 띤다. 보다 효율적인 성과 도출을 위해 문체론 전공자를 중심으로 하여 시학과 수사학, 언어학, 서사학, 소설, 문학비평, 더 나아가 프랑스 문학뿐만 아니라 국문학과 영문학, 철학 전공자들이 참여했으며, 그 만큼 이 사전은 학제간 연구의 통합적 성격에 부응하는 특징을 지닌다고 할 수 있다.

셋째, 21세기 디지털 정보과학이 인문학 나아가 정치, 경제, 사회, 문화 전반에 걸쳐 촉발한 갖가지 현상을 설명할 수 있는 최신 문체론 용어를 수록하고자 했다. 가속적으로 변화하는 디지털 문화 영역은 과학 분야뿐만 아니라 인문학과 예술 분야에 있어서도 창조자(작가)와 질료(언어) 그리고 시공간 사이의 관계를 근본적으로 변화시켰으며, 특히 기존의 언어체계를 근본적으로 해체하기에 이르렀다. 하지만 이러한 시대적 흐름에 대한 학문적 성찰은 단편적으로 이루어지고 있을 뿐 아직까지 체계적인 연구는 미비한 상태다. 따라서 본 사전은 이런 언어 현상의 변화를 반영하여 보다 실용적이고 시의성 있는 내용을 담고자 노력하였다.

본 사전은 이런 객관성과 전문성, 그리고 시의성과 효용성과 균형성을 총체적으로 확보하기 위해, 우선 문체론 용어사전 분야의 고전이라 할 수 있는 『시학 · 수사학 사전』(모리에, 1961)과 『문체론 용어사전』(마잘레라 & 몰리니에, 1989), 『문체론 사전』(웨일즈, 1990)을 1차 문헌으로 삼아 기본적인 용어 선정 및 집필 방향을 설정했다. 그리고 1990년 이후 여러 분야에서 논의된 문체론 관련 담론과 저술들을 2차 문헌으로 삼아 다양한 현대적 논의들을 통합하는 작업을 수행했다. 그리하여 300개 이상의 표제어 항목을 선별하고, 분야나 성격에 따라 필요한 경우 외부 전문연구진에 집필을 의뢰하여 사전의 전문성을 확보하고자 했다. 뿐만 아니라 월별 집필 원고를 대상으로 본 사전의 편찬을 주관한 전임연구진이 모두 참여하는 월례공동독회를 통해 전체 용어의 통일 및 내용을 지속적으로 수정 보완하는 노력을 거쳐 작업을 마무리했다. 이와 같은 노력에도, 시대에 따라 변화하고 증가하는 새로운 개념과 용어를 시시각각으로 따라가는 것은 사실상 불가능할 뿐만 아니라 분야별로 이론(異論)도 많아 정확성 및 객관성, 균형성을 확보하기가 쉽지 않았다. 또한 용어에 따라 우리말로 옮기기 어려운 경우도 있었으며, 국내에서 분야별로 달리 사용되는 용어들을 통일하는 작업 역시 쉽지 않았다. 따라서 때로는 원어 그대로 사용하거나 한국어 용어를 병기하기도 하였다. 각 표제어는 기본적으로 한국어와 함께 영어, 프랑스어, 독일어 표기를 제시하여 독자의 이해를 돕도록 하였다.

본 『문체론용어사전』의 출간은 한국연구재단 기초연구지원인문사회토대연구사업의 재정적 지원으로 가능했으며, 이 프로젝트를 수행한 고광식, 김계영, 김용석, 김중현, 류은영, 문재은, 박우수, 박치완, 원종익, 이종오, 임경순 교수의 값진 노고의 결실이다. 이 사전을 출간하기까지 지원해준 한국연구재단에 깊은 감사를 표하며, 전문 분야의 용어를 기꺼이 집필

해주신 외부 전문가들, 3년 이상의 긴 연구기간 내내 크고 작은 노력을 보탠 연구보조원들, 독일어 번역 감수를 맡아주신 안인희 선생님, 그리고 연구 공간을 마련해주고 출판을 담당해준 한국외국어대학교에도 고마운 말씀을 전한다.

아무쪼록 이 사전이 많은 학문적 울림을 자아내어 우리나라 인문학 발전에 긍정적으로 또 활력적으로 기여할 수 있기를 기대해본다.

필자들을 대신하여, 연구책임자 김희영
2014년 6월

일러두기

■ 본 사전의 표제어는 한글자모순으로 배열했으며, 프랑스어-영어-독일어 순으로 원어 일람을 덧붙이고, 기본 정의를 ✷1, 2, 3 으로 제시했다.

■ 본문의 내용 중 분야별 또는 내용별로 단락의 구분이 필요한 경우 A, B, C 로 제시했다.

■ 인용은 겹따옴표(“ ”), 예문이나 강조의 경우는 모두 홑따옴표(‘ ’)를 사용했다.

■ 외국어 및 외래어 표기는 현재 국립국어원에서 제시한 외래어 표기법을 따랐고, 일부 외국어 고유명사의 경우에는 영어 표기를 원칙으로 하고, 부득이한 경우 프랑스어나 기타 외국어로 병기했다.

■ 메타언어 및 고유명사는 필요한 경우 한국어 다음의 괄호 안에 원어를 명기했다.

■ 어원을 밝혀주는 경우 원어는 홑따옴표(‘ ’)로 묶어 표기하고, 가능하면 한글독음을 달았다. 어원이 그리스어인 경우 그리스어로 표기하는 것을 원칙으로 하되 확인이 어려운 경우 영어알파벳을 사용했다.

■ 예문 등에서 음소나 음운, 음절을 강조하기 위해 필요한 경우 밑줄을 사용했다.

■ 본문의 표제어와 내용상 긴밀하게 결부되어 있다고 판단되는 용어는 각 표제어 하단에 참조어로 제시했으며, 마찬가지로 표제어마다 주요 “참고문헌”을 따로 제시했다. 참조사전의 경우는 표제어마다 따로 제시하지 않고 “참고사전”으로 전체 본문 뒤에 묶어 제시했다.

■ 표제어별 “참고문헌”은 한국어, 외국어 문헌 순으로 기술했으며, 전체 “참고사전”은 한국어, 번역, 원어 사전 순으로 기술했다.

■ 본 사전의 표제어는 둘 이상의 용어로 표기된 것도 있고, 경우에 따라 다수의 용어로 표기된 경우도 있으므로, 이러한 표제어를 찾을 때는 “찾아보기”를 활용하도록 했다.

■ 각 표제어마다 집필자의 이름을 따로 표시했다.

저자 약력

연구집필자

〈연구책임자〉
김희영 (파리III대학교 프랑스문학박사)

고광식 (파리VIII대학교 언어학박사)
김계영 (파리IV대학교 프랑스문학박사)
김용석 (한국외국어대학교 프랑스문학박사)
김중현 (낭시II대학교 프랑스문학박사)
류은영 (파리III대학교 프랑스문학박사)
문재은 (한국외국어대학교 프랑스문학박사)
박우수 (서울대학교 영문학박사)
박치완 (부르고뉴대학교 철학박사)
원종익 (스트라스부르대학교 프랑스문학박사)
이종오 (프로방스대학교 언어학박사)
임경순 (서울대학교 국어교육학박사)

■ 독일어감수
번역가 안인희

ㄱ

가치

F: valeur *E:* value *D:* Wert

✵ 1. 어떤 평가의 결과
2. 쓸모와 유용성, 참뜻과 의의, 진가와 중요성, 값어치 혹은 값, 가격에 준한 평가
3. 작품에 대한 다양한 층위에서의 평가

A

'강하다'라는 뜻의 라틴어 '발레레(valere)'에서 파생된 '발로르(valor)'를 어원으로 하며, 11세기부터 '이점' 혹은 '성질'을 가리키는 말로 사용하였다. 그 후 일반적으로 '중요성'이란 의미로 사용하다가 철학, 경제, 수학, 통계, 음악 등에서 서로 다른 전문적인 의미로 사용하고 있다.

기본적으로 가치는 어떤 평가에 대한 결과다. 그것은 평가자가 평가할 대상과 규범 사이에서 행하는 비교의 결과에서 나오는 진선미와 같은 변별적인 특징(긍정적, 부정적)이다.

가치는 규범에 부합해야 하기 때문에 주체와 그 주체와 관계 맺는 현실이 가치 규정에 함께 참여한다.

B

문학과 관련해서 '가치'란 용어는 텍스트들이 제기하는 윤리적인 문제

를 검토하는가 아니면 텍스트들이 갖고 있는 형식적인 특징을 검토하는가에 따라 두 가지 다른 의미로 이해될 수 있다.

텍스트가 담고 있는 생각이 윤리적인 기준에 부합하는지를 고려한다면, 문학에서 가치의 문제는 독사(doxa)나 이데올로기와 밀접하다. 여기서 가치는 도덕적 제재, 검열 및 법의 잣대로 표면화된다.

문학적 가치는 엄밀히 말하면 미학을 구분하는 규준에 따라 작품을 평가한 것이다. 가치의 미학적 의미는 궁극적으로 윤리적 의미와 합치됨으로써 생성된다. 그러니 그 정의와 평가는 쉽게 구분할 수 없다. 따라서 가치라는 용어에 대한 이론적인 접근은 논쟁적인 성격을 피할 수가 없다.

C

문학작품은 가치와 평가로 가득 찬 텍스트의 대표적인 유형이다. 가치와 평가는 작품의 소재인 동시에 텍스트의 주제와 수단이며 생산물이다. 가치와 평가는 가장 먼저 작품의 근본 소재가 되는 현실과 모든 사회의 구성요소이며, 작품 외적인 지시 자료다(규범 없는 사회는 존재하지 않기에, 가치 '구별'이 없는 사회는 없다).

그리고 가치와 평가는 작품에 의해 구축된 강력한 서사적 기능성에 따른 내적인 주제의 요소(선/악의 대립, 목적에 따라 수단을 평가하는 고정화된 등장인물 등)다. 또한 가치와 평가는 독자들에 부응하는 작품이 갖고 있는 수단이기도 하다. 왜냐하면 작품은 특정 장르와 문체의 서열에 포함됨으로써 독서 조항들의 창안을 촉진시키고, 독자들로 하여금 긍정적인 가치를 구현하는 인물인 영웅들과 동일시하도록 하기 때문이다(독자의 '믿음'은 가치를 거친다).

마지막으로 가치와 평가는 문학작품의 생산물이기도 하다. 왜냐하면 문학작품은 한 사회의 가치들을 적극적으로 신성화하거나 바꾸려고 하기 때문이다.

가치평가는 정도의 차이는 있어도 작품에서 특수 어휘(형용사, 부사, 양태요소, 경멸적 혹은 호의적인 접미사 등), 전문적인 주제(선인과 악인이 대립하는 이야기, 성공과 실패, 반복되는 이야기), 혹은 특별한 어조(격렬함, 아이러니, 진지함 등)를 통해 이루어진다. 또한 문학작품의 제목, 표지, 목차, 저자 서문, 삽화 등 텍스트를 보충하는 다양한 곁텍스트(파라텍스트)와 기본적인 구분에서도 가치평가를 발견할 수 있다.

텍스트 내 어느 곳에서나(등장인물의 생김새, 대화, 풍경 묘사 등) 이러한 가치평가를 발견할 수 있지만 소설 텍스트의 서두와 결말 부분은 가치평가가 가장 집중적으로 이루어지는 부분이다. 그리고 수사학 전통에 따른 문학 장르의 유형(칭찬과 비난, 아름다운 것이나 추한 것에만 관여하는 제의적epideictic 장르)이나 우화, 문학 연대기, 문제소설 등과 같은 장르 등은 가치평가를 담고 있는 텍스트의 예다.

특히 문학작품에 관여하는 여러 층위의 주체들이 작품 속의 구체적 상황에서 발화를 수행하는 양상에는 언어의 일차적 의미와 함께 다양한 가치들이 포함된다. 추상성, 논리성, 실체성 등을 연상케 하는 의미에 더해지는 가치는 작품의 형상화에 중요한 역할을 한다. 특징적인 언어적 구축물인 문학작품에서 의미와 정서적 가치를 함께 보는 측면이 문체다.

작품의 언어가 인간의 감수성, 인식, 이념 등에 어떻게 관여하는가 하는 점이 문제의 핵심이 된다. 리파테르(M. Riffaterre)는 작품 안에서 실현되는 문체 가치를 문체효과라 지칭하고, 작품이라는 총체 안에서 문체 효과를 설명한다.

D

특정한 문학 작품이 담고 있는 가치는 시대에 따라 평가가 달라질 수 있다. 때문에 가치와 평가는 한계를 지닐 수밖에 없다. 모든 작가에게 현실세계는 가장 먼저 규범들이 상호 교류하는 지점이다.

필립 아몽(P. Hamon)은 다음 네 가지의 규범 시스템이 현실세계의 의미를 불러일으킨다고 설명한다.

① 언어(평가받을 가능성이 있는 규칙 체계) ② 기법(등장인물이 어떤 수법을 사용할 때마다 그의 행동이 공을 들였는지 아닌지, 결과적으로 행운인지 불행인지 평가받는다) ③ 도덕(등장인물이 다른 사람과 관계를 맺을 때마다 그의 행동이 적절한지 아닌지, 합법적인지 아닌지 평가받는다) ④ 미학(인물이 자기 관점에 따라 세계를 접할 때마다 이 접촉이 유쾌한지 불쾌한지를 평가받을 수 있으며, 그 결과 아름다운 대상이 되거나 아니면 추한 대상이 된다).

작품 안에서 이와 같은 가치의 규범 시스템이 계속해서 서로 교차하고 겹쳐지고, 그것을 통해서 한 작품의 문학적 가치에 대한 평가가 성립된다.

문학작품은 자기도 모르게 또 다른 가치를 새로 만들면서 기존 가치를 부정하거나(사드, 로트레아몽, 바타유 등) 가치라는 용어 자체에 대해 문제를 제기하기도 한다(다다와 초현실주의자들).

또한 작품의 아주 주요한 소재가 되는 가치는 작품의 연대를 추정하게 하고 이전의 작품과 차등화 한다. 그런데 아방가르드의 경우처럼 자신들이 내세운 동시대 '교리'에 지나치게 종속될 경우, 문학작품은 훗날 가독성을 상실할 위험도 있다.

[외부집필-김인경]

규범, 담화(담론), 독자, 문체, 발화(작용)/발화문,
아이러니, 인물/인물구성, 작품, 장르, 주체, 텍스트

참고문헌

· 그레마스, 「서술 기호학의 한 가지 문제: 가치의 대상들」, 『의미에 관하여: 기호학적 시론』, 김성도 역, 인간사랑, 1997.
· 피에르 부르디외, 『구별짓기: 문화와 취향의 사회학』, 새물결, 2005.
· Claude Lafarge, *La Valeur littéraire*, Fayard, 1983.
· Dominique Rabaté (sous la direction de), *L'Art et la question de la valeur*, *Modernités* no. 25, 2007.
· Philippe Hamon, *Texte et idéologie*, PUF, 1983.

개인어

F: idiolecte *E:* idiolect *D:* Idiolekt

✻ 특정 개인의 언어적 습관의 총체

A

개인어는 다른 사람과 다르게 사용하는 개인의 언어 습관을 말한다. 이는 말뿐만 아니라 글에도 적용된다. 개인어는 언어 습관의 고유성을 한 개인에 국한한다는 점에서, 집단이 가지는 고유의 언어 습관과 묶계를 의미하는 (지리적, 사회적) 방언과 구분된다.

B

개인어의 사용이 특정 개인을 다른 사람과 구분하게 만드는 성문(聲紋)적 성격을 갖기에, 개인어는 문학작품에서 특정 인물의 성격을 구현하는 유용한 방식으로 활용되어 왔다.

예컨대 보마르셰(P.-A.C. de Beaumarchais)의 『피가로의 결혼』 제1막 2장의 피가로의 독백에는 비유, 완곡어법, 반어법 등이 사용된다. 이는 피가로의 재치와 기지를 짐작하게 하고, '그러나'로 시작되는 문장들은 주인의 욕망을 거부하는 피가로의 단호함을 드러낸다.

제인 오스틴(J. Austin)의 소설에 나오는 인물들 역시 개인어적 특성이 매우 강하다. 이러한 특성은 독자가 작중인물들의 독립적 성격을 인식하는 데 도움이 된다.

작가의 담론 또한 방언과 마찬가지로 개인어를 포함할 수 있다. 이 경우 작가의 개인어는 고유한 문체론적 특색을 구성하며, 특정 작가의 텍스트를 다른 작가의 텍스트와 구분하게 만드는 근거가 된다.

C

개인어의 개념에 대해 비판적인 시각도 있다. 특히 로만 야콥슨(R. Jakobson)은 한 개인에 의해서만 사용되는 언어는 불가능하다고 주장한다. 그는 모든 언어는 '사회적'이며, '언어 영역에서 개인적 특성은 존재하지 않기'에, 개인어의 개념은 허상이라고 말한다.

[외부집필-한용택]

담화(담론), 문체론(문체학), 반어(법), 방언/방언학/방언주의, 완곡어법, 인물/인물구성, 작가(저자), 작품, 텍스트

참고문헌

· 한영목, 「이문구 소설에 나타나는 조사 연구」, 『한국언어문학』 67집, 2008년.

· Charles Bally, *Traité de stylistique française*, Georg et Cie. 1909.

· Franck Neveu, "Singularités linguistiques du discours - L'idiolecte: fiction ou réalité?", Franck Neveu (Ed.), *Styles, langue, histoire, littérature*, SEDES, 2001.

· François Rastier, *Arts et sciences du langage*, PUF, 2001.

· Roland Barthes, "Le Style et son image", *Le Bruissement de la langue*, Seuil, 1969/1984

· __________, "Étude des problèmes relatifs à la constitution d'un lexique d'auteur (idiolecte) - Travail collectif sur la biographie - La voix", *Oeuvres complètes*, t. 3, E. Marty, 1994.

· Roman Jakobson, *Essais de linguistique générale 1*, trad. N. Ruwet, *Les Fondations du langage*, Minuit, 1963.

거시문맥(거시맥락)

F: macrocontexte *E:* macrocontext *D:* Makrokontext

✻ 문체 장치의 외부에 존재하는 문학 메시지로써 비언어적 환경인 문맥과 유사한 개념

Ⓐ

리파테르(M. Riffaterre)의 용어로 문체자질을 제공하는 모든 언어적(반복, 은유, 도치 등), 언어외적(억양, 몸짓 등) 표현 수단인 문체 장치에 선행하는 문맥을 말한다. 거시문맥은 설명이 불가능한 작가의 나쁜 언어적 버릇이나 습관과 같이 문체 장치의 외부에 존재하는 문학 메시지의 일부분이다(차용어, 고어, 신조어 등).

이러한 의미에서 거시문맥은 흔히 말하는 비언어적 환경인 문맥 즉 '컨텍스트(context)'에 가까운 개념이고, 미시문맥은 언어적 환경인 문맥 즉 '코텍스트(cotext)'라 할 수 있다.

문체 분석에서 거시문맥은 문체 장치와 일치하지 않는, 다시 말해 작가의 심리적 상태에 따라 독자의 반응이 다양하게 나타나는 불확정적인 영역이기 때문에 일반적으로 의미의 폭을 늘리거나, 확장하는 증폭기와 같은 역할을 한다.

거시문맥은 문체 사실보다 앞서 일어나며, 문체 사실과는 무관한 문학적 메시지다. 또한 상호 텍스트성 측면에서 이전의 다른 텍스트들과 관련되며, 해당 주제에 대한 사회공동체의 이데올로기나 가치관·문화 등과 관련되는 요인이기도 하다.

[이종오]

독자, 문맥, 문체, 미시문맥(미시맥락), 상호텍스트성, 신조어, 차용어

참고문헌

· 이종오, 『문체론』, 살림, 1996.

· Michael Riffaterre, *Essai de stylistique structurale*, Flammarion, 1971.

결말(대단원)

F: dénouement *E:* denouement *D:* Auflösung

✳ 플롯의 마지막 단계로 모든 대립과 갈등이 풀리는 순간을 지칭

A

'매듭 등 얽힌 것을 풀다'는 뜻을 가진 프랑스어 '데누망(dénouement)'은 17세기 프랑스의 희곡비평에서 처음 사용되었다. 그리스어 '리시스(lysis)'에 부합하는 이 말은 희곡에서 모든 대립과 갈등(실패와 성공, 죽음과 사랑, 행복과 고통 등)이 마침내 풀린다는 의미를 지니며, 일반적으로 마지막 막에서 이루어진다.

발단, 전개, 클라이맥스, 하강, 결말로 구성되는 희곡의 플롯에서 끝부분에 해당하는 결론은 "필연적이고, 빠르고, 완결되는 것이어야 하며 원칙적으로 돌발적 사건은 배제된다." 결말에서는, 오이디푸스가 자신의 정체를 알고 난 뒤 자기 눈을 후벼 파고 방랑길에 오르는 것처럼 주인공의 운명에 반전(reversal, 아리스토텔레스는 페리페테이아(peripeteia)라는 용어 사용)이 수반되기도 한다. 희극에서는 데누망이라는 말을 쓰는 반면, 비극에서는 '파국(catastrophe)'이라는 말을 쓴다.

아리스토텔레스는 『시학』(제7장)에서 비극의 가장 중요한 요소는 플롯이며, 시초와 중간과 종말의 구성에서 시초 및 종말의 중요성을 다음과 같이 언급한 바 있다.

시초는 그 자신 필연적으로 다른 것 다음에 오는 것이 아니고, 그것 다음에 다른 것이 존재하거나 생성되는 성질의 것이다. 반대로 종말은 그

자신 필연적으로 또는 대개 다른 것 다음에 존재하고, 그것 다음에는 다른 것은 아무것도 존재하지 않는 성질의 것이다. 중간은 그 자신 다른 것 다음에 존재하고, 또 그것 다음에 다른 것이 존재하는 것이다. 그러므로 플롯을 훌륭하게 구성하려면 아무 데서나 시작하거나 끝내서는 안 되고, 앞에서 말한 원칙을 따르지 않으면 안 된다.

B

현대비평에서 결말이라는 용어는 희곡뿐 아니라 모든 장르의 서사(물)에도 쓰인다. 이렇게 결말이 중요시되는 것은, 그것이 "작품이 지닌 의미를 효과적으로 드러내어 독자에게 선명한 인상을 남기는" 기능을 수행하기 때문이다. 또한 결말은 독자에게 작품의 가치를 깨닫게 하여 그의 세계관에 중대한 변화를 가져다줄 수 있는 결정적인 계기가 되기도 한다.

따라서 작가는 이러한 효과를 극대화하기 위해 "돌발적, 상징적, 암시적, 명시적인 결말 제시" 등 아주 다양한 변화를 구사하며, 경우에 따라서는 "적나라한 풍자와 차가운 아이러니를 동원"하기도 한다. 추리소설에서 흔히 사용되는 '반전'이라는 수사적 장치 또한 그 변화의 일환이다.

C

고전극에서 거의 필수적이던 결말은 현대 작가들에게 회피의 대상이 되기도 한다. 특히 현대소설에서는 아무런 해결 없이 그냥 끝나는 경우가 많다. 죽음, 결혼, 성공처럼 서사의 가능성을 닫아주는 분명한 결말인 '닫힌 결말(closed ending)'에 반하여 흔히 이런 결말들은 '열린 결말'이라고 부른다.

형식주의자 슈클로프스키는 '텅빈 결말(illusory ending)'이라 부르고, 바르트는 '영도의 결말(end of zero degree)'이라 부르는 열린 결말은 사건의 추이보다는 상황의 제시를 통해 주제를 표출하는 소설에서 자주 구사된다. 그 저변에는 "우리의 삶이나 세상일에 필연적이고 결정적인 결론이 드물다는 작가들의 냉정한 인식"이 깔려 있다. 그러나 관습적인 방식을 벗어난 이러한 결말도 실상은 아주 교묘한 방식의 끝맺음이며, 결말에 대한 새로운 방식의 개발이라고 할 수 있다.

[김중현]

서사, 아이러니, 클라이맥스(절정), 풍자, 플롯

참고문헌

· 롤랑 부르뇌프, 레알 월레, 『현대소설론』, 김화영 역, 현대문학, 2006.
· 베른하르트 아스무트, 『드라마 분석론』, 송전 역, 한남대학교출판부, 1986.
· 아리스토텔레스, 『시학』, 천병희 역, 문예출판사, 1988.
· 알랭 쿠프리, 『연극의 이해』, 장혜영 역, 동문선, 2000.
· 오탁번, 이남호, 『서사문학의 이해』, 고려대학교출판부, 2006.

결속구조/결속성

F: cohésion/cohérence *E:* cohesion/coherence
D: Zusammenhalt/Kohärenz

✻ **텍스트 구성에 중심이 되는 구체적인 언어 형식, 즉 표층구조(형식적·문법적 관계)와 심층구조(의미적·인지적 관계)에 의해서 텍스트에 드러나는 문장·단락 간의 내적 결합관계**

Ⓐ

결속구조는 텍스트 표층구조(구성 성분들)의 형식적·문법적 의존관계를 기저로 하는 통사적인 양상으로 정의되며, 결속성은 텍스트의 심층구조(문장들 간의 인과관계, 지시관계, 시간관계 등의 명제들을 이해하는 언어외적 상황)에서의 의미적·인지적 관계에 대한 개념으로 정의된다. 일부 학자들은 결속구조를 응집성으로, 결속성을 통일성으로 부르기도 한다.

할리데이(M.A.K. Holliday)와 하산(J.R. Hasan)은 이 두 개념을 통합하여 결속구조로 보았으며 이를 의미관계로 간주한다. 그들은 텍스트의 본질적 속성인 일관성을 밝히기 위한 담화의 결속장치(discourse markers)로 생략, 지시, 대치, 접속(conjunction), 어휘적 결속과 같은 어휘 문법적 요소들을 제시하면서 결속구조를 분석한다.

보그란데와 드레슬러(B. de Beaugrande, W. Dressler)는 텍스트가 갖춰야 할 요소들로 7가지 텍스트성(결속구조, 결속성, 의도성, 수용성, 정보성, 상황성, 상호텍스트성)을 제시하면서, 이것들 가운데 가장 중요한 기준이 되는 것은 결속구조와 결속성이라고 말한다. 그들에 의하면 결속구조는 텍스트의 표층구조로써 형식적이거나 문법적인 의존관계에 바탕을 둔 통사적 규칙이며, 결속성은 언어 수용자(청자, 독자)의 세계에 대한 인식이나 경험과 같은 언어외적 상황에 의한 텍스트의 심층적 연결 관계로서, 텍스트에 의미적 일관성이나 통일성을 부여하는 모든 것을 의미한다.

이 두 용어는 뚜렷하게 구분될 수 있는 개념이 아니지만, 대부분의 학자들은 결속성으로 통합하여 사용하고 있다. 특히 인지과학과 관련하여 결속성은 담화의 언어적(특히 의미적) 특질보다는 그 담화를 해석하는 청자의 정보처리 과정 및 결과라고 정의한다. 즉 결속성의 개념은 단순히 텍스트 상에서의 언어적 자질이나 특질도 중요하지만, 청자의 인지적 추론 과정이라는 담화의 해석 과정에 초점이 맞춰져야 한다는 것이다.

B

문장 간의 의미를 견고하게 연결시키는 결속성의 표지로는 ① 지시어, 즉 사람, 사물, 사건을 대명사로 언급할 수 있는 인칭표지와 시간과 장소를 언급하는 명시표지(that, this, then) ② 접속어, 즉 절이나 문장과 선행 또는 후행하는 문장의 연결관계를 결정하는 언어장치로 부가·반의·인과·시간의 접속어(and, futhermore, but, because, after 등) ③ 어휘, 즉 반복, 동의어, 하위어, 환유, 반의어 등이 있다.

이 가운데 특히 접속어의 결속성의 경우, 등위접속사는 설명 담화에, 종속 접속사는 논증 담화에 많이 나타난다. 영어에서 'as', 'before', 'if' 등은 모든 담화에 나타나는 반면, 'until'은 서사 담화에, 'like'는 설명 담화에, 'unless'와 'nor'는 논증 담화에만 나타나는 경향이 있다.

C

결속성은 텍스트 사이의 의미의 연속성에 의해 기술된다. 문학 텍스트가 결속성을 가지려면 의미의 연속성을 드러내기 위해 구조적 패턴을 부과하는 외적 체계가 있어야 한다.

이러한 패턴이 사용되는 문체 기법으로는 회기법(recurrence: 구성요소나 패턴을 단순히 반복 사용하거나, 의미적 내용이 다시 나타나는 의미적 회기), 대구(parallelism), 환언(paraphrase), 대용형(pro-form, 절을 대신(it, that, so), 동사를 대신(do), 전·후방 조응(this, that) 등), 생략 등이 대표적이다.

이러한 기법은 작가/화자의 의지를 강조하는 전략으로 사용된다. 특히 대용형은 텍스트의 명확성을 어느 정도 잃더라도 언어의 경제성을 추구하고, 이미 발화된 언어 정보를 간단한 대용형으로 처리함으로써 선·후행 발화를 통사적으로 연결시켜 줄 뿐만 아니라, 새로이 제시되는 새로운 정보를 효과적으로 부각시키는 기능을 수행한다.

[이종오]

담화(담론), 대구(법)/대칭(법), 상호텍스트성, 생략(법), 조응

■ 참고문헌

· 김용도, 『텍스트 결속이론』, 부산외대출판부, 1996.
· Michael Alexander Kirkwood Holliday, Jamillah R. Hasan, *Cohension in english,* Longman, 1976.
· Rovert A. de Beaugrande, Wolfgang U. Dressler, *Introduction to text linguistics*, Fontana/Collins, 1981.
· Robert Martin, *Pour une logique du sens*, PUF, 1983.

결여

F: manque *E:* lack *D:* Mangel

✳ 1. 라캉의 용어로, 욕망을 불러일으키는 동인
2. 프로프, 그레마스 기호학에서 서사의 실질적 발단이 되는 기능

Ⓐ

라캉(J. Lacan) 정신분석학의 주요 용어로, '욕망을 불러일으키는 동인'을 일컫는다. 라캉에 따르면, 인간은 항상 가지지 못한 것, 결여된 것을 욕망한다. 따라서 욕망은 결여에서 유발되는 것이다.

문학 서사에서도 마찬가지다. 모든 것을 가져 욕망할 것이 없는 행복하기만 한 소설 주인공은 존재하지 않는다. 결여를 모르는 행복한 주인공에게는 사건이 일어나지 않기 때문이다. 사건은 결여를 충족시키고자 하는 욕망에서 비롯된다. 그래서 소설 속 주인공은 항상 무엇인가 결여된 불운한 인물이며, 그는 결여를 충족시키고서야 비로소 자신이 욕망하는 행복한 결말에 이른다.

물론 새드엔딩도 존재하지만, 프로프(V. Propp)나 그레마스(A.J. Greimas)가 설명했듯, 서사의 보편적 유형은 불운한 주인공이 온갖 고난을 극복하

고 행복에 이르는 식의 해피엔딩 패턴이다. 이때 결여는 불운한 주인공에게 욕망을 불러일으키는, 즉 '서사의 실질적 발단이 되는 기능'이라고 할 수 있다.

B

라캉 초기에 결여는 존재 자체의 결여를 의미했다. 하지만 1956년 라캉은 「대상 결여 이론」에서 결여는 대상의 결여임을 밝힌다. 이때 결여의 대상은 유아기에 상실한 어머니의 젖가슴, 또는 거세된, 박탈당한 상상적, 상징적 남근이며, 나아가서는 자신이 가지지 못한 모든 것, 궁극적으로는 무의식의 심연에 자리하는 충족 불가능한 원형적 그 무엇이다.

인간의 욕망이 영원히 충족될 수 없는 것은 결국 결여의 대상이 자신도 모르는 혹은 실체를 알 수 없는 충족 불가능한 무의식적 원형이기 때문이다. 인류의 서사가 끊임없이 되풀이되는 것은, 서사란 궁극적으로 영원히 충족될 수 없는 인간의 욕망, 또 그 실체를 알 수 없는 원형적 대상에 대한 희구이기 때문일 것이다.

C

프로프는 100편의 러시아 민담 분석을 통해 서사의 구성요소를 어느 서사 속에서나 항상 일정한 패턴으로 나타나는 항수(불변요소)와 맥락에 따라 다양하게 변형되어 나타나는 변수(가변요소)로 구분한다.

등장인물은 변수이고, 서사를 이끌어가는 일련의 행위로서의 기능은 (불운한 주인공이 온갖 고난을 겪고 행복에 이르는 식의 보편적 패턴을 따르는) 항수로서 31가지 기능으로 환원됨을 밝혀 서사의 구조적인 분석 틀을 제공했다. 프로프는 각각의 기능에 정의와 기호를 부여했는데, 31가지 기능 모델은 다음과 같다.

번호	기능의 정의 및 기호	번호	기능의 정의 및 기호	번호	기능의 정의 및 기호
1	부재[β]	11	출발[↑]	21	추격[Pr]
2	금지[γ]	12	시련지정[D]	22	해방[Rs]
3	위반[δ]	13	시련대응[E]	23	비밀리도착[O]
4	탐색[ε]	14	원조자수용[F]	24	거짓주장[L]
5	정보입수[ξ]	15	장소이동[G]	25	과제지정[M]
6	기만[η]	16	결투[H]	26	성공[N]
7	순응[θ]	17	표지[J]	27	인지[Q]
8	손해[A]/결여[a]	18	승리[I]	28	악한적발[Ex]
9	위임[B]	19	결여해소[K]	29	주인공현시[T]
10	결단[C]	20	귀환[↓]	30	처벌[U]
				31	결혼[W]

프로프는, 31가지 기능들 중 서사에 따라 일부 기능들은 생략되기도 하는데, 특히 '부재(β)'에서 '순응(θ)'에 이르는 일련의 기능이 생략된 채 '손해(A)/결여(a)'로부터 서사가 시작되는 경우가 다수로, 이야기의 실질적인 발단은 손해/결여임을 밝힌다.

D

그레마스는 민담 장르만을 대상으로 했던 프로프의 서사 모델에서 나아가 모든 이야기의 일반 문법을 확립하고자 했다. 그레마스는 프로프의 모델에 대해 기능의 목록이 지나치게 세세하여 일반성을 가지려면 보다 포괄적이어야 한다고 주장했다. 그레마스는 프로프의 31가지 기능을 '위임(B)/결단(C)', '시련지정(D)/시련대응(E)' 등 이항대립적인 기능 쌍을 포함 20가지 기능으로 통합 재구성해 제시한다.

그레마스는 프로프의 기능 모델을 재구성하면서도, 프로프와 마찬가지로 서사의 실질적인 발단은 역시 손해/결여라고 밝혔다. 이는 시대를 막론하고 서사의 발단은 결여이며, 서사의 대단원은 곧 결여의 극복이라는 사실을 말해주는 것이다.

[류은영]

기능, 서사, 원형, 이항대립(론)

참고문헌

· 박인철, 『파리학파의 기호학』, 민음사, 2003.
· 블라디미르 프로프, 『민담 형태론』, 어건주 역, 지식을만드는지식, 2013.
· Jacques Lacan, *Ecrits*, Seuil, 1966.
· __________, *Le Séminaire livre IV*, Seuil, 1994.

공감각

F: synesthésie *E:* synesthesia *D:* Synästhesie

✻ 1. 오감(五感)의 하나에 사용된 하나의 자극이 다른 감각으로부터 하나의 반응을 만들어 내는 하나의 현상
2. 시각, 청각, 후각, 촉각, 미각 등 인간이 지닌 다양한 감각을 뒤섞어 사용함으로써 시적 표현력을 높이는 기법

A

이 용어의 어원은 그리스어의 '수나이스테지에(sunaisthêsie)'이다. '수나이스타네스타이(sunaisthanesthai)'에서 파생한 이 단어는 '함께, 동시에'라는 'sun'과 '감각적으로 느끼다'라는 'aisthanesthai'의 합성동사이다. 따라서 이 용어의 어원적 정의는 '동시에 일어나는 감각적 인식'이다.

이렇게 볼 때 공감각이란 하나의 감각 자극이 다른 감각의 인상을 동시

에 일어나게 하는 현상, 즉 상이한 감각 영역에서 발생되는 다양한 감각들이 상응하고 메아리치는 통합현상을 말한다. 그것에 대한 가장 흔한 예로는 청각적 감각 인식에 의해 시각, 특히 색채 인상이 촉발되는 경우를 들 수 있다. 그리고 이러한 기법을 문학 창작에 활용하면 바로 '공감각적 표현'이 되는 것이다.

넓은 의미에서 공감각은 감각들 사이의 상응관계뿐 아니라 구체적인 예술 영역들 사이의 상호관계를 표현할 수도 있으며, 더 나아가 '감동의 동시성' 또는 '이중적인 감각성'을 나타낼 수도 있다.

공감각은 어휘 항목들의 선택과 병치로 나타나는데, 문학적 효과를 위해 활용될 수 있는 서로 다른 감각들 간의 상호연결을 단순히 지시하기 위해 문학비평에서 사용되고, 일상(따뜻한 색깔, 음악이 향기롭다)이나 광고(fifteen delicious shades)에서도 사용된다.

언어학자들에게 공감각적 현상은 은유의 한 유형으로 인식된다. 특히 이러한 은유에서 의미 전환은 본질적 특성에서 발생하는 것이 아니기 때문에, 결국 공감각적 현상은 사물 자체라기보다는 주관적 감정이 외부로부터 개입해 들어가서 생겨난 '감정적 은유'라고 할 수 있고, 이 감정적 은유는 우리의 감정과 주관성에 의해 암시된 것들의 비유를 근간으로 한다.

B

'비이성적인 표현'의 하나인 공감각적 표현은 말 그대로 시각, 청각, 후각, 촉각, 미각 등 인간의 다양한 감각을 뒤섞어 사용함으로써 시적 표현의 새로운 지평을 열어준 획기적이고 혁명적인 표현 방식이다. 시적 자아가 이성과 관습의 사슬을 끊고 시적 희열에 도취된 '영혼의 상태'를 표현할 수 있는 수단이 된다.

공감각적 표현은 모든 시대의 시에서 발견되지만, 시에 회화의 세계를 도입하여 시적 지평선을 확장한 고답파 시인들, 그리고 상징주의 시인들이 특히 그것을 많이 활용했다. 상징주의 시인들은 감정과 감각의 세계를 열심히 탐구했는데, 시의 대상에, 심지어 언어 그 자체에 유별한 연상의 미(美)가 있다고 생각한다.

예컨대 베를렌(P. Verlaine)은 청각적 이미지에 관심을 기울여 시의 이상적인 상태를 '음악'으로 간주할 정도로 시어의 음성적, 청각적 효과를 창조하는 데 심혈을 기울인다. 심지어 랭보는 모음자에 색깔이 있어서 A는 검은색, E는 흰색, I는 빨간색, O는 푸른색, U는 초록색을 내포한다고 생각한다.

공감감적 표현을 체계화한 시인은 보들레르(C. Baudelaire)라고 할 수 있다. 그가 말하는 '수평적 상응'은 공감각적 표현에 대한 근거를 제공한다. 보들레르는 '상응(correspondences)시론'에서 상응(相應)을 '수직적 상응'과 '수평적 상응'으로 나누어 이야기 한다. '수직적 상응'은 시를 통해 엿볼 수 있는 초월적 세계와 감각적 세계 간의 상응관계를 의미하고, '수평적 상응'은 감각들 간의 교류와 상호유추 관계를 말한다.

'수평적 상응'은 바로 공감각에 해당되며, '수직적 상응'을 이루기 위한 토대가 된다. 다시 말하면 상징주의 시론의 핵심인 이원(二元)세계의 조응(照應)이라는 주제는 바로 감각들의 교감을 다룬 공감각적 표현에서 비롯된다고 할 수 있다.

보들레르 이후 현대 시인들은 공감각적 표현을 시인의 본질적 영역으로 여긴다. 왜냐하면 공감각적 표현은 시인이 추구하는 '상응의 그물'을 인지시켜 줄 뿐 아니라, 이를 통해서 모든 감각들을 점차로 결합시켜 나감으로써 '소리의 상징주의'를 확장시킬 수 있기 때문이다.

한국 시에 나타난 공감각적 표현의 예로는 "해설피 금빛 게으른 울음을 우는 곳"(정지용, 「향수」), "푸른 웃음, 푸른 설움이 어우러진 사이로"(이상화, 「빼앗긴 들에도 봄이 오는가」), "분수처럼 흩어지는 푸른 종소리"(김광균, 「외인촌」), "흔들리는 종소리의 동그라미 속에서"(정한모, 「가을에」) 등을 들 수 있다.

Ⓒ

공감각적 표현을 통한 효과는 다음과 같다. 첫째, 서로를 연상시키는 다른 감각들을 섞음으로써 이해하기 힘든 현실을 이해할 수 있도록 해준다. 둘째, 세상을 더 잘 알기 위해, 그리고 사물들과 그 사물들이 촉발하는 감각의 다양성 이례에 숨겨진 통일성을 발견하기 위해 세상을 다르게 지각하도록 해준다.

[문재은]

상징, 은유

참고문헌

· 김동규, 「프랑스 상징주의 시의 공감각적 표현 연구」, 『불어불문학연구』 55권 1호, 한국불어불문학회, 2003.

· 김중현, 「국어 공감각적 표현의 인지 언어학적 연구」, 『담화와 인지』 8권 2호, 담화인지언어학회, 2001.

· 오규원, 『현대시작법』, 문학과지성사, 1990.

공손이론

F: théorie de la politesse *E:* politeness theory *D:* Höflichkeitstheorie

✱ 1. 화자와 청자 사이의 상호관계를 중심으로 발화를 분석하는 언어행위 이론

2. 경어법, 간접화행, 완곡어법, 가정법, 지소어의 사용과 관계한다.

Ⓐ

공손이란 다른 사람의 입장, 즉 기분과 감정을 고려하는 언어행위를 말

한다. 예를 들어 'Pass the salt'와 'Can you pass the salt?'는 기본적인 명제의미(proposition)에서는 같을 수 있으나, 발화 참여자의 입장이 얼마나 고려되고 있는가 하는 측면에서는 상이하다. 또한 둘 중 한 명제를 선택하는 데에 영향을 줄 수 있는 기본적 요소도 다르게 나타난다. 이렇게 화자와 청자 사이의 상호관계를 중심으로 발화를 분석하는 것이 공손이론이다.

B

공손이론은 사회언어학과 화용론 분야의 주된 관심사다. 레이코프(R. Lakoff)와 리치(G. Leech)를 비롯해 브라운과 레빈슨(Brown & Levinson), 와트(Watts et al.)가 제시한 공손어법에 관한 이론은 그라이스(P. Grice)의 대화 함축을 토대로 하는데, 여기서 나타난 중요한 개념 중 하나가 '체면(face)' 개념이다. 특히 브라운과 레빈슨에 있어서 공손은 상대방의 체면을 보호하는 행위와 관련된다.

체면은 외부에 나타나는 자신의 긍정적 인상 또는 이미지로서 두 가지 측면, 즉 긍정적 체면(positive face, 다른 사람이 자신을 좋아하고 인정하기를 바라는 욕구)과 부정적 체면(negative face, 다른 사람으로부터 방해나 강요받기를 싫어하는 욕구)이 있다. 전자는 '가까이 다가가기' 또는 '친밀'의 욕구, 후자는 '거리두기'의 욕구에 상응한다. 전자를 유지하는 것이 긍정적 체면유지 전략(positive politeness)이며, 후자를 지켜주기 위한 것이 부정적 체면유지 전략(negative politeness)이다.

C

화자는 대화에서 청자의 체면을 늘 고려한다. 이는 역으로 모든 발화는 발화 참여자의 체면을 해칠 수 있는 즉, 체면을 위협할 수 있는 행위들이 있음을 뜻한다. 체면을 위협하는 행위(face threatening act, 이를 줄여서

FTA라 한다)는 긍정적 체면위협행위와 부정적 체면위협행위로 나눌 수 있다.

긍정적 체면위협행위는 청자가 말한 것을 승인하지 않거나, 비난, 무시, 불평하는 경우, 혹은 청자에 대해 부정적인 감정을 표현하는 경우이다. 부정적 체면위협행위는 청자에게 무언가를 하게 만드는 명령, 제안, 위협 등과 같이 청자가 화자로부터 방해받지 않을 권리를 침해당하는 경우다.

청자의 체면을 위협하는 행위의 정도에 따라 화자가 선택하는 언어적 전략은 다음과 같다.

① 완화행위(redressive action) 없는 공개적인 FTA: 화자의 입장을 직접 전달하는 경우로 명령법(들어와 앉아!)을 사용한다. ② 완화 행위를 동반한 FTA(긍정적 공손): 화자가 청자의 긍정적 체면을 지켜주는 경우로 '너'(너 공부해라) 대신 '우리'(우리 공부하자)를 사용한다. ③ 완화행위를 동반한 FTA(부정적 공손): 청자의 영역과 결정권을 유지시키는 경우로 영어에서는 rather(I rather think ~), 한국어에서는 '좀'(물 좀 주세요)을 넣어 사용한다. ④ 간접적인 FTA: 요구(창문을 열어줘) 대신 간접적인 표현, 즉 함축적인 표현(방이 덥네)을 사용함으로써 청자가 배려받고 있다는 사실을 알게 한다. ⑤ FTA를 전혀 행하지 않는다.

리치는 공손원칙(politeness principle)을 내세우는데, 대화 참여자들 사이에서 공손하고 예의바르게 주고받는 말의 태도를 말한다. 리치는 공손원칙을 다음 다섯 가지 격률로 나누어 제시한다.

① 청자에게 부담이 되는 표현은 최소화하고 상대방의 이익을 극대화하라(요령의 격률tact maxim). ② 이견을 최소화하고 합의를 최대화하라(동의의 격률agreement maxim). ③ 화자 자신에게 혜택을 주는 표현은 최소화하고 자신에게 부담을 주는 표현을 최대화하라(관용의 격률generosity maxim). ④ 상대방에 대한 비방은 최소화하고 칭찬을 극대화하라(찬동의 격률approbation maxim). ⑤ 자신에 대한 칭찬은 최소화하고 자신에 대한 비방을 극대화하라(겸양의 격률modesty maxim).

D

공손이론(원칙)은 언어 사용에서 경어법(May I ~, Would you ~, 이인칭 대명사에서 한국어 '너-당신', 프랑스어 'tu-vous', 이탈리아어 'tu-Lei', 독일어 'du-Sie' 등), 간접화행(요청, 명령, 지시, 제안 등과 같은 유형을 직접적인 화행으로 표현하지 않고 의문형의 형식을 빌려 간접적으로 표현하는 것), 완곡어법(Negro → black → African-American, 식모 → 가정부, 죽다 → 돌아가시다, 변소 → 화장실 등과 같이 인종이나 죽음, 신체 부위, 성(性) 등에 관련된 것을 우회적으로 표현하는 것), 가정법(프랑스어에서 조건법으로 '~하고 싶다', '바라다'의 의미를 갖는 동사와 결합하는 경우), 지소어(diminutive) 등과 관계한다.

[이종오]

완곡어법, 지소사

참고문헌

· 김태엽, 『한국어 대우법』, 역락, 2007.
· 이종오, 「수사학의 전통과 의사소통의 규범」, 『소통문화의 지형과 지향』, 대화문화아카데미, 2010
· 황기동, 「공손에 대한 연구 방향」, 『영어영문학 연구』, 제44권 1호, 2000.
· Geoffrey Leech, *The Principles of pragmatics,* Longman, 1983.
· Penelope Brown and Stephan Levinson, *Politeness: Some universals of language usage*, Cambridge University Press, 1987.
· Richard Watts, *Politeness,* Cambridge University Press, 2003.
· Robin Lakoff, "The Logic of politeness; or minding your p's and q's.", *Papers from the 9th Regional Meeting*, Chicago Linguistics Society, 1973.

공지시

F: coréférence *E:* coreference *D:* Koreferenz

✻ 두 개 이상의 언어 표현이 똑같은 대상을 가리키는 관계

Ⓐ

공지시는 다양한 표현들이 똑같은 대상을 가리킬 때 발생한다. 예를 들어 '철수는 자신이 나를 도울 것이라고 말했다'라는 문장에서 '철수'와 '자신'은 같은 사람을 지시한다. 이때 이 표현들은 공지시적이다. 유사하게 '철수가 어제 낚시터에 갔다. 그가 붕어를 잡았다'라는 문장에서 '철수'와 '그'는 대체로 같은 대상을 가리킨다. 공지시는 대명사, 재귀대명사 외에도 동격명사(예문: '신문기자인 철수는...')에서 전형적으로 드러난다.

대명사적 공지시는 불필요한 반복 없이 문장 간 연결을 매끄럽게 하기 위해 흔히 사용된다. 예를 들어 '나는 '세상에서 가장 아름다운 여성'을 지난해 스키장에서 만났다. '그녀'는 이탈리아 출신이었다'라는 연속된 문장에서 '세상에서 가장 아름다운 여성'이라는 의미상 특정적이고 긴 명사구를 '그녀'라는 대명사로 다시 받고 있다. 이런 대명사를 통해 앞의 특정적인 명사구와 '같은 지시대상을 가리킴'(공지시)으로써, 문장 간의 결속성을 유지하면서 동시에 전체 문장을 문체적으로 가볍게 해준다.

정관사도 문장 사이의 의미적 결속을 유지하기 위해 흔히 사용된다. 예를 들어, '옛날에 '어떤 공주'가 있었다. '그 공주'는 아름다웠다(Once upon a time there was 'a princess'. 'The princess' was beautiful)'라는 문장에서 정관사 'The'는 앞의 명사구 'a princess'와 같은 지시대상을 가리킴으로써, 다시 말해 하나의 지시대상을 두 개의 표현이 동시에 공지시함으로써 두 문장 사이의 응집성을 유지시킨다.

위의 예문들처럼 이미 앞에 언급된 원래 표현이 뒤에 따라오는 대명사,

재귀대명사, 정관사와 공지시 관계를 맺을 때, 이를 전방 조응의 관계라고 부른다. 반대로 원래 표현이 조응어 뒤에 따라와 공지시 관계를 맺을 때는 후방 조응의 관계(한국어에서는 그 예가 많지 않지만, 영어 표현 'If 'he' comes, 'Pierre' will be happy'에서 'he'의 지시대상은 뒤에 따라오는 'Pierre'에 의해 그 정체가 밝혀진다)라고 부른다. 전방 조응이 후방 조응보다 훨씬 더 일반적이며 주로 삼인칭 대명사와 정관사를 동반한 명사구에 의해 표현된다.

컴퓨터 언어학에서도 공지시 문제는 중요 연구대상이다. 텍스트의 올바른 해석을 끌어내고, 언급된 많은 주제들의 상대적 중요성을 평가하고, 또 대명사와 다른 지시 표현들을 올바르게 연결시켜야 하기 때문이다.

B

조응어(혹은 대용어)가 반드시 공지시 관계를 나타낸다고 보기는 어렵다. 단순히 다양한 언어 표현이 동일한 대상을 가리키는 관계가 바로 공지시라고 정의하는 것은 어폐가 있기 때문이다.

① 철수가 '날씨가 좋다고 나에게 말했다'. 순희도 '그랬다'.
② '네 자동차'가 예쁘다. 그런데 '그' 좌석들이 불편하다.
③ '자신의 수표책'을 자신의 와이프에게 준 사람은 '그것'을 자신의 정부에게 준 사람보다 더 현명했다.

예문 ①의 조응어 '그랬다'는 앞 문장의 일부분 '날씨가 좋다고 나에게 말했다'를 대용(代用)하고, ②의 조응어 '그'는 '네 자동차'를 대용한다. ③의 조응어 '그것'과 원래 표현 '자신의 수표책'은 완전히 다른 대상을 지시한다. 정부(애인)에게 준 '수표책'이 와이프에게 준 바로 그 수표책이 아니기 때문이다. 그러므로 문학언어에서는 공지시를 좀 더 느슨하게 해석할 필요가 있다. 그러면 공지시는 텍스트 내에서 구조적, 의미적 연속성을 제공하는 수단으로 기능할 수 있을 것이다.

결과적으로 공지시는 이미 사용된 표현 형식이 텍스트 내에서 경제적으로 변형되거나 재사용될 수 있게 해주는 결속과 같은 일관성 유지 장치들을 포함하기 때문에 문학언어 속에서 문체적으로 드러나는 생략, 대(代)형태에 의한 대체, 형태적 반복을 아우를 수 있다.

[고광식]

조응, 지시(관계)/지시대상, 후방(역행)조응

참고문헌

· 송경숙, 『담화 화용론』, 한국문화사, 2008.
· 스테판 레빈슨, 『화용론』, 이익환 외 역, 한신문화사, 1996.
· 얀 후앙, 『화용론』, 이해윤 역, 한국외국어대학교 출판부, 2009.
· Vincent Ng, Claire Cardie. "Improving machine learning approaches to coreference resolution", *Proc. of the ACL,* 2002.

과장법

F: hyperbole　*E:* hyperbole　*D:* Hyperbel

✻ 어떤 관념이나 사실을 있는 그대로 말하기보다 확대 또는 축소시켜 표현하는 수사법

Ⓐ

그리스어로 '위로 던지는 행위, 추월, 부풀린 말'을 의미하는 'hyperbolê'에서 유래한 과장법은 어떤 관념이나 사실을 있는 그대로 말하기보다 확대 또는 축소시켜 표현하는 수사법이다. 그것은 담화에서뿐만 아니라 문학작품에서 흔히 사용되는 문채 혹은 전의로서 일반적으로 과장(exaggeration, 사실보다 지나치게 부풀려 나타냄) 혹은 과대 진술(overstatement, 말로써 과장되게 나타내는 것), 강조(emphase)하기 위해 사용된다.

언어적 표현이 '과장되다'라는 것은 실제 대상을 더 크게 표현하거나('배가 남산만 하다'), 더 작게 표현하는 것('개미허리 같다')과 같이 두 가지의 경우가 있다. 후자의 경우, 완곡어법(euphemism, 실제 대상이 크지만 작게 말하거나, 작지만 크게 말함으로써 상대방을 배려해 불편하거나 부정적인 어감을 주지 않도록 하기 위한 기법)과 명백히 구분할 필요가 있다.

아리스토텔레스는 과장법은 일종의 은유로 구사되고, 열정을 드러내는 젊은이의 특성이며, 감정이 고양된 경우에 사용된다고 말한다. 르네상스 시대 영국 수사학자 퍼트넘(G. Puttenham)은 과장법을 '잘못된 가장(假裝)' 또는 '왜곡'의 한 형태이며 믿을 수 있는 범위를 넘어서는 '거짓 문채(lying figure)'라고 간주한다. 그렇지만 오늘날 과장은 크기, 정도, 강도 등의 양이나 질적인 것과 관련이 있고, 거짓은 '사실이 아닌 것을 사실같이 꾸밈'이라는 점에서 그 개념이 구분된다.

B

과장법은 강조 대상을 수량적으로 확대하는 방법과 현실적 가능성의 측면에서 그 정도를 확대 또는 축소하는 방법이 있다. 강조 대상을 수량적으로 확대한 경우는 수사어의 사용, 즉 '많다', '크다', '넓다', '멀다' 등을 '만', '천', '백' 등으로 과장하여('몸이 천근만근이다', '백 번 말해봐야 소용없다') 생각이나 사실을 인상 깊게 표현하는 데 효과가 있다. 현실 가능성의 측면에서 그 정도를 더 확대한 과장법의 예는 '입이 찢어지게 웃는다', '눈물의 홍수', '폭풍 같은 한숨', '공기처럼 가벼운 몸', '사회가 다 썩어 빠졌어', '깨알 같은 글씨' 등을 들 수 있다.

C

과장법의 문체적 효과는 다음과 같다. 첫째, 표현하는 내용을 강조해 감정적 고조를 일으킨다('그의 기세는 하늘을 찌른다'). 둘째, 말과 글의 내용을 생생하고 확실하게 보여준다는 형상적 색채를 가지게 한다('증오스러운 왜놈들은 언제쯤 되면 멸망할 것인가? 왜놈들이 멸망하면 죽은 백골까지도 춤을 출 것이다'). 셋째, 함축적인 표현을 가능하게 한다('되는 집안은 가지에 수박이 열린다', '목구멍이 포도청'). 또한 과장법을 사용함으로써 얻을 수 있는 의사소통 효과는 정보 전달의 효율성과 표현의 구체성을 높이고, 유머와 감각적 표현을 드러내는 데 있다.

과장법은 작가가 강렬한 인상(칭찬, 감사, 감탄, 비난, 비꼼 등)을 심어주고 강력한 효과를 얻기 위해 관념이나 실체를 지나치게 확대하거나 축소하는 경우에는 독자들의 이해를 얻지 못한다. 지나친 과장은 의사소통에 방해가 될 뿐 문체적 의의가 없어 오히려 표현적 기능이 사라지게 된다. 과장법은 인상적인 상황과 결부되면서 예상치 못한 문채와 이미지를 통해 구사될 때 표현수법으로서의 가치효과를 극대화할 수 있다.

[이종오]

문채, 완곡어법, 전의(법)

참고문헌

· 김미형, 「한국어의 과장 표현연구」, 『한말연구』, 13호, 2003.
· 박영순, 『한국어 문장의미론』, 박이정, 2001.
· Claudia Claridge, *Hyperbole in english*, Cambridge University Press, 2010.
· George Puttehnam, *The Arte of english poesie,* The Scholar P Lit., 1968.

관사

F: article *E:* article *D:* Artikel

✳ **명사구의 필수성분으로 한정사의 하위 범주를 형성하고, 잠재적 단어를 현동화 해 주는 문법 장치이며, 해당 명사의 한정성과 비한정성을 표시한다.**

A

관사는 주로 명사의 수식어로 작용하는 문법적 어휘 항목의 소집단으로, 잠재적인 단어를 우리의 실제 언어생활에서 사용될 수 있도록 현동화해 주는 문법 장치다. 그리고 관사는 의미상으로 명사의 한정성이나 비한정성을 가리킨다. 가장 중요한 관사는 정관사(영어의 'the', 프랑스어의 'le, la, les')와 부정관사(영어의 'a, an', 불어의 'un, une, des')로, 해당 명사가 이미 알려져 있거나 혹은 처음으로 텍스트에 도입된다는 것을 알려주는 기능을 한다. 그러나 관사는 어휘적 의미가 거의 없기 때문에 몇몇 문맥에서는 공간이나 시간을 절약하기 위해 생략될 수도 있다(신문의 헤드라인, 광고지, 주석 등).

관사는 때때로 한정사라고 부르기도 한다. 그러나 한정사라는 용어는 유사한 방식으로 명사류를 '한정하는' 더 넓은 범위의 계층(영어의 'this, that, these, those', 프랑스어의 'ce, cet, cette, ces' 등도 포함됨)을 가리키며, 순수 관사보다 더 유연하게 사용된다. 관사는 필수성분이지만 고유명사 앞에서는 존재하지 않고, 제로 형태를 띨 수도 있다

B

특히 제로관사는 시와 문학 텍스트 등에서 운율을 맞추거나 공간을 절약하기 위해, 또는 독자의 관심을 끄는 수단으로 사용되며, 해당 단어가 숙어의 일부로 편성될 때도 자주 사용된다. 문학에서 정관사는 이야기의

처음에 등장하여 독자가 이미 알고 있는 사실처럼 독자를 유도하여 스토리에 집중하게 하는 수단으로 사용되기도 한다.

[고광식]

현동화(실현화)

■ 참고문헌

· 박동열, 「프랑스어 정관사, 부정관사에 대한 이해분석」, 『프랑스어문교육』, vol. 22, 2006.
· 최영, 「영어의 관사체계」, 『영어교육연구』, vol. 24, 2005.
· Marc Wilmet, *La Détermination nominale*, PUF, 1986.

관여성(적합성)이론

F: théorie de la pertinence *E:* relevance theory *D:* Relevanztheorie

✵ **발화에서 사용된 문장의 의미 이상의 풍부한 정보를 청자가 어떻게 파악하는가를 설명하는 화용론의 최신 이론**

Ⓐ

스퍼버와 윌슨(D. Sperber, D. Wilson)은 '적합성 원리(principle of relevance)'를 "모든 명시적 자극(예, 발화)은 그 나름대로 최적의 적합성을 갖고 있다고 추정한다"라는 말로 구체화하고 있다.

그러면 적합성(relevance)이란 무엇인가? 적합성이란 두 가지 요소, 즉 '인지적(또는 문맥적) 효과(cognitive/contextual effects)'라는 요소와 '처리 노력(processing effort)'이라는 두 요소 사이에 성립하는 함수라고 정의된다. '인지적(문맥적) 효과'는 새로이 주어지는 자극과 인지 시스템 내에 이미 설정된 가정들의 하위 집합들 간의 상호작용에 의한 결과물이다. '처리 노력'은 처리된 새 정보에 대해 만족스러운 해석을 산출하기 위해 인지 시스템이 지출해야 하는 노력(비용)이다.

결과적으로 적합성은 다음과 같이 표현할 수 있다. ① 다른 조건이 같다면, 하나의 발화문이 문맥적 효과를 많이 산출할수록 그 발화문은 보다 적합성을 띤다. ② 다른 조건이 같다면, 하나의 발화문이 처리 노력을 적게 요구할수록 그 발화문은 좀 더 적합성을 띤다.

적합성의 의미를 예를 들어 설명해 보자. '③ 철수: 오늘 저녁에 우리와 함께 저녁을 먹을래? ④ 영수: 고맙지만 안 되겠어. 나는 이미 먹었어'라는 대화가 친밀한 학교 친구 철수와 영수 사이에 벌어졌다고 가정해 보자.

학교 친구이고 친밀하다는 사실과 둘 사이의 대화가 이루어지고 있는 환경을 두 대화자가 공유하고 있다. 대화자들이 이 환경을 공유하고 있다는 사실은 명백한 것이므로, 이 환경은 대화자들에게 상호 공통적으로 인지된 환경이다. 영수는 ④를 발화함으로써 명시적이고 추론적인 의사소통(ostensive-inferential communication) 행위를 수행했다. 이 의사소통행위는 행위 자체에 의해서 최적의 적합성을 가진다는 추정을 전달한다. 다시 말해 이 행위는 ④의 발화문이 철수에 의해 처리되어질 만큼 충분히 적합한 것이라는 사실과, 이 발화문이 '자신이 저녁을 같이 먹을 수 없다'는 발화의 의미를 전달하기 위해 영수가 산출할 수 있는 가장 적합한 발화문이라는 사실을 동시에 전달한다는 것이다.

B

일반적으로 적합성 연구자들은 의사소통에 대한 코드모형('발화 해석이란 발화에서 사용된 문장의 의미를 청자가 복원하는 것'이라는 발화 해석의 단순한 모형)이 부적절하다고 주장한다. 그 이유는 실제 언어 형태들이 화자의 의미를 완벽하게 표상해준다기보다는 단지 화자의 의미에 대한 단서를 제공해줄 뿐이라고 생각하기 때문이다.

그래서 몇몇 적합성 연구자들은 은유나 환유같은 전의와 연관된 풍부한 문맥 효과에 주의를 기울였다. 적합성 연구자들은 이런 전의들이 그라이스의 대화협력원칙을 위반한다고 보지 않는다. 다시 말해 그들은 은유적이고 문학적인 발화가 특별히 구별되는 해석 층위를 갖고 있다고 생각하지 않는다. 그 대신 은유를 만드는 과정에 추론의 노력이 더 많이 들어갈수록 그것이 더욱 시적이 된다고 간주한다.

적합성 이론을 문학언어에 적용하여 접근한 방식을 그린(K. Green)은 적합성 문체론이라고 명명했으며, 이런 접근방식의 불충분한 점들과 더불어 유용한 점들을 밝혔다.

[고광식]

은유, 환유

참고문헌

· 구자은, 『화용론과 담화』, UUP, 2009.
· 얀 후양, 『화용론』, 이해윤 역, 한국외대출판부, 2009.
· Dan Sperber, Derdre Wilson, *Relevance: Communication and cognition,* Oxford, Blackwell, 1986.
· Keith Green, "Butterflies, wheels and the search for literary relevance", *Language and Literature*, 1997.

교차배열(법)

F: chiasme *E:* chiasmus *D:* Chiasmus

✳ **대구(對句)를 이루는 단어(구)를 a-b b'-a' 순서로 교차 배열하는 수사법**

A

십자 형태의 그리스 알파벳 'X'에서 유래한 그리스어 '키아모스(khiasmos, 십자형 배열)'에서 유래했다. 의미적으로 뜻이 다르고 통사적으로는 동일한 구조의 4개의 단어(구)를 기능(주어, 목적어, 수식어 등)과 속성(명사, 동사, 형용사 등)에 따라 두 그룹으로 나누고, 앞에 오는 두 단어(구)와 뒤에 오는 두 단어(구)의 순서를 바꾸어 a-b, b'-a'처럼 배치하는 수사법이다.

'풍요로운 과거와 현대적인 안락함의 만남'이란 표현을 예로 들면, '과거'와 '현대', '풍요'와 '안락'이라는 단어가 의미상 대조를 이루는 동시에 '형용사 + 명사'의 동일한 통사구조를 가지고 있는데, 첫 구절에서 '풍요'가 '과거'라는 명사를 수식하는 형용사 '풍요로운'으로 사용된 반면, 두 번째 구절에서는 '과거'에 상응하는 '현대'가 명사가 아닌 형용사 '현대적인'으로 사용되고 '풍요'에 상응하는 '안락'이 형용사가 아닌 명사로 사용돼, 의미의 대조와 함께 통사적 배열에서도 순서가 뒤바뀌어 나타난다.

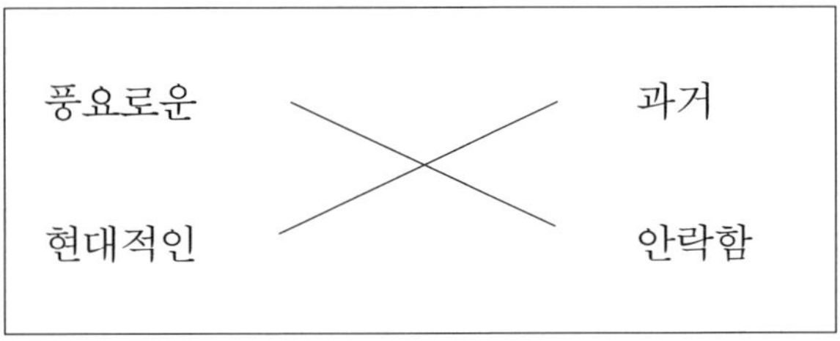

신역사주의의 선전 구호로 널리 알려진 '텍스트의 역사, 그리고 역사의 텍스트성'이란 표현은 학술서 제목에 교차배열(법)을 사용한 대표적인 예라 할 수 있다.

B

교차배열(법)은 대칭에 근거한 수사법의 하나로, 대칭적 특성을 강조하기 위해 등위접속사 ‘그리고’ 또는 ‘그러나’가 흔히 함께 사용된다.

“나는 영희와 함께 놀았다. 그리고 나는 철수와 함께 이야기를 했다”라고 의미적으로 다른 단어를 사용하면서 동일한 통사적 구조를 반복하면 대구(법)이라 보고, “로마가 우리 안에 있고, 우리 안에 로마가 있다”처럼, 앞에서 사용한 단어(구)를 그대로 다시 반복하면서 그 순서만 바꿔 a-b, b-a의 순서로 배열하는 것은 전환(reversal)이라고 한다.

C

교차배열을 사용하면, 말하는 사람의 의도를 강하게 부각하거나 생각을 명확하게 드러낼 수도 있고, 반대로 섬세한 뉘앙스를 부여해 표현을 완화시킬 수도 있다. 또한 뭔가 망설이면서 좀 더 정확한 표현을 찾고 있는 느낌을 주기 때문에 진지해 보일 수도 있다.

즉흥적인 구어체의 특성을 흉내 낼 수 있는 것도 교차배열이 주는 효과의 하나다. 의미적으로는 서로 대립되는 것의 상호전환 가능성을 제시할 수도 있다.

[김계영]

구어체, 대구(법)/대칭(법), 도치(법), 대조(법)

교체

F: alternance *E:* alternation *D:* Alternanz(Alternation)

✳ 1. 끼워넣기, 링킹과 함께, 하나 또는 복수의 서술 층위에서 진술되는 일련의 서사 시퀀스를 결합하는 기본적인 세 양식 가운데 하나

2. 한 시퀀스와 후속하는 다른 시퀀스가 서로 교대되며 결합을 이루는 양식

교체는 '끼워넣기, 링킹과 함께, 하나 또는 복수의 서술 층위에서 진술되는 일련의 서사 시퀀스를 결합하는 기본적인 세 양식 가운데 하나'다. 시퀀스는 문장이나 문단 또는 그 이상의 단위로 진술된 서사적 상황 내지 사건으로서 서사의 구성단위를 이루며 서로 일련의 결합을 통해 서사를 구성한다.

끼워넣기나 링킹도 하나 이상의 서술 층위에서 진술되는 일련의 서사 시퀀스를 결합하고, 또한 한 시퀀스에 다른 시퀀스가 후속하여 서사적 결합을 이룬다는 점에서 교체와 유사하나 구별되어야 한다. 교체는 '한 시퀀스와 후속하는 다른 시퀀스가 서로 교대되며 결합을 이루는 양식'이라는 점에서 끼워넣기나 링킹과 다르다. 짧은 문장 단위로 이뤄진 교체의 예를 하나 살펴보자. '존은 행복하고 메리는 불행했다. 존은 이혼하고 메리는 결혼했다. 존은 불행해지고 메리는 행복해졌다'라는 서사는 '존은 행복했다. 존은 이혼했다. 존은 불행해졌다'라는 시퀀스와 '메리는 불행했다. 메리는 결혼했다. 메리는 행복해졌다'라는 시퀀스가 서로 교대로 결합된 교체 양식으로 이뤄진 서사라고 할 수 있다.

[류은영]

끼워넣기, 링킹(연결), 서사, 서술, 시퀀스

참고문헌

· Gerald Prince, *Narratology: The Form and functioning of narrative,* Mouton, 1982.

· Tzvetan Todorov, "Les Catégories du récit littéraire", *Communication*, n° 8, 1966.

구술성

F: oralité *E:* orality *D:* Oralität

✺ 구술문화와 연관된 요소 또는 속성의 총체

A

문자문화 이전의 (혹은 문자문화 밖의) 구술문화에는 문자나 텍스트가 존재하지 않았다. 따라서 모든 담화의 내용과 형식은 기본적으로 기억의 문제와 결부되어 있었다.

옹(W.J. Ong)에 따르면, 고대 구술문화에서는 "끊임없이 들어 누구나 쉽게 생각해 낼 수 있고 그 자체도 기억하여 쉽게 생각해 낼 수 있는 패턴화한 격언이나, 혹은 그 밖의 기억을 돕는 형식으로 사유해야만 했다. 진지한 사유는 기억의 체계와 뒤얽혀 있었다." 예컨대 '허물은 사람, 용서는 신', '분노에 불타는 아킬레스' 등 다양한 정형구는 하나의 수사이기에 앞서 사유와 표현 나아가 구술체계의 근간을 이루었다.

텍스트 문화에 익숙한 오늘날의 우리에게는 진부해 보이는 정형구가 호머 시대에는 고대인들의 관념 혹은 심상을 표현하는 시적 가치요, 하블로크(E.A. Havelock)의 견해에 따르면 '지적인(noetic)' 미덕이었다.

B

정형구를 비롯한 구술 고유의 양식을 옹의 논의를 바탕으로 명제적으로 정리하면 다음과 같다.

① 음성언어에 기반한다.

② 기억하기 쉬운 정형구를 기반으로 한다.

③ 부가적(additive), 집합적(aggregative)이며 장황한(redundant) 수사

를 구사한다.
④ 전통적이며 일상세계와 밀접하다.
⑤ 상황의존적(situational)이다.
⑥ 항상성(homeostasis)을 유지한다.
⑦ 논쟁적(agonistic)이고 참여적(participatory)이다.
⑧ 내면적이고 공동체적이며 신성하다.

음성언어인 '말'을 통한 구술양식은 무엇보다 기억의 편의성이라는 현실적인 원리에 따라 오랜 세기에 걸쳐 형성된 것이다. '지금-여기'라는 순간적인 말의 시공간성 때문에 구술은 기억하기 용이한 전통적인 정형구를 널리 활용했다. 정형구의 상용은 결과적으로 종속적이기보다 부가적이고, 분석적이기보다 집합적인 수사를 낳았다. 부연하자면, 구술의 수사는 분석추론적인 종속절을 동반하는 복문보다는 정형적인 단문에 단문을 '-와/-과(and)'를 통해 부가하는 집합적인 구문을 구사했다.

따라서 구술의 표현은 대체로 장황한 특성이 있었다. 말과 소리, 제스처 등을 통한 다감각적인 '재연성'과, 전통 관념에 뿌리하면서도 일상의 상황에 따라 현재와 더 이상 상관없는 기억을 버림으로써 항상성을 유지하는 시공간적인 '현장성', 그리고 논쟁과 감정이입 등 상호참여적인 '소통성'을 기본 속성으로 한 양식이었다.

특히, 구술성의 근간은 '말'에 의한 구어로, 구어는 구술성에다 심층적인 의미를 부여한다. 옹은, 구어는 사람들을 결속력 있는 공동체로 만들며, 나아가 "구어가 지닌 내면화하는 힘은, 인간 존재 궁극의 관심인 성스러운 것과 어떤 특수한 방식으로 결부되어 있다. [...] 삼위일체의 신학에서 신성의 제2위 격은 '말씀'인데, 인간의 세계에서 이 말씀에 유사한 것은 쓰인 말이 아니라 말로 한 인간의 말이다"라고 기술하면서, 구술은 내면적이고 공동체적이며, 따라서 신성한 힘을 지닌다고 역설한다.

C

20세기 말 디지털 문화와 더불어 부상한 스토리텔링은 기원적으로 말의 담화양식이다. 사실 서구에서는 이미 스토리텔링이라는 용어가 상용되기 전부터 '구술'에 관한 책들이 상당수 저술되었다. 디지털시대에 잇따른 구술 연구의 활성화는 구술양식이 스토리텔링의 전형이며, 디지털양식의 원형이라는 사실을 현실적으로 보여주는 것이다.

실제로 디지털양식은 구술양식의 현대적 전형이다. 단적인 예로, 디지털 스토리텔링의 전형인 게임은 단지 상대를 컴퓨터 속 가상공간에서 간접대면 한다는 게 다를 뿐 기본적으로 구술처럼 시공간적, 다감각적, 상호작용적 담화라고 할 수 있다. 결국 스토리텔링의 부상은 구술성의 회귀라고 할 수 있다.

현재 구술성은 문화 분야 전반에 걸쳐 문자성과 그 역할을 분담하고 있다. 예컨대 시공간적 연설(구술성)은 연설문(문자성)을 전제로 하며, 다감각적 영화 영상(구술성)은 시나리오(문자성)를, 상호작용적 게임(구술성) 역시 시나리오(문자성)를 전제로 한다.

담화의 양식은 기술의 발전과 더불어 변화하므로, 이제 구술성은 디지털 매체의 출현에 힘입어 21세기 멀티미디어 및 엔터테인먼트산업의 중요한 담화 원리가 되고 있다.

[류은영]

구어, 담화(담론), 스토리텔링, 원형, 정형구, 텍스트, 형식

참고문헌

· 월터 잭슨 옹, 『구술문화와 문자문화』, 이기우 외 역, 문예출판사, 1996.
· Eric Alfred Havelock, *Preface to Plato*, Belknap Press of Harvard University Press, 1963.

· Milman Parry, *The Making of Homeric verse. The collected papers of Milman Parry* (edited by Adam Parry), Oxford University Press, 1987.

구술정형구이론

F: oral formulaic theory(théorie de formule orale)
E: oral formulaic theory
D: oral formulaic Theory(Theorie der oralen Formel)

✻ 일관된 테마 및 문형을 유지하면서도 청중의 반응 등 상황에 대응해 기억하고 있는 정형구를 계열적 패턴에 따라 대체 적용하며 이야기를 만들어 내는 구술양식에 관한 이론

Ⓐ

모든 행위나 말을 오로지 기억 속에 담아 두고 또 기억에 의존해 생각해내야 했던 구술문화는 이후의 필사나 인쇄 기반의 문자문화와 그 체계가 근본적으로 달랐다.

1920년대 말부터 1930년대 초 사이에 밀만 패리(M. Parry)와 그의 제자 알버트 로드(A.B. Lord)는 구비문학에 관한 연구를 통해 구술양식과 문자양식 간에 뚜렷한 차이가 있음을 밝혀 학계의 관심을 끌었다. 그들은 보스니아 지역 현대 구비 서사 시인들의 연행(演行)을 채록해 비교 연구한 『세르보크로아트의 영웅서사시』를 통해 현대의 구비 서사시가 호머를 비롯한 고대의 구비 서사시와 동일한 구술적 조건과 양식에 따라 지어졌음을 역설한다. 구술정형구이론의 초석을 다진 두 연구자에 따르면, 고대 서사시는 정형구를 토대로 지어졌으며, 정형구는 서사시를 청중 앞에서 시의 적절하게 변형해 들려주기 위한 즉흥기법의 기본 구성요소로서 필요불가결한 것이었다.

프란시스 마건(F.P. Magoun), 로버트 크리드(R. Creed), 제스 베싱어(J. Bessinger) 등은 패리와 로드의 견해를 고전 영시에 적용한다. 마건은 고전 영시가 반복적인 어법 및 상투어의 배열 등 구술적 속성을 함축한다고 설명한다. 요컨대 구술시대의 시인들은 일관된 테마 및 문형을 유지하면서도 청중의 반응 등 상황에 대응해 기억하고 있는 정형구를 계열적 패턴에 따라 대체 적용하며 이야기를 만들어 들려주는 기법을 구사했던 것이다.

B

구술문화에는 기록 가능한 텍스트가 존재하지 않았다. 따라서 모든 소통의 형식과 내용이 기억 가능한 방식으로 체계화되지 않으면 안 되었다. 옹(W.J. Ong)은 구술적 사유와 표현의 방식에 관한 하블로크(E.A. Havelock)의 연구를 집약해 다음과 같이 설명한다. "아주 리드미컬하고 안정된 패턴이나, 반복 내지 대구나, 두운과 유운이나, 형용어구 및 기타 정형구적인 표현이나, 규범적인 테마 설정(집회, 식사, 결투, 주인공의 원조자 등)이나, 끊임없이 들어 누구나 쉽게 생각해 낼 수 있고 그 자체도 기억하여 쉽게 생각해 낼 수 있는 패턴화한 격언이나, 혹은 그 밖의 기억을 돕는 형식으로 사유해야만 했다. 진지한 사유는 기억의 체계와 뒤얽혀 있었다. 기억의 필요성이 통사구문까지 결정한 셈이다." 예컨대 '허물은 사람, 용서는 신' '슬픔은 웃음보다 낫다' '남자에 의지하는 여자' '굳센 참나무' 등의 수많은 정형구는 한낱 수사가 아니라 사유와 표현의 실체를 이루었다. 실질적으로 이러한 정형구가 아니고서는 사유의 형성 자체가 불가능할 정도로 정형구 속에는 고대인의 사유가 고스란히 내재되어 있었다.

패리는 정형구를 "어떤 본질적인 관념(essential idea)을 표현하기 위해 동일한 운율상의 조건하에서 규칙적으로 사용되는 단어의 집합"으로 정의한다. 다시 말해 정형구로 구성된 고대의 서사시는 한 개인의 독창성이 아니라 민족의 정서와 삶이 반영된 공동체적 산물이라는 의미다. 텍스트 문화가 완전히 체화된 오늘날에는 진부해 보이는 정형구가 고대인에게는 관념 혹은 심상을 표현하는 시적 가치요, 지적 미덕이었던 것이다.

C

디지털 문명의 출현은 본질적으로 구술의 회귀다. 구술양식은 디지털양식의 원형이며, 디지털양식은 곧 구술양식의 현대적 전형이라고 할 수 있다. 예컨대 게임은 상대를 컴퓨터 속 가상공간에서 간접 대면한다는 점이 다를 뿐 결국 구술처럼 시공간적, 다감각적, 상호작용적 담화라고 할 수 있다.

실제로, 로드를 비롯해 구술양식을 연구한 학자들은 고대와 현대를 막론하고 구비 시인들은 넓게는 일관된 테마 혹은 플롯, 좁게는 일관된 문형을 유지하면서도 청중의 반응 등 상황에 따라 기억하고 있던 정형구를 일정한 계열적 패턴에 따라 대체 적용하는 구술 기법, 소위 '정형구대체시스템'을 구사한다는 사실을 밝혔다. 그리고 이러한 시스템은 오늘날 디지털 스토리텔링에 그대로 적용되고 있다.

아래 도표와 같이 양식화할 수 있는 정형구대체시스템은 청중에게 서사시를 시의 적절히 변형해 들려주기 위한 즉흥기법으로 구술문화에서는 필요불가결한 것이었다. 스토리텔링의 초기 담화 양식이었던 정형구대체시스템은 현재 디지털 스토리텔링의 '비선형적 양식', 로드에 따르면 '다중양식(multiform)'의 스토리 구성을 위한 서사 단위 및 다중 플롯의 패턴화에 유효한 모델로 널리 응용되고 있다.

〈정형구대체시스템〉

계열관계 ↓					
	주어 정형구 1	동사 정형구 1	목적어 정형구 1	보어 정형구 1	···
	주어 정형구 2	동사 정형구 2	목적어 정형구 2	보어 정형구 2	···
	주어 정형구 3	동사 정형구 3	목적어 정형구 3	보어 정형구 3	···
	⋮	⋮	⋮	⋮	

[류은영]

대구(법)/대칭(법), 두운, 반복(법), 서사, 스토리, 스토리텔링,
운율, 클리셰(상투어), 텍스트, 플롯, 형식, 형용어구

참고문헌

· 월터 잭슨 옹, 『구술문화와 문자문화』, 이기우 외 역, 문예출판사, 1996.
· Albert Bates Lord, *The Singer of tales*, Harvard University Press, 2003.
· Eric Alfred Havelock, *Preface to Plato*, Belknap Press of Harvard University Press, 1963.

구어

F: langue parlée *E:* spoken language *D:* gesprochene Sprache

✳ 1. 입으로 하는 말
2. 일상 대화에 쓰는 말

Ⓐ

구어는 문자 그대로 '입으로 하는 말'로, '일상 대화에 쓰는 말'이다. 구어는 규범적인 문어에 비해 현실적이고 일상적이며 공동체적인 특성을 띤다. 구어는 일상 대화에서뿐 아니라 희곡이나 소설 등 문학 속에서도 대화나 구어체 양식으로 재현되기도 한다.

Ⓑ

인간의 소통은 시각, 청각, 촉각, 미각, 후각이라는 오감을 통해 이루어지지만, 진정한 의미의 소통은 언어, 즉 분절적인 청각체계를 통해 이루어진다. 언어는 근본적으로 음소 간 분절의 차이로 이루어지는 청각체계이

므로, 구어는 언어의 원형이라고 할 수 있다. 실제로 대중 앞에서 말하거나 연설하는 양식에서 비롯한 오랜 '소통'의 학문인 수사학의 기원적 대상은 구어이다.

C

구술성의 근간을 이루는 구어는 '말'이라는 청각체계를 따른다. 이렇게 구어가 청각적인 담화체계라는 사실은 구어의 좀 더 심층적인 의미를 숙고하게 한다. 시각은 외계를 분절적으로 인식하는 틀(frame)인 반면 청각은 외계를 관통하여 통합하는 하모니다.

옹(W.J. Ong)은 구어의 미덕을 다음과 같이 설명한다. "구어는 소리라는 물리적인 구조로 인간의 내부에서 생겨나 자의식을 가진 내면, 즉 인격을 인간 상호간에 표명한다. 그러므로 구어는 사람들을 결속력 있는 공동체로 만든다. 어느 화자건 청중에게 말을 하게 되면, 청중 사이에 그리고 화자와 청중 사이에도 일체가 형성된다." 다시 말해 화자와 청자라는 두 자의식 간에 소통을 이루는 구어는 내면적이고 통합적이다. 그래서 성스럽다고 할 수 있다. 옹은 구어의 신성성을 "구어가 지닌 내면화하는 힘은, 인간 존재 궁극의 관심인 성스러운 것과 어떤 특수한 방식으로 결부되어 있다. […] 삼위일체의 신학에서 신성의 제2위 격은 '말씀'인데, 인간의 세계에서 그 말씀에 유사한 것은 쓰인 말이 아니라 말로 한 인간의 말이다"라고 기술하고 있다.

옹이 구술문화와 문자문화를 비교하며 역설했듯이, 언어의 문화적 가치는 언제나 상대적인 것이다. 실제로 우리가 구어를 통속적인 언어로 치부하며 예술의 장 밖 일상적 담화의 속성 또는 원리로 한정 인식하게 된 것은 문자문화에 익숙해지면서 문어를 우월하게 여긴 데서 비롯된 것이라고 할 수 있다.

D

구어는 일상 대화에서뿐 아니라 문학 속에서도 대화나 구어체 양식으로 재현된다. 이처럼 구어로 쓰인 문체를 구어체라고 한다. 구어체는 구어를 근간으로 하는 만큼 구어가 가진 특성을 그대로 지녀, 현실적이고 일상적이며 공동체적인 특성을 띤다.

문학 속에 쓰인 구어체는 일상적인 구어를 그대로 재현함으로써 현실감과 공동체적인 친밀감을 자아낼 뿐 아니라 문어체를 근간으로 하는 문학 규범 자체를 해체하는 효과를 낳기도 한다. 특히 작가에 따라서는 의도적으로 구어체를 고유한 문체로 형식화하기도 한다. 이는 곧 문학적 실험일 뿐만 아니라 탈규범, 탈이데올로기의 표명이 되기도 한다.

국문학에서 구어체란 19세기 말 국한문 논쟁에서 한문 글쓰기에 대한 국문 글쓰기, 즉 국문체를 장려하면서 논의된 문체로, 20세기 초중반까지 구어체는 줄곧 국문체와 밀접하게 연관되어 사실상 구별이 되지 않았다. 구어체가 국문체의 한 하위 문체로 세분화된 것은 사실상 김동인을 기점으로 해서다.

[류은영]

구술성, 글쓰기, 담화(담론), 대화(체), 문어, 문체,
원형, 작가(저자), 재현(표상, 대표)

참고문헌

· 월터 잭슨 옹, 『구술문화와 문자문화』, 이기우 외 역, 문예출판사, 1996.
· Eric Alfred Havelock et al., *Communication arts in the ancient world*, Hastings House, 1978.

구어체

F: style parlé *E:* spoken style *D:* mündlicher Stil

✵ 구어로 쓰인 문체

[류은영]

구술성, 구어

규범

F: norme *E:* norm *D:* Norm

✵ 1. 인간이 행동하거나 판단할 때 강요되는 일정한 행동양식 또는 마땅히 따르고 지켜야 할 가치판단의 기준
2. 문학에서 사용되는 규범은 '평가적 규범'으로, 언어 변이체들을 합법성의 등급에 따라 평가하는 기준

Ⓐ

규범은 인간이 행동하거나 판단할 때 강요되는 일정한 행동양식 또는 마땅히 따르고 지켜야 할 가치판단의 기준이다. 일반적인 의미로 '규범'이라는 용어는 사회집단의 시선에 규칙으로 나타나는 사태들의 상태를 지칭하기도 한다.

규범은 어떤 명제의 진위, 행위의 선악, 예술작품의 미추 등 사물을 평가할 때 기준이 되는 것으로서, 무엇이 가치 있는가를 보여준다. 또한 이를 근거로 가치가 실현된다는 점에서 규범은 당위적인 성질을 지닌다.

인간 행동에서는 두 가지 의미의 규범이 구별돼야 한다. 객관적인 규범과 평가적인 규범이 바로 그것이다. 객관적인 규범은 실질적인 실천의 정도를 제시한다. 그것은 하나의 체계나 절차에서 가장 빈번히 관찰되는 상태를 의미한다. 평가적인 규범이란 사회적 태도에 의해 만들어진다. 평가적 규범에 따라 우리는 체계나 과정의 여러 변이체들을 합법성의 등급에 따라 차등화한다. 이 평가적 규범이 바로 문학의 근본 기준이 된다.

규범은 언어학, 윤리학, 법학, 사회학, 문학, 문체론 등에서 널리 사용되는 용어지만 논란의 여지가 있는 개념이다. 엄격히 말해 규범은 통계적으로 평균적인 것을 가리키는 통계 개념이다. 일탈이란 용어는 규범에서 벗어남, 다시 말해 통계적 평균에서 벗어남을 의미한다.

그런데 규범이란 용어는, 그 적용 범위가 어떻든지 간에, 비표준, 비정상, 비전형과 대립되는 표준, 정상, 전형이라는 내포개념을 담고 있다. 언어 밖에서도 각 사회는 고유한 사회적 행위의 규범들을 혹은 그런 규범들에 대한 고유의 이미지를 갖고 있다. 그런 규범들을 위반한다는 것은 반사회적이고 비정상적이며 잠재적으로 비난할 만한 것으로 생각될 수 있다.

그러나 하나의 사회 행위를 고찰해 보더라도 규범의 개념이 절대적인 것이 아니라 상대적이라는 사실을 알 수 있다. 어떤 집단의 사람들에게 비정상적인 사회 행위가 다른 집단에는 정상적일 수 있으며, 그 역도 마찬가지다. 어떤 젊은이 그룹의 행동과 의상은 흔히 구세대들에게 충격을 주거나 충격을 주려는 의도가 있는 듯 보인다. 하지만 젊은이들 자신에게는 완전히 용인되고 관습적인 행동과 의상일 뿐이다.

규범이란 개념에 비추어 볼 때, 언어 규칙도 절대적인 것이 아니라 상대적인 개념으로 받아들일 수 있다. 언어의 음운적 · 문법적 · 어휘적 · 의미적 층위에는 정상적인 규칙들의 집합이 있다. 이런 규칙들을 위반하는 것은 '일탈'을 하거나 '유표성'을 띠게 되는 것이다. 우리는 '정상적인' 스펠링, '정상적인' 어순 등을 이야기한다. 그러나 상대적인 언어 규범들이 존재한다. 'wait while(=until) tea(차가 나올 때까지 기다려)'라는 형태는 어떤 영어 화자들에게는 '비문법적'이지만 그런 방언을 사용하는 사람들에게는 그렇지 않다. '푸른 종소리'라는 말은 의미상 이상스런 단어 배치지만 시에서는 충분히 사용될 수 있는 단어 조합이다.

B

평가적 규범이 적용되는 문학 분야에서 규범의 개념은 특히 세 가지 유형의 실체에 적용된다. 사용할 수 있는 언어 변이체의 등급, 형식의 등급, 주제의 등급이 이에 해당한다. 이런 규범들이 합법화와 평가 행동의 근거가 되고, 교리(doxa)들을 만들어 내고, 문학에서 야기되는 검열, 인정, 승인과 같은 현상들의 근원이 된다. 이런 규범들이 시학, 문학 학파에서는 흔히 명시적으로 드러나지만, 대부분은 암묵적으로 이루어진다.

문학에서 언어적 규범이 강력하게 고착되어 등급화하면, 이에 대한 반작용으로 발생하는 것이 바로 언어적 불안정이다. 언어적 불안정은 평가적 규범과 객관적 규범 사이의 특별한 관계에서 생겨난다. 사용자가 평가적 규범에 따라 비(非) 합법적이면서 동시에 합법적인 언어 변이체들(표준어에 대한 사투리 사용)을 상당히 자유롭게 구사할 수 있는 순간부터, 또 한편으로 사용자가 자신의 언어 사용이 객관적 규범에 일치하지 않는다는 인식을 갖게 되는 순간부터, 사실상 언어적 불안정이 존재하게 된다. 언어적 불안정은 규범에 맞지 않는 언어 실행을 하고, 사회적 상승이 규범의 숙달과 연계된 그룹들에서 가장 최대화한다.

언어적 불안정에 대한 반발은 자동적 가치 하락이라는 심리적 대응물에서 생겨난다. 극도의 반발은 침묵이다. 하지만 이 경우를 제외하면 반발은 과잉정정이나 보상심리로 나타난다. 평가적 규범이 요구하는 것과 반대 방향으로 나아가는 보상심리는 이러한 규범에 무작정 따르는 무력함을 드러내거나, 불법적 특성들을 강화함으로써 하지 못하는 것에 대한 경멸을 드러낸다.

예를 들어 언어적 불안정은 프랑스를 제외한 프랑스어권의 모든 공동체가 부딪히고 있는 현상이다. 언어적 불안정이 그들의 문학을 생산하는 중요 조건들 중 하나일 정도다. 벨기에 시인들이 고전주의 형식의 정형시에 충실하고 프랑스식 모델을 과대평가하는 것은 과잉정정의 예가 될 것이고, 퀘벡 문학에 나타나는 주알어(퀘벡 속어)에 대한 집착이나 벨기에 비평가들의 기이한 문체는 경멸의 예가 될 것이다.

문학언어에 대한 수많은 연구는 문학에 일탈이 존재한다는 사실을 보여준다. 규범언어라는 것은 비(非)문학언어로 일종의 차이가 없는 언어다. 문학언어는 이런 언어에서 일탈하고 있다. 이런 생각은 프라하학파의 '전경화'라는 개념과도 관련된다. 문학언어가 규범언어에서 일탈하고 있다는 사실은 문학 텍스트들 자체가 자기 고유의 규범들을 만든다는 사실을 암시한다. 이런 규범들은 일차 층위의 규범(일상 언어)들과 구분되는 이차 규범 혹은 이차 층위의 규범들로 기술될 수 있다.

C

1960년대 문체론이 형성될 때, 많은 학자들은 문체 자체를 하나의 규범으로부터의 일탈로 정의했다. 이런 의미에서 '문체'라는 것은 '비정상적'인 것으로 간주된다. 그러므로 '정상적인' 것으로 가정되는 것은 '문체'가 부재하는 셈이다. 아마도 문체가 그로부터 출발하는 규범이라는 것은 일상 언어의 규범일 것이다. 그러나 일상 언어 자체가 수많은 다양한 규범으로 이루어져 있다. 따라서 작가 및 텍스트들을 비교하는 데 있어서 문체론 학자들은 시대적 · 역사적 · 문화적 상황을 고려한 '문맥적' 규범들을 근거로 작업해야 할 것이다.

[고광식]

내포, 문체, 유표적/무표적, 일탈, 전경화(前景化)

참고문헌

· 엄순영, 「규범개념」, 『법철학연구』 제12권 1호, 2009.
· 윤재웅, 『문학비평의 규범과 탈규범』, 새미, 1998.
· 이상규, 『한국어 규범성과 다양성: 표준어 넘어서기』, 태학사, 2008.
· 크리스틴 M.. 코스가드, 『규범성의 원천』, 강현정 외 역, 철학과현실사, 2011.

그라마톨로지

F: grammatologie *E:* grammatology *D:* Grammatologie

1. **문자들의 유형이나 구조 원리를 기술 · 역사적 관점 혹은 비교 · 유형론 관점에서 연구하는 분야**
2. **포괄적 의미의 문자인 에크리튀르(écriture)를 연구하는 분야**

Ⓐ

그라마톨로지는 '문자(gramme)'에 대한 '논(論)/학(學)'으로, 겔브(I.J. Gelbe)가 처음으로 이론적인 문자 체계를 언어학적으로 연구하며 사용한 용어다. 다니엘(P.T. Daniels)과 브라이트(W. Bright)는 언어학의 하위영역을 음운론, 형태론, 문자론으로 나누면서 그라마톨로지란 용어를 사용한다. 이들이 사용한 그라마톨로지는 '그래포노미(graphonomy)'를 대신한 용어로, 문자의 발명 단계에서부터 여러 문자의 발전 단계를 거쳐 현대에 이르는 과정을 연구하는 역사적 문자론, 문자가 언어에 대해서 갖는 기능과 법칙을 연구하는 언어학적 문자론을 아울러 일컫는다.

데리다(J. Derrida)는 문자의 발생, 진화, 계통, 구조를 실증적으로 연구하는 이 같은 그라마톨로지의 영역을 훨씬 넘어서서 시원(始原)적이고 철학적인 의미를 함축하는 용어로 사용한다. 데리다의 그라마톨로지는 포괄적 의미의 문자인 '에크리튀르(écriture)'에 대한 연구영역을 일컫는 말이라 할 수 있다. 울머(G.L. Ulmer)는 데리다의 그라마톨로지를 현대 대중 문화·예술로 확대 적용한다.

B

서구 형이상학의 중심에는 로고스중심주의, 즉 음성중심주의가 자리 잡고 있다. 음성중심주의에서 음성은 플라톤의 절대불변적인 이데아와 같은 것이다. 음성은 의식에 현전(現前)하는 것이지 결코 다른 것의 대리로 재현되는 것이 아니다. 대리보충(supplément)을 필요로 한다면 그것은 스스로 불완전함을 인정하는 것이기 때문이다.

이러한 기준에서 볼 때 언어에서 음성(말)은 내면적인 것인 데 반해 문자는 외부적인 것이며, 음성은 현전하는 것인 데 반해 문자는 현전하는 말을 대리하여 재현하는 것이다. 이러한 음성중심주의는 플라톤에서 소쉬르까지 이어지는데, 문자의 복권을 주장하는 데리다의 음성중심주의 비판은 음성(소리)과 문자의 구분에 바탕을 두고 있다.

음성중심주의와 다르게 데리다의 문자(데리다는 소쉬르의 언어학 혹은 기존의 언어학에서 말하는 문자(lettre)와 대비되는 문자의 의미를 지칭하기 위해 'écriture'라는 용어와 'gramme'이라는 그리스어를 사용한다)는 단순히 초월적 시니피에의 현전인 음성으로 환원되는, 고정된 의미를 가진 '기호의 기호'가 아니다. 데리다의 문자는 '기호의 기호'를 의미하는 글자(lettre)와는 구분되고, 나아가 언어기호를 넘어서 영화, 안무, 스포츠, 정치, 조각 등 표기 일반으로 나타낼 수 있는 모든 것을 지칭하는 말로 확장된다.

데리다에 의하면, 가령 예술작품의 경우 그 작품의 의미와는 무관하다고 여겨지는 틀(frame)이나 장식(decoration) 같은 작품 외적 요소도 하나의 문자로 기능한다. 어떻게 표구하느냐 혹은 어떤 장식을 하느냐에 따라 작품의 의미가 변하기 때문에 작품의 외부로 간주되었던 요소들도 의미와 무관한 것이 아닌, 텍스트를 구성하는 문자로 기능하는 것이다.

C

데리다의 그라마톨로지는 "음성언어와 문자언어의 관계에 대한 일종의 형이상학적 전제"를 폭로하는 데서 출발한다. 형이상학적 전제라는 것은, "문자는 이미 구성된 의미 단위의 형성에 끼어들 여지가 없다"는 것이다. 그런데 데리다가 '차연'('차이'를 뜻하는 프랑스어 'différence'와 차연을 뜻하는 'différance'는 문자로는 구별되지만 음성적으로 그 차이가 전혀 인지되지 않는다)이란 신조어를 만든 배경에서 알 수 있듯이, 데리다의 문자 이론의 핵심은 근원적이고 순수한, 문자 이전의 의미, 이른바 초월적 시니피에가 부재하다는 데 있다.

텍스트를 벗어나서 원천으로서의 의미란 문자의 대리보충에 의해 사후 첨가된 기원일 뿐이다. 그러므로 기원의 개념 또는 자연이라는 개념은 첨가의 신화, 대리보충의 신화일 뿐이다. 이런 까닭에 문자는 기원의 기원, 즉 기원을 첨가해 주는 기원인 흔적(데리다가 사용하는 용어들인 '문자', '에크리튀르', '원에크리튀르', '흔적', '원흔적', '대리보충', '간격화' 등은 모두 거의 동일한 함의를 지닌다)일 뿐이다.

다시 말해 문자가 기원이라는 것은 기원이 사실상 부재하다는 뜻이다. 그러므로 텍스트는 의식에 직접 현전 가능한 어떤 기원적 의미를 표현하지 않고, 문자의 대리보충 그 자체 혹은 이러한 대리보충을 통해 생산된 것이라고 정의할 수 있다.

D

데리다의 그라마톨로지는 아리스토텔레스 이래로 인정된 수사학에 대한 논리학의 우선성을 뒤바꾸고 있다. 나아가 사유의 법칙으로서의 논리학을 수사학의 한 변용으로 간주해 수사학을 논리학의 영역으로까지 확대시킨다. 따라서 전통 형이상학에 대한 해체작업은 수사학적 글쓰기를 대표하는 문학과 문학에 대한 객관적 담론이고자 하는 문학비평 간의 차이,

과학이나 법 등과 이들에 대한 비판적 분석이고자 하는 철학 간의 차이, 더 나아가 철학과 문학 간의 차이를 무력하게 한다.

데리다가 자신의 텍스트를 "철학적이라고도 할 수 없고 그렇다고 문학적이라고도 할 수 없다"고 한 것은 장르 구분이 무의미하다는 사실에 대한 다른 표현이다. 데리다에 따르면 비판의 정확성은 논리적 일관성의 척도로 판단되기보다는 수사학적 성공 여부로 결정된다고 할 수 있다.

[문재은]

글쓰기, 로고스중심주의, 작품, 차연(差延), 텍스트, 해체(해체구성, 해체론)

참고문헌

· 박영욱, 「문자학에 대한 매체철학적 고찰」, 『범한철학』 54권, 범한철학회, 2009.
· 서동욱, 「해방의 문자론: 문자는 억압되었는가?」, 『시학과 언어학』 5호, 시학과 언어학회, 2003.
· 이진우, 「글쓰기와 지우기의 해석학」, 『니체연구』 4권, 한국니체학회, 2001.
· 자크 데리다, 『그라마톨로지』, 김성도 역, 민음사, 2010.
· __________, 『그라마톨로지에 대하여』, 김웅권 역, 동문선, 2004.
· __________, 『글쓰기와 차이』, 남수인 역, 동문선, 2001.
· __________, 『입장들』, 박성창 편역, 솔, 1992.
· Jacques Derrida, *Marges de la Philosophi*e, Les Editions de minuit, 1972.

그로테스크

F: grotesque *E:* grotesque *D:* Grotesk

✻ 1. 잎이 우거진 가지와 꽃, 과일, 인간, 동물 등이 복잡하게 얽힌 형상의 장식이

나 모티프

2. 기이한 것, 지극히 부자연스러운 것, 흉하고 우스꽝스러운 것 또는 그러한 표현양식
3. 블랙유머, 아이러니, 역설, 말놀이 등의 수사적 기교나 괴기, 부조리, 환상, 잔혹, 희극 등의 특정 서술양식

A

동굴, 지하실을 뜻하는 이탈리아어 'grotta'(명사) 및 'grottesco'(형용사)에서 유래한 용어로 16세기부터 쓰이기 시작했다. 15세기 말 동굴 모양의 고대 로마 폐허가 발굴되었는데, 그 벽에 뒤덮인 아라베스크 덩굴과 기괴한 형상의 화장(化粧) 회반죽 및 그림 장식을 가리켜 그로테스크라 칭한 것이 시초였다. 이후 건축이나 예술에서 '잎이 우거진 가지와 꽃, 과일, 인간, 동물 따위가 복잡하게 얽힌 형상의 장식이나 모티프'가 즐겨 사용되었고, 그로테스크는 그 같은 장식이나 모티프를 가리키는 말이 되었다. 그런 연유로 그로테스크와 아라베스크(직선, 당초(唐草) 등을 묘하게 배열한 아라비아식 장식 무늬)는 19세기까지 거의 동의어처럼 쓰였는데, 일례로 포(E.A. Poe)는 그의 단편집 제목을『그로테스크와 아라베스크의 이야기』라 붙인 바 있다.

원시시대에도, 그로테스크라는 용어는 없었지만, 주술적 신앙 내지 무의식적 욕망과 결부된 기이한 조형물인 토템이나 페티시 같은 그로테스크가 존재했다. 토템이나 페티시는 인간에게 공포와 웃음, 고귀함과 천박함, 혐오감과 매력 등의 기이하고 이질적인 감정을 불러일으키는 인류의 오랜 그로테스크라고 할 수 있다. 오늘날 그로테스크는 일반적으로 '기이한 것, 지극히 부자연스러운 것, 흉측하고 우스꽝스러운 것 또는 그러한 표현양식'을 가리킨다.

B

그로테스크가 문학적으로 의미를 갖게 된 것은 낭만주의 시대에 들어서면서부터다. 빅토르 위고(V. Hugo)는 『크롬웰』 서문에서 세상은 모순적인 것들이 공존하는 세계이므로, 예술은 오로지 숭고함이나 비천함만을 추구하기보다 선과 악, 고귀함과 우스꽝스러움(벌레스크)을 결합하는 그로테스크를 추구해야 할 것이며, 따라서 새 시대의 미학은 곧 그로테스크임을 선언한다.

이후 그로테스크는 러시아의 바흐친(M. Bakhtin), 독일의 카이저(W. Kayser) 등의 연구에 힘입어 서구의 중요한 미학적 방법론으로 정립되었다. 바흐친은 중세 소설가 라블레(F. Rabelais)에 대한 연구를 통해 그로테스크의 역동적인 육체성을 나타냈다.

라블레는 인간의 육체는 긍정적이고 생산적인 역동성을 지니는데, 그 역동성이야말로 곧 세계의 허위적 질서를 해체하여 만물이 본성에 따라 자유로이 결합하고 생성되게 하는 힘이라고 했다. 라블레는 『가르강튀아』에서 출산을 "이 사고로 자궁 태반의 엽이 이완되자 아이는 위쪽으로 솟아올라 공정맥으로 들어가서는 횡경막을 지나 (그 정맥이 둘로 나뉘는) 어깨 위까지 기어 올라간 다음 왼쪽 길을 따라 왼쪽 귀로 나왔다"라고 묘사했다. 이러한 해부학적 묘사가 주는 기괴한 환상적 효과는 민중 카니발의 전통, 즉 육체의 해방, 고양된 생명력, 삶의 정화에 대한 욕구와 밀접한 관련이 있다.

바흐친은, 그로테스크는 반주류적, 민중적, 전복적 성격을 띠며, 따라서 세계는 단지 구조적이고 질서정연한 체계만은 아니라고 하는 그로테스크 사실주의를 주장했다.

그로테스크는 주로 사회적 급변기나 과도기에 두드러지게 나타나며 대체로 주류 예술이 아닌 민중적 성향의 예술을 중심으로 발현된다. 예컨대 르네상스 시기 라파엘로를 비롯한 많은 화가들의 그림이나, 16세기 중반 이후의 풍자적인 코메디아 델라르테가 그러했다. 반면 번영과 안정을 구가했던 17세기 고전주의 및 18세기 계몽주의 시대에는 상대적으로 활성화되지 못했다. 그리고 20세기 세계적 공황기에 다시 많은 영화나 문학에 영감을 주었다.

C

문학적 그로테스크, 즉 '블랙유머나 아이러니, 역설, 말놀이 등의 수사적 기교나 괴기, 부조리, 환상, 잔혹, 희극 등의 특정 서술양식'을 구사하는 라블레, 셰익스피어, 호프만, 포, 발자크, 위고, 도스토예프스키, 카프카 등의 소설, 고티에, 보들레르, 로트레아몽 등의 시, 이오네스코, 브레히트, 카이저 등의 희곡 같은 예술 작품들은 독자나 관객에게 기이하지만 동시에 매혹적인 이질감을 준다.

이 이질감은 곧 거리감을 주기도 하는데, 이 거리감은 몰입 대신 독자 혹은 관객의 사유, 다시 말해 향유적인 재창조를 가능케 하는 기능을 한다. 20세기 이래의 그로테스크한 블랙유머나 부조리극은 바흐친의 말처럼 "격하(格下), 즉 모든 고상한 것, 정신적인 것, 이상적인 것, 추상적인 것의 하락, 물질적 차원으로의, 그리고 분해하기 어려운 통일성 속에 자리하는 지상과 육체의 영역으로의 이행"이라고 할 수 있을 것이다.

[류은영]

말놀이(말장난, 언어유희), 모티프, 묘사(기술記述),
벌레스크(뷔를레스크), 사실주의, 아이러니

참고문헌

· 프랑수아 라블레, 『가르강튀아 · 팡타그뤼엘』, 유석호 역, 문학과지성사, 2004.
· 필립 톰슨, 『그로테스크』, 김영무 역, 서울대학교출판부, 1986.
· Geoffrey Galt Harpham, *On the Grotesque: Strategies of contradiction in art and literature*, Princeton University Press, 1982.

· Mikhail Bakhtin, *Rabelais and his world* (translated by Helene Iswolsky), MIT Press, 1968.
· Wolfgang Kayser, *The Grotesque in art and literature*, Columbia University Press, 1957.

극적 독백

F: monologue dramatique *E:* dramatic monologue
D: dramatischer Monolog

✳ 1. 텍스트 안에서 화자가 시인으로 제시되지 않는 모든 일인칭 시
2. 빅토리아 시대에 낭만주의 시적 풍토를 비판한 쟁론의 시
3. 인물이 마음속에 품고 있는 생각과 감정을 시나 담화를 통해 드러내는 문학적 장치

Ⓐ

극적 독백은 빅토리아 시대부터 본격적으로 나타나서 그 용어가 확립된 것은 20세기 초에 이르러서이지만, 그 기법이 사용된 것은 고대 로마 시대부터다. 역사가 오래된 만큼 그 형태도 다양해서 극적 독백의 객관적 범주를 정하기란 어렵다.

극적 독백을 규정하기 위한 구체적인 접근법은 두 가지로 구분될 수 있다. 빅토리아 시대로만 논의의 초점을 한정하는 접근법과 초기 그리스 시대까지 논의를 확대하는 접근법이다. 후자의 대표적인 예가 신필드(A. Sinfield)인데, 그는 텍스트 안에서 화자가 시인으로 제시되지 않는 모든 일인칭 시들을 극적 독백으로 간주함으로써 포괄적으로 접근한다. 전자의 대표적인 예는 바이런(G. Byron)이다. 그는 극적 독백을 시대의 산물로써 역사성을 갖는 개념으로 이해하면서, '쟁론의 시(poetry of contestation)'로 규정한다. 이를테면 빅토리아 시대의 시인 테니슨(A. Tennyson)이나

브라우닝(R. Browning)은 시를 주관화하려는 당대의 경향을 비판하면서(화자를 정황 속에 위치시킴으로써 낭만주의 시의 주체들이 지닌 독립적이면서 통합적인 속성의 허상을 노출시킨다), 그 대안으로 극적 방식을 제시했다.

B

극적 독백의 기법은 기본적으로 두 가지 요소를 전제로 한다. 첫째, 시인이 아닌 화자가 말해야 하고, 둘째, 그것을 들어주는 극적 청자가 존재해야 한다. 그런데 문학 장르로써의 극적 독백이 텍스트 안에서 구체적으로 어떤 구조적 특징을 갖는지에 대해서는 논자에 따라 다르게 설명된다.

아브람스(M.H. Abrams)는 극적 독백의 세 가지 특징을 다음과 같이 설명한다. 첫째, 시인이 아닌 인물이 중대한 순간에 특수한 상황에서 시 전체를 이야기한다. 둘째, 이 인물은 한 사람 또는 그 이상의 다른 사람(청자)들에게 이야기하고 그들과 상호작용한다. 그렇지만 독자는 단 한 사람의 화자의 담화 속에 있는 단서를 통해서만 청자들의 존재와 그들이 어떤 말과 행동을 하는가를 알게 된다. 셋째, 화자의 말을 선택하고 조직하는 것을 통제하는 주요 원리는 화자의 기질과 성격을 독자에게 은연중에 드러내는 것이다.

세션(I.B. Session)은 극적 독백이 온전한 형태를 띠기 위해서는 다음과 같은 일곱 가지 특징을 지녀야 한다고 말한다. 화자, 청자, 계기(occasion), 성격의 노정(露呈), 화자와 청자 간의 상호작용, 극적 행위 및 현재의 행위가 그것이며, 이러한 특징들을 완벽하게 갖춘 극적 독백은 빅토리아 시대의 산물이라고 한다.

신필트는 '속이기(feigning)'와 '분열된 의식'을 극적 독백의 구조적 특징으로 파악한다. 그는 극적 독백이 '허구'의 화자를 설정하면서도 '일인칭' 화자를 사용함으로써 화자가 마치 실제 인물 같은 성격을 띠게 하기 때문에 거짓을 전달하게 된다고 말한다. 또한 독자는 일인칭 화자가 지닌

마력에 끌려 화자의 관점 속으로 들어가기도 하지만 동시에 그 화자가 시적 창조물에 지나지 않으며 그 화자의 관점 외에도 다른 관점들도 존재한다는 사실을 인식함으로써 분열된 의식을 경험하기도 한다.

C

극적 독백은 한 인물이 마음속에 품은 생각과 감정, 그리고 자신의 숨겨진 진실, 이야기, 관계를 드러낼 때 사용되는 문학적 장치로써 대개 작품의 클라이맥스 부분에 이루어진다. 또한 그것은 인물의 개성을 드러내고, 아이러니를 만드는 데에도 사용된다.

극적 독백은 자서전이나 고백체 작품과는 달리 작가의 목소리가 극적 인물을 매개로 전달된다는 점에서, 작가의 입장에서는 스스로를 드러내는 동시에 교묘히 숨길 수 있는 이점이 있다. 또한 극적 인물을 통해 작가는 자기 자신으로부터 적절한 거리를 유지하면서 자신을 분석과 성찰의 대상으로 삼을 수도 있다. 다시 말해 극적 인물의 설정은 특히 작가 스스로도 종잡을 수 없는 뒤엉킨 내면을 탐색해 나가는 데 효과적인 방편이 될 수 있다.

[문재은]

아이러니, 인물/인물구성, 자서전, 작품,
장르, 클라이맥스(절정), 텍스트

참고문헌

· 고경하, 『로버트 브라우닝의 초기 시: 극적 독백의 시작』, 서울대학교 박사학위논문, 1999.
· 이문재, 「시적 주체의 '문제화': '극적 독백'과 J. 앨프리드 프루프록의 사랑 노래」, 『영어영문학연구』 47권 1호, 한국중앙영어영문학회, 2005.
· 차은정, 『Robert Browning의 극적 독백 연구: 주체성의 구성』, 이화여자대학교

석사학위논문, 1995.
· Elisabeth Anne Howe, *The Dramatic monologue,* Twayne Publishers, 1996.
· Glennis Byron, *Dramatic monologue*, Routledge, 2003.

극중극

F: théâtre dans le théâtre *E:* play within the play *D:* Spiel im Spiel

✳ 1. 연극 속에서 이루어지는 또 하나의 연극
2. 공연 과정에서 연기자들 사이의 역할 분할로 인해 새로운 층위의 독립적이면서도 상호의존적인 내용 구조가 틀 극의 구조에 삽입되는 연극 기법

Ⓐ

극중극은 하나의 연극 속에서 이루어지는 또 하나의 연극을 말하는 것으로, 반복과 반영의 기법을 바탕으로 연극에 의해서 연극을 성찰하는 연극 형식이다. 모든 연극은 현실 세계에서 허구와 환상의 세계를 생산한다. 그런데 많은 극작가와 연극인 들은 연극 내부에 그 연극을 성찰하는 소구조의 연극을 통해 부차적인 환상을 만들어 냄으로써 연극적 환상을 깨뜨리려고 노력한다.

극중극 기법도 다양한 방식으로 부차적인 환상을 만들어 연극의 환상을 깨뜨리고 연극의 본질을 사유하게 하는 인식론적 도구의 하나다. 이러한 극중극의 미학은 세계는 하나의 무대이고 모든 인간은 배우라는 바로크적 세계관과 맥을 같이한다.

극중극 기법을 사용한 대표적인 작가들은 셰익스피어, 키드, 로트루, 코르네이유, 마리보, 피란델로, 주네, 이오네스코, 베케트 등이다. 이들이 사용한 극중극 기법은 다양한 형태로 표현된다. 극중극이 본격적으로 사용되기 시작한 셰익스피어 시대부터 오늘날에 이르기까지 오랜 세월을 거치면서 '극중극'은 '극위극(théâtre sur le théâtre)', '미장아빔(mise en abyme)' '메타연극(métathéâtre)' 등의 인접 용어들과 빈번히 혼용되고 있다.

B

극중극의 정의 혹은 범위에 대한 기준점은 학자들마다 다르다. 우선 프랑스 고전극에서의 극중극 문제에 천착한 포레스티에(G. Forestier)는 극중극의 성립 요건으로 내부적 관객의 현존 여부를 내세운다. 이러한 기준에 따라, 포레스티에는 극행동에 삽입되어 있는 발레, 미모드라마(mimodrame, 희극이나 비극의 서술 구조를 바탕으로, 언어를 사용하지 않고 제스처로 구성된 연속적인 에피소드들로 이루어진 연극), 프롤로그, 에필로그 등을 극중극의 범주에서 제외시킨다.

또한 그는 극중극과 미장아빔의 개념을 구분하는데, 극중극이 구조적 이분화를 지칭하는 것이라면, 미장아빔은 주제적 이분화, 다시 말해 포괄하는 극의 내용과 포괄된 극의 내용 사이의 긴밀한 일치를 가리킨다고 말하면서, 미장아빔을 극중극의 기능 가운데 하나(전체 극행동을 반영하는 거울 기능) 혹은 하위범주로 격하시킨다.

파비스(P. Pavis) 역시 "무대 위에 '바라보는 자'와 '보여지는 자'가 동시에 존재할 때"에야 극중극이 성립하는 것으로 본다. 그는 극중극의 기준으로 무대상의 관객의 현존문제를 내세우는 데는 포레스티에와 의견을 같이하는 반면, 미장아빔과 극중극의 위계 문제에 있어서는 포레스티에와 상반된 입장을 보여, 극중극을 미장아빔의 한 형태로 분류하고 미장아빔을 극중극의 상위개념으로 상정한다.

C

극중극은 연극의 기법 가운데서 고대 그리스 연극에서도 사용되었을 정도로 가장 전통적인 기법인 동시에 현대의 많은 극작가와 연출가 들이 선호하는, 여전히 그 유효성이 인정되는 연극 기법이라 할 수 있다. 극중극 기법을 사용한 연극에서 관객은 배우들의 행동에 몰입되거나 동화되지 않고 거리를 두고 성찰하고 연구하며 비판적 의식을 갖게 된다.

극중극은 연극을 만든다는 것과 연극을 보고 있다는 것을 관객 스스로 의식하게 만드는 기법이다. 극중극은 환상에 대한 성찰을 통한 초환상성의 놀이가 되기 때문에, 극중극과 틀 극이 서로 상대화 작용을 하면, 연극적 장면으로서의 실현가능성을 상호 부정하며, 연극적 환상을 약화시키게 된다. 극작가는 객석의 관객에게 극중극에서 관객의 역할을 맡고 있는 배우들을 관찰시킴으로써 관객이 연극을 보고 있다는 실제 상황과 자신의 위치를 인식하도록 한다.

극중극 기법은 미시적으로 극 구성의 여러 개의 층위를 중첩시키면서 극작품의 획일성을 깨뜨리고 어떤 깊이를 창조한다. 거시적으로 극작가와 연출가에 의해 창조된 현실과 관련해 일종의 거리두기, 즉 소외효과를 노릴 수 있으며, 극의 진행에 이차적 환상을 대립시키면서 내재해 있는 일차적 환상에 의문을 품도록 하여 연극의 본질에 대해 성찰하게 하는 효과가 있다. 또 한편으로 여러 층위의 중첩 효과는 당대의 사회적・정치적 현실들의 여러 층위들을 공존시킴으로써 모순을 부각하고, 고백되지 않은 것, 고백할 수 없는 것을 표현하며, 잠재되어 있는 진실을 폭로하게 하는 매개가 될 수 있다.

[외부집필-이영석]

미장아빔, 반복(법), 서술, 픽션(허구), 형식

참고문헌

· Georges Forestier, *Le Théâtre dans le théâtre*, Droz, 1996.
· Lucien Dallenbach, *Le Récit spéculaire*, Seuil, 1977.
· Manfred Schmeling, *Métathéâtre et intertexte: Aspects du théâtre dans le théâtre*, Lettres modernes, 1982.

· Pierre Brunel, *Formes baroques au théâtre*, Klincksieck, 1996.

글쓰기

F: écriture *E:* writing *D:* das Schreiben

✳ 1. 작가의 일
2. 창작과 사회의 관계를 표현하는 문학 기능
3. 사회적 목적에 의해 변형된 문학 언어이자, 인간의 의도 및 대역사의 위기와 결부된 문학 형식

Ⓐ

글쓰기가 '작가의 일'이란 개념으로 자리 잡은 것은 19세기 말이다. 1879년 에드몽 드 공쿠르(E. de Goncourt)의 소설 『장가노 형제』 서문에 '예술가의 글쓰기(écriture artiste)', 즉 '예술적 글쓰기'라는 개념이 처음으로 나온다. 이후 '예술적' 글쓰기는 그것이 '사실적' 글쓰기(사실주의)든 '자동적' 글쓰기(초현실주의)든, 다른 어떤 형식의 글쓰기든 문학 사조를 가르는 미학적 가치가 된다.

그러나 블랑쇼(M. Blanchot)는 『미래의 책』(1959)에서 글쓰기에 대한 모든 형용어를 버린 순수한 글쓰기, 즉 글쓰기 그 자체로 관점을 전환시킨다. 블랑쇼는 글쓰기란 근본적으로 내적 경험에서 비롯하는 것이라 역설한다. 나아가 데리다(J. Derrida)는 『글쓰기와 차이』(1967)를 통해 기존의 형이상학이 특권화한 음성언어로서의 파롤과 글쓰기 간의 문제를 논하면서 문자언어인 글쓰기야말로 반복적 인식이 가능한 열린 언어라고 강조한다.

B

롤랑 바르트(R. Barthes)는 글쓰기에 대한 본격적인 논의를 하면서 그 논리를 정립한다. 바르트는 1953년에 이미 첫 저서 『글쓰기의 영도』를 통해 글쓰기의 참여성을 밝히고자 한 바 있다. 그는 블랑쇼의 글쓰기를 가리켜 탈참여적 글쓰기라 이야기하면서도, 과연 역사와 사회를 초월한 탈참여적인 백색의 글쓰기, 영도의 글쓰기가 가능한 것인가를 묻는다. 바르트에게 글쓰기의 영도는 작가의 불가능한 유토피아다. 사회 모순에 갈등하지 않는 글쓰기는 차이를 통한 의미작용을 생산할 수 없을 것이기 때문이다.

바르트는 『글쓰기의 영도』에서 향후 그의 모든 사유를 관통하는 글쓰기란 개념을 '창작과 사회의 관계를 표현하는 문학 기능'으로 정의한다. 글쓰기는 집단 '언어'와도 개인 '문체'와도 다른 것이다. 언어와 문체가 결코 벗어날 수 없는 '무조건적인 힘'이라면, 글쓰기는 작가가 역사적인 연대를 표명하는 '하나의 선택'이기 때문이다. 다시 말해 글쓰기는 집단적 언어와 개인적 문체 사이에 존재하는 '사회적 목적에 의해 변형된 문학 언어이자, 인간의 의도 및 대역사(Histoire)의 위기와 결부된 문학 형식'이다.

바르트는 글쓰기를 문학 언어, 특히 그 형식의 관점에서 바라보았다. 왜냐하면 글쓰기는 사회 역사에 대한 작가의 의도 표명으로서, "작가가 사회에 연루되는 것은 그가 그 사회의 언어를 사용한다는 사실보다도 그것을 어떤 형식으로 사용하느냐에 달려 있는 것"이기 때문이다.

바르트는 당시 유행하던 사르트르(J.P. Sartre)의 앙가주망(engagement) 운동에 영향을 받아 글쓰기를 작가의 고통스런 사회적 인식으로 간주했으나, 그 인식은 내용이 아니라 형식의 윤리를 통해 표현되고, 글쓰기의 형식적 정체성은 이데올로기를 초월하는 "대역사와 전통의 압력"에 의해 결정된다고 보았다. 예컨대 바르트는 『글쓰기의 영도』를 통해 글쓰기의 기나긴 역사를 살피면서 잘 다듬어진 형식에서부터 구어적 형식 등에 이르기까지 글쓰기의 형식 전반을 조명했다. 바르트는, 오랜 세기 부르주아의 전유물이었던 “글쓰기는 19세기에 (자본주의의 발달로) 다양해지기 시작하여 그때부터 잘 다듬어진, 대중적인, 중성적인, 구어적인 글쓰기 등 각각의 글쓰기는 저마다 최초의 행위, 말하자면 [...] 부르주아적인 조건을 수용하느냐 거부하느냐 하는 의미에서의 최초의 행위가 되고자 했노라”고 밝혔다.

요컨대 바르트는 글쓰기를 작가의 참여 표명으로 간주하고 글쓰기의 역사를 따라 정치적이거나 혁명적이거나 시적인 그 다양한 형식을 탐구하면서 영도의 글쓰기, 곧 탈참여적인 글쓰기의 전형으로 블랑쇼를 비롯, 카뮈(A. Camus)의 『이방인』을 예로 들었다. 또한 구어적인 글쓰기를 “문학언어의 사회화”라고 설명했다.

C

바르트는 글쓰기 개념을 통해 문학에 있어서 주체와 사회·역사의 문제, 또 주체와 자유의 문제를 제기했는데, 현재까지도 개인적 실천으로서의 문체와 제도적 실천으로서의 글쓰기 간의 대립은 첨예한 문제가 되고 있다.

특히 바르트는 ‘작가의 죽음’을 선언하며 기존의 전통적인 작품이라는 개념 대신 독자 수용적인 텍스트 개념을 역설했다. 이 개념은 작가 개인적인 문체가 아닌 사회적인 글쓰기와 결부되는 것이다. 일단 쓰인 텍스트는 더 이상 작가에 귀속되지 않는, 독자와 더불어 재생산되는 사회적 매개임을 밝힌다.

이로써 독자는 더 이상 작품의 소비자가 아닌 텍스트의 생산자, 텍스트의 의미를 능동적으로 재창조하는 향유자, 즉 제2의 작가로 부상하게 된다. 텍스트와 함께 독자는 그 향유(주이상스: jouissance) 주체로서 과거 작가의 고유 영역이던 글쓰기의 또 한 주체가 되는 것이다.

[류은영]

구어, 기능, 독자, 문체, 사실주의, 영도의 글쓰기(글쓰기의 영도), 작가(저자), 작품, 주이상스, 주체, 텍스트, 형식

참고문헌

· 롤랑 바르트, 『글쓰기의 영도』, 김웅권 역, 동문선, 2007.
· 자크 데리다, 『글쓰기와 차이』, 남수인 역, 동문선, 2001.
· Maurice Blanchot, *Le Livre à venir*, Gallimard, 1986.
· Roland Barthes, "Ecrire, verbe intransitif?", *Œuvres complètes*, t. 2, Seuil, 1994.

기능

F: fonction *E:* function *D:* Funktion

✳ 1. 어떤 활동 분야에서 그 구성 부분이 하는 구실 또는 작용을 의미하고, 수학에서는 한 변수와 다른 변수 사이에 성립하는 함수관계의 의미로도 쓰인다.
2. (1)의 의미를 확대하거나 변형하여 언어학, 문체론, 문학에서 흔히 사용되고, 유기적인 전체의 요구와의 대응관계에서 구성요소의 활동을 의미한다.

Ⓐ

언어를 의사소통 체계로 간주할 때, 언어에 수많은 기능이 있다는 사실은 이제 언어 연구에서 당연히 받아들이고 있다. 언어는 명명, 언쟁, 설득, 감정 표현, 명령, 정보 제공, 뉴스 방송, 날씨 정보, 소설 쓰기, 시 쓰기, 연극하기 등 수많은 기능이나 의사소통 역할을 갖고 있는 것으로 여겨진다.

우리는 각자가 지닌 언어 능력으로 언술을 생산해 내는 방법을 알 뿐만 아니라, 사회생활의 다양한 상황 속에서 그 언술을 사용하는 방법도 알고

있다. 지난 4반세기 동안 언어학은 사실상 형태(형식)보다는 기능 연구 쪽에서 발전했다. 특히 화용론, 언어행위이론, 담화분석에서 그렇다.

언어의 기능을 범주화하려는 수많은 시도가 있었는데, 범주의 숫자는 관점이나 학문 분야에 따라 매우 다양하다. 그런데 많은 시도가 의사소통 행위 그 자체에 특히 집중되었다.

① 발신자, 수신자, 기호(sign)라는 세 가지 본질적 요소에 기반을 둔 뷜러(K. Bühler)의 분류 방식이 영향력을 발휘했다. 본질적 요소에는 세 가지 기능이 있다. 화자의 감정을 표현하는 표현 기능(expressive function), 청자에게 호소하거나 영향을 끼치는 호소 기능 혹은 능동적 기능(appellative or conative function), 실제 세계를 표현하는 서술 기능 혹은 지시 기능(descriptive or referential function)이다.

기능들은 상호 배타적이지 않다. 하나의 언술이 여러 개의 기능을 가질 수도 있다. 본질적으로 화용적인 이런 분류에 프라하학파 언어학자들은 미적 기능(aesthetic function)이라는 네 번째 범주를 첨가했다.

② 뷜러의 삼분 체계 도식에 야콥슨은 세 개의 다른 기능을 첨가했는데, 이 여섯 개의 기능은 언어사건(speech event) 모델에서 중요한 역할을 한다. 언어사건에서 발신자(addresser)는 감정(emotive) 기능을, 수신자(addressee)는 능동적(conative) 기능을, 비언어적 문맥을 포함하는 문맥(context)은 지시(referential) 기능을, 접촉(contact)은 정서적 혹은 교감적(phatic) 기능을, 코드(code)는 메타언어(metalingual) 기능을, 메시지(message)는 시적(poetic) 기능을 갖는다.

정서적 기능은 참여자들 사이의 접촉을 형성하고 유지한다. 메타언어 기능은 언어 자체에 초점을 맞춘다. 시적 기능은 프라하학파의 미적 기능과 일치한다.

③ 뷜러의 모델을 변형시킨 할리데이(M.A.K. Halliday)의 체계적 기능 문법(systemic functional grammar)에서도 삼분 체계가 이론적 근간이

된다. 능동적 기능과 표현 기능은 할리데이의 인간 상호 기능(interpersonal fuction)으로 등장한다. 언어는 화자와 청자 사이의 태도와 관계를 표현하는 데 사용된다는 것이다. 지시적 기능은 할리데이의 개념적 기능(ideational function, 즉 경험 표현)과 일치한다. 여기에 덧붙여 할리데이는 텍스트 형성에서 언어가 자체를 지시한다는 의미의 텍스트 기능(textual function)을 첨가한다.

④ 언술의 사회 기능에 대한 폭넓은 관심은 1960년대 오스틴(J.L. Austin)과 썰(J.R. Searle)이 개발한 언어행위이론을 낳는다. 문제는 그들이 언어행위이론을 통해 의사소통 기능들(약속하고, 불평하고, 맹세하고 등)을 분류해 보려고 시도했으나 그 숫자가 너무 엄청나 분류에 어려움을 겪고 있다는 점이다. 스텁스(M. Stubbs)는 사람이 죽은 후에 사용하는 '위로하는 기능'을 첨가할 필요가 있으며, '긴장을 푸는 기능' 같은 경우를 어떤 분류에 넣어야 할지 어렵다고 하였다. 다시 말해 어떤 기능들은 체계적으로 묘사할 수 없다는 것이다.

B

몇몇 언어행위나 미시 기능은 전통적으로 문법의 형식 자질, 특히 문장 유형과 연관이 있다. 예를 들어 의문문은 질문에, 명령문은 지시나 명령에, 평서문은 진술에 사용된다. 그런데 형식과 기능 사이에 엄격한 상관관계는 존재하지 않는다. 평서문이 지시 기능으로 사용될 수 있으며('나는 네가 앉으면 좋겠다'), 질문 기능으로도 사용될 수 있다('나는 네가 숙제를 이미 마쳤는지 알고 싶다').

C

문체론에서는 텍스트에 담긴 언어적 요소들의 기능 연구가 중요하다. 문법적 기능뿐만 아니라 텍스트의 '의미'와 연관된 기능, 전체 주제와 구조에 대한 기여가 중요하다. 이것이 바로 우리가 '문체적 의미'라 부르는 것이다.

언어의 의사소통적 기능에 대한 고찰 역시 문체론에서 이루어졌다(A의 의미에서). 비문학 문체론과 사용역(register) 연구는 언어의 상황 유형들을, 설득하면서 광고하는 것, TV에서 정보를 주면서 논평하는 것같이 상황의 가장 우세한 기능들과 연결시켰다.

우세한 기능들에 따른 이런 식의 유형학은 텍스트 언어학의 한 양상이다. 예를 들어, 보그랑데(R. Beaugrande)와 드레슬러(W. Dressler)는 '기술적, 서술적(descriptive, narrative) 그리고 논증적(argumentative)' 텍스트를 구분한다. 그런데 이런 식의 분류로 문학 텍스트들 자체의 기능을 다 밝혔다고 보기는 어렵다.

발신자(작가)와 수신자(독자) 사이의 의사소통 행위로서의 문학 텍스트는 자기탐닉 혹은 자기성찰 같은 언어에 대한 작가의식보다 훨씬 더 많은 기능을 잠재적으로 갖고 있다. 예컨대 시는 사랑에 대한 고백, 칭찬, 혹은 정치적 선전이 될 수도 있다. 소설가들은 우리로 하여금 문제가 있는 그러나 중요한 경험의 여러 양상들을 깊이 있게 숙고하게 만들기도 한다.

웅변술에서 나온 전통 수사학은 언어의 설득력과 감정들을 '움직일 수' 있는 서사의 '위대한 문체' 능력을 인정하고 있다.

D

러시아 민담 자료를 사용해 플롯의 공동 패턴을 분석한 프로프(V. Propp)는 기능을 민담의 중요 구성 성분 중 하나로 생각한다. 기능은 플롯이나 행동에 대해 의미 있는 등장인물의 행위를 가리킨다. 프로프의 가설은 기능들이 민담들마다 공통적으로 존재하고 그 숫자가 제한되어 있다는 것이다(31개의 기능을 찾아냄). 예를 들어 영웅이 특별한 선물(말이 될 수도 있고 독수리가 될 수도 있음)을 받아 이것을 이용해 아주 멀리 떨어진 곳까지 갈 수 있다.

E

바르트(R. Barthes)의 서사 구조 분석에서 기능은 가장 작은 서사 단위로 행동들(actions)을 만들어 내기 위해 다른 기능들과 결합하여 시퀀스가 된다. 기능들은 중요성의 정도가 다르다. 이야기의 '핵'이나 '요체'인 '중심' 기능들은 촉매 기능들과 대립된다. 중심 기능들은 행동을 전개시키고 촉매 기능들은 행동을 미루거나 증폭시킨다.

[고광식]

언어사건, 언어행위이론, 플롯

■ 참고문헌

· 로만 야콥슨, 모리스 할레, 『언어의 토대: 구조 기능주의 입문』, 박여성 역, 문학과지성사, 2009.
· Roland Barthes, "Introduction à l'analyse structurale des récits", *Communication* no. 8, 1966.

기능주의

F: fonctionalisme *E:* functionalism *D:* Funktionalismus

✱ **언어학, 문학, 문체론에서 흔히 사용되며, 하나의 전체와 그 구성요소가 유기적 대응관계를 맺고 있을 때 그 구성요소의 상호작용에 의해 전체를 파악하는 방법론**

A

언어학은 언어에 대한 접근 방법을 크게 형식주의와 기능주의로 나눈다. 형식주의는 1960년대 촘스키(N. Chomsky)의 생성문법이 보여준 것처럼 문장의 문법적 형식과 명제적 의미에 집중하면서 언어를 자율적 체계로 연구한다. 기능주의는 1970년대 이래 할리데이(M.A.K. Halliday)가 발전시킨 기능문법처럼 의사소통 문맥에서 언어의 화용론적 기능을 주로 연구한다. 기능주의는 언어 단위의 문법적 기능이나 역할에 특히 관심을 기울인다. 할리데이 모델에서 중요한 것은 시스템이 언어 사용을 결정하는 것이 아니라 역으로 언어 사용이 그 시스템을 형성한다는 믿음이다.

야콥슨은 언어를 여러 기능(발신자의 감정적 기능, 수신자의 능동적 기능, 문맥의 지시적 기능, 접촉의 교감적 기능, 메시지의 시적 기능, 코드의 메타언어적 기능)으로 나누어 의사소통 과정을 설명한다. 하지만 「고양이들(les chats)」에 대한 분석에서 볼 수 있듯이 형식의 구성에 비중을 두어 시적 구조를 선택의 축에서부터 결합의 축까지 등가원칙의 투영에 의해 특징지어진 구조라고 정의하고 있기 때문에, 구조를 중시하는 형식주의자라고 할 수 있다.

또 몇몇 언어행위나 미시 기능들은 전통적으로 문법의 형식 자질들(문장, 절, 구, 단어 등이 보통 여기에 해당), 특히 문장 유형과 연관된다. 예를 들어 의문문은 질문에, 명령문은 지시나 명령에, 평서문은 진술에 사용된다. 의문문은 질문 기능을, 명령문은 지시 기능을, 평서문은 진술 기능을 갖고 있는 것이다.

그런데 평서문이 지시 기능으로 사용될 수 있으며('나는 네가 앉으면 좋겠다'), 질문 기능으로도 사용될 수 있다('나는 네가 숙제를 이미 마쳤는지 알고 싶다'). 결국 형식과 기능 사이에 엄격한 상관관계가 존재하지 않으며 늘 명시적으로 구분되는 것도 아니다.

B

프라하학파가 언어의 제 기능에 대한 연구를 심화하자 이에 따라 여러 가지 종류의 '기능주의'가 생겨났다. 야콥슨은 언어의 의사소통 양상에 의해 기능을 분리하고 있지만, 연구자에 따라 언어의 기능을 사회적 양상,

계층적 양상에 의해 분리하기도 한다.

비노그라도프(Виноградов)는 언어의 기본적인 기능을 '타인과의 교제', '타인에게 정보 전달', '타인과의 상호작용' 기능으로 규정하고, 각각에 해당되는 기능을 일상적인 문체, 행정적이거나 학술적인 문체, 정치적 또는 문학적 문체라고 부른다.

로젠탈(Розенталь)은 언어의 여러 기능에 대해 다음과 같이 설명한다. "바로 이러한 기능들의 실현을 위해서 역사적으로 언어의 상이한 변이형들이 구성되고 조직화되었는데, 각 변이형들은 문장 구성의 어휘적 수단들에 있어서, 부분적으로는 통사적인 수단들에 있어서도 자신들의 고유하고 특정한 양상들을 드러낸다. 바로 이러한 변이형들을 우리는 기능 문체라고 부를 수 있다."

어떤 단일한 언어 내에서 분야별, 사회적, 계층적 양상에 따라 구성원들이 문체를 달리 사용한다는 것이다. 예를 들어 분야별 기능을 중시하여 언어를 과학적, 행정적, 문학적, 일상적 기능 언어로 구분할 수 있는데, 이때 분야별 문체는 각각 다르다. '사람이 죽었다'라는 사실을 표현하는데 있어서도 사회적, 계층적 양상에 따라 '죽었다', '돌아가셨다', '꽥 했다' 등으로 달리 표현된다.

테일러(T.J. Taylor)와 툴란(M. Toolan)은 형식문체론과 기능문체론을 구분한다. 생성문체론 모델과 야콥슨의 분석은 형식적 자질 연구에 집중하기 때문에 이들의 모델은 형식문체론에 해당하고, 문학 텍스트에서 언어 자질의 문체적 기능 효과 또는 주제적 의미에 주의를 기울이는 할리데이의 방법론은 기능문체론에 해당한다.

[고광식]

기능, 문체, 화용론

■ 참고문헌

· 권재일, 『언어학과 인문학』, 서울대출판부, 2001.
· 로만 야콥슨, 모리스 할레, 『언어의 토대: 구조 기능주의 입문』, 박여성 역, 문학과 지성사, 2009.
· 소두영, 「현대문체론의 특성과 기능」, 『불어불문학 연구』, vol. 8, no. 8, 1973.
· 이기웅, 「러시아 기능문체론에 관한 비판적 고찰」, 『러시아소비에트문학』, vol. 6, no. 0, 1995.
· 테리 이글턴, 『문학 이론 입문』, 김명환 외 역, 창작과비평사, 1989.
· Michael Alexander Kirkwood Halliday, *An Introduction to functional grammar,* Edward Arnold, 1985.
· Talbot J. Taylor, Michael Toolan, “Recent trends in stylistics”, *Journal of Literary Semantics, vol.* 13, 1984

기사체

F: journalisme, style journalistique *E:* journalese *D:* Journalismus

✻ 1. 객관성과 정보 제공을 목적으로 하는 신문, 잡지 기사문 고유의 문체
2. 신문 기사는 아니지만 신문 기사의 특징을 갖는 문체

Ⓐ

일반적으로 신문이나 잡지에 실리는 기사문 고유의 문체를 말하는 것으로, 저널리즘에서 사용되는 언어적 특성이라고 할 수 있다. 신문, 잡지의 기사는 사실 위주의 정보 제공을 위해 정보 전달의 효율성과 객관성을 최우선으로 삼으며, 사건에 대한 해석이나 주관적 평가, 감동은 중요하지 않거나 부차적인 것으로 간주된다.

일반적으로 기사는 대제목, 소제목 등의 형태로 도입 부분에 가장 중요한 사실을 적고, 첫 문장 또는 첫 단락에서 사건의 핵심 개요를 육하원칙에

따라 압축적으로 설명한 후, 두 번째 단락부터 사건 행위자 및 주요 정보원의 설명 및 증언을 인용하는 형태로 사건의 내용을 서술해 나가는 '역피라미드형' 구조를 가진다. 사건의 서술은 대개 평면적이고 설명적이다.

기사문의 목적은 기사의 내용과 시사점을 간결, 명확하게 이해시키는 것이기 때문에 기사문은 누구나 알 수 있는 쉽고 자연스런 글을 표방하며, 구어체와 간결하고 명확한 어휘를 선호한다. 또한 정형화된 특징을 가진다. 성별, 직업 등을 나타내는 수식어들을 선행시키는 문장 구성(25세 경기지역 회사원 김모 씨)이나 명사형 문장의 병치(병렬), 잦은 상투어구 사용 등이 그 특징이다.

최근에 이르러 '객관주의 저널리즘'에 근거한 역피라미드형 서술보다 감성과 주관적 시각을 되살리려는 '내러티브형 기사'가 증가하는 경향을 보인다. 내러티브형 기사는 첫 문장 또는 첫 단락을 사건과 연관된 개인의 시점에서 시작해 그 시점을 유지하며 사건을 진술한 뒤, 사건의 핵심으로 초점을 이동하는 형식을 취한다.

B

기사체를 의미하는 영어 표현 '저널리즈(journalese)'는 '신문, 잡지'를 의미하는 'journal'에 '~의 언어', '~ 식의, ~ 투의'라는 뜻의 접미어 '-ese'가 붙어서 이루어진 것인데, 이 접미어가 '~ 식의'라는 뜻으로 사용될 때는 보통 비하하는 의미가 있다. 일반인들이 잘 모르는 한자나 딱딱한 행정 용어들을 사용하는 어법을 'officialese'(관공서 용어, 관공서 어투)라 하는 것에서 볼 수 있듯이 '신문 기사 투'라는 표현에는 부정적 의미가 담겨 있다.

신문 기사들은 마감 시간에 쫓겨 쓰이는 경우가 많고, 시간과 생각을 절약하기 위해 심도 있는 추론이나 분석적 사고보다 피상적인 사고 또는 추리로 진행된다. 또한 지면의 제약을 받기 때문에 인위적이고 심하게 단축된 표현(over-abbreviated)이나 상투어를 주로 사용하고, 독자들에게 어필하기 위해 왜곡, 과장, 선정적 표현 등을 사용하는 특징도 있다. 이와 같은 특징을 갖는 어투에 대해 신문 기사 투라는 표현을 쓸 수 있다.

C

어떤 사실이나 사건에 관해 객관적으로 서술한 기록문학이나 보고문학, 즉 르포르타주(reportage, 약칭하여 '르포'라고도 함)의 문체를 일컫기도 한다.

서구에서 르포르타주는 저널리즘의 발달과 관계가 깊다. 17세기와 18세기의 정기 간행물들은 소수 독자들을 대상으로 한 문예지 성격이 강했다. 이런 정기 간행물들은 검열을 피해 갈 수 있다는 장점을 갖고 있어서 기고가들은 '개성 있는 형태로 불특정 독자와 교감하는 자유로운 어조'의 화법을 구사할 수 있었다.

유력 일간지와 대중매체들이 발달하는 19세기에는 신문, 잡지가 문학 시평(詩評)과 소설이 연재되는 공간이 되었으며, 작가들의 문학관과 정치관이 전달되는 장(場)이 되기도 했다. 드레퓌스 사건과 관련해 <로로르(L'Aurore)> 지에 실린 졸라(E. Zola)의 「나는 고발한다」는 시사 문제에 관한 작가의 참여가 두드러지는 대표적인 글이다. 20세기에 이르러 대중매체가 '제4의 권력'으로 부상하면서, 언론사 사주의 이념이나 언론사의 이해관계로부터 비교적 자유로울 수 있는 르포르타주가 발달한다.

르포르타주는 사회현상이나 사건, 시사 문제를 다큐멘터리 방식으로 충실히 기록하고 객관적으로 묘사해 대중에게 알린다. 원칙적으로 보고자의 주관이 배제되어야 하지만, 사회주의 이념에 입각한 혁명적 기록문학에서 볼 수 있듯이 현실의 객관적 묘사와 더불어 작가의 정치적 입장이 강하게 표명되기도 한다.

또한 르포르타주는 순수한 보도기사와 달리 사실성과 객관성을 담보로 하면서도 그것을 넘어서는 문학적 감동, 예술적 부가가치를 만들어 내고자 한다. 그렇지만 소설(픽션)이 갖는 자유분방한 상상력을 억제해야 한다는 점에서 본격 소설문학과 다르다. '사실에 뛰어들어 발견한 내면'이라는 점에서 르포르타주는 '자연주의가 소설에서 시도한 것을 신문, 잡지에 연장'시킨 것으로 볼 수 있다.

[김계영]

과장법, 구어, 구어체, 문체, 병렬, 서술, 시점, 장(場), 정형구, 클리셰(상투어), 픽션(허구)

참고문헌

· 강태호, 「기록문학과 기록 영화의 장르 특성 비교연구 - 독일의 르포문학과 르포 다큐멘터리를 중심으로」, 『독어교육』 43집, 2008년.

· Henri Mitterand, *Zola journaliste,* Armand Colin, 1962.

· Jean Sgard, "Les Lumières du journaliste ou le spectateur indiscret", *Beiträge Romanischen Philologie*, vol. 24, no. 2, 1985.

기상(奇想)

F: trait d'esprit *E:* conceit *D:* Einbildung

✻ 1. 르네상스와 17세기 초의 시적 관행으로 확장되고 고양된 은유의 양식

2. 자연 상태에서 서로 이질적인 두 사물이나 상황 사이에 아주 기발하고 때로는 비본질적일 정도로 모호한 유사성을 찾아내는 문학적 장치

Ⓐ

기상은 '개념'이나 '이미지'를 의미하는 라틴어 '컨셉투스(concepyus)'에서 유래해, 감각보다는 지적인 '상상력'과 '환상'을 가리키는 문학용어로 사용되다가 수사적 표현으로 발전했다.

기상의 영어 표현 '컨시트(conceit)'는 원래 14세기 후반 동사 '컨시븐(conceiven)'에서 파생한 명사로 '마음, 사고, 관념 속에 형성된 것'을 뜻했는데 1510년경에는 '공상 혹은 재치 있는 생각'을 가리키다가 1600년대에 이르러 '자만심(self-conceit)' 혹은 '허영'의 의미로 변했다.

한편 16, 17세기 영국 시인들이 '컨세토'(concetto, 개념concept에 가까운 의미)라는 이탈리아의 시적 장치를 수용함에 따라 기존 어휘 'conceit'는 새로이 '기상'이라는 문학적 의미를 얻게 되었다. 이 당시 기상은 특히 '기발한 재치'를 가리키다가 심화되는 모더니티 환경에서는 비난의 대상으로서 '기이한 시적 메타포'를 의미했다.

그러나 20세기에 들어서면서 다시 중립적 함의를 얻어 단순히 '르네상스와 17세기 초의 시적 관행으로 확장되고 고양된 은유의 양식'을 의미하는 문학용어가 됐다.

B

문학이 대체로 정교한 이미지나 메타포를 구사해 가능한 한 다양한 의미층을 형성하는 것이라면, 기상은 그 효과 측면에서 문학적 표현의 극단적인 예가 될 수 있다. 기상은 자연 상태에서 서로 이질적인 두 사물이나 상황 사이에 아주 기발하고 때로는 비본질적일 정도로 모호한 유사성을 찾아내는 문학적 장치다.

기상은 비교나 비유의 대상으로 외견상 무관한 이미지와 사상 혹은 정서를 때로는 인위적으로 병치, 조작하여 공유한 특성을 부각시켜 보다 이성적이고 논리적인 이해를 요구한다. 가령, 연못의 물을 거울에(그리스 신화), 연인을 여름날에(셰익스피어, 「소네트 18」), 감옥을 세계에(셰익스피어, 『리처드 2』), 얼음 덮인 정원을 연인과 결별한 화자의 꽁꽁 얼어붙은 심정에(존 던 John Donne), 사랑하는 사람을 커피 속 크림에(the cream in my coffee, 1920년대 대중음악) 견준다면, 이것들은 모두 기상에 해당될 수 있다.

이처럼 기상은 확장된 메타포로 유사성보다는 이질성이 두드러진 대상과 개념을 비관습적 방식으로 결합시키는 것이다. 그런 점에서 엘리엇(T.S. Eliot)은 기상을 모더니티가 진전되면서 사라진 (그래서 회복해야 할) 사상과 감정의 '통합된 감수성'의 전형으로 생각한다.

C

대체로 기상이 제시하는 두 비교대상 사이의 연관성은 현실에서는 거의 인지할 수 없기 때문에 시에 적용될 경우 복잡한 논리가 시 전체의 흐름을 지배한다. 즉 시의 기교 측면에서 의외성에 바탕한 은유적 비교를 이끌어 가는 정교한 논리 전개가 시의 중심을 이루게 되는 것이다. 반면 길이나 압운과 같은 형식 요소는 시의 구조에 따라 다양한 모습을 띨 수 있다.

기상은 본질적으로 그 신빙성보다는 기발함과 놀라운 재치에 의존하기 때문에 극단으로 흐르면 인위성이 지나쳐 억지스런 수사로 보일 수 있다. 또한 기상은 그 강렬한 효과를 노려 사실상 시대사조와 관계없이 구사되기 때문에 경우에 따라서는 진부한 느낌을 줄 수도 있다.

D

김동명의 시 「내 마음은 호수요」에서 "내 마음은 호수요"라는 첫 행은 기상을 잘 드러내고 있다. 여기서 호수는 은유지만, 단순한 은유에 머물지 않고 기발하고 흥미로운 관계를 만들어 낸다. 외견상 서로 이질적인 '마음'과 그 매개체 '호수' 사이의 거리는 정교한 평행관계 세우기를 요구하는 확장된 은유를 생산해 낸다.

이처럼 시에서 은유는 기상을 드러내기 위한 필요조건이다. 첫 행에서 기상을 사용하면 시의 전체적 흐름이 그 비유를 계속해서 유지한다는 점에서 효과적이다. 첫 행에서 내 마음이 호수가 되면 자연스럽게 "그대 노저어 오오"라고 요구하고 "나는 그대의 흰 그림자를 안고/ 옥같이 그대의 뱃전에/ 부서지리다"라는 크고 작은 비유를 계속 이어갈 수 있다(김동명, 「내 마음은 호수요」). '호수'와 '마음'을 연결시키는 기상은 시의 길이, 압운, 운율, 구조 등과는 직접적인 관련이 없지만 시의 논리를 형성하는 데 매우 중요하다.

이처럼 기상은 신빙성보다 기발함이 두드러진 비유다. 그렇기 때문에 두 대상 혹은 상황 사이의 이질성이 강하게 의식되면서도 유사성 또한 수긍할 수 있는 비유는 기상이 되는 것이다.

[외부집필-김태철]

상상력, 운율, 은유, 이미지

참고문헌

· Alex Preminger, Terry Brogan et al. (eds.), *The New Princeton encyclopedia of poetry and poetics*, Princeton UP, 1993.
· Helen Garner, *The Metaphysical poets*, Oxford UP, 1961.
· Kenneth Knowles Ruthven, *The Conceit*, *critical idiom* series 4, Methuen, 1969.
· Samuel Johnson, "Life of Cowley", Roger Lonsdale, John Mullan (Ed.), *The Lives of the poets: A Selection*, Oxford UP, 2009.
· Thomas Stearns Eliot, "The Metaphysical poets" *Selected essays*, Faber, 1972.

기호분석

F: sémanalyse *E:* semanalysis *D:* Semanalyse

✻ 언어의 구조와 논리 체계 심층에 내재하는 무의식적 현상들의 고유한 생성 메커니즘을 밝히는 이론

A

크리스테바(J. Kristeva)의 기호분석은 소쉬르(F. de Saussure)와 바르트(R. Barthes) 이후 정립된 기호학과 관련되는 동시에 대비적이다. 기호분석은 랑그와 파롤, 시니피앙과 시니피에 등의 이분법에 의한 기호학적 모델에 대한 비판에서 비롯하여 전통적인 기호학의 원칙 그 자체를 재조명한다.

크리스테바는 무엇보다 기호학이 모든 유형의 언어 현상을 종합적으로 설명할 수 있어야 한다고 주장한다. 따라서 일상 언어나 좁게는 문학 언어에만 국한되는 기호학의 범위가 한 사회에서 일어나는 온갖 방식의 의미적 실천(pratique signifiante), 다시 말해 언어가 작용하는 모든 담화체계를 포괄해야 한다고 설명한다.

그리하여 크리스테바는 닫힌 체계로서의 기호학이 아니라 끊임없는 의미 생성 과정으로서의 기호분석을 주창한다.

B

의미 생성 과정으로서의 기호분석은 크리스테바가 기호학과 정신분석학을 결합하여 주창한 학문이다. 'sémanalyse'는 기호를 의미하는 'sém'과 정신분석을 의미하는 'analyse(크리스테바는 일반적으로 'analyse(분석)'라는 말을 'psychanalyse(정신분석)'와 동의어로 사용)'의 합성어다.

소쉬르의 기호학은 커뮤니케이션의 일반 문법을 정립하고자 했고, 바르트의 기호학은 사회적 신화 뒤에 숨은 코드, 말하자면 허구적 실체를 밝히고자 했다. 하지만 의식 저변의 역동적이고 생성적인 무의식에 천착하는 정신분석학을 근간으로 하는 크리스테바의 기호분석은 '언어의 구조와 논리 체계 심층에 내재하는 무의식적 현상들의 고유한 생성 메커니즘을 밝히고자 하는 이론'이다.

C

의미 분석에서 언어는 세 표상 층위로 나뉜다. 첫째는 언어 표상의 층위로 단어, 구문 등 형식적이고 외형적 층위다. 둘째는 사물 표상의 층위로 실제와 의미 세계에서의 지시대상의 층위다. 셋째는 '정동(affect: 갑작스럽고 일시적인 감정으로 극히 유쾌하거나 불쾌한 양극단적인 속성을 띠며, 라캉은 정동을 궁극적으로 불안의 발현으로 봄)' 표상의 층위로 무의식적인 전치(displacement)와 압축(condensation)의 이중 과정에 따른 층위다. 전치란 감정이 본래 대상을 연상시키는 다른 대상으로 옮겨가는 현상을 가리키는 것으로 야콥슨이 말하는 환유에 상응하며, 압축이란 심적 유사성을 따라 하나의 감정 요소가 여러 양태로 반복되거나 여러 감정 요소가 한 양태로 응축되는 현상으로서 야콥슨이 말하는 은유에 상응하는 것이다. 이 세 번째 정동 표상은 무의식적인 말실수나 꿈 등의 언어 또는 문체라고 할 수 있다.

D

크리스테바는 특히 무의식적인 정동 표상 층위를 세미오틱(le sémiotique)이라 칭하며 의식에 따른 언어 표상 층위인 생볼릭(le symbolique)과 대비적으로 설명한다. 라캉의 관점에서 생볼릭은 상징계에, 세미오틱은 거울 단계를 근간으로 하는 상상계에 상응한다고 할 수 있으나, 크리스테바는 이미 상상계 단계에서 유아의 언어 작용이 태동하는 것으로 보기 때문에, 상상계에도 기본적으로 생볼릭의 속성이 얽혀 있다고 설명한다.

결국 세미오틱은 언어로 표상 불가능한 것으로 간주되던 삶과 죽음의 충동, 오이디푸스콤플렉스, 나르시시즘, 우울증, 향락(주이상스) 등 무의식적 욕망들의 생성 양태를 드러내는 언어 또는 문체라고 할 수 있다. 크리스테바는 세미오틱의 관점에서 네르발, 로트레아몽, 말라르메와 같은 아방가르드적인 시인들의 불가해한 시적 문체를 기호분석 한 바 있다.

[류은영]

담화(담론), 문체, 상상계, 상징계, 오이디푸스콤플렉스, 은유, 주이상스, 지시(관계)/지시대상, 코드(약호), 환유

■ 참고문헌

· Julia Kristeva, *Semeiotiké. Recherches pour une sémanalyse*, Seuil, 1969.

끼워넣기

F: emboîtement *E:* embedding *D:* Einbettung

✳ 1. **교체, 링킹과 함께 하나 또는 복수의 서술 층위에서 진술되는 일련의 서사 시퀀스를 결합하는 기본적인 세 양식 가운데 하나**
2. **한 시퀀스가 후속하는 다른 시퀀스 속에 끼어들어 결합을 이루는 양식**

끼워넣기는 '교체, 링킹과 함께 하나 또는 복수의 서술 층위에서 진술되는 일련의 서사 시퀀스를 결합하는 기본적인 세 양식 가운데 하나'다. 시퀀스는 문장이나 문단 또는 그 이상의 단위로 진술된 서사적 상황 내지 사건으로서 서사의 구성단위를 이루며 서로 일련의 결합을 통해 서사를 구성한다.

끼워넣기는 하나 이상의 서술 층위에서 진술되는 일련의 서사 시퀀스를 결합하고, 또한 한 시퀀스에 다른 시퀀스가 후속하여 서사적 결합을 이룬다는 점에서 교체나 링킹과 유사하나 구별되어야 한다. 끼워넣기는 '한 시퀀스가 후속하는 다른 시퀀스 속에 끼어들어 결합을 이루는 양식'이라는 점에서 다르다. 짧은 문장 단위로 이뤄진 끼워넣기의 예를 하나 살펴보자. '존은 행복하고 메리는 불행했다. 메리는 피터를 만나 행복해졌다. 존은 로라를 만나 불행해졌다'라는 서사는 '존은 행복했다. 존은 로라를 만

나 불행해졌다'라는 시퀀스 속에 '메리는 불행했다. 메리는 피터를 만나 행복해졌다'라는 시퀀스를 끼워넣기 한 서사라고 할 수 있다.

[류은영]

교체, 링킹(연결), 서사, 서술, 시퀀스

참고문헌

· Claude Brémond, *Logique du récit*, Seuil, 1973.

· Gerald Prince, *Narratology: The Form and functioning of narrative,* Mouton, 1982.

· Tzvetan Todorov, "Les Catégories du récit littéraire", *Communication*, no. 8, 1966.

ㄴ

남유(법)

F: catachrèse *E:* catachresis *D:* Katachrese

✵ 말의 오용 또는 오어(誤語)를 뜻하는 문채로, 필요에 의해서 부득이 사용하게 되는 언어 사용법

Ⓐ

남유(濫喩)법은 어원적으로는 '오용' 또는 '자의적 사용'을 뜻하는 그리스어 'katákhrêsis'에서 온 말로 어색하게 뒤섞인 혼합 은유(mixed metaphor)나 암시적인 은유(implicit metaphor)에서 흔히 나타나는 일탈의 문채다. 고대 로마의 수사학자 퀸틸리아누스는 이를 '필요한 말의 오용'이라고 불렀다. 베르길리우스의 장편 서사시 〈아이네이스Aeneis〉에 나오는 '팔라스의 신술로 말(馬)을 지었다'의 표현에서 '집을 지었다'를 '말(馬)을 지었다'로 사용한 것이 대표적인 남유의 예다.

Ⓑ

프랑스어에서 '트롬본(trombone)'은 본래 의미로 '관악기'를 가리키지만, 비유 의미로는 '관악기 취주자'를 뜻하기도 한다. 또한 '트롬본'은 '클립(영: paper clip, 프: agrafe à papier)'을 은유하기도 한다. 후자의 경우에 'trombone'은 본래 의미로 대체될 수 없으며, 문맥 속에서 의미적 뒤틀림 현상을 야기하는 은유적 어원도 가지고 있지 않다.

뒤마르세(Ch. Dumarsais)는 “남유는 다른 모든 문채를 지배하는 것”이라고 말하면서 남유(법)를 본래 의미와 비유 의미보다 더 확장된 광의의 의미로 받아들이고 있다. 그가 제시한 남용의 예로는 ‘나뭇잎(feuilles des plantes)’의 ‘잎(feuille)’처럼 납작하고 가느다란 사물의 의미가 확장되거나 그 모양을 모방해서 사용된 ‘종잇장(feuille de papier)’ ‘양철판(feuille de fer-blanc)’ 등이다.

퐁타니에(P. Fontanier)도 은유와 남유를 대립시키면서 명확하게 구분한다. 남유는 일종의 언어학적 현상으로 지시 기능의 확장으로 생각해야 하기 때문이다. 그는 남유(법)을 “부득이하고 필요에 의한 사용”으로 정의하고, 그러한 예로 ‘책상다리(the leg of the table)’ ‘풍차의 날개’ ‘못 대가리’ 등을 들고 있다. 이러한 표현들에서 볼 수 있듯이 ‘다리’, ‘날개’ ‘대가리(혹은 머리)’는 살아 있는 동물에게나 있는 것이지만, 본래 ‘다리’(밥상다리, 술상 다리) ‘날개’(비행기의 날개) ‘대가리’(콩나물 대가리, 멸치 대가리) 이외의 이름이 없으며, 그 표현 이외에 다른 어떤 낱말로도 대체할 수 없기 때문에 남유가 생기는 것이다.

리쾨르(P. Ricoeur)가 “일반적으로 사용되는 은유(metaphor in common use)”라고 말한 것은 흔히 남유를 가리킨다. ‘책상 다리’라든가 ‘자동차가 달린다’와 같은 은유는 이를 대체할 원래의 어휘가 없기 때문에 인위적으로 만들어진 후 일반화하여 사용되는 은유다. 이러한 은유는 은유이기는 하지만 우리 의식 속에서 이미 은유의 기능을 수행하지 않기에 문채가 되지 않는다.

C

남유법은 서로 상충되는 언어 코드를 구축하며, 언어와 이미지를 일반적 맥락에서 해체하여 무작위적이고 비계획적으로 늘어놓는 방법이다. 예를 들어, “고통의 바다에 무기를 들고 저항하다”(셰익스피어), “목양자(牧羊者)의 지팡이를 들 줄도 모르는 눈먼 입들!”(밀턴)과 같은 표현에서 사람이 무기를 들고 바다와 싸울 수 없음은 물론이고, 입이 눈멀 수 없으며, 더욱이 입으로 지팡이를 들 수 없음은 명백하다. 이러한 예문에서 나타나는 것처럼, 남유는 은유, 환유, 제유 등에 어색하게 뒤섞여 적절하지 않거나 암시적인 문채로 간주될 때에는 의미의 혼란을 일으키기도 하지만, 대부분의 경우 아주 의도적으로 사용되어 우스꽝스럽고 해학적인 문체 효과를 낳는다.

이러한 남유법의 문체는 과격한 은유성, 즉 결합될 수 없는 통사적 에너지에 의해 결합하는 언어 실험이며, 더 나아가 기존의 상식이나 진리의 개념을 뛰어넘고 그것을 파괴하는 포스트모더니스트들의 해체 전략과 상당부분 유사하다. 이와 같은 남유의 의도적 사용은 문학 시공간의 암묵적인 자기동일성의 파괴를 증명하는 '문체와 장르의 혼합'이라는 또 다른 포스트모더니즘 현상을 낳으며, 더 나아가 텍스트를 무한한 상호 텍스트로 채우는 작가들의 텍스트 전략의 근거가 된다.

[이종오]

문채, 문체, 은유

참고문헌

· 김현 편, 『수사학』, 문학과지성사, 1985.
· 정기철, 『상징, 은유 그리고 이야기』, 문예출판사, 2002.
· Charles Dumarsais, *Des Tropes ou des différents sens*, Flammarion, 1988.
· Pierre Fontanier, *Les Figures du discours*, Flammarion, 1968.

낯설게하기

F: défamiliarisation *E:* defamiliarization *D:* Verfremdung

✻ 1. 대상을 일상적인 지각의 영역에서 새로운 지각의 영역으로 이동시켜 의미의 전환을 가져다주는 문학예술 기법

2. 연극에서 현실의 친숙한 것을 낯설게 만들고, 등장인물과 관객 사이의 감정적 교류를 방해하는 서사 기법

A

러시아형식주의 선언문으로 평가되는 「기법으로서의 예술」(1917)에서 슈클로프스키가 주창한 용어로, 러시아형식주의자들과 프라하학파 언어학자들이 널리 사용했으며, 체코의 얀 무카로프스키는 '전경화'라는 개념으로 발전시킨다. 브레히트는 이 용어를 연극에 수용해 다른 관점으로 사용한다.

슈클로프스키는 예술과 예술의 목적에 대해 "삶의 감각을 되돌려 사물을 느끼게 하기 위하여, 돌을 돌답게 하기 위하여 존재하는 것이 예술이다. 예술의 목적은 인식이 아니라 보는 것으로 사물을 느끼게 하는 것이다"라고 말한다. 이를테면 예술은 지각의 자동화에서 벗어나, 대상에 대한 지각을 오래 연장시켜야 하고, 시각화된 지각을 통해 대상을 낯설게 만들어야 하는 기법인 것이다. 그러므로 예술에서 낯설게하기 기법은 대상에 대한 일상적이고 습관적인 반응과 새로운 지각 간의 대립관계에서, 자동화된 기계적 인식과 탈자동화된 새로운 인식 간의 대립관계에서 생성되는 것이다.

슈클로프스키에 의하면, 우리는 일상생활에서 마주치는 사물들을 보고 있다고 생각하지만 사실은 보지 못하고 대응할 뿐이다. 그러므로 예술은 이러한 대상을 우리가 알고 있는 방식대로가 아니라, 우리가 새롭게 느끼는 방식으로 담아내야 한다는 목적을 갖고 있는 것이다.

낯설게하기 기법은 대상을 이상하고 기묘한 것으로 왜곡시켜 이해하기 힘들게 하고 지각의 시간을 연장시키지만, 바로 이러한 지각 과정을 미학의 목적으로 만들어 주는 것이다.

슈클로프스키는 자동화한 언어와 의식으로부터 이탈하고자 하는 낯설게하기 기법을 주로 톨스토이의 작품을 통해 예시한다. 예컨대, 톨스토이는 『말(Kholstomer)』에서 화자를 말(馬)로 설정하고 말의 시각에서 인간의 사유재산제도에 대해 이야기하게 함으로써 인간의 습관적이고 자동화한 시각을 낯설게 만든다. 이를 통해 기존의 도덕적 가치관은 다른 관점에서 제시되고, 나아가 새로운 이데올로기가 구축된다.

그런데 슈클로프스키는 이러한 낯설게하기 기법을 톨스토이 작품의 고유한 특성이 아니라 문학작품에 편재하는 일반적인 속성이라고 말한다. 요컨대 낯설게하기 기법은 대상을 일상적인 지각의 영역에서 새로운 지각의 영역으로 이동시켜 의미의 전환을 가져다주는 예술적 방법이라는 것이다.

B

브레히트는 "알려져 있는 것은, 바로 그 알려져 있다는 사실 때문에 인식되지 않는다"는 헤겔의 철학적 사유를 낯설게하기 기법의 출발점으로 삼고, 낯설게하기를 "묘사되는 대상에 관심을 집중시키는 방법이며, 그 대상을 흥미롭게 만드는 방식"이라고 정의한다.

연극의 교육적인 측면을 중시한 브레히트는 관객이 수동적으로 참여하는 고전적 연극 방식을 거부하고, 의도적으로 관객이 배우와 거리를 두게 한다. 왜냐하면 아리스토텔레스극이라 통칭되는 기존의 연극은 상연되는 가상현실에 관객이 감정이입을 통해 몰입하기를 요구하지만, 그 기존의 연극을 통해서는 관객이 현실을 비판할 수 있는 시각을 이끌어 낼 수 없다고 판단했기 때문이다.

브레히트의 낯설게하기는 서구의 전통적 예술론인 아리스토텔레스의 『시학』 비판에서 시작된다고 볼 수 있다. 그 비판의 중심은 시학의 핵심이라 할 수 있는 '감정이입'이다. 그러므로 낯설게하기는 감정이입에 대립되는 개념이라 할 수 있다. 즉 낯설게하기는 기존 연극이 관객에게 요구하는 극 속의 비현실적인 세계에의 몰입을 부정하는 방법이다.

기존 연극이 관객이 연극을 실제처럼 느끼도록 무대와 인물을 재현하려고 한다면, 낯설게하기 기법은 관객에게 극장 안에 앉아 있다는 사실을 잊지 않도록 끊임없이 각성시키고, 연극에서 진행되는 사건을 거리를 두고 비판적으로 바라보는 태도를 갖게 하려는 데 목적이 있다.

무대적 행위와 거리를 둔다는 의미에서 '소격효과(alienation effect)'라고도 불리는 낯설게하기는 브레히트에게 궁극적으로 세상에 존재하는 이원적 구조에 대한 인식을 부각시키면서 그 이원적 구조를 인식시키기 위한 것이다. 낯설게하기로 실현한 연극을 브레히트는 '서사적 연극(서사극)'이라고 불러 기존의 '희곡적 연극'과 차별화한다.

[문재은]

러시아형식주의, 서사, 자동화, 전경화(前景化)

참고문헌

· 김희숙, 「연극에서의 '낯설게하기'」, 『노어노문학』 10권 2호, 한국노어노문학회, 1998.
· 라만 셀든, 『현대문학이론』, 윤홍로 외 역, 종로서적, 1987.
· 베르톨트 브레히트, 『즐거운 비판』, 서경하 편역, 솔, 1996.
· 이덕형, 권철근, 김희숙, 『러시아형식주의』, 한국외국어대학교출판부, 2001.
· 함영준, 「'낯설게하기' 기법의 낯설게하기」, 『노어노문학』 10권 2호, 한국노어노문학회, 1998.

내적 독백

F: monologue intérieur　*E:* interior monologue　*D:* innerer Monolog

✳ 1. 발화되지 않은 독백으로 서사문학에서 간섭하는 서술자의 개입 없이 인물의

발화되지 않은 생각들의 직접적이고 즉각적인 제시
2. 근대소설에서 인물의 내적 삶을 재현하는 서사 기법

A

숄즈(R. Scholes)와 켈로그(R. Kellogg)에 의하면 내적 독백은 '발화되지 않은 독백'과 동의어이며 '서사문학에서 간섭하는 서술자의 개입 없이 인물의 발화되지 않은 생각들의 직접적이고 즉각적인 제시(표현)'이고, '근대소설에서 인물의 내적 삶을 재현하는 서사 기법'이다.

내적 독백은 고대 작가들의 작품 속에서도 종종 발견되지만, 19세기 말 소설 장르에서 구체적으로 실현되었다. 뒤마 페르(A. Dumas père)가 처음으로 내적 독백이란 용어를 사용했고, 뒤자르댕(E, Dujardin)의 『월계수는 베이었다(Les lauriers sont coupés)』와 슈니츨러(A. Schnitzler)의 『구스틀 소위(Leutnant Gustl)』가 문학사에서 그 범례로 항상 언급된다. 이 작품들은 작품 전체가 내적 독백으로 이루어져 있다. 그런데 내적 독백은 서술 대상을 오직 인물의 내면세계로 한정하기 때문에 텍스트의 다양성과 다성을 크게 감소시킨다. 그 결과 이 기법의 한계가 곧 드러나게 됐다.

서사 장르의 장점은 넓은 범위의 대상을 다층적으로 서술할 수 있다는 데 있다. 그런데 소설이 단순히 내면의 움직임이나 의식의 흐름만을 묘사한다면 작품의 줄거리는 단조로워지고 내용과 소재는 빈약해질 수밖에 없다. 그렇기 때문에 20세기의 많은 작가들은 텍스트 전체를 내적 독백으로 구성하는 극단적인 시도 대신 소설 속에 독백을 적절하게 삽입하는 유연한 구성을 선호하게 된다. 이러한 변화는 언어적, 문체적 관점에서 볼 때 서사 텍스트에 내적 독백이 통합됐거나 동화된 것으로 설명할 수 있다.

B

확장된 '자유직접사고(free direct thought)'라고 할 수 있는 내적 독백은 다음과 같은 기본적 형태를 가진다. 첫째, 등장인물의 자기 언급은 어

떤 것이든 일인칭이다. 둘째, 현재의 담론 순간은 이야기의 순간과 같다. 그러므로 현재의 순간을 언급하는 모든 술어는 현재 시제를 취한다. 이것은 과거 시간을 묘사하는 '서사적 현재'가 아니라 행위의 동시간대를 언급하는 실제적 현재다. 셋째, 언어(어투, 관용구, 단어나 문장의 선택)는 화자가 그 외의 곳에 끼어들든 아니든 등장인물의 그것과 동일한 것이다. 서사적 말하기에서 등장인물의 개인적인 어투·태도·습관은 서사적 의미와 진실임직함(핍진성)의 문제에 중대한 영향을 끼치기 때문에 이 같은 '자유직접화법(free direct style)'이 도입된다. 넷째, 등장인물의 모든 경험에 대한 암시는 그 인물의 생각 속에서 필요로 하는 것 이상의 설명을 제시하지 않는다. 다섯째, 내적 독백을 하는 자신 이외에는 어떠한 청자도 설정되지 않으며, 청자의 무지, 해석의 필요성을 고려하지 않는다.

C

내적 독백과 비슷하게 쓰이는 용어로 '의식의 흐름(stream of consciousness)'이 있다. 내적 독백이 프랑스어 'monologue intérieur'의 번역 용어인 반면, 의식의 흐름은 제임스(W. James)의 『심리학의 원리』에서 처음 사용되어, 이후 영미권의 문학 논의에서 정착된 용어다. 이 두 용어는 구별 없이 쓰이기도 하지만 크게 다음과 같은 두 가지 측면에서 구별될 수 있다.

첫째, 의식의 흐름은 제재(題材)이고 내적 독백은 그것을 표현하는 기법이다. 내적 독백의 기법으로 의식의 흐름을 그린다고 말할 때 이런 구분을 따른 것이다. 프루스트의 『잃어버린 시간을 찾아서』는 의식의 흐름에 대한 것이지만 내적 독백 기법은 쓰이지 않았다.

두 번째 차이는 두 용어를 다 표현의 기법으로 본다는 점에서 그 차이는 첫 번째 차이보다 덜 근본적이다. 서술자의 개입 없이 인물의 생각을 녹음하여 바로 들려주듯이 '직접' 표현한다는 점에서 두 기법은 공통점을 지니지만 다음과 같은 차이점이 있다. 내적 독백은 스스로에게 침묵으로 말하는, 마음속에 이미 언어적 형태로 존재하는 사고 내용에 대한 기술에 한정되고, 구문을 통해 나타난다. 반면에 의식의 흐름은 지각 내용이 비언어적이기 때문에 서사구조는 비언어적 표현을 요구한다. 다시 말해 의식의 흐름은 구문을 넘어서서 문법, 통사, 논리 등을 무시한다.

[문재은]

다성, 진실임직함

참고문헌

· 라영균, 「독백의 서사구조」, 『독어교육』 37권, 한국독어독문학교육학회, 1998.
· 로버트 숄즈, 로버트 켈로그, 『서사의 본질』, 임병권 역, 예림기획, 2001.
· 시모어 채트먼, 『이야기와 담론』, 한용환, 푸른사상, 2006.
· 오윤호, 『현대소설의 서사 기법』, 김우창 외 역, 예림기획, 2005.
· Henri Bénac, *Guide des idées littéraires*, Hachette, 1991.

내포

F: connotation *E:* connotation *D:* Konnotation

✵ 1. 논리학에서 어떤 개념의 내용이 되는 여러 가지 속성을 가리키는 용어
2. 문체론, 문학, 시 등에서는 단어의 기본적인 의미를 벗어나 그 단어가 보통 암시하거나 함축하는 2차적 혹은 연합적인 의미나 감정의 영역

A

내포(connotation)와 외연(dénotation)의 대립 개념은 스콜라 논리학에서 빌려온 개념이다. 스콜라 논리학에서는 하나의 개념에 대한 정의를 나열에 의한 정의(외연)와 의미 내용에 의한 정의(내포)로 나누었다. 내포란 하나의 개념이 적용되는 범위(총체적으로 '외연'이라고 불리는)에 속하는 여러 사물이 공통적으로 가지고 있는 어떤 필연적 성질의 전체를 가리킨다.

논리학에서 내포와 외연은 보통 반비례로 증감한다. 이를테면 '학자'라는 개념은 철학가, 문인, 과학자, 경제학자 등의 온갖 종류를 그 외연에 포괄하는데, 학자라는 개념의 내포에 '철학을 연구하는'이라는 성질을 더하여 '철학가'라는 개념으로 한정하면 내포는 그만큼 증가하지만 한편으로는 문인, 과학자들이 제외되므로 외연은 반대로 감소하게 된다.

근대 논리학에서는 명사에 대해서뿐만 아니라 명제(命題)에 대해서도 내포와 외연을 정의한다. 어떤 명제가 주장하는 '경우의 집합'을 그 명제의 외연이라고 생각한다면, 그 의미 즉 '주장하는 내용'은 내포라고 할 수 있다.

언어학의 내포, 외연 개념은 논리학의 이런 이가(二價) 개념을 문체론, 문학, 시 등의 내포 개념으로 연결하는 매개체적 성격을 띠고 있다. 언어학에서 내포는 상황이나 문맥에 따라 해당 단어나 언술의 일상적 의미에 첨가되는 특별한 의미를 뜻한다.

우선 외연을 한 용어의 의미에 대해 어떤 언어공동체가 합의한 대상 전체라고 정의할 수 있다. '빨간색'은 프랑스어 공동체에서 파장의 길이에 의해 정의될 수 있는 정확히 구분되는 하나의 색이다. 이때 내포는 프랑스어 공동체 내에 존재하는 개인이나 그룹이 이 '빨간색'에 대해 갖고 있는 개별적인 의미(의미작용, signification)를 가리킨다.

'빨간색'의 정치적 내포는 모든 프랑스어권 공동체에서 동일하지 않을 것이다. 어떤 공동체는 '빨간색'을 '위험'에, 다른 공동체는 '빨갱이(공산주의자)'에 연결시키는 등 그 내포가 다양할 것이다. 다시 말해 '빨간색'의 외연적 기능만 언어학적이 되고(소쉬르의 기호이론 범주 내에서), 내포의 놀이는 랑그의 수준을 벗어나버린다.

내포를 정의할 때 해당 용어의 감정적 내용이 자주 언급된다. 용어에 의해 상징화된 문화적 사건이 그 외연을 제공하는 반면, 주어진 문화 내에서 느껴지고 그 문화에 의해 만들어진 해당 용어의 감정적 내용은 내포적 의미의 근간이 된다. 언주(sujet parlant)의 존재 자체는 모든 용어가 내포적 의미를 갖고 있다는 사실을 함축하고 있다.

B

문체론, 시, 문학, 의미론 등에서는 외연보다 내포가 더 중요하다. 사전에 정의된 의미가 외연이면 내포는 그 낱말이 독자에게 불러일으키는 정서적 반응, 암시나 연상, 함축의 결과로 생기는 반응 등을 포함하여 낱말의 소리가 일으키는 연상, 낱말의 상징적 의미가 일으키는 여러 가지 반응을 포함한다. 즉, 내포는 낱말이 초(超)논리적으로 사용된 결과를 의미한다.

예를 들어 한용운의 시에 자주 쓰이는 '님'은 화자와의 어떤 관계를 읊은 것으로, 님에 대한 그리움, 사랑, 희생 또는 깨달음 등이 주된 내용이다. 따라서 '님'은 조국 또는 부처라는 단일의미로 해석될 수 없는 복합성을 띠고 있으며, 동시에 여러 가지 다른 뜻을 나타내거나 암시하기 때문에 내포의 의미를 갖추고 있다.

외연에 대립되는 내포는 기의(signifié)의 제2 구성 성분이다. 과학 담론에서는 거의 드러나지 않거나, 일반 담론에서는 다양한 형태로 등장하며, 논증적, 정감적 담론에서는 지배적으로 극대화되어 드러나는 내포적 가치는 문학에서 매우 중요하다.

그런데 내포는 복합적이고 가변적인 총체다. 그러므로 차라리 내포적 가치들에 대해 살펴보는 것이 더 바람직하다. 상당수의 내포적 가치들은 '좋은-나쁜', '호의적인-비방적인', '큰-작은' 등과 같은 가치론적 척도에서 작동하고 있다.

예: 빌라 - 오두막집, 저택 - 작은 집

이런 척도는 언어적 층위에서 드러나는 계층성에 일치하기도 한다.

예:	저급	중급	고급
	그가 꽥 했다.	그가 죽었다.	그가 운명했다.

또 다른 내포적 가치들은 우리가 흔히 언어사용역(혹은 어상)이라고 부르는 사회문화적 연상들을 지시한다.

예:		
	그가 운전미숙으로 사망했다.	(행정용어)
	엔진오일이 바닥나고 머플러가 터졌다.	(기술용어)
	사뿐히 즈려 밟고 가시옵소서.	(문학의 정감적 용어)

일반적으로 언어사용역의 내포들은 항상 유표적(marked)이다. 가치론적 척도의 내포들은 우연적으로만 유표적이다(가치론적 척도의 내포들은 흔히 중립적이다).

그러나 내포적 가치들은 발화의 조작과 수용의 돌발성을 포함한 모든 문맥 시스템에 본질적으로 의존하고 있다. 내포적 가치들은 결과적으로 가장 광범위한 의미적 환기로 충만한 '첨가된 모든 가치'이며 지극히 가변적이다.

문맥에 따라 '석유', '불', '계급투쟁' 같은 어휘들에 '첨가된 모든 가치'인 내포 시스템은 매우 다양한, 심지어 대립적인 가치론적 평가를 전달할 수 있고, 고유한 연상적 교직에 의해 완전히 이질적인 의미를 표시할 수도 있다. 그리고 문장의 특성소들(Caractérisants)은 연상놀이에 의해 어휘에 근거하는 정보의 외연을 변질시킬 수도 있다.

[고광식]

외연

참고문헌

· 박성창, 『수사학과 현대프랑스 문화이론』, 서울대출판부, 2002.
· 이종오, 『문체론』, 살림, 2006.

네그리튀르

F: négriture *E:* negriture *D:* négriture

✳ **흑인 작가들이 흑인의 정체성을 드러내기 위해 프랑스어나 영어 같은 과거 식민 종주국의 언어를 변형해 사용하는 글쓰기**

Ⓐ

네그리튀르는 블라세르(C. Blacère)가 만든 신조어로 흑인이라는 의미의 프랑스어 '네그르(nègre)'와 글쓰기를 뜻하는 프랑스어 '에크리튀르(écriture)'를 합성하여 만든 단어다.

식민 지배 아래, 혹은 그 이후에도 자신의 언어를 사용하지 못하고 서구 식민 종주국의 언어를 사용해야만 하는 흑인 작가들이 서구 언어를 해체, 변형하거나 때로는 아프리카 언어식으로 바꾸는 시도를 한다. 이는 궁극적으로는 흑인으로서의 자아 정체성을 확인함과 동시에 식민 종주국과의 종속관계를 전복하려는 데 목적이 있다.

네그리튀르는 서구의 식민 지배를 받았던 모든 흑인 작가들의 글쓰기를 포함하지만, 블라세르는 특히 프랑스의 식민 지배를 받았던 아프리카 혹은 카리브 지역의 흑인 작가들의 글쓰기에 주목한다.

Ⓑ

프랑스의 식민 지배를 받던 시절, 식민지 흑인 작가들은 문법에 맞는 정확한 프랑스어 사용을 작가가 지녀야 할 가장 중요한 자격 조건의 하나로 생각했다. 사회적으로도 프랑스어 배우기를 출세의 첫걸음으로 여기던 분위기에서 흑인 작가들은 교과서적인 프랑스어 사용에 관심을 갖는다.

그러나 민족주의가 발흥하던 1950년대 이후 흑인 작가들의 글쓰기에 변화가 생긴다. 흑인 작가들은 자신들이 아프리카 언어가 아닌 식민 종주국의 언어를 사용하다는 점을 돌이켜 보게 된다. 특히 대부분의 아프리카 국가들이 독립한 1960년 이후 식민 종주국의 언어에서 벗어나려는 경향은 더욱 거세진다. 그러나 현실적으로 식민 종주국의 언어를 완전히 버릴 수 없는 상황에서 작가들은 그 언어의 권위에 흠집을 냄으로써 흑인 정신을 고양하려는 시도를 본격적으로 시작한다.

C

코트디부아르 작가 쿠루마(A. Kourouma)는 프랑스어에 대한 훼손과 도전을 전면에 내세운 작가다. 1968년에 나온 첫 소설 『독립의 태양들(Les Soleils des indépendances)』부터 쿠루마는 지속적으로 자신의 아프리카 모국어인 말린케어를 작품 곳곳에서 사용함과 동시에, 프랑스어를 부수고 비트는 시도를 한다. 쿠루마는 프랑스어는 라틴어에 뿌리를 둔 것으로 서구 사고에는 맞을지 모르지만 흑인의 감성을 표현하는 데에는 적합하지 않다고 말한다.

아프리카의 정신과 본질을 언어 사용에서 찾고자 하는 작업은 콩고 작가 탄시(S.L, Tansi)에게서도 쉽게 찾아볼 수 있다. 탄시 역시 프랑스어 규범과 문법에서 벗어나 자유로운 글쓰기를 시도한다. 그는 프랑스어라는 질서 잡힌 언어 대신 아프리카 특유의 열정과 격렬한 리듬을 언어로 표출하고자 노력한다. 흔히 '열대성(熱帶性)'이라 부르는 그의 글쓰기는 프랑스어의 이성주의를 상상력의 빈곤으로 치부하고 자신의 글쓰기에 뜨겁고도 현장성 넘치는 상상력을 부여한다. 그의 언어에 길거리 민중들이 사용하는 언어가 횡행하는 것은 바로 이 때문이다.

D

네그리튀르는 다양한 문화가 만나서 빚어내는 문화 혼종성의 글쓰기지만 그 양상은 평온하지 않다. 식민 지배 시절 사용해야 했던 식민 종주국의 언어를 아직도 사용해야만 하는 흑인 작가들의 어둡고 고통스런 현실을 담고 있기 때문이다.

또한 유럽 열강들이 식민지 지배에 사용했던 정신적, 문화적 무기인 언어를 피식민지 작가들이 이용하여 거꾸로 식민 종주국을 되받아친다는 점에서 네그리튀르는 탈식민주의의 특징 중 하나인 전복적(顚覆的) 성격을 잘 보여준다고 할 수 있다.

E

그러나 식민 종주국의 언어를 변화시키고 아프리카 특성에 맞게 바꾸려는 작가들의 의도가 항상 성공하는 것은 아니다. 언어의 파괴가 지나치면 독해가 어려워질 정도로 혼돈스러워지고, 때로는 작가 자신만이 알 수 있는 나르시스적인 글쓰기의 세계에 빠지기도 한다.

심지어 작가의 의도는 완전히 무시되고 독자들은 이러한 글쓰기가 작가의 무지에 기인한다고 생각한다. 특히 식민 종주국 독자들에게는 작가의 언어적 무지가 더 크게 부각된다. 그들은 아프리카 작가들의 프랑스어 구사력에 문제가 있다고 생각하고 다만 이국적인 맛을 느끼는 것에 그치고 만다.

[원종익]

글쓰기, 리듬(산문), 상상력, 신조어, 작가(저자),
포스트콜로니얼리즘(탈식민주의, 포스트식민주의), 혼종화/혼종

■ 참고문헌

· Chantal Zabus, *The African palimpsest, indigenization of language in the West African European novel*, Rodopi, 1991.
· Jean-Claude Blacère, *Négritures, les écrivains d'Afrique noire et la langue française*, L'Harmattan, 1993.
· Lilyan Kesteloot, *Histoire de la littérature négro-africaine*, Karthala, 2001.

노마디즘(유목주의)

F: nomadisme *E:* nomadism *D:* Nomadentum

✳ 1. 유목적인 일체의 방식 또는 경향
2. 어떤 틀에 얽매임 없이 가볍고 자유로우며 창조적인 삶, 늘 깨어 있는 경계심, 지속적인 접속, 박애 등을 추구하는 유목민의 생존 전략 또는 사상
3. 기호체계의 경계를 해체하여 새로운 의미 가치를 추구하는 순수하고 창조적인 열망

Ⓐ

'목초지를 찾아 유랑하다'라는 그리스어 동사 'nomás'에서 유래한 노마드(nomad), 즉 '유목민'의 파생어로 '유목적인 일체의 방식 또는 경향'을 의미한다.

Ⓑ

아탈리(J. Attali)를 비롯한 현대의 여러 사상가는 한 곳에 뿌리내림 없이 유랑하는 유목민을 21세기 인간의 전형으로 논한다. 노마디즘은 그 같은 유목민의 생활방식, 요컨대 '어떤 틀에 얽매임 없이 가볍고 자유로우며 창조적인 삶, 늘 깨어 있는 경계심, 지속적인 접속, 박애 등을 추구하는

유목민의 생존 전략 또는 사상'을 의미한다.

C

특히 들뢰즈(G. Deleuze)와 가타리(F. Guattari)는, 세계는 분절적인 기호체계이며 노마디즘은 그 '기호체계의 경계를 해체하여 새로운 의미 가치를 추구하는 순수하고 창조적인 열망'이라고 설명한다. 이러한 관점에서 노마디즘은 전복적인 전쟁을 수행하는 기계 양식, 즉 '전쟁기계(la machine de guerre: 노마드적인 창조적 전복을 추구하는 장치로서의 존재 혹은 구조 일체)' 양식과 결부되기도 한다. 하지만 여기서 전복은 투쟁이나 파괴가 아니라 새로운 창조를 의미한다. 그러므로 노마디즘은 단순한 자유나 유랑 혹은 이주를 넘어 변화와 해방, 창조로 나아가는 힘이라고 할 수 있다.

D

현대는 현실과 가상, 인문학과 자연과학, 예술과 산업, 온라인과 오프라인, 문자와 이미지 간의 경계가 해체 내지 융합되는 노마디즘의 시대다. 현대인의 소통과 정보 교환, 문화 창조는 노마드적인 양식으로 변화하고 있다.

현대인의 소통 기반인 디지털 양식은 곧 노마드적 양식이라고 할 수 있다. 현대인은 노트북, 휴대폰, USB 등 디지털 문명에 힘입어 공간의 경계 없이 소통과 창조가 자유로운 새 시대의 유목민이다. 노마디즘은 이러한 '21세기 융복합적인 디지털 유목민의 새로운 소통과 창조의 양식'이라고 할 수 있다. 하지만 디지털시대 이전에도 전위적인 실험소설, 저항문학, 소수문학 등 노마드적 예술은 항상 존재해 왔다. 다시 말해 하이퍼텍스트 문학과 같은 디지털시대의 새로운 문학도 결국 시대에 따른 또 다른 실험 문학으로 이해할 수 있을 것이다.

[류은영]

이미지, 하이퍼텍스트, 해체(해체구성, 해체론)

참고문헌

· 질 들뢰즈, 『차이와 반복』, 김상환 역, 민음사, 2004.
· 질 들뢰즈, 펠릭스 가타리, 『천개의 고원』, 김재인 역, 새물결, 2001.

논증

F: argumentation *E:* argumentation *D:* Argumentation

1. 청중을 설득하기 위한 목적으로 화자가 사용하는 모든 종류의 담화 전략이나 장치
2. 담화를 통해 실현되는 랑그에 내재되어 있는 의미들 상호간의 특별한 관계로, 화자가 하나의 또는 일련의 언술 E1을 통해 그로부터 또 다른 언술 E2를 받아들이도록 제시하는 행위 (뒤크로의 통합화용론)

A

논증은 아주 다양한 영역에서 사태에 대한 어떤 주장이나 견해를 청중들이 지지하도록 이끌어 주는 모든 언어적 장치를 가리킨다. 담화(discours) 효과들에 대한 이론으로 논증은 설득의 기술로 이해되는 수사학과 동의어다.

아리스토텔레스의 『수사학』에서 논증은 생략삼단논법과 예시(예시에 의한 논증이란 귀납법의 일종으로, 사람들이 설득하려고 하는 것과 유사한 한 가지 또는 여러 가지 경우를 제시하고, 거기에서 정당성과 합법성을 이끌어 내는 것을 말한다)에 근거한 추론을 통해 전문적이지 않은 청중이 어떤 결론에 이르도록 해주는 담화로 이해된다.

아리스토텔레스는 '논증의 세 가지 층위'를 구분한다. 이야기하는 사람의 성격에 의거한 '에토스', 이야기 자체에 대한 '로고스', 청자의 감정에 호소하는 '파토스'가 여기에 해당한다. 다시 말해 세 가지 층위는 이야기하는 사람의 사람됨, 이야기 자체의 합리성, 청자의 감정에 호소하는 것을 가리킨다. 논증은 '각 이야기가 설득하고자 하는 것이 진실임직하다는 것'을 드러내는 것이다.

중세 때 수사학은 조금씩 '말을 잘하는 기술'로 변질되어 간다. 장식하는 기술, 즉 표현의 기술로 축소된 수사학은 논리학 · 철학의 영역인 추론적 논증 기술과 구분되기 시작한다. 이렇게 분리되고 축소된 수사학이 점점 더 문채 연구(뒤마르세와 퐁타니에)로 중심축을 옮겨 가자 논증은 점점 쇠퇴하게 된다. 독창성과 자발성을 높이 평가하는 19세기에는 이렇게 '축소된' 수사학을 인위적이라고 비난하면서 경시한다. 게다가 철학의 영역에서 합리적(데카르트)이거나 경험적(로크)인 명백함에 근거를 둔 진실에 대한 추구는 오직 진실임직함에 근거를 둔 논증의 가치를 떨어뜨리는 원인이 되었다.

1950년대에 논증에 대한 성찰은 다시 큰 관심을 받기 시작하는데, 이는 스테판 툴민(S. Toulmin)의 『논증의 사용(Les usages de l'argumentation)』과 카임 페렐만(C. Perelman)의 『논증개론』 덕택이다. 페렐만의 '신수사학'은 아리스토텔레스학파의 전통에 근거를 두고 있다. 청중에 대한 연설가의 적응을 중시한 페렐만은, 청중의 믿음이 아무런 영향도 미치지 않는 과학적 증명을 공론에 의존하는 논증과 분리한다. 결과적으로 논증에서는 일치된 견해들이 중요한데 그 이유는 추론이 일치된 의견에 의존하기 때문이다. 다시 말해 연설가는 적절한 담화 전략과 공론을 사용해 청중의 찬성과 동의를 얻어내야 한다. 페렐만은 논증만이 형식 논리학에서 벗어난 사회생활의 광대한 영역에서 결정들을 끌어낼 수 있는 추론 규칙들을 제시할 수 있다고 생각한다.

페렐만의 연구는 담화의 무의식적 또는 사회경제적 결정들을 중시했던

1960년대와 1970년대에는 별로 인기가 없었지만, 미국의 스피치 커뮤니케이션(Speech Communication) 관련 학과들과 법률가들의 관심을 끌었다. 그 후 그의 연구는 의사소통에 대한 연구의 발전과 더불어 유럽에서도 인기를 얻게 된다.

B

논증은 화용론의 발전 덕분에 커다란 관심을 끌고 있다. 맥락에서 언술들이 어떻게 사용되는지를 연구하는 화용론에서 언어행위 개념(J.L. Austin)은 '행위'로서의 말하기를 강조한다.

그라이스(H.P. Grice)가 시작한 대화이론과 구두적 상호작용에 대한 분석은 대화 속 논증들에 대한 언어 연구(J. Moeschler), 갈등들의 이성적 해결 절차에 대한 연구(F.H. van Eemmeren, R. Grootendorst), 논증적 상호작용과 그 구성요소들에 대한 기술(C. Plantin)을 촉진시켰다.

언술의 사용을 그 의미로부터 분리하는 것을 인정하지 않는 '통합 화용론'은 랑그 전체로 논증성을 확장시켰다. 통합 화용론을 주장하는 뒤크로(O. Ducrot)는 논증을 '화자가 하나 또는 일련의 언술 E1을 통해 그로부터 또 다른 언술 E2를 받아들이도록 제시하는 행위'라고 정의한다. 또한 '논증하다'라는 것은 '화자가 하나의 언술 E1을 또 다른 언술 E2를 받아들이게 할 목적으로 사용하는' 것을 말한다.

다시 말해, '논증하다'라는 것은 1) 화자가 언술 A를 청자로 하여금 결론 C를 추론해 내도록 하기 위해서 사용한다는 것이며, 2) 화자는 결론 C를 위한 논거로서 언술 A를 잠재적 언술 B보다 더 효과적인 것으로 간주한다는 것이다(논증의 예: A. 식사가 준비되었다. B. 식사 준비가 거의 다 되었다. C. 서둘러라).

C

문학의 논증 분석에 있어 가장 미묘한 문제는 논증 개념을 어디까지 확장하느냐의 문제다. 수필집, 담화들(예를 들어 데카르트 또는 루소의 담화들), 논쟁적 텍스트들, 문학 관련 논문들과 같은 많은 문학 텍스트들은 분명히 논증적 분석의 대상이다. 순수소설과 정형시는 논증적 분석의 대상에서 벗어나 있는 것처럼 보인다. 다른 부류의 텍스트들(우화, 철학적 콩트 등)은 논증적 분석의 대상이 되는지를 결정하기가 상당히 어렵다.

이런 구분은 논증이란 무엇인가에 대해 생각하는 두 가지 다른 경향 때문에 생겨난다. 그 한 가지 경향은 청자와의 상호작용, 에토스의 구성, 전제들과 토포이, 찬동을 끌어내는 순수 언어 전략들을 중시한다(C. Perelman). 즉 이 경향은 논증의 추론 부분을 강조한다. 또 다른 경향은 논증성을 모든 언술 의미의 구성성분으로 간주한다(O. Ducrot).

이와 같이, 어떤 이들은 조작과 연관된 파토스를 논증에서 배제하려는 반면 어떤 이들은 논증의 상호작용에서 감정의 기능들을 중요시한다. 두 번째 경향이 문학 연구에서 가장 풍부한 가능성들을 제공하는 것으로 여겨진다. 문학 연구에서는 감정이 미학적 쟁점의 중요 주제이기 때문이다.

[고광식]

담화(담론), 로고스, 문채, 생략삼단논법, 에토스,
진실임직함, 파토스(페이소스)

참고문헌

· 스티븐 E. 툴민, 『논변의 사용』, 고현범, 임건태 역, 고려대출판부, 2006.
· 앤서니 웨스턴, 『논증의 기술』, 이보경 역, 필맥, 2004.
· 이정일, 『논증과 논쟁』, 이담, 2010.
· 이정, 『현대불란서 언어학의 방법과 실제』, 연세대출판부, 1994.
· 조르주 비뇨, 『논증-담화에서 사고까지』, 임기대 역, 현대신서, 2001.
· 필립 브르통, 질 코티에, 『논증의 역사』, 장혜영 역, 커뮤니케이션북스, 2006.
· 크리스티앙 플랑텡, 『논증 연구』, 장인봉 역, 고려대출판부, 2003.

누보로망(반소설, 앙티로망)

F: nouveau roman *E:* nouveau roman(new novel)
D: nouveau roman(neuer Roman)

✺ 1953년경부터 1980년대까지 기존 문학을 형식적으로 반성하면서 문학의 새로운 가능성을 모색했던 소설 장르와 그 운동으로, '시선의 유파'로도 불린다.

Ⓐ

'새로운'이라는 뜻을 가진 프랑스어 '누보(nouveau)'와 '소설'을 의미하는 '로망(roman)'의 합성어인 이 용어는 비평가 앙리오(E. Henriot)가 『르 몽드』지 1957년 5월 22일자 기사에서 로브그리예(A. Robbe-Grillet)의 『질투』를 공격하기 위해 처음 사용한 표현으로, 초기에는 부정적인 의미를 띠었다.

그러나 그 후 새로운 주제에 목말라하던 여러 문예지들이 적극적으로 이 용어를 수용하게 되었으며, 로브그리예 또한 미뉘(Minuit) 출판사에서 책을 내던 자기와 가까운 작가들을 홍보하기 위해 이 용어를 적극적으로 사용했다. 누보로망 계열의 작가들이 이 출판사를 통해 작품들을 발표했기 때문이다. 이 운동은 영화 쪽의 누벨바그(nouvelle vague)와 거의 같은 시기에 시작되었다.

이 용어의 기원이 된 '앙티로망'이라는 표현은, 나탈리 사로트(N. Sarraute)의 『어느 미지인의 초상』(1947)의 서문에서 사르트르(J.-P. Sartre)가 전통적인 소설을 거부하는 '반(反)소설'을 의미하기 위해 사용한 것으로 알려져 있다.

Ⓑ

1963년에 출간된 『누보로망을 위하여』에서 로브그리예는 소설을 구성하는 주요소들인 줄거리, 심리적 묘사, 심지어는 주인공이 더 이상 필요하지 않다고 말한다. 18세기에 제시된 이후 19세기에 발자크(H. de Balzac)나 졸라(E. Zola) 같은 대가들이 발전시킨 전통소설의 규약들을 거부하는 누보로망은 스스로의 문제점을 의식하고 있는 예술이기를 자처한다. 특히 누보로망은 화자의 의미에 대해 여러 질문을 던진다. 줄거리 속에서 화자의 위상은 어떤 것이어야 하는가? 화자는 왜 이야기하고 또 글을 쓰는가? 이전에는 모든 소설의 기초로 인식되던 줄거리와 작중인물이 작가와 작품마다 다른 모습을 띠어야 한다고 누보로망 작가들은 주장한다.

누보로망이란 표현이 등장하기 직전인 1956년 나탈리 사로트는 에세이집 『의혹의 시대』에서 기존 소설에 대해 질문을 던지면서 전통소설의 규약을 이미 거부한 바 있었다. 그녀는 자신의 소설 작품들을 이론적 성찰을 담아내는 도구로 간주했다.

비슷한 시기에 울리포(Oulipo, '잠재문학 공동작업실(Ouvroir de littérature potentielle)'의 약어) 그룹도 상이한 무기들을 통해 글쓰기 행위를 갱신하는데 성공한다. 넓은 의미에서 보면 조르주 페렉(G. Perec)의 저서 『사물들』(1965) 역시 누보로망의 새 프로그램으로 간주할 수 있다. 누보로망 속에서처럼 이 작품 속에서도 소비재가 작중인물들을 압도하면서 진정한 주인공으로 등장하기 때문이다.

C

누보로망은 소설 장르의 혁신을 목표로 삼고 있다. 누보로망에서 줄거리는 부차적인 것으로, 작중인물들은 무익한 존재로 변화된다. 비록 작중인물이 등장하더라도 대부분 이니셜로 처리되는데, 이는 누보로망의 가장 전형적인 문체적 특성의 하나를 이룬다. 따라서 누보로망 작품들은 능동적인 독서와 심오한 성찰, 일부 문화에 대한 이해를 전제로 한다.

누보로망 작가들은 작중인물의 내면성을 모두 기술한다는 것을 불가능한 작업으로 여기고, 사물(사물화한 인물 포함)의 자세한 관찰과 세밀한 묘사에 관심을 기울인다. 대상과 제스처들, 상황들 사이에 존재하는 연관성을 무기적으로 그려내는 관찰자의 시각은 카메라의 렌즈로 사물을 관찰하는 것 같은 객관적 대물렌즈 기법을 보여주며, 이런 까닭에 '시선의 유파(Ecole du Regard)'로도 불린다.

소설이 19세기에 절정기를 구가했는데도 20세기에 들어 이러한 급격한 단절이 이루어진 이유는 문학과 역사 사이의 상관관계에서 찾아야 할 듯하다. 양차 세계대전을 겪은 사람들은 '의혹의 시대'를 살아간다고 스스로 생각했다. 특히 소설가들은 문학의 지속성에 대한 공고한 신념을 깨뜨리는 소설 쪽의 혁명을 통해서 자신들의 불안감과 불편함을 해석해 낼 수 있는 방법을 모색했다.

비록 누보로망 작가들이 진정한 의미에서 문학적 전위(前衛)를 형성하지 못했다 할지라도 그들은 이전의 소설가들이 모색한 소설의 해체를 고의적이면서도 조직적으로 밀어붙였다. 따라서 누보로망 작품은 미증유의 글쓰기 실험이 되었다. 전통적인 소설 기법을 근본적으로 문제시한 그들의 문체와 프로젝트는 '신비평'이란 이름으로 각 신문과 문예지 지면을 통해 중요한 토론을 불러일으켰는데, 그들이 추구한 작업을 장 리카르두(J. Ricardou)는 '글쓰기의 모험'이라 명명했다.

[외부집필-이상빈]

글쓰기, 묘사(기술記述), 문체, 인물/인물구성,
작가(저자), 장르, 해체(해체구성, 해체론)

■ 참고문헌

· 권은미 외, 『현대 프랑스 문학과 예술』, 이화여자대학교출판부, 2006.
· 김치수, 고광단, 권은미, 송기정, 유효숙, 『누보로망 연구』, 서울대출판부, 2001.
· 알랭 로브그리예, 『누보로망이란 무엇인가』, 김치수 역, 문학과지성사, 1992.
· 조병옥, 『로브그리예』, 건국대학교출판부, 1996.

· Jean Bloch-Michel, *Le Présent de l'indicatif: Essai sur le nouveau roman*, Gallimard, 1963.
· Roger-Michel Allemand, *Le Nouveau roman*, Ellipses, 1996.

ㄷ

다성

F: polyphonie *E:* polyphony *D:* Polyfonie

✳ 1. 원래 음악에서 차용된 용어로, 상대성과 다원성의 관점에서 문학 텍스트를 파악하기 위해 바흐친이 주창한 개념. 목소리의 복수성이 표현되는 담론을 지칭하기 위해 사용되는 문체론 용어

2. 최근 문체론, 문학비평 및 발화이론과 관련하여 언어학에서도 많이 인용되고 있는 개념

Ⓐ

음악에서 폴리포니란 좁은 의미에서는 대위법적 기술을 사용해서 만든 악곡을 말한다. '음표 대 음표'를 뜻하는 라틴어 '푼크투스 콘트라 푼크툼(punctus contra punctum)'에서 유래한 말로, 음악은 단선율의 경우를 제외하면, 음의 수직적 결합(화음 · 화성)과 수평적 결합(melody)이라는 두 가지 측면을 겸비하는데, 어느 것이 우위에 있는가에 따라서 화성음악(homophony)과 다성음악(polyphony)으로 대별된다.

전자의 기법이 화성법, 후자의 기법이 대위법이다. 그러나 대위법 기술이 단순한 것에서부터 매우 복잡한 것까지 아주 다양하기 때문에, 음악의 폴리포니란 두 개 이상의 독립된 성부로 구성되는 악곡이라고 표현해야 한다.

B

바흐친은 '음악의 다성'을 소설에 비유하여, 저자가 특권적 위치를 차지하지 않고, 등장인물과 동등한 입장에서 대화로 상호작용하는 방식의 소설을 '다성적 소설'이라고 지칭한다. 바흐친은 도스토예프스키를 최초로 다성적 소설을 창시한 작가로 간주한다. 도스토예프스키의 다성적 소설은 저자와 작중인물들의 여러 다른 목소리가 대화로 공존하는 포스트모던적 다원성의 세계를 연다.

한편 크리스테바는 바흐친에 대해, 방브니스트가 말하는 '나(je)'의 주체성 개념을 빌려, "바흐친의 단어/담론은 단어/담론이 반영해야 하는 담론 외부의 지칭 대상 속에서 그 진리치를 찾지 않는다. 단어/담론은 자체 내에 표현되고 자체와 동일한 담론의 생산자인 데카르트적 주체와도 일치하지 않는다. 이런 단어/담론은 여러 개의 '나(je)'가 동시에 등장할 수 있는 다양한 담화 실현 속에서 해석되어야 한다"(크리스테바, 「바흐친에게 보내는 서문」, 『도스토예프스키』)라고 이야기한다.

다성적 텍스트는 고유한 이데올로기를 갖지 않는데, 그 이유는 이데올로기적 주체가 존재하지 않기 때문이다. 다성적 텍스트는 여러 이데올로기가 노출되고 상호간 대립 속에서 소진되어 가는 하나의 장치다. 바흐친은, 다성적 텍스트는 세계에 대한 대립적인 비전으로 말미암아 발생되는 분쟁적이고 중심 해체적인 특성을 소설이 그대로 내버려두는 '다양한 인식 주체들의 상호작용 장치'라고 말한다.

> "다성은, 우선 도스토예프스키의 소설에서 볼 수 있는 변별적인 특징이며 전통적인 소설의 단성성과 대립되는 것으로, 이후 일반적인 소설의 특징으로 변모하게 되며, 나아가 소설 발전의 특정 단계에서 보이는 언어적인 특징이 되고, 결국 모든 언어의 특징이 되게 된다."(Bakhtin, *Esthétique et théorie du roman*)

바흐친은 소설을 다루면서 크게 소설과 시 두 장르를 대립시키는데, 소설을 본질적으로 '다성적'인 성격을 갖는 것으로 그리고 시를 그 기능적인 측면에서 '단성적'인 성격으로 규정한다. 결국 시는 단 하나의 목소리와 단 하나의 의식을 표현하는 장르라는 것이다.

바흐친은 언어학과 문학의 문제들에 관해 주로 연구했는데 문학을 훨씬 더 선호했다(cf. *Le Marxime et la philosophie du langage*, Minuit, 1977; *Esthéthique et théorie du roman*, Gallimard, 1978; *Esthétique de la création verbale*, Gallimard, 1984). 따라서 그가 우선적으로 다룬 영역이 문학 텍스트라는 점은 놀라운 일이 아니다. 언어학적 연구와 문학적 연구의 경계는 바흐친에게 있어서 분명하지 않다. 사실상 그는 언어의 다언어사용주의(plulinguisme)를 바탕으로 소설적 언어의 다언어주의(polylinguisme)라는 문제를 제기하고, 소설적 언어의 특징이 인물의 이미지보다는 오히려 언어의 이미지를 제공하는 것이라고 생각한다.

C

도스토예프스키 소설에서 볼 수 있는 몇몇 문체론적 특징들을 기술하기 위해 바흐친이 고안한 다성의 개념은 이후 목소리의 다수성이 표현되는 담론(Moeschler & Reboul, 1994)을 지칭하기 위해 발화이론과 관련된 언어학에서 많이 인용되고 있다.

바흐친의 영향을 받은 뒤크로(O. Ducrot)는 담화의 다성적 양상, 즉 하나의 발화문 속에 표현된 관점들의 다양성에 주목한다. 그러나 뒤크로의 다성이론은 바흐친의 입장과는 달리 이미 오래전부터 뒤크로 자신이 연구해 왔던 언어학적 문제에서 출발된 것이며, 특히 문장의 의미작용과 발화문의 의미 간의 빈번한 차이점이 동기가 된다.

문장이란 추상적인 실체로써 통사적 법칙에 따라 결합된 단어들의 총체이며, 발화문은 문장의 개별적인 발화에 해당한다. 뒤크로는 우리가 발화문에 부여하는 의미가 언어학자들이 파악하는 그대로의 문장 의미체계로부터 추론될 수 없는 경우를 검토한다. 언어학적 전통에서 볼 때 문장의 의미체계란 '문자적 의미'이며 이는 한 문장이 어떤 발화문이 되건 불변인 것을 가리킨다. 이렇게 이해되는 문장의 의미체계에서는 발화문의 의미가 추론될 수 없다는 가능성 때문에 뒤크로는 몇 가지 이론적인 혁명을 도입한다.

뒤크로는, 발화문은 화자가 허구적 발화행위자에게 부여하는 하나의 담화를 구성한다는 가설을 제안한다. 다성이론의 기반이 되는 이 가설은 주체의 분열에 기여하는 여러 이론적 존재들을 도입한다. 뒤크로는 발화문을 산출하는 세계 속의 개인인 발화자(언술의 물리적 발화만을 책임짐), 화자(언술의 의미 내용까지 책임짐), 그리고 이론적 존재에 불과하고 형상화되지는 않는 발화행위자(발화 내적 행위를 책임짐) 사이를 엄격하게 구분한다.

발화문 속에 이런 실체들이 존재하기 때문에 우리는 동일한 담화, 동일한 발화문 속에 다성이, 즉 발화행위자들의 음성들이 표현되고 있음을 인정할 수 있다. 또한 담화 내의 이론적 존재들과 그들 역할의 다양화를 통해 부정, 아이러니, 또는 보고담화(discours rapporté)와 같은 언어학적 현상들을 체계적으로 다룰 수 있게 된다.

[고광식]

대화주의, 발화(작용)/발화문, 상호텍스트성, 아이러니

참고문헌

· 박성창, 『수사학과 현대프랑스 문화이론』, 서울대출판부, 2002.
· 이정, 『현대 불란서 언어학의 방법과 실제』, 연세대출판부, 1993.
· 이종오, 『문체론』, 살림, 2006.
· Emile Benveniste, *Problèmes de linguistique générale I, II*, Gallimard, 1966, 1974.

단축(어)

F: troncation *E:* clipping *D:* Kurzwort

✺ 기존 어휘의 일부분을 축소함으로써 간결한 자소적 또는 음소적 형태로 재현하는 조 어법

Ⓐ

단축(clipping, shortening)은 기존의 어휘를 일부분 탈락 또는 축소함으로써 언어적 내용을 간결한 음소적 형태로 재현하는 조 어법이다. 단축조어는 단축된 분절체가 어느 위치에 있는가에 따라 세 가지로 나눈다. 어휘의 앞부분을 잘라내어 뒷부분이 남는 어두단축(fore-clipping: phone(telephone), bus(omnibus), car(autocar)), 어휘의 뒷부분을 잘라내어 앞부분이 남는 어미단축(back-clipping: poly(technic), ad(vertisement), gym(nasium)), 어휘의 앞부분과 뒷부분을 동시에 잘라내어 중간 부분이 남는 이중단축(double clipping: (in)flu(enza), (re)fridge(rator))이 있다.

단축은 언어를 지배하는 음운 규칙을 존중하는 경향이 있다. 영어는 단축될 때 자음으로만 끝나는 닫힌음절이, 프랑스어는 모음으로만 끝나는 열린음절이 만들어진다.

CVC(영어)	CVCV(프랑스어)
lab	labo
decaf	déca
coke	coca
porn	porno

단축은 어느 정도 음소적 또는 표기상의 변화가 동반될 수도 있다.

bike < bicycle

telly < television

biz < business

B

어휘론에서 단축어는 새로운 어휘를 만들 때 기존의 고유어나 외래어 요소에 결합시켜 신조어를 생성해 내는 복합어나 파생어와는 성격이 다르다. 물론 단축어가 기존 어휘에 음소나 표기가 변형, 결합되거나 기존 어휘에서 파생된다는 점에서는 일치하지만, 어휘소나 형태소보다 더 작은 분절체로 축소된다는 점에서 복합어나 파생어와는 구분된다.

또한 단축어는 축약어와 두문자어(頭文字語) 또는 음절약어(어휘의 머리글자가 모여 어휘가 되는 약어로 '자민련', '노사모', UN, NATO, DNA 등이 있다)와 정확히 구분되지 않으므로, 경우에 따라서 서로 뒤섞여 사용되기도 한다. 그런데 이 세 용어는 생성 방식에 있어 유사점이 있기는 하지만 실제로는 별개의 어휘 생성법으로 분류된다.

C

인명에 자주 사용되는 단축어들의 경우는 주로 애칭으로 쓰인다. 이를테면 영어 이름에서 Ted<Edward, Bob<Robert, Bill<William, 프랑스어 이름에서 Paul<Popaul, Momo<Maurice, Dédé<André와 같은 이름 단축어들이 그러하다.

이와 같은 단축된 이름이 애칭으로 사용되는 경우는 특히 일상어에서 자주 볼 수 있다. 옛 소비에트 연방 대통령 고르바초프를 고비(Gobi), 윌리암 클린턴을 빌(Bill)이라 부르는 경우가 이에 해당한다. 이러한 단축조어는 일상어와 학생들이나 군인들의 은어에서 자주 통용된다.

D

단축어는 어휘의 일부분을 생략, 축소함으로써 언어적 간결성의 요구를 충족시킬 수 있을 뿐만 아니라, 언어(또는 정보)의 경제적 기능(의사소통에 있어 최소 노력으로 최대 효과를 냄으로써 정보전달이 신속하고 용이하게 되는 기능)에 부응하는 혁신적인 방법이기도 하다.

단축어의 또 다른 기능으로는 소속성과 시사성이 있다. 단축어는 전문어나 특수어와 마찬가지로 특정 사회집단에 대한 소속의 표지로써 사용될 수 있다. 특히 새로운 정보기술 영역에서 새로운 어휘에 대한 수요를 충족시켜 주고, 복잡하고 긴 어휘에 비해 합리적 효과를 거둘 수 있으며, 전문가들 사이에서 의사소통을 훨씬 용이하게 하며, 사태와 개념을 은폐시켜 주는 완곡어법으로도 적합하다.

또한 단축어는 언어공동체에서 시의적으로 이슈화되는 것에서 만들어진다는 점에서 시사성을 띤다. 이러한 단축어의 중요한 기능은 언어 경제적인 면보다는 변칙적이고, 애칭적인 함축 의미를 가진 변이 형태를 제공한다는 것이다.

단축어는 심리적 표현 기능과도 관련이 있다. 이러한 현상은 오늘날 전문인이나 지식층의 언어에서 흔히 나타난다. 이 계층의 화자가 대화 중 자신의 지적 수준을 과시하거나 자신이 종사하는 전문 분야에서 특별한 지식을 나타내고자 할 때 흔히 전문적인 어휘나 외래어를 사용하는 것과 같은 심리현상으로 단축어를 사용한다.

단축어 사용 초기에는 언어보호론자(언어정화론자)들이 '언어 훼손', '언어 타락'에 일조할 것이라고 주장하기도 했다. 이러한 비난에도 불구하고 복잡하고 다원화된 현대사회에서 보다 간결한 표현에 대한 필요성이 증대되고 있기 때문에 단축어는 모든 의사소통 영역에서 다양하게 사용되고 있으며 날로 증가 추세에 있다. 특히 신문이나 저널에서 언어 경제적 이유로 널리 사용되고 있으며, 일상대화나 라디오 같은 구어적 의사소통에서도 점점 더 다양한 유형의 단축어들이 널리 퍼지고 있다.

단축어는 저널이나 광고에서 명사만 사용하는 문체, 외래어 사용, 특정 조어 모델의 지나친 사용 등 창조적 언어유희에 특히 유용하다.

[이종오]

은어, 축약어, 파생

참고문헌

· 국립국어원, 『신조어: 사전에 없는 말』, 태학사, 2007.
· Michel Paillard, *Lexicologie contrastive anglais-français: Formation des mots et construction*, Ophrys, 2000.
· Spencer Andrew, *Morphological theory,* Blackwell, 1992.

담화(담론)

F: discours *E:* discourse *D:* Diskurs

✳ 1. 일정한 상황에서 이뤄지는 언어의 현실화 또는 현동화
2. 스토리와 함께 서사의 이원 구조를 이루는 하나
3. 서사에서 무엇에 대한 어떻게, 즉 대상에 대한 표현, 내용에 대한 형식
4. 스토리의 서술 또는 서술하기

Ⓐ

일반적으로 '일정한 상황에서 이루어지는 언어의 현실화 또는 현동화'를 말한다. 문학에서는 '스토리와 함께 서사의 이원 구조를 이루는 하나'로, '서사에서 무엇에 대한 어떻게, 즉 대상에 대한 표현, 내용에 대한 형식'을 일컫는다. 다시 말해 서사의 내용인 '스토리의 서술 또는 서술하기'

로 이해할 수 있다. 특히 토도로프(T. Todorov)는 문학 서사의 미학은 서술된 내용인 스토리보다 서술하는 형식인 담화의 고유성에 있다고 주장하며, 담화의 형식 미학을 강조했다. 담화의 형식은 수사나 문체, 시제, 시점, 화법 등으로 이뤄지는데, 이러한 형식은 음성이나 문자, 영상, 디지털 등 매체 기반에 따라 다양하게 나타난다.

B

담화는 고대 수사학에서부터 현대 언어학, 시학, 문체론, 서사학, 문예·문화비평론 등에 이르기까지 여러 학문 분야에서 줄곧 주된 논제가 되어 왔다.

고대 수사학의 관심은 퀸틸리아누스(Quintilianus)가 밝혔듯 "말을 잘하기 위한 기예", 즉 청자를 설득하기 위한 담화의 기술이었던 바, 고대의 담화는 무엇보다 구술성과 연관되는 것이었다. 아리스토텔레스 이래 담화는 정치집회에서 조언을 하기 위한 토론적(deliberative) 형식, 청중들 앞에서 찬사를 하기 위한 제의적(epideictic) 형식, 법정에서 고발 또는 변호를 하기 위한 법정적(judicial) 형식의 세 장르로 구분되었다. 이러한 구분은 중세를 거쳐 고전주의에 와서도 문체론은 물론 언어학, 문학에까지 영향을 미쳤다. 특히 담화는 표현 방식의 형식화인 만큼 장르론과 직결된다.

C

담화의 고유 장르는 구술성을 근간으로 하는 연설이지만, 점차 서면 형식의 장르 역시 연설 고유의 설득, 권유, 교화, 변론적인 담화의 기능을 수행하게 된다. 서면 형식의 전형적인 장르는 문학이라고 할 수 있다. 명백히 담화 기능적인 참여문학을 비롯한 모든 문학적 진술은 어떤 형식으로든 담화의 속성을 지닌다.

D

담화의 현대적 논의는 20세기 초 소쉬르(F. de Saussure)의 랑그와 파롤에 관한 이원적 논의를 발단으로 문학, 나아가 제반 문화 영역으로까지 확대된다. 소쉬르는 연구대상을 언어의 일반 체계인 랑그로 국한하면서 개별 발화인 파롤을 도외시했는데, 이에 대한 이의 제기로 담화에 관한 논의가 본격화된다. 담화는 일정한 상황에서 행해지는 언어의 현동화로서, 프린스(G. Prince)는 담화를 서술체(narrated)에 대응하는 서술하기(narrating)로 설명한다.

특히 방브니스트(E. Benveniste)는 담화를, 진술된 것인 스토리와 대별하여, 스토리를 언술하는 발화(énonciation)라고 설명하면서, 담화는 어떤 형식이든 타인에게 영향을 미치는 행위로 모두가 청자를 상정한 발화라고 강조한다. 다시 말해 담화란 청자의 실행을 요구하는 수행성을 함축한다는 것이다. 이러한 논의는 오스틴(J.L. Austin)의 수행발화 이론과도 상통하는 것으로 담화 본래의 속성, 즉 구술성을 근간으로 하는 수사학적인 상황 연동, 설득 기능에 대한 재조명이라고 할 수 있다. 이러한 까닭에 담화에 대한 연구가 본격화되면서 자연히 수사학에 대한 재조명도 함께 이뤄진다.

D

담화의 상황적 가치, 설득적 가치는 현대 문학비평론의 기반을 이루는 논리가 된다. 바흐친(M. Bakhtine)은 문학이란 무(無)에서 비롯하는 것이 아니라 기성의 문화를 통하는 것이기에, 작가 개인의 담화라기보다 여러 문화적 목소리 간 대화의 장, 그러니까 화자와 청자, 작가와 독자, 개인과 집단 간 소통의 장이라고 주장한다. 이는 문학에 진정한 담화적 가치를 부여한 것으로, 특히 바르트(R. Barthes)는 다양한 사회 문화적 해석의 유희가 펼쳐지는 다성성의 장으로서의 텍스트 개념을 강조한다.

바르트를 비롯한 후기구조주의 학자들은 문학 담화가 작가의 목소리만으로 닫힌 구조적 작품이 아니라, 독자가 기성의 여러 목소리와 대화를 나누는 열린 해체적 텍스트라 역설했다. 이로부터 독서는 일방적으로 주어지는 수동적 즐거움(plaisir)을 넘어 상호 소통하는 능동적 즐김, 즉 향유(주이상스: jouissance)로서 문학 담화는 구성과 문체를 근간으로 하는 형식 미학의 논제일 뿐 아니라, 수사학적인 소통 미학의 논제가 되었다.

E

푸코(M. Foucault)를 비롯한 일군의 학자들은 문학예술을 비롯한 사회문화 전반에 걸친 담화의 폭력성, 즉 소통의 차원을 넘어 통제의 국면으로 치닫는 담화의 이데올로기적 폭력성을 밝히면서 담화의 권력, 즉 담화의 정치성을 비판한다.

[류은영]

구술성, 다성, 대화(체), 독자, 문체, 문체론(문체학), 발화(작용)/발화문, 서사, 서사학, 서술, 서술체, 서술하기, 수행발화(발화수반행위), 스토리, 시점, 작가(저자), 작품, 장르, 주이상스, 텍스트, 현동화(실현화), 형식

참고문헌

- 롤랑 바르트, 『텍스트의 즐거움』, 김희영 역, 동문선, 2002.
- 시모어 채트먼, 『이야기와 담론』, 한용환 역, 푸른사상, 2006.
- 아리스토텔레스, 『수사학』 I, II, III, 이종오 역, 리젬, 2007, 2007, 2008.
- Emile Benveniste, *Problèmes de linguistique générale I, II*, Gallimard, 1966, 1974.
- Mikhail Bakhtine, *Le Marxisme et la philosophie du langage*, Minuit, 1977.
- Tzvetan Todorov, *Les Genres du discours*, Seuil, 1978.

담화분석

F: analyse du discours *E:* discourse analysis *D:* Diskursanalyse

✵ **사용되고 있는 상태로서의 언어에 대한 분석 또는 언어 사용의 모든 측면에 대한 연구**

Ⓐ

담화(discourse)에 대한 역어(譯語)는 연구자의 관계 분야에 따라 상당한 차이가 있다. 담화는 때로 담론, 언설, 언술 등으로 번역되기도 한다. 이 용어의 언어학적 의미는 문장보다 더 큰 상위의 단위를 말한다. 따라서 담화분석이라는 사고방식은 문장을 최종적인 언어 단위로 다루려는 모든 견해와 대립한다. 담화는 언어학, 문체론, 문화비평 이론 등 여러 분야에서 널리 사용되고 많이 연구된 용어 중 하나다.

방브니스트에 따르면 언어 단위인 문장은, 소쉬르의 주장처럼 서로 다른 층위의 언어 단위가 상호간에 맺는 그런 관계를 맺지 않는다. 다시 말해 문장은 음소끼리, 형태소끼리, 어휘소끼리 서로 대립하는 단위의 형식적 계층을 구성하지 않는다. 문장에 이르면, 기호체계로서의 언어 영역에서 벗어나 의사전달 도구로써 작용하는 담화의 영역에 도달한다. 이 영역에서 문장은 하나의 단위가 된다. 곧 문장은 담화의 단위다.

담화는 언어학 이외의 분야에서는 흔히 담론이라는 용어로 더 많이 사용된다. 담론은 언어를 통해 표현되는 인간의 모든 관계를 분석할 수 있는 개념적 도구로, 포스트모더니즘과 더불어 가장 빈번하게 사용되는 개념 중 하나다. 서사학에서 담론은 서술(narration) 또는 텍스트 언어 자체를 가리킨다. 때로 담론은 텍스트를 실질적으로 대체하여, 포스트구조주의에서 말하는, 문학작품과 비문학작품의 자의적이고 작위적인 구별을 강조하거나 해체하는 데 도움을 준다.

담론은 푸코의 작업 이후에 더 폭넓은 의미로 언어학과 문학 이론에서 광범위하게 사용된다. 푸코는 담론이 특정 대상이나 개념에 대한 지식을 생성하여 현실에 관한 설명을 산출하는 응집력 있는 자기지시체적 집합체라고 설명한다. 여기서 '법률적 담론', '미학적 담론', '의학적 담론'과 같은 말이 생겨나게 된다.

B

담화에 대한 정의가 이렇게 다양한 만큼 담화분석에 대한 접근도 다양하다. 담화분석은 일반적으로 2000년 이상의 역사가 있는 것으로 고대 수사학에 뿌리를 두고 있다. '설득력 있는 말솜씨'를 길러주던 수사학은 정치적 또는 법적인 상황에서 공적으로 행해진 연설 등의 계획이나 조직, 수행 방법 등을 연구 대상으로 삼았는데, 이런 것들이 이후의 담화분석에서 언급되는 여러 가지 개념들의 바탕이 되었다고 평가된다.

담화분석이 현대 언어학의 한 독자적 분야로 자리 잡은 것은 1970년대로 간주되고 있는데, 특히 해리스(Z. Harris)가 '담화분석(discourse analysis)'이라는 용어를 도입한 선구자로 꼽힌다. 특별히 'DA'라는 약어로 불리는 이 접근법은 자연스러운 담화/대화를 분석한다는 본래의 목표와는 달리 인위적인 문장을 주로 분석했다. 자연스러운 대화에서 몸짓이나 '어', '음'과 같은 청자 반응 신호 표현들은 분석의 대상이 되지 못했다는 점에서 협의의 담화분석이라고 할 수 있다.

넓은 의미의 담화분석은 문법에서 흔히 무시되지만 중요한 담화 기능을 가진 발화 요소들에도 많은 관심을 쏟는다. 전통적 품사의 관점에서 분류하기 어려운 'Well', 'I mean', 'You know' 등이 이에 해당되는데, 이것들은 담화 표시자 혹은 신호자로 불리며 담화분석의 집중적인 연구 대상이 되고 있다. 이런 부류는 정보적 가치가 거의 없고, 형식적 글쓰기에서 나타나지 않음에도 불구하고, 모국어 화자의 의사소통 능력의 일부다. 즉 직접 대화에서 중요한 대화틀 형성 장치로 사용되며, 피드백 확인 장치로 유용하게 사용된다. 때로 이 부류는 단순히 주저함 혹은 짜증을 나타내기도 하고, 접촉하고자 하는 욕망을 표시하기도 한다. 그러므로 구어체 문체의 특징을 잘 보여주는 주요 인자들이다.

담화분석은 사회학에서도 수행된다. 언어가 사회적 상호작용을 위한 도구라는 측면에 관심을 갖고 체계적인 분석을 시도한 사람들은 순수언어학자가 아닌 사회학자들이다. 사회학자들은 인간이 언어에 의한 상호작용 행위를 통해 자신들이 살고 있는 세계를 구조화하고 이해할 뿐만 아니라 더 나아가 그 세계를 창조한다고 본다.

사회적 상호작용이 가능하기 위해서는 사회 구성원들이 서로를 이해한다는 전제 조건이 필요하고, 이것이 가능하기 위해서는 사회 구성원들이 사회적 행위에 필요한 범주나 규칙 등 사회적으로 공유되는 해석 절차를 알아야 한다.

사회학적으로 접근하는 민속학적방법론(ethnomethodology)은 이런 해석 절차에 대한 지식과 상호작용의 방법을 객관화하여 기술하는 것을 목표로 한다. 사회학의 담화분석은 한 개인이 사회에서 다양한 역할('집안의 가장, 직장의 간부', '사적으로는 개인의 친구' 등)을 수행하면서 사용하는 언어 문체의 차이를 분명하게 드러내준다.

담화분석에 지대한 공헌을 한 것은 화용론이다. 화용론은 발화행위를 하나의 사회적 행위로 간주하여 행위로서의 언어를 부각함으로써, 언어가 인간의 사회적인 상호작용을 설명할 수 있는 하나의 도구라고 인식하게 하는 길을 열어 놓고 있다. '발화행위'와 '상호작용'은 정의상 한 문장 이상의 분석 단위와 맥락을 전제하기 때문에 화용론은 자연스럽게 넓은 의미의 담화분석으로 이어진다.

담화분석을 포함하는 언어학의 궁극적인 목적 중 하나가 언어 형태와 의미 사이의 관계, 특히 일차적으로 화자가 의도한 의미 전달 및 이해 과정을 파악하는 것이라면 화용론이 담화분석에 끼친 영향은 지대하다. 화용론은 대화 참가자들이 상황에 따라 다른 문체를 사용함으로써, 각자가 의도하는 의미와 해석을 주거나 얻을 수 있다는 사실을 명시적으로 보여 준다.

[고광식]

문체론(문체학), 화용론

참고문헌

· 송경숙, 『담화화용론』, 한국문화사, 2003.
· 얀 후앙, 『화용론』, 이해윤 역, 한국외대출판부, 2009.
· 이브 스윗처, 『어원론에서 화용론까지』, 김주식 외 역, 박이정, 2006.
· 이원표, 『담화분석』, 한국문화사, 2001.

대구(법)/대칭(법)

F: parallélisme *E:* parallelism *D:* Parallelismus

✳ **연속되는 두 개 이상의 문장이나 문장 성분 또는 시행(詩行)에서 문장구조, 어조, 길이가 같거나 비슷한 문구를 좌우대칭이 되도록 배치해 문장의 안정감과 변화를 함께 나타내는 표현 또는 그러한 기법**

Ⓐ

대치(법), 균형(법)이라고도 한다. '평행하게 만들어진 것'을 의미하는 그리스어 '파라렐리스모스(parallelismos)'에서 유래했다. '범은 죽어서 가죽을 남기고, 사람은 죽어서 이름을 남긴다', '산에 가야 호랑이를 잡고, 냇가에 가야 고기를 잡는다', '카이사르의 것은 카이사르에게, 신의 것은 신에게'처럼, 연속되는 두 개 이상의 문장이나 문장성분 또는 시행(試行)

에서 문장구조, 어조, 길이가 같거나 비슷한 문장 구성요소, 문장, 시구를 좌우 대칭이 되도록 배치해 문장의 안정감과 변화를 함께 나타내는 표현법이다. 특히 구조의 반복과 관계가 깊으며, 대개 A B, A' B'의 형태로 나타난다.

대구(법)와 대조(법)는 상당히 비슷해 보이지만, 대조(법)가 '인생은 짧고 예술은 길다'처럼 서로 상반되는 의미를 대립시키는 것에 비해, 대구(법)는 "민첩하고 날래기는 백대(百代)의 협객이요, 굳세고 곧기는 만고(萬古)의 충절이라"(유씨부인 『조침문』)처럼 나타내려는 내용이나 의미가 같거나 다름에 상관하지 않고 단지 문장의 구조와 길이, 가락의 유사점만을 강조한다는 점에서 차이가 있다.

우리말에서는 잘 드러나지 않지만, "신은 새들을 사랑하시어 나무를 만드셨다. 사람들은 새들을 사랑해 새장을 만들었다"처럼 서구에서 대구(법)를 사용한 문장은 대개의 경우 문장 관계의 속성을 표시하는 연결어나 접속사(종속접속사, 등위접속사)를 사용하지 않고 절이나 구를 늘어놓는 병렬 문장이다.

대구(법)는 특히 헤브라이 시(시편), 중세문학, 예배언어, 민요, 그리고 최근에는 광고에서 형식 구성요소로 많이 사용되며, 우리나라에서는 고대가사(歌辭)나 한시에서 많이 볼 수 있다.

대구(법)는 의미나 발음이 유사하거나, 발음은 유사하지만 의미가 다른 단어들을 사용해 형태나 의미의 유사성 또는 동일성을 강조하는 동시에 균형과 조화, 규칙성의 효과를 만들어 내고 이해와 암기를 쉽게 해준다.

B

넓은 의미에서 대구(법)는 문학작품의 구조적 구성요소의 반복을 뜻한다. 이 경우 대구라는 명칭보다는 대칭이라는 명칭이 더 적합하다. 동화에서 소원, 과제, 만남, 꿈 등이 두 번 이상 반복되는 것처럼 한 작품의 스토리에서 동등한 부분이 반복되는 것도 대칭으로 볼 수 있다. 『춘향전』에서

춘향과 몽룡, 방자와 향단이 서로 사랑하는 사이가 되면서 주인과 하인 사이의 남녀 인물 그룹이 반복되는 것과 마찬가지로, 희곡과 소설 구성에 있어 상이한 차원에서 특정 인물 그룹이 반복되는 것도 대칭이라 할 수 있다. 이 경우 대칭은 대조와 더불어 문학작품의 구조를 규정하는 기본 요소의 하나가 된다.

[김계영]

대조(법), 반복(법), 스토리, 인물/인물구성, 병렬, 시행, 형식

참고문헌

· 최유찬, 「채만식의 창작기법 연구 - 플롯의 대응 형태를 중심으로」, 『현대문학의 연구』 41권, 2010.

대조(법)

F: antithèse *E:* antithesis *D:* Antithese

✻ 상반되는 두 가지 생각이나 표현을 함께 사용해 둘 사이의 대비되는 상태를 강조하는 표현 또는 그러한 기법

Ⓐ

'반대', '대립'을 의미하는 'anti'와 '주장', '의견'을 의미하는 'thesis'가 결합된 말이다. 서로 반대되거나 대립되는 두 가지 생각이나 표현을 함께 사용해 둘 사이의 대비되는 상태를 강조하는 표현법으로, 어떤 사건이나 사물을 묘사 또는 서술할 때 직접적으로 강조하는 것이 아니라 그에 반대되는 것, 또는 그와 관계되는 것을 묘사함으로써 상대적으로 묘사 대상을

돋보이게 하는 기법이다.

'인생은 짧고 예술은 길다', '낮말은 새가 듣고 밤 말은 쥐가 듣는다'처럼 같은 문장구조가 반복, 대칭을 이루면서 상반되는 의미가 대립, 부각될 수도 있고, '포기하고 싶으신가요? 여기 성공의 비결이 있습니다', '사슴은 벌을 받는 대신 선물을 받았다'(라퐁텐, 『우화』)처럼, 반드시 같은 구조의 문장이 반복, 대칭을 이루지 않더라도 '포기'와 '성공', '상'과 '벌'처럼 반대 의미가 대조를 이룰 수도 있다.

같은 문장구조가 반복되고 두 문장이 대칭을 이루면서 의미상으로도 대조가 이루어지는 "인생은 짧고 예술은 길다" 같은 문장은 대구(법)와 대조(법)가 함께 사용된 예가 된다. 또한 "너의 팔은 한 번도 패배한 적이 없지만 천하무적은 아니다"(코르네유, 『르 시드』)처럼 반대말을 사용하지 않았지만 의미상의 대조가 이루어지는 경우도 있다.

"대조(법)는 양자 간 서로의 진리를 나타나게 하는 대립이다"라는 라브뤼예르(La Bruyère)의 말처럼, 대조(법)는 서로 모순되는 사물이나 양상을 함께 나타내, 그 차이점을 비교, 부각시켜 두 사물의 상태를 더욱 선명하게 드러내고, 설득과 이해를 강력하게 촉구하는 표현법이다. 대조(법)를 사용하면 생각과 상황의 모순과 이중성, 한 인물이 겪고 있는 내면의 갈등이나 두 인물 사이의 갈등을 부각시킬 수 있고, 상황을 극적으로 표현할 수도 있다.

B

대조(법)는 일언일구(一言一句)를 대조시키는 데 사용될 뿐 아니라 긴 문장이나 인물과 사건의 구성에도 적용될 수 있다.

> 고월(古月)과 상화(尙火)는 초창기의 시단에 두 개의 명성(明星)이었다. 상화가 <u>순박</u>하고 <u>열렬</u>하고 <u>중후</u>하고 <u>심원</u>한 시편들로 시단을 <u>압도</u>하였을 때, 고월은 <u>섬세</u>하고 <u>간결</u>하고 <u>청아</u>하고 <u>정교</u>한 시편들로 <u>초고</u>(峭高)한 지위를 확보하였던 것이다. 상화는 <u>열정적</u>이요, <u>강개비분</u>하는 <u>지사적</u>(志士的)인 <u>풍모</u>가 있었고,

고월은 환상적이요 분결찰찰(分潔察察)한 은사적(隱士的)인 경지가 있었다.
(백기만 『상화와 고월』)

위의 예문은, 상반되는 단어들과 대칭을 이루는 문장들로 이상화와 이장희의 시 특성을 잘 설명하고 있다.

넓은 의미에서 대조(법)는 선과 악, 미(美)와 추(醜), 정(正)과 사(邪), 전쟁과 평화와 같은 대조적인 관념이나 사건을 설정하여 내용을 한층 강조하는 데 사용되기도 한다. 톨스토이의 소설 제목 『전쟁과 평화』는 이러한 대조(법)의 예라고 할 수 있다.

C

하나의 담론 안에 상반되는 두 가지 생각과 표현을 대립시키는 대조(법)는, 일반적으로 겉보기에 모순되는 두 단어를 결합시키지만 근본적으로 하나의 생각이나 표현과 관계있는 모순어법보다 그 의미가 더 넓다고 할 수 있다. 또한 비꼬거나 완곡하게 에둘러 말하기 위해 원래의 단어가 갖는 뜻과 반대의미로 그 단어를 사용하는 반어법과는 차이가 있다.

[김계영]

담화(담론), 대구(법)/대칭(법), 모순어법, 반어(법), 아이러니

참고문헌

· 김희경, 「빅토르 위고의 『관조시집』에 나타난 빛과 어둠의 대조법과 모순어법」, 『불어불문학 연구』 47집, 2001년 가을.

· Albalat Antoine, *La Formation du style par l'assimilation des auteurs*, Nabu Press, 2010.

· James Robert Boyd, *Elements of rhetoric and literary criticism*, General Books LLC, 2009.

· Piero Toffano, *Poétique de la maxime: La Figure de l'antithèse chez La Rochefoucauld*, Paradigme, 1998.

대화(체)

F: dialogue *E:* dialogue *D:* Dialog

✳ 1. 일상생활에서 두 사람 이상의 발화자들이 이야기를 주고받는 언술행위 또는 그러한 이야기
2. 작중인물의 언술행위를 그대로 묘사한 것
3. 질문과 답변으로 이루어진 문학 장르의 하나

Ⓐ

'~을 통하여'를 뜻하는 그리스어 'διά(dia)'와 '말, 논리, 이성'을 뜻하는 'λόγος(logos)'가 결합해 이루어진 말이다. 일상생활에서 대화는 두 사람 이상이 서로 생각과 느낌을 표현하고 이해하는 상호적인 언어활동을 말한다. 언어활동 가운데 가장 기본적인 활동이며, 언어의 여러 기능 가운데 특히 의사소통 기능이 대화를 통해 이루어진다. 지적(知的) 요소가 짙은 것을 '문답', 정적(情的) 요소가 짙은 것을 '회화', 논리적 요소가 짙은 것을 '토론'으로 구별해 부르기도 한다.

Ⓑ

문학 텍스트에서 대화는 작중인물들이 주고받는 이야기를 직접화법으로 그대로 옮겨 놓은 것을 말한다. 보통 인용부호(" ")나 연결부호(-)를 사용해 표현한다. 작중인물의 언술행위가 서술자에 의해 매개되지 않고 그대로 묘사된 것이라는 점에서 미메시스의 한 부분을 이룬다고 볼 수 있다.

전통시학은 대화를 작중인물의 행위라는 측면에서 설명해 왔다. 작중인물은 생각하거나 행동하고 느끼거나 발화함으로써 이야기 구축에 참여하는데, 대화는 작중인물의 그러한 다양한 활동 중의 한 가지다. 대화를 통해 작중인물의 성격, 기질, 개성뿐만 아니라 여타의 주요한 서사 정보가 드러나고, 작가의 주관적이고 설명적인 개입 없이 사건이 장면화, 극화되면서 사실감과 현장감이 높아진다.

반면 구조시학은 대화를 인물의 행위 영역에 국한시키지 않고, 작가(화자)가 독자(청자)에게 말하는 과정에서 편집된 발화의 기록으로 간주한다. 그 결과 대화는 묘사나 설명 같은 여타 언술행위와 마찬가지로 소설 텍스트의 담론 구조를 이루는 한 부분으로 확장된다.

수사학에서는 두 인물 간에 주고받는 언술행위의 묘사로서의 대화가 아니라 독백이나 담론 속에 허구의 대화를 개입시키는 기법을 대화주의라 부르며, 대화의 개념을 이어성, 다성성, 상호텍스트성과 결부, 확장시킨 바흐친의 이론 역시 대화주의로 불린다.

C

작품 전체가 질문과 답변의 형식을 취하는 문학 장르를 대화라 칭하기도 한다. 이러한 장르 형식으로서의 대화는 스승 소크라테스의 가르침을 여러 인물들의 대화로 기록하면서 자신의 사상을 담아낸 플라톤의 『대화편』에서부터 그 전통이 시작되었다. 이후 대화 형식은 교육적, 계몽적, 풍자적 기능을 담당하며 중세(마테오리치, 『천주실의』), 르네상스(에라스무스, 『대화집』), 계몽시대까지 그 문학적 전통을 이어간다.

계몽시대에는 대화가 갖는 교육적 효과와 전문지식의 대중화 및 보급 의도가 맞물리면서 '대담'이라는 제목의 작품들이 많았다. 퐁트넬(B. Fontenelle)의 『세계의 다양성에 관한 대담』, 페늘롱(F. Fénelon)의 『죽은 자들의 대화』, 네 명의 작가가 토론하는 형식을 취하는 드라이든(J. Dreyden)의 『극시론』 등이 유명하다. 낭만주의 시대에는 대화가 갖는 꾸미지 않은 자연스러운 증언의 효과가 높이 평가되었고, 현대에 이르러서는 미디어의 발달과 더불어 저널이나 라디오 등의 저명인사 인터뷰 내용을 그대로 책자화하기도 한다.

대화 형식은 친밀하고 일상적인 어투로 진지한 철학적 주제들을 다루면서, 질문을 던지고 답하는 과정에서 진리를 발견, 체득하게 한다는 일종의 산파(産婆)와 같은 역할을 담당해 교육적인 효과가 크고, 전문지식을 보급하는 데 유용하다. 또한 반드시 결론을 내리지 않고 의견 교환의 진행 과정만을 기술할 수 있다는 점에서 열린 결말을 가능하게 한다. 의견 교환의 과정에서 불확실성과 회의적인 태도를 유연하게 드러내는 동시에 상반되는 의견과 갈등의 가치를 부각시키며 그 해석을 독자에게 넘길 수 있는 것이다.

"일상의 대화에는 규칙 이상의 멋이 있다"는 발자크(Guez de Balzac)의 말이나, 대화는 "웅변에 대항하는 방법"이라는 알랭(Alain)의 말처럼, 대화는 설득의 기술이자 산문을 해방시키는 형식이 된다.

[김계영]

다성, 담화(담론), 대화주의, 묘사(기술記述), 미메시스, 상호텍스트성, 서사, 이어성(헤테로글로시아), 작가(저자), 장르, 픽션(허구). 형식

■ 참고문헌

· Roland Mortier, "Pour une Poétique du dialogue: Essai de théorie d'un genre", *Literary Theory and criticism*, Peter Lang, 1984.
· Sylvie Durrer, *Le Dialogue romanesque*, Droz, 1994.

대화주의

F: dialogisme *E:* dialogism *D:* Dialogimus

✳ 1. 수사학의 문채로 논증술에 활력을 불어넣기 위해 만든 허구적 대화
2. 바흐친이 도스토예프스키의 다성적 소설을 특징짓기 위해 사용한 용어

Ⓐ

수사학에서 대화주의는 독백이나 담론 속에 허구의 대화를 개입시키는 기법이다. 이것은 명백히 이론적인 목적을 갖고 있는 담론 속에서 인물들 간의 대화를 체계적으로 이용하여 주장하는 바를 더욱 역동적이고 설득력 있게 만들기 위한 기법이다. 고대의 연설가들이 자신의 주장을 더욱 생기 있고 설득력 있게 만드는 동시에 상대방의 논거를 효과적으로 반박하기 위해 주로 사용했다. 문학작품 속에서는 한 명의 화자가 등장하는 장면에 여러 인물의 목소리를 대입하여 이야기를 더욱 역동적으로 만들기도 한다.

따라서 이 기법은 일종의 '다성(polyphonie)', 즉 여러 목소리를 개입시키는 수사학적 발화기법에 기초하고 있다고 할 수 있다. 연극이나 소설에서는 흔히 한 인물의 독백이 유사대화(pseudo-dialogue)로 전환되어 인물들 간의 모순과 의문들을 제시하기도 한다.

Ⓑ

"존재한다는 것은 소통하는 것이다"라는 유명한 명제 속에 효과적으로 함축된 바흐친의 대화주의는 그의 이론과 사상체계의 근간이 되는 개념이며, 이후 현대비평의 핵심 용어로 자리 잡게 된다. 바흐친은 대화를 '독백(monologue)'과 대립되는 좁은 의미의 '외적 대화', 그리고 넓은 의미에서 인간 언어의 일반적 특성으로서의 '내적 대화'로 나눈다.

첫 번째 좁은 의미에서, 바흐친은 소설과 희곡과 시를 서로 대비하면서, 소설을 '형성 중인 장르'로서 아직 완결되지 않은 미래세계를 지향하는 '대화적' 장르라고 정의한다. 소설 장르의 특징으로서 대화주의는 한 언어 내부에서 사회적으로 분화된 이어성(heteroglossia)의 다양한 목소리들을

마치 오케스트라처럼 교차시키고, 상호 조명하고 상호 활성화한다. 바흐친에 의하면, 도스토예프스키 소설이 이러한 전형을 잘 보여준다.

반면에 작중인물들의 대화로 구성되어 대화주의를 잘 표방할 것 같은 희곡은, 작중인물들의 목소리와 의식이 작가의 의도에 의해 엄격히 통제된다는 점에서 오히려 '독백적' 장르라고 바흐친은 생각한다. 그리고 문학 장르 중에서 가장 순수한 형태라고 할 수 있는 시는 단일한 이미지나 상징을 중심으로 구성되기 때문에 본질적으로 다양한 의식이나 목소리를 담을 수 없고, 오직 작가에 의해 통제된 단일한 의식이나 목소리만이 지배적으로 나타나는 장르라고 생각한다.

두 번째 의미에서 대화는 소설뿐 아니라 시와 희곡 등 다른 문학 장르를 포함한 인간 언어 일반의 근본적 특성으로 간주된다. 바흐친은 모든 언어를 구체적인 역사적 시간과 사회적 공간 안에서 화자와 청자 사이에 일어나는 구체적인 상호작용의 산물로 파악한다. 그에 의하면, "의미는 말 속에서나 화자의 영혼 속에서나 청자의 영혼 속에 존재하지 않는다. 의미는 주어진 소리 복합의 자료 안에서 화자와 청자 사이에 이루어지는 상호작용의 결과이다."

서정시와 같은 '독백적' 장르의 시적 담론까지 포함하여 인간과 세계에 대한 인식은 일반적으로 이러한 내적 대화성을 모두 함축하고 있지만, 다양한 이어성의 예술적 이미지를 대화적으로 굴절시키는 소설 장르의 담론이 이러한 대화성을 가장 명시적으로 구현한다.

바흐친에 의하면 도스토예프스키 소설의 등장인물은 타자의 의식, 혹은 타자의 '외적 언어'와 끊임없이 '내적 대화'를 나눈다. 그들의 내적 대화 목소리는 다른 인물들의 다양한 목소리와 공존하면서 상호작용 하는 가운데 전체적으로 다성적 소설의 '큰 대화' 구조를 형성한다.

C

바흐친의 대화주의는 형식주의를 뛰어넘은 새로운 문학 이론으로서의 가능성과 새로운 인식론적 사고 유형을 제시한다. 대화주의는 절대성과 독단주의를 배격하고 타자와의 소통을 전제한 상대성과 다원성의 관점에서 삶의 현상과 문학을 파악하고자 한다. 그렇지만 절충주의나 상대주의와 같은 개념은 아니며, 삶을 지배하는 모든 현상은 오직 전체의 일부로 파악되어야 하고, 기본적으로 비종결성, 비결정성, 불확정성이라는 특성을 갖고 있다는 인식이 내포되어 있다.

이를 문학 텍스트에 적용할 경우 그 의미, 내용과 형식도 어느 하나의 고정된 상태로 머물지 않고 항상 발전하고 변화해 나갈 수밖에 없다는 사실을 의미한다. 그렇다고 바흐친의 대화주의가 '변증법적'이지는 않다. 대화주의는 지양과 종합을 만들어 내지 않고, 대화로 된 모순을 통해서 항상 다원적으로 결정되는 놀이를 원심력의 동적인 구조 안에서 만들어 내기 때문이다.

이후 줄리아 크리스테바에 의해서 '상호텍스트성' 개념으로 발전되며, 또한 포스트모더니즘의 중요한 개념들, 즉 저자의 죽음, 중심의 해체, 탈주체화, 타자성, 상대성, 다원성, 비결정성 등의 개념들이 태동하는 데에도 결정적인 역할을 하게 된다.

[문재은]

다성, 목소리(태), 상징, 상호텍스트성, 이미지,
이어성(헤테로글로시아), 작가(저자), 작품

참고문헌

· 김욱동, 『대화적 상상력』, 문학과지성사, 1994.

· ________, 『바흐친과 대화주의』, 나남, 1990.

· 미하일 바흐친, 『도스토예프스키 시학』, 김근식 역, 정음사, 1988.

· ________, 『장편소설과 민중언어』, 전승희 외 역, 창작과비평사, 1994.

· Mikhail Bakhtine, *Le Marxisme et la philosophie du langage,* Les Editions de Minuit, 1977.

데코룸

F: décorum *E:* decorum *D:* Dekorum

✳ 1. 문체의 덕목인 적합(절)성의 규칙을 뜻한다.
2. 행동 규범 혹은 문학 예절의 의미로도 자주 사용된다.
3. 포스트모더니즘 예술과 문학에서는 이 개념의 사용이 사라져가는 경향이 있다.

A

'적합(절)성' '조화'를 뜻하는 데코룸은 원래의 순수미(풀크룸, pulchrum)에 뭔가를 더하여 얻어지는 부가적 효과의 장식미를 가리킨다. 소크라테스는 이 개념을 조화롭고 아름다워지는 미, 즉 '프레폰(prepon)'이라고 부른다. 그리스어로 '돋보임'이라는 의미의 프레폰은 라틴시대의 이론가 키케로와 아우구스티누스에 의해 말, 행동, 장면 등을 적절하게 표현함을 뜻하는 라틴어 '데코룸(decōrum)' 또는 '압툼(aptum)'으로 번역된다. 그것이 오늘날에는 행동 규범, 주제 또는 화제에 대한 문체(언어)의 적합성, 문체 장식, 문학 예절 등의 의미로 사용된다.

B

데코룸은 고대와 중세의 수사학에서 문체를 결정하는 중요한 수사학적 원칙이다. 이를테면 수사법, 장르, 주제, 성격, 특징 부여, 상황 등에 부합하는 문체의 주요 덕목 가운데 '적합(절)성'의 원칙이다. 그래서 당시 학자들은 데코룸을 말하기와 글쓰기의 수행 방식에서 최고의 덕목으로 내세웠다. 문학예술의 장르, 등장인물의 행동, 문체와 대화 등이 서로 걸맞아야 한다는 것이다.

아리스토텔레스는 『시학』에서 희극을 실제 이하의 악인의 모방으로, 비극을 실제 이상의 선인의 모방으로 규정하면서 운율이나 문체 및 주제

사이의 적합성을 논한다. 이를테면 비극의 문체는 숭고체, 희극의 문체(언어)는 저급한 문체이어야 한다는 것이다.

아우얼바하는 『미메시스』에서 이런 적합성의 규칙을 일종의 '문체의 분리 현상'으로 본다. 또한 그는 『수사학』 3권에서 각각의 수사법, 성격, 주제, 문어, 구어들과 적절하게 어울리는 문체가 존재한다면서, 실체 혹은 사태와 문체와의 적절성을 정의한다. 호라티우스는 그러한 아리스토텔레스의 모방론, 이른바 '어울림(조화)'의 개념과 관련된 문학 예절을 문학적 데코룸, 즉 문학의 구조적 원칙을 정립하기 위한 적합성 규범이라 불렀다.

키케로의 데코룸 개념은 삼문체 이론(저급한 문체, 온건한 문체, 숭고한 문체)에서 보편적으로 사용된 작문의 일반 원칙이자, 귀족들의 예절과 행동 규범의 기본 원칙이기도 하다. 글 쓸 때와 말할 때는 같은 길이의 문장을 사용하지 말아야 하고, 사회관계를 맺을 때는 특정 장소와 신분에 따라 해야 할 것과 하지 말아야 할 것을 가릴 줄 알아야 한다는 것이다.

그러므로 아리스토텔레스와 호라티우스가 서사시, 희극과 비극에 적합한 문체의 중요성을 논한 것처럼, 고전주의 문학에서 데코룸은 문학 예절이다. 문학 예절은 인간 행위의 모방을 문학화하거나 작품화할 수 있는 기본 요건이기 때문에 그것이 있어야만 문학은 조화롭고 통일성 있는 전체를 이룰 수 있다. 이러한 문학관이 강조되면 전형(protocol)이론이 된다.

중세의 데코룸은 편지글 쓰기의 원칙이며, 신고전주의 시대의 데코룸은 삼일치(행동, 장소, 시간)의 법칙과 함께 문예(특히 시) 규칙의 하나다. 예술 효과를 추구하기 위해 사회 규범이나 모방과의 단절을 요구하는 낭만주의적 데코룸은 부르주아 사회의 규범을 대체한다.

C

20세기의 데코룸은 근대성 비판과 함께 담론을 이해하는 방식에 있어 매우 중요한 용어로 사용된다. 현대 문학작품에서는 고전문학에서 반드시 지켜야 했던 문체 분리 현상과는 달리, 삼문체 모델을 동시에 사용하는

'문체 혼합 현상'이 자주 나타난다.

예를 들어 희비극, 멜로드라마, 소설과 같은 혼합된 장르에서는 불가피하게 문체전환(style-switching)이 발생하기 때문에 고전문학에서 사용되던 데코룸 개념이 점차적으로 사라지는 경향이 있다. 이러한 현상은 평등주의적 세계관을 지향하는 포스트모더니즘 경향의 글쓰기와 예술에서 자주 나타난다.

의사소통이론에서 데코룸이라는 용어는 그라이스(P.Grice)의 대화협력원칙에서 대화격률과 브라운/레빈슨의 공손원칙에서 정중어법(grammar of politeness)과 같은 일종의 대화 상호행위의 적절(합)성에 해당된다.

[이종오]

모방, 문체, 숭고/숭고미/숭고체

참고문헌

· 아리스토텔레스, 『수사학 I, II, III』, 이종오 역, 리젬, 2006~2008.
· 아우얼바하, 『미메시스』, 김우창, 유종호 역, 민음사, 1991.
· 최정은, 『트릭스터: 영원한 방랑자』, 휴머니스트, 1997.
· Aristotle, Horace, Longinus, *Classical literary criticism: Poetics. Ars poetica. On the sublime* (translated by Dorsch T.S.), Penguin Classics, 1965.
· Penelope Brown, Stephen C. Levinson, *Politeness. Some universals in language,* Cambridge University Press, 1978.
· Cicero, *L'Orateur*, Panckoucke, 1835.
· Geoffrey N. Leech, *Principles of pragmatics*, Longman, 1983.
· Kenneth Burke, *A Rhetoric of motives*, University of California Press, 1969.
· Paul Grice , "Logic and conversation.", *Syntax and Semantics*, Vol. 3, 1975.

도상/도상성

F: icône/iconicité *E:* icon/iconicity *D:* Ikone/Ikonizität

✻ 1. 유사한 이미지나 형상 혹은 닮은 꼴
2. 기호학에서 기호의 형태가 기호의 의미와 유사성을 띠는 기호
3. 언어의 형태와 의미 사이에 나타나는 유사성 (도상성)

Ⓐ

'형상'을 뜻하는 그리스어 '에이콘(eikon)'에서 유래한 말로, '유사한 이미지나 형상 혹은 닮은 꼴'을 가리킨다. 기호학에서는 기호의 형태가 기호의 의미와 유사성을 띠는 기호를 말한다. 도상은 도상의 지시체와 닮은 기호이며, 종종 그것이 표시하는 물체와 동일시된다. 도상과 지시체 사이의 유사성은 회화적일 수도 있고, 그 둘이 공유하는 어떤 특징일 수도 있다. 도상의 비근한 예는 기독교의 십자가다.

이 용어는 1932년 미국 철학자 퍼스(C.S Peirce)의 기호 분류 연구에서 비롯되는데, 인지언어학이 활성화하면서 새롭게 부각된다. 퍼스는 기호를 형태와 의미의 관계에 따라 도상, 지표, 상징으로 구별한다. 그에 의하면 도상은 기호의 형태와 의미 간에 '닮음(resemblance)'이 존재하는 경우이고, 지표는 기호의 형태와 의미 간에 '자연적 관계(natural connection)'가 존재하는 경우이며, 상징은 기호의 형태와 의미가 '규약(convention)'에 의해 확정되는 경우다.

퍼스는 도상을 이미지(image), 도식(diagram), 은유로 하위 구분한다. 그에 의하면 이미지는 기호와 대상 간의 감각적인 자질을 공유하는 것으로, 페인트통의 색깔이 페인트를 연상하게 하는 경우와 의성어, 상형문자가 그러한 예다. 도식은 기호와 대상 간의 구조를 공유하는 것으로 도로표지, 지도, 해부도가 그러한 예다. 은유는 기호와 대상 간의 순간적으로 인

식된 평행이나 유사성이라고 하는데, 도식의 정의와 명확히 구별되지 않아서 거의 다루지 않는다.

B

언어에서 도상성이란 기호의 형태로 표시된 언어와 그 언어가 나타내고자 하는 의미 사이에 자연스런 유사성이 있음을 나타내는 말로, 언어 형태와 의미 간의 '자의성'에 상반된 개념이다. 도상성의 개념적 근원을 찾는다면 아리스토텔레스의 '유사성(similarity)'에 관한 언급으로 올라갈 수 있겠지만, 도상성을 현대 언어학의 방법론으로 부상시킨 사람은 퍼스다.

도상성의 성격을 정의하면 다음과 같다. 첫째, 언어의 형태와 그 형태가 나타내는 사물 간의 (사실적)유사성이라 할 수 있다. 둘째, 언어의 형태와 의미 간에 나타나는 유사성이라 할 수 있다. 셋째, 언어 구조(문법 구조)와 개념 구조(의미 구조) 간의 유사성으로 확장될 수 있다.

하이만(J. Haiman)에 의하면, 언어의 형태와 의미 간의 상호관계를 다루는 도상성은 '구조동형성(isomorphism)'과 '동기부여(motivation)'라는 두 양상으로 나타난다. 구조동형성은 언어의 형태와 의미 사이에 일대일 대응관계가 있는 양상을 가리키고, 동기부여는 언어 형태가 의미에 직접적으로 반영되는, 즉 언어 형태의 차이에 의해 의미의 차이가 결정되는 양상을 말한다. 하이만은 두 양상 중에서 동기부여가 구조동형성에 비해 더 설득력이 있다고 말한다.

테일러(J.R. Taylor)는 도상성을 모방적 도상성과 구조적 도상성으로 나눈다. 모방적 도상성은 의성어와 같이 자연 상태에 바탕을 둔 것으로 기호의 주변적 성격을 띠는 반면, 구조적 도상성은 언어 형태의 어떤 특징들이 의미 구조의 양상과 대응하는 것으로 도상성의 핵심 영역이다.

구조적 도상성은 크게 양적 도상성, 순서적 도상성, 거리적 도상성으로 분류한다. 양적 도상성은 개념의 복잡성 정도가 언어적 재료의 양과 비례한다. 즉 복잡한 개념을 가진 어휘가 단순한 개념을 가진 어휘보다 형태적으로 더 복잡한 양상을 보인다는 것이다.

순서적 도상성은 시간적 순서나 우선성의 정도가 언어 구조에 반영된 경우를 말한다. 즉 일반적으로 문장의 어순은 사건의 시간 순서에 따라 진술되고, 인지적으로 자연스러운 경향성이나 중요성의 정도가 언어 구조에 반영되는 경우를 말한다.

거리적 도상성은 개념적으로 가까울수록 형태나 구조상으로도 가까이 위치하게 된다는 것이다. 즉 낱말들이 더 가까이 있으면 둘 사이에 미치는 효과가 더 강해서 의미적으로 더 가까워지는 경향이 있는 경우를 말한다. 이처럼 다양한 구조적 도상성을 통해 인간은 언어 인지 작용의 효율성(편리성과 능률성)을 추구하고, 표현을 선택하는 문제를 명확하게 해결할 수 있다.

도상성은 음운론, 형태론, 통사론 분야에서 두루 발견된다. 음운론 분야 예를 들면, 보통으로 발음하는 '이만큼'과 길게 발음하는 '이만-큼'의 경우, 음량의 크기가 크면 클수록 지시하는 의미도 크다는 것을 알 수 있다. 다시 말해 형태가 크면 의미도 크고, 형태가 작으면 의미도 작아지는데, 이러한 것이 바로 도상성이다.

형태론 분야의 예를 들면, '더욱'과 '더더욱'은 정도의 차이를 드러낸다. 형태가 큰 후자가 더 큰 의미를 담고 있다. 통사론 분야의 예를 들면, '학교가다'와 '학교에 가다'는 의미 차이가 있다. 전자는 학교에 가는 주체가 '학생'이라는 신분을 의미하지만, 후자는 그 주체가 학생이 아닐 수도 있음을 의미한다. 그래서 어머니나 아버지가 선생님을 만나러 학교에 가는 경우, '학교에 가다'라고 하지 '학교가다'라고는 하지 않는다.

[문재은]

상징, 은유, 의성어/의태어, 이미지, 지표

참고문헌

· 김규철, 『단어 형성과 도상성에 대한 연구』, 박이정, 2005.
· 김동환, 「시 텍스트의 도상적 의미」, 『영미영문학연구』 35권, 대한영어영문학회, 2009.
· 신미섭, 「도상성과 중국어 어순」, 『동아인문학』 13집, 동아인문학회, 2008.
· 임지룡, 「국어에 내재한 도상성의 양상과 의미 특성」, 『한글』 266호, 한글학회, 2004.
· 찰스 샌더스 퍼스, 『퍼스의 기호사상』, 김성도 편역, 민음사, 2006.
· 히라가 마사코, 『은유와 도상성』, 김동환 외 역, 연세대학교출판부, 2007.

도식(도식이론)

F: schéma(théorie de schéma) *E:* schema(schema theory)
D: Schema(Schema-Theorie)

✻ 1. 내용을 어떤 형식에 따라 과학적으로 정리 또는 체계화한 틀
2. 개념과 개념들의 상호관계를 위계적으로 조직한 추상적인 인지구조

A

도식은 그리스어 '스키마(σχήμα)'에서 유래한 '도해', '약도', '개요', '형식' 등을 뜻하는 말로, 일반적으로 내용을 어떤 형식에 따라 과학적으로 정리 또는 체계화한 틀을 의미한다. 철학에서 잘 알려진 용어는 칸트의 인식론에 등장하는 '선험적 도식'이다. 칸트는 감성과 오성(悟性) 사이를 매개하여 인식을 가능하게 해주는 것이 '선험적 도식'이라고 말한다.

그런데 영국의 심리학자 바틀렛(F.C. Bartlett)이 자신의 논문 「기억」에서 '도식'이란 용어를 사용한 이후, '도식'은 인지심리학의 주요 연구 대상이 되었다. 학문 분야에 따라 도식이란 용어 대신 '틀(frame)', '장면

(scene)', '시나리오(scenario)', '스크립트(script)'란 용어를 사용하기도 한다.

개념과 개념들의 상호관계를 위계적으로 조직한 추상적인 인지체계인 도식(圖式)은 단순한 경험의 집합체가 아니라, 경험을 통해 형성된 전형적 지식의 덩어리로 정형화되어 있다. 도식은 대상, 일련의 사건, 사회적 상황을 표상하고, 새로운 정보는 도식에 의해 표상된 기존의 정보와 상호작용하며, 새 정보가 기존 도식과 상치될 경우 도식은 계속해서 갱신된다.

인간의 담화는 말로 표현되지 않은 도식을 종종 사용하므로 도식에 대한 지식 없이는 담화를 이해할 수 없게 된다. 컴퓨터에 단순히 문법이나 낱말에 대한 지식을 프로그램화하여 집어넣어도 컴퓨터가 이야기나 문장을 제대로 이해하지 못한다는 사실이 이 점을 잘 보여주고 있다.

도식은 우리가 텍스트나 담화에서 무슨 일이 일어났는지 추론하도록 하여 공백을 채우게 하며, 그것을 일관되게 만든다는 점에서 매우 중요하고 유용한 개념이다. 우리가 머릿속에 레스토랑 도식(레스토랑 도식의 실례: 식당에 들어가서 우선 메뉴를 갖다달라고 하고 다음에 원하는 음식을 고르고 그 다음 식사가 나오면 식사를 한 후, 후식이나 커피를 주문하고 마지막으로 돈을 지불하는 순서에 따라 진행된다는 도식을 우리가 기억 속에 저장하고 있다), 진료실에서 환자와 의사 사이의 도식, 생일 파티의 도식, 기차표 구매 도식 등을 갖고 있지 않으면, 그런 상황에 처했을 때 어떻게 행동해야 할지 추론할 수 없다. 이처럼 도식은 우리의 의사소통 능력에도 막대한 영향을 끼치고 있다.

B

문학에서 도식의 역할은 일상생활에서의 도식의 역할과 다르다. 쿡(G. Cook)에 따르면 문학은 기존 도식을 강화(schema-reinforcing)하기보다 도식을 새롭게(schema-refreshing) 하는 경향이 있다. 즉, 문학은 우리가 세계를 인지하는 관습적인 방식을 방해하거나 새롭게 한다. 그 반면 광고는 정형화된 도식들을 확인하는 방향으로, 즉 도식을 강화하는 방향으로 진행된다. 왜냐하면 대중이 그 선전 내용을 쉽게 이해할 수 있도록 해야 하기 때문이다. 쿡에 따르면 '도식 새롭게 하기'가 독자에 의존하는 것이지만, 그의 생각은 전통 형식주의자들이 말하는 '낯설게하기(defamiliarization)' 개념과 유사하다.

도식이 인지적인 심적 표상이라면, 독자들은 각자가 텍스트에 다양하게 반응할 것이다. 이를테면 한 텍스트에 대해서도 독자 자신의 경험에 따라, 기존 도식이 강화되기도 하고, 기존 도식이 새롭게 변화되기도 할 것이다. 예를 들어 신경숙의 『엄마를 부탁해』를 읽고 난 어떤 독자는, 기존에 엄마가 늘 약하고 불쌍하다는 도식을 갖고 있는 경우, 그 도식을 강화할 것이다. 반면, 기존에 엄마가 늘 강하고 무엇이든지 할 수 있다는 도식을 갖고 있는 독자의 경우, 그 도식을 새롭게 갱신하게 될 것이다.

C

인지적 은유론에서 '영상도식(image-schema)'은 우리 일상의 신체적 경험에서 계속적으로 나타나는 비교적 간단한 심적 표상이다. 이런 신체 경험들은 보다 복잡한 신체적 혹은 정신적 현상을 이해하기 위해 관습적인 은유('인생은 여행이다'라는 흔히 쓰이는 은유는 인생이라는 추상적인 대상을 여행에 대한 우리들의 구체적 일상경험에 빗대어 설명한다)에 투사된다.

라코프(G. Lakoff)는 영상도식을 '연결도식', '그릇도식', '부분-전체도식', '중심도식', '균형도식' 등으로 나눈다. 그중 '연결도식'을 예로 들어 보자. '그 사람은 끈 떨어진 지 오래야'라는 표현은 부정적 가치를 가진다. 이것을 연결도식이라는 개념을 통해 설명해 보자.

우리 인간은 처음에 어머니의 뱃속에 있는 탯줄을 통해 생명을 유지하면서 이 세상에 태어난다. 그리고 어린 시절에는 길을 잃지 않기 위해 어머니의 치맛자락을 붙들고 다닌다. 이런 경험에서 '연결'은 긍정적 경험으로, '분리'는 부정적 경험으로 인지된다.

우리는 이런 신체적 경험에 근거한 연결의 구조를 통해 긍정과 부정의 양극적인 영상도식을 형성하며, 그것의 은유적 확장을 통해 통합된 전체를 긍정적 가치로, 분리되어 나누어지는 과정이나 그 결과를 부정적 가치로 개념화한다.

[고광식]

낯설게하기

참고문헌

· 서창원, 「사회적 도식에 대한 소고」, 『사회과학논총』 제7권, 충남대 사회과학연구소, 1996.

· 신석규, 「도식이론에 의한 기업 아이덴티티의 형 · 상 · 감 상호 관계성 연구」, 『패키지 디자인 연구』 17권, 2005.

· George Lakoff, *Women, fire, and dangerous things: What categories reveal about the mind,* University of Chicago Press, 1987.

도치(법)

F: inversion *E:* inversion *D:* Inversion

✻ 1. 정상적인 언어 배열 순서를 문법적 오류 없이 의도적으로 뒤바꾸는 행위 또는 그러한 표현법

2. 영어나 프랑스어 등에서 특수한 문법 규칙에 따라 특히 주어와 동사의 순서가 바뀌는 일

Ⓐ

'뒤바꿈', '뒤바뀌다'라는 뜻의 라틴어 '인베르숨(inversum)', '인베르테

레(invertere)'에서 유래했다. 논리적으로나 문법적으로 합리적인 문장의 서술 순서를 바꾸어 변화를 주는 표현 방법으로, 수사법상 단조로움과 지루함을 피하기 위한 변화법에 속한다.

우리말에서 '주어 - 목적어' 또는 '보어 - 서술어'의 순서를 따르는 것이 보통이나, 말하는 사람이 강조하려는 행동이나 상태를 나타내는 말을 문장의 앞쪽에 내세워 긴장감이나 강한 인상을 주려는 표현기법이다. '어머니 보고 싶어요'가 '보고 싶어요, 어머니'가 되는 것이 그러한 예다.

도치법을 쓰면 문장 표현은 논리적인 순서가 없는 형태로 나타나지만 문장에 생동감을 주는 결과를 가져오기 때문에 문학 텍스트뿐만 아니라 일상어에서도 많이 쓰이고, 통사 규칙의 제약에 대해 상대적으로 자유로운 시에서 특히 많이 쓰인다.

"아아, 누구인가,/ 이렇게 슬프고도 애달픈 마음을/ 맨 처음 공중에 달 줄을 안 그는"(유치환, 「깃발」) 같은 시구에서 볼 수 있듯이, 정상적인 순서를 벗어나 문장의 앞으로 이동된 단어나 표현은 강조되는 동시에, 그 뒤에 놓이는 단어나 표현은 지연되면서 긴장감을 느끼게 만드는 효과를 갖는다.

"나 보기가 역겨워 가실 때에는/ 죽어도 아니 눈물 흘리오리다"라는 김소월의 시 「진달래꽃」 마지막 구절에서도 부정의 부사 '아니'는 '흘리오리다' 앞에 오는 것이 정상적인 순서라고 볼 수 있지만, '눈물' 앞에 놓여 '죽어도'와 연결되면서 부정의 강조 효과를 극대화한다.

B

문학적 이유가 아니라 문법적으로 도치가 요구되는 경우도 있는데, 이런 경우는 문체가 아니라 문법에 속한다. 우리말에서는 특별히 도치가 요구되는 문법 규칙이 없고, 의문문이라고 해서 주어와 동사의 위치가 뒤바뀌지 않지만, 영어나 프랑스어의 경우 주어와 동사의 도치가 요구되는 문장구조가 있다.

가장 대표적인 예가 의문문, 부가의문문이다. 문어체에서 부정의 부사 다음, 'Here', 'There'로 도입되는 문장에서도 주어와 동사의 도치가 일어난다. 동사를 수식하는 부사가 동사 옆에 있지 않고 문두로 나올 경우 주어 동사의 도치가 일어나기도 하며, 직접화법으로 된 문장(따옴표 안에 든 문장)을 전달할 때 피전달문이 전달절(reporting clause) 앞에 놓이면, 전달절의 주어와 동사의 위치가 도치된다.

C

16세기 수사학에서는 상대방의 주장에 반박해서 자신의 논거를 밝히기 시작할 때 도치법을 사용하기도 했고, 영미 고전 작시법에서는 각운(脚韻)을 다른 운으로 대체하는 것을 도치라고 부르기도 한다.

D

주어와 동사의 도치가 아닌 경우, 완전히 종결된 것으로 보이는 문장에 다른 말을 덧붙여 강조하거나, '형용사 +명사' 등으로 구성된 하나의 구(句)를 의도적으로 분리하여 문장의 앞과 뒤에 분리 배열해 표현을 강조하는 전치법, 문장 속에서 정상적인 어구의 위치를 바꾸어 놓는 치환법과 혼동되기도 한다.

[김계영]

운, 전치(轉置)(법), 치환(법)/대환(법)

참고문헌

· Albert Henry, *Etudes de syntaxe expressive - Ancien français et français moderne*, PUF, 1960.

독자

F: lecteur *E:* reader *D:* Leser

✵ 1. **책이나 신문, 잡지, 특히 작가가 쓴 문학작품을 읽는 사람**
2. **텍스트의 의미를 능동적으로 재창조하는 사람**

A

일반적으로 독자는 '책이나 신문, 잡지 등을 읽는 사람'을 말한다. 문학에 국한시켜 보면, 독자란 '작가가 쓴 문학작품을 읽는 사람'이다.

바르트(R. Barthes)를 비롯한 현대 비평가들이 독자의 능동적 수용을 논하기 전까지 독자는 저자가 기술해 놓은 의미를 그대로 받아들이는 수동적 존재에 지나지 않았다. 하지만 독자가 수동적이든 능동적이든 자기 생각을 가진 현실의 독자를 이야기 속의 내포독자(implied reader)나 청자와 혼동해서는 안 된다. 내포독자나 청자는 작가가 내심 기대한 또는 상정한 존재로 이야기에 연루되어 가상 독자의 반응을 암묵적으로 유도하는 작가의 상상적 독자이기 때문이다.

B

1960년대 이후 독자는 '텍스트의 의미를 능동적으로 재창조하는 사람'으로서 작가, 작품과 함께 문학을 구성하는 중심축을 이루게 된다. 바르트는 1968년 「저자의 죽음」을 선언하고, 이어 1970년 『S/Z』에서 독자를 "더 이상 텍스트의 소비자가 아닌 생산자"로 규정하면서 작품과 저자의 권위를 부정하는 텍스트의 개념을 역설한다. 바르트는 '작품(work)'과 '텍스트(text)'를 구별하는데, 작품은 혈연(저자/아버지-작품/자식)을 따르지만, 텍스트는 일단 생산이 끝나면 더 이상 혈연에 귀속되지 않는, 말하자면 독자와 더불어 부단히 재탄생하는 백색의 언어체임을 밝힌다. 이렇게 독자의 읽기와 쓰기는 곧 작품과 텍스트를 규정하는 기본 기제가 된다.

바르트에 따르면, 형식과 내용으로 가득 차 독자의 쓰기를 요구하지 않는 '읽히는' 고전적 작품은 단순한 모방적 재현이라 할 수 있으며, 독자가 '쓸 수 있는' 텍스트는 그 스스로 아무것도 의미하지 않는, 따라서 모든 것을 의미할 수 있는 의미자족적인 시니피앙의 공간, 즉 무한히 열린 독자의 창조적 공간이라고 할 수 있다.

C

텍스트론을 기반으로 독자는 창조적 작가의 위상을 부여받으며, 수용미학을 비롯한 현대문학 담론의 근간을 이루는 개념 내지 논리가 된다. 바르트 이래 독자반응비평 유파나, 문화연구, 문화유물론, 신역사주의의 주된 논리는 모두 독자의 능동적 텍스트 수용론을 기반으로 하여 정립된 것이다.

D

현대에 이르러 독자는 소비 및 참여의 주체로서 과거 작가의 고유 영역이던 글쓰기 자체에 관여한다. 책은 소비되어야 하는 것이기에 소비 주체인 독자가 원하는 스토리와 문체에 따른 책으로 변화한다. 작가의 의도든 출판사의 의도든, 소비 및 참여 주체인 독자의 의사를 적극 반영한 글쓰기의 책들이 출판되는 것이 현실이다. 어려운 한자를 피하고, 문어체보다는 구어체, 때로는 어법 파괴적인 유행어나 인터넷 용어들을 사용한 책들이 즐비하다. 이렇게 독자는 시대에 따라 위상이 변하며 문학작품의 생산과 재생산, 나아가 문학사에 영향을 미친다.

[류은영]

구어체, 글쓰기, 모방, 문어체, 문체, 스토리
작가(저자), 재현(표상, 대표), 텍스트, 형식

참고문헌

· 김천혜, 『소설구조의 이론』, 한국학술정보, 2010.
· Roland Barthes, *S/Z*, Seuil, 1970.

돈절법

F: aposiopèse *E:* aposiopesis *D:* Aposiopese

화자나 저자가 도중에 말을 갑자기 중단해 버리는 수사법

A

'조용해짐'이라는 뜻의 그리스어 '아포시오페시스(aposiopesis)'에서 유래한 말이다. 두려움, 분노, 흥분 때문에 더 이상 말을 이을 수 없을 때나 잇고 싶지 않을 때 갑자기 중단해 버림으로써 청자(독자)가 상상을 통해 그 문장을 마무리하게 하는 수사법을 가리킨다. 중단법, 단절법이라고도 한다. 고대 그리스의 웅변술에서는 화제를 바꿀 때 잠시 쉬는 것을 지칭하기도 했다.

B

"아니, 어디서 이런……", "내 다시는……", "저리 꺼져, 그렇지 않으면……" 등의 예문에서처럼 감정이 너무 격해져서 더 이상 말을 이을 수 없을 때나 말하려는 내용이 말로 표현하기에는 너무 거북스러울 때 주로 쓰인다. 돈절법은 말줄임표(……)로 자주 표시되며 거의 침묵에 가깝다.

문장성분 중 한두 요소를 줄여 말한다는 점에서 돈절법은 넓은 의미에서 생략법의 한 갈래라고도 할 수 있다. 그러나 감정에 더 무게를 둔다는 점, 갑자기 말을 멈춰버린다는 점에서 생략법과는 어느 정도 차이가 있다.

효과 면에서도 차이가 있는데, 생략법이 "함축미와 긴장미를 노리는 기법"이라면 돈절법은 "독자의 상상을 마음껏 허용하는, 상징에 가까운 기법"이다. 또한 이 수사법은 "과거나 미래의 일을 마치 눈앞에 있는 것처럼 표현하여 실감과 임장감(臨場感)"을 주기도 한다.

돈절법은 희곡 장르에서 가장 많이 쓰인다.

[김중현]

생략(법), 파격구문

참고문헌

· 김욱동, 『수사학이란 무엇인가』, 민음사, 2002.
· 장하늘, 『글 고치기 전략』, 다산초당, 2006.

돈호법

F: apostrophe *E:* apostrophe *D:* Apostroph

✻ **진행 중인 문맥을 중단하고 사람이나 동물, 사물의 이름을 불러 주의를 환기시키는 표현법**

Ⓐ

'외면하다', '주의를 다른 데로 돌리다'라는 뜻을 가진 그리스어 '포스트로피(apostrophê, ἀποστροφή)'에서 유래한 말이다. 여기서 외면한다는 것은 누군가를 부르거나 말을 걸기 위해 주된 전개 과정을 외면한다는 뜻이다. 일반적으로 진행 중인 문맥을 중단하고 사람이나 동물, 사물의 이름을 불러 주의를 환기시키는 표현법, 또는 그런 담화의 형태를 말한다. 이를테면 편지글에서 다정하고 친근한 느낌을 주기 위해 상대방의 이름을 부르거나, 연설(문) 등에서 주의를 집중시키기 위해 군데군데 '신사 숙녀 여러분!' '국민 여러분!' 하고 부르는 것 등이 이에 해당한다. 실제로 존재하는 사람 외에도, 죽은 사람이나 발화 현장에 부재하는 사람, 동물이나 사물, 추상적 관념, 신(神) 등을 의인화하여 부를 수도 있다.

> "아이야, 우리 식탁엔 은쟁반에 하이얀 모시 수건을 마련해 두렴"(이육사, 「청포도」)
> "산아, 우뚝 솟은 푸른 산아, 철철철 흐르듯 짙푸른 산아!"(박두진, 「청산도」)
> "오 사탄이여, 내 기나긴 불행을 긍휼히 여겨주오"(보들레르, 「악마의 연도」)
> "너 아직 더럽혀지지 않은 정적의 신부여"(키츠, 「그리스 항아리에 부치는 노래」)

B

화자의 의도에 따라 돈호법의 효과는 다양하다. 화자의 감정과 감동을 표현하고, 갑자기 대상을 부름으로써 독자나 청중의 주의를 집중시키거나 생각을 불러일으키며, 놀라게 하는 효과를 만들어 낼 수 있다. 언어에 생명력을 부여하고, 대상에게 직접 호소하는 효과를 가져 오지만 욕설이나 역설적 표현에 쓰일 수도 있다.

시의 도입부에서 돈호법을 사용하면 시 전체가 시인과 독자, 혹은 시인과 대상이 대화를 나누는 것과 같은 친밀감이 형성되고, 시인의 서정적 감정 전달이 자유로워진다. 낭만주의 시인들은 특히 자연과의 교감을 가시화하기 위해 돈호법을 많이 사용했다. 연극에서는 대화뿐만 아니라 독백에서도 돈호법이 자주 사용되는데, 라르토마(P. Larthomas)는 독백에 사용되는 돈호법은 어떤 개념이나 인물을 환기시키고, 그들과 대화를 나누는 문학적 방법이라고 말한다.

돈호법은 화자의 넘쳐나는 감동을 표현하기 위해 감탄사와 함께 사용되기도 한다. 흔히 감탄사, 감탄조사나 감탄형 어미(~그려, ~(로)고, ~구나, ~(는)지) 등을 독립적으로 사용해 감정을 드러내는 표현법을 영탄(법)이라고 하는데, 돈호법은 감탄사 등을 독립적으로 사용해 감정을 미리 조절하는 표현법이 아니라 시적 진술 과정에서 대상에 대한 정서적 환기를 통해 감정을 고조시킨다는 점에서 영탄법과 차이가 있다.

C

돈호법은 서술자가 자신의 담론에 개입하거나 독자를 텍스트에 참여시키는 중요한 기법이기도 하다. 일인칭 서술자인 '나'가 자신을 '너/당신/자네' 등으로 부르는 경우, 행위와 사유의 주체로서의 '경험자아'와 서술행위 주체로서의 '서술자아' 사이의 긴장을 통해 성찰의 시간과 거리를 확보하는 전략이 될 수 있다. 또한 작가(서술자)가 독자를 부르거나 말을 거는 형태로 텍스트의 연속성을 파괴하고, 독자가 이야기에 실제로 참여하는 느낌을 만들어 낼 수도 있다.

아래의 예문에서 볼 수 있듯이, 서술자가 서술자 자신은 물론, 작가, 인물, 독자 등을 '너/당신'이라고 부르기도 하는데, 이러한 말걸기를 작가/서술자/인물/독자의 경계를 지우고 작가가 자신의 소설론 혹은 소설의 주제를 구현하는 '포스트모던 돈호법' 전략으로 보는 견해도 있다. 이런 방법은 소설의 생산과정과 해석 행위에 초점을 맞추는 메타픽션에서 흔히 사용된다.

> "자, 이제 시작합니다(뭐 하나, 이 친구야. 이 문구가 바로 이 소설의 시작이다. 여기서부터 소리 내어 읽으란 말이다)."
> (이기호, 「나쁜 소설-누군가 누군가에게 소리 내어 읽어주는 이야기」)

D

우리말에서는 호격조사(~여, ~야)가 붙어 돈호법이 확실히 구별되는 경우가 대부분이지만, 격조사가 구별되지 않는 서구어(특히 프랑스어)에서는 감탄사가 동반되지 않으면 동격 구문과 구별하기 힘든 경우가 있다. "Stable trésor, temple simple à Minerve"(발레리, 「해변의 묘지」)라는 문장은 "견실한 보고, 미네르바의 꾸밈없는 사원"으로 해석할 수도 있지만

"견실한 보고여, 미네르바의 간소한 사원이여"로 해석할 수도 있는 것이다. 그러나 "오 그대, 천사들 중에서 가장 현명하고 가장 아름다운(O toi, le plus savant et le plus beau des Anges)"(보들레르, 「악마의 연도」)이라는 문장은, 감탄사와 함께 등장하는 앞의 구절('그대')은 부르기(호격)의 기능을 가지고, 쉼표 뒤에 이어지는 구절은 동격의 설명적 기능을 가진다고 할 수 있다.

[김계영]

기능, 대화(체), 독자, 동격, 레시, 메타픽션, 서술,
서술자(화자), 영탄법, 의인법(의인화), 인물/인물구성

참고문헌

· 이미란, 「이인칭 소설의 서사전략 연구」, 『현대문학 이론연구』 41권, 2010.
· Pierre Larthomas, *Le Langage dramatique*, PUF, 1980.

동격

F: apposition *E:* apposition *D:* Apposition

✱ **동일한 지시대상을 가지면서 문법적 기능이 같은 어구가 나란히 병렬 배치되고, 그중 하나가 다른 것을 수식 · 한정하는 문장 구성**

A

'~의 주변에 두다', '덧붙이다'라는 의미를 가진 라틴어 동사 '아포네레(apponere)'의 명사형 '아포지티오(appositio)'에서 유래한 말이다. 동일한 지시대상을 가지면서, 동일한 형태(통사) 범주에 속하고 문법적 기능이 같

은 어구가 나란히 병렬 배치되고, 그중 하나를 다른 어구들이 수식 · 한정하는 역할을 하는 것을 말한다.

'아이티, 앤틸리스의 진주', '톰, 30세, 백파이프 연주자의 아들'처럼 유럽 언어에서는 나란히 배치된 어구 사이에 쉼표가 흔히 사용되고, 후행어구가 선행어구를 수식 · 한정하는 기능을 한다. 우리말에서는 '벙어리 삼룡이', '대왕 세종', '조선의 화가 김홍도', '이 지방의 명문 ○○고등학교'처럼 대개 쉼표를 사용하지 않고 두 어구를 나란히 배열하며 선행어구가 후행어구를 수식 · 한정한다. 동격 구성은 대개 명사구에 한정되는 경우가 많고, 동격임을 나타내는 명시적 표지('~인', '즉', '곧', '다시 말해', '좀 더 정확히 말하면', '이를테면'과 같은 연결사)로 연결된 명사구의 경우 학자에 따라서 동격으로 간주하기도 하고 간주하지 않기도 한다.

동격은 대개 정보나 묘사를 보충하거나 설명하는 기능을 하므로, 강조하려는 단어가 내포하고 있는 의미를 명확히 하는 데 사용된다. 통사적으로 반드시 필요한 것이 아니기 때문에 생략해도 그 의미는 크게 훼손되지 않지만 생략할 경우 완전성이나 명백함, 표현의 풍부함이 줄어든다. 특히 자체적으로 의미를 갖지 않는 고유명사의 경우 동격으로 사용되는 선행어구나 후행어구가 실제적인 설명의 기능을 한다.

동격은 은유나 제유를 도입할 수 있다. 수아미(H. Suhamy)는 발레리(P. Valéry)의 시 「해변의 묘지」를 예로 들면서("견실한 보고, 미네르바의 간소한 사원/ 정적의 더미와 눈에 보이는 저장고/ 거만한 물, 네 속의 눈/ 불꽃의 베일 아래 그렇게 많은 잠을 간직한/ 오 나의 침묵이여!…… 영혼 속의 신전/ 허나 수천의 기와 물결치는 황금 꼭대기, 지붕!") 동격이 돈호법과 관계를 맺을 경우 시적이면서 상상력이 풍부한 문채가 될 수 있다고 말한다.

B

동격은 연사생략, 병렬과 마찬가지로 두 어구를 나란히 늘어놓는 것이지만 연결사생략이나 병렬이 생략을 근거로 하고 있는 반면, 동격은 더 많은 설명을 추가하는 것이다.

[김계영]

돈호법, 문채, 병렬, 상상력, 생략(법), 은유, 접속사(연결사)생략, 제유(提喩)

참고문헌

· 김인균, 「동격 명사구의 유형 및 범위와 구조」, 『우리말연구』 24집, 2009.

동기부여

F: motivation *E:* motivation *D:* Motivation

✻ 1. 러시아형식주의에서 특정한 동기의 도입이나 그 집합의 도입을 증명하는 방법적인 체계를 지칭하는 데 사용되는 용어

2. 기호학에서 기호와 지시 대상, 기표와 기의의 관계를 설명하는 데 사용되는 용어

Ⓐ

러시아형식주의자들이 처음 쓴 용어다. 동기부여라는 개념은 러시아형식주의자들에게 문학작품들, 특히 소설과 단편에 더욱더 접근할 수 있고 구성의 세부적인 문제들을 관찰할 수 있는 가능성을 제공한다. 그 후 이 용어는 기호학에서 기호와 지시 대상, 기표와 기의의 관계를 설명하는 데 사용되고, 화용론에서도 사용된다.

동기부여는 러시아형식주의자 토마체프스키(B. Tomachevski)의 이론 중에서 가장 많이 언급되는 항목이다. 토마체프스키에 의하면 한 작품에서 주제론의 근간이 되는 동기(motive) 체계는 하나의 미학적 통일성을

제시해야 한다. 만일 동기나 동기의 복합체가 작품 속에서 충분히 정리되어 있지 않으면, 그리고 그 복합체와 작품 전체 사이의 관계에 대해서 독자가 만족하지 못하면, 그 복합체는 작품에 통합되지 않은 듯 보인다. 만일 작품의 모든 부분들이 잘 정리되지 못하면 작품은 분해된다. 바로 그 때문에 특정한 동기의 도입이나 동기의 집합 하나하나의 도입은 증명이 되어야 한다. 바로 그 방법론적인 체계를 동기부여라 부른다. 말하자면 동기부여란 주제의 최소 단위인 동기가 전체 주제로 통합되는 과정에서 그 동기가 꼭 있어야 되는 이유다.

동기부여의 방법은 그 본질이나 성격에 따라 구성적 동기부여(compositional motivation), 사실주의적 동기부여(realistic motivation), 미학적 동기부여(aesthetic motivation)로 나뉜다.

구성적 동기부여의 원칙은 동기의 경제성과 유효성이다. 특정한 동기는 독자가 보는 대상이나 작중인물의 행동을 성격 지울 수 있다. 단 하나의 하찮은 동기도 우화에 사용되지 않은 채 존재할 수는 없다. 단편소설의 서두에서 벽에 못이 하나 있다고 이야기했으면 끝에 가서 주인공이 그 못에 목매달아 죽는다는 체호프의 지적처럼, 무심코 나오는 어떤 장면이라도 구성상 꼭 필요하게 연결되는 것이 구성적 동기부여다.

그런데 소설의 세계가 아무리 허구라 할지라도 독자는 그 속에서 현실감을 느끼지 못하면 계속 읽지 않는다. 작가는 실제로 일어날 수 있는 일이라고 독자가 느낄 수 있도록 환상을 창조해야 하는데, 이를 일러 사실주의적 동기부여라 한다. 사실주의적 동기부여는 사실주의 소설에서는 물론 반사실주의적 소설에서도 존재한다. 왜냐하면 사실주의적 동기부여는 순진한 신뢰와 환상의 요구를 그 근원으로 삼고 있어서 환상적인 문학을 방해하는 것은 아니기 때문이다. 그런데 현실에서 빌려온 모든 것이 문학작품에 꼭 적합한 것은 아니다. 동기의 도입은 현실적 환상과 미학적 구성의 요구 간의 타협에서 비롯되기 때문이다.

부알로(N. Boileau)는 이러한 점과 관련하여 "진짜는 가끔 그럴듯하지 않을 수도 있다"고 말한 바 있다. 여기서 '진짜'는 사실주의적 동기부여를 가리키고, '그럴듯하다'는 것은 미학적 동기부여를 가리킨다. 개개의 현실적인 동기는 어떤 식으로든 이야기 구성에 도입되어야 하고 특수한 조명을 받아야 한다. 사실주의적 주제의 선택 자체도 미학적으로 증명되어야 하는데, 이를 미학적 동기부여라 한다.

B

기호학에서 '유연성'이라고도 불리는 동기부여는 기호와 지시 대상 간, 기표와 기의 간의 계획적 암시나 능동적 인지 관계라는 의미로 사용된다. 동기부여는 문학 언어, 특히 시 언어에서 두드러진다.

인간 언어에서 기호와 지시 대상 간의 관계는 대부분 자의적이거나 정당한 이유가 없다. 그런데 시에서는 기호의 자의성이 시적 기능에 의해서 제약을 받는다. 실제로 시에서 개개의 기표들은 문채를 만들어 내는 조작 외에도 음성적, 통사적 그리고 운율적 유사성에 의해 서로 긴밀히 연관을 맺는다. 그리고 그 결과로써 기의도, 각각은 독립적이지만, 시 내부적으로는 서로 긴밀하게 연관을 맺는다. 기호 역시 마찬가지다.

이처럼 시인은 자신만의 독특한 방식으로 기의와 기표를 선택해 서로 결합시킨다. 그렇지만 시인은 새로운 기표를 갖는 기의를 자기 마음대로 만들어 낼 수는 없다. 독해가 불가능한 시가 될 위험성이 있기 때문이다. 마찬가지로 새로운 기의를 갖는 기표도 만들어 낼 수 없다.

그래서 시인은 이른바 주네트(G. Genette)가 '미몰로지(mimologie)'라고 명명한, 기호와 지시대상 간의 모방에 근거한 일종의 유추관계를 구축하기 위해 노력한다. 이러한 유추관계가 기의와 기표 간 관계의 동기부여에 대해 모든 시인들이 꿈꾸는 이상이기 때문이다. 예를 들면 상징주의 시인들은 상징이라는 유추관계로 기호의 자의성을 대치하려고 시도한다. 이처럼 시인은 기호의 자의성을 재정립해 새로운 인과관계를 부여하려고 끊임없이 노력한다.

[문재은]

낯설게하기, 러시아형식주의, 문채, 상징, 유추, 작가(저자)

참고문헌

· 권택영, 『소설을 어떻게 볼 것인가』, 동서문학사, 1991.
· 레이만 셀든, 『현대문학 이론』, 윤홍로 외 역, 종로서적, 1987.
· 빅토르 어얼리치, 『러시아형식주의』, 박거용 역, 문학과지성사, 2001.
· 츠베탕 토도르프 편, 『러시아형식주의』, 김치수 역, 이화여자대학교출판부, 1997.

동어반복(동의어반복)

F: tautologie *E:* tautology *D:* Tautologie

✳ 1. 한 문장이나 문단 안에서 같은 단어 또는 같은 뜻의 단어, 어구(語句)를 되풀이하는 것
2. 정의하는 말(술어)이 정의되는 것(주어)을 되풀이하는 것에 불과한 진술이나 판단

Ⓐ

'같은 것'을 의미하는 그리스어 '토토스(tautos)'와 '-론(論)'을 의미하는 그리스어 '로기아(logia)'가 결합해 이루어진 말로, 한 문장이나 문단 안에서 같은 단어 또는 같은 뜻의 단어, 어구를 되풀이하는 것을 말한다. 수사법상으로는 강조(법)에 속하고, 반복(법)의 하나다.

동어반복과 동의어반복은 특별히 구별하지 않고 사용되는 경향이 있으나, '옛날 옛날 아주 옛날' '산에는 꽃 피네, 꽃이 피네' '봄이 왔네, 봄이 와' '눈물로 적시고 적시어도'처럼 같은 말을 반복하는 경우는 동어반복으로, '무궁화꽃' '동해 바다' '역전앞' '철교 다리' '미리 예고하다' '새로운 발명'처럼 같은 뜻을 가진 단어를 반복하는 경우는 동의어반복으로 볼 수 있다.

동의어반복은 특히 한자어와 순우리말, 외래어와 우리말 등 어원이 다른 언어가 섞일 때 자주 일어난다. '몽블랑 산'('프랑스어로 '몽'은 '산'의 뜻), '시에라네바다 산맥'('시에라'는 스페인어로 '산', '산맥'의 뜻), '사하라 사막'('사하라'는 아랍어로 '큰 사막'의 뜻), '리오그란데 강'('리오'는 스페인어로 '강'의 뜻) 등 외래어 지명의 경우 같은 뜻을 가진 단어가 반복되는 경우가 있는데, 한국어 외래어 표기법에서는 원래 지명이 산맥, 산, 강 등의 뜻을 가지고 있다 하더라도 산맥, 산, 강 등을 겹쳐서 쓰도록 하고 있다.

본질적으로 불필요한 말을 덧붙이거나 같은 말을 되풀이하는 것은 부주의 또는 무의식에 기인한 것일 수도 있고 어휘력이나 문장 구사력의 빈곤을 드러내는 것이기도 해서, 동어반복은 문장 작법에서 피해야 할 오류의 하나로 지적되기도 한다. 하지만 '내 두 눈으로 직접 보았다' '내 손으로 직접 만들었다'처럼 실수가 아니라 의도적으로 사용하는 경우 동어반복은 화자의 생각을 강조하고, 중요하지 않은 사실에 대해 상대방의 관심을 집중시키며, 미미한 뉘앙스의 차이에 의해 의미를 보충하는 효과가 있다. 또한 시어에서 동어반복은 운율과 리듬에 맞춰 홍을 돋우고 감정적 호소력을 높이는 효과가 있다.

문학작품에서 어떤 중요성을 지닌 표현이나 어구가 문장 안에서 거듭 사용되는 경우, 독해나 작품의 주제를 논할 때 중요시되는 라이트모티프나 키워드가 된다.

B

‘사실은 사실이다’ ‘장사는 장사다’, ‘용기는 과감성을 의미한다’라는 문장에서 볼 수 있듯이, 정의하는 말(술어)이 정의되는 말(주어)을 되풀이하는 것에 불과한 진술이나 판단 또한 동어반복이라 할 수 있다. ‘a = a’라는 식이 성립하는 이런 정의는, 정의하는 말과 정의되는 것이 동일한 개념으로 되어 있어 새로운 정보를 전달하지 못한다. 또한 구성요소들이 참이든 거짓이든, 그 진술 자체로는 가능한 모든 사태를 언명하기 때문에 동어반복은 항상 참일 수밖에 없다. 논리학에서는 이런 명제를 항진(恒眞)명제라 한다.

비트겐슈타인(L. Wittgenstein)은 동어반복을 어떤 가능한 사태를 서술하지 못하고 모든 가능한 사태를 허용하는 의미 없는 문장으로 본다. 그러나 맥락에 따라서 동어반복은 뉘앙스의 차이에 의해 의미를 보충할 수도 있고, 다른 의미를 가질 수도 있다. 예를 들어 ‘법은 법이다’라는 문장에서 처음의 ‘법’은 강요된 규칙을 의미하고, 두 번째 ‘법’은 따라야만 한다는 의미를 가지는 것으로 볼 수 있다.

C

‘완전히 끝나기 전에는 결코 끝난 것이 아니다’ ‘죽기 15분 전, 그는 아직 살아있었다’라는 문장은 타당한 판단처럼 표현되어 있지만 사실 너무도 자명한 이치에 속하는 것으로, 일종의 동어반복이다. 이런 유형의 동어반복은 특히 희극적, 유희적 효과를 강조하기 위해 사용된다. 또한 “천장은 위에 있고 마룻바닥은 아래에 있어요 [...] - 검정색 광택제로 안경을 닦지는 않죠 - 돈으로는 원하는 모든 것을 살 수 있어요”(이오네스코, 『대머리 여가수』)처럼 동어반복 문장을 사용한 대화는, 일상적인 대화나 언어 자체가 지니는 무의미함, 소통의 근원적 불가능성을 보여주기도 한다.

[김계영]

대화(체), 라이트모티프, 리듬(시), 반복(법), 운율

참고문헌

· 진노 히데노리, 「겐지 모노가타리 - 동어반복 표현의 사정」, 『일본어연구』 14집, 2010.

동위성(동위태)

F: isotopie *E:* isotopy *D:* Isotopie

✳ 1. 이야기의 일관된 독서를 가능케 하는 의미 범주들의 반복적인 집합
2. 표현과 의미에서 담화 연속체에 동질성과 긴밀성을 부여하는 단위
3. 반복적으로 출현하는 의소 (라스티에)

Ⓐ

'같음'을 뜻하는 그리스어 '이소스(isos)'와 '장소'를 의미하는 '토포스(topos)'를 어원으로 하며, 물리학과 화학에서 원자핵을 구성하는 질량수는 다르지만 동일한 화학적 특성을 갖는 원소, 즉 주기율표에서 동일한 위치에 배치되고 동일한 원자번호를 갖는 동위원소(isotope)에서 차용한 개념이다.

그레마스(A.-J. Greimas)는 『구조의미론』에서 동위성 개념을 의미론에 처음으로 적용한다. 그는 '메시지에 내재된 매우 모호한, 그럼에도 불구하고 필요한 의미작용의 총체'를 파악하기 위해 동위성 개념의 필요성을 제안하면서 다음과 같은 예문을 제시한다.

'경찰서장의 개가 짖는다(Le chien du commissaire aboie).' 이 문장에서 '짖다(aboyer)' 동사의 사전적 정의를 찾아보면, ① 개가 멍멍 소리를

크게 내다, ② '지껄이다'를 속되게 이르는 말이라는 의미를 찾을 수 있다. 이러한 정의에서 예문에 접근할 경우, '경찰서장의 개'를 어떻게 해석하느냐에 따라 '짖다'의 의미가 결정된다. 다시 말해 '경찰서장의 개'를 동물로 인지할 경우에는 '개(핵의소) +짖다(문맥의소)', 사람으로 해석할 경우에는 '경찰서장의 비서(핵의소) +지껄이다(문맥의소)'로 구성된다(의소는 내용 층위에서 얻어지는 의미작용의 '최소 단위'로 정의되며, 의미소를 형성하는 구성요소를 지칭한다. 핵의소는 어휘소에서 의미소의 잠재 의미 중 불변소를 가리킨다. 문맥의소는 주어진 언술과 담화에서 문맥 의미를 형성하거나 문맥에 의해 부여받은 의소로서 핵의소와 함께 의미소를 형성한다). 그리고 이때 '개'와 '짖다'의 공통적인 의소 '동물성'과 '경찰서장의 비서'와 '지껄이다'의 공통적인 의소 '인간'은 동위성을 구성하는 것이다.

이처럼 동위성의 구성은 언술을 이루는 각 언어기호들에 공통으로 존재하는 자질, 즉 의소를 파악하는 데 있다. 그리고 텍스트 안에서 동위성을 출현시키는 반복적인 의소는 의소적 대립에 따른 어휘체계의 의미적 조합을 형성하는 의소분석을 통해 획득된다. 의소분석에 따르면 동위성의 구성은 두 개 또는 그 이상의 의미소 속에 반복되어 나타나는 의소를 확인하는 것으로부터 출발한다.

그레마스는 동위성 개념에 대한 정의를 여러 차례 내리는데, 최종적으로 "이야기의 일관된 독서를 가능케 하는 의미 범주들의 반복적인 집합"으로 정의한다. 다시 말해 동위성은 텍스트에 존재하는 의미의 생성과 분절을 명시적으로 구성하여 텍스트를 일관성 있게 읽을 수 있도록 해주는 역할을 맡고 있다는 것이다.

그레마스가 의미론에서 동위성의 개념과 적용 범위를 명확하게 제시한 이후, 동위성 개념은 내용 층위에서 표현 층위로, 의미론적 범주에서 언어학적 범주로 끊임없이 확장되고 있다. 동위성은 이제 표현과 의미에서 담화 연속체에 동질성과 긴밀성을 부여하게 된 것이다. 동위성의 이러한 개념 규정에 근거하여 라스티에(F. Rastier)는 동위성에 관한 문체론적 가능성을 제시한다.

B

한 텍스트 안에는 여러 가지 동위성들이 등장하는데, 라스티에는 이러한 동위성들을 다중동위성(poly-isotopies)이라 지칭한다. 다중동위성은 텍스트 안에서 여러 가지 관계를 맺을 수 있다.

라스티에는 단순한 분포 유형인 양적인 측면에서 이러한 관계를 분류하는데, 동위성 중첩(superimposed isotopy), 동위성 교착(interlaced isotopy), 동위성 계기(successive isotopy)가 그것이다. 어휘화한 동위성과 어휘화하지 않은 동위성이 한 텍스트 안에 공존할 때 이를 동위성 중첩이라고 한다. 동위성 중첩이 어휘화하지 않은 동위성을 포함하고 있다면, 동위성 교착과 동위성 계기는 모두 어휘화한 동위성들 간의 관계를 표현한다. 한 발화체 안에 다중동위성이 공존할 때 이를 동위성 교착이라고 한다. 동위성 교착이 한 발화체 안에서 발생하는 현상이라면, 동위성 계기는 발화체 간에 발생하는 현상이라고 할 수 있다. 다시 말해 동위성들이 한 발화체 안에 공존하는 것이 아니라 각기 다른 발화체 속에 계기적으로 출현할 때 이를 동위성 계기라고 한다.

동위성들은 또한 다양한 의미론적 관계, 즉 질적 관계도 맺는다. 라스티에는 연결(connexion)이라는 개념으로 이러한 관계를 정의한다. 종속(種屬) 동위성(텍스트 의미론에서 의미소들 간의 공통점을 나타내주는 동위성)들은 서로 간에 상징적 관계와 은유적 관계를 맺을 수 있다. 상징적 관계란 두 의미소 간에 발생하는 관계로, 어휘화한 의미소로부터 어휘화하지 않은 의미소를 도출해 낼 때 성립하는 관계다. 은유적 관계는 어휘화한 두 의미소들 간에 발생하는 관계라고 할 수 있는데, 이때 두 의미소는 반드시 서로 다른 의미 부류에 속해야 하며, 또한 하나 이상의 종차(種差) 의소(텍스트 의미론에서 의미소들 간의 차이점을 나타내 주는 의소)를 공유해야 한다.

Ⓒ

라스티에가 동위성을 '의소의 반복적인 출현'이라 정의하고 있듯이, 동위성 분석은 텍스트 차원에 적용된 의소분석이라고 할 수 있다. 따라서 동위성은 비단 텍스트 분석뿐만 아니라 텍스트 이해에도 필수적인 조건이다. 라스티에는 동위성이란 "문학 이론이 텍스트의 주제라고 부르는 것을 새롭게 규정"하는 것으로 "동위성을 기술하는 것이 바로 텍스트를 읽는 방법"이라고 말한다.

이처럼 동위성은 텍스트 해석 가능성의 조건이다. 텍스트 해석이 가능하다는 것은 그 텍스트에 반드시 동위성이 존재한다는 뜻이고, 텍스트의 여러 가지 해석이 가능하다는 것은 그 텍스트에 여러 가지 동위성이 존재한다는 뜻이다.

[문재은]

문체론(문체학), 상징, 은유, 텍스트

참고문헌

· 알기르다스 줄리앙 그레마스, 『의미에 관하여』, 김성도 편역, 인간사랑, 1997.
· 김기국, 「정지용의 『향수』와 기호학적 글읽기」, 『기호학연구』 27권, 한국기호학회, 2010.
· 김성도, 『구조에서 감성으로-그레마스의 기호학과 일반의미론 연구』, 고려대학교출판부, 2002.
· 최용호, 『텍스트 의미론 강의』, 인간사랑, 2004.
· Algirdas-Julien Greimas, *Sémantique structurale*, Seuil, 1966.
· __________, *Du Sens 1*, Seuil, 1970.

동음이의어

F: homonyme *E:* homonym *D:* Homonym

✹ **철자 및 발음은 동일하지만 의미가 다른 단어 또는 철자는 다르지만 발음이 같은 단어**

Ⓐ

동음이의어는 흔히 둘 이상의 단어들이 의미와 무관하게 발음뿐 아니라 철자까지도 동일한 경우, 또는 철자는 다르나 발음이 같은 경우를 흔히 포괄해서 지칭한다. 예를 들어 'pole(막대기)'과 'pole(극)', '(머리를) 깎다'와 '(값을) 깎다'는 전자의 경우이고, 'night(밤)'와 'knight(기사)'는 후자의 경우로 모두 동음이의어로 간주된다. 이는 일정한 음운과 그 결합을 토대로 하는 형태의 동일성에 관련된 문제다. 의미상의 차이에 초점을 두어 이의어(異義語)라 하기도 하고, 음운론적 구조에 초점을 두어 동음어(同音語)라 하기도 한다.

동음이의어의 유형은 일반적으로 음성과 철자, 의미관계에 따라 분류된다.

① night(밤), knight(기사)/ 걸음, 거름/ 늘이다, 느리다
② pole(막대기), pole(극)/ 눈(眼), 눈(雪)/ 적다(記), 적다(少)
③ tear(눈물), tear(찢다)
④ 볼, 볼(ball)/ 키, 키(key)

위의 예에서 ①은 철자는 달라도 음운 형식이 동일한 이철자 동음이의어(homophone)의 경우로 읽기에서는 의미상의 혼돈이 없다. ②와 ③은 동음이의어의 특이한 유형으로 철자와 음운 형식이 동일한 동철자 동음이의어(homograph)와 철자는 같아도 음운 형식이 다른 동철자 이음이의어

(heteronym)의 경우다. ②에서 국어의 경우 모음의 긴 소리(장음)와 짧은 소리(단음)의 음운론적 대립의 차이에 따라 다른 의미를 가지며, ③ tear[tíər]와 tear[teə(r)]는 음운적 자질의 차이에 따라 다른 의미를 가진다. ④는 서구 외래어의 영향으로 동음이의어가 생성되는 경우다.

B

동음이의어와 다의어(한 단어가 둘 이상의 어원적 또는 의미적 유연성(motivation)을 가지는 낱말)를 구별하는 대표적인 기준으로는 동일한 어원을 가졌는지의 여부를 들 수 있고(어원이 다르면 동음이의어, 같으면 다의어), 어원이 같더라도 기본의미와 파생의미 간의 유연성을 상실한 경우는 동음이의어로 판단하여 다의(多義) 간의 의미적 관련성 여부도 중요 기준으로 다루고 있다. 그러나 동음이의어와 다의어 간의 경계가 불분명하여 다르게 취급되는 경우도 있다. 일반적으로 사전에서 다의어는 하나의 단어로, 동음이의어는 두 개의 단어로 간주한다.

C

동음이의어는 이상적인 기호체계(즉 언어 체계)라는 관점에서 보면 바람직하지는 않다. 그렇지만 언어의 음운체계에서 의미 분화가 가능한 음운 목록은 제한되어 있기 때문에 음성 형식의 중복 사용은 불가피하다고 볼 수 있다. 실제 언어 사용에서 동음이의어는 문맥적 단서가 확실하지 않은 경우 분명한 의미 전달에 방해가 될 수도 있다. 이는 많은 동음이의어 관련 의미 변화, 즉 문채를 만들어 내어 담론의 문체적 감각을 표현하는 수단이 되기도 한다.

동음이의어의 문체론적 기능은 문어보다도 구어(한국어의 경우 성조, 음의 길이, 억양 등을 사용)에서 더욱 풍부하게 쓰이며, 많은 문학작품과 희극에서 웃음의 원천이 되기도 하는데, 무의미한 웃음만을 만들어 내는 것이 아니라 유머나 풍자에도 많이 사용된다.

[이종오]

문채, 유머, 풍자

참고문헌

· 윤평현, 『국어의미론』, 역락, 2008.
· 임지룡, 『국어의미론』, 탑출판사, 1996.
· 홍사만, 『국어의미분석론』, 한국문화사, 2008.
· Samuel Ullman, *The Principles of semantics*, Jackson&Co., Glasgow, 1967

동일화

F: identification *E:* identification *D:* Identifizierung

✵ 1. 타자의 외양이나 속성 전체 또는 부분을 모델 삼아 자기의 것으로 만드는 심리적 기제 내지 과정

2. 문학 속 인물에 몰입 내지 감정이입을 하는 행위

Ⓐ

동일화는 철학에서뿐만 아니라 일상에서도 널리 쓰이는 용어지만, 그 개념이나 의미를 원론적으로 논할 때는 주로 정신분석학적 관점을 바탕으로 한다. 프로이트(S. Freud)에 따르면, 동일화란 주체가 '타자의 외양이나 속성 전체 또는 부분을 모델 삼아 자기의 것으로 만드는 심리적 기제 내지 과정'을 말한다. 인간은 유아기에 체득한 동일화 경험을 일생 반복하게 되며, 이를 통해 자아를 형성한다.

B

유아는 리비도 발달 1단계인 구강기에 타자(주로 어머니)와의 구강을 통한 합체(incorporation)를 경험하게 되는데, 이는 타자의 상징적 자질과 상관없이 이루어지는 직접적이고 즉각적인 동일화로, 프로이트는 이를 특히 일차적 동일화(primary identification)라 부른다. 이후 유아는 점차 외양이나 속성 등이 이상적인 타자, 즉 대상(object)을 발견하게 되며, 주체는 이러한 대상을 모델로 한 상징적 동일화를 일생 반복하게 된다. 유아기에 어머니와의 동일화나 청소년기에 연예인과의 동일화는 그 전형이라 할 수 있다.

라캉(J. Lacan)은 거울에 비친 자신(혹은 자신을 안고 있는 어머니)의 이미지, 즉 자기 자신(혹은 분신인 어머니)이면서 동시에 타자인 거울상과 자신을 동일시하는 유아 초기의 나르시시즘적인 상상계적 동일화와, 이후 금지의 상징인 아버지, 규범, 법 등 현실의 이상적인 가치체계를 내재화하는 상징계적 동일화를 구분한다. 라캉은 거울상과의 상상계적 동일화를 통해 이상적 자아(ideal ego)가 정립되며, 이상적인 가치체계를 내재화하는 상징계적 동일화를 통해 자아 이상(ego ideal)이 정립된다고 설명한다.

C

이상적으로 보이는 타자의 외양이나 속성을 자기 것으로 만드는 동일화 외에, 정신분석학자에 따라 공격자와의 동일화(identification with the aggressor)나 투사적 동일화(projective identification)를 논하기도 한다. 프로이트가 주장하는 공격자와의 동일화는 일종의 방어기제로 이해할 수 있다. 주체가 권위적인 존재에게서 폭력이나 비난 등 공격의 위협을 느끼게 되면 자신을 그 공격자와 물리적으로나 상징적으로 동일화함으로써 공격을 모면하고자 하는 것이다. 또한 클라인(M. Klein)은 투사적 동일화를 논하는데, 이 역시 방어기제로서 대상관계이론의 핵심 개념이라고 할 수 있다. 주체는 부정하고 싶은 자신의 내적 속성을 대상에게 투사하여 그 대상에게서 공감을 끌어내거나 그 대상을 소유, 조종, 지배함으로써 자신의 충동을 조절하고자 한다. 투사적 동일화는 자신의 부정적 속성을 타자에게서 들춰내 비난을 하는 형식을 취하지만, 실은 타자와 하나가 되어 소통하려는 심리적 방어기제라고 할 수 있다.

D

동일화는 현실에서뿐만 아니라 문학을 통해서도 경험할 수 있는 심리기제다. 문학작품을 읽으며 우리는 인물과 감정적으로 하나가 되는 몰입을 경험하는데, 이러한 '문학작품 속 인물에 몰입 내지 감정이입을 하는 행위'는 곧 문학적 동일화라고 할 수 있다. 사실 감정적으로 동화되지 않는 독서란 무의미한 것이고 보면 문학의 수용이란 곧 독자의 동일화에서 비롯하는 것이라고 할 수 있다.

결국 문학이 추구하는 카타르시스가 등장인물에 대한 감정이입으로 생긴 연민에서 비롯하는 것이라면, 동일화는 카타르시스의 심리적 근간으로서 문학 미학의 전제 원리라고 할 수 있다. 예컨대, 자신에게 흉한 외모를 부여한 신에 대한 분노로 예외를 주장하며 죄악을 범하는 악마 같은 잔인함을 지닌 셰익스피어의 주인공 리처드 3세에게 독자가 공감하며 동일화되어 연민을 느끼는 것은, 인간은 저마다 자의와는 상관없이 어떤 예외적인 콤플렉스를 부여받은 존재이기 때문이다.

하지만 문학 캐릭터가 보편적 트라우마를 안고 있다고 무조건 독자가 동일화되어 연민을 느끼는 것은 아니다. 트라우마를 미학적으로 재현하는 문학적 장치 없이는 어려운 일이다. 다시 말해 인간의 통속적인 이면을 승화하여 자연스러운 감정적 동일화를 불러일으켜 카타르시스를 느끼게 하는 다양한 문학적 장치, 무엇보다 시적인 문체가 뒷받침 되어야 한다. 사실 셰익스피어 문학의 본질은 구성적 플롯 이상으로 인간의 심상을 밀도 있게 압축한 시적인 문체에 있다고 할 수 있다. '소설의 소설'이라 일컬어지는

『마담 보바리』의 저자 플로베르(G. Flaubert)가 “모든 언어, 모든 문학 형식의 근간은 문체다”라고 강조한 것도 같은 맥락이라고 할 수 있다.

[류은영]

문체, 상상계, 상징계, 이미지, 인물/인물구성,
주체, 타자, 플롯, 형식

참고문헌

· 지그문트 프로이트, 『꿈의 해석』, 서석연 역, 범우사, 1992.
· Jacques Lacan, *Ecrits*, Seuil, 1966.
· Melanie Klein, *La Psychanalyse des enfants*, PUF, 1959.

두운

F: allitération *E:* alliteration *D:* Alliteration

✺ **특정 음운이 첫소리로 두 번 이상 반복되는 현상**

Ⓐ

1500년 무렵 폰타누스(I. Pontanus)가 대화편 『아에티우스』에서 처음 밝힌 개념으로, ‘특정 음운이 첫소리로 두 번 이상 반복되는 현상’을 말한다. 두운은 일종의 동음 반복 형태로써 그것을 이루는 음절은 강세가 있는 음절이어야 함이 원칙이다. ‘Care killed the cat’, ‘with might and main’ 등이 그러한 예다.

B

서양 언어에서는 강세가 들어가는 모음을 이용하는 경우도 있지만 대개 자음을 이용해 두운을 만든다. 고대 로마의 시인 엔니우스(Q. Ennius)의 다음 시행은 두운의 예로 잘 알려져 있다. "O Tite, tute, Tati, tibi tanta, tyranne, tulisti(오 너 폭군 티투스 타티우스여, 너 참으로 엄청난 일을 네 자신에게 끌어들였구나)."

C

우리 문학에서는 끝소리를 되풀이하는 각운이 거의 없는 대신 두운은 매우 발달한 편이다. 다음은 서정주 시에 나타나는 두운이다. "하늘이 하도나 고요하시니." "오시는 임 門前에/ 오갈피나무 향나무"(「오갈피나무 향나무」). "아라스카로 가라!/ 아라비아로 가라!/ 아메리카로 가라!/ 아푸리카로 가라!"(「바다」). 또는 첫 음절의 종성을 변형시킨 경우(삼→사, 냉→냄)도 그의 시에서 찾아볼 수 있다. "삼천 사발의 냉수 냄새로"(「내 아내」). 그리고 초성('ㅂ')만을 이용하는 경우도 있다. "바람 비와 번개와 벼락"(「讚歌」). 김소월의 시 한 구절도 흥미로운 두운의 예다. "산에서 사는 작은 새는 산이 좋아 산에서 사노라네"(「산유화」).

D

두운은 수사학적 표현 방법으로 이미 중세 라틴어나 로망스어로 쓰인 서정시에서 자주 사용되었으며, 19세기 상징주의 시인에게까지도 시의 형태와는 아무런 관계없이 시적인 표현 방법의 하나로 간주되어 왔다. 그것은 운율상의 중요한 조건으로 강세어를 더욱 강조하면서 각 시어 간의 관계를 긴밀하게 해주고 독자의 주의를 환기시킨다. 또한 한국어보다 자음이 풍부한 서양 언어에서는 음향적인 미를 북돋우는 효과를 낸다. 이때 사용된 대조적 의미의 단어들은 테제와 안티테제('사랑은 기쁨과 고통을 가져온다')의 역할을 한다.

오늘날 두운은 시의 장식적 요소로 사용되어 때에 따라 변화하는 시인의 사유와 능력 그리고 취향을 알 수 있는 단서가 되며 독자에게 일어날 감흥의 깊이까지도 예측할 수 있게 해주는 미학적 고찰의 대상이 된다.

두운은 산문에서도 자주 나타난다. 주로 속담("A barking cur does not bite 짖는 개는 물지 않는다")이나 일상의 관용구("as busy as a bee 매우 바쁜")를 비롯해 표어나 광고문에서 그 예를 많이 볼 수 있다.

[외부집필-안인희]

대조(법), 반복(법), 운, 운율, 자음운

참고문헌

· 서정주, 『미당 서정주 시 전집』, 민음사, 1983.
· Gero von Wilpert, *Sachwörterbuch der Literatur*, Stuttgart(Kröner), 1979.

드라마티스 페르소나에

F: dramatis personae *E:* dramatis personae *D:* Dramatis personae

1. 현대문학론에서 극 속의 등장인물을 지칭
2. 영미와 독일 비평에서는 등장인물을 지시하는 광의의 총칭(성격, 형상소, 유형, 역할, 주인공)이자, 희곡 첫머리의 '등장인물 목록'을 지칭하는 기술적 용어

A

'마스크'를 뜻하는 라틴어 '페르소나(persona)'에서 파생된 말로, 옛날에는 출판된 극 텍스트에서 '드라마티스 페르소나에', 즉 드라마의 등장인

물이나 가면을 뜻했다. 드라마티스 페르소나에는 작품 앞의 리스트에 나열되어 있었기 때문에 몇 마디로 명명하고, 특징짓는 것이 중요했다. 따라서 등장인물들에 대한 작가의 전망을 분명히 드러내주고 관객의 판단을 이끌어 내는 효과가 있었다.

B

드라마티스 페르소나에는 본래 서술적 목소리로 이해되었으며, 또한 '실재' 인간의 분신이었다. 연극에서 등장인물 이론은 소설의 인물 이론만큼이나 복잡하다. 극 속의 인물은 배우와 역할 관계가 존재하기 때문에 더욱 복잡한 구성을 띠게 되는데, 이러한 배우의 역할을 배우의 도상(icon)이라고 지칭하기도 한다. 극 속 인물을 평가하는 데에는 소설 비평에서만큼이나 인물의 재현 중 모방의 정도가 중요하다.

그렇지만 극작가는 인물을 묘사할 만한 서사적 구조가 제한되어 있기 때문에 대화, 동작, 배우의 재현 등을 통해 이 작업을 수행해야 한다. 그런데 극 속의 인물이 항상 무대 위에 나타나는 것은 아니다. 예를 들어 베케트의 『고도를 기다리며』에서 고도라는 인물은 무대 위에 한 번도 나타나지 않는다. 또한 인형극에서 볼 수 있듯이 극 속의 등장인물이 반드시 사람이란 법도 없다.

C

초기 드라마의 인물은 대개 한 가지 주된 특징을 가졌다. 중세 후기에 유행했던 우화적인 도덕극에서 볼 수 있는 특징은 인물들이 일정한 가치를 지닌 의인화한 모습으로 나타난다는 것이다. 영국의 엘리자베스 시대와 자코비언 시대에는 극작가들이 인물에 해학적 요소를 많이 부여하는 특징이 있었다. 하지만 이후 점차 비극적 영웅들의 야망, 질투, 자존심과 같은 성품들은 더 이상 해학과 조롱의 대상이 아닌 경외와 동정을 자아내는 대상으로 변화했다.

아리스토텔레스의 이론에 따르면 '인물'은 연기의 그림자에 불과하다. 20세기 형식주의·구조주의 비평가들은 극본을 분석하는 데 있어 등장인물의 기능적 · 행동적 역할의 구조적 특성에 따라 접근했다. 그리고 극 속 등장인물을 보다 폭넓은 관점에서 바라볼 수 있는데, 특히 구조나 주제가 복잡한 극작품의 경우에 그렇다. 예를 들어, 셰익스피어의 『리차드 3세』의 경우 영웅과 악당의 이중적 역할을 고려할 수 있고, 또한 심리적 현실주의, 역사적 배경, 셰익스피어가 또 다른 역사적 국왕들과 맺고 있는 상호 텍스트적 관계 등에서 보다 포괄적으로 분석하고 비평할 수도 있다.

[외부집필-조효석]

대화(체), 도상/도상성, 모방, 목소리(태), 서술, 의인법(의인화), 인물/인물구성, 재현(표상, 대표), 페르소나(퍼스나)

참고문헌

· 로날드 헤이먼, 『희곡을 어떻게 읽을 것인가』, 김만수 역, 현대미학사, 1995.
· 케어 엘람, 『연극과 희곡의 기호학』, 이기한 외 역, 평민사, 1998.
· 테리 호즈슨, 『연극 용어 사전』, 김익두 외 역, 한국문화사, 1998.
· Michel Vinaver, *Écritures dramatiques*, Actes Sud, 1993.
· Pierre Larthomas, *Le Langage dramatique*, PUF, 1980.

디에게시스

F: diégèse *E:* diegesis *D:* Diegesis

✳ **재현의 근본적인 두 가지 양식 가운데 하나로, 화자를 통해 사건을 이야기하는 서술 양식**

Ⓐ

레시 또는 레시의 내용을 뜻하는 그리스어 '디제시스(diêgêsis, διήΥησις)'에서 차용한 용어로, 미메시스와 함께 예술적 재현의 근본적인 두 양식 가운데 하나다.

플라톤은 『국가』(제3권)에서 예술적 재현 양식을 두 가지로 구분한다. 관객 앞에서 연기하는 배우를 통해 현실을 직접적으로 재현하는 양식과, 허구든 아니든 사건에 관해 "순수하게 이야기하는" 양식이 그것이다. 전자가 미메시스이며, 후자가 디에게시스다. 연극, 무언극, 무용 등 연행(演行) 예술이 전자에 속한다면, 화자를 통해 이야기하는 서술적 시, 소설, 서사시 등은 후자에 속하며, 언제나 레시라는 형태를 취한다.

아리스토텔레스는 『시학』에서 직접적 재현과 디에게시스의 구분을 그대로 수용한다. 그러나 플라톤과는 달리 그는 이 두 가지를 시적 모방, 즉 미메시스의 두 가지 양식으로 간주한다.

고대 수사학에서는 이에 대응하여 '인물의 담화(discours)/화자의 담화'라는 대립쌍이 확립된다. 인물의 담화가 사실의 재현으로 여겨지는 것이라면, 화자의 담화는 상상적인 가공의 이야기로 간주되는 것이다.

17세기 고전주의 시대에는 성질은 좀 다르지만 미메시스/디에게시스의 공식은 묘사(description)/서술(narration)이라는 대립쌍에 의해 잊힌다. 부알로(N. Boileau)의 2행시("서술은 민첩하고 바쁘게/ 묘사는 풍부하고 화려하게", 『시학』)가 말해주듯이, 그 시기에는 서술보다는 묘사를 더 중요시한다. 미메시스의 변형이라고 할 수 있는 묘사는 이야기를 윤색하기 위한 장식으로, 당시 문학 교육은 문식(文飾) 재료를 최대한 활용하는 것을 주된 문제로 삼았고, 이러한 수사적 기법 문제는 바로 묘사 중시와도 관련된다.

18세기에도 문채가 중시되어 문학에서 묘사는 여전히 확고한 위치를 고수한다. 사실주의의 발전으로 '사실에 기초한' 이야기가 황금기를 맞이하면서, 묘사는 그 어느 때보다 중시된다. 그리하여 텍스트에서 미메시스의 기능은 디에게시스의 전개를 압도한다.

B

디에게시스라는 말은 1950년에 안 수리오(A. Souriau)가 영화 이론에 차용하면서부터 다시 세상에 모습을 드러낸다. "영화의 허구에 의해 전개되거나 제안된 세계 및 이야기에 속하는 모든 것"을 뜻하는 이 용어는 이어 연극, 무용, 회화, 건축, 묘사 음악, 문학 등으로 확대 적용된다.

주네트는 서사학의 주요 개념인 '거리'에 관한 이론을 발전시키면서 플라톤이 설명한 미메시스/디에게시스 개념을 이용한다. 그는 플라톤의 디에게시스를 "시인 자신이 발화자이고 그 밖의 사람은 이야기하고 있는 것처럼 보이지 않게 하려는 서술 방식"으로 이해한다. 반면 미메시스는 "실제로는 시인 자신이 말을 하면서도 마치 다른 인물이 말하고 있는 것처럼 꾸미거나 이미 발화된 말을 다루고 있는 것처럼 하는 서술 방식"으로 요약한다.

그는 서로 다른 서술적 현실들을 명확히 구분하기 위해 세 용어, 즉 스토리(histoire), 이야기(récit) 서술을 제안한다. 스토리는 "보다 기술적인 측면에서 서술의 기의(記意) 혹은 내용"이고, 이야기(récit)는 "서술의 기표(記標), 언술(言述), 담화, 혹은 텍스트 그 자체이며, 서술은 "서술의 생산적 행위, 넓은 의미로는 그 행위가 위치하는 실제 혹은 허구적 상황의 총체"다. 그런데 그는 스토리라는 용어 대신 디에게시스라는 용어를 똑같은 뜻으로 사용하기도 한다.

나아가 서술의 층위를 설명하기 위해 서술외적(extradiegetic), 서술내적(intradiegetic), 서술적(diegetic), 메타서술적(metadiegetic)이라는 신조어도 사용한다. "담화를 발하는 발화자로서의 그가 담화적 세계의 일부를 이루고 있지 않은 경우" 그를 서술외적 발화자라고 부르며, 그가 담화적 세계의 일부를 이루는 경우 서술내적 발화자라고 부른다. 그리고 이야기 속에 들어 있는 또 하나의 이야기를 메타서술적이라고 한다. 이 용어들은 인물들을 지칭하는 것이 아니라 "상대적인 상황이나 기능을 지칭하는 용어"들이다.

고전적 구분에 의한 두 가지 서술 양식, 즉 미메시스와 디에게시스는 현대 서사이론의 말하기와 보여주기의 개념에 대응된다. 미메시스는, 작가 자신이든 작가의 대변자 노릇을 하는 어떤 인물이든 화자가 중재하는 서술 양식의 일종인 '보여주기 기법'에 상응한다. 반면 디에게시스는, 전지적 작가가 이야기를 하며 작중인물과 독자들에게 절대적인 영향력을 행사하는 '말하기 기법'에 상응한다.

[김중현]

담화(담론), 레시, 말하기/보여주기, 모방, 묘사(기술記述),
문채, 미메시스, 사실주의, 서사, 서사학, 서술, 스토리,
인물/인물구성, 텍스트, 픽션(허구)

참고문헌

· 롤랑 부르뇌프, 레알 웰레, 『현대소설론』, 김화영 편역, 현대문학, 2006.
· 플라톤, 『국가』, 조우현 역, 삼성출판사, 1982.
· 시모어 채트먼, 『영화와 소설의 수사학』, 한용환 외 역, 동국대출판부, 2001.
· 한용환, 『서사이론과 그 쟁점들』, 문예출판사, 2002.
· Gérard Genette, *Figures III*, Seuil, 1972.

ㄹ

라이트모티프

F: leitmotiv *E:* leitmotif *D:* Leitmotiv

✳ 1. 문학작품 속에 되풀이되어 나타나는 동일하거나 거의 동일한 형태의 인상 깊은 어구
2. 모티프 가운데 주제를 형성하는 데 직접적으로 참여하는 모티프

A

오페라나 교향시에서 반복적으로 나타나는 짤막한 음악적 주제를 뜻하는 이 용어는 독일 작곡가 베버의 작품 주제 목록에 처음 등장한다. 이어 1876년 볼초겐(H. von Wolzogen)이 바그너 스스로 '음악극(musical drama)'이라 부른 장대한 오페라의 주도적인 구성 원칙을 지칭하기 위해 사용하기 시작한다.

주도 모티프(또는 유도 모티프, leading motif)라고도 하는 라이트모티프는 특히 언어 의존적인 음악에서 나타나며, 등장인물에 대한 심리적 통찰을 제공하거나 극의 사건과 관련된 음악 외적인 상상을 유도 또는 회상할 수 있도록 하기 위해 도입된다. 라이트모티프는 오늘날 영화나 텔레비전 드라마의 배경음악에서 통속화한 형태로 나타나기도 한다.

B

이 용어가 문학 텍스트에 처음 적용된 것은 1896년 해브록 엘리스(H.

Ellis)가 졸라의 작품 비평에 적용하면서부터다. 문학에서 라이트모티프는 음악에서처럼 되풀이되어 나타나는 동일하거나 거의 동일한 형태의 인상 깊은 어구를 말한다. 이것은 특정한 등장인물, 상황, 감정, 낯익은 물건, 관념 등과 관련되어 그것들의 본질적인 일부를 이룬다.

또한 주기적으로 반복 출현함으로써 단락을 지어주거나 특징을 암시할 뿐만 아니라, 뒤에 나올 것을 암시하거나 이미 나온 것을 재지시하여 전후 연관성과 통일성을 확립하는 역할도 한다. 따라서 라이트모티프는 궁극적으로 작품 속에 문학적 상징을 형성하는 데 기여하며, 그 반복은 산문 서술의 주요한 구성방식으로 등장한다.

C

라이트모티프는 여러 모티프 가운데 주제를 형성하는 데 결정적으로 참여하는 모티프를 가리킨다. 따라서 모티프가 주제 형성에 직접 참여할 경우 그것은 라이트모티프와 동의어가 될 수 있다.

모티프에 대한 논의 가운데 중요한 하나는 주제(theme)와의 차이에 관한 것인데, 주제는 구체적인 표현 형식인 모티프와 달리 의미론적 범주에 속하는 것으로 일반적으로 아주 추상적인 관념을 가리킨다. 토마체프스키는 모티프를 파블라를 구성하는 기본 요소로서의 결합 모티프(bound motif)와 주제에 있어서 지배적인 역할을 하고 작품 구성을 결정하는 자유(독립) 모티프(free motif)로 나누는데, 전자가 라이트모티프에 해당된다.

[김중현]

모티프, 상징, 토포스, 파블라

참고문헌

· 롤랑 부르뇌프, 레알 월레, 『현대소설론』, 김화영 역, 현대문학, 2006.

· 시모어 채트먼, 『이야기와 담론』, 한용환 역, 푸른 사상, 2006.
· 츠베탕 토도로프 , 『러시아 형식주의』, 김치수 역, 이화여대출판부, 1981.

러시아형식주의

F: formalisme russe *E:* russian formalism *D:* russischer Formalismus

✳ 20세기 초 러시아에서 모든 문학적 관심을 형식에 맞추어 문학의 과학화를 실현하려 한 문학연구 방법론 또는 문학 운동

A

러시아형식주의는 1915년부터 1930년까지 약 16년간 당대의 마르크스주의, 문헌적 실증주의, 상징주의 문학에 반대하면서 문학작품의 형식과 방법의 연구에 주력한 새로운 문학 운동을 지칭한다. 그것은 문학 고유의 내적 논리의 중요성 및 문학의 전위적인 태도의 중요성과 비평의 과학화를 내세우고, 미래파 시인들과 함께 시적 언어의 창조성과 문학의 자율성, 독자성을 확립하여 형식적 방법의 분석을 중심으로 하는 새로운 비평체계를 수립한다.

러시아형식주의는 크게 두 집단에 의해서 전개된다. 하나는 1915년부터 1930년까지 모스크바를 중심으로 활동한 '모스크바 언어학회'로 야콥슨, 토마체프스키 등이 활동했다. 다른 하나는 1916년부터 1930년까지 상트페테르부르크를 중심으로 활동한 '시어연구회', 이른바 '오포야즈(Opojaz) 그룹'이며 슈클로프스키, 아이헨바움, 야쿠빈스키, 티냐노프 등이 활동했다.

원래 형식주의라는 용어는 이들이 문학의 내용 대신 소리와 말의 형식적 패턴을 강조했기 때문에 이들에 대해 비판적인 태도를 취하는 이론가들이 경멸적인 의미로 사용하면서 일반화되었다.

B

러시아형식주의의 역사와 이론을 연구한 어얼리치(V. Erlich)에 의하면 러시아형식주의는 세 단계에 걸쳐 전개된다.

첫째 단계는 투쟁과 논쟁의 시기로 1916년부터 1920년까지 전개된다. 이 시기에는 당대 러시아의 문학연구가 보여주던 두드러진 경향에 대한 도전적인 태도가 드러난다. 주로 피사레프(D.I. Pisarev) 후예들의 공리주의적 방법, 상징주의적 형이상학, 아카데믹한 절충주의 등이 공격 대상이다. 이 시기에는 시에서 소리의 자율성, 일상어와 시어의 변별성, 문학비평의 자율성 등을 주장한다.

둘째 단계는 성장의 시기로 1921년부터 1926년까지 전개된다. 이 시기에는 시 형식에 대한 수정된 견해, 즉 시에서 소리의 자율성만 강조하는 것이 아니라 소리와 의미의 밀접한 상관관계를 확립하려는 시도가 나타난다. 1921년 슈클로프스키는 문학작품을 그것에 사용된 문체적 '기법들의 총체'로 정의하였다. 그 후 티니아노프가 이 '기법들의 총체'라는 개념을 '미적 체계'라는 개념으로 바꾼다. 또한 이 시기에는 쥐르민스키가 주장한 방법론적 다원성도 옹호된다.

셋째 단계는 논쟁의 시기로 1926년부터 1930년까지 전개된다. 이 시기에는 주로 마르크스주의 이론과 형식주의 이론이 첨예하게 대립한다. 트로츠키는『문학과 혁명』에서 형식주의 세계관을 비판한다. 러시아형식주의자들은 쉬클로프스키처럼 1930년 전후로 마르크스주의 이론을 수용하거나 아니면 야콥슨처럼 외국으로 망명함으로써 러시아형식주의는 종말을 고한다.

C

러시아형식주의는 어떤 작품을 문학이 되도록 하는 '문학성'을 우선적인 연구대상으로 삼고, 이를 결정짓는 '기법'을 분석하여 문학작품의 가치와 의미를 밝히고자 했다. 그러한 작업의 첫 단계가 일상어와 시어의 구분이다. 시어는 일상어와 달리 의사소통을 늦추고 방해하는 것이어서 그 형식적인 요소가 곧 독립적인 가치를 지닌다.

그리고 일상어와 시어의 구분이 연장된 것이 바로 파블라와 수제트의 구분이다. 수제트는 작가가 의사소통을 늦추고 방해하기 위해 고의적으로 파블라를 낯설게 재배열한 작품의 형식이다. 이처럼 러시아형식주의는 일상적인 인식을 낯설게 만드는 것, 이른바 '낯설게하기' 또는 문학적 매체의 '전경화'를 문학의 주된 목적으로 삼는다.

시 연구 분야에서 러시아형식주의는 운율 분석 및 두운과 각운에서 소리의 반복을 분석하는 데 큰 공헌을 한다. 러시아형식주의자들은 운율의 모든 요소들을 의미를 보충하는 장식품으로 보지 않고 음성적·통사적 층위에서뿐만 아니라 의미론적 층위에서도 언어의 전체적 재조직을 실행하는 시의 특징으로 본다.

소설 이론 분야에서도 러시아형식주의는 중요한 공헌을 한다. 러시아형식주의자들은 파블라와 수제트를 구분해서, 파블라는 이야기의 기본 재료로, 수제트는 파블라를 변형해서 실제로 작품화한 이야기로 정의한다. 그런 연유로 기법에 각별한 관심을 불러일으킨다. '예술의 형식은 예술의 법칙에 의해서 설명될 수 있을 뿐 그 사실성에 의해 정당화될 수 없다'는 원칙은 개별 소설 작품뿐만 아니라 소설이라는 문학 장르의 정의에도 적용된다.

러시아형식주의자들은 소설이라는 문학 양식을 그 발생론적 성격상 통합된 형식의 총화로 생각한다. 슈클로프스키는 단편소설과 장편소설이라는 두 형식을 이용하여 모든 소설의 공통적인 특징을 분석한다.

또한 러시아형식주의는 문학사를 역동적으로 추적하는 고도의 교묘한 방법도 발전시킨다. 티냐노프는 문학적 역동성으로 문학적 형식의 지속적 경신과 변화의 과정을 보여주는데, 이 과정은 네 단계로 이루어진다. 첫째는 자동화한 구성 원리와 대립되는 새로운 구성 원리가 발생하는 단계, 둘째는 새로운 구성 원리를 작품에 적용하는 단계, 셋째는 새로운 구성 원리의 유행, 넷째는 새로운 구성 원리가 자동화하고, 다시 이 원리와 대립되는 구성 원리가 나타나는 단계다.

D

문학성 연구를 통해 문학의 과학화를 이루고자 한 러시아형식주의는 상당한 성과를 거두면서 20세기 문학 이론의 새로운 장을 연다. 그러나 문학연구에서 전기적 요소의 경시, 사회적 차원의 결여, 언어에 대한 절대적이고 일방적인 의존, 문예학 개념과 규범으로부터의 일탈 요구 등과 같은 러시아형식주의 문학관이 지니고 있는 한계점들 때문에 비난을 받기도 한다. 그렇지만 트로츠키도 인정하듯이, 러시아형식주의는 "예술의 이론과 예술 그 자체의 일부분까지를 연금술의 상태에서 화학의 위치로까지 끌어올린" 체계적인 문학 분석의 방법이며, 그 참신한 통찰력을 구조주의 문학연구와 기호학에 제공한다.

[문재은]

낯설게하기, 문학성, 수제트, 자동화, 전경화(前景化), 파블라

참고문헌

· 권철근, 김희숙, 이덕형, 『러시아형식주의』, 한국외국어대학교출판부, 2001.
· 권택영, 『소설을 어떻게 볼 것인가』, 동서문학사, 1991.
· 빅토르 어얼리치, 『러시아형식주의』, 박거용 역, 문학과지성사, 2001.
· 츠베탕 토도르프 편, 『러시아형식주의』, 김치수 역, 이화여자대학교출판부, 1997.
· 허상문, 『현대문학비평이론』, 영남대학교출판부, 2000.
· 홍문표, 『현대문학비평이론』, 창조문학사, 2003.

레시

F: récit *E:* récit(narrative) *D:* récit

✻ 1. 주네트의 용어로 스토리, 서술(서술행위)과 함께 서사의 구조를 이루는 세 층위의 하나

2. 스토리를 플롯 형식으로 구성 발화하거나 기록한 서사, 담화 또는 텍스트

A

주네트(G. Genette)가 서사의 구조를 설명하기 위해 도입한 용어로, '스토리(histoire), 서술(서술행위, narration)과 함께 서사의 구조를 이루는 세 층위의 하나'다. 영어로 'narrative', 'discourse', 'text' 등으로 옮겨지기도 하지만, 'récit'는 그러한 번역어 어느 하나로 전할 수 없는 여러 의미를 함축하고 있어, 서사학자들은 일반적으로 프랑스어를 그대로 사용한다.

B

현대 서사학은 주네트, 채트먼(S. Chatman), 발(M. Bal), 케넌(S. Rimmon-Kenan), 프린스(G. Prince), 슈탄젤(F.K. Stanzel) 등의 연구로 대표되는데, 그중에서도 주네트의 연구는 대다수의 연구자가 크게 이견을 보이지 않는 논의로 꼽힌다.

주네트는 서사의 구조를 이분법적인 논리에서 '스토리와 담화', '서술체(서술된 것)와 서술' 등으로 구분하는 데 이의를 제기했다. 특히 주네트의 관점에서 담화라는 개념은 사건의 순서뿐만 아니라 시점, 서술상황, 작가와 독자 간의 관계 등을 두루 아우르는 것으로, 서사의 구조를 정교하게 설명하기에는 너무 포괄적인 개념이었다.

따라서 보다 정교한 논의를 위해 『피귀르 III』에서 서사의 구조를 세 층위로 나눠 설명한다. ① 서사의 대상 내지 내용이 되는 물리적 사실이

나 사건 자체인 스토리[histoire(=story)], ② 스토리를 플롯 형식으로 구성 발화하거나 기록한 서사, 담화 또는 텍스트, 즉 레시[récit(=narrative, discourse, text)], ③ 레시를 발화/기록하는 행위 및 제반 상황, 즉 서술(서술행위)[narration(=narration, narrating)]의 세 층위로 구분해 서사 담론의 논리적 기반을 정립했다.

주네트의 스토리, 레시, 서술에 상응하는 다른 서사학자들의 개념을 도표로 변별해 보면 다음과 같다.

<table>
<tr><th></th><th>연대기적 사건</th><th>인과적 사건</th><th>구성적 사건</th><th>기록 텍스트</th><th>서술/발화</th></tr>
<tr><td>주네트</td><td colspan="2">histoire</td><td colspan="2">récit (discours)</td><td>narration</td></tr>
<tr><td>채트먼</td><td>story</td><td colspan="4">discourse</td></tr>
<tr><td>발</td><td>fabula</td><td colspan="2">story</td><td colspan="2">narration</td></tr>
<tr><td>케넌</td><td colspan="2">story</td><td colspan="2">text</td><td>narration</td></tr>
<tr><td>프린스</td><td colspan="3">narrated</td><td colspan="2">narrating</td></tr>
<tr><td>슈탄젤</td><td>-</td><td colspan="2">story</td><td>mediation</td><td>mediation
+
enunciation</td></tr>
</table>

우선, 주네트의 레시는 시간적 및 인과적 사건인 스토리를 플롯 형식으로 서술한 구성적 사건 및 그 기록 텍스트를 포괄하는 개념이다. 채트먼은 이 레시를 담화라 칭하는데, 채트먼이 말하는 담화는 주네트가 스토리로 분류한 인과적 사건 및 서술까지를 포괄적으로 아우르는 개념이다. 발은 연대기적 사건을 파블라, 나머지 인과적 및 구성적 사건을 스토리라 규정하며, 서술행위 및 그 텍스트를 함께 서술로 간주한다. 케넌은 주네트의 레시를 텍스트라는 개념으로 설명하며, 프린스는 모든 사건은 서사물이고 서술행위 및 그 텍스트는 서술하기라고 설명한다. 슈탄젤의 서사 담론에서 연대기적 사건은 논외다. 슈탄젤은 인과적, 구성적 사건만이 스토리이며, 텍스트는 매개, 그리고 그 서술행위는 매개인 동시에 발화라고 설명한다.

학자마다 서로 용어상 또는 분류상으로 다소의 이견을 보이지만, 궁극적으로 주네트의 관점과 마찬가지로 서사의 구조를 '내용'과 '형식(형식체)' 그리고 '행위'의 세 층위에서 바라보는 관점은 거의 합의를 이룬다 할 수 있다. 그럼에도 서사의 구조를 스토리와 담화의 이중 층위에서 바라보는 시각은 뿌리 깊다. 주네트와 같은 프랑스 학자 토도로프(T. Todorov)는 서사를 스토리와 담화의 이중 층위로 구분하면서, 특히 서사의 구조에서 형식의 층위를 강조한다. 그는 문학 서사의 미학은 서술된 사건의 내용(스토리)보다 서술하는 형식(담화)의 고유성에 있다고 설명한다.

C

레시는 사실이나 사건의 재구성이라는 관점에서 증언과 허구 사이에 자리한다. 또한 말이나 글을 통한 담화라는 관점에서 퍼포먼스나 마임 등은 사실상 논외의 장르라고 할 수 있다. 따라서 레시의 전형은 언어 장르, 그중에서도 문학이라고 할 수 있다. 문학 속에서 레시는 산문 형식의 장·단편 소설뿐만 아니라 운문 형식의 서사시, 우화, 엘레지, 로맨스, 그리고 무대에서 인물이 직접 말하는 발화 형식의 극 등으로 다양하게 나타난다.

레시는 물리적 시간성을 넘어 서사적 시간성에 따라 플롯 형식으로 재구성된 사건의 총체로, 레시의 사건 연쇄는 물리적인 나열이나 보고가 아니라 사건 간 앞과 뒤가 서로 구성적으로 맞물리며 반복적으로 연계되는 구조다. 즉 레시는 서사 구조 속에서 여러 사건이 하나의 전체를 이루는 구성적 연쇄로, 아리스토텔레스의 말에 따르면 시작과 중간 그리고 끝이 선형성을 이루는 하나의 구조체라고 할 수 있다.

[류은영]

담화(담론), 독자, 발화(작용)/발화문, 서사, 서사학, 서술, 서술상황, 서술체, 서술하기, 스토리, 작가(저자), 장르, 텍스트, 파블라, 플롯, 형식

참고문헌

· 시모어 채트먼, 『이야기와 담론』, 한용환 역, 푸른사상, 2006.
· Gérard Genette, *Figures III*, Seuil, 1972.

로고스

F: logos *E:* logos *D:* Logos

✻ 1. '말', '이성', '진리', '논리'를 뜻하는 고대 그리스어
2. 아리스토텔레스 수사학의 설득 능력 가운데 하나로, 논증에 의한 설득 능력

Ⓐ

본래 로고스(λόγος, logos)는 '말'을 뜻하는 고대 그리스어로, 동사 '레김(legein, 말하다)'의 명사형이고 '진리', '이성', '논리' 등과 같은 많은 종류의 파생적 의미를 낳는다. 기독교 사상에서는 신을 로고스, 혹은 말씀이라고 지칭한다. 언어학에서 로고스는 텍스트의 배후에 있다고 가정되는 의미나 관념, 의도 등을 가리키며 이에 대해 언어는 표현 수단으로 예속된다.

Ⓑ

아리스토텔레스의 수사학에서 로고스는 세 가지 설득 능력(에토스, 파토스, 로고스) 가운데 하나로, 논리적으로 추론하고 사유할 수 있는 능력을 가리킨다. 아리스토텔레스는 『수사학』에서 설득의 세 가지 능력의 중요성에 대해 이렇게 설명한다.

> 연설을 통해 제공되는 설득 능력에는 세 종류가 있다. 첫째, 연설가를 신뢰할 만하게 만드는 식으로 연설이 행해질 때에는 연설가의 성격을 통해 설득이 이루어진다. 둘째, 청중이 연설을 통해 감정을 느끼게 되었다면 이는 청중을 통해

설득이 이루어지는 것이다. 셋째, 논증 자체가 그럴싸하게 예증되는 한에 있어서, 설득은 논증을 통해 온다. (아리스토텔레스, 『수사학』 I)

이 가운데 첫째가 에토스에 관한 설명이고 둘째가 파토스에 관한 설명이라면, 셋째가 로고스에 관한 설명이다. 이는 설득의 이념적이고 합리적인 방향에 속하는 것으로 논증 또는 논거의 방식에 관련된다. 논거발견술에서 논의되는 것처럼, 연설가의 성격을 고려한 에토스와 청중의 정감적인 측면을 고려한 파토스가 주로 담론의 시작 부분과 마지막 부분에서 사용된다면 논증인 로고스는 담론의 가운데 부분에 할애된다. 논증 방법에는 귀납법과 연역법 두 가지가 있으며, 연역법은 생략삼단논법에 의존한다. 키케로는 『연설가』에서 로고스를 "우리가 대변하는 것이 참임을 증명하는 것"으로 설명한다.

수사학의 주된 기능은 청중을 설득하는 데 있기에, 감동과 논증 두 가지 방법이 동원될 수 있다. 감동을 통한 설득이 심리적이고 윤리적인 증거 동원 능력을 중시한다면, 논증을 통한 설득은 논리적 증거를 중시한다. 전자는 정감적인 측면으로, 연설가의 성격과 청중의 심리적 경향·정서·욕구 등에 관련되며 에토스와 파토스가 이에 속한다. 후자는 논리적이고 이성적인 측면으로, 아리스토텔레스의 세 가지 설득 능력 가운데 로고스가 이에 속한다.

C

데리다에 의하면, 서구 철학은 문자언어보다는 말로 된 언어를 중시해왔다. 이러한 태도를 그는 음성중심주의라고 부르고, 이를 다시 로고스중심주의(logocentrism)와 연관 짓는다. 로고스중심주의란 말 그대로 로고스를 중심으로 삼는 태도를 말하는데, 데리다는 서구 철학, 나아가 서구 문화의 로고스중심주의를 해체해야 한다고 주장한다.

[김중현]

로고스중심주의, 생략삼단논법, 에토스, 텍스트, 파토스(페이소스)

■ 참고문헌

· 박성창, 『수사학』, 문학과지성사, 2000.
· 아리스토텔레스, 『수사학』(I, II), 이종오 역, 리젬, 2007.
· 양태종, 『수사학이 있다 -수사학의 이해』, 유로, 2009.
· 티모시 보셔스, 『수사학 이론』, 이희복 외 역, 커뮤니케이션 북스, 2007.

로고스중심주의

F: logocentrisme *E:* logocentrism *D:* Logozentrismus

✺ 데리다의 해체주의적 형이상학에서 유래한 말로, 로고스를 중심으로 삼는 태도

Ⓐ

자크 데리다는 플라톤과 아리스토텔레스부터 루소와 하이데거, 레비-스트로스, 소쉬르에 이르기까지 문자로 된 언어보다는 말(음성)로 된 언어를 중시해 왔다고 보고, 서양 철학을 관통해 온 이러한 태도를 음성중심주의라고 부른다.

『그라마톨로지에 대하여』에서 데리다는 음성중심주의를 로고스중심주의와 연관 짓는다. 로고스중심주의란, 말 그대로 로고스를 중심으로 삼는 태도를 뜻한다. 그리스어 로고스(λόγος, logos)는 본래 '말'이나 '이성' 등을 의미한다. 초기 기독교는 "태초에 말씀이 계시니라 이 말씀이 하나님과 함께 계셨으니 이 말씀은 곧 하나님이시니라"(「요한복음」 1장 1절)라는 성경 구절에 기초하여 로고스에 '하나님의 말씀'이라는 뜻을 부여하는데, 그 때문에 이 어휘는 곧 신을 뜻하게 된다. 그런데 '하나님의 말씀'은

창조의 원리이기에 곧 만물의 근원이 된다. 따라서 로고스는 모든 것의 근원이 되는 어떤 권위나 중심적인 힘을 의미한다고도 할 수 있다.

데리다는 플라톤과 아리스토텔레스에서부터 하나같이 '만물의 창조자로서의 신'이나 '절대적 지식', '근원적 진리', '통일된 존재', '궁극적 본질' 같은 의미 및 존재에 대한 태도에서 통일성의 원리로 작용하는 어느 한 중심적 체계를 토대로 삼는 서양 철학, 나아가 서양 문화의 로고스중심주의를 해체해야 한다고 주장한다.

그에 따르면, 절대적 기초나 제1원리에 의존하는 서양의 모든 사고체계는 '형이상학적'일 뿐이어서 절대적 근원을 증명하려는 철학은 부질없는 환상에 지나지 않는다. 이를테면 전통적인 형이상학이 그동안 자연스럽게 받아들여 온 제1원리나 절대적 기초를 잘 살펴보면, 거의 예외 없이 다른 중요한 것들을 제외시킴으로써 비로소 그 존재 이유를 부여받는다.

요컨대 이러한 원리나 기초는 어디까지나 이항대립을 전제로 할 때 비로소 가능하다는 말이 되는데, 이항대립은 겉으로 보기에는 서로 대립하는 것 같지만 실제로는 상호 배타적인 두 요소 가운데 어느 한 쪽에만 특권을 부여하는 한편, 다른 하나는 부정한다.

따라서 참다운 사고를 하기 위해서는 이항대립이나 이분법을 '해체'함으로써 그동안 우리의 사고방식에 커다란 영향을 미쳐 온 이분법적 사고의 틀에서 벗어나야 한다고 주장한다.

B

말(음성 언어)과 글(문자언어) 사이의 '폭력적 계급 질서'를 해체해 버리듯이 로고스중심주의의 해체는 사실/허구, 역사/문학, 진리/허위, 본질/현상 등의 이항대립이나 이분법을 파괴하면서 논픽션 소설이나 뉴저널리즘, 또는 신뉴저널리즘 등의 발전에 견인차 역할을 한다.

로고스중심주의의 해체는 장르 확산이나 탈장르 현상뿐만 아니라 비평 영역에도 기여한다. 비평을 '제2의 창작'으로 보려는 '창조적 비평'의 부상이 그것이다. '창조적 비평가'들은 로고스중심주의와 음성중심주의에 뿌리를 둔 전통적인 형이상학을 해체하기 위해 콜라주나 몽타주, 알레고리 등의 기법을 가장 핵심적인 장치로 사용한다.

[김중현]

로고스, 몽타주, 알레고리, 이항대립(론)

■ 참고문헌

· 김욱동, 『포스트모더니즘』, 민음사, 1992.
· ________, 『포스트모더니즘』, 연세대출판부, 2009.
· 자크 데리다, 『그라마톨로지에 대하여』, 김웅권 역, 동문선, 2004.
· ________, 『해체』, 김보현 역, 문예출판사, 1996.

리듬(산문)

F: rythme *E:* rhythm *D:* Rhythmus

✵ 1. 박자나 강약 등이 비슷한 시간 간격으로 반복되어 생동감 있게 감각적으로 포착되는 감정의 움직임
2. 문학의 표현성에 기여하며, 시에 반드시 필요한 본질적인 요소
3. 포스터가 제안한 개념으로, 미학적 효과를 얻기 위해 이야기 전개에 부여하는 특징적인 템포
4. 문학 서사에서 나타나는 허구의 시간과 서술의 시간 사이에 설정되는 시간 길이에 따라 결정되는 서술의 속도

Ⓐ

'흐르다'라는 의미의 그리스어 '리스모스(ῥυμός, rhythmós)'에서 유래

한 말이다. 리듬은 맥박이나 심장박동 같은 비자율적인 움직임과 뛰기나 걷기 같은 자율적인 움직임에 그 바탕을 둔다. 리듬의 본질은 이러한 기본적인 율동 경험에 기초한 심리적 영향을 시간에 전용시켜, 비어 있는 객관적인 시간 영역을 주관적인 감정으로 채운 것이다.

이처럼 신체적이며 심리적인 현상에 기초한 리듬은, 박자나 강약 등이 비슷한 시간 간격으로 반복되어 생동감 있게 감각에 포착될 때 생겨나는 감정의 움직임을 가리킨다. 리듬은 또 정돈의 속성을 지닌 인간의 기본 욕구에서 비롯되는 것으로, 자연적인 삶의 기본 조건이 되며 음악이나 춤, 문학 등의 예술에서는 직관의 단초가 되기도 한다.

B

리듬은 표현성에 기여하며, 일반적인 언어리듬(linguistic rhythm)과 운문리듬(운율, metric rhythm), 그리고 산문리듬(prose rhythm)이 있다. 언어리듬에는 강세박자리듬(stress-timed rhythm)과 음절박자리듬(syllable-timed rhythm)이 있다. 강세박자리듬은 강세를 가진 음절이 일정한 시간 간격으로 나타나서 생기는 리듬을 말하는데, 음절수가 많아져도 강세가 나타나는 간격은 변하지 않는다. 음절박자리듬은 음절의 길이가 같은 간격으로 나타나서 생기는 리듬을 말한다.

리듬의 특징이 가장 잘 나타나는 것은 운문리듬, 즉 운율이며 어떤 방식으로든 시에 반드시 필요한 본질적인 요소다. 대체로 정한 박자와 반복 및 형태를 지니며 시의 본질에서 나오는 시간적 구조로 정의되는 운율은 운(rhyme)의 반복에 의해 나타난다. 그러므로 운율은 주어진 도식에 따라 규칙적으로 나타나는 것으로 외형적 틀이라고 말할 수 있다. 운율은 읽는 이의 감정의 반응을 높이고, 균형감각을 갖게 해준다.

C

포스터는 미(美)를 소설에 끌어들이기 위해 이야기 전개에 부여하는 템포를 음악 용어를 빌려 리듬이라 부른다. 음악은 소설처럼 인간을 차용하지 않지만 소설이 이룩할 수 있는 것과 같은 미의 형태를 제공할 수 있다는 것이다. "가령 베토벤의 교향곡 제5번은 '따따따딴' 하는 리듬으로 시작된다. 우리는 이것을 누구나 들을 수 있고 칠 수도 있다. 그러나 교향곡은 전체로서도 리듬이 있다. 주로 그 악장들 간의 관계에 의한다. 어떤 사람들은 이 리듬을 들을 수는 있지만 칠 수는 없다. 그러나 문학가가 하고 싶은 말은 '따따따딴' 하는 먼젓번 리듬이 소설에도 있고 이것이 소설에 미를 가져다줄 수도 있다는 것이다. 다른 한편, 전체로서의 교향곡 제5번의 리듬에 해당하는 것을 소설에서 귀로 듣지는 못해도 그것이 존재하는 것 같다는 것이다."

이야기 전개에 미적 효과를 이룩하여 독자를 즐겁게 해주는 리듬은 적당한 간격을 두고 그때그때의 충동에 힘입어 얻게 되는 것이 일반적이다. 따라서 작품을 미리부터 계획해서 쓰는 작가가 리듬을 얻기는 쉽지 않다. 그러나 미를 만들어 내는 일이기 때문에 플롯에서 자양분을 얻는 것만은 사실이다.

포스터에 의하면, "반복과 변화를 합친 것으로 정의될 수 있는" 리듬의 효과는 작중인물을 해치지 않고도 얻을 수 있다. 그것은 또 외부적인 형식을 갖추는 수고를 덜어준다. 바로 그 점 때문에 "포스터가 제안하는 리듬의 개념은 형식론의 테두리 안에서 실천해야 할 분석에서는 어려운 점"이기도 하다.

D

리듬은 표현의 속도를 말하기도 한다. 장 리카르두(J. Ricardou)는 일화나 '이야기' 자체의 시간인 허구의 시간과 그 이야기를 소설 속에 표현하는 방식의 시간인 서술의 시간이라는 두 축 사이에 설정되는 여러 시간길이의 관계를 통해 서술의 속도를 조절함으로써 리듬을 창조할 수 있다고 말한다.

주네트는 허구와 서술 사이의 시간적 불균형들을 부등시간현상(不等時間現象, anisochrony)이라고 지칭하며, 서술 속도를 조절하는 여러 가지 관습 형태들을 장면, 보다 긴 시간 동안 일어난 일을 짧게 서술하는 요약, 그리고 묘사를 위한 휴지로 분류한다. 미케 발은 이 형태들에 생략과 감속을 덧붙인다.

[김중현]

묘사(기술記述), 서사, 서술, 반복(법), 인물/인물구성, 픽션(허구), 플롯, 형식

참고문헌

· 롤랑 부르뇌프 · 레알 웰레, 『현대소설론』, 김화영 편역, 현대문학, 2006.
· 미케 발, 『서사란 무엇인가』, 한용환 외 역, 문예출판사, 1999.
· 에드워드 모건 포스터, 『소설의 이해』, 이성호 역, 문예출판사, 2000.
· Frédéric Calas, *Introduction à la stylistique*, Hachette, 2007.

리듬(시)

F: rythme *E:* rhythm *D:* Rhythmus

✺ 1. 반복과 변화에 의해 빚어지는 말가락의 흐름
2. 서구에서 오랫동안 '강약의 규칙적인 반복'이라는 '율격적 개념'과 유사한 개념으로 사용

A

리듬(rhythm)의 어원은 라틴어 '리스무스(rythmus)'를 거쳐 '강이 흐르

는 모습'을 뜻하는 그리스어 '루스모스(rhuthmos)'로 거슬러 올라간다. 우리말로는 율동이라 부른다. 주로 음악 용어로 인식되고 있는 리듬은 시에서도 음악성을 나타내는 중요한 개념이다. 음악에서 리듬이란 음의 장단이나 강약 등이 비교적 규칙적으로 되풀이되는 가락의 흐름을 말한다면, 시적 리듬은 음운의 강세 및 장단, 음운 반복, 율격, 통사적 분절 등에 의한 말가락의 흐름이라 할 수 있다.

고대 시법에서는 언어학적 측면보다는 음악이나 무용의 리듬을 따랐다. 그 까닭은 일반적으로 시가 음악을 동반했기 때문이다. 그러나 중세 이후 곡조 없이 시를 읊게 되면서, 언어학적 요소들(음절수, 음운, 통사 등)이 율격체계와 밀접한 관계를 맺으며 시적 리듬을 빚어내는 데 중요한 역할을 하게 된다.

B

서양에서는 리듬이 오랫동안 '강약의 규칙적인 반복'이라는 플라톤적인 개념으로 널리 정착되면서 '율격적 개념'과 혼동되었다. 그러나 20세기 프랑스 언어학자 방브니스트(E. Benveniste)는 플라톤 이전으로 거슬러 올라가 리듬의 어원인 그리스어 'rhuthmos'가 '흐르다'를 뜻하는 'rhein'에서 파생된 것임을 밝히고, 리듬이 어원적으로 동적인 운동 개념을 전제한 '흐르는 행위'의 특별한 방식임을 강조한다.

그에 따르면 리듬은 주어진 맥락에 따라 "움직이고, 변화하고, 흐르는 순간 속의 형식"이지, 규칙적 · 형식적 · 수동적 · 정적인 개념이 결코 아니었다는 것이다. 실제로 리듬을 이해하기 위해서는 율격과 무엇이 같고 무엇이 다른지 살펴볼 필요가 있다.

리듬과 율격은 특정 요소의 반복이 빚어내는 흐름의 질서라는 공통점을 지닌다. 그러나 율격의 질서는 전통시의 규범 체계에 의한 엄격한 규칙성을 전제하지만, 리듬의 단위는 비교적 자유롭다는 차이가 있다. 그러므로 율격의 단위가 예측 가능하다면, 리듬의 단위는 예측 불가능하다. 율격은 운문과 산문을 구분하는 변별적 자질이지만, 리듬은 모든 발화에서 구체적으로 나타난다.

프랑스의 고전시 12음절 시행을 예로 들어보면, 그 율격체계는 6음절씩 두 개의 반구로 나뉘는 것이 원칙이다(6//6). 다음 보들레르(Ch. Beaudelaire)의 시행은 반구가 다시 통사적으로 3음절로 분절되어, 3/3//3/3의 규칙적인 리듬을 빚어내는데, 이를 보통 사운율(tétramètre)이라고 한다.

Au-dessus/ des étangs,// au-dessus/ des vallées,
(연못 위로, 골짜기 위로,) 보들레르, 「상승(Elévation)」

그러나 같은 시인의 다음 12음절 시행은 두 반구가 2/4//4/2로 나뉘면서 대칭적 리듬을 자아낸다.

Dis-moi,/ ton coeur parfois// s'envole-t-il,/ Agathe?
(말해 봐, 그대 가슴이 때때로 비상하는가, 아가트?)

다음 시행에서는 대칭적 음운 반복이 시적 리듬을 보다 유연하게 한다.

La haine est un ivro// gne au fond d'une taverne
[n t n vr]// [n t v rn]
(증오는 선술집 구석에서 주정뱅이가 내뱉는 것이오)

하지만 위고(V. Hugo)의 다음 12음절 시행은 동자음 반복의 대칭 구조가 율격의 분절과 엇갈리며 생경한 리듬을 만들어 낸다.

Suit les mille détours// d'un fil d'or florentin
[d t r// d f l][d r/fl r t]

Ⓒ

20세기 중반 이후 메쇼닉(H. Meschonnic)은 '리듬 비평'이라는 이론을 발전시킨다. 그는 앞에서 살펴본 방브니스트의 리듬 개념과 담화 이론에 '주체성(subjectivity)'의 개념을 추가하고, 리듬을 '담화의 지형도'라 정의한다. 그에 따르면, 시에서 리듬은 주체(subject)의 목소리 자체의 기록이며, 나아가 "담화의 얼개를 짜는 힘"이고 "담화 속에서 의미의 얼개"인 것이다. 여기서 얼개란 강세, 프로조디, 어휘, 통사 등 언어활동의 모든 요소들로 이루어진 짜임새를 말한다.

[외부집필–최인령]

규범, 담화(담론), 율격, 주체, 프로조디

참고문헌

· 성기옥, 『한국시가율격의 이론』, 새문사, 1986.
· 앙리 메쇼닉, 『리듬의 시학을 위하여』, 조재룡 역, 인간사랑, 2007.
· 에밀 방브니스트, 『일반언어학의 제문제』, 황경자 역, 민음사, 1992.
· 오세영, 「한국시가 율격 재론」, 『한국 근대문학론과 근대시』, 민음사, 1996.
· 조재룡, 『앙리 메쇼닉과 현대비평 - 시학·번역·주체』, 도서출판 길, 2007.
· Henri Meschonnic, *Critique du rythme, anthropologie historique du langage*, Verdier, 1982.
· Henri Suhamy, *La Poétique,* col. Que sais-je?, PUF, 1991.
· Jean Molino, Joëlle Gardes-Tamine, *Introduction à l'analyse de la poésie, vers et figures,* vol. 1, 1982, PUF, 1982.

리좀

F: rhizome *E:* rhizome *D:* Rhizom

✻ 1. 뿌리줄기를 뜻하는 식물학 용어

2. 탈중심적이고 비계층적이며 수평적인 다양성 속에서 이질적인 요소의 공존과 결합을 통해 창조적인 가능성을 추구하는 개념

A

본래 '뿌리줄기'를 뜻하는 식물학 용어인데, 들뢰즈(G. Deleuze)와 가타리(F. Guattari)가 『천개의 고원』에서 사용하면서 널리 알려지게 된다. 위계적인 체계와 중심을 상징하는 나무로 은유되는 서구 형이상학을 비판하기 위해 들뢰즈와 가타리가 새로 고안한 개념이다.

탈중심적이고 비계층적이며 수평적인 다양성 속에서 이질적인 요소의 공존과 결합을 통해 창조적인 가능성을 추구한다. 예컨대 리좀적 사고란 특정한 사고의 지반 없이 다양한 힘들의 차이와 복수성을 다원화하고 산포시키는 것을 의미한다. 이처럼 리좀에서 중요한 문제는 어떠한 주체나 중심의 구축이 아니라 모든 종류의 '되기(becoming)' 혹은 '생성'이다.

리좀형과 수목형(樹木型)은 '관계 맺기'의 두 방식을 가리킨다. 리좀형과 수목형은 따로 존재하는 것이 아니라 리좀형에 좀 더 많은 규정들이 들어갈 경우 수목형으로 변화하고, 수목형에 규정성이 줄어들 경우 리좀형으로 변화한다. 즉 리좀형과 수목형은 '상관적 정도(correlative degree)'를 형성한다. 또한 리좀형은 관계 맺는 방식이 보다 자유로운 쪽으로 갈 때 성립하고, 수목형은 관계 맺는 방식이 이항대립적 방식으로 변화할 때 성립한다.

B

리좀의 특징은 다음과 같이 정리할 수 있다. 우선 '접속의 원리'다. 리좀은 어떤 지점에서건 다른 어떤 지점과 연결 접속될 수 있고 또 연결 접속되어야만 한다. 접속은 어떠한 귀결점도 선별도 없고, 두 항이 공평하게 만나 새로운 것을 만들어 낸다.

리좀의 두 번째 원리는 '이질성의 원리'다. 리좀은 이질적인 모든 것에 대해 접속이 가능하다.

세 번째는 '다양성의 원리'다. 리좀에서는 차이가 어떤 하나의 중심으로 모이거나 동일화하지 않으며, 차이 그 자체로써 의미를 갖는다.

네 번째 원리는 '의미작용 없는 단절의 원리'다. 절단이 기존의 의미에서 갈라지는 것을 뜻한다면 단절은 주어진 의미화의 계열에서 벗어나 만들어지는 것이다. 리좀은 어떤 근원적인 의미나 기원으로 거슬러 올라가지 않은 채, 떼어내 다른 것으로 만들어 버리는 특징을 갖고 있다.

다섯 번째 원리는 '지도 그리기(cartography)'다. 리좀은 하나의 지도로, 미리 수립된 한정된 중심 주변에 구축된 발생적 혹은 구조적 모델의 흔적을 찾는 일이라기보다는, 실재와의 접촉을 통한 실험을 위해 형성된 것이다.

리좀의 여섯 번째 원리는 '전사술(轉寫術, decalcomania)'이다. 재현과 대비되는 말로, 대상을 옮기는 과정에서 대상의 변형이 일어나게 된다는 점을 강조한다. 이는 현실에 따라 지도를 그리지만, 그려지는 지도에 따라 변형되는 현실을 강조하려는 의도라 할 수 있다.

C

리좀의 특성들은 들뢰즈와 가타리가 추구하는 글쓰기의 특성이기도 하다. 리좀적인 글쓰기는 각기 다른 흐름들의 접속과 변형을 실행하고, 언어 자체로부터 문법적 · 통사적 · 의미적 양식에 내재한 연속적인 변이를 활성화한다. 이런 글쓰기는 문장을 접속 · 결합하여 창조적으로 변이하는 기미 · 울림 · 공명이 있을 뿐이다. 들뢰즈와 가타리의 리좀적 글쓰기 개념은 언어의 더듬거리는 형식, 되기의 과정, 이야기 꾸미기의 특징들을 함의한다.

D

리좀은 본 뿌리를 중심으로 차례차례 뻗어 나가는 일반적인 뿌리와 달리, 어느 방향으로든 가지를 뻗어 가며 확장하는 뿌리 구조를 특징으로 한다. 이러한 리좀 구조를 제시하면서 들뢰즈와 가타리는 책과 글쓰기/글읽기에 대한 새로운 시각을 제공한다.

수목형이 저자와 독자의 뚜렷한 구분과 둘 사이의 위계적인 질서로 대표되는 인쇄된 종이책의 형태라면, 리좀은 링크(link)와 마디(node)로 엮여 있는 네트워크 형태를 지닌 하이퍼텍스트를 가리킨다. 탈중심적이고 비선형적인 하이퍼텍스트의 성격은 들뢰즈와 가타리가 제시한 리좀의 구조와 흡사하다.

하이퍼텍스트는 텍스트를 촘촘하게 얽혀 있는 구조물로 이해하면서 계속적으로 텍스트를 엮어 나간다. 이때 개별 텍스트는 연상적이고 비연속적인 방법으로 하나의 문서에서 내적 · 외적으로 연결되어 있다. 이를 통해 독자는 다양한 독서 경로와 이야기의 흐름을 추적할 수 있게 되고, 새로운 경로를 찾아 이야기를 계속 엮어 나갈 수 있다. 이와 더불어 독자는 읽기 과정에서 수많은 정보와 개별 텍스트들을 새롭게 다시 조합하여 창조적으로 다양하게 결합시킬 수 있다.

[문재은]

글쓰기, 은유, 이항대립(론), 텍스트, 하이퍼텍스트

참고문헌

· 김요한, 「텍스트에서 하이퍼텍스트로」, 『텍스트언어학』 16권, 한국텍스트언어학회, 2004.
· 사공일, 『들뢰즈와 창조성의 정치학』, 동문선, 2008.
· 오형엽, 「분열분석 비평의 수사학적 탐구」, 『국어국문학』 151호, 국어국문학회, 2009.
· 이정우, 『천하나의 고원』, 돌베개, 2008.
· 이진경, 『노마디즘』, 휴머니스트, 2002.
· 질 들뢰즈, 펠릭스 가타리, 『천개의 고원』, 김재인 역, 새물결, 2001.

링킹(연결)

F: linking(lien) *E:* linking *D:* linking(Verbinden)

✳ 1. 교체, 끼워넣기와 함께, 하나 또는 복수의 서술 층위에서 진술되는 일련의 서사 시퀀스를 결합하는 기본적인 세 양식의 하나

2. 한 시퀀스에 다른 시퀀스가 후속할 때, 한 시퀀스의 끝(결말)이 다른 시퀀스의 처음(발단)으로 연결되며 결합을 이루는 양식

Ⓐ

링킹은 '교체, 끼워넣기와 함께, 하나 또는 복수의 서술 층위에서 진술되는 일련의 서사 시퀀스를 결합하는 기본적인 세 양식의 하나'다. 시퀀스는 문장이나 문단 또는 그 이상의 단위로 진술된 서사적 상황 내지 사건으로서 서사의 구성단위를 이루며 서로 일련의 결합을 통해 서사를 구성한다.

교체나 끼워넣기도 하나 이상의 서술 층위에서 진술되는 일련의 서사 시퀀스를 결합하고, 또한 한 시퀀스에 다른 시퀀스가 후속하여 서사적 결합을 이룬다는 점에서 링킹과 유사하나 구별되어야 한다. 링킹은 '한 시퀀스에 다른 시퀀스가 후속할 때, 한 시퀀스의 끝(결말)이 다른 시퀀스의 처음(발단)으로 연결되며 결합을 이루는 양식'이다. 짧은 문장 단위로 이뤄진 링킹의 예를 하나 살펴보자. '존은 행복했다. 그는 이혼했다. 그는 불행했다. 메리는 불행했다. 그녀는 결혼했다. 그녀는 행복했다'라는 서사는 '존은 행복했다. 그는 이혼했다. 그는 불행했다'라는 시퀀스와 '메리는 불행했다. 그녀는 결혼했다. 그녀는 행복했다'라는 시퀀스의 결합으로 이뤄진 것인데, 앞 시퀀스의 결말 '(그는) 불행했다'가 후속 시퀀스의 발단 '(메리는) 불행했다'를 구성하는 것으로, 한 시퀀스의 끝이 다른 시퀀스의 처음을 구성하는 링킹이라고 할 수 있다.

B

링킹은 디지털 매체의 발달과 함께 새로이 조명되고 있는 문체 또는 담화양식이다. 디지털 담화는 기존의 선형적인 서면 텍스트 글쓰기와 달리 사용자 임의의 마우스 클릭을 통해 비선형적으로 읽고 쓸 수 있는, 무한 확장적인 열린 담화다. 디지털 담화는 하이퍼텍스트 양식을 기반으로 한다. 하이퍼텍스트는 인터넷상에서 비선형적으로 링킹하여 검색, 재생산할 수 있는 텍스트 혹은 웹문서 전체로, 순차적인 색인 시스템이 아닌 인간의 자유 연상에 따른 비선형적인 링크 시스템을 따라 생산된다.

링킹은 웹 시퀀스인 웹문서의 링크 시스템을 기반으로 연계되는 하이퍼텍스트 담화의 기본 양식을 이룬다. 다시 말해 링킹은 웹문서를 연결, 편집 재생산하는 양식이라고 할 수 있다. 특히 하나의 시퀀스를 모티프로 불특정 다수의 독자가 저마다의 상상력을 동원해 다음 시퀀스를 연쇄적으로 확장 생산해 가는 하이퍼텍스트 문학에서 링킹은 빼놓을 수 없는 기본적인 담화양식을 이룬다.

하이퍼텍스트 문학 독자는 작가가 제시한 시퀀스를 단순히 읽기만 할 수도 있지만, 시퀀스 이어 쓰기, 즉 링킹할 수 있다. 그리고 이 링킹한 시퀀스를 또 다른 독자들이 계속해서 링킹할 수 있다. 하이퍼텍스트 문학에서 독자는 링킹을 통해 단지 독자에만 머무르지 않고 작가가 될 수도 있는 것이다.

[류은영]

교체, 끼워넣기, 담화(담론), 독자, 모티프, 문체, 서사,
서술, 시퀀스, 작가(저자), 텍스트, 하이퍼텍스트

참고문헌

· 김종회, 최혜실, 『사이버문학의 이해』, 집문당, 2001.

· Claude Brémond, *Logique du récit*, Seuil, 1973.
· George Landow, *Hypertext: The Convergence of contemporary critical theory and technology*, Johns Hopkins University Press, 1992.
· Gerald Prince, *Narratology: The Form and functioning of narrative,* Mouton, 1982.
· Tzvetan Todorov, "Les Catégories du récit littéraire", *Communication*, n° 8, 1966.

ㅁ

마디

F: mesure *E:* measurement *D:* Takt

✻ 시의 율격 및 리듬의 분절 단위

A

'재다(measure)'에서 파생된 용어로 '잴 수 있는 길이의 단위'를 뜻한다. 음악에서는 박자의 소절 단위를 가리키고, 시학에서는 율격 및 리듬의 분절 단위다. 프랑스 시법에서 이 용어의 사용은 16세기로 거슬러 올라가며, 운율학에서 전통적으로 음절군을 마디라고 불렀다.

B

오세영은 한국 시의 율격 체계가 음수율이므로 그 율격 단위는 '음보(foot)'가 아니라 순수하게 음절 수의 셈을 기초로 하는 '마디'라고 말한다. 음수율의 큰 단위는 시행이고, 작은 단위는 마디로 결정되기 때문에 시조는 네 개의 마디로 나뉜다는 것이다. 양사언의 고시조 초장을 예로 들면 다음과 같다.

泰山이/ 높다 하되// 하늘 아래/ 뫼이로다 (3/4//4/4)

고시조보다 짧은 다음 시행은 두 개의 마디로 분절된다.

살어리/ 살어리랏다

그리고 그는 한국의 전통 운문에는 3음절 마디, 4음절 마디, 5음절 마디가 있는데, 이를 기본으로 해서 음절 한 개 정도의 가감이 가능하다고 말한다. 고전 율격에서 벗어나 자유로운 리듬을 빚어내는 자유시의 경우 한 마디 시행에서부터 여러 마디로 나뉘는 시행까지 그 리듬의 흐름은 다양하다.

같은 음수율에 기초한 프랑스 시도 이와 유사하다. 특히 코르눌리에(B. de Cornulier)는 이와 같은 관점에서 20세기 후반기에 프랑스의 율격학을 새롭게 정립한다. 예를 들면, 보들레르(Ch. Beaudelaire)의 다음 12음절 시행은 3/3//3/3으로 나뉘어 네 마디 율격이 된다.

Mais le vert/ paradis// des amours/ enfantines,
(그러나 어린애 같은 사랑의 푸르른 낙원,)

그러나 하나의 음절에서 다섯 개의 음절까지 마디의 크기가 다양한 시행도 있다. 이런 경우는 고정된 율격에서 벗어나 보다 자유로운 내적 리듬을 빚어낸다. 아폴리네르(G. Apollinaire)의 다음 7음절 시행은 4/3 음절의 마디로 나뉜다.

Vienne la nuit/ sonne l'heure (밤이여 오라 종이여 울려라)
Les jours s'en vont/ je demeure (세월은 흐르고 나는 머무네)

[외부집필-최인령]

리듬(시), 시행, 율격, 자유시

■ 참고문헌

· 오세영, 「한국 시가 율격 재론」, 『한국 근대문학론과 근대시』, 민음사, 1996.
· Benoît de Cornulier, *Art poétique. Notions et problèmes de métrique*, Presses Universitaires de Lyon, 1995.
· Jean Molino & Joëlle Gardes-Tamine, *Introduction à l'analyse du poésie, vers et figures,* vol. 1, 1982, PUF, 1982.

말놀이(말장난, 언어유희)

F: jeux de mots　*E:* wordplay　*D:* Wortspiel

✳ 1. 말이나 글자를 소재로 한 놀이
2. 해학적 효과를 내기 위해 한 단어를 두 개 이상의 의미를 암시하도록 사용하는 유희

Ⓐ

말놀이는 '말이나 글자를 소재로 한 놀이' 또는 '해학적 효과를 내기 위해 한 단어를 두 개 이상의 의미를 암시하도록 사용하는 유희'를 뜻한다. 말놀이는 기본적으로 철자, 소리(시니피앙), 의미(시니피에)의 유지, 변형, 압축 과정을 통해 이루어지며, 주로 골계적(comic) 특성, 특히 해학성을 표현하는 방법이다. 오늘날 말놀이는 아이러니의 한 변형이 될 수도 있고, 또는 풍부한 기지와 날카로운 어조를 갖춘 풍자의 한 형식이 되기도 한다.

Ⓑ

말놀이의 유형에는 다의성과 동음이의어를 이용한 말놀이(calembour), 두

가지 의미로 해석할 수 있는 이중의미를 이용한 말놀이(syllepsis), 철자 바꾸기(anagram)를 이용한 말놀이, 대문자 약호(sigle)를 이용한 말놀이, 응축(압축)을 통한 말놀이, 회문(回文, palindrome; '다 이심전심이다', '소주 만 병만 주소', 'civic' 'radar', 'rotor', 'kayak' 등과 같이 철자의 앞뒤의 순서를 바꿔 읽어도 같은 어구가 되는 기법)을 이용한 말놀이, 신조어를 이용한 말놀이 등이 있다.

C

헨리(J. Henry)는 말놀이가 텍스트에서 차지하는 비중에 따라 ① 일회적인 말놀이(텍스트에서 말놀이가 차지하는 비중이 매우 미약하기 때문에 가볍게 여겨도 문제되지 않는 경우), ② 문체의 한 요소로서의 말놀이(말놀이의 비중이 부분적이긴 하지만 텍스트의 전반적인 문체와 관련성이 있는 경우), ③ 문체의 말놀이(말놀이가 곧 텍스트일 정도로 매우 비중이 높은 경우)로 분류한다.

D

말놀이는 단어의 통상적이거나 공인된 의미나 맥락상의 의미에서 의도적으로 일탈하는 표현 방법으로, 습관적인 언어질서의 틀에서 간극을 극대화하는 전복적 언어행위다. 이처럼 언어행위의 탈기능화에 기반하는 말놀이는 언어 구조에서 우연히 형성되는 것이 아니라, 언어유희 기법으로 만들어 내는 것이다. 다시 말해 말놀이는 단순한 부연이나 장식이 아니라, 의도적인 수사학적 효과를 위해 특정 맥락에서 특별한 목적으로 사용하는 문체 기법이다.

말놀이는 유희적 기능을 띠며, 작가의 의도에 따라 해학적이거나 우스꽝스런 효과, 다양한 해석 가능성에 의한 언어의 부정확성 또는 부적절성, 터무니없고 에두른 의미 효과 등이 연출된다. 또한 작가가 의도적으로 선택하는 언어학적 규범을 거부하고, 비문법적으로 언어를 사용하는 말놀이는 여러 형식을 통해 새로운 어휘를 무한히 생성하여 어휘를 풍성하게 한다.

[이종오]

실렙시스, 신조어, 아나그람, 아이러니,
응축(압축), 일탈, 풍자, 형식

참고문헌

· 김경희, 「문학번역에서의 언어유희 번역에 관한 고찰」, 『통역과 번역』, 9호, 2007.
· 최진숙, 「Typologie des jeux de mots」, 『불어불문학 연구』, 36호, 1998.
· Jacqueline Henry, *La Traduction des jeux de mots,* Presses Sorbonne Nouvelle, 2003.
· Jean-Michel Gouvard, *De la langue au style,* Presse universitaire de Lyon, 2005.
· Sigmund Freud, *Le Mot d'esprit et ses rapports avec l'inconscient*, Gallimard, 1969.

말하기/보여주기

F: telling/showing *E:* telling/showing *D:* telling/showing

✻ 1. 담화양식의 두 갈래 또는 두 차원
2. 말하기는 사건을 설명적으로 또는 요약적으로 서술하기, 보여주기는 사건을 모방적으로 재현하기를 의미

A

'담화양식의 두 갈래 또는 두 차원'을 설명하기 위해 영미 신비평가들이 주창한 개념이다. 말하기는 '사건을 설명적으로 또는 요약적으로 서술하기', 보여주기는 '사건을 모방적으로 재현하기'를 의미한다. 따라서 말하기와 보여주기 대신 경우에 따라 요약과 장면(scene), 설명과 제시, 직접 서술과 간접 서술, 평면적 서술과 입체적 서술 등의 용어를 쓰기도 한다.

B

말하기와 보여주기라는 대비적인 동시에 상관적인 두 개념은 플라톤부터 현대 서사학의 주네트(G. Genette)까지 지속적으로 논의해 온 두 개념인 디에게시스와 미메시스에서 그 유래를 밝힐 수 있다. 플라톤은 『국가』에서 담화의 양식(화법) 내지 유형(장르)에는 "극처럼 전적으로 모방(미메시스)에 의존하거나, 서정시처럼 자신이 말하는 서술(디에게시스), 혹은 이 양자가 혼합된 서사시가 있다"고 설명했다.

이후 아리스토텔레스는 『시학』에서 플라톤의 설명을 순서만 바꾸어 "호메로스처럼 작중인물이 되어 말하거나, 그러한 변화 없이 서술체로만 말하거나, 혹은 모방자(배우)로 하여금 모든 것을 실연하게 할 수 있다"고 기술한다. 여기서 작중인물이 되어 혹은 자신이 말하는 디에게시스 양식이 곧 오늘날의 '말하기', 그리고 모방자를 통해 재현하는 미메시스 양식이 곧 '보여주기'에 해당한다.

C

아리스토텔레스는 미메시스의 전형인 극을 예찬하며, 미메시스이자 디에게시스인 서사시를 극보다 열등한 예술로 간주했지만, 오늘날 문학의 중심 장르를 이루고 있는 소설의 기원 양식은 바로 서사시다. 서사시는 근대에 이르러 말하기(디에게시스)의 속성인 서술성을 기반으로 하는 산문 형식의 소설 장르로 이어져 문학의 주류가 된다.

한편 보여주기(미메시스)는 소설 속에 대화 및 묘사 기법으로 잔존하며, 동시에 재현성을 기반으로 사건을 모방적으로 재현해 보여주는 연극, 그리고 더 나아가 '보고' '듣는' 다감각적 양식의 멀티미디어로 연계된다. 특히 현대 디지털 기술의 발달과 더불어 보여주기는 디지털미디어의 담화양식으로 급부상하고 있는데, 이때 보여주기는 곧 스토리텔링과 일정한 상보적 의미관계를 형성한다. 말하기(서술)는 소설이 문학의 주 장르였던 수세기 동안, 특히 20세기에 들어 담화양식의 주류를 이뤘다. 하지만 다감각적인 재현과 상호작용을 통한 수용자의 참여가 가능한 디지털미디어의 등장으로 보여주기(재현)는 포스트모던 시대의 코드들, 예컨대 해체, 몸, 감각, 이미지, 대중, 소비, 미디어, 디지털 등의 코드들에 상응하며 시대의 필연적 담화양식이 되었다.

이 같은 시점에서 헨리 제임스(H. James), 퍼시 러보크(P. Lubbock)를 비롯한 일군의 학자들은 말하기는 저자가 일방적으로 이야기를 지배하면서 사건을 '요약'해 설명함으로써 독자의 상상력을 제한하지만, 보여주기는 사건을 하나의 '장면'으로 재현해 보여줌으로써 보고 듣는 독자들이 스스로 상상해 이야기의 결론을 이끌어 낼 수 있게 하는 열린 담화양식이라고 주장한다. 특히 러보크는 보여주기를 픽션이 지향해야 할 이상이라고까지 역설한다. 하지만 대중문화의 흐름에 지나치게 좌우되는 사조를 경고하며 부스(W.C. Booth)는 전통적인 말하기의 가치를 강조한다.

이와 같은 대비적인 관점들은, 결국 말하기와 보여주기는 인간 담화양식의 두 차원으로서 각기의 가치를 지니며, 서로의 상대적 가치는 시대적인 흐름과 상관없이 장르나 작품 속에서 각기 수행하는 고유의 기능에 따른 것이라는 사실을 반증하는 것이다.

[류은영]

담화(담론), 대화(체), 독자, 디에게시스, 묘사(기술記述), 미메시스, 서사성, 서사학, 서술, 서술체, 서술하기, 스토리텔링, 이미지, 작품, 장르, 재현(표상, 대표)

참고문헌

· 아리스토텔레스, 『시학』, 천병희 역, 문예출판사, 2002.
· 플라톤, 『국가 · 政體』, 박종현 역, 서광사, 2005.
· Percy Lubbock, *The Craft of fiction*, Jonathan Cape, 1965.
· Wayne Clayson Booth, *The Rhetoric of fiction*, Penguin books, 1991.

메타렙스(전유법, 전설법)

F: métalepse *E:* metalepsis *D:* Metalepse

✳ 1. 어떤 사실이나 사건 자체를 말하는 대신 그 결과나 원인을 언급해 표현을 부드럽게 하는 수사법. 원인-결과, 선행-후행 등의 전후 관계를 중심으로 의미의 이동이 일어나는 환유의 변형으로 간주되기도 한다.
2. 서사학에서는, 서사세계에서 서술의 서로 다른 층위가 충돌 저촉되는 현상을 지칭하기도 한다.

A

라틴어 어원은 '변화, 교환'을 뜻하는 '메타렙시스(metalepsis)'이고, '바꿔 가지다'라는 뜻을 가진 'metalambanein'에서 파생했다. 수사학에서는 표현을 부드럽게 하기 위해 어떤 사건이나 행위 자체를 말하는 대신, 사건(행위)의 결과나 그보다 앞서 일어난 사실(사건, 행위)을 언급, 환기시키는 표현 방식을 말한다.

가장 잘 알려진 예는 '그가 죽었다'라고 직접 죽음이란 사실을 말하는 대신 죽음의 결과물인 '눈물'을 사용해 '우리는 눈물로 그를 애도한다'라고 표현하는 것이다. 흔히 환유의 변형으로 간주되지만, 특히 앞서 일어난 일-나중에 일어난 일, 전제-결과 등 전후(前後) 관계를 축으로 의미의 이동이 일어나는 경우를 메타렙스라고 지칭하고, 주로 문장 차원에서 의미의 이동이 이루어지는 특징이 있다. '잊지 않겠다'라는 표현이 전후 맥락에 따라 '반드시 은혜를 갚겠다' 또는 '복수하겠다'는 의미로 달리 이해될 수 있는 것이다.

더 나아가 퐁타니에(P. Fontanier)는 작가가 "사실은 자신이 이야기하거나 묘사하기만 할 뿐인 것을 자기 자신이 직접 행하고 있는 것처럼 표현"하는 기법을 메타렙스라고 말할 수 있다고 한다.

B

주네트(G. Genette)는 문채가 픽션의 밑그림과 같은 것이라고 주장하고, 이 표현법을 서사 분석에 적용해 내러티브, 즉 픽션의 차원에 관여하는 요소로 확장시킨다. 그에 따르면 메타렙스는 '서술의 층위를 바꾸어서 이야기하는 것'으로, 두 개(이상)의 서로 다른 서사세계의 수준(층위)이 서로 충돌, 저촉되는 모든 현상을 지칭하는 데 사용될 수 있다.

즉 어떤 존재가 주어진 서사세계(diegesis)에서 다른 서사세계로 침입하거나, 서술자가 위치하는 세계와 서술자가 서술하는 세계 사이의 경계가 위반되는 현상을 메타렙스라고 할 수 있다. 예를 들어 서사세계외적(extradiegetic)인 서술자가 자신이 이야기하고 있는 상황이나 사건의 세계에 참여하는 경우 메타렙스가 된다.

토도로프(T. Todorov)는 서술자가 자신의 말을 다른 사람의 말인 것처럼 표현한다고 해서 '부적절한 담론'이라 칭한다. 메타렙스적 서술은 경계를 건너뛰는 효과로 시간과 공간의 다양한 층위를 표현할 수 있게 만든다.

[김계영]

디에게시스, 문채, 문체, 서사, 서술, 서술자(화자), 픽션(허구), 환유

■ 참고문헌

· Gérard Genette, *Figures I, II, III*, Seuil, 1966-1972.
· __________, *Métalepse*, Seuil, 2004.
· Pierre Fontanier, *Les Figures du discours*, Flammarion, 1977.

메타볼(어구변환)

F: métabole *E:* metabole *D:* métabole

✵ 1. 하나의 생각을 더 잘 표현하기 위해 의미가 비슷한 다른 표현을 반복하는 기법
2. 어휘나 문장 차원에서 일어나는 모든 종류의 변화를 총칭하는 용어
3. 언어 규범에서 벗어나는 일탈로 간주될 수 있는 모든 문채 (그룹 뮤)

Ⓐ

'계속' '변화' '~너머'를 뜻하는 그리스어 '메타(meta)'와 '던지다' '넘겨주다'를 뜻하는 '볼레인(ballein)'이 결합해 만들어진 단어다. 고전수사학에서 메타볼은 하나의 생각을 더 잘, 더 강하게 표현하기 위해 의미가 비슷한 표현(동의어, 유의어)들을 반복하는 기법을 말한다. '나의 말 좀 들어주시오, 말 좀 들어보오, 내 말에 귀 기울여 주시오', '가시리 가시리 잇고 나를 바리고 가시리잇고', '오, 분노여! 오, 절망이여!', '확실해, 틀림없어, 맹세해' 등과 같은 문장처럼, 음운 단위나 형태 단위를 변화시키거나 동의관계에 있는 표현(동의어, 유의어)을 대치 또는 반복시켜 하나의 생각을 강화시키는 표현법이다.

메타볼은 음운 단위나 형태 단위, 더 나아가 문장의 순서나 문법과 관련된 통사적 차원에서 첨가, 삭제, 대체, 교체(자리바꿈)를 통해 이루어진다. 어음변이(어형변이), 반복, 점층(클라이맥스), 중첩열거, 도치, 전치, 치환 등이 메타볼에 속한다. 수사학 용어가 아니라 보통명사로 사용될 때 동물의 성장 과정에서 일어나는 '변태(탈바꿈)'를 지칭하는 것에서 알 수 있듯이 메타볼은 형태의 변화, 뉘앙스의 변화에 관계된다. 또한 바르트(R. Barthes)에 따르면 메타볼은 계열체 차원에서 하나의 시니피앙을 다른 시니피앙으로 대체하는 것이기도 하다.

B

넓은 의미에서 메타볼은 어휘나 문장 차원에서 일어나는 모든 종류의 변화를 지칭한다. 더 나아가 그룹 뮤(μ)는 광범위한 의미에서 언어 규범에서 벗어나는 일탈로 간주될 수 있는 모든 문채를 메타볼이라 칭한다. 이때의 메타볼은 의미전이(전의)에 관련된 모든 종류의 언어 조작, 심지어 은유나 환유, 비유까지도 포함할 수 있는 광범위한 개념이다. 메타볼을 정의할 수 있는 기준으로 일탈, 결합, 불변요소, 에토스를 들 수 있다.

C

러시아의 비평가 엡슈타인(M. Epstein)은 메타볼을 은유와는 다른, '제3의 비유'로 본다. 그에 따르면, 원관념과 보조관념의 두 항만이 존재하는 은유와 달리 메타볼의 경우 시작어휘(원관념)와 결과어휘(보조관념) 사이에 이들을 매개하는 중간항(middle term)이 존재한다.

예컨대 '마음이 타오른다'는 은유이지만 '마음이 가을처럼 부드럽게 타오른다'는 메타볼이다. '마음이 타오른다'에서 '타오른다'는 '마음'을 설명하기 위해 도입된 가상의 이미지로, 의미의 전이를 위해 빌려온 것일 뿐 구체적인 실재성을 지니지 않는다. 이 보조관념은 의미의 전이라는 임무를 완수한 후에는 불필요해지는데, 이런 현상은 대체와 전이를 사용하는 모든 비유의 공통점이다.

하지만 '마음이 가을처럼 부드럽게 타오른다'에서는 원관념과 보조관념을 구분, 확정하기 어렵다. '마음'과 '가을'은 '타오른다'에 의해 기묘하게 매개되어 '가을'이 '마음'의 단순한 보조관념에 머무르지 않고 서로 독립성을 획득한 채 상호작용한다. '가을'은 '마음'을 설명한 후 지워지는 것이 아니라 '마음'에 의해 오히려 풍요로운 의미를 획득한다.

본질적으로 메타볼은, 안과 밖, 시작과 끝의 경계가 없는 뫼비우스의 띠처럼, 천천히 회전하는 소용돌이 안에 다원적 실재들이 뒤엉켜 있는 '두 겹의 고리'와 같다. 여기에서는, 직유나 은유에서처럼 '비슷해진' 대상(전경, foreground)과 '비슷하게 만드는' 대상(후경, background)이 확실히 구분되지 않는다.

메타볼 안에서는 실재와 이미지, '문자 그대로의' 의미와 '비유적' 의미의 경계가 모호해지면서 비유를 이루는 각 항목이 서로 객관적이며 독자적인 실체로 인정받는다. 이 때문에 화자의 주관성과 권력은 약화된다.

[김계영]

규범, 문채, 반복(법), 에토스, 은유, 이미지, 일탈,
전경화(前景化), 전의(법), 전치(轉置)(법), 중첩열거, 직유(법),
치환(법)/대환(법), 클라이맥스(절정), 환유, 후경화(배경화)

참고문헌

· 이장욱, 「"제3의 비유"는 가능한가? 엡슈타인의 메타볼 이론에 대한 비판적 고찰」, 『러시아문학 연구논집』 9권, 2001.

· ＿＿＿＿＿, 『혁명과 모더니즘 - 러시아의 시와 미학』, 랜덤하우스 중앙, 2005.

· Groupe μ, *Rhétorique générale,* Seuil, 1982.

· Mikhail Epstein, Aleksandr Genis, Slobodanka Vladiv-Glover, *Russian postmodernism: New perspectives on post-soviet culture*, Berghahn Books, 1999.

메타언어(상위언어)

F: métalanguage *E:* metalanguage *D:* Metasprache

✻ 1. 논리학, 수학, 과학, 언어학 등에서, 대상언어로 된 진술을 해당 학문 고유의 표현으로 설명할 때 사용되는 언어나 상징
2. 언어 자체를 설명, 토론, 검증할 때 사용되는 언어나 상징

A

메타언어는 논리학, 수학, 과학, 언어학 등에서 대상언어로 된 진술을 해당 학문 고유의 표현으로 설명할 때 사용되는 언어나 상징을 의미한다. 예를 들어 논리학은 자연언어의 모호성을 배제하면서 문장을 설명하기 위해 자연언어를 논리기호로 대체한다. 이때 논리기호는 자연언어를 설명하는 메타언어가 된다. '두 개에 세 개가 더해져 다섯 개가 된다'는 것을 '2+3=5'로, '소금'을 'Nacl'로 표현하는 것 등도 이에 해당한다.

일반적으로 메타(meta)라는 말은 '한 차원 더 높은 곳'의 의미로 사용된다. 예를 들어, 메타과학은 과학을 연구하기 위한, 즉 과학이란 무엇인가를 연구하기 위한 과학을 말한다. 일반적인 분야의 과학보다 한 차원 높은, 과학 자체를 연구하기 위한 과학을 말하는 것이다. 마찬가지로 언어보다 한 차원 높은 언어를 메타언어라 한다. 즉 언어를 기술하거나 설명하기 위한 언어를 메타언어라 한다.

메타언어는 언어의 의미를 생성하는 규칙들을 정의하는 언어를 가리키기도 한다. 특정하게 표현된 언어는 어떤 의미를 지니고 있다. 이러한 의

미는 자연적으로 혹은 임의적으로 생성되는 것이 아니라 특정한 규칙에 의해 생성된다.

예를 들어 '영희는 순진한 철수를 좋아한다'라는 문장의 의미는 단어의 의미와 단어의 통사적 순서를 특정한 규칙에 따라 해석함으로써 생성된 것이다. 언어 사용자가 이 문장을 '순진한 영희는 철수를 좋아한다'가 아니라 '영희는 순진한 철수를 좋아한다'라는 올바른 의미로 해석할 수 있게 해주는 특정한 의미 · 통사적인 규칙, 즉 문법을 메타언어라 부르기도 한다.

언어 사용자는 일상생활에서조차 언어를 메타언어적으로 사용한다. 언어 사용자는 여러 가지 이유로 발화들에 주의를 집중하면서 그 발화들을 적절하게 조정한다. 예컨대 특이한 발음을 체크하거나, 사투리의 의미를 묻거나, 모호성을 표시하는 식이다.

언어의 메타언어적 자질들은 '솔직히', '어리석게' 같은 부사들, 발화를 재현해 주는 직접 · 간접화법의 표지들(직접화법: 그녀가 나에게 명령했다. "가버려", 간법화법: 그녀가 나에게 '가버려'라고 말했다)도 포함한다. 메타언어에 사용되는 표현들은 이탤릭체나 따옴표를 사용하거나 줄을 바꿔줌으로써 대상언어의 표현들과 흔히 구분하여 표시한다.

야콥슨은 의사소통을 구성하는 여섯 가지 요소(발신자, 수신자, 메시지, 코드, 접촉 및 의사소통의 매체, 메시지가 가리키는 맥락)를 구별하고, 각각의 요소에 다른 기능을 부여한다. 발신자와 수신자 사이에 오고간 메시지의 해석을 가능하게 해주는 코드의 기능을 메타언어적 기능이라 지칭한다.

B

언어 사용자들은 기존의 언어 요소들을 가지고 새로운 단어를 창조하거나, 평범한 단어의 의미를 확장시키기도 한다. 이런 경우 은어, 의미가 확장된 단어, 창조된 단어를 설명해 주는 문체론 사전 같은 도구가 필요하다. 사전의 저자가 단어들을 정의하기 위해 사용하는 사전 언어가 바로 메타언어다.

모든 언어는 '다시 말해', '말하자면', '의미하는 바는' 등의 단어들을 사용하기 때문에 자체로 메타언어의 역할을 하고 있다. 메타언어는 다른 담론에 관한 담론으로, 말하자면 다른 발화행위나 텍스트를 다루는 이차 발화행위나 텍스트다.

그러나 메타언어는 텍스트 외부에 있는 텍스트에 대해 이야기할 수도 있고, 텍스트 내부의 텍스트에 대해 이야기할 수도 있다. 또한 텍스트나 발화행위들은 그 내부로부터 자신의 메타언어를 산출할 수 있다. 예컨대 자신의 서사 과정들을 언급하는 서사를 들 수 있다. 이런 자기 지시성이 메타언어의 중요 기능이다.

문학비평은 전통적으로 일종의 메타언어이며, 그런 만큼 문학 자체와는 별개라고 생각된다. 그러나 소설 속 서술자 이야기의 구조에 대해 논평할 때처럼 문학 안에는 이미 메타언어적 요소가 포함되어 있다. 픽션과 리얼리티 사이의 관계에 의문을 제기하면서 스스로가 하나의 '인공품(artificial)'이라는 사실을 의식적이고 체계적으로 드러내는 메타픽션들이 이런 측면들을 잘 보여주고 있다.

[고광식]

기능, 메타픽션, 문체론(문체학), 서사, 은어, 텍스트, 해석/해석공동체

참고문헌

· 김병규, 「자연법과 메타언어」, 『동아법학』 25호, 1999.
· 신명선, 「어휘에 관한 메타언어활동의 의의에 대한 연구」, 『어문연구』 32호, 2004.
· 이정애, 「한국어의 메타언어적 의미 분석을 위한 소론」, 『담화와 인지』 13권, 2006.
· 전성기, 『메타언어, 언어학, 메타언어학』, 고려대출판부, 1999.

메타픽션

F: métafiction *E:* metafiction *D:* Metafiktion

✷ 픽션과 리얼리티의 관계에 의문을 제기하면서 스스로가 하나의 인공품임을 의식적, 체계적으로 드러내는 소설 쓰기 또는 그런 소설 쓰기의 과정 자체를 보여주는 소설

Ⓐ

'후에', '너머'를 뜻하는 '메타(meta)'와 허구를 뜻하는 '픽션(fiction)'의 합성어다. 이 용어는 미국의 소설가 개스(W.H. Gass)가 『픽션과 인생의 양태들(Fiction and the Figures of Life)』(1971)에서 처음 사용한 것으로 알려져 있다. '반소설(anti fiction)', '초소설(surfiction)', '내향성 소설', '자기반영적 픽션', '거울글쓰기' '미장아빔', '자동 재현' '비재현적 내러티브', '메타텍스트성' 심지어 '포스트모던 픽션' 등, 메타픽션의 개념이나 방법, 현상 등에 붙은 표현은 매우 다양하다. 현대비평에서 가장 널리 사용되는 개념은 메타픽션과 메타텍스트성인데, 영미 쪽에서는 메타픽션이라는 표현을, 프랑스에서는 메타텍스트성이라는 표현을 선호하고, 우리나라에서는 1980년대 이후 거의 메타픽션이라는 표현으로 자리 잡았다.

메타픽션이란 일반적으로 '소설을 쓰는 과정에 관한 소설' 또는 '가공물로서의 픽션의 위상에 자의식적이고 체계적인 관심을 갖는 글쓰기'로 이해할 수 있다. 메타픽션은 1960년대 이후 '소설의 죽음'에 관한 논의와 함께 소설 장르의 새로운 가능성을 모색하는 일련의 작업 과정에서 탄생했다. 종래의 관습적 소설 양식, 특히 19세기 사실주의 소설의 관습을 탈피해 내용과 형식 모두에서 큰 변화를 보이는데, 질서정연한 플롯을 추구하지 않으며, 리얼리티를 재현할 수 있다거나 보편적 진리를 제시할 수 있다고 믿지 않는다. 절대적 진실의 제시나 질서의 회복은 끝내 이루어지

지 않고, 유희, 자아반영, 또는 허구성을 스스로의 특성으로 차용한다.

워(P. Waugh)는 『메타픽션』에서, 메타픽션은 "픽션과 리얼리티의 관계에 의문을 제기하면서 스스로가 하나의 인공품임을 의식적, 체계적으로 드러내는 소설 쓰기를 지칭한다"며 메타픽션(의 글쓰기)은 스스로의 창작방법을 비판하기 위해 내러티브 픽션의 근본적인 구조를 조사할 뿐만 아니라, 허구적 문학 텍스트 외부에 있는 실제 세계의 허구성까지도 탐색한다고 말한다. 따라서 메타픽션은 필연적으로 자기반영적 성격과 형식적 불안정성을 갖는다고 할 수 있다.

메타픽션에서 가장 강하게 드러나는 특성은 글쓰기 행위에 대한 자의식적 성찰이다. 소설이라는 형식을 통해 무엇인가를 재현하기보다 인공품으로서 소설의 성격, 즉 소설 창작 과정 자체를 노출시키며 자기반영적인 성격과 형식적인 불안정성을 강조한다.

워는 메타픽션의 특성을 ① 예술과 언어의 재현 능력에 대한 회의 ② 언어, 문학 형식, 창작 행위에 대한 극도의 자의식 ③ 픽션과 리얼리티의 관계에 대한 불안 ④ 글쓰기에 있어서 패러디와 유희 기법의 차용 ⑤ 관습적인 글쓰기의 부정 ⑥ 비평과 창작의 경계 해체 ⑦ 비평의 한계와 고갈에 대한 인정으로 정리한다.

메타픽션은 소설 창작의 기본 요소라고 할 수 있는 작가, 독자, 이야기, 그리고 언어 매체, 이 네 가지 요소 중에서 어떤 요소를 강조하는가에 따라 그 유형과 특정한 수사적 기법의 효과가 달라진다. 대체로 ① 작가의 역할이 강조된 경우, ② 기존의 이야기를 패러디하여 새로운 형식의 이야기를 만드는 과정을 강조하는 경우, ③ 소설의 형식보다 메타 언어적 실험을 강조하는 경우, ④ 메타픽션을 독서의 산물로 보고, 여러 독자를 등장인물로 만들어 독자들의 반응을 강조하는 경우로 구분할 수 있다.

메타픽션 글쓰기는 하나의 픽션을 창작함과 동시에 그 픽션의 창작 과정에 대한 진술을 병행하는 공통점을 갖는다. 작가가 독자에게 지금 읽고 있는 내용이 실제가 아니라 허구임을 환기시키거나, 자신의 텍스트에 대한 불신, 의혹, 상상, 환상 등의 방법을 동원해 스스로의 글쓰기 행위에 대해 비판하고 반성하는 자의식적 행위를 글 속에 드러내는 것이다. 메타픽션이 패러디와 밀접한 관계를 가지는 것은, 하나의 창작이자 비평 행위가 되는 패러디의 속성과 미로에서 길을 찾는 자신의 모습을 바라보는 거울놀이로서의 메타픽션의 속성이 일치하기 때문이다.

메타픽션은 언어의 기능과 재현, 작가와 독자의 관계 같은 소설 창작의 기본적인 문제들과 폭넓게 연결되어 있으며, 실제적 차원에서 포스트모더니즘적 글쓰기의 가장 큰 특성이라 할 수 있다.

[김계영]

글쓰기, 기능, 미장아빔, 사실주의, 재현(표상, 대표), 텍스트, 패러디, 포스트모더니즘, 픽션(허구)

참고문헌

- 김욱동, 『포스트모더니즘』, 민음사, 2004.
- 린다 허천, 『패러디 이론』, 김상구, 윤여복 공역, 문예출판사, 1992.
- ＿＿＿＿＿, 『포스트모더니즘의 이론과 전략』, 장성희 역, 현대미학사, 1998.
- 퍼트리샤 워, 『메타픽션』, 김상구 역, 열음사, 1989.
- CRILA (sous la direction de Laurent Lepaludier), *Métatextualité et métafiction. Théorie et analyses*, Presses Universitaires de Rennes, 2002.
- Patricia Waugh, *Metafiction: The Theory and practice of self-concious fiction*, Methuen, 1984.

모더니즘

F: modernisme *E:* modernism *D:* Modernismus

✺ 19세기 부르주아적인 근대 예술의 전통과 관습을 배격하고 새로운 예술적 형식이나 스타일의 창조를 시도한 문예사조

Ⓐ

19세기 부르주아적인 근대의 사회·경제·도덕·철학적 전통 및 인습을 배격하고 새로운 예술 형식이나 스타일의 창조를 시도한 문예사조를 가리킨다. 모더니즘은 1890년부터 1945년 무렵까지 19세기 예술의 형식과 관습에 반발하는 실험적이고 전위적인 예술운동 아방가르드, 즉 미래파 표현주의, 다다이즘, 초현실주의, 주지주의, 이미지즘을 포함한다.

19세기의 전통적인 기성 가치관이 더 이상 20세기에 걸맞지 않다고 생각하면서 새로운 미적 형식을 창출하여 '대량생산과 대량소비'에 함몰되지 않는 자유로운 개체의 정신을 증명하고자 한 모더니즘 운동은 제1차 세계대전 이후 1920년대와 1930년대에 전성기를 맞는다. 전쟁은 근현대 문명에 대한 신뢰를 결정적으로 흔들어 놓음으로써 서양인들을 허무와 무질서 상태에 처하게 만들었기 때문이다.

Ⓑ

모더니즘이 비판하고 도전하는 기존의 전통과 인습의 대상은 여러 가지가 있지만 그중 중요한 것은 당시 유럽을 휩쓸고 있던 사실주의 전통이다. 사실주의는 삶의 실재를 '있는 그대로' 객관적으로 모방하거나 재현하는 것을 가장 큰 목표로 한다. 삶의 실재를 객관적이고 확고불변한 것으로 파악하는 사실주의자와 반대로 모더니스트에게는 혼돈과 허무에 빠진 삶의 모습은 그 정체를 파악할 수 없을 만큼 복잡하고 변화무쌍하다. 따라서 그들은 삶을 주관적이며 상대적인 것으로 파악한다.

모더니즘은 주관성과 상대성, 그리고 그것들을 기초로 한 개인주의를 기본 원칙으로 한다. "객체보다는 주체, 외적 경험보다는 내적 경험, 그리고 집단의식보다는 개인의식을 훨씬 더 소중히 여기는" 모더니즘은 당대 사회 현실의 객관적 묘사보다는 주관적인 내면세계와 내적 경험에 크게 관심을 기울인다.

모더니즘은 예술의 심미성과 자기목적성을 강조한다. 사실주의 문학은 윤리적으로나 사회·정치적으로 뚜렷한 목적성을 갖고 있어서 예술의 합목적성보다 오히려 도구나 수단으로 예술의 역할을 중시한다. 이에 반해 모더니즘은 문학을 문학 외적인 기능에서 해방시켜 문학 본래의 영역으로 끌어들이는 데 크게 기여한다. 결국 예술의 예술성을 강조하는 예술지상주의적 경향으로 흘러버려 '내용'의 결여, 다시 말해 역사성의 결여나 전망의 결여에 대해 비판을 받기도 한다.

C

혁신적인 형식과 언어를 통해 개인의 소외와 고립, 자유의지에 의한 정체성의 유지 등을 주제로 다루는 모더니즘은 전위적인 형식 실험에 그 뚜렷한 특징이 있다. 모더니즘은 곧 '형식의 혁명'이라고 말할 수 있을 만큼 모더니즘에서 형식이나 기법이 차지하는 비중은 매우 높다. 모더니즘은 기존의 관례와 데코룸을 부정함으로써 새로운 문학 형식과 문체를 창조하는데, 다음과 같은 특징이 있다.

첫째, 모더니즘은 삼인칭 과거시제 화법으로 된 사실주의 전통의 소설과는 달리 연대기적이고 객관적인 서술방식을 깨뜨린다. 플롯의 진행에서 비연대기적인 방법을 도입하고, 구성에서도 '공간 형식'을 자주 사용한다.

둘째, 피카소의 입체파에서 영향을 받은 모더니즘은 관점 또는 시점에서도 19세기 사실주의 문학의 전통적인 기본 규칙과 뚜렷한 차이를 보이는데, 삼인칭 전지적 작가시점을 선호하던 사실주의 소설과 달리 하나 이상의 복수적 관점을 사용한다. 이 기법은 삶을 다양하게 바라보려는 상대주의적이고 다원주의적인 세계관과 관련이 있다.

셋째, 시간은 개인적이고 주관적이며 심리적인 특성을 지닌다고 주장한 베르그송(H. Bergson)의 시간관은 모더니즘 기법에 큰 영향을 준다. 이야기의 연속성을 해체하며 기존의 인물 묘사 방식을 이탈하는 '의식의 흐름' 기법이나 '내적 독백' 기법은 바로 시간에 대한 새로운 시각의 산물이다.

넷째, 모더니즘의 언어 기법으로는 비협약적인 통사구문, 중의성, 말놀이, 비논리성, 수수께끼의 사용 등이 있다.

D

'기존 관습에 젖어 있는 독자의 감각에 충격을 주면서 시민문화의 규범과 경건성에 도전'한 모더니즘은 시간이 흐름에 따라 주요 텍스트들이 정전화하여 대학의 강의 교재에 들어감으로써 반관습적인 지위를 상실한다. 기존 관습이나 전통에 맞서는 혁명적인 태도를 잃게 된 모더니즘은 20세기 후반 포스트모더니즘으로 대체된다.

[김중현]

내적 독백, 데코룸, 모방, 문체, 사실주의,
시점, 포스트모더니즘, 플롯

참고문헌

· 김욱동, 『모더니즘과 포스트 모더니즘』, 현암사, 2004.
· __________, 『포스트 모더니즘』, 연세대학교 출판부, 2009.
· 앤드루 샌더즈, 『옥스퍼드 영문학사』, 정규환 역, 동인, 2003.

모방

F: imitation *E:* imitation *D:* Nachahmung

✳ 1. 재현을 의미하는 미메시스의 개념
2. 후대 작가들이 선대 작가들의 모범적인 작품, 즉 '고전'을 본떠 창작하는 것을 지칭

Ⓐ

문학비평에서 '모방' 개념은 전통적으로 두 가지 의미로 사용된다. 하나는 '재현'을 뜻하는 미메시스 개념이고, 다른 하나는 앞선 작가의 모범적인 작품을 본떠 창작하는 경우를 지칭하는 이미타티오(imitatio) 개념이다.

Ⓑ

미메시스는 '흉내를 내다'라는 뜻의 그리스어 '미메오마이(mimēomai)'에서 유래한 말로, 재현 또는 모방을 의미한다. 이 어휘는 플라톤과 아리스토텔레스가 예술의 본질과 관련된 미학상의 문제를 제기하면서 사용하여 중요한 의미를 띠게 된다.

플라톤에 따르면, 예술가들이 재현한 형상은 진정한 원본(이데아)의 모방(현실)의 재모방으로, 이데아로부터 두 단계나 떨어져 있으므로 참된 대상, 즉 진리의 세계를 보여주지 못한다. 그런 연유로 플라톤은 예술가의 미메시스 행위에 부정적이다.

반면 아리스토텔레스는 미메시스 행위에 긍정적이다. 그는 미메시스 행위를 인간의 본성으로 파악한다. 그에게 미메시스는 대상의 단순한 표상 행위가 아니라 "감각적 대상과 그 대상 안에 간직된 형상과 진상을 올바르고 아름답게 재현하는 창조 행위"인 것이다. 여기에서 '올바르게' 재현하는 것은 인식론적 가치를 지니며, '아름답게' 재현하는 것은 예술적인 재현과 표상의 생산이라는 가치를 지닌다. 이처럼 아리스토텔레스에게 미메시스는 예술적 창조의 본질을 이룬다.

C

고대 수사학에서 키케로와 롱기누스가 주장한 이래, 로마시대 시인 호라티우스와 베르길리우스(그의 『아이네이스』는 호메로스 서사시의 방법을 잘 모방한 대표적인 예로 꼽힌다)를 거쳐 후기 르네상스 시대와 고전주의에 이르기까지 서양 문학 전통에서 강조된 모방(이미타티오)은 작가들이 선호한 일종의 번역 연습이었다. 존슨은 『사전』(1755)에서 모방을 당대의 요소들을 첨가하여 의역보다 더 자유롭게 시를 번역하는 방법으로 설명한다. 원전의 문체와 형식을 가능한 한 잘 포착하고 적합한 동의(同義)를 찾아내는 것이 그 기술의 요체라고 한다.

그리스 작품들을 본뜨기 위해 로마시대부터 시작된 모방 전통은 선대 작가의 모범적인 작품을 번역하거나 단순히 모사하는 것에만 머물지 않는다. 모델이 된 고전 작품들의 세부 내용보다는 규범석인 형식과 문체와 정신을, 이를테면 고전의 창작 원리를 본받는 것이 모방의 요체가 된다. 르네상스 시대와 고전주의 시대에 창작에 강요된 여러 법칙들의 준수는 모범으로 삼은 고전 작품에 필적할 작품을 쓰기 위한 글쓰기 수련법이라고 할 수 있다.

D

낭만주의 시대에는 개인의 '천재성'이 발휘하는 독창성을 미학의 원리로 강조하면서 모방은 냉대를 받는다. 개인 정신의 자유로운 표출과 표현을 강조함으로써 모방해야 할 대상이나 표현 방법이 거부되는 것이다. 현실에서 아름다운 것만을 선택하여 모방해야 한다는 '아름다운 자연'의 모방 원칙에 대한 거부와 그로테스크한 주제의 선택 및 전통적인 문체 층위의 전복을 가져온 사실주의 시대에도 모방은 그 중요성이 크게 약화된다.

그러나 과거의 작품에서 영감을 얻고 모델을 발견하며 작가 개인의 언어나 기교를 차용하는 등의 행위가 여전히 지속되는 것을 볼 때 창작에서 모방(이미타티오)은 아직도 영향력을 잃지 않았다고 할 수 있다. 오늘날 상호텍스트성이나 패스티쉬, 패러디 등의 번창은 창작에서 모방의 영향력을 증명해 준다.

[김중현]

그로테스크, 문체, 미메시스, 사실주의,
상호텍스트성, 재현(표상, 대표), 패러디, 패스티쉬

참고문헌

· 귀 라루, 『사실주의 문학의 이해』, 조성애 역, 동문선, 2000.
· 이휘영 외, 『불문학개론』, 정음사, 1981.

모사(어)

F: calque *E:* calque, loan translation *D:* calque

✳ **외국어를 어휘를 자구적으로 번역하여 새 단어를 만들어 내는 방식**

Ⓐ

모사(模寫, 베끼기)란 차용(borrowing)의 일종으로 외국어를 글자 그대로 옮겨다가 번역하는 방식을 일컫는다. 예를 들면 단어는 외국어 단어에 대응하는 자국어 단어로 번역하되 외국어 단어에 특별한 의미나 용법이 있으면 자국어 대응어에도 새로운 의미를 갖게 만들고, 복합어나 구절의 경우에는 단어 대 단어의 대응을 직역하여 표현하되 의미 용법만은 외국어의 것 그대로 사용하는 방식을 말한다.

모사의 예를 들면 다음과 같다. ① 영어가 한국어로 만들어진 경우(iron

curtain → 철의 장막, hot potato → 뜨거운 감자) ② 프랑스어가 영어로 만들어진 경우(marché aux puces → flea market, garde du corps → body guard, lune de miel → honey moon) ③ 중국어가 영어로 만들어진 경우(洗腦(세뇌) → brainwashing).

B

일부 언어학자들은 모사를 두 가지로 구분한다. 먼저 외국어 어휘의 의미만을 받아들여 차용 언어의 어휘에다 부가하는 방식이다. 예를 들어 영어 'realize'의 '깨닫다'라는 의미를 차용하여 프랑스어 'réaliser'(실현하다) 동사에 부가하는 경우다. 또 하나는 외국어 어휘를 그대로 목표어로 번역하여 새로운 어휘를 만들어 내는 경우다.

그런데 오늘날에는 전자의 방식을 모사와 구별하여 의미차용(semantic loan)이나 번역차용(loantranslation)(외래어를 고유어로 대체하는 방법)으로 분류하고, 모사는 'season's greetings'(영)를 'compliments de la saison'(프)으로 옮기는 것처럼 외국어 어휘(구)를 자구적으로 번역하여 옮기는 방식만을 가리키는 경향이 있다. 이러한 분류 방법은 모사라는 용어에 대한 혼란을 줄이는 장점이 있지만, 모사와 번역의 차이를 분명히 드러내지 못하는 것이 단점이다.

20세기 들어 '핫도그(hot dog)'를 '시앵 쇼(chien chaud, 뜨거운 개)'로 바꾸려던 프랑스의 언어순화론자들의 노력은 대체로 번역 차용 형식의 모사에 해당한다. 이러한 모사 방식으로는 새로운 지적 지평이 열리는 것도 아니고, 정신의 확장이 이뤄지지도 않는다. 그저 하찮은 지적 작업일 수도 있다. 프랑스인들이 거리에서 사 먹는 것은 '뜨거운 개'가 아니라 여전히 '옷도그(hot-dog)'이기 때문이다.

[이종오]

참고문헌

· 남성우, 『통번역의 이해와 수행』, 한국문화사 2006.

· 최정화, 『최정화 교수의 통역 번역 노하우』, 넥서스, 2001.

· André Goosse, *La Néologie français aujourd'hui,* Conseil International de la Langue Française, 1975.

· Jean Paul Vinay, Jean Darbelnet, *Stylistique comparée du français et de l'anglais,* Didier, 1977.

모순어법

F: oxymoron/oxymore *E:* oxymoron *D:* Oxymoron

✹ 겉보기에 모순되는 두 단어를 긴밀히 연결시켜 위트 효과나 인상적인 효과를 나타내는 수사적 문채

Ⓐ

'모순되는 단어들의 기발한 결합'을 뜻하는 그리스어 '옥시모론(oxymôron)'에서 유래한 말이다. 이 말은 역설적인 단어들의 결합에 적용되는 '옥시모로스(oxymôros)'라는 형용사에서 파생된 명사인데, 'oxy'는 '뾰족한', '섬세한', '정신적인'이라는 뜻을 갖고 'môros'는 '무른', '무딘', '생기 없는', '어리석은', '미친'이라는 뜻을 갖는다. 모순어법은 겉보기에 모순되는 두 단어를 긴밀히 연결시켜 위트 효과나 인상적인 효과를 만들어 내는 수사적 문채인데, 이때 결합하는 단어들은 문법적으로 같은 범주에 속하지 않지만 통사적인 차원에서 긴밀히 연결되어 있는 관계다. 모순어법의 가장 일반적인 형태는 서로 상반된 의미를 가진 형용사와 명사의 결합(예: '현명한 바보', '차디찬 불꽃', '거대한 난쟁이', '젊은 노인들')으로 이루어진다.

독자나 청자의 주목을 끌기 위해 생각해 낸 모순어법이 있고, 고유한 이름을 갖지 못한 현실을 묘사하는 언어 범주를 창조하기 위해 생각해 낸 모순어법도 있다.

모순어법은 대조법(antithesis)의 한 형태다. 모순어법이 성립하려면 대조법을 만드는 상반되는 것들의 대립 상황이 전제되어야 하기 때문이다. 그런데 모순어법은 상반되는 것들의 결합으로 그 대립이 완화되므로 대조법의 부정으로도 간주될 수 있다. 모순어법이 하나의 생각과 하나의 표현과 관련이 있다면, 대조법은 모순어법보다 더 넓은 의미가 있고 담론 안에서 비교되는 두 개의 생각과 두 개의 표현과 관련된다(예: '인생은 짧고 예술은 길다').

모순어법과 전후모순(antilogy)은 외견상 비슷하지만 동의어가 아니다. 전후모순은 두 단어 간이 아니라 두 생각 간의 모순을 가리킨다(예: '그것은 사실이지만, 그것은 거짓이다').

모순어법과 아틀라주(attelage)를 혼동해서는 안 된다. 모순어법이 하나의 표현 안에 논리적으로 양립할 수 없는 두 단어의 결합과 관련 있다면, 아틀라주는 하나의 동사에 성질이 다른(하나는 구체적이고 하나는 추상적인) 두 개의 목적어를 묶어 두는 것과 관련이 있다(예: 'He lost his head and his umbrella').

모순어법이 문학계의 주목을 받게 된 것은 정통 수사학의 기법이기 때문이 아니라 그것에 내재된 새로운 세계관에 대한 관심 때문이다. 바로 이런 맥락에서 모순어법을 "심층수사학"이라고 부른 셀리에(L. Cellier)는 "이러한 말하기 방식은 미학적 방법 이상의 것으로, 세계에 대한 이해의 표현일 수 있다"고 지적한다. 그에 의하면, 모순어법은 엘리아데(M. Eliade)가 15세기 신비주의 학자 쿠자누스(N. Cusanus)에게서 차용한 '반대되는 것들의 일치 또는 결합'이라는 개념으로 나타나는 인간의 근본적인 열망을 드러낸다는 것이다.

현실에서 대립하는 것을 하나로 결합시킨다는 점에서 모순어법은 화가가 사용하는 명암법과 비슷한데, 바로 이런 이유 때문에 바로크 작가들과 낭만주의 작가들은 모순어법을 유달리 즐겨 사용한다.

B

모순어법은 일반적으로 모순되는 두 용법의 결합으로 이루어지는 표현 어법으로, 수식어와 피수식어 사이가 현격한 모순관계로 묶이는 역설(逆說)의 한 형태인 '표층적 역설'을 지칭한다. 표층적 역설이란 확실하게 모순되는 두 용어의 결합 형태를 보여줌으로써 지금까지 당연시되는 사실에 당혹감을 불러일으켜 경이감을 주는 언어 표현이다. 표면적으로는 모순되는 것 같지만 논리적 설명이 가능한 언어 진술의 형태다.

표층적 역설로서의 모순어법은, 브룩스(C. Brooks)가 "시는 역설의 언어"라고 지적했듯이, 시에서 가장 많이 나타난다. "시는 근본적으로 역설적인 언어다. 왜냐하면 시는 다름이 아니라 궁극적으로 말해서 언어를 통해서 언어로부터 해방되려는, 언어를 씀으로써 언어를 쓰지 않는 언어가 되려는 불가능하고 모순된 노력에 지나지 않기 때문이다"라는 말에서 시어가 지향하는 존재론적 차원으로서의 역설적 모순성이 강조되는 것처럼, 시 언어의 기본적인 수사는 모순어법이라고 볼 수 있다. 시는 모순어법을 통해 이분법적 구도를 깨고 모순어법으로 결합된 두 단어가 갖고 있는 명료한 의미에서 벗어나 새로운 의미를 창출해 낼 수 있는 것이다.

한국 시에서 모순어법을 사용한 대표적인 예로는 "소리 없는 아우성"(유치환, 「깃발」), "사뿐히 즈려밟고"(김소월, 「진달래꽃」), "외로운 황홀한 심사"(정지용, 「유리창1」), "찬란한 슬픔의 봄"(김영랑, 「모란이 피기까지는」), "강철로 된 무지개"(이육사, 「절정」) 등을 들 수 있다.

C

문체론적으로 모순어법은 무의미(nonsense)가 갖는 미학적 효과를 겨냥하지만, 그 관심은 모순되는 두 단어가 연상시키는, 미묘한 의미론적 차이가 있는 넓은 스펙트럼에 있다.

모순어법에 의해 창출되는 문체 효과는 다음과 같다. 첫째, 의미가 서로 상반되고 논리적으로 서로 배제되는 두 단어가 결합한 모순어법을 보고 독자는 우선 놀라고 신선한 충격을 받는다. 둘째, 모순어법에 사용된 표현을 보고 그것을 수용하는 독자는 깊이 생각하지 않을 수 없다. 왜냐하면 이러한 문채에 사용된 두 반의어를 어떻게든 양립시켜서 문장을 다시 해석해야 하기 때문이다. 셋째, 대립을 아주 인상적으로 만드는 효과를 창출한다. 넷째, 두 반의어를 양립시켜 현실의 상반되는 두 측면을 함께 이해하도록 한다. 다섯째, 현실의 눈에 띄지 않는 면을 발견하도록 하고 삶의 감추어진 부분을 드러나게 한다. 여섯째, 사람들이 말하는 것(표층적인 목소리)과 작가가 말하는 것(실제의 목소리) 간의 갈등을 보여준다. 일곱째, 응축된 대립으로 많은 것을 말하는 효과를 창출한다.

[문재은]

대조(법), 목소리(태), 문채, 문체, 문체론(문체학), 역설(법), 작가(저자)

참고문헌

· 김창근, 「현대시의 모순어법 연구」, 『새얼어논문집』 9권, 새얼어문학회, 1996.
· 김희경, 「『관조시집』과 『악의 꽃』에서 나타난 모순어법의 배경과 여정에 대한 연구」, 『불어불문학연구』 79권, 한국불어불문학회, 2009.
· Léon Cellier, "D'une Rhétorique profonde: Baudelaire et l'oxymoron", *Parcours initiatiques*, Braconnière/Neuchâtel, 1977.

모티프

F: motif *E:* motif *D:* Motiv

✵ 1. 서사의 최소 주제 단위
2. 문학작품 속에 반복해 나타나는 주제나 사상, 내용, 사건, 정형구 등을 구성하는 기본 요소

A

서사문법을 연구한 러시아 형식주의자 토마체프스키(B. Tomashevsky)는 '계모는 아름다운 양딸을 미워한다'와 같은, 더 이상 쪼갤 수 없는 서사의 최소 주제 단위를 모티프라 불렀다. 모티프는 흔히 라이트모티프(중심사상, leitmotif)의 동의어로도 쓰이는데, 되풀이되는 주제를 구성하는 요소나 주제 자체가 될 수도 있다. 다시 말해 모티프는 '문학작품 속에 반복해 나타나는 주제나 사상, 내용, 사건, 정형구 등을 구성하는 기본 요소'를 말한다.

B

모티프는 한 작품에 나타날 수도 있고, 한 작가나 한 장르, 또는 한 시대의 모티프가 될 수도 있다. 어머니, 영웅, 악한, 아름다운 공주, 전지전능한 신 등은 전통적인 서사 속에 자주 나타나는 모티프다.

모티프는 주제나 토포스와 동일하게 간주되는 경우도 있지만, 엄밀히는 구별되어야 한다. 주제는 모티프보다 추상적이며, 토포스는 모티프보다 정형적이다. 호프만의 『모래남자』를 예로 살펴보면, 모티프는 '(보는) 눈'이며, 주제는 작품 내에서 눈이 함축하는 상징적 의미인 '거세'다. 또 한편으로 『모래남자』의 중요한 모티프는 '아버지'인데, 토포스는 '거세하는 아버지'라고 할 수 있다. 아버지의 본래 이미지는 보호자로서의 '든든한

아버지'이지만, 문학 속에서 '거세하는 아버지'의 이미지로 빈번히 나타나면서 정형화된 문학적 상용 모티프, 즉 토포스가 된 것이다.

C

모티프는 사건의 서술인 서사와의 관계가 연대기적으로 또 인과적으로 직접적일 수도 있고 간접적일 수도 있다. 서사와 직접적 관계가 있는 모티프를 제한모티프(bound motif), 간접적 관계가 있는 모티프를 자유모티프(free motif)로 구분한다. 제한모티프는 사건의 형성과 불가분의 관계에 있기 때문에 생략하고서는 서사가 성립될 수 없다. 반면 자유모티프는 서사의 배경 등의 묘사에 관여하므로, 소설의 기법적 측면, 즉 미학적 측면을 이룬다.

또한 모티프는 작품 속에서 상황이나 사건의 변화를 이끄느냐 아니냐에 따라 동태적(dynamic) 혹은 정태적(static) 모티프로 나뉜다. 동태적 모티프는 인물들의 행위를 이끌며, 정태적 모티프는 인물이나 배경의 묘사로 나타난다.

따라서 동태적 모티프와 정태적 모티프는 각각 제한모티프와 자유모티프에 상응한다. 모티프는 작품의 주제를 구축하고 통일감을 부여하는 기본 단위로, 신화비평의 원형이나 상징이론의 상징과 일정한 상보관계를 이룬다.

[류은영]

라이트모티프, 상징, 서사, 서술, 원형,
작가(저자), 작품, 장르, 정형구, 토포스

참고문헌

· Alan Dundes, *The Morphology of North American Indian folktales*,

Suomalainen Tiedeakatemia, 1964.
· Boris Tomashevsky, "Thematics", Lee T. Lemon and Marion J. Reis, *A Russian formalist criticism,* University of Nebraska Press, 1965.
· Claude Brémond, "A Critique of the motif", Tzvetan Todorov, *French literary theory today*, Cambridge University Press, 1982.

목소리(태)

F: voix *E:* voice *D:* Stimme

✺ 1. 자음과 모음을 발음할 때 후두의 성대 진동으로 나는 소리
2. 주어와 목적어의 관계 및 타동사로 기술된 행위와 연관된 동사의 범주를 묘사하는 양식 (태)
3. 서술자와 서술층위, 법, 화법 등을 특징짓는 일련의 기호

Ⓐ

음성학적으로 목소리는 '자음과 모음을 발음할 때 후두의 성대 진동으로 나는 소리'를 말한다. 모든 소리가 성대의 진동을 통해 나는 것은 아니다. 영어의 경우 모음은 모두 성대가 진동하여 나는 유성(voiced) 모음이나, 자음은 몇몇 자음을 제외하고는 무성(voiceless) 자음이다.

문법적으로는 '주어와 목적어의 관계 및 타동사로 기술된 행위와 연관된 동사의 범주를 묘사하는 양식'으로 태(態)를 말한다. 예컨대 주어가 행위자면 능동태, 주어가 행위자에 의한(by agent) 행위의 수용자면 수동태라 한다. 수동태는 능동태에 비해 일반적이지는 않지만 주어와 목적어의 관계나 행위 등, 사행(事行, 동사가 표현하는 행위, 존재, 상태, 변화 등을 포괄하는 개념)상의 초점을 전환하거나 강조를 하는 문체적 효과를 낳을 수 있다.

B

목소리는 '서술자와 서술층위, 법, 화법 등을 특징짓는 일련의 기호'로서 문학비평과 문체론에서 널리 쓰는 개념이다. 서술 주체와 층위의 문제, 또 직설법이나 조건법, 명령법 등 서술 법(mode)의 문제, 그리고 내포작가든 작중인물이든 아니면 (자유간접화법처럼) 둘 모두든 '누가 말하는가'를 이야기하는 직접화법, 간접화법, 자유간접화법 같은 화법(speech)의 문제와 관련하여 활발히 논의되는 개념이다.

주네트(G. Genette)나 채트먼(S. Chatman) 등은 목소리를 시점(point of view)이나 관점(perspective)과 혼동하는 오류에 대해 지적한다. 목소리와 시점 또는 관점을 혼동하게 되는 것은, 전지적 서술자의 예와 같이 사건을 말하면서 동시에 보는 경우가 있기 때문이다. 목소리는 '누가 말하는가'의 문제이며, 시점이나 관점은 '누가 보는가'의 문제이다. 따라서 주네트는 시점이라는 용어 대신 '보는(경험하는) 주체'로서의 초점화자(focalizer)와 '말하는 주체'로서의 목소리, 두 용어로 구분해 사용할 것을 주장한다.

또한 목소리는 어조(ton)와 비교 논의되기도 하는데, 목소리가 독자에게 말하기라면 어조는 독자에 대한 태도라고 할 수 있다. 어조는 작가가 서사 속에서 독자에 대해, 혹은 서술하는 사건에 대해 가지는 태도의 특성으로 작가의 개성과 감성을 전달하는 방식이다. 어조는 서사의 전체적 분위기를 조성하여 주제의 형상화에 기여한다. 가령 그리움을 호소하는 글이라면 부드러운 어조가, 결의를 다지는 글이라면 단호한 어조가 적합하다고 할 수 있다.

목소리는 서사의 근간을 이루지만 목소리가 불분명하거나 부재하는 서사도 가능하다. 밴필드(A. Banfield)가 이야기하는 '말할 수 없는 문장(unspeakable sentence)', 예컨대 자유간접화법의 경우처럼 말을 하는 주체가 작중인물인지 서술자인지 목소리가 불분명하거나, 심지어 말을 하는 주체가 없어 목소리가 부재할 수도 있기 때문이다.

목소리의 주체성과 관련하여 바흐친(M. Bakhtin)은 대화주의를 논하는데, 대화주의는 목소리의 복수성을 표현하는 다성(성)을 근간으로 하는 문체나 담화에 대한 시론이라고 할 수 있다. 도스토예프스키의 소설처럼 작가 또는 서술자와 여러 작중인물이 서로 동등한 차원에서 상호주체적인 목소리를 내며 대화적으로 공존하는 서사, 즉 목소리의 다원성을 시학으로 하는 다성적 서사에 대한 가치부여라 할 수 있다.

페미니즘 비평에서도 목소리 개념은 중요하다. 페미니스트들은 가부장적 사회의 공적 장(場)에서 말하고 쓸 수 있는 목소리 찾기, 곧 발언권 찾기를 주장한다. 남성이나 문화 종속적인 주변인으로서의 타자의 목소리를 경계하며 여성의 주체성을 정립하고자 한다. 페니미즘에서 목소리는 곧 주체성의 문제라고 할 수 있다.

[김용석]

다성, 담화(담론), 대화주의, 문체, 문체론(문체학), 서사,
서술, 서술자(화자), 시점, 인물/인물구성, 자유간접화법, 장(場),
주체, 타자, 행위, 행위소(행위자)/행위소모델(행위자모델)

참고문헌

· 시모어 채트먼, 『영화와 소설의 서사구조』, 김경수 역, 민음사, 1990.
· Gérard Genette, *Figures III*, Seuil, 1972.
· Mikhail Bakhtin, *The Dialogic imagination: Four essays,* University of Texas Press, 1981.

몽타주

F: montage *E:* montage *D:* Montage

✳ 1. 영화나 사진 편집 구성의 한 방법으로, 따로따로 촬영된 화면의 부분 부분을 자르고 붙여 한 편의 작품으로 만들어 내는 기술적 편집 또는 그렇게 만든 화면
2. 쇼트 사이에서 만들어진 의미들의 관계

Ⓐ

'조립하다, 붙이다'를 뜻하는 프랑스어 동사 '몽테(monter)'에서 유래된 것으로 건축에서 사용되던 용어다. 회화에서는 1915년 독일 사진가 존 하트필드(J. Heartfield)가 '포토 몽타주'라는 단어를 처음 사용했다. 그는 신문과 잡지에서 오려낸 사진 조각과 글자 등의 단편을 드로잉과 함께 붙여 각 오브제가 가지고 있는 의미를 넘어서는 효과를 창출했다. 영화에서는 주로 기술적인 의미와 의미론적, 이데올로기적 의미로 사용된다. 초창기 영화, 즉 뤼미에르 영화는 단 하나의 쇼트로 구성되어 있었으나, 영화 기술의 발전으로 1905년경부터 연속 쇼트를 사용한 영화가 제작되었다. 1910년경에는 연속 쇼트 사이의 형식적 의미론적 관계를 따지는 편집자(monteur)라는 직업이 출현했다. 1970년대 유럽의 예술영화에서는 롱테이크가 유행했으며, 프랑스의 가렐(P. Garrel)과 헝가리의 장스코(M. Jansco)는 10여 개의 쇼트로 영화를 제작하기도 했다.

① 기술적 의미: 영화에서는 촬영된 필름의 부분 부분을 자르고 붙여 한 편의 작품으로 만들어 내는 것(cutting)을 말하며, 기술적으로 흔히 편집(editing)을 가리킨다. 주지하다시피 편집은 영화 제작의 최종 단계, 포스트 프로덕션에 속한다. 영상편집, 음향편집, 믹싱 등 실험실에서 이루어지는 작업이 이에 해당하는데, 교차편집, 평행편집 등이 주요한 몽타주 방식이다.

② 미학적·기호학적 의미: 쇼트 사이에서 만들어진 의미들의 관계를 가리키며, 초기 소비에트 영화감독들이 몽타주 이론을 제시했다. 당시

새로운 영화언어의 개발 과정에서 만들어진 몽타주 이론은 지금 영화의 기초언어로 사용된다. 예를 들어 에이젠슈타인(S. M. Eizenshtein)의 몽타주 이론(「전함포템킨」의 계단 장면)은 지금은 TV를 포함한 거의 모든 영상에서 사용되고 있다. 한 가지 주의할 점은 몽타주 과정은 내러티브의 관점에서 보면 영화감독과 편집감독의 사유 과정이라 할 수 있으며, 관객이 그것을 따라갈 수 있게 제작되어야 한다.

B

몽타주는 1920년대부터 1940년대까지 쿨레쇼프(L.V. Kuleshov), 푸도프킨(V. I. Pudovkin), 에이젠슈타인 등과 같은 초기 소비에트 영화감독들을 통해 이론화되었다. 그들은 이데올로기적 관점에서 몽타주에 접근했는데, 이는 후일 바젱(A. Bazin)으로부터 '몽타주가 현실을 왜곡한다'는 혹독한 비판을 받는 이유가 된다. 몽타주 영화와 대립적인 의미로 사용되는 '투명성'의 영화는 가능한 눈에 띄지 않게 축약하라는 소극적인 입장에서부터 바젱처럼 아예 몽타주를 금지시키자는 적극적인 입장에 이르기까지 다양하다. 몽타주 영화와 투명성의 영화로 구별하던 영화 구분은 1960년대 내러티브 영화에서 몽타주를 사용하면서 그 구별이 사라진다. 예를 들면 현대 미국 영화는 주로 미스터리 장르에 사용되던 아주 복잡한 몽타주 방식을 즐겨 사용하고 있다.

1) 쿨레쇼프의 몽타주 이론

쇼트를 결합하고 구성하는 것이 영화의 힘이라며 편집을 중시한 쿨레쇼프의 이론은 '창조적 지형학'이라 지칭한다. 스크린 오른쪽으로 이동하는 캐릭터의 쇼트와 스크린 왼쪽으로 이동하는 사람의 쇼트 사이에 커다란 흰 빌딩을 삽입했을 때 관객은 이 두 사람이 흰 빌딩에서 만나기 위해 이동하는 중이라고 받아들인다는 것이 바로 창조적 지형학의 원리로서, 몽타주를 통해 공간 운영의 가능성을 만들어 냈다. 쿨레쇼프는 몽타주를 벽돌쌓기에 비유하며, '쇼트의 기호들'이 벽돌처럼 쌓이며 표현될 것이라고 주장했다.

2) 푸도프킨의 몽타주 이론

푸도프킨에 따르면, 몽타주는 단순히 쇼트를 혼란스럽게 결합하는 것이 아니라, 단편적이고 비연속적인 쇼트들을 조리 있게 연결해 연속적인 액션의 인상을 초래해야 한다. 다시 말해 푸도프킨의 몽타주는 조리 있는 선택과 선택된 것을 상호 관련 있게 연결하는 것을 전제로 한다. 푸도프킨의 몽타주 이론은 '관계적인 편집(relational editing)'이라고 명명하며, 대조/평행/상징/동시성/라이트모티프의 다섯 가지 유형으로 분류한다.

3) 에이젠슈타인의 몽타주 이론

쇼트와 쇼트가 만나 충돌함으로써 새로운 이미지를 관객의 정서 속에 환기시킨다는 것이 에이젠슈타인의 몽타주 이론이다. 그는 쇼트 사이의 갈등뿐만 아니라 쇼트 내의 갈등도 이론화했으며, 유성영화가 발명되었을 때는 소리와 화면의 충돌을 선언함으로써 몽타주 이론의 체계와 함께 독창적이며 강력한 영화세계를 이루었다. 그의 영화이론은 이후의 모든 영화에 기본적인 문법이 되었다.

① 어트랙션(attraction) 몽타주(견인의 몽타주): 한 쇼트 내의 모든 요소들은 관객에게 정서적 충격을 주거나, 감각적 혹은 심리적 효력을 미치기 위해 철저히 계산한 후 배치된 것으로, 특정한 의미(효과)를 만들어 내기 위해 쇼트의 기본요소들을 자유롭게 조립한 것이 어트랙션 몽타주의 핵심이다. (이는 들뢰즈가 애니메이션과 영화를 구별하는 기본 개념이기도 함. (『운동-이미지』))

② 대위법의 몽타주: 청각적, 시각적, 율동적, 극적 요소 등 다양한 예술적 요소들을 '비일치'의 원리에 입각해, 요소들 사이의 조화보다는 그들

사이의 불협화음을 이용한 극적인 전개를 강조한다.

③ 충돌 몽타주: 에이젠슈타인이 구상한 이상적인 예술적 구성은 '충돌 몽타주'에 개념화되어 있다. 그가 생각하는 몽타주의 기본 전제는 항상 단편 사이의 충돌이나 대립으로, 그것이 새로운 의미나 이미지를 발생시킨다는 것이다. 즉 앞서 살펴보았듯이 두 개의 쇼트가 붙으면(충돌하면) 전혀 다른 결과가 나온다는 의미다(A+B=C로 표시한다). 이는 두 쇼트 자체에는 없던 새로운 의미가 생산된다는 것을 의미하는데, 쇼트를 연결하는 경우 두 쇼트 사이에 아무런 연관성이 없어도 무방하다. 충돌 몽타주는 대단히 다양한 방식으로 표현될 수 있다. 예를 들면 정적인 선과 역동적인 선은 서로 대조되어 그래픽의 충돌을 일으키며, 높은 수평면에 위치한 인물과 낮은 수평면에 위치한 인물은 수평면 사이의 충돌을 일으키고, 조명이 대상물을 강렬히 비추면 소방호스의 센 물살이 콘크리트 벽에 부딪쳐 파격적인 충돌을 일으키는 것과 같은 인상을 초래할 것이다. 유사한 클로즈업과 롱 쇼트, 그래픽의 방향이 상이한 쇼트, 밝은 쇼트와 어두운 쇼트, 부피로 분석된 쇼트와 면적으로 분석된 쇼트 등은 모두 시각적 충돌을 일으키는 것들이다.

에이젠슈타인은 '견인의 몽타주', '반사적 행동의 몽타주', 또는 '지식의 몽타주' 등 몽타주에 역동적이고 계산된 의미를 부가한다. 그에게 몽타주란 연상도 아니고, 연속도 아니며, 충돌도 아니다.

C

몽타주는 나라에 따라 길이, 운율 등에서 차이를 보인다. 미국 할리우드의 몽타주는 영화 전체의 장면이 짧은 쇼트들로 구성되어 있으며, 속도감 있는 편집 방식을 취한다. 또한 주어진 동작 중 가장 중요한 동작만을 촬영하는 방식을 택하며 이 경우에는 주로 클로즈업 쇼트를 사용한다. 반면 소비에트 몽타주, 특히 1920년대의 소련식 몽타주는 풀 쇼트를 통해서 주어진 상황의 전경을 보여주고 화면 내부의 장식도 극도의 사실주의적 경향을 보인다. 이러한 몽타주 방식은 관객이 이 쇼트에서 핵심적인 내용이 무엇인지 파악하는 데 장애를 만들어 낸다.

예를 들면 주인공의 손에 들린 총을 가장 주목해야 하는 장면에서, 미국식 몽타주는 주인공의 손과 총을 클로즈업 쇼트로 처리하는 반면, 소비에트식 몽타주는 모든 오브제를 동등한 층위에서 제시한다. 이 경우 관객은 배경으로 설치된 꽃병이나 벽난로 등 다른 오브제에 주의를 기울이게 되고 이야기의 흐름을 놓치게 된다. 반면에 미국식 몽타주는 클로즈업으로 촬영된 화면의 빠른 전환을 통해서 관객에게 효과적으로 이미지를 전달하는 방식을 취한다. 관객은 눈앞에서 전개되는 영상 이미지를 따라가면서 손쉽게 영화에 몰입하게 되는 것이다.

[외부집필-윤학로]

사실주의, 쇼트(숏), 운율, 이미지

참고문헌

· 김용수, 『영화에서의 몽타주 이론』, 열화당, 2006.

· Dominique Vilain, *Le Montage au cinéma*, Cahiers du cinema, 1991.

묘사(기술記述)

F: description *E:* description *D:* Beschreibung

✷ 1. 언어기호를 이용하여 대상을 그려내는 일

2. 이야기 안에서 인물, 사건, 행동, 배경 등의 가시적 특징들을 열거하는 서술 양식의 일종 또는 그러한 텍스트 단위

A

'복제(다시 만들어 내기)', '그림'을 뜻하는 라틴어 '데스크립티오(descriptio)'에서 나온 말로, 넓은 의미에서 대상을 있는 그대로 그리는 것을 말한다. 따라서 언어적 묘사는 '언어로써 그림을 그리다', 즉 말(언어 기호)로 장소, 인물, 현상 등의 대상을 그려내는 일을 의미하는 것으로, 언어적 형상화, 재현과 같은 의미가 될 수 있다.

좁혀 말하면, 장소, 인물, 사건, 행동 등의 가시적 특징에 대해 충분히 정확한 정보를 주어 그 대상을 상상, 연상할 수 있게 하는 언어행위, 또는 그 결과로 나타난 텍스트가 곧 묘사다. 대상을 상상, 연상하게 한다는 점에서 묘사는, 플라톤과 아리스토텔레스 이후 줄곧 미메시스, 보여주기와 결부되어 왔다.

모든 묘사는, 묘사되는 대상이라는 큰 주제와 그 대상의 부분들을 구성하는 부차적 주제의 집합으로 이루어진다. 묘사하려는 주제가 '얼굴'이라면 그 부차적 주제는 '눈', '코', '입', '이마', '머리카락'이 되는 셈이고, 이런 부차적 주제들이 모여 '얼굴'이라는 큰 주제를 이루게 되는 것이다. 따라서 묘사는 표현하려는 대상의 부분이나 양상을 열거하고, 그것들을 특징화하는 데서 시작한다.

이를테면 얼굴 전체를 묘사하기 위해 눈, 코, 입 등을 열거하고, 그 각각의 부위에 특징들을 부여한다. 그 특징들은 정보나 자료를 제공하는 것이거나(그녀의 눈동자는 갈색이다), 가치평가적일 수도 있으며(그녀의 눈은 매혹적이다), 유추에 근거한 것이 될 수도 있고(그녀의 눈은 어머니의 눈과 닮았다), 기능이나 용도로 특징 지워질 수도 있다(그녀의 눈동자는 어둠 속에서는 푸른빛을 띠었다).

묘사는 대개 시간적이기보다는 공간적이고, 연속적이라기보다는 동시적이라는 특성을 갖는다. 또한 일반적으로 동사보다는 형용사에 의존하는 경향이 강하다.

묘사하는 대상의 종류에 따라, 장소나 지형을 묘사하는 지형묘사

(topographie, 배경묘사), 인물의 외모나 성격을 묘사하는 인물묘사(portrait), 인물의 인격이나 성품, 에토스에 묘사의 초점을 맞추는 내면묘사(ethopoeia), 이미 존재하는 예술작품이나 시각적 이미지를 생생하게 묘사하는 에크프라시스(ekphrasis) 등으로 구분한다. 눈앞에서 보고 있는 것 같은 착각이 들게 할 정도의 생생한 묘사는 활사(hypotypose)라 한다.

묘사는 몇 개의 단어를 열거하는 정도로 개략적인 수준에 그칠 수도 있고 카탈로그나 목록을 만드는 것처럼 상세할 수도 있다. 객관적인 경우가 있는가 하면 주관적인 경우도 있다. 설명적일 수도 있고 암시적일 수도 있으며, 전형적이고 상투적인 묘사가 있는가 하면 개성적인 묘사도 있다.

B

고대 수사학자들에게 묘사는 사건의 서술에 큰 영향을 미치지 않으면서 이야기의 흐름을 중단시키고, 단지 장식적 역할을 하거나 논증에 힘을 실어주는 역할을 하는 부차적인 것이었다. 따라서 묘사적 진술의 목적성과 그 전달을 위한 수사학적, 미적 차원이 중시되고, 담화의 간결성, 적절성, 내적·외적 일관성 등을 방해할 수 있는 과도한 묘사를 피하기 위해 여러 가지 제약이 가해졌다.

이를테면 인물묘사의 경우, 신이 인간을 창조할 때 머리부터 만들기 시작한 것처럼 작가 또한 머리에서부터 아래로 내려가며 신체부위를 묘사하고 마지막에 의복이나 인물이 타고 있는 말을 묘사하는 식으로 엄격한 순서를 따랐다.

19세기 사실주의, 자연주의가 등장하면서 묘사는 장식적인 역할에서 벗어나 중요성을 가지게 된다. 세밀한 세부묘사는 대상에 개별성을 부여하고, 인물의 성격을 형성하며 인물들의 심리 상태와 행동의 동기에 대한 이해의 폭을 넓히는 데 사용되는 동시에 나아가 소설 공간이 실제 삶의 공간과 같다는 환상, 즉 '현실 효과'를 증폭시키고 핍진성을 높이는 장치로 사용된다.

20세기 누보로망 작가들은 '사실주의적' 묘사의 기능에서 한 걸음 더 나아가 묘사의 독자적인 기능체계에 주목한다. 이제 묘사는 서사에 종속된 것이 아니라 서사 자체를 만들어 낼 수 있는 '동력'이 되고, 작가가 대상을 표현하기 위해 사용하는 어휘의 '컬렉션'이 되며, 미메시스가 아니라 일종의 세미오시스(기호현상)로 간주된다.

C

텍스트 내에서 묘사가 갖는 지위를 서사와 관련지어 정의하기는 쉽지 않다. 묘사를 서사(서술)와 대등한 기술방식으로 간주할 수도 있고, 서사(서술)에 종속되는 기술방식으로 이해할 수도 있기 때문이다. 한편으로 묘사는 삭제해도 서사에 아무런 지장을 주지 않는 서사의 보조물(잉여 또는 군더더기), 스토리를 중지시키며 풍경을 전경화하는 도구, 즉 서사의 진행과 독서를 방해하는 장치로 간주될 수 있다. 다른 한편으로는 주제를 전개해 나가는 텍스트의 단위, 인물 구성과 플롯에 기여하면서 서사의 이해를 강화하고 서사의 진행에 핵심적인 역할을 담당하는 장치가 되기도 한다.

아몽(Ph. Hamon)은 묘사를 정의하기 어려운 이유를 묘사에 의미론적 지위를 부여하기 어렵기 때문이라고 본다. 원래의 의미와 비유적 의미가 달라지는 전의와 달리 묘사는 고유한 의미로부터 비유적 의미로, 또는 일차적 의미에서 이차적 의미로 탈선하지도 않으며 기표나 기의에 영향을 미치지도 않는다. 아몽은 사실적 재현으로서의 묘사에 대해 회의적이며, 묘사란 '무엇을 위해 묘사하는' 것으로서의 목적성을 가진 텍스트적 실천으로 본다. 그는 묘사를 "정보가 보존되고 설정되고 복제되는 등 인물과 배경이 잉여 속에 참여하는 지점"이라고 말하고, 묘사의 역할은 서사 속에 도입하는 잉여를 통해 서사의 '기억 장치'로 작용하는 것이라고 말한다.

일반적으로 서술은 사건을 시간 관계에 따라 진술하는 서사 양식으로, 묘사는 공간 관계에 따라 진술하는 서사 양식으로 간주된다. 주네트는 묘사 기법이 풍부해지는 19세기 이전에는 서술과 묘사의 구별 내지 대립이 뚜렷하지 않았고, 모든 서술은 대상이나 인물에 대한 표상, 즉 묘사를 포함하기에 "묘사는 서술을 벗어나서 이해될 수 없으며, 서술은 묘사 없이 존재할 수 없다"고 지적한다. 그러므로 "모든 문학적 재현의 형식을 서사의 개념으로 포괄하고, 묘사를 양식(mode)으로서가 아니라 조심스럽게 하나의 양상(aspect), 즉 어떤 관점에서 가장 사람의 마음을 끄는 것으로 본다면 크게 문제가 없을 것"이라고 말한다.

D

아몽은 텍스트 확장으로서의 묘사는 대상이나 현실의 복잡성에 기인하는 것이 아니고 저자의 가용 어휘 목록에 의존한다고 말한다. 하나의 회화적 이미지로 다가올 수 있는 대상을 언어적 분절과 배열을 통해 시공간적으로 확장시킨다는 점에서 묘사는 대상에 대한 언어적 '펼침'이라 할 수 있다. 그 펼침 속에 집적되는 작가의 가용 어휘들과 그 환유적 기능에 대한 연구, 나아가 묘사가 서사에 끼어드는 방식(경계 및 표지)에 대한 연구는 문체론의 영역을 확장시킬 수 있다.

[김계영]

기능, 누보로망(반소설, 앙티로망), 담화(담론),
말하기/보여주기, 미메시스, 사실주의, 서사, 서술, 에크프라시스,
에토스, 유추, 이미지, 인물/인물구성, 재현(표상, 대표),
전경화(前景化), 전의(법), 텍스트, 플롯, 환유, 활사(活寫)

참고문헌

· 김미지, 「한국 근대문학에 나타난 '묘사'의 방법론적 고찰」, 『한국현대문학 연구』 28집, 2009 .
· 오탁번, 『서사문학의 이해』, 고려대출판부, 1999.
· 이동렬, 『문학과 사회묘사』, 민음사, 1988.

· 조계숙, 『한국문학비평에 나타난 묘사론 연구』, 고려대학교 박사학위논문, 2002.
· 주네트, 「서술의 경계선」, 『현대 서술이론의 흐름』, 김동윤 역, 솔, 1997.
· Gérard Genette, *Figure II*, Seuil, 1979.
· Philippe Hamon, *La Description littéraire*, Macula, 1991.
· __________, *Introduction à l'analyse du descriptif*, Hachette, 1981.

무대지시사

F: indications scéniques *E:* stage directions *D:* Bühnenanweisungen

✻ **희곡에서 대사 이외의 부분으로, 작품의 이해를 돕고 극 전개 방식을 밝혀주는 모든 텍스트**

Ⓐ

무대지시사는 희곡에서 대사 이외의 부분으로, 작품의 이해를 돕고 극 전개 방식을 밝혀주는 텍스트를 총칭한다. 고대 그리스 시대부터 오늘날까지 연극사에 있어서 무대지시사는 다양하게 변모해 왔다. 고대 그리스 연극이나 중세의 성사극(聖史劇)처럼 등장인물의 자기소개가 이루어지는 경우, 무대지시사는 텍스트에 나타나지 않는다.

17세기 프랑스 고전극은 외부 텍스트로서의 무대지시사를 거부하고, 텍스트 내부에, 특히 서술체 안에 무대지시사를 분명하게 기술하도록 강요한다. 그러나 그 당시에도 코르네유(P. Corneille)는 그런 규칙을 지키지 않았으며, 텍스트 여백에 무대지시사를 써놓았다. 무대지시사는 18세기 초 마리보(P.C. Marivaux)의 작품에서부터 텍스트의 중요한 요소로 인정받게 되며, 디드로(D. Diderot)와 보마르셰(P.-A.C. de Beaumarchais)를 거쳐 자연주의 연극에 이르러 비로소 체계화된다.

19세기부터는 독자들을 위해 더 많은 무대지시사가 다양한 방법으로 적재적소에 쓰였고, 입센(H. Ibsen)은 장면 묘사뿐 아니라 성격 묘사에도 무대지시사를 많이 사용했다. 20세기에는 무대적 글쓰기가 더욱 활성화되어 베케트(S. Beckett)나 한트케(P. Handke)의 작품은 무대지시사를 대단히 많이 사용하고 있다.

B

텍스트에서 무대지시사는 줄거리의 시·공간적인 좌표에 대해서뿐만 아니라, 등장인물의 내면성과 무대 환경에 대한 정보도 준다. 그런 정보들은 아주 섬세하고 정확하게 기술되어야 하기 때문에, 그 대목에서 희곡은 마치 소설과 흡사해진다. 다양한 묘사는 무대지시사를 통해 상황과 환경 속에서 구체화한다.

연극적 형식의 파괴와 더불어 무대지시사는 내면의 연극을 변화시킨다. 내면의 연극은 어떤 때는 무대의 사물들을 기술하는 기나긴 내면의 독백이 되고, 어떤 때는 결코 일어나지 않을 대화를 준비하는 팬터마임이 되며, 어떤 때는 비텍스트(non-texte)로 분류되어 하나의 긴 지문이 되기도 한다.

작가의 말로 간주되는 이 무대지시사는 결코 독립적인 장르나 형식적 약호가 아니다. 그것은 대화 텍스트의 보조 텍스트(또는 곁텍스트)로, 배우의 언술행위의 화용론적 행위를 보충하는 역할을 한다. 결국 무대지시사를 부과하는 것은 각 작가의 개성적 극작술이다. 그러나 때로 무대지시사는 텍스트의 전개와 상황에 따라 어떤 유형의 극작술을 강요하기도 한다.

C

연출에서 무대지시사는 작품에 대한 극작가와 연출가의 견해를 비교·분석하는 데 좋은 요소가 된다. 이 문제와 관련해 두 가지 접근법이 존재한다.

첫째, 무대지시사를 텍스트와 더불어 '지시사항들'의 주요 부분으로 간주한다. 배우들의 텍스트를 다원적으로 결정하고 그 텍스트에 대해 우선권을 갖는 메타텍스트로 간주하는 경우다. 이것은 연출할 때 무대지시사를 존중하고 또 무대지시사에 따라 극작품을 해석하는, 즉 작가에게 '충실한' 경우를 말한다. 극작가가 암시하는 해석 의도와 연출 의도를 적극적으로(혹은 의도적으로) 수용하는 방식이다.

둘째, 무대지시사의 근본적이고 메타텍스트적인 특성에 이의를 제기하는 경우이다. 이때 무대지시사의 기능은 더 이상 메타언어학적인 것이 아니며, 연출가는 극작가가 무대지시사를 구성하면서 구상했던 언술행위를 단지 부수적으로만 사용하게 된다. 이 경우 무대지시사는 아예 무시되거나, 아니면 말해진 텍스트에 대립해서 변증법적으로 연기될 수 있다. 연출은 종종 자율적이고 창조적인 방법으로 진행되며, 텍스트를 수용하는 방법은 전적으로 연출에 맡겨진다.

[외부집필-조효석]

글쓰기, 대화(체), 묘사(기술記述), 인물/인물구성, 작가(저자), 장르, 코드(약호), 텍스트, 형식

참고문헌

· 로날드 헤이먼, 『희곡을 어떻게 읽을 것인가』, 김만수 역, 현대미학사, 1995.
· 신현숙, 『희곡의 구조』, 문학과지성사, 1990.
· 테리 호즈슨, 『연극 용어 사전』, 김익두 외 역, 한국문화사, 1998.
· Anne Ubersfeld, *Les Termes clés de l'analyse du théâtre*, Seuil, 1996.
· Florence Fix, Frédérique Toudoire-Surlapierre, *La Didascalie dans le théâtre du XXe siècle. Regarder l'impossible*, Editions Universitaires de Dijon, 2007.
· Michel Vinaver, *Écritures dramatiques*, Actes Sud, 1993.
· Pierre Larthomas, *Le Langage dramatique*, PUF, 1980.
· Thierry Gallèpe, *Didascalies: Les Mots de la mise en scène*, L'Harmattan, 1997.

무운시(無韻詩)

F: vers blanc *E:* blank verse *D:* Blankvers

✳ 1. 운율 구조는 갖추되 압운을 폐기한 정형시의 일종
2. 자유시와는 구별되는, 각운 없는 약강 5음보의 전통시 형식

Ⓐ

일반적으로 시의 두 요소가 운율과 압운이라면, 무운시는 독특하고 고유한 운율은 있지만 압운이 없는 정형시다. 압운은 나름의 장점과 아름다움이 있지만 실제 시작(詩作)에서는 운율 구조를 제한하는 경우가 많다. 무운시는 압운체계가 없다는 점에서 자유시와 유사하지만 운율이 드러나지 않는 '열린 형식'은 아니라는 점에서 자유시와 구별된다.

원래 이탈리아 시에서 제한요소로부터의 해방을 의미하던 무운시는 영시에서는 문자 그대로 압운의 부재만을 의미한다. 무운의 약강5음보(iambic pentameter) 운율에 바탕한 무운시는 영시 전통에서 16세기 이래 가장 보편적이고 영향력 있는 시 형식이다. 실제로 영시 전체의 3/4 정도가 무운시로 알려졌는데, 다소 느슨한 형태까지 고려한다면 거의 전부라고 할 수 있다. 일상의 구어에 가까운 리듬의 무운시는 시극이나 서사시, 또는 장편 명상시에 주로 쓰인다.

Ⓑ

무운시는 이탈리아 11음절시(endecasillabo 또는 hendecasyllables)가 압운 없는 형태로 변형돼 르네상스 시대에 처음 등장한 뒤 영국에 전해져 무압운 10음절 약강5음보 시로 정착했다.

무운시의 운율은 고전시대 약강3음보에서 기원하는데, 고전시가인 영웅 서사시의 6음보 어조와 중량감을 르네상스 이후 유럽문학에서 민족어

로 표현하려는 일종의 모더니티 기획이었다. 이탈리아 문학에서 11음절시는 압운으로부터 자유로워지고 반행마다 한 번의 강세를 두었으며 때로는 9, 10음절의 시행도 허용했다.

11음절시는 당시 매우 대중적이고 문학사상 획기적인 성취였지만 이탈리아 문학의 주요 시 형식으로 떠오르지는 못했다. 프랑스 등지에서도 이탈리아의 무운 시작에 영향을 받아 나름의 실험을 시도했지만 낱말 강세(word-accent)가 미약한 언어에서는 별다른 성과를 거두지 못했다. 반면, 영국에서는 셰익스피어와 밀튼(J. Milton)의 성취로 운문극의 중심 운율로 부상하고 시문학 전반에서 표준양식이 되었다.

영시에서 무운시 논의는 사실상 르네상스 이후 영시의 역사에 대한 논의에 다름 아니다. 무운시는 16세기 중반 와이엇(T. Wyatt) 경과 함께 이탈리아 정형시 소네트 형식을 영국에 도입한 하워드(H. Howard) 서리백작이 시도한 베르길리우스의 『아이네이스』 번역에서 비롯한다. 그는 이탈리아의 몰자(Molza)가 『아이네이스』의 번역에서 구사했던 '압운을 무시한 자유로운 시'(versi sciolti da rima)를 모방했다.

그러나 하워드는 무운시의 도입 당시부터, 이탈리아 11음절시와는 달리, 시행마다 10음절과 약강으로 교차하는 강세를 엄격히 지켰다. 이는 이미 150여 년 전 초서(G. Chaucer)가 10음절 시행을 정착시킨 전례를 따른 것이지만, 15세기 중반 음운체계의 변화로 초서의 운율이 상실된 후라서 그가 일상영어의 자연스런 리듬에 가장 가까운 약강음보를 처음 시도했던 것이다.

뒤이어 새크빌(T. Sackville)과 노튼(T. Norton)의 비극 『고보덕(*Gorboduc*)』에서 단조로운 무운시를 구사한 이래 말로우(C. Marlowe)와 셰익스피어가 무운시를 극형식으로 확립했다. 셰익스피어는 거의 모든 작품에서 서로 다른 목소리와 어조로 거의 모든 인물들의 대사를 약강5음보의 무운시로 씀으로써 그 가능성을 확인했다. 또한 시문학 분야에서도 밀튼이 『실낙원』을 비롯한 모든 서사시를 무운시로 쓴 이래 주된 시 형식이

되었다. 그는 무운시의 유연성을 최대한 활용해 복잡한 구문구조의 효과를 극대화했다.

1660년 왕정복고 이후 극문학에서 희극은 주로 산문으로 쓰였지만 비극에서는 여전히 무운시가 18세기까지 이어졌다. 시문학에서는 17세기와 18세기 초에 영웅시격2행연구(heroic couplet)가 유행하자 무운시는 일시적으로 침체되었지만, 18세기 말부터 다시 낭만주의 시인들과 빅토리아조 시인들이 주요 형식으로 채택한다.

먼저 18세기 말 자연시의 선구인 톰슨(J. Thomson)이 밀튼을 모방해 대부분의 장시를 무운시로 구사함으로써 낭만주의 시 혁명을 이끈다. 워즈워스(W. Wordsworth)는 자전적 서사시 『서시』를 비롯한 주요 작품에서 좀 더 개인적 어조와 구어체를 무운시로 구현하고, 브라우닝(R. Browning)이 『반지와 책』 등에서 구사한 극적독백이 모두 낭독 어조와 일상의 구어 리듬을 무운시로 포착한다. 테니슨(A. Tennyson) 또한 『왕의 목가』 등을 무운시로 썼다.

20세기에 들어서는 많은 시인들이 자유시로 전향했음에도 불구하고 예이츠(W.B. Yeats), 파운드(E. Pound), 엘리엇(T.S. Eliot), 오든(W.H. Auden), 프로스트(R. Frost), 스티븐스(W. Stevens) 등 주요 시인들이 무운시의 전통을 이었다. 특히 프로스트가 장편서사와 대화시에서 의미의 소리를 포착하기 위해 무운시를 성공적으로 구사한 반면, 엘리엇은 느슨한 무운시 『황무지』의 성공에도 불구하고 무운시극의 시도에서는 자의식적이고 시대착오적인 느낌을 준다. 이처럼 영시에서 무운시는, 그 변형된 유형까지 고려하면 오늘날에도 여전히 두드러진 시 형식이라 할 것이다.

무운시는 영시 이외에도 18세기 후반 독일시에서 커다란 성공을 거뒀다. 빌란트(C.M. Wieland)가 비극 『귀부인 요한나 그레이』를 무운시로 쓴 이래 레싱(G.E. Lessing)의 『현인나탄』이 가장 영향력 있는 무운시극이 되었다. 괴테는 자신의 산문 작품 『타우리스섬의 이피게니에』와 『타소』를 무운시로 다시 쓰기를 시도했고, 쉴러(F. Schiller)는 『돈카를로스』를 무운시로 썼다. 쉴레겔(F. von Schlegel)은 무운시로 쓰인 셰익스피어를 번역함으로써 무운시의 틀을 확립했다. 독일의 무운시는 바이마르 고전주의의 표현 형식으로서 위상이 높아짐에 따라 19세기 내내 독일 시극의 표준 운율이 되어 호프만스탈(H. von Hofmannsthal)의 서정시극에서 그 절정에 이른다.

그러나 20세기에 들어서는 릴케(R.M. Rilke)가 『두이노의 비가』의 일부를 무운시로 쓴 이래 서정 무운시는 점차 자유시로 대체되고, 무운시극은 산문으로 대체된다. 그때부터 전통적 무운시 운율은 배경으로만 가끔씩 모습을 드러낸다. 그밖에 무운시는 러시아에서도 일정한 성취를 이루었는데, 쉴러의 극작품 번역에서 처음 도입된 이래 푸시킨(A. Pushkin)이 성공적으로 구사했으며, 그 이후에도 서사와 성찰시에서 자주 나타난다.

무운시는 고전시대 서사시를 뒤이은 운문 양식으로서, 르네상스 시대에 등장하여 심화되는 모더니티의 다양한 양상을 구현해냄으로써 오랫동안 강력하면서도 유연한 시 형식으로 간주되었다. 특히 영문학에서는 진지한 주제를 다루는 데 적합한 장치로 여겨 왔다. 그러다가 19세기 말 이래 아방가르드 자유시의 등장과 성공으로 무운시는 그 위상이 점차 흔들리고 있다.

C

무운시는 압운시와는 그 구조가 다르다. 압운시가 대체로 동일한 수의 시행과 규칙적인 길이, 운율 형식, 음보 등을 갖춘 연(stanza) 구분에 의존한다면, 이보다 자유로운 무운시는 서로 다른 길이의 시 단락(verse paragraphs)으로 구성된다. 압운체계는 비교적 짧은 길이의 시나 정형시에서 엄격할 수 있지만, 비극이나 서사시처럼 장시에서는 장애로 작용할 수 있다. 그러나 고대 그리스의 서사시는 암기의 편의상 두운을 구사하기도 했다. 반면, 무운시는 압운이 없어 어순이 상대적으로 자유롭기 때문에 의도적 구문도치, 중간휴지, 고전 서사시의 전치 효과 등이 가능한 문체적 장치다. 또한 이행연구(couplet)나 각운을 갖춘 연과 같은 제약에서 벗어나 장편 시작(詩作)에 용이하여 자연스럽게 서사시나 시극에 적합한 수단이 된다.

무운시란 이론적으로는 약강의 2음절 5쌍으로 구성된 10음절이 한 행을 이루는 시 형식이다. 무운시의 바탕인 약강5음보는 영어의 일상 구어투에 가장 가까운 리듬으로 알려졌다. 가령, 기계적 반복음인 시계 소리가 한국어에서는 낱말 강세가 미약한 '똑딱똑딱'으로 느껴지는 데 반해, 영어에서는 '틱톡 틱톡'으로 뒤 음절에 강세가 분명한 '약강' 리듬으로 들린다. '똑딱'으로도 '틱톡'으로도 들을 수 있는 시계 소리가 실제 음이 아니라면 영어에는 약강 리듬 감각이 내재한다고 할 수 있다.

또한 약강 5음보는 '약강'이 자연스런 영어의 기본 리듬이고 사람들이 한순에 말할 수 있는 길이가 대체로 10음절(5음보)이라는 사실을 의미한다. 그러나 영어에 끼친 무운시의 영향은 일상영어의 자연스러운 리듬이기 때문에 무운시가 약강5음보를 구사하는지 아니면 역으로 무운시가 채택한 운율이 영어의 자연스런 리듬 형식으로 정착했는지를 분간하기 어려울 정도다. 아무튼 무운시는 시극의 대화나 극적독백처럼 극 형식에서 특히 많이 구사될 만큼 일상어와 친화성이 있다.

그러나 무운시가 일상어 리듬감과의 유사성만으로 영시의 주도적 형식이 된 것은 아니다. 대체로 약강5음보라고 해도, 수많은 변이와 굴절이 있는 느슨한 일상영어에 비해 무운시의 리듬은 격식과 규칙성이 강하다. 시적 형식은 내용을 형성하고, 시적 경험을 일상과는 구별 지으며 경험현실에 질서를 부여한다. 게다가 무운시가 약강 5음보라 해도 실제로는 완벽히 약강 운율일 수도 엄격히 10음절일 수도 없다. 무운시가 약강 운율만으로 구성되는 것은 거의 불가능할 뿐 아니라, 가능하다 해도 그 단조로움 때문에 바람직하지도 않다.

무운시는 약강격(iambic)을 기본으로 강약격(trochee), 약약강격(anapest), 강약약격(dactyl) 등 여러 음보가 결합됨으로써 각 행이 9음절에서 11음절에 이르지만, 대체로 5개의 강세 음절이 있어 사실상 5음보를 유지한다. 대체로 한 편의 시에서 그 시행이 5음보보다 적으면 노래처럼 들려 진지한 소재를 본격적으로 논의하기에는 가볍고, 5음보가 넘으면 중간휴지가 발생해 작은 단위로 나뉘기 십상이다. 가령 6음보(hexameter)의 시행은 두 개의 3음보(trimeter)로, 7음보(heptameter)는 4음보(tetrameter)와 3음보로 갈린다.

이처럼 무운시는 일정한 길이의 시행을 확보하면서 한 시행의 운율을 다음 행으로 자연스럽게 이어간다. 이는 짧은 길이나 불규칙한 시행의 자유시와는 달리 서사적 목소리를 분명히 드러내고 독자들은 강하게 몰입하도록 한다. 이런 장점에도 불구하고 현대시에서는 시행이 보다 짧아지는 경향이 있다. 오늘날의 정서로는 무운시가 다소 웅변적이고 장중하며 느리게 느껴지기 때문이다.

[외부집필-김태철]

구어, 극적 독백, 리듬(시), 문체, 소네트,
시행(운문), 운율, 율격, 인물/인물구성, 자유시

참고문헌

· Alex Preminger, Terry Brogan et al. (Ed), *The New Princeton encyclopedia of poetry and poetics,* Princeton UP, 1993.

· Robert Burns Shaw, *Blank verse: A Guide to its history and use,* Ohio UP, 2007.

· Thomas Stearns Eliot, "Notes on the blank verse of Christopher Marlowe", *The Sacred wood: Essays on poetry and criticism,* Methuen, 1980.

문맥

F: contexte *E:* context *D:* Kontext(Zusammenhang)

✻ 1. 발화 의미를 실현하기 위해 사용할 수 있는 일련의 모든 정보와 지식
2. 텍스트의 생산과 수용 과정에 작용하는 물리적, 정신적 요소

A

문맥은 '발화 의미를 실현하기 위해 사용할 수 있는 일련의 모든 정보와 지식'으로서 맥락 또는 화맥(話脈)이라 지칭하기도 한다. 일반적으로 문맥은 언어분석의 범위를 문장 단위로 보는 언어문맥(cotext)과 문장 단위를 넘어서서 담화를 분석의 단위로 보는 상황문맥(context)으로 구분한다.

언어문맥은 언어적 단위의 전후 환경에 의해 의미를 분명히 드러나게 하는 발화의 요소다. 예컨대, 'The bill is large'라는 문장에서 'bill', 이 단어가 갖는 다양한 의미('계산서', '부리', '낫')의 중의성은 '[…] but need not be paid'라는 언어적 환경이 주어질 때 'bill=계산서'라는 의미로 한정된다. 언어문맥은 언어 내의 요소나 관계를 의미하며 결속성(cohesion), 결속구조(coherence) 등을 포함한다.

상황문맥은 발화가 이루어지는 실제적인 상황으로 화자의 표정이나 몸짓, 어조, 의도, 청자에 대한 태도, 시간과 공간이 부여된 장면, 문화적 관습, 이데올로기의 변화 등을 포함한다. 따라서 상황문맥은 언어문맥, 즉 언어적 환경에 의해 표현된 것을 배제한다. 어떤 학자는 상황문맥에 사회문화적 문맥을 덧붙이기도 한다. 그러나 오늘날 학자들은 문맥을 명확하게 규정하지 않은 채, 다양한 수식어와 함께 모호한 개념으로 사용하고 있다. 예를 들면, '텍스트적 문맥', '비언어적 문맥', '사회적 문맥', '문화적 문맥' 등이 그러하다.

B

텍스트는 문맥과의 관계 속에서 존재한다. 문맥을 제외한 상태에서 텍스트를 이해하기란 불가능하다. 할리데이(M.-A.-K. Halliday)와 하산(R. Hasan)은 텍스트와 문맥 간 상호작용의 순환에서 네 영역의 문맥을 ① 상황문맥(context of situation, 텍스트의 언어사용역(register)을 구체화하는 발화의 내용, 형식, 목적, 양과 질 등의 자질로 구성) ② 문화문맥(context of culture, 텍스트에 가치를 부여하고, 해석에 제약을 가하는 제도적, 정신적 배경으로 역사적이고 사회적인 상황이나 규범, 담화의 이데올로기나 관습) ③ 텍스트 간 문맥(intertextual context, 다른 텍스트와 관련하여 수행하는 상호텍스트성이나 장르) ④ 텍스트 내 문맥(intratextual context, 내적 의미관계를 실현하는 결속성, 결속구조, 미시 또는 거시 구조)으로 제시한다.

한편 렉스, 그린, 딕슨은 문맥을 ① 텍스트 내 문맥(within-text context, 독자나 저자에 의해 읽히거나 사용되는 텍스트의 특질) ② 텍스트를 둘러싼 문맥(surrounding-text context, 실제 텍스트의 외부에서 텍스트와의 상호작용에 직접적으로 영향을 미치는 요소들) ③ 텍스트 너머의 맥락(beyond-text context, 문식성 활동에 간접적으로 영향을 미치는 문맥으로서 사회적, 정치적, 역사적 영향) 세 가지로 범주화 한다.

C

의사소통 능력에서 문맥은 매우 중요하다. 발화가 어떤 특정한 방식으로 해석되기를 바라는 화자(저자)는 청자(독자)가 그런 해석을 할 수 있는 문맥을 갖출 능력이 있다고 기대한다. 그런데 화자가 가정한 문맥과 청자가 실제로 활용한 문맥이 일치하지 않으면 오해가 생길 수 있다. 그러므로 두 대화자 간의 의사소통은 청자가 발화의 언어적 의미를 이해할 때 성공적으로 달성되는 것이 아니라, 화자가 의미하는 바를 청자가 추론할 때 성공적으로 달성된다.

또한 담화 유형과 장르에 따라 문맥이 차지하는 비중이 달라지기도 한다. 소설이나 시의 언어 표현에는 많은 압축이 있다. 이 담화 구조는 일상담화의 유형과는 다른 독특한 구조를 갖고 있기 때문에 그 나름의 이해 방법에는 문맥이 더 많은 비중을 차지하게 된다. 특히 수사적 표현을 이해하기 위해서는 문자 이면의 것을 이해해야 하기 때문에 문맥이 더 중요해진다.

D

소설의 구조에서는 화자(저자), 등장인물 A와 B, 청자(독자)를 상정할 수 있다. 이러한 구조에 따라 화자가 의도하는 주제는 A와 B가 말한 것 자체보다는 A와 B 사이에 이루어진 대화 내용을 근거로 청자(독자)가 이해하는 것이다. 그런데 이러한 이해는 문장의 진위 판단에 의한 것이 아니고, 청자가 알고 있는 문맥 또는 그에 근거한 추리 및 연상에 근거하여 파악된다.

따라서 독자에게 작가의 의도를 잘 이해시키기 위해서는 등장인물의 대화를 통해 나타나는 것 이외에 거기에 알맞은 문맥이 설정되어야 한다. 독자는 이 문맥을 기초로 등장인물의 대화를 통해 표현된 화자의 의도를 알아내는 것이다. 이때 화자는 자기 의도를 압축해 문장으로 표현한 것이고, 독자는 그 뜻을 추론의 과정을 통해 파악하는 것이다. 화자는 문장 속에서 자신이 나타내려 하는 수사적 기법(반어법, 은유, 역설, 농담, 풍자 등)을 통해 표현한다. 독자는 이렇게 표현된 것에 외부적인 문맥과 언어적으로 표현된 문맥 등을 동원하여 수사 표현 기교 뒤에 나타난 화자의 뜻을 파악하게 되는 것이다. 그러므로 이러한 표현기법들을 제대로 이해하지 못하면 글의 진정한 의미를 파악할 수가 없다.

이처럼 모든 종류의 담화 생산과 이해 과정에서 문맥의 언어외적 특성이 중요한 역할을 한다. 예를 들어, 프랑스 우화에 나오는 문장 “A crow sat in a tree holding a piece of meat in his beak”에서 ‘beak’이 까마귀를 고려하면 '부리'지만, 의인화라는 표현기법을 고려한다면 '입', 제3의 대안으로는 '주둥이'를 뜻할 수 있다. 또한 "You would be the phoenix of our woodland birds"에서 'phoenix는 프랑스 우화를 영어로 소개하면서 서양의 문화적 배경으로는 흔히 '불사조'로 이해되지만, 우리 문화권에서는 '봉황새'라는 단어가 더욱 친숙하다.

한국어 화법에서 경어법('하게체'(familiar style): '-는가', '-ㅂ시다', '-ㅁ세' 등) 체계는 발화가 이루어지는 공간적 배경이라는 상황 맥락에서 매우 중요하게 작동한다. 경어법과 관련되어 요즘 자주 듣는 '백화점 높임법'이라는 어법이 있다. "이 상품은 내일 배송 가능하세요"와 같은 어법은 언어 사용에서는 문제가 있지만 상황맥락, 즉 쓰는 사람의 마음을 생각하면 그렇게 비난할 문제는 아니다.

상황문맥은 언어 해석에 절대적인 요소이며 언어는 상황문맥에 의해 그 힘이 나타난다. 심지어 친교적(phatic) 의사소통(전화를 걸 때, '여보세요'로 상대방을 확인하는 경우, 전화를 하면서 '듣고 계십니까'로 상대방의 주의를 끌고자 하는 경우)에서 어휘 자체의 사회적 기능이 의미를 전달하는 것이다.

[이종오]

결속구조/결속성, 담화(담론), 반어(법), 상호텍스트성, 언어사용역, 역설(법), 은유, 장르, 풍자

참고문헌

· 김영민, 『컨텍스트로, 패턴으로』, 문학과 지성사, 1997.
· 김정우, 「영한번역과 비언어적 문맥의 처리」, 『번역학 연구』, 2권 2호, 2001.
· Frank Robert Palmer, *Semantic*, Cambridge University Press, 1976.
· Michael Alexander Kirkwood Halliday, Rashid Hasan, *Language, context, and text*, Oxford University Press, 1989.

문법성

F: grammaticalité *E:* gammaticality *D:* Grammatikalität

✳ 구성 방식이 언어의 문법 규칙에 일치하는 모든 문장(단어, 구)이 소유하는 자질

A

문법이라는 용어는 언어 이론에 따라 다양한 의미를 지닌다. 문법은 언어에 대한 완전한 기술, 다시 말해 언어에 대한 조직원칙이다. 언어문법은 음운론(음소와 음소의 조합 규칙), 통사론(형태소와 통사구의 조합 규칙), 의미론(형태소의 의미와 그 조합의 의미 연구)이라는 다양한 분야를 포함한다.

생성문법에서 문법은 분석 모델을 가리키기도 하지만, 모국어 화자의 언어능력 또는 내재화한 언어 지식을 형식화하는 생성 규칙의 체계를 가리키기도 한다. 모국어 문법을 알고 있는 각 언어의 화자는 발화된 문장에 대해 문법성을 판단할 수 있다. 해당 언어를 사용하는 다른 모든 화자들과 공통으로 갖고 있는 문법 규칙에 의거하여, 모국어의 단어들로 만들어진 문장이 올바른 문장인지 아닌지를 판단할 수 있다.

'아이가 초콜릿을 좋아한다'는 문법적 문장이지만 '한다 좋아 초콜릿이 아이를'은 비문법적 문장이다. 그러나 영어 'I ain't done nothing(나는 아무것도 하지 않았다)'란 문장에서 'ain't'는 'have not'이나 'am not'의 축약형으로 어떤 계층의 화자들에게는 문법적으로 허용되지만, 표준영어를 규범으로 지지하는 사람들에게는 비문법적인 것으로 간주된다.

한 문장의 문법성에 대해 여러 화자들 사이에 불일치(차이)가 존재하는 것은, 문법 능력의 총체로 구성되는 언어 시스템 내에서 각 화자의 문법 능력이 서로 완전히 일치하지 않고 조금씩 다른 변이체로 존재하기 때문이다. 문법성 판단은 단지 거부나 용인이라는 두 가지 선택으로만 결정되

지 않는다. 문법성 등급이라는 것이 존재하며, 위반된 규칙의 본질에 따라, 다시 말해 어휘 범주에서의 규칙 위반, 하위 범주화에서의 규칙 위반, 선택 자질의 규칙 위반 등에 따라 평가될 수 있는 문법성의 등급이 존재한다. '영희가 푸른 종소리를 맛보고 있다'라는 문장은 선택 자질 규칙을 위반하고 있기 때문에 문법적으로 의심스런 일탈된 문장이다.

B

일탈이라는 것이 의미론적인지 통사론적인지 말하기 쉽지 않은 경우가 있다. '쥐가 푸른 종소리를 맛보고 있다'라는 문장은 통사적으로 가능하지만 의미상으로 불가능하다. 그러나 이 문장이 『이상한 나라의 앨리스』에서 사용된다면, 문맥에서 나름의 의미를 가질 수 있기 때문에, 독자는 문법적 규칙의 위반을 인지할 수 없을 것이다.

많은 학자들은 문법성이란 개념이 너무 이상적이라고 비판한다. 전통적으로 문법 분석의 최상위 층위는 문장이었다. 그러나 1970년대부터 발전한 담화문법은 문장 간의 관계들과 담화 구조에 관심을 기울여, 전체 텍스트를 구조적으로 기술하려고 노력한다. 이 경우 문법은 문장 층위를 넘어서서 담화문법에 해당된다.

서사 텍스트에 대한 연구들은 문법을 좀 더 느슨하게 은유적으로 사용한다. 예를 들어 플롯에서는 문법적인 주어가 행위자(actant)와 구조적 유사성을 드러낸다. 프로프의 『민담의 형태학』은 민담에 등장하는 작중인물들의 기능들을 항수(恒數)로 간주하고, 그 나머지를 변수로 간주하여 민담의 체계를 밝힌 바 있다. 이때 항수인 기능들이 바로 민담의 문법을 구성한다고 말할 수 있을 것이다. 문법성이란 용어를 포괄적으로 적용해야 시어나 문학언어의 의도적 문체 일탈을 독자가 감상할 수 있는 것이다.

[고광식]

기능, 문체, 일탈, 플롯, 행위소(행위자)/행위소모델(행위자모델)

■ 참고문헌

· 츠베탕 토도로프 편, 『러시아 형식주의』, 김치수 역, 이대출판부, 1988.
· Bernard A. Mohan, "Acceptability testing and fuzzy grammar", S. Greenbaum (Ed.), *Acceptability in language*, Mouton, 1977.
· Jaqueline Authier, André Meunier, "Norme, Grammaticalité et Niveaux de langue", *Langue française*, no. 16, 1972.
· Y. Han, "Grammaticality judgment tests: How reliable are they?", *Applied Language Learning*, vol. 11, no. 1, 2000.

문어

F: langue écrite *E:* written language *D:* Schriftsprache

✳ 1. 글로 쓰인 말
2. 문장에 쓰이는 말

Ⓐ

문어는 '입으로 하는 말'인 구어의 상대개념으로 '글로 쓰인 말' 또는 '문장에 쓰이는 말'을 뜻한다. 문어는 일상 대화에 쓰이는 구어에 비해 의고(擬古)적이고 형식적인 규범 언어로, 문학에서 그 전형을 찾을 수 있다. 일반적으로 문학의 문체는 문어를 근간으로 하므로 문학의 언어는 문어와 마찬가지로 형식적이고 규범적인 특성을 띤다.

Ⓑ

문어는 문자언어다. 하지만 문어가 형식을 제대로 갖춰 말의 영향력에서 완전히 자유로워진 것은 문자가 출현하면서부터가 아니라 인쇄가 상용되면서부터다. 그 전까지 사람들은 기록보다 증언을 신용했으며, 문학 속에서도 구어적인 대화체가 주를 이루었다. 인류는 필사를 시작하고 오랜 시간이 지나서야 인쇄 기술을 가질 수 있었다. 인쇄는 말에 봉사하던 문자를 자기 충족적이고 완결적인 텍스트로 다시 태어나게 했다.

문어의 정립 과정을 옹(W.J. Ong)은 다음과 같이 설명한다. "인쇄된 텍스트는 저자의 말을 결정적인 혹은 최종적인 형식으로 표현한 것이라 여겨진다. 인쇄는 한층 견고히 닫힌 언어 예술의 형식을 만들어 낸다. 특히 서사에 있어서는 더욱 그러하다. 인쇄가 등장하기까지 선형적인 플롯의 긴 줄거리를 가진 건 오직 희곡뿐이었다. 인쇄와 더불어 견고해진 플롯은 제인 오스틴 시대 이후 소설에서 긴 서사로 연장되며, 탐정소설에서 그 절정을 이룬다."

이처럼 인쇄의 상용으로 문어는 고유의 형식 및 문학이라는 전형을 정립할 수 있었다. 다시 말해 오늘날 우리가 알고 있는 문어 및 문학의 형식이 정립되기 시작한 것은 실제로 필사가 아니라 문자의 인쇄가 가능해지면서부터라고 할 수 있다.

C

문어로 쓰인 문체를 문어체라고 한다. 문어체는 문어를 근간으로 하는 만큼 문어가 가진 특성을 그대로 지녀, 의고적이고 형식적이며 규범적인 특성을 띤다.

국문학에서 문어체는 개화 계몽기 시대 언문일치를 제도화하는 과정에서 구어체의 상대적 개념으로 쓰이기 시작한다. 개화기에 국문학계는 국문인 구어를 한문 중심의 문어로 옮기는 데서 빚어지는 일상의 불협화음과 사유의 이중성을 극복하고자 언문일치를 주장하면서 국한문체 또는 순국문체(20세기 초중반까지 구어체는 국문체와 밀접하게 연관되어 사실상 구별이 되지 않았으나, 엄밀히 말해 구어체는 국문체의 한 하위 문체임)의 상용을 장려한다. 갑오개혁 이후 일상 언어와 거리가 멀고 난해한 한문 투의 문어체는 공문서나 신문, 잡지 등에서 거의 쓰이지 않게 되었고, 이에 지식인들은 국한문체론을 주장했다. 오늘날 국문 표기법은 국한문 혼용을 근간으로 하고 있다.

[류은영]

구어, 대화(체), 문체, 서사, 텍스트, 플롯, 형식

■ 참고문헌

· 권보드래, 『한국 근대소설의 기원』, 소명출판, 2000.
· 월터 잭슨 옹, 『구술문화와 문자문화』, 이기우 외 역, 문예출판사, 1996.

문어체

F: style écrit *E:* written style *D:* geschriebener Stil

✱ 문어로 쓰인 문체

[류은영]

문어

문장부호(구두점, 구두법)

F: ponctuation *E:* ponctuation *D:* Ponctuation

✱ 1. 문장의 문법적 또는 논리적 구조를 드러내 보임으로써 바르게 읽도록 돕는 일련의 부호

2. 문어(문자언어)에서 구어(음성언어)의 요소를 표시하는 요소로서 휴지, 음조,

강세 등 글쓴이의 의도, 생각, 문체를 명확히 드러내는 언어적 실체

Ⓐ

문장의 문법적 또는 논리적 구조를 드러내 보임으로써 바르게 읽도록 돕는 일련의 부호들을 가리키며, 문어(문자언어)에서 구어(음성언어)의 요소를 표시하는 요소로서 휴지, 음조, 강세 등 글쓴이의 의도, 생각, 문체를 명확히 드러내는 언어적 실체다.

문장부호는 인간의 언어와 그 발달 과정에서 생겨난 부산물이다. 즉 음성언어가 생겨난 이후 문자언어가 만들어지면서 부가된 문자언어의 보조수단이다. 문장부호는 인간이 하는 말을 그대로 전사하는 과정에서 생겨났다. 그러므로 문장부호는 문자언어가 음성언어의 의미를 완전히 표현하기 위해 보충적으로 생겨난 것이라고 할 수 있다.

서양에서 최초의 문장부호는 기원전 2세기 그리스어에 나타난다. 문장부호는 '점'을 뜻하는 라틴어 '푼크툼(punctum)'에서 유래했으며 르네상스 시대에 인쇄본의 보급과 함께 일반화한다. 서양 문장부호의 표준체계는 16세기 마누치오(A. Manuzio)가 마련한다.

한자를 빌려 차자(借字) 표기법을 사용한 우리 민족은 한문 독법을 위해 문장부호인 권점(圈點, 동그라미표)을 처음 사용했으며, 국문에 쓰인 문장부호는 「용비어천가」에 처음 나타난다. 온점과 반점을 구별해 쓴 것은 1910년 이후이며, 영어 문법이 소개되면서 서양의 문장부호가 국어에 적용되어 그 종류가 다양해진다.

1933년 한글 맞춤법 통일안에서 '문장부호'란 용어가 사용되기 전에는 월점, 문장점, 구두점, 구두법 등의 다양한 이름으로 지칭되었다. 현행 규정은 문장부호를 마침표, 쉼표, 따옴표, 묶음표, 이음표, 드러냄표, 안드러냄표라는 7개의 상위체계로 우선 분류하고, 그 다음 가로쓰기와 세로쓰기로 구분하여 마침표 4개(온점, 물음표, 느낌표, 고리점), 쉼표 5개(반점, 가운뎃점, 쌍점, 빗금, 모점), 따옴표 4개(큰따옴표, 작은따옴표, 겹낫표,

낫표), 묶음표 3개(소괄호, 중괄호, 대괄호), 이음표 3개(줄표, 붙임표, 물결표), 드러냄표 2개(각각 1개의 드러냄표), 안드러냄표 3개(숨김표, 빠짐표, 줄임표)의 하위체계로 나눈다.

문장부호는 국어 맞춤법 규정에서 다루는데, 이는 문장부호가 맞춤법의 대상으로 인식되고 문장부호의 사용이 문자의 정서법 못지않게 중요하다는 것을 보여주는 것이다.

B

문장부호는 언어 사용의 장(場)에서 의사소통을 목적으로 하는 부호이기에, 언어 사용의 장에 따라 그 필요성은 다르게 나타난다.

일상적 의사소통의 장에서 문장부호는 음성언어의 의미를 잘 전달하려는 문장부호 본래의 기능을 수행한다. 예컨대, '눈이 예쁜 민하의 엄마가 웃는다'라는 문장의 의미는 중의적으로 해석될 수 있지만('눈이 예쁜'이라는 절이 수식하는 대상이 '민하'인지 '엄마'인지 분명하지 않기 때문), '눈이 예쁜, 민하의 엄마가 웃는다.'라는 문장과 '눈이 예쁜 민하의, 엄마가 웃는다'라는 문장은 반점의 사용으로 수식관계가 분명해져 의미의 중의성이 사라진다.

이처럼 문장부호는 수식관계를 명확히 해주고, 문자 정보에 부과된 언어 사용 주체의 심리 정보를 표현하기도 한다(예를 들면 '민하가 왔어'라는 문장부호가 없는 문장은 언어 사용 주체의 심리적 태도가 드러나지 않지만, '민하가 왔어?', '민하가 왔어!', '민하가 왔어……'라는 문장들은 문장부호의 사용으로 의문, 놀라움, 여운 등의 심리적 태도를 드러낼 수 있다). 또한 시각적으로 두드러지게 하여(예를 들면 큰따옴표를 사용한 직접화법 등으로) 의사소통을 원활하게 할 수 있다.

문학적 의사소통의 장에서 문장부호는 본래의 형식과 기능에서 벗어나 여러 가지 수사적 방법으로 사용될 수 있다. 작가는 작품에서 의사소통 효과를 높이는 방법으로 문장부호를 사용할 수 있다. 문장부호를 통해 등장인물의 심리나 상황 등을 명확히 전달할 수 있기 때문이다.

다음은 신경숙의 『외딴방』의 한 구절이다. "편안한 잠을 자고 깬 후면 어김없이 그녀의 목소리는 얼음물이 되어 천장으로부터 내 이마에 똑똑똑 떨어져 내렸다. 너.는.우.리.들.얘.기.는.쓰.지.않.더.구.나.네.게.그.런.시.절.이.있.었.다.는.걸.부.끄.러.워.하.는.건.아.니.니.넌.우.리.들.하.고.다.른.삶.을.살.고.있.는.것.같.더.라."

인용한 구절의 마지막 부분에서 온점의 연속적인 사용은 문장부호 규정의 형식과 기능을 벗어난다. 즉 음절과 음절 사이에 연속적으로 온점을 사용하는 것은 일반적으로 문장의 끝에 나타나는 온점의 위치(형식)를 벗어나고, 문장부호 규정에서 정한 온점의 사용법(기능)과도 일치하지 않는다. 온점을 그녀(하계숙)가 한 말의 음절과 음절 사이에 연속적으로 사용하여 얼음물이 천장으로부터 내 이마로 똑똑똑 떨어지는 것같이 하계숙의 말이 가슴을 서늘하게 하고 아프게 한다는 것을 시각적, 촉각적으로 드러내고 있다. 이처럼 문학적 의사소통의 장에서는 의사소통의 목적을 달성하기 위해 문장부호를 수사적으로 사용할 수 있다.

근대에 와서 시인들은 문장부호가 없는 시를 쓰면서 산문과 시의 구별법을 보여주었고, 현대시에서 문장부호는 원래의 기능을 초월한 새로운 기능으로 시의 형상성을 높이고 이미지 창조에 참여한다. 또한 문장부호로 문체를 창출하는 작가들이 생겨나는데, 스탕달은 반점을 특이하게 사용함으로써, 마테를링크(M. Maeterlinck)는 제3의 인물을 줄임표로 드러냄으로써, 셀린(L.F. Céline)은 줄임표와 느낌표를 과다하게 사용함으로써 자신만의 독특한 문체를 만들어 낸다. 시몽(C. Simon)은 의미를 모호하게 하기 위해 거의 여덟 페이지에 걸쳐 의도적으로 마침표를 사용하지 않고, 코헨(A. Cohen)은 '!!'와 '?!' 같은 문장부호를 겹쳐 사용하거나 '¿' 같은 부호를 사용해서 특유의 문체를 창출한다.

C

전자언어의 발달로 이모티콘이 기하급수적으로 늘어나고 있는데, 개인적 성향이 강한 이모티콘은 다음과 같은 점에서 사회적 관습으로 규정되어야 할 문장부호와 구분되어야 한다. 첫째, 문장부호가 문장의 성분이나 요소로 간주되는 반면에, 이모티콘은 문장의 성분이나 요소로 처리될 수 없지만 다른 문장으로 나타낼 수는 있다. 둘째, 문장부호의 성격이 사회적이고 그 사용이 일반적인 규칙성을 따른다면, 이모티콘의 성격은 개인적이고 그 사용은 개인적인 임의성에 따른다. 셋째, 문장부호의 표현 특성이 기능적이라면, 이모티콘의 표현 특성은 상징적이거나 회화적이다. 넷째, 문장부호의 표현 목표가 객관적이라면, 이모티콘의 표현 목표는 주관적이다.

[문재은]

구어, 문체, 장(場)

참고문헌

· 김도훈, 『영한 번역에서 나타나는 문장부호의 변이 양상 및 번역 전략에 관한 연구: Colon, dash, semicolon을 중심으로』, 한국외국어대학교 박사학위논문, 2008.

· 김영선, 「문장 부호의 기능과 유형화 연구」, 『동남어문논집』 27집, 동남어문학회, 2009.

· 송순이, 『중등 학습자를 위한 문장부호 교육 내용 연구』, 이화여자대학교 석사학위논문, 2011.

· 신호철, 「국어 문장부호에 대한 고찰」, 『국어교육』 128호, 한국어교육학회, 2009.

· 이익섭, 『국어학 개설』, 학문사, 2002.

문채

F: figure *E:* figure *D:* Figur

✻ 1. 문장이나 담론을 구성하는 아름다운 무늬로 문장의 색조, 생기 등을 가리킨다.
2. 사유의 문채, 말의 문채로 이원화되어 사용된다.
3. 일탈의 방식을 통해 문학비평이나 언어연구에 중요한 도구가 된다.

A

문채(文彩)는 그리스어 'skhema'에서 파생된 용어로 '형태'를 뜻한다. 또한 라틴어 'figura'에 기원을 둔 것으로 '가공되다', '만들어지다', '형식을 띠다'의 어원적 의미가 있다. 문채는 문체와 더불어 수사학의 중요한 부분인 표현술을 구성하는 기본적인 개념이다. 문채는 '화폭 속에 담긴 다양하고 멋진 색깔'이라는 사전적 의미대로 '담론 속에 들어 있는 아름다운 무늬'라 할 수 있다. 그런 의미에서 문채는 문장의 색조, 빛, 생기 등의 개념을 갖는다.

고대 수사학자들은 사유의 형상인 문채를 말(어휘)의 형상인 전의(trope)와 구분했다. 오늘날에도 문채는 사유(생각)의 문채(figure of thought)와 표현만을 다듬는 방법인 말의 문채(figures of speech), 즉 전의로 이분된다.

B

고대 그리스의 수사학자 고르기아스가 처음 사용한 문채의 개념은 이후 많은 수사학자들에 의해 확장, 수정되어 왔다. 헤르모게네스는 문체의 8가지 구성요소(사유, 사유의 방식, 말, 문채, 의미망으로 연결된 말의 연속체, 말의 배열, 휴지, 리듬) 가운데 하나를 문채로 소개하면서, '담론의 일부 현상'으로 간주한다. 따라서 문채는 담론의 전체 양상인 문체라는 상위 개념을 통해 장식성의 특성을 부여받는다. 이때 문채의 장식성은 치장, 허식의 의미, 즉 평가절하된 경멸적 의미의 장식성이 개입된 문식(文飾)이 아니라, 표현하고자 하는 내용이나 사유와의 적합성(데코룸)의 의미다.

아리스토텔레스는 『수사학』 3권에서 문채를 메시지와 관련해 '담론을 구성하는 부분들의 결(lexis)'로 정의하고, 퀸틸리아누스는 문채를 '표현의 총체' 또는 '일반적이고 공통적으로 말하는 방법'으로 소개한다. 수사학의 실제적 사용 범주에서 문채는 웅변가, 대중, 담론의 세 가지 차원에서 작용한다. 실제로 웅변가가 사용하는 언어는 일상어와는 거리가 있고 관습적이지 않으며, 웅변가가 예기치 않은 용어나 논거를 사용할 때 문채의 실행은 곧 담론의 효과를 나타낸다. 예를 들어 상투적 표현(클리셰)이 통념이나 친숙함을 통해 설득한다면, 반대로 일탈로서의 문채는 통상적인 어법에서 벗어나 기대에 반하는 말이나 표현을 사용함으로써 설득의 목표에 도달한다.

C

르네상스시대 이후부터 문채는 언어 표현의 기능뿐만 아니라, 심리적, 생리적 기능을 갖는다. 담론은 문채를 통해 영혼의 움직임을 나타내야 하고, 동시에 웅변가(화자)를 변화시키는 정념들을 담아내야 하기 때문이다. 17세기 대부분의 수사학자들이 문채를 장식의 도구로 간주한 것과는 다르게, 라미(B. Lamy)는 설득의 담론이론에서 정념과 관계된 수사학, 즉 심리수사학의 고찰을 통한 정념의 문채를 설명한다.

라미에게 문채는 정념의 특징이자 언어행위이며, 곧 화자가 품고 있는 정념의 표현이 된다. 라미의 문채는 대중을 선동하고 동기를 부여하는 담론이라는 설득적 기능을 담고 있다. 그는 문채를 새로운 의미를 만들어내는 역량, 감동을 주기 위한 수단, 감성에 영향을 미치는 역량 등으로 간주한다.

뒤마르세(Ch. Dumarsais)는 "학술원에서 만들어지는 문채보다도 시장에서 생겨나는 문채가 더 많다"고 언급하면서 문채의 대중화를 중요하게 여긴다. 대부분의 문채는 학자나 궁인들이 쓰는 숭고체보다는 단순하고 공통적인 담론에서 발견된다는 것이다. 그러므로 문채는 이해하기 어렵거나 일반적으로 수용되지 않는 특별한 담론, 예를 들어 중세의 풍자시나 초현실주의 글쓰기와는 다르며, '자연적이고', '평범하고', '공통적이며', '단순하게' 사용되는 일상적 담론과 매우 가깝다. 문채는 어떤 특정한 신분이나 장르에 주어지는 특권은 결코 아닌 것이다.

뒤마르세는 문채를 사유의 문채와 말의 문채로 이원화하고, 말의 문채를 형태상의 문채(figures of diction), 구문상의 문채(figures of construction), 의미의 문채(figures of signification)로 구분한다. 그 가운데 의미의 문채(figure de signification)를 전의라고 한다. 그러나 퐁타니에(P. Fontanier)는 문채의 분류에 있어 뒤마르세와 현저한 차이를 보인다. 전의와 문채의 관계에서 뒤마르세가 포함(문채>전의)이나 등가(문채=전의)관계로 간주한 반면, 퐁타니에는 교차관계(intersection)로 본다. 퐁타니에는 뒤마르세와는 또 다른 이분법, 즉 '내용'에 의한 전의와 '표현'에 의한 일곱 종류의 문채로 분류하여 기술한다.

D

문채에 대한 일반적인 인식은 '일탈'로서의 문채 개념이다. 이를테면 일상적이고 공통된 표현으로부터 '멀어지고' '벗어나는' 표현들이라는 것이다. 그런데 일탈이란 항상 근본적인 것에서 벗어나는 것을 상정하는 '규범'을 전제로 하기 때문에 문채에 대한 사유는 언어에 있어 두 가지 층위, 즉 일반적이고 본래적인 층위와 복잡하고 장식적인 층위들을 구분하는 결과를 낳는다. 규범에 속하는 언어의 층은 의사소통의 언어이며 간단명료하기는 하지만 건조해질 우려가 있으므로, 문채가 일탈의 방식을 통해 생기를 불어넣는 기능을 하는 것이다.

E

20세기의 신수사학, 즉 문채의 수사학에서 문채는 수사학과 문학이 만나는 구심점 역할을 하고, 문학비평에서 가장 중요한 도구가 된다. 또한 문채 연구는 언어학 연구와 불가분의 관계에 있다.

로만 야콥슨은 환유 안에서 사실주의 소설의 전형적인 문채를 관찰하고, 그룹 뮤는 문채 구성에 있어서 문법분석 과정과 관계하는 네 가지의 언어 작동(삭제, 첨가, 삭제-첨가, 치환) 과정을 통해 문채를 분석한다. 페렐만과 올브레히츠-티테카(Perelman, Olbrechts-Tyteca)는 문채를 논증적인 차원에서 고찰한다. 문채의 논증적 가치에 대해 르불(O. Reboul)은 다음과 같이 과장되게 단언한다. "그렇다. 문채는 논증을 용이하게 한다. 그렇다. 문채는 그 자체가 논증에 참여한다. 그리고 이러한 두 기능은 거의 언제나 구별할 수 없다. 이 구별할 수 없는 것이 수사학의 근원에 있기 때문이다."

[이종오]

데코룸, 문체, 숭고/숭고미/숭고체, 전의(법), 클리셰(상투어)

참고문헌

· 김현, 『수사학』, 문학과지성사, 1985.
· 아리스토텔레스, 『수사학 III』, 이종오 역, 리젬, 2008.
· 황석자, 『문체Style의 문채Figure: 프랑스어 문체 기법』, 어문학사, 1997.
· Bernard Lamy, *La Rhétorique ou l'art de parler*, Champion, 1675.
· Chaïm Perelman, Olbrechts-Tyteca, *Traité de l'argumentation: La Nouvelle rhétorique.* PUF, 1958.
· Chesneau Dumarsais, *Des Tropes*, Flammarion, 1988.
· Françoise Soublin, "13→30→3", *Langages,* no. 54, 1979.
· Oliiver Reboul, *Introduction à la rhétorique*, PUF, 1991.
· Pierre Fontanier, *Les Figures du discours*, Flammarion, 1968.

· Tzvetan Todorov, *Théorie du symbole,* Seuil, 1977.

문체

F: style *E:* style *D:* Stil

✵ 1. 작가의 고유한 언어 표현 방식 혹은 기법
2. 어휘나 문장의 선택과 배열, 문채, 리듬 등의 언어 특징으로 구성
3. 작가 특유의 개인적 특성인 개성적 문체와 공통적이고 보편적 어법인 유형적 문체가 있다.

Ⓐ

학술용어와 일상 언어에서 두루 사용하는 문체(文體, style)는 라틴어 '스틸루스(stilus)'와 그리스어 '스틸로스(stylos)'에서 유래한 말로서, 처음에는 작은 납으로 된 서판(書板)에 글자를 새겨 넣을 수 있는 나무나 철로 된 필기도구를 뜻하는 말이었다. 이러한 필기도구의 명칭이 필기 결과의 개성이나 특색과 연관되어 고전 라틴시대부터 작가의 방식, 학파의 수법, 장르의 양식을 의미하기도 하고, 글을 쓰거나 말하는 방식 또는 버릇을 가리키기도 한다.

문체의 개념은 매우 폭이 넓고 다양하나 문예학적 개념에서 볼 때 문체는 '작가의 고유한(sui generis) 언어 표현 방식 혹은 기법', '작가가 언어를 사용하는 태도'라고 이해된다. 문체는 랑그나 문법에 관한 장치가 아니라, 일련의 생동감, 행위, 시학적 기능이기 때문에 전적으로 독자가 받아들이는 의견들과 밀접하게 연계된다.

문체를 구성하는 요소는 담화나 문장에서의 문장 배열, 문장 표현법, 낱말(어휘)의 선택, 문채, 리듬 등으로 형태통사론과 직접적인 관계가 있

다. 따라서 구체적 문장에서 추출한 결과를 확인할 수 있는 글 습관의 유형이 곧 문체이기 때문에 작가의 개성이 나타나는 문체, 시대에 따른 문체, 글의 양식이나 장르에 따른 문체, 목적에 따른 문체 등으로 나눌 수 있다.

전통적인 문체 구분 방법이나 효과에 의한 문체의 종류로는 문장 길이에 따른 간결체와 만연체, 어조에 따른 강건체와 우유체, 수사법 구사에 따른 화려체와 건조체의 여섯 가지 문체(『문장강화』)와 운율에 따른 산문체와 운문체 등이 아직까지 다루어지고 있다. 일반적으로 문체는 낱말들을 선택하고 조직화한다는 점에서 문체를 다루는 수사학의 구성 성분 가운데 표현술(elocutio) 영역으로 간주된다.

B

문체의 정의는 학자에 따라 조금씩 다르게 나타난다. 그들은 문체를 "문법학이나 수사학의 유형이 아니라, 작가 감정이나 사상을 또는 작가 특유의 사상이나 정서의 체계를 정확하게 전달해 주는 언어의 자질"이다(머라이), "문체는 바로 그 사람이다"(부폰), "글 쓰는 방법, 한 작가, 한 장르 또는 한 시대의 고유한 글 쓰는 방법"(기이로) 등으로 정의하는데 이러한 개념은 크게 세 가지로 정리할 수 있다.

첫째, 작가의 개인적 특성으로서의 문체다. 흔히 개인적 문체를 '작가의 목소리'라고 한다. 문체는 음절 하나에서부터 돋아난다. 우리가 말을 할 때 사람마다 고유의 독특한 어법과 말버릇, 음성이 있듯 작가들도 글을 쓸 때 사용하는 자기 고유의 어법이 있다. 문체는 작가에게 나타나는 독특한 개인적 표현의 특징을 의미한다. 문체에 배어 있는 작가의 개성이나 습관은 저절로 형성되기도 하고, 특별한 효과를 얻기 위해 작가가 의도적으로 표현하는 독특한 문학적 개성, 사상이기도 하다.

따라서 문체를 유형화하는 기준이나 시각이 다양하고 작가 모두 나름의 문체를 가지고 있기 때문에 문체를 일정한 틀에 맞춰 분류하는 것은 매우 힘들다. “문체는 작가의 수만큼 많다”(리쉴레)고 할 수 있다. 결국 문체는 문장기술만으로 이루어지는 것이 아니라, 작가의 기질과 정신세계에 깊이 관계된 작가의 인생관이라 할 수 있다. 아이러니컬한 문체, 평범하나 설교하는 문체, 과장체 등과 같은 문예 문체가 그 예다.

표현성(expressivity)이라 일컫는 문체의 개념은 아주 주관적이고 애매모호하며, 파악하기가 쉽지 않다. 그러기에 독자가 나름대로 보고 느끼는 글 전체의 인상(특성, 성격, 체취 등)이 매우 다르게 나타난다. 그것이 바로 한 작가, 한 문체의 특색이다.

둘째, 선택과 배열이라는 표현기술로써의 문체다. 문체는 작가의 표현과 전달의 효과를 극대화하기 위해 사용하는 표현기술을 의미한다. 작가가 동일한 내용을 전달할 때 어떤 어휘를 선택하고 어떻게 적절하게 배열하며, 수사법을 얼마나 효과적으로 활용하느냐에 따라 문체 효과는 달라진다.

어휘는 제각각 특정 정서나 정감을 불러오며, 이에 따라 글이 각각 다른 느낌을 지니게 된다. 단문, 복문, 중문, 혼문, 도치문 등 문장을 어떻게 쓰느냐도 관건이다. 문장의 길이나 구조가 다르면 느낌이 변한다.

이렇듯 문체는 언어가 가지고 있는 사용 가능한 많은 표현들 가운데 텍스트에 펼쳐지는 일련의 선택들이다. 언어의 선택은 가장 직접적이고 감지할 수 있는 문체의 물질적 구성 성분이다.

“언어는 표현하고, 문체는 강조한다”(리파테르)는 입장은 결국 언어구조에 의해 전달된 정보(언어 표현)로부터 묻어나오는 특징적, 감동적, 심미적 강조(문체 의미)를 말한다. 따라서 “모든 언어적 선택은 의미심장하며 문체적인 것”(할리데이)이다. 문체는 언어적 특색 또는 말투이자, 언어의 하위약호 체계에 해당한다. 환언하면, 글의 형식적 특징인 문체는 바로 ‘비유적 문채’, ‘감정적 담화’ 등과 같은 표현과 밀접하게 관련되어 있으며, 발화체나 문학 텍스트의 문체적 서술이나 묘사는 단지 언어적 특징들에 대한 기술이다.

셋째, 문체는 개성과 보편성의 융합이다. 문체는 작가 특유의 개인적 특성('개성적 문체' 또는 '미시적 문체')과 시대, 지역, 장르에 따른 공통적이고 보편적 표현('유형적 문체' 또는 '거시적 문체')을 통해 구현됨으로써 최종적으로 글의 가치를 결정할 수 있다.

유형적 문체는 표기 형식, 어휘, 어법, 수사, 문장에 따라 이루어지는데, 시대나 지역 등에 따라 또 다른 유형적 문체가 이루어진다. 개성적 문체는 어떤 표현의 특수성이 유형을 띠지 않고 독자적인 성격을 갖는 경우를 가리킨다. 특히 소설에서 문체는 작가정신과 기법에 따라 크게 좌우된다.

문체에 대한 서술적이고 가치론적인 이해에서 문체 개념은 아직도 뚜렷하게 완성되지 않은 불안정한 발전단계에 있다. 그러나 역사적 계기와 개인의 태도(개성), 즉 특정한 시대의 언어 체계, 표현 방식과 작가의 내용, 구성, 문장, 낱말 사용에서의 차이와 깊은 관계를 맺고 있다.

그 외에도 글의 종류(설명문, 논증문, 감상문 등), 장르, 특정 문화권과 같은 외적인 상황에 따라 문체 개념은 다르게 나타난다.

C

고대 수사학 전통에서 설득하는 수사기법의 일부분이었던 문체에 관한 문제는 '표현술'과 '화법의 종류(genera dicendi)'로 설명할 수 있다. 우선 협의적 의미로 문체는 고대 그리스-로마시대의 수사학 구성이론에 영향을 받은 표현술의 개념과 관련이 있으며, 고전 문체의 특징으로 나타난다.

아리스토텔레스에 따르면 문체, 즉 표현술은 담화의 주제에 조화롭게 맞춰야 하며 그 방식은 너무 드러나지 않고 적절하게 사용하는 것이 중요하다. 아리스토텔레스가 언급한 웅변가가 갖춰야 할 네 가지 주요 문체 특성으로는 명료성, 정확성, 적합성, 리듬이 있다. 그 가운데 가장 중요한 문체 특성은 문체의 적합성(convenance)이다.

그는 기원전 5세기 수사학자 트라지마코스가 처음 고안한 삼문체(三文體) 이론을 이용해 웅변적 장르에 따른 여러 가지 문체를 구분한다. 아리스토텔레스에 따르면 사법 장르의 표현술은 충분히 설명된 문체이고, 토론 장르의 표현술은 가장 덜 설명된 단순한 문체로서 연사(접속사) 생략법이나 자주 쓰이는 반복법과 같은 웅변적 연기술에 알맞은 방식을 사용한다. 제시 장르의 표현술은 가장 잘 설명된 문체로서 시학적 방식을 가장 많이 포함한다(『수사학 III』).

한편, 규범적 문체에 관한 문제로는 '장르'의 적용에 있어 논리-적합성에 이르는 논리-를 도입한 키케로의 규범과 퀸틸리아누스의 화법의 종류, 표현방법의 세 가지 분류(숭고체, 평범체, 겸손체)와 관련이 있다. 고전수사학에서 문체는 그에 알맞은 장르를 표현하는 방식을 가지고 있다. 겸손체(humilis)는 목가적이고 전원적인 장르에 적합하고, 평범체는 로마네스크적이고 교훈적인 장르를 요구하며, 장중체 또는 숭고체(nobilis)는 서사 작품과 비극 장르에 들어맞는다.

키케로는 문체의 장르 혹은 담화의 특색을 위와 같은 세 가지의 문체로 구분하며 삼문체 이론으로 설명한다. 문체를 웅변가나 작가의 개인적 표현 방법으로 나타내려는 의미다. 삼문체 이론은 표현의 장중함으로 사유의 고귀함을 옹호하고 주장하는 빼어난 또는 숭고한 문체, 목적 자체를 표현하거나 가르치기만 하는 간결한 또는 단순한 문체, 숭고한 문체의 위력을 완화시키고 간결한 문체의 표현을 약화시키는 하찮거나 온건한 문체 등이다.

키케로의 담화의 특색, 이른바 삼문체 모델에 관한 평가는 베르길리우스의 주요 세 작품에서 다시 찾아볼 수 있다. 『부콜리카』(하급 문체 또는 겸손체), 『게오르기카』(중급 문체 또는 평범체), 『아이네이드』(숭고체 또는 장중체) 들로 분류된다. 이러한 '문학화'의 결과는 직업, 표본, 동물, 도구, 풍경, 나무 들로 구분된 그 유명한 베르길리우스의 궤적(rota Virgile)에서 나타난다.

이때부터 각 담화의 특색은 문학 생산에 대한 주제나 소재별 규정의 총체로 이해된다. 예를 들면 암말(Cavale)과 준마, 군인, 검, 도시, 월계수,

서양 삼나무의 등장은 서사시나 비극, 귀족적이며 역사적인 장르에 쓰이는 고상한 문체에 해당하는 장중체(숭고체)고, 말(馬)의 등장은 소설적이거나 교육적인 장르에 적합한 평범체, 아르카리아의 당나귀나 나귀의 등장은 전원적이고 목가적인 장르에 알맞은 하급 문체(겸손체)다.

또한 불톤(M. Boulton)은 문체의 측면에서 리얼리즘, 로망스, 비현실적 소설 사이의 차이를 밝히는데 리얼리즘 소설을 개성적 문체로, 로망스의 문체적 특질을 평범체로, 비현실적 소설들의 문체적 특질을 겸손체라고 말한다. 특히 겸손체의 대표적인 실례를 과장법과 언어 오용을 일삼는 문구에서 찾는다. 하지만 작가는 정확하면서도 생동감 넘치는 묘사를 위해 비속어도 구사할 수 있다고 보는 리얼리즘 이론이나 바흐친 류의 다성성 이론, 즉 장르의 경계 넘나들기를 관찰할 필요가 있다.

문체의 유형을 세 가지로 나눠 소개하는 퀸틸리아누스는 문체를 구성하는 네 가지 성격, 즉 문체의 질을 언어적 정확성, 적절성, 명확성, 우아함이라 칭한다. 정확성은 권위 있는 용법에 부합하는 것을 말하고, 적절성은 텍스트 언어학 이론에서 다루는 개념과 유사한 관점에서 텍스트의 배경과 텍스트성의 기준들이 유지되는 방식과 부합하는 것이라 정의할 수 있으며, 명확함과 우아함은 각각 텍스트 언어학에서 말하는 효율성과 유효성의 개념에 해당한다.

D

르네상스 시대에 이르러 고전적 문체 개념은 개인을 중심으로 한 현대적 문체 개념과 중복되어 나타난다. 이러한 개념은 17세기에 이르러 점차 개인을 중심으로 한 '개성적 문체'라는 현대적 개념을 겸하게 된다.

프랑스 수사학자 라미에 따르면 "문체의 특징들은 상상력, 기억 그리고 글 쓰는 사람의 정신적 특성에 달려 있다"고 언급하면서 언어의 올바른 사용에서 우선하는 규칙을 문체의 멋, 고결함, 능란함보다는 오히려 문체의 명료성으로 간주한다. 수사학에서 이러한 규범적 문체는 총칭적(혹은 유형적) 문체와 개인적(혹은 개성적) 문체가 동시에 공존하는 서양에서 18세기 초까지 무려 천 년 이상을 지배해 온 문체 개념이다.

18세기 후반부터는 문체를 점점 더 개인적인 재능과 결부시키는 경향이 생겨났으며, 낭만주의를 거치면서 문체는 공통언어의 사용에서 개인, 집단 또는 장르의 특징이 된다. 19세기 낭만주의 관념에서는 저자의 문체에 절대적인 관심이 집중되고, 문체는 집단에게 양보된다.

실제로 저자의 문체를 볼 수 있는 19세기 말에 행해진 화법 종류의 폐지는 개인과 공동체에 관련된 문체의 현대적 개념을 확인할 수 있게 한다. 게다가 문학과 미술 간의 상호접근 수단을 통해 점진적으로 시대의 문체(바로크, 고전주의 등), 학파의 문체, 저자의 문체(크레소, 마루조, 스피제가 지적하는 저자의 문체론)와 같은 문체의 다원성(다수성)을 받아들이게 된다.

이것은 문체 생산의 심급(審級)에 관계하며 문체에 대한 현대적 연구는 바르트가 주목하는 장르 표지와는 다르게, 오로지 통합체적 질서를 중시하는 러시아 형식주의, 즉 리파테르의 구조문체론, 야콥슨의 시학에서와 같이 텍스트 그 자체에만 집중하는 데 이르게 된다.

[이종오]

리듬, 문채, 숭고/숭고미/숭고체

참고문헌

- 아리스토텔레스, 『수사학 III』, 이종오 역, 리젬, 2008.
- 이태준, 『문장강화』, 창비, 2005.
- Bernard Lamy, *La Rhétorique ou l'art de parler,* Champion, 1675.
- Cicero, *L'Orateur I,* Belles Lettres, 1985.
- Johanne Murry, *The Problem of style,* Greenwood Press, 1980.
- Marjorie Boulton, *Anatomy of prose,* Routledge & Kegan Paul PLC, 1968.

· Michael Halliday, "Linguistic function and literary style: An Inquiry into the language of William Golding's The Inheritors", *Literary style: A symposium* (edited by S. Chatman), Oxford University Press. 1985.

· Michel Riffaterre, "Criteria for style analysis", *Word,* vol. 15, no. 1. 1959.

· __________, *Essais de stylistique structurale*, Flammarion, 1971.

· Pierre Guiraud, *La Stylistique,* PUF, 1975.

문체론(문체학)

F: stylistique　*E:* stylistics　*D:* Stilistik

✺ 문체의 형식과 특징을 연구대상으로 하는 학문

A

문체론은 문체의 형식과 특징을 연구대상으로 하는 학문으로, '문체학'이라 부르기도 한다. 사실상 문체론은 수사학에 기원을 두고 있다. 문체에 관한 연구는 물론 고대부터 있었지만, 대부분 수사학의 범위나 문학작품에 관한 연구 영역에서 벗어나지 못했다. 19세기 초까지만 해도 수사학의 표현술과 밀접하게 연관되어 있던 문체론은 19세기 말 언어학의 한 분야로 미셀 브레알(M. Bréal)이 주장한 의미작용의 학문(science of signification), 즉 의미론의 탄생 시기와 거의 같은 시기에 등장한다(문체론이란 용어는 영어에서는 1846년부터, 프랑스어에서는 1872년부터 사용하기 시작한다).

서양에서 고유어법 또는 미사여구법과 동의어로 사용되던 문체론이 언어과학의 한 분야로서 독자적인 위상을 갖게 된 것은 20세기 초반부터다. 정확히 말해, 19세기 말 교육 영역에서 수사학의 입지가 줄어들어 그 자리를 문체론이 대신하면서, 20세기 초는 문체론이 독자적인 분과 학문으로서 정립되고 고대 수사학이 표현술로 한정되는 '축소 수사학'의 시기였다.

이런 점에서 기이로(P. Guiraud)는 수사학을 '고대인의 문체론'으로, 문체론을 '현대 수사학'이라 부르고, 문체론을 언어학과 문학이 관련된 학제적 성격의 학문으로 인정한다. 또한 울만(S. Ulmann)은 "현대 언어학에서 가장 놀라운 발전 가운데 하나가 문체론이라는 새로운 학문의 출현이다"라고 지적하면서 문체론을 '새로운 수사학'으로 간주한다.

짧은 역사에도 불구하고 문체론에 관해 최초의 이론적 정립을 시도한 이는 20세기 초 소쉬르의 구조주의 학파의 일원인 바이이(Ch. Bally)다. 바이이를 필두로 해서 문체론은 여러 방법(론)을 동원해 활발하게 연구되기 시작한다. 그리고 바이이의 문체론은 담화의 의미 효과를 설명하고자 하는 현대 문체론, 즉 1960년대 리파테르와 야콥슨의 구조 또는 기능 문체론, 1970년대 주네트의 서술학이나 장르 이론, 1980년대 몰리니에(G. Molinié)의 문학성을 이루는 언어의 형식적 요소분석 이론 등의 출발이 된다.

B

전통적으로 문체론은 두 개의 커다란 유파로 나뉘어 대립하고 있다. 하나는 언어학적으로 접근하는 유파로 문체를 공통 언어 표현의 객관적 가치로 연구하고, 다른 하나는 문학적으로 접근하는 유파로 문체를 주관적이고 개인적인 표현의 문제로 본다. 기이로는 첫 번째 유파를 기술문체론 또는 표현문체론으로, 두 번째 유파를 관념문체론 또는 발생론적 문체론이라 명명한다. 이러한 두 접근법은 전자는 바이이, 후자는 스피처가 정립한다.

언어학적 문체론(랑그의 문체론이라고도 함)은, 실증적인 정신에 입각해서 언어 연구를 막연한 직관적 실체에 의존하지 않고, 관찰이나 분석적 오류, 사실의 객관적이고 기술적인 해석에 따라 수행한다. 이러한 문체론은 연구대상을 집단적 문체에서 사용되는 언어 사실에 한정시켜 생각과 표현 방식 사이의 관계를 연구하기 때문에, 언어학의 모든 층위(음성, 문법 형태, 통사, 의미 등)에 기초한 문체 분석을 가능하게 한다.

예를 들면, 통사 층위의 분석은 영어에서의 과거진행과 프랑스어에서의 반과거(지속성의 효과), 영어의 과거나 과거완료와 프랑스어의 단순과거(고풍스러움의 효과), 역사적 현재(간결하고 활발함의 효과) 등과 같은 문체 효과를 나타내는 용법에 주목하여, 어떤 장르에 어떤 형식이 전문적으로 사용되는지를 설명해 준다. 또한 작품(텍스트) 속에서 단문, 복문, 병치, 등위, 종속, 대구(법), 도치, 생략 등을 어떻게 사용하느냐에 따라 작품의 인상이 달라지는데, 이처럼 언어학적, 즉 표현 문체론은 언어의 모든 층위에 걸쳐 표현 수단의 문체적 가치를 연구한다.

문학적 문체론(파롤의 문체론이라고도 함)에서는 문체를 단순히 쓰는 기술로서가 아니라, 개인의 독창성을 반영하는 창조적인 언어 요소로 본다. 언어는 개인의 성격, 문화, 나이, 성은 물론 생활방식이나 조건에 크게 의존하기 때문에 항상 영혼 또는 정신과의 연관 속에서 고찰되어야 한다. 이러한 문체론은 언어의 구조적인 미학보다는 언어 표현의 핵심을 이루는 인간의 심리적 현상에 더 관심을 둔다.

거의 같은 시대에 활동한 스피처와 바이이는 두 문체론 경향의 대변자 역할을 하면서 현대 문체 분석의 기틀을 마련한다. 스피처는 언어학과 문학을 통합해 새로운 지평을 열어줄 수 있는 학문이 바로 문체론이라고 주장하면서, 언어학적 방법론으로 문학작품의 해석을 시도한다. 문체론 연구는 반드시 언어적 특징을 출발점으로 삼아 작품의 중심을 이루는 작가 개인의 정신을 찾아낸 후, 직관을 통해 작품의 특성(개인의 문체적 일탈)을 꿰뚫어 봐야 한다는 것이다. 그러나 바이이는, 스피처의 문체론이 언어에서 출발한다 할지라도 직관을 통한 작가의 심리 분석은 주관적 판단이 개입된다고 논박하면서 문체 연구를 주관적 판단에 맡기면 객관성을 띨 수 없다고 비판한다.

위와 같은 전통적인 분류와 달리, 문체론에 대한 학문적 성격은 ① 문체론을 언어학의 하위 영역으로 보는 경향(바이이, 마루조, 크레소, 박갑수, 심재기 등의 '언어학적 문체론'으로 언어의 보편적 표현성을 연구), ② 문체론을 문학의 하위 영역으로 보는 경향(크로체Croce, 포슬러Vossler, 스피처, 리파테르, 김상태, 이인모 등의 '문학적 문체론'으로 개인적 문학어의 특이성을 작품의 맥락 속에서 연구), ③ 문체론을 언어학 또는 문학과는 또 다른 독립된 학문 분야로 보는 경향(문체론을 자매과학으로 보는 견해로서 야콥슨, 할리데이, 리치, 이인모, 소두영, 황석자 등이 구조주의, 텍스트 언어학, 화용론, 담화분석, 시학, 기호학 등의 이론을 수용하여 연구)의 세 가지 경향으로 분류된다.

문체론의 연구대상은 텍스트에 나타나는 모든 종류의 특정한 글(즉 문체)이 되며, 글의 형식과 기능에 대한 연구방법이 언어학의 연구방법과 거의 같기 때문에, 오늘날 대부분의 학자들은 문체론을 언어학의 한 분야로 간주하는 경향이 지배적이다. 여기서 문체의 언어학적 접근 방법은, 작가들이 특정 언어 사용 습관(예를 들면, 문장의 구성 방식(통사적 특성)과 어휘 사용에 있어서의 선호도(어휘적 특성))을 가지고 있다는 것을 전제로 이를 발견하려는 것으로서, 작품의 내용이나 주제와 밀접한 관계가 있다. 작가는 자신이 드러내고자 하는 주제를 위해 그에 맞는 적절한 문체를 사용하기 때문이다.

C

문체론에서 언어학적 방법은 문체 특징을 객관적이며 명시적으로 드러낼 수 있고, 문체 특징의 의미나 기능을 논리적으로 설명할 수 있다는 이점이 있다. 언어학적 문체론은 구조주의와 변형생성문법으로 대표되는 언어학의 발전에 따라 새로운 양상을 띠게 되는데, 크게 네 가지 유형으로 분류된다. 첫째, 규범으로부터의 일탈로서 문체를 연구하는 바이이, 스피처, 리파테르 등의 방법이 있다. 둘째, 텍스트 패턴의 재현이나 집중으로서 문체를 연구하는 방법이 있다. 이 방법은 야콥슨의 "시적 기능은 선택의 축에서 결합의 축으로 균형의 원리를 투사하는 것이다"라는 유명한 말에서 유래한 것으로 시적 언어의 계열관계에서 왜 그런 낱말을 선택했는지, 혹은 결합관계에서 왜 그런 구문을 사용했는지를 관찰하는 방법이다. 특히 이러한 관점은 응집(cohesion)에 관한 할리데이(M.K. Halliday)와 리치(G. Leech)의 설명에서 잘 볼 수 있다.

셋째, 가능(성) 문법의 특정한 이용으로서 문체를 연구하는 방법이 있다. 이는 촘스키의 변형생성문법에서 말하는 보편문법(인간언어의 창조적인 면을 끊임없이 유지하도록 해주는 본유적 원리, 온갖 다양한 문장의 유형을 무한히 생성시킬 수 있도록 해주는 원리) 개념에서 비롯된 것이다.

넷째, 문체 특성의 단어 빈도나 자료의 통계를 통한 단어의 배열, 컴퓨터를 통한 기계번역 등과 같은 양적(quantitative) 방법이 있다. 이 방법은 작품의 통일성을 파악하거나, 특정한 언어장치에 대한 빈도나 밀도를 표시해 줌으로써 작품 해석에 큰 도움을 줄 수 있으며, 통계적 수치로 문체적 요소의 이상 분포를 확실히 보여줌으로써 미학적 해석에 중요한 문제를 제기해 줄 수 있다.

언어학적 문체론에서는 언어학의 개념과 논리가 문학의 논의에 의존하지 않으면서도 언어학적 문체론 나름의 문제를 제기함으로써 문학과 실질적인 관련성을 가질 수 있는 요소들을 찾는 것이 중요하다. 예를 들면 문학뿐만 아니라 언어학에서도 공동으로 논의되는 시제, 일탈, 초점, 담화기능, 전경화, 조응, 응집, 함축, 대화격률, 다성성, 유추 등의 개념들이 그러한 요소들이다.

오늘날 문체론이 언어학을 전제로 하면서도 언어학의 한 분야로서 위상이 뚜렷하게 드러나지 않는 까닭은 문체, 즉 언어 사용의 다양한 변이양상(variation) 문제를 언어학의 여러 분야(화용론, 사회언어학, 텍스트언어학 등)가 서로 나누어 담당하게 됨으로써 논의가 다변화되었기 때문이다.

이처럼 언어학적 방법에 의한 문체론은 언어학의 새로운 흐름에 따라 그 적용범위가 확대되고 있는데, 언어 이론과 방법의 다양성에 비해 언어학 지식을 문학작품(문학언어)에 적용하는 측면과 그러한 지식이 문학에 관여하는 측면이 제대로 통합되어 있는지에 대한 적절한 평가가 필요하다.

언어학 논리를 문학적 해석과 평가에 통합한다는 의미에서 보면 언어학적 문체론은 언어학에 기초하면서도 문학을 지향한다는 점에서 문체론의 이중적 현실과 당위성을 가진다. 따라서 언어학적 문체론의 위상과 방법을 정립하기 위해서는 일상 언어와 문학언어 간에 나타나는 문체관이나 문체 양상의 관련성을 찾아나가야 한다. 그래야만 재론의 여지없이 이미 잘 인지된 언어학과 문학비평 간의 가교를 놓을 수 있다.

실제로 문체론 연구는 문학비평 방법에 적용되는 학문 분야로서 전문적인 언어학적 지식이 필요하고, 동시에 텍스트에 구성되어 있는 영혼의 움직임을 관찰할 수 있는 감수성과 직관이 필요하다. 문체론이라는 학문은 문학과 언어학의 두 영역에 걸쳐 있기 때문에 이 둘을 공존시킬 수 있는 새로운 학문적 접근이 필요하다.

D

대표적인 문체연구 이론 및 방법에는 다음과 같은 것들이 있다. 텍스트에 나타나는 작가의 문체적 특성(파롤)을 배제하고 총체적인 한 언어의 표현적 특성(랑그)을 기술하는 표현문체론(바이이, 이숭녕, 박갑수, 김상태, 정지영), 표현문체론에 기반해 작가의 문체까지도 문체론에 포함시켜 작가의 의도를 분석하는 의도문체론(마루조, 크레소), 작가의 품성, 정신, 심리, 성격, 세계관, 경험과 같은 개인의 특수한 표현 연구를 통해 작가정신 및 시대정신에 이르고자 하는 관념 또는 심리 문체론(스피처, 모리에, 이인모), 언어를 구조주의 기호학의 원리에 입각해 독자의 관점에서 의사소통 수단으로서 언어와 문체가 지닌 특징인 문체 사실을 미학적이고 감정적인 기능과 효과에 연관시키는 기능 또는 구조 문체론(야콥슨, 리파테르, 몰리니에, 소두영, 김홍수), 신비평에서 제기된 구조문체론의 엄격성을 비판하면서 텍스트에 나열된 문체 효과, 즉 언어 표현의 의미를 전적으로 독자의 '반응'을 단서로 재구성해 구조주의의 오류를 극복하려는 정서 또는 영향 문체론(affective stylistic)(피쉬S. Fish), 신비평, 구조주의 비평, 형식주의, 신화비평과 같이 언어적 형식을 다루는 의미문체론(울만, 웰렉), 둘 이상의 언어 비교 및 번역을 통해 각각의 언어에 대한 고유한 특징, 즉 차별성을 찾아내는 비교문체론(바이이, 비네와 다르벨레J.P Vinay and J. Darbelnet) 등을 들 수 있다.

[이종오]

규범, 다성, 대구(법)/대칭(법), 도치(법), 문체, 생략(법),
유추, 일탈, 재현(표상, 대표), 전경화(前景化), 조응, 함축

참고문헌

· 김상태, 『문체의 이론과 해석』, 집문당, 1993.
· 김상태, 박덕은, 『문체론』, 법문사, 1994.
· 김흥수, 「언어학적 문체론의 위상과 실제」, 『국어국문학』 100호, 국어국문학회, 1988.
· 박갑수, 『문체론의 이론과 실제』, 세운문화사, 1977.
· __________, 『국어문체론』, 대한교과서, 1995.
· 박성창, 『수사학과 현대프랑스 문화이론』, 서울대출판부, 2002.
· 심재기, 『국어문체 변천사』, 집문당, 1999.
· 이인모, 『이론과 실천 문체론』, 동화문화사, 1960.
· __________, 『문체론』, 이우출판사, 1978.
· 이종오, 「샤를르 바이이에 의한 문체론의 접근방식」, 『불어불문학 연구』 37집, 1998.
· __________, 「미셸 리파테르의 문체분석 방법론」, 『어학연구』 5호, 1998.
· __________, 『문체론』, 살림, 1996.
· 정지영, 「불어문체론 연구」, 『인문논총』 23호, 1990.
· 황석자, 『현대문체론의 이론과 실제』, 한신문화사, 1992.
· Charles Bally, *Traité de stylistique française*, Klincksieck, 1951.

· Donald Freeman, *Linguistics and literary style,* Rinehart and Winston, 1970.
· George Molinié, *Eléments de stylistique française*, PUF, 1986.
· __________, *La Stylistique*, PUF, 1993.
· Henri Morier, *La Psychologie des styles*, Georg, 1959.
· Karl Cognard, *Introduction à la stylistique,* Flammarion, 2001.
· Léo Spitzer, *Etudes de style*, Gallimard, 1970.
· Michel Riffaterre, *Essai de stylistique structurale*, Flammarion, 1971.
· Michel Bréal, *Essai de sémantique*, Hachette, 1908.
· Pierre Guiraud, *La Stylistique*, PUF, 1954.
· René Wellek, Austin Warren, *Theory of literature,* Penguin Books, 1956.
· Stanley Fish, *Is there a text in this?*, Havard University Press, 1980.
· Stephen Ulmann, *Language and style*, Basil Blackwell, 1966.
· Thomas Sebeok, *Style in language*, MIT Press, 1960.
· Vinay et Darnelnet, *Stylistique comparée du francais de l'anglais,* Didier, 1958.

문학성

F: littérarité *E:* literariness *D:* Literarizitat

✻ 1. "주어진 한 작품을 문학작품이게끔 하는 것" (야콥슨)
2. "문학적 사상(事象)의 특이성을 이루는 추상적인 특성" (토도로프)

Ⓐ

로만 야콥슨이 처음 사용한 어휘 '리테라투르노스트(literaturnost, 문학성)'의 번역어다. 1915년에서 1930년 사이 "문학을 그것 아닌 다른 구조의 전치(轉置)로 보기를 거부한" 러시아 형식주의자였던 야콥슨은 자신의 저서 『러시아의 근대시』(1921)에서 "주어진 한 작품을 문학작품이게끔 하는 것"이라는 개념으로 문학성이라는 어휘를 사용한다. 그 개념은 1970년대에 큰 반향을 불러일으키면서 문학과학의 정립에 크게 기여한다.

B

박이문에 의하면, 물리학자가 '물은 무엇인가?'라는 문제를 풀려고 한다면 문학과학자는 '문학작품이란 무엇인가?'라는 문제를 풀려고 한다. 물리학자가 모든 물에서 공통적으로 찾아볼 수 있는 H_2O를 발견함으로써 문제의 해답을 구하듯이 문학과학자는 모든 문학작품에서 다 같이 찾아낼 수 있는 속성소(property)를 찾아내려는 것이다. 개별적인 문학작품의 해석처럼 의미를 규정하려 하지 않고, 각 작품의 탄생을 주재하는 보편적인 법칙이기도 한 속성소에 대한 정의가 곧 문학성이라고 말할 수 있다. "과학이 구체적인 개개의 현상들을 넘어서 어떤 종류의 현상에 대한 보편적인 점을 가려내고자 하기에 과학적 앎은 필연적으로 추상적일 수밖에 없는 것"처럼, 문학의 속성소 역시 추상적이면서 동시에 내적인 것일 수밖에 없다. 따라서 문학적 사상, 혹은 문학적 담화의 특이성을 이루는 추상적인 특성이 곧 문학성이다.

문학 텍스트의 결정적이고 필요불가결한 조건들, 다시 말해 개별적인 텍스트를 태어나게 한 보편적인 법칙의 규명을 위해 연구자들은 언어학적 방법론을 사용한다. 언어학은 사고의 엄격성, 논증 방법, 논증 진행 법칙 등을 가르쳐줌으로써 과학적 연구의 일반적 방법론에 대한 중개자 기능을 하기 때문이다.

연구자들은 문체적 일탈, 언어지시 대상의 가정, 언어의 시각적 활용, 반복성, 서술과 운율 및 음향의 구조 등을 문학성의 조건들, 즉 속성소로 제안한다. 이러한 속성소는 대체적으로 후기 구조주의와 기호학 이론에 기초하여 연구 제안되고 체계화한 것들이다.

C

이는 문학 연구의 두 가지 태도, 즉 "문학 텍스트 자체를 그것만으로 끝나는, 앎의 대상으로 보는 태도와 개개의 텍스트는 어떤 추상적인 구조의 발현이라고 생각하는 태도" 가운데 후자에 속한 것이다. 전자는 보통 해석, 또는 주해, 주석, 텍스트 설명이라고 불리는 것인데, 목표는 주어진 텍스트의 의미를 규정하는 것이다.

그런데 해석, 즉 텍스트에 규정되는 의미는 역사를 통해 끊임없이 변주되어 나타날 수밖에 없다. 그것은 "해석이 텍스트의 의미에 도달할 수는 없고 다만 역사적, 심리적 우연의 상황에 종속되어 있는 텍스트의 어떤 의미에만 도달할 수 있다"는 의미로도 해석될 수 있다. 하지만 문학적 담화에 내재하는 추상적인 법칙들, 즉 문학성의 발견이라는 것도 이 역사적이고 심리적이며, 사회 문화적인 상황성과 우연성 등의 외적인 요소들로부터 자유로울 수 없다는 데 그 한계가 있다.

그러나 "문학의 자율성을 강조하고, 그 언어가 어떤 식이든 문체론적으로 두드러진 텍스트에 주의를 집중"하는 문학 비평과 연구는 20세기 후반 문체론의 발전에 크게 기여한 것도 사실이다.

[김중현]

담화(담론), 문체론(문체학), 서술, 텍스트, 해석/해석공동체

참고문헌

- 박이문, 「문학과학에의 접근」, 『문학과 언어의 꿈』, 민음사, 2003.
- 츠베탕 토도로프, 『러시아 형식주의』, 김치수 역, 이화여대출판부, 1981.
- 츠베탕 토도로프, 『구조시학』, 곽광수 역, 문학과지성사, 1981.
- Louise Milot, Fernand Roy, *La Littérarité*, Les Presses de l'Université Laval, 1991.

문학장

F: champ littéraire *E:* literary field *D:* literarisches Feld

✻ 문학적 정당성을 획득하기 위한 문학 행위자들 간의 경쟁과 대립 그리고 투쟁이 행해지는 공간

A

문학성, 즉 어떤 것이 문학적이고 어떤 것이 문학적이 아닌가의 문제는 초월적이고 보편적인 가치에 근거하는 것이 아니라, 개인이나 사회집단이 특정의 문학적 가치를 상정하고 그것을 정당화하는 제도화 과정을 통해 규정된다. 이렇게 집단적, 제도적, 사회적 생산물로 문학 개념을 정의하기 위해서는 개인이나 여러 사회집단 또는 제도들이 문학적 기득권을 획득하고자 투쟁하는 하나의 사회적 공간이 전제되어야 한다.

부르디외(P. Bourdieu)는 문학적 정당성을 획득하기 위한 문학 행위자들 간의 경쟁과 대립 그리고 투쟁의 공간을 설명하기 위해 '문학장'이란 개념을 도입한다. 부르디외의 문학장 이론은 문학작품과 작가에 대한 가치평가적 서술을 배제하고, 저마다 보편성을 주장하는 각각의 특수한 문화적 산물을 역사적으로 자리매김하고, 그 문화적 산물과 그것을 생성시킨 사회적 조건을 결부시켜 관찰함으로써 그것이 탄생할 수밖에 없었던 필연성을 규명하고자 하는 것이다.

부르디외는 문학장을 크게 기득권을 갖고 있는 문학영역('대량생산의 하위장')과 이를 변화시키고 전복하려는 문학영역('제한생산의 하위장')으로 구분하는데, 이들 영역 간에는 미적 가치라는 '상징자본'을 둘러싼 대립과 갈등이 끊임없이 지속된다. 이런 대립 과정을 통해 두 영역 간의 경계는 뚜렷해지며 그것들 간의 양극화나 차별화 현상이 첨예하게 드러난다.

문학적 정당성의 독점을 위한 상징적 투쟁 속에서 기득권을 가진 문학

영역은 자신이 옹호하는 문학의 지속성과 구속력을 계속 유지시키기 위해 자신과 구별되는 문학적 요소들을 효율적으로 차단하는 작업을 진행한다. 반면 차별받고 배제된 영역은 기득권을 갖지 못한 채 주변부에 머물면서, 문학장의 위계질서의 전복을 도모하는 가능성의 공간을 형성한다.

그래서 작가들은 문학장 속에서 특정한 문학적 입장을 취하면서, 적대적 입장들과 맞서서 자신들의 입장을 보다 영향력 있게 만들고자 노력한다. 따라서 작가와 작품에서 문제되는 것은 문학장 속에서의 입장, 즉 문학적 입장이지, 루가치나 골드만이 생각하듯 특정 계급의 사회·정치적 입장이나 세계관이 아니다.

부르디외는 작품 생산이 특정한 사회계급의 이해관계를 대변하는 것이라기보다, 문학장 안에서 작가의 입지를 새로 정립하거나 유지·강화하는 것을 목표로 한다고 본다. 성공한 작가는 장 안에서 자신의 위치를 더욱 견고히 하기 위해, 장에 새로 진입한 젊은 작가는 기성작가들의 입장들 틈 속에 자신의 독자적인 자리를 만들기 위해 작품을 쓴다.

부르디외에게 쓴다는 것은 싸우는 것이다. 문학장은 경쟁과 투쟁의 장이며, 새로 생산되어 발표되는 작품들은 그 하나하나가 경쟁과 투쟁 구도에 크든 작든 변화를 준다. 이 때문에 새로운 소재나 기법, 문체의 도입은 모두 사회적 행위로 해석되고 평가될 수 있는 것이다.

B

문학장 안의 위계질서 유지와 변혁은 작품 자체의 생산뿐 아니라 작품의 가치생산, 유통, 수용, 그리고 재생산 전반에 나타난다. 여기에는 작가 및 여러 문학행위자와 많은 제도들이 직·간접적으로 관여한다. 예를 들면 평론가, 문학사가, (출판)편집인, 후원자와 공준(公準)기구로서 아카데미, 문학단체, 문학살롱, 심사위원회 그리고 이에 관여할 수 있는 정부 행정부서의 정치적, 행정적 제도를 들 수 있다. 또한 여기에 문학교육의 일차적 책임이 있는 문학교사는 물론, 문학작품을 하나의 가치로 인정하고 재생산에 기여하는 일련의 교육제도도 포함된다.

C

문학장이라는 개념을 통해 다양한 문학적 입장들이 하나의 장 안에서 서로 경쟁하고 갈등하는 현실을 포착함으로써, 문학의 사회학적 차원을 고려하지 못하는 내재적 분석의 한계와 문학작품의 사회적 의미를 문학 외적 상황에서 찾는 환원주의의 함정에서 벗어날 수 있다는 부르디외의 입장은 일반적으로 공감을 얻는다.

그러나 장 속의 다양한 입장들을 이분법적으로, 즉 성공한 작가들의 보수적 입장과 새로 장에 진입하려는 신진 작가들의 진보적 입장으로 분류하는 것은 타당하다고 할 수 없다. 왜냐하면 상징 권력을 갖춘 인정받은 작가들 가운데서도 다양한 입장이 있을 수 있고, 신진 작가들의 아방가르드적 입장도 모두 동일한 것은 아니기 때문이다.

갈등은 기성 작가와 신진 작가 사이에서뿐만 아니라 기성 작가들 사이에서도, 또 신진 작가들 사이에서도 일어날 수 있다. 문학장에서 투쟁과 갈등은 세대적인 양상을 나타내기도 하지만, 다양한 입장들이 지속적으로 공존하면서 장기간에 걸쳐 균열과 갈등을 일으킬 수도 있다.

한 가지 더 고려해야 할 것은, 문학장의 자율성에도 불구하고 문학장 안의 대결 구도는 적어도 부분적으로는 언제나 더 큰 사회적 맥락(context)의 영향에 의해 결정된다는 점이다. 이 때문에 한 작품의 사회적 의미는, 그것이 문학장의 구도 속에서 차지하는 위치와 문학장의 구도 속에서 제기되는 문제들과 사회의 다른 장들(정치, 경제, 과학, 철학, 이데올로기)과의 연관성을 고려할 때 온전히 파악될 것이다.

[문재은]

문체, 문학성, 장(場)

참고문헌

· 김태환, 「장르의 사회학에 관한 시론」, 『카프카연구』 18권, 한국카프카학회, 2007.
· 김희영, 『문학장과 문화권력』, 한국외국어대학교출판부, 2009.
· 성초림, 「사회 · 정치권력과 문학장의 형성」, 『스페인어문학』 31권, 한국스페인어문학회, 2004.
· 피에르 부르디외, 『구별짓기』(상 · 하), 최종철 역, 새물결, 1996.
· ___________, 『예술의 규칙』, 하태환 역, 동문선, 1998.

문학적 화용론

F: pragmatique littéraire *E:* literary pragmatics
D: Literarische Pragmatik

✺ **역사적 · 사회적 맥락 안에서 저자, 텍스트, 독자 사이의 상호관계로부터 발생하는 텍스트의 언어적 특징들을 탐구하는 화용론의 한 분야**

1980년대에 널리 수용된 문학적 화용론은 역사적 · 사회적 맥락 안에서 저자, 텍스트, 독자 사이의 상호관계로부터 발생하는 텍스트의 언어적 특징들을 탐구하는 화용론의 한 분야다. 참여자들의 상호적 작용, 사회적 맥락에서 담화로 간주되는 문학의 언어적 특징, 독자 수용 등의 문제를 탐구하는 문학화용론은 화용론, 언어행위이론, 텍스트언어학, 문체론이 발전함에 따라 파생적으로 생겨난 분야다. 구체적으로 직시, 서법(modality), 전제, 공손표현에 대한 연구가 이루어졌다.

[고광식]

담화(담론), 독자, 문체론(문체학), 언어행위이론,
전제, 직시, 텍스트, 화용론

참고문헌

· 구자은, 『화용론과 담화』, UUP, 2009.
· 스테판 레빈슨, 『화용론』, 이익환, 권경원 역, 한신문화사, 1996.
· 존 설, 『언화행위』, 이건원 역, 한신문화사, 1987.

미메시스

F: mimésis *E:* mimesis *D:* Mimesis

1. 재현 또는 모방을 의미
2. 19세기 낭만주의자들이 반발하기까지 서양의 예술적 창조의 본질을 이룬다.
3. 20세기에 미메시스는 인간의 삶 일반에서 찾아볼 수 있는 '인간조건'으로 재발견되고 있으며, 인간의 미메시스 능력의 사회적 실천에 주목하고 있다.

A

'흉내를 내다'라는 뜻을 가진 그리스어 동사 '미메오마이(mimēomai, μίμησις)'에서 유래한 말로, 재현 또는 모방을 의미한다. 호메로스 이후에 나온 이 말은 처음에는 신에게 희생제물을 바칠 때 제사장이 행하는 행위, 즉 무용, 음악, 노래 등을 나타내는 제의적 개념으로 사용되었다.

피타고라스는 음의 조화로운 협화음과 음계를 수적인 관계로 환원시킨 최초의 인물로, 음악은 수(數)의 모방물(미메시스)이라는 주장을 폈다. 기원전 5세기의 자연철학자 데모크리토스에게 미메시스는 베를 짤 때 거미를 모방하거나 노래할 때 백조, 혹은 나이팅게일을 모방하는 것 등 자연이 작용하는 방식의 모방이었다.

그러나 본래의 개념이 점차로 빛을 잃어가던 이 말이 다시 중요한 의미를 띠게 된 것은 플라톤과 아리스토텔레스에 의해서다.

Ⓑ

플라톤은 『이온』과 『국가』에서 미메시스를 중요하게 언급한다. 대화편 『국가』(제10권)에서 미메시스의 개념을 인식론적 측면에서 비판적으로 분석한다. 그는 인간이 파악하는 대상을 세 단계로 나눈다. 첫 번째 대상은 참된 실재, 참된 존재, 즉 순수한 형상(eidos)인 이데아다. 두 번째 대상은 자연세계 속에 존재하는 대상으로, 곧 현상계를 의미하며 진정한 원본의 모방이다. 세 번째 대상은 참된 실재의 형상을 다시 흉내 낸 대상을 말한다. 이것이 곧 화가나 시인, 조각가 들이 작품 속에 미메시스로 재현한 형상으로, 진정한 원본의 모방의 재모방에 불과하다. 따라서 형상은 진리의 세계나 존재, 혹은 이데아로부터 두 단계나 떨어져 있다.

플라톤은 세 번째 단계의 모방자일 뿐인 예술가는 참된 대상, 즉 진리의 세계를 보여주지 못한다고 말한다. 진리로부터 세 단계나 떨어진 모방자에 불과한 예술가는 이성을 통해 이데아 세계의 참된 인식을 돕는 철학자와는 달리 자신의 모방물(예술품)을 통해 지성의 혼란만 가져와 오히려 세계에 대한 참된 인식을 가로막는다는 것이다.

이러한 예술적 미메시스 및 미메시스 행위를 일삼는 자들, 다시 말해 예술가들을 자신이 생각하는 이상적인 국가로부터 추방해야 한다며 플라톤은 『국가』에서 이렇게 주장한다. "모방을 일삼는 시인은 각 사람의 영혼 안에 일종의 잘못된 국가(나쁜 통치 체제)를 만들어 넣을 수 있다. 작은 것들과 더 큰 것들을 구분하지 못하고, 똑같은 것을 두고도 어떤 때는 크다고, 어떤 때는 작다고 생각할 만큼 판단력이 결여된 영혼의 부분을 흘리면서. 자기 자신도 참된 것으로부터 완전히 떨어져 있어 허깨비를 허망하게 만들어 내면서."

예술가들의 미메시스 행위에 대해 부정적으로 생각한 플라톤과는 달리 아리스토텔레스는 긍정적으로 본다. 무엇보다 아리스토텔레스는 미메시스 행위를 인간의 본성으로 파악한다. 그에 의하면, "미메시스 행위는 인간이 어려서부터 발휘하는 타고난 본성이다. 인간이 가장 미메시스를 잘

하고, 미메시스를 통해 처음 학습을 시작한다는 사실에서 인간은 동물과 구별된다. 그리고 재현(미메시스)된 것에서 기쁨을 느끼는 것은 모든 인간이 타고난 것이다."(『시학』)

아리스토텔레스에게 미메시스는 대상의 단순한 표상 행위가 아니라 "감각적 대상과 그 대상 안에 간직된 형상과 진상을 올바르고 아름답게 재현하는 창조 행위"다. 여기서 올바르게 재현하는 것은 인식론적 가치를 지니며, 아름답게 재현하는 것은 예술적인 재현과 표상의 생산이라는 가치를 지닌다. 더욱이 시인의 미메시스는 단순히 감각적이거나 물리적인 대상에 머물지 않고 성격이나 감정, 사상, 행위 등 인간의 정신세계와 사건으로까지 확대된다.

그것들을 함께 엮어 짠 인간 행위가 시인의 미메시스 행위의 대상이 될 때 그 대상의 재현이 곧 이야기, 다시 말해 미토스(mythos)다. 감상자는 재현된 이야기 속의 특정 행위를 지켜보며 추론함으로써 인간 행동의 본질과 보편적 원리를 깨닫기도 하고, 또 아리스토텔레스의 다음 말처럼 즐거움을 얻기도 한다. "우리는 실제로 보면 고통스러운 사물이라도, 그것을 아주 자세하게 그려진 표상을 바라볼 때는 즐거움을 느낀다. 가령 아주 끔찍한 짐승이나 송장의 모습과 같은 것 말이다."(『시학』)

이처럼 미메시스 행위를 통해 예술적으로 재현될 때 끔찍한 대상도 공포나 고통 대신 정서적이거나 감정적 즐거움을 주게 되는데, 이것이 바로 카타르시스다. 아리스토텔레스에게 카타르시스는 미메시스 과정 속에 이미 존재한다고 말할 수 있다. 카타르시스가 없는 미메시스는 진정한 의미의 미메시스라고 할 수 없다. 다시 말해 "참된 미메시스는 대상을 카타르시스 하며, 숭고하고 쾌적하게 재구성하며, 재현한다."

아리스토텔레스에게 미메시스는 예술적 창조의 본질을 이룬다. 아리스토텔레스는 미메시스의 원리 속에서 예술 창조의 본질을 본다. 중세의 가장 위대한 아리스토텔레스주의자였던 토마스 아퀴나스가 "예술은 자연을 모방한다"고 말함으로써 미메시스는 다시 예술이론의 기본 개념이 된다.

17세기 프랑스 고전주의자들은 "예술은 자연을 다듬어지지 않은 상태 그대로 모방해서는 안 되며, 자연의 결점들이 교정되고 취사선택이 이루어진 후에 모방해야 한다"는 견해를 택한다.

C

아리스토텔레스의 현실모방 이론은 1800년을 전후하여 낭만주의자들이 반발하기까지 자연 모방 개념에 한정되어 서양의 예술 창조를 지배했다. 낭만주의자들은 객관적 대상의 모방보다는 주관적 자아의 투사, 즉 표현을 중시함으로써 현실창조 이론 형성에 기여했다. 19세기 후반에 들어와 미메시스 원리의 구현은 다시 자연주의 소설에서 그 절정을 이룬다.

D

20세기에 들어서서 미메시스는 인간 삶의 전반에서 찾아볼 수 있는 '인간조건'으로 재발견된다. 발터 벤야민, 테오도어 아도르노, 르네 지라르, 자크 데리다 등의 연구가들은 대체로 인간의 미메시스 능력의 발전이나 사회적 실천, 그리고 대인관계에 더 주목한다. 지라르에게 미메시스는 "문학의 영역을 넘어 제의적 희생의 메커니즘 등 종교라든지 더 나아가 인간 사회 일반의 역사적 진행 과정의 본질적 구조를 설명하는 데 중요한 역할"을 한다.

벤야민에게 미메시스 능력은 인간의 본질적인 속성으로, 주어진 대상의 자연주의적인 모사 내지 유사성 관계의 지각의 의미를 넘어 재현이나 표현의 의미로 정의된다. 벤야민은 미메시스 능력이 역사가 진행되면서 언어 능력으로 변형됐다며 인간의 미메시스 능력의 발전에 관한 다음과 같은 역사철학적 명제를 제시한다. "이처럼 언어는 미메시스적 태도의 최고의 단계를 나타내고 비감각적 유사성이 결집된 완벽한 서고(書庫)가 됐다. 언어는 그 속으로 이전의 미메시스적 생산과 파악의 힘들이 남김없이 변환되어 들어간 매체가 되었고 결국 그 힘들은 마술의 힘들을 소멸시키는 데까지 이를 것이다."

[김중현]

디에게시스, 사실주의, 모방, 미토스, 인물/인물구성, 행위

참고문헌

· 김헌, 「아리스토텔레스 『시학』의 세 개념에 기초한 인간 행동 세계의 시적 통찰과 창작의 원리」, 『인간연구』, vol. 7, 가톨릭대학교 인간학연구소, 2004.
· 에리히 아우에르바흐, 『미메시스- 서구 문학에 나타난 현실묘사』, 김우창 외 역, 민음사, 1999.
· 이상섭, 「미메시스와 문학과 시: 하나의 비평사적 반성」, 『인문과학』 제82집, 연세대학교 인문과학연구소, 2000.
· 전혜찬, 「현실모방 이론에서 현실창조 이론으로 발전해 가는 예술사의 의미」, 『서어서문학 연구』, vol. 16, 한국서어서문학회, 2000.
· 최성만, 『발터 벤야민의 미메시스론』, 펌, 2005.
· 블라디슬로프 타타르키비츠, 『미학의 기본 개념사』, 손효주 역, 미진사, 1997.
· 한스 요하임 슈퇴리히, 『세계 철학사』, 박민수 역, 이룸, 2008.

미시문맥(미시맥락)

F: microcontexte *E:* microcontext *D:* Mikrokontext

✳ **무표적 요소들 간의 언어적 상호작용에 의해 그 특징이 드러나는 문맥**

Ⓐ

리파테르(M. Riffaterre)의 용어인 미시문맥은 구조적, 의미론적 관계에

의한 언어 체계의 이원구조들 가운데 하나다. 미시문맥은 문학적 요소의 연속체에서는 무표적 요소들 간의 언어적 상호작용에 의해 그 특징이나 의미가 드러나는 문맥으로 어휘나 문장 차원에서 분석되는 최하위 문맥구조를 뜻한다. 대조, 즉 일탈의 개념과 밀접한 관계가 있다.

미시문맥은 ① 이원대립의 극으로서의 구조 기능이 있고, ② 한 극은 반드시 다른 한 극 없이는 문체적 사실을 주지 못하며, ③ 한 극은 다른 극과의 관계에 의해서 한정된다.

예를 들어, a. "당신의 자동차 엔진에 호랑이 한 마리 넣으세요" 와 b. "당신의 발은 색깔을 꿈꾸고 있습니다"라는 광고 예문에서 미시문맥이 형성되는 과정을 살펴보자. '호랑이'와 '엔진', '발'과 '꿈꾸다'에서 별개의 단위로 사용된 각 낱말의 의미는 예측 가능하다. 그러나 그것들을 하나의 구조적 구성 요소로 보면 거의 개연성이 없거나 예측 불가능한 단위를 이룬다. 게다가 각 어휘의 내재적 의미 자질을 고려하면 '호랑이'는 '엔진'과, '발'은 '꿈꾸다'와 대조를 이루고, 이 예문을 의미적으로 성분 분석을 해보면 a. (생명이 있는('호랑이', '발')), b. (생명이 없는('자동차 엔진', '꿈꾸다'))의 의소를 갖기 때문에, 두 요소들은 서로 모순 또는 양립 불가능성의 관계에 있다.

따라서 예문은 일차적으로 해독 가능한 기호체계를 넘어선 문체 사실을 구성하고 있다. 나아가 '강력한 힘'을 상징하는 '호랑이'가 그려진 자동차 윤활유를 사용해 엔진의 힘을 강화시키고, 어둡고 단일한 색깔 대신 다양하고 화려한 색감의 양말을 신어보라는, 어휘나 문장 차원의 의미적 미시문맥을 형성한다.

[이종오]

대조(법), 문맥, 성분분석, 일탈

참고문헌

· 이종오, 『문체론』, 살림, 1996.
· Michael Riffaterre, *Essai de stylistique structurale*, Flammarion, 1971.

미장아빔

F: mise en abyme *E:* mise en abyme, mirror text *D:* Mise en abyme

✳ 1. 하나의 작품(이야기 또는 주제) 안에 그와 유사한 작품(이야기 또는 주제)을 끼워 넣거나 중복시키는 기법
2. 끼워진 이야기를 둘러싸고 있는 작품과 유사한 관계를 갖는 모든 영역, 또는 반사적 성격과 제유적인 특징을 지닌 언술 (달렌바흐)

A

'심연으로 밀어 넣기' 정도로 번역할 수 있는 미장아빔은 '심연(深淵)', '무한'을 뜻하는 '아빔(abyme)'과 '실행', '두기', '넣기'를 뜻하는 '미즈(mise)'를 결합해 만든 용어다. 현대에는 '심연'을 뜻하는 단어로 'abîme'을 사용하지만 특히 문학(비평) 용어로 사용될 때는 주로 'abîme'의 고어 형태인 'abyme'으로 표기한다. 이 용어는 원래 문장(紋章)학에서 방패꼴 문양의 중심 도안 속에 또 다른 방패꼴 문양을 새겨 넣은 데에서 유래한 것으로, 일반적으로 그림이나 영화, 연극, 소설 등의 작품 안에 그와 유사한 작품을 끼워 넣거나 중복시키는 기법을 말한다.

서사학에서는, 작품의 주가 되는 이야기 안에 그와 유사한 하나 혹은 여러 개의 부차적인 이야기를 끼워 넣거나 중복시켜 이야기를 격자형으로 구조화하는 작업을 말한다. 흔히 '그림 속의 그림', '소설 속의 소설', '극중극'과 동일시되기도 하는데, 이런 면에서 미장아빔은 하나의 틀이 되는

이야기 속에 또 다른 이야기들이 액자 속의 사진처럼 끼워져 있는 액자구성의 한 가지로 간주할 수 있다. 그러나 단순한 액자구성과 달리 미장아빔에서는 틀이 되는 이야기와 그 안에 삽입된 이야기의 유사성, 두 이야기가 마치 거울처럼 서로를 반사, 반영하는 것과 같은 거울효과, 반영효과가 더욱 중요시된다.

셰익스피어의 『햄릿』에서 햄릿 왕자가 유랑극단에게 공연하게 한 '곤자고 살인'은 작가가 전체 플롯 속에 끼워 넣은 일종의 극중극인 동시에, 클로디어스의 친형 살인을 투영하는 거울이자 그에게 양심의 가책을 불러일으키는 삶의 거울 역할을 하며, 살인과 복수라는 『햄릿』의 주 이야기를 그대로 반영하는 축소된 (거울)이야기로 읽힐 수 있다는 점에서 미장아빔의 대표적인 사례로 꼽힌다. 괴테의 『빌헬름 마이스터』의 인형극 장면, 포(E.A. Poe)의 『어셔 가의 몰락』에서 주인공 로드릭이 읽는 책 속의 이야기 등도 미장아빔의 한 형태라 할 수 있다.

B

미장아빔이란 용어를 기호학적인 의미에서 처음 사용한 사람은 지드(A. Gide)로, 그는 '소설 속에서 소설 창작의 모든 문제와 소설론 자체를 펼쳐 보일 수 있는 이야기 속의 이야기, 작품 속의 작품'의 의미로 사용한다.

> "나는 한 예술작품 속 등장인물의 차원에서 그 작품의 주제 자체가 반영되어 다시 나타나는 것을 좋아한다. 그 어떤 것도 이보다 더 주제를 잘 드러낼 수 없으며 작품 전체의 구조를 더 확실히 제시할 수는 없다. […] 원래의 문장(紋章) 속에 작은 문장(紋章)을 '그 속에 집어넣게' 되어 있는 문장 방식과 비교해 볼 수 있다." (지드, 『일기 1889-1939』)

『사전꾼들』에서 지드는 자신과 닮은 소설가 에두아르를 소설 속에 등장시켜 작가의 소설 작업에 대한 모든 문제를 그에게 반복시키면서 사건, 사실, 외적 여건들로 이루어지는 모험소설과 나란히 소설가의 글쓰기의 모험을 중첩시킨다.

미장아빔 이론을 주창한 달렌바흐(L. Dallenbach)는 좀 더 구체적으로 미장아빔을 '끼워진 이야기를 둘러싸고 있는 작품과 유사한 관계를 갖는 모든 영역'으로 정의하고, '반사적 성격과 제유(법)적인 특징을 지닌 반사적인 언술' 또한 미장아빔의 한 형태가 될 수 있다고 말한다. 즉 작품의 내용(이야기와 주제) 또는 형식(발화행위, 구조)의 응축된 모든 중복을 미장아빔으로 간주할 수 있다고 보는 것이다.

달렌바흐는 문학 텍스트에서 가장 빈번히 사용되는 미장아빔의 형태를 다섯 가지로 제시한다. ① 삽입된 이야기와 이를 둘러싼 이야기 속 인물들이 동명이인으로 유사성을 나타내는 경우 ② 소설 속 인물과 작가가 거의 동명이인인 경우 ③ 삽입된 이야기와 둘러싼 이야기가 유사한 경우 ④ 유사성을 나타내주는 배경이나 등장인물들의 배치가 반복적으로 사용되는 경우 ⑤ 둘러싼 이야기에서 사용된 징후적 표현들이 삽입된 이야기 속에서 되풀이되는 경우가 그것이다.

이 중에서 소설 속에 삽입된 이야기와 이를 둘러싼 이야기가 유사 관계를 유지하면서 중첩되는 경우가 가장 일반적인 미장아빔의 기법이다. 누보로망의 특징적 기법의 하나로 이해될 만큼 누로로망에서 빈번히 사용되고 있다.

리카르두(J. Ricardou)는 미장아빔을 '전체에 대한 부분의 구조적 반란'으로 분석하고, 그 주요 기능을 한편으로는 반복과 응축을 축으로 삼는 폭로(직관적 인식)의 기능, 다른 한편으로는 텍스트의 통일성에 있어서 정반대로 작용하는 대조적 기능으로 구분한다. 즉 미장아빔은 "은유적인 이야기들이 층을 이루면서 서사의 제유적 통일성을 부수는" 경향을 보이는 동시에 "은유적 이야기들이 군상을 이루면서 서사가 파편적인 이야기들로 분산되는 것을 제한하는" 정반대의 기능을 한다는 것이다.

미장아빔은 응축된 표현으로 전체의 의미를 나타내는 기법인 동시에, 예술의 미메시스적 전통에 이의를 제기하며 소설의 창작 과정 자체를 주제로 삼아 소설의 자기성찰적, 자기반영적 측면을 부각시키는 중요한 기법이 되기도 하므로, 메타픽션에서도 흔히 사용된다.

미장아빔은 시작과 끝의 경계를 애매모호하게 만들면서 독자들로 하여금 심상의 무한한 재생산을 보는 두 개의 거울 사이에 서 있는 느낌을 준다. 여러 개의 거울 속에 서로 비치는 중첩된 현실로부터 빠져나왔다가 되돌아가기를 반복하게 하고, 현실과 허구를 넘나드는 효과를 준다.

[김계영]

극중극, 누보로망(반소설, 앙티로망), 독자, 메타픽션, 미메시스, 반복(법), 액자소설(액자구성), 은유, 응축(압축), 제유(提喩)

참고문헌

· 권은미, 「앙드레 지드의 『사전꾼들』에 나타난 소설미학」, 『프랑스학연구』 48집, 2009년.
· 김치수, 고광단, 권은미, 송기정, 유효숙, 『누보로망연구』, 서울대출판부, 2001.
· 미케 발, 『서사란 무엇인가』, 한용환 외 역, 문예출판사, 1999.
· 신혜경, 「미장아빔(Mise en abyme)에 관한 소고」, 『미학예술학연구』 16권, 2002년.
· Christian Angelet et al., *Onze études sur la mise en abyme* , Unigie Linguisti, 1980.
· Jean Ricardou, *Le Nouveau roman*, Seuil, 1990.
· Lucien Dallenbach, *Le Récit spéculaire. Essai sur la mise en abîme*, Seuil, 1977.
· Michel Fevry, *La Mise en abyme filmique*, CEFAL, 2000.

미토스

F: mythos *E:* mythos *D:* Mythos

✻ 사건들의 배열, 즉 플롯을 가리킨다.

Ⓐ

'이야기'를 뜻하는 그리스어다. 예술가의 미메시스를 부정적으로 생각하던 플라톤과 달리, 아리스토텔레스에게 미메시스는 대상의 단순한 표상 행위를 넘어 "대상 안에 간직된 형상과 진상을 올바르고 아름답게 재현하는 창조 행위"다. 더욱이 미메시스의 재현 대상은 단순히 감각적이거나 물리적인 차원에 머물지 않고 성격과 행위, 즉 인간의 정신세계와 사건으로까지 확대된다. 이렇게 총체적인 인간의 정신과 사건이 함께 엮여 재현된 이야기가 곧 미토스다.

아리스토텔레스는 미토스를 로고스와 구별한다. 로고스는 현실의 행위인 프락시스(praxis)의 모방이며, 미토스는 로고스를 구성하는 단위의 선택 및 재배열로서 플롯에 상응한다. 따라서 이 로고스와 미토스의 구별은 현대 서사학의 스토리와 플롯, 파블라와 수제트 등의 구별에 있어 논리적 기반을 이룬다.

Ⓑ

노드롭 프라이(N. Frye)는 문학작품을 장르 대신 주제 양식에 따라 분류하면서 그리스 어원의 미토스, 에토스, 디아노이아(dianoia)라는 세 용어를 사용한다. 미토스는 작품의 플롯, 에토스는 작품의 인물과 배경, 디아노이아는 작품의 세계관 내지 시적 의미를 가리킨다.

[김중현]

모방, 미메시스, 수제트, 스토리, 에토스, 인물/인물구성, 장르, 재현(표상, 대표), 파블라, 플롯, 행위

참고문헌

· 노드롭 프라이, 『비평의 해부』, 임철규 역, 한길사, 1982.
· 김헌, 「아리스토텔레스 『시학』의 세 개념에 기초한 인간 행동 세계의 시적 통찰과 창작의 원리」, 『인간연구』 Vol. 7, 가톨릭대학교 인간학연구소, 2004.

ㅂ

바로크

F: baroque *E:* baroque *D:* Barock

✳ 1. 1580~1650년 사이 고전주의적 규칙과 절제에 얽매이지 않는 표현의 자유를 특징으로 삼는 문학적 경향
2. 시대와 공간을 초월하여 정열이나 광적이고 극단적인 감정, 기발하고 신비로운 착상, 과장, 초자연, 공포 등을 추구하는 문학의 일반적인 경향

Ⓐ

미술, 건축, 음악, 문학 등 모든 분야의 바로크 연구가들이 보편적으로 받아들이는 바로크의 어원은 포르투갈어 '바로코(barocco)'다. 1690년 프랑스에서 발간된 『퀴르티에르(Furtière)』 사전을 보면 바로크를 "모양이 완벽하게 둥글지 못한 진주에 대해서만 사용되는" 용어로 규정하고 있다. 바로크는 중세 이베리아 반도의 보석 세공업자들이 불규칙하고 찌그러진 이상한 형태의 진주를 일컬어 사용한 일종의 은어였다.

18세기에 들어서자 바로크의 본래 의미는 불완전함, 불규칙함, 기괴한 것이나 특이한 것, 예기치 않은 것을 지칭하는 일반적인 의미를 갖게 되었다. 그리고 환상과 과장, 역동성과 변신을 최고의 가치로 삼게 되었다. 이 같은 파생 의미는 음악과 조형예술, 건축술 분야로 적용되면서 각기 특정한 규칙에 따르는 하나의 예술 형식을 가리키는 말로 변모했다.

바로크 개념은 독일의 슈트리히(F. Strich)가 예술 양식 개념에서 문학

분야로 확대 적용한다. 문학에서 바로크는 대략 1680년에서 1750년 사이 고전주의적 규칙과 절제에 얽매이지 않는 표현의 자유를 특징으로 삼는 문학적 경향을 지칭하게 된다.

B

바로크 작품들에서는 온갖 종류의 열광적이고 극단적인 감정의 회오리를 발견할 수 있다. 바로크 작가들은 광란하는 격한 감정을 즐겨 표현하며, 신비롭고 기이하며 때로는 가공할 현실을 즐겨 묘사한다. 프랑스 바로크 문학의 절정은 17세기 전반기 연극에서 찾을 수 있다. 당대 연극을 대표하던 장르는 비극적 요소와 희극적 요소가 공존하는 희비극으로, 작품의 통일성을 추구하기보다는 화려한 볼거리를 제공하고자 했다. 그런 이유로 선정적인 에로티시즘과 함께 살인이나 강간, 고문, 자살 등을 직접 보여주는 일종의 '잔혹극적' 요소를 지니기까지 했는데, 그 표현에는 당연히 공포나 전율의 수법이 가장 널리 사용되었다.

프랑스의 바로크 연구 권위자 장 루세(J. Rousset)에 따르면, 우리가 '바로크'라 명명할 수 있는 작품들은 ① 해체되었다가 다시 복원되는 과정에 있는 균형상의 불안정성, 부풀어 오르거나 부서지는 표면의 불안정성, 점점 사라지는 형태들이나 곡선, 나선형들의 불안정성 같은 불안정성, ② 관객으로 하여금 움직임의 상태에 있도록 요구하며 또한 관점이나 시각을 증대하도록 요구하는 작품의 유동성, ③ 변신(더 정확하게 말하면, 변신 과정에 있는 다양한 형태의 총체가 지닌 움직이는 단위), ④ 기능이 장식에 예속되고, 구조가 외형의 망이나 환상의 유희로 대체되는 장식의 지배, 라는 네 가지 특징이 있다.

움직임, 역동성, 격동하는 감정의 소용돌이, 장황하고 화려한 묘사 등, 바로크 문학의 특징에서 알 수 있듯이 바로크 문학의 야심은 삶의 다양하고 현란한 변화와 율동을 회화적이고 장식적인 언어를 통해 찰나적인 이미지를 엮어나가는 데 있다. 그것은 본질적으로 회화적 묘사의 문학으로,

최대의 표현 방식을 동원해 현실과 삶의 온갖 풍요와 충일, 움직임·변화·생성의 모습을 극단적으로 과장하고 전시(展示)하려는 데 그 특색이 있다. 이에 반해 고전주의는 묘사하는 대신 분석하고, 전시하는 대신 추상화한다. 이를테면 최소한의 표현으로 최대한의 효과를 달성하려는 문학이다. 장 루세는 변신과 전시의 예술이며 환각과 효과의 예술인 '바로크'를 키르케(Circe, 변신 상징)와 공작(Peacock, 전시 욕망 상징)의 두 상징으로 정의한다.

C

현대 비평가들은 바로크란 용어를 분야에 상관없이 예술에서 독창성을 추구하는 작가나 작품에 보내는 최고의 찬사로 사용하기도 한다. 스페인 연구가 도르스(E. d'Ors)는 바로크를 시대와 공간을 초월하는 '문화의 일반적인 경향'으로 본다. 문학이나 예술 분야에서 고전주의가 지향한 조화로운 이성, 질서와 균형의 미, 합리, 논리적인 규칙 등에 어긋나는 것을 바로크라 한다면, 바로크, 즉 정열이나 광적이고 극단적인 감정, 기발하고 신비로운 착상, 과장, 초자연, 공포, 공상 등이 질서와 균형, 규율, 논리성 등에 우선하는 정신을 추구한 시대는 비단 바로크 시대의 유럽에서뿐만 아니라 시대와 장소를 막론하고 곳곳에서 두루 발견되기 때문이다.

바로크가 태동한 역사적, 사회적 맥락을 벗어나 현대인의 삶과 사유 속에서 무한한 이형(異形)을 만들어 갈 것이라는 의미로, 질 들뢰즈(G. Deleuze)는 바로크를 "무한으로 향하는 주름"으로 정의한다.

바로크는 포스트모더니즘의 다양한 현상과 닮았다. '포스트모더니즘은 바로크 시대가 다시 도래한 것이다'라는 미학적 담론이 형성될 정도로 그 관계성은 밀접하다. 20세기 후반에 들어서면서 연구가들은 파편화, 다양성, 혼종성 등 분열적이고 혼성적인 현상과 같은 포스트모던적 사유의 상당 부분이 바로 바로크적인 세계관에서 연유한다는 가정하에 바로크에 대한 재해석 작업을 시도하고 있다. 실제로 개인의 미적 정서를 강조한 바로크 미학의 주관주의는 탈이성적인 다원주의와 상대주의를 지향하는 포스트모더니즘의 조류와 연결되어 있다.

[김중현]

묘사(기술記述), 상징, 은어, 포스트모더니즘

참고문헌

· 신정아, 『바로크』, 살림, 2004.
· 장 루세, 『바로크 문학』, 조화림 역, 예림기획, 2001.
· 장 프랑수아 리오타르 , 『포스트모던의 조건』, 유정완 외 역, 민음사, 1992.
· 홍승오 외, 『불문학개론』, 정음사, 1981.
· Henriette Levillain, *Qu'est-ce que le baroque?*, Klincksieck, 2003.

반복(법)

F: répétition *E:* repetition *D:* Repetition

✳ 1. 선행요소의 전부나 일부를 같거나 유사하게 되풀이하는 강조의 수사법
2. 다양한 주관적 의미, 감정적 뉘앙스를 나타내기 위해 의도적으로 사용되는 문학 표현 방법

A

강조법 중 하나인 반복(법)은 선행요소의 전부나 일부를 동일하거나 유사하게 되풀이하는 표현기법이다. 반복은 선행요소와 동일한 반복요소나 수정된 반복요소를 포함하고 있으며 의미적 동일성이나 유사성을 지닌다. 반복은 풀어 말하기(paraphrase)도 포함한다. 통사-의미적 차원에서 볼 때

반복의 성질에는 같은 말을 반복해 쓰는 동어반복, 같은 의미를 가진 말을 반복하는 동의어반복, 비슷한 말을 반복해 쓰는 유어(類語)반복, 다른 말을 반복하는 이어(異語)반복, 앞에 사용한 단어를 다시 쓰는 전사(前辭)반복, 단어나 어구의 위치를 뒤집어가며 반복하는 도치(倒置)반복, 연속되는 문장의 결구(結句)에 동어나 유어를 반복해서 쓰는 결구반복 등이 있다.

반복 기법에는 의미를 강조하기 위해 어휘나 구문을 단순하게 반복하는 소극적인 방법과 섬세하고 치밀하게 의도된 어휘 또는 구문의 배치를 통해 반복 구조의 효과를 극대화하는 적극적인 방법이 있다.

B

일반적으로 반복 구조의 형태 유형은 단순반복과 변형반복으로 나눈다. 단순반복은 기본 구문의 반복이 규칙적이어서 변화가 적은 것을 지칭한다. 동일한 어휘나 구문이 단순하게 두 번 이상 반복되는 나열형(A-A'-A''- 혹은 AA-BB-CC- 형태)과 전반부와 후반부로 나뉘는 기본구문이 대칭을 이루는 전후대치형(A/A' 혹은 A-B/A'-B' 형태)이 있다.

나열형은 반복 기법 중에서 가장 단순한 형식이지만 여백의 미를 가장 잘 보여주며, 이 기법이 확보하고 있는 미적 효과는 환기력(evocation)이다. 대칭형은 나열형에 비해 의미 표현이 더 자유롭고 메아리처럼 서로 화답하는 느낌을 강하게 준다.

변형반복은 단순반복의 형태를 일부 유지하면서 기본 구문에 다소 변화를 주는 모습으로 나타난다. 변화의 유형은 점진적 가감형, 점진적 자유형, 혼합형 세 가지로 나타난다. 점진적 가감형은 반복되는 어휘나 구문의 길이가 전개 과정에 따라 점점 늘어나거나(점층형; 대상의 성격을 점점 강하게 하여 내용을 강조하는 방법: '나를 위해, 부모님을 위해, 아니 우리 가문을 위해 열심히 일한다'), 점점 짧아지는(점강형; 대상의 성격을 점점 약하게 하여 내용을 강조하는 방법: '아침에 책보만 한 해가 들었다가 오후엔 손수건만 해지면서, 아예 햇살이 나가 버린다') 양상에 따라 대상의 의미가 점점 커지거나 작아지는 유형이다. 보통은 반복을 통한 강조를 점층법(gradation)으로 본다.

점진적 자유형은 A-A'-B-A''나 A-A'-B-B', 혹은 A-A'-B-C와 같이 뒤로 갈수록 새로운 구문이 추가되는 형태를 취한다. 혼합형은 구문 배치에 있어 좀 더 자유로운 유형으로, 첫 구문과 마지막 구문이 반복되는 수미상(쌍)관형이 나타나며 그 사이에 다양한 변형이 전개되기도 한다. 첫 구절을 마지막에 다시 반복하여 전개함으로써 호흡을 익숙하게 하고 율격 단위 간의 등가성과 반복성을 형성하여 율격을 정돈, 종결하는 기능을 수행하는 기법이다.

C

반복은 언어에 공통적으로 나타나는 보편적 현상이다. 반복은 선행요소에 대한 반응에서 나온 필수적인 것으로 정보 제공 기능을 수행한다. 특히 중요하다고 생각되는 정보가 제공되고 그 정보 내용에 강조와 초점화의 필요성이 있을 때 반복이 사용된다. 그러나 반복의 평가는 부정적이고 잉여적이어서 불필요한 언어현상이라고 여겨지기도 한다. 예를 들면 '중언부언하지 말고 깔끔하게 쓰라'는 말은 반복에 대한 부정적 시각을 보여준다. 하지만 반복은 구어나 문어에서 많이 쓰이는 특징적인 표현 방식으로 다양한 의미 기능을 위해 의도적으로 쓰이고 있다는 데 그 중요성이 있다.

반복은 특정 상황의 언어행위에서도 나타난다. 그라이스(P. Grice)는 대화를 성공적으로 수행하는 협력원칙(그라이스의 대화격률)을 제시하는데, 여기서 반복은 '필요한 만큼의 정보를 제공하라(양의 격률)'와 '명료하게 전달하라(방법의 격률)'는 원칙에 위배되는 언어 사용이다. 그러나 언어 연구의 관심이 문장 이상의 언어 사용에 모아지면서 반복에 대한 부정적 시각과 평가가 달라지기 시작했다. 텍스트언어학에서는 반복이 텍스트 결속에 있어 담당하는 역할에 주목하여 많은 연구가 이루어진다. 그리고 1970년대 이후 언어 습득 연구가 활발해지면서 언어 습득 과정에서 '반복'이 담당하는 역할에 관심을 기울이기 시작했다.

D

반복은 다양한 주관적 의미나 감정적 뉘앙스를 나타내기 위해 의도적으로 사용되는 문학 표현 방법의 하나다. 반복은 시 텍스트(더 나아가 문학 텍스트)의 형식을 단순화, 규격화할 소지가 있으나 리듬의 균형을 조절하는 기능을 가지고 있을 뿐만 아니라, 전체 '연합적(paradigmatic) 차원의 질서화', 즉 텍스트에 끊임없이 존재하는 요소들(변이체) 간의 특정한 관계를 형성하고 잠재적인 다수의 다른 형태들과의 관계를 실현함으로써 풍부한 주관적이고 양상적인 의미 생성, 미묘한 감정이나 정념의 표출적 상태(강조, 웃음, 절대적 확신에 대한 강박관념, 분개, 불찬성, 지속성의 뉘앙스 등)를 반영하는 데 효율적이다.

그 외에도 반복은 어휘나 구문의 특정 의미를 강조하려는 면이 강하지만 때로는 다양한 미적 효과(즉 정서의 환기)와 종결효과, 리듬의 상호융화와 상승효과를 가져와 서로 아우르며 화답하는 관계를 형성한다. 특히 감각적 이미지를 바탕으로 한 간결하고 강한 시 텍스트에서 반복기법은 일정한 어휘, 행과 행, 연과 연 나아가 이미지와 이미지의 간극을 넓혀 여백(餘白, blink)과 휴지(休止, caesura)의 기능을 강화한다. 또한 반복의 단순함은 섬세한 변화조차도 의미의 큰 격차를 유발하기 때문에 분절된 이미지들의 미묘한 연쇄효과를 이끌어 내는 데 일조한다.

[이종오]

리듬, 초점화

참고문헌

· 유리 로트만, 『시 텍스트의 분석: 시의 분석』, 유재천 역, 가나, 1987.

· 정끝별, 『패러디 시학』, 문학세계사, 1997.
· Dan Sperber, Deirdre Wilson, *Relevance,* Oxford/Cambridge, 1986.
· Roman Jakobson, *The Poetry of grammar and the grammar of poetry,* De Gruyter, 1980.

반어(법)

F: antiphrase *E:* antiphrasis *D:* Antiphrase(Antiphrasis)

✱ 1. 속마음의 내용과 반대로 하는 말 또는 그렇게 말하는 표현법
2. 대립요소를 배치해 표면상의 의미와 다른 의미를 창출하는 기법과 그 효과
3. 넓은 의미에서 아이러니와 동의어

Ⓐ

'반대'를 뜻하는 그리스어 'anti'와 '문장'이라는 뜻의 그리스어 'phrasis'가 결합된 '안티프라시스(antiphrasis)'에서 나온 말이다. 일반적으로, 속마음의 내용과는 반대로 하는 말 또는 그렇게 말하는 표현기법 및 그 효과를 모두 아우르는 말이다. 한 가지 사실을 두고도 표현하는 방법은 여러 가지가 있을 수 있다. 예를 들어 시험을 잘 못 본 학생에게 '시험을 못 봤군'이라고 말하면 평범한 문장이 되지만, '좀 더 잘 볼 수도 있었을 텐데'라고 하면 완서법(litotes)을 사용한 문장이 되고, '대단해, 참 잘 봤다!'라고 하면 반어(법)를 사용한 문장이 된다.

어머니가 그릇을 깬 딸에게 '참 잘했다!'라고 하든지, 늦게 도착한 사람에게 '빨리도 오는군', 좋지 않은 모양새를 보고 '꼴좋다!'라고 말하는 것처럼 속으로는 비난하거나 부인하면서 겉으로는 칭찬하거나 인정하는 반어(법)가 있고, 어머니가 자신의 자식이 참 예쁘다고 생각하면서도 남들 앞에서 자식을 '참 못났다!'라고 말하는 것처럼 겉으로는 부정하거나 비

난하면서 속으로는 긍정하고 칭찬하는 반어(법)가 있다. "나보기가 역겨워 가실 때에는 죽어도 아니 눈물 흘리오리다" 역시 겉으로는 울지 않겠다고 표현하지만, 속으로는 서러움의 눈물을 엄청나게 흘리리라는 것을 반대로 표현한 것이라고 볼 수 있다.

B

수사법으로서의 반어(법)는 표현하고자 하는 의도(내용상의 의미, 언표내적 의미)와 표현된 의미(형식상의 의미, 언표적 의미)가 일치하지 않는 표현법이라고 할 수 있다. 내용상의 의미와 대립되는 형식상의 의미를 배치해 표면상의 의미와는 다른 의미를 창출하는 것으로, 통상 풍자나 역설의 요소를 내포한다.

반어(법)는 구어에서나 문어에서 마찬가지로 사용될 수 있지만, 발화 상황과 밀접하게 관련을 맺으며 실현되는 특성을 갖고 있기 때문에 발화 상황과 맥락을 잘 파악해야 한다. 구어에서는 흔히 말하는 억양이나 흉내, 목소리, 제스처 등을 통해 말하는 내용과 표현이 서로 어긋난다는 것을 알 수 있고, 문어에서는 무엇보다도 앞뒤 문맥, 상황의 분석으로 그것이 아이러니에서 출발했고 말하는 사람의 의도와 표현이 반대되는 것임을 알게 된다. 때로는 느낌표나 말줄임표, 따옴표 같은 구두점을 사용해 반어(법)임을 표시하기도 한다.

반어(법) 문장들은 표현된 의미 그대로 받아들여질 수도 있고, 말하는 사람은 반어(법) 표현으로 생각지 않고 발화했지만 청자는 반어(법) 표현으로 받아들일 수도 있기 때문에 의미상 모호함을 나타내기도 한다.

반어(법)는 문장에 변화를 주거나 강한 인상을 주는 등 표현의 효과를 높이는 기법이다. 반어법을 사용하면 특정 대상을 겨냥해서 어떤 상황이나 입장을 수용하기 힘들다는 사실을 강조하면서 비판할 수 있다. 상대방의 입장을 이해하고 받아들이는 척하면서 실제로는 그 입장의 신뢰도를 떨어뜨리며, 누군가를 비난하거나 공격하고, 비웃거나 조롱할 수 있다. 상황에 반대되는 표현을 통해 놀라움과 당혹감을 자아내는 동시에 역설적으로 그 상황이 비정상적임을 깨닫게 만들어 표현된 메시지 안에 감춰진 반대 의미를 심사숙고하게 만들기도 한다.

또한 반어(법)를 사용했을 때 자신이 생각하는 것과 반대되는 말을 했다는 사실을 손쉽게 부인할 수 있기 때문에, 의사표현의 자유가 제약된 상황에서 비난이나 억압을 피해가기 위한 방편이 될 수도 있다.

C

근대 이후 아이러니의 우리말 번역어로 반어(反語)라는 용어가 사용되면서 반어(법)와 아이러니는 혼동되거나 동의어로 간주되기도 한다. 하지만 엄밀한 의미에서 반어(법)는 수사법적인 함의가 강한 하나의 문채로서 표현 방식에 관계된 것이라고 할 수 있는 반면, 아이러니는 그 자체로는 문채라고 할 수 없으며, 여러 문장이나 단락으로 이어지면서 포괄적으로 전개되는 광범위한 정신적, 언어적, 문학적 문체 장치라고 할 수 있다. 즉 텍스트에 폭넓게 나타나는 아이러니 안에 과장, 완서(법), 반어(법) 등의 문채가 등장할 수 있는 것이다.

또한 반어(법)는 진술 자체에는 모순이 없고 다만 겉으로 표현한 말과 그 속에 담겨 있는 뜻 사이에 반대 내지 모순이 있는 것인 데 비해 역설(법)은 진술 자체에 모순이 나타나 있다는 점이 다르다.

[김계영]

과장법, 문채, 문체, 아이러니, 역설(법), 완곡어법, 완서법

참고문헌

· 김월한, 「反語法, 그 뉘앙스의 재미」, 『월간문학』 254, 1990년 4월호.
· 김인환, 「반어의 개념」, 『세계문학』, 1981년 12월호.

· 박유희, 『1950년대 소설과 반어의 수사학』, 월인, 2003.
· 한길, 『현대우리말의 반어법 연구』, 역락, 2005.
· Anne-Marie Perrin-Naffakh, *Stylistique, pratique du commentaire*, PUF, 1997.
· Jean Kokelberg, *Les Techniques du style: Vocabulaire, figures de rhétorique, syntaxe, rythme*, Armand Colin, 2008.
· Philippe Niogret, *Les Figures de l'ironie dans* A la Recherche du temps perdu *de Marcel Proust*, L'Harmattan, 2004.

발라드

F: ballade *E:* ballade *D:* Ballade

✺ 1. 춤추는 사람들이 부르는 짧은 연의 춤노래 (로만어)
2. 14~15세기 프랑스에서 널리 퍼진 엄격한 서정시 형식
3. 18세기 영국에서 성행한, 쉽게 따라 부를 수 있는 민속 운율을 가진 담시
4. 18세기 후반 독일에서 유행한, 서사시 · 서정시 · 희곡의 3대 장르를 아우르는 문학 형식

A

'춤을 추다'라는 뜻의 라틴어 '발라레(ballare)'가 어원이며, 로만어로 '춤추는 사람들이 부르는 짧은 연(聯)의 춤노래'를 뜻한다. 춤과 상관이 있는 오랜 문학 형태로서, 중세 말기 프랑스 프로방스 지방을 기점으로 유럽 각국에서 생겨난 독자적인 양식의 짧은 이야기체 민요를 가리킨다. 일반적으로 발라드는 후렴이 특징이며, 뒷날 음유시인들을 통해 더욱 예술적으로 발전한다.

발라드는 스페인의 로만세(romance)와 일맥상통하나, 아이러니의 경향을 보이는 로만세보다는 좀 더 진지하고 운명에 짓눌린 경향을 띤다. 소재

로 보면 단편 산문 형식인 노벨레(novelle)와 일맥상통한다. 또한 게르만의 발라드는 슬라브 계열의 둠카(Dumka)나 빌리나(bylina)와 일맥상통한다.

B

발라드는 먼저 '14~15세기 프랑스에서 널리 퍼진 엄격한 서정시 형식'을 가리킨다. 동일한 구조와 운율의 8~10행으로 이루어진 3개 연(이중발라드의 경우 6개 연)과, 동일한 한 줄짜리 후렴을 포함하는 4줄짜리 동반연으로 구성된다. 즉 ababbcbC 세 번과 bcbC 한 번으로 구성되는 것이다. 시 전체에 오로지 각운 3개만을 사용하고, 모든 연은 동일한 후렴을 반복한다. 마쇼(G. de Machaut), 데샹(E. Deschamps), 피장(Ch. de Pisan), 오를레앙(Ch. d'Orléans), 비용(F. Villon) 등 프랑스 시인들이 주로 이 형식을 사용했다. 이후 19세기에 방빌(Th. Banville), 코페(F. Coppée), 카두치(G. Caducci) 등이 다시 발라드 형식을 되살려 사용했다.

C

발라드의 개념은 18세기 영국에서 변화한다. 18세기 영국의 발라드는 '쉽게 따라 부를 수 있는 민속 운율을 가진 담시(譚詩)', 즉 '이야기 시'라는 뜻으로 사용되었다. 담시에서는 흔히 이상한 사건이나 영웅적 행위 등 서사적인 내용이 서정적인 정서 안에 담기고, 희곡처럼 대화 형식이 동원되며, 줄거리의 비약이 심했다. 그래서 담시적인 발라드는 체비-체이스 발라드(Chevy-Chase Ballad)나 로빈훗 발라드(Robinhood Ballad) 등과 같은 서사시, 서정시, 희곡 등이 한데 모인 문학 형식이 되었다.

이는 독일의 경향과도 일맥상통하는 것으로, 괴테는 이러한 3대 문학장르를 한데 품은 발라드를 '태초의 알(Urei)'이라 불렀다. 19세기 들어 스윈번(A.Ch. Swinburn), 로세티(G.P.G. Rossetti), 체스터톤(G.K. Chesterton), 돕슨(A. Dobson), 랑(A. Lang), 헨리(W.E. Henley) 등을 통해 발라드가 재조명되고, 워즈워스(W. Wordsworth), 코울리지(S.T. Coleridge), 키츠(J. Keats), 스코트(W. Scott) 등과 이후 키플링(J.R. Kipling)과 예이츠(W.B. Yeats)도 발라드를 썼다.

D

1770년 무렵 독일에도 발라드 개념이 정착하면서, 발라드는 '서사시, 서정시, 희곡의 3대 장르를 아우르는 문학 형식'으로 인식되었다. 독일의 발라드에는 역사나 전설, 신화 등에서 가져온, 기묘하고도 줄거리가 풍부하며 대부분 비극적인 결말을 가진 이야기들이 자주 등장한다. 우주적 사건의 우회적 표현인 운명적 만남, 관습과 자연 같은 두 세력의 충돌 등을 다룬 이야기들이 대표적이다.

독일의 발라드는 자체적인 운율을 갖추지 않고 대부분 자유 운율을 사용한 데다, 주고받는 대화를 통해 사건이 현재형으로 빠르게 진행되며, 내용에 담긴 감정적인 요소와 암시적인 서술 방식, 외침과 후렴구, 멜로디 등이 작용해 서정적인 정서를 불러일으킨다. 하지만 민속성 강조, 고귀하고 영웅적인 인간성 찬미, 진부한 운명관, 유령 및 공포 이야기 등의 특성으로 발라드는 오로지 과거의 형식이며 현대의 미적인 요구에는 어울리지 않는 것이라 여겨지기도 했다.

그럼에도 그 다채로움, 모험적 요소, 긴장, 신비로운 자연력의 형상화 등은 젊은이들에게 지속적으로 영향을 미쳤다. 초기의 발라드는 모든 게르만 나라들과 독일에서 옛날 영웅 서사시의 소재적 변이 형태로 발견된다. 요컨대 독일 발라드는 중세에 생겨나 중세 후기에 민속 발라드로 변화하고, 이후 17~18세기에는 장돌뱅이의 소식노래(Zeitungslied im Bänkelgesang)로 전락하지만, 영국 에디슨(J. Addison)의 말처럼 '보통 사람들에게 사랑받는 노래', 즉 민중시로서의 발라드에 대한 새로운 가치 인식과 함께 영국과 독일을 중심으로 다시 부활한다.

영국에서는 퍼시(Th. Percy) 주교와 맥퍼슨(J. Mcpherson) 등이 발라드 모음집을 내놓았으며, 독일에서는 먼저 헤르더(J.G. Herder)가 『민요』 모음집을 내놓았다. 그리고 질풍노도의 시대라 불리는 1770년대에 젊은 괴테가 『정절 없는 젊은이』, 『툴레의 왕』, 『마왕』 등 발라드 작품들을 연이어 발표했다. 특히 1797년은 괴테와 쉴러가 경쟁적으로 발라드 작품들을 내놓은 '발라드의 해'였다.

쉴러는 이념 발라드(Ideenballade)의 토대를 만들었고, 이후 괴테도 그러한 형식을 따랐다. 발라드 형식과 연결된 신비로운 자연력을 다루기보다 윤리적이고 이념적인 측면에서 적극적으로 행동하는 인간을 다룬 것으로, 본래의 발라드에는 어울리지 않는 내용을 지녔다고 할 수 있다.

낭만주의 시대에 발라드는 다시 민속적인 방향으로 되돌아갔다. 아르님(B. Arnim)과 브렌타노(F. Brentano)의 발라드 모음집 『소년의 마술 피리』(1806~1808)가 이 시기에 나왔으며, 아이헨도르프(J.F. von Eichendorff), 뫼리케(E.F. Mörike), 하이네(H. Heine) 등도 발라드를 썼다. 19세기에는 노래할 수 없는 이야기 발라드도 나타났으며, 범위가 더욱 확장되면서 20세기로 전해졌다.

E

20세기에도 많은 작가들이 발라드를 썼다. 현대 발라드는 통속문학의 새로운 형식을 지향한다. 과거의 영웅적·신화적 사건들 대신 보편 인간적이며 영웅적이지 않은 일상의 소재를 이용해 인간의 기본적 상황을 보여주는 데 치중한다. 또한 그로테스크한 발라드는 부르주아지의 부유함과 토착적인 분방함을 대비시키는 아이러니가 담긴 풍자를 선보이기도 한다.

[외부집필-안인희]

그로테스크, 서술, 암시, 아이러니, 운율, 장르, 풍자, 형식

■ 참고문헌

· Gero von Wilpert, *Sachwörterbuch der Literatur*, Kröner, 1979.

발화(작용)/발화문

F: énonciation/énoncé *E:* enunciation/utterance
D: Aussprache/Äußerung

✳ **발화(발화작용)는 언어 사용의 개별적 행위를 가리키고, 발화문은 그 개별적 행위의 결과물을 가리킴**

Ⓐ

발화(발화작용)는 한정된 문맥에서 언어를 말하는 개별 행위이고, 그 결과 산출되는 것이 바로 발화문이다. 생산하는 과정과 그 결과물인 생산품이 구별되듯 발화와 발화문도 유사하게 구별된다. 발화 주체인 화자의 창조 행위가 바로 발화다. '발화' 개념의 주창자들(로만 야콥슨, 에밀 방브니스트, 존 오스틴, 존 설)은 발화문을 생산해 낸 발화 과정의 흔적이나 자취로 여겨질 수 있는 요소들을 찾아내서 그것들의 기능이나 조직, 상호작용을 밝히고자 한다.

랑그에 속하면서도 개별적인 발화행위가 이루어질 때에만 의미를 갖는 연동소('나', '여기', '지금')라 불리는 언어 단위들이 바로 이런 요소들로서 발화와 밀접한 연관을 맺고 있다. 이 연동소들은 발화의 시간과 공간에 따라 지시체가 다르다. 발화는 발화문의 생산을 야기하는 행위와 요소 들의 총체로 이루어진다. 화자와 청자 각각의 태도(예를 들어 요구와 명령의 차이), 참여의 정도(단순한 의도 표시와 약속의 차이), 명제 내용의 차이(예상과 확인의 차이), 명제가 화·청자의 관심과 연결되는 방식('주의하다'와 '알려주다'의 차이), 표현된 심리 상태('기쁘다'와 '슬프다'의 차이), 하나의 발화문이 대화의 나머지 부분과 연결되는 다양한 방식(앞의 대답에 대해 단순히 반응하는 방식과 방금 말해진 것에 강하게 반박하는 방식 사이의 차이)에 따라 발화가 달리 이루어진다.

발화문은 한 명 혹은 여러 명의 화자가 발화를 통해 생산한 모든 단어들의 한정된 연속체를 가리킨다. 발화문의 종결은 연속된 단어의 앞이나 뒤에서 화자가 실현한 휴지(침묵 기간)로 확인한다. 발화문은 하나 혹은 여러 개의 문장으로 구성될 수 있다. 한 마디의 짧은 발화문도 가능하고, 몇 시간짜리 긴 발화문도 가능하다.

문장이란 용어와 발화문이란 용어는 구분되어야 하는데, 문장은 의미를 갖고 있으면서 아직 사용되지 않은 추상적인 언어 구성체이고, 발화문은 문장이 구어나 문어 형태로 문맥 속에서 물리적으로 실현된 것을 말한다. 그런데 일반적으로 발화는 흔히 구어 형태의 담화를 가리키는 데 사용된다.

B

텍스트 내의 어떤 요소를 초점화하거나 주제화하는 방식은 그 요소들의 위치나 억양을 변화시키는 것이기 때문에 문체론과 밀접한 관계를 맺게 된다. 그런데 이런 방식들은 화자가 실제로 말을 사용하면서 훨씬 더 잘 드러나기 때문에 문장보다는 발화에 더 잘 적용된다고 볼 수 있다. 명령, 단언, 의문 등의 언어행위도 한정된 문맥에서 말을 하는 개별 행위이므로 발화행위라고 할 수 있다. 발화는 말을 생산하는 행위이기 때문에 그 자체가 문체의 선택과 직결된다.

[고광식]

문체, 문체론(문체학), 초점화

참고문헌

· 얀 후앙, 『화용론』, 이해윤 역, 한국외대출판부, 2009.
· 존 설, 『언화행위』, 이건원 역, 한신문화사, 1987.
· 존 오스틴, 『말과 행위』, 김영진 역, 서광사, 1992.
· Emile Benveniste, *Problèmes de linguistique générale I, II*, Paris, Gallimard, 1966, 1974.

방언/방언학/방언주의

F: dialecte/dialectologie/dialectisme *E:* dialect/dialectology/dialectism
D: Dialekt/Dialektologie/Dialektismus

✵ 1. **독자적인 역사와 체계를 가진 한 언어의 지리적 분화체 (방언)**
2. **방언을 연구대상으로 하는 언어학의 한 분야 (방언학)**
3. **방언의 문학적 사용 (방언주의)**

A

동양에서 방언(方言)이란 중국 전한(前漢) 시대 양웅(楊雄)의 『方言』에서 비롯되었다. 옛날 중국은 자기 나라를 중원(中原)이라 칭하고 주위의 동방, 서방, 남방, 북방 등지에 거주하는 다른 민족의 언어를 '지방 언어'로 보았는데 이를 줄여 '방언'이라 했다. 서양의 'dialect'는 '언어의 지방적 차이'를 뜻하는 그리스어 '디아레크토스(dialektos)'와, '말버릇', '지방어'를 의미하는 라틴어 '디아레크투스(dialectus)'에서 유래했다.

한 언어는 인문·자연지리 요인에 따라 분화되고 또 같은 지역의 말이라 할지라도 다양한 사회적 요인(계층이나 계급, 직업, 성별, 인종)에 따라 분화된다. 한 언어의 지역적 변종들은 기원이 같은 말에서 갈라져 나온 것도 있고 또 각 지역의 역사 속에서 독자적으로 발달해 온 것도 있다.

이렇게 특정 지역에 기반을 두고 그 지역에서만 두루 통용되는 언어 체계(지역방언)나 지역 내의 사회적 요인에 따라 달리 실현되는 언어 체계(사회방언)를 흔히 방언이라 부른다.

방언은 넓게는 '독자적인 역사와 체계를 가진 한 언어의 지리적 분화체', 즉 '한 언어의 내부에 음운·문법·어휘의 차이가 인정되는 언어 집단'으로 정의하기도 하고, 좁게는 '표준어가 아닌 지역적 변종'으로 정의하기도 한다. 후자는 '표준어'에 대한 상대적 개념으로 흔히 '사투리'라 부르며, 비표준어로 규정된다. 이때 표준어는 성문화된 규범과 권위를 갖고 '공통어'의 구실을 하고, 방언은 구어의 속성을 가진 비규범어로서 통용 범위가 제한적이고 때로 비권위적인 언어 형식으로 취급된다.

B

방언학은 방언을 연구대상으로 하는 언어학의 한 분야로서, 언어지도(linguistic atlas)를 작성하기 위한 언어지리학이 중심이며, 구조방언학(structural dialectology), 생성방언학(generative dialectology), 도시방언학(urban dialectology) 등으로 분화되어 있다.

방언학을 연구하기 위한 방법론으로 방언음운론과 방언어휘론 등이 있다. 방언음운론은 '한 언어의 하위 분화체인 방언에서 사용되는 말소리에 대한 지식을 밝히는 학문 분야'를 일컫고, 방언어휘론은 '한 언어의 하위 분화체인 방언 어휘에 관한 연구들을 종합 정리하고 체계를 모색하는 종합적인 이론 연구'를 가리킨다.

할리데이(M.A.K. Halliday)는 방언과 언어사용역을 구별한다. 언어사용역은 언어 사용자가 아닌 언어 사용에 따라 다양하게 나타나기 때문에 방언 사용자에게 허용되지 않는 형태(형식)에 대한 선택의 여지가 있지만, 방언은 그렇지 못하다는 이유 때문이다. 그런데 그 둘의 겹침도 일어난다. 한 상황에서 다른 상황으로 바뀔 때(예컨대 집과 직장) 언어 체계 전환이나 방언 전환이 일어나는 것을 흔히 볼 수 있다.

C

리치(G.N. Leech)는 방언의 문학적 사용을 '방언주의' 혹은 '방언적 일탈(dialectal deviation)'이라 부른다.

언어학에서 방언은 표준어의 작위적 통일성에 비해 자연적인 이질성과 역사성을 갖는다. 이러한 방언의 가치는 문학적 관점에서도 유효하다. 민중의 삶 속에 살아 움직이는 일상 언어인 방언은 민중성과 변두리(지역)성, 토착성(현장성)과 계층(계급)성을 지니고 있어 사람들이 살아가는 다양한 삶의 방식이 그 속에 잘 드러나 있다. 그래서 방언은 현실 인식과 모사(模寫)의 유용한 방법이 될 수 있다. 이는 곧 리얼리즘 문학의 중요한 자산이 된다.

소설에서 방언은 생활언어의 전통 속에 깃든 토착민들의 언어적 상상력을 발굴하고 한 시대 한 지역의 생생하고 다채로운 모습을 현실감 있게 그려내는 데 중요한 바탕이 될 수 있다. 또한 현실의 전체적 구도에 대응하는 언어지도로서 사회의 분화와 삶의 다양성, 상호교류와 갈등을 파악하고 드러내는 데 효과적인 방법이 될 수 있다. 아울러 단순한 지방색 노출이라는 소재주의를 벗어나 한 시대 상황의 전형을 제시하는 데 방언이 동원될 수 있고, 직접적인 발화나 대화를 통해 등장인물의 성격을 부각하기 위한 기법으로도 방언이 사용될 수 있다.

시에서 방언은 시어가 지닌 사전적 개념을 넘어 시인 개인이 겪은 정서적 의미를 아주 다양하게 표현하면서 심미적 효과를 드러낼 수 있고, 형식적인 측면에서 운율적 효과를 부여하거나 '낯설게하기'와 같은 표현 형식적 효과를 드러낼 수 있다.

[문재은]

낯설게하기, 대화(체), 발화(작용)/발화문,
언어사용역, 인물/인물구성, 일탈

참고문헌

· 곽충구, 「방언의 사전적 수용」, 『국어국문학』 147호, 국어국문학회, 2007.
· 구현옥, 『국어 방언학의 이해』, 한국문화사, 2000.
· 이기문, 『문학과 방언』, 역락, 2001.
· 이상규, 『방언의 미학』, 살림, 2007.
· 이익섭, 『방언학』, 민음사, 1984.

벌레스크(뷔를레스크)

F: burlesque *E:* burlesque *D:* Burleske

✳ 1. 원 텍스트의 진지하거나 고상한 주제나 내용을 평범하거나 저속한 언어로 표현하거나, 원 텍스트의 진지하거나 고상한 형식과 어조를 모방하면서 그것과 부합하지 않는 내용과 주제를 삽입함으로써, 그 부조화가 만들어 내는 대조를 통해 웃음을 유발하는 장르, 문체, 기법
2. 엄숙한 주제를 품위 없는 문체로 말하거나 하찮은 주제를 장엄한 문체로 말함으로써 주제를 회화화하는 문학작품이나 극작품
3. 상스러운 말을 노골적으로 하는 코미디, 춤, 스트립쇼로 특징짓는 버라이어티쇼
4. 17세기 프랑스에서 형성된 문학유파(뷔를레스크)

A

'농담', '빈정거림', '야유'를 뜻하는 라틴어 '부르라(burla)'에서 유래한, '익살스러운, 농담하는, 조롱하는'을 의미하는 이탈리아어 '불레스코(burlesco)'를 프랑스어로 번역한 말이다. 원 텍스트의 진지하거나 고상한 주제나 내용을 평범하거나 저속한 언어로 표현하거나 원 텍스트의 진지하거나 고상한 형식과 어조를 모방하면서 그것과 부합하지 않는 내용과 주제를 삽입함으로써, 그 부조화가 만들어 내는 대조를 통해 웃음을 유발하

는 장르, 문체, 기법을 지칭한다. 패러디와 비슷해서 혼동하기도 하지만, 패러디보다 폭이 더 넓고, 더 노골적이고 더 상스럽다.

또한 엄숙한 주제를 품위 없는 문체로 말하거나 하찮은 주제를 장엄한 문체로 말함으로써 주제를 희화화하는 문학작품이나 극작품을 지칭하기도 한다. 요즘은 상스러운 말을 노골적으로 하는 코미디, 춤, 스트립쇼로 특징짓는 버라이어티쇼를 지칭하기도 한다.

BC 5세기 무렵 작자 미상의 서사시 『개구리와 쥐의 전쟁』은 최초로 벌레스크 기법을 사용한 작품이다. 근대에 와서 16세기에 스페인의 세르반테스는 벌레스크 기법으로 많은 작품을 썼고, 이탈리아에서 여러 시인들이 이러한 기법의 작품을 많이 발표했다. 17세기 전반에 이러한 기법이 프랑스로 건너가 스카롱(P. Scarron)을 위시한 여러 시인들이 당시의 정치, 풍속에 빈발하여 그것을 풍지히는 희화적 서사시를 잇달아 발표함으로써 '뷔를레스크'라는 문학 유파를 형성했다.

18세기 유럽 전역에서 진지함과 희극성이 결합된 음악작품을 지칭하기 위해 사용되기도 했다. 또한 18세기 영국에서 벌레스크적 경향이 강한 연극이 나타났는데, 게이(J. Gay), 필딩(H. Fielding), 셰리든(R.B. Sheridan) 같은 작가들이 벌레스크 기법을 사용한 특색 있는 무대를 만들어 한때는 정통 연극의 흐름을 멈추게까지 했다.

그런데 19세기에 들어와서는 풍자정신을 상실한 단순한 해학극으로 변해 오락 본위의 희가극(喜歌劇)에 흡수됐다. 미국에서는 1865~1868년경 저속한 희극과 코러스 걸(chorus girl)의 쇼를 합친 흥행이 출현하여 벌레스크라고 불리기도 했으나, 제1차 세계대전 이후에는 스트립쇼로 변해 버렸다.

B

이탈리아에서 시작해 17세기 초반 유럽 전역에 걸쳐 유행하게 되는 뷔를레스크가 프랑스에서 전성기를 맞이하는 시기는 1640년대 중반부터

1650년대 중반까지다. 6각시 형태로 이루어진 서사시 베르길리우스의 『아이네이스』를 17세기 프랑스 사람에게 익숙한 8음절 시구를 활용해 일상 언어로 재구성한 스카롱의 『개작 베르길리우스(Virgile travesti)』가 연속적으로 출간되는 시기와 겹친다. 뷔를레스크는 '희극적(comic)' 또는 '그로테스크(grotesque)' 같은 단어와 때로는 혼용되면서 비극과 서사시 등의 고상한 장르와 대별되는 이른바 대중문학의 한 축을 형성하게 된다.

17세기 뷔를레스크는 기존 개념과 새롭게 제시되는 개념 간의 부조화, 등장인물의 신분과 언어 간의 부조화, 그리고 극적 상황과 이야기 전개 방식 간의 부조화로 이루어진다. 뷔를레스크는 웃음을 유발하기 위해 고전주의의 '적절성(bienséance)의 시학'을 의도적으로 위반한다.

그런데 뷔를레스크가 유발한 웃음은 그 자체가 목적이 아니라 다음 단계로 나아가기 위한 유도장치일 때가 많다. 웃음은 적절성이나 진실임직함은 물론 이성과 상식 등으로 철저하게 보호받고 있는, 위반해서는 안 될 진실이라는 실체를 적나라하게 드러냄으로써 기존 의식체계의 기반을 뒤흔들어 놓는 효과가 있다.

이처럼 뷔를레스크의 웃음은 문학적·사회적 질서와 가치에 대한 의문을 제기하는 매개체 역할을 한다. 따라서 뷔를레스크는 당시의 문학적·사회적 기존 질서가 지닌 진실성이나 정당성에 대한 회의에서 출발해 부당한 기존 질서의 해체의지를 표명하기 위한 문체론적 무기가 될 수 있었다.

C

웃음을 유발하는 벌레스크 기법은 여러 가지 양상으로 이루어질 수 있다. 어떤 말을 다른 말로 우스꽝스럽게 바꾸어 놓음으로써, 예컨대 엄숙한 말을 속어나 비어로 바꾸어 놓음으로써 벌레스크가 이루어질 수 있다. 또한 묘사를 통해 우스꽝스럽게 개작함으로써, 예컨대 인간적 자질과 동물적 자질을 혼합시킴으로써 벌레스크가 이루어질 수 있다. 그리고 희극적 문체, 말이나 패러디의 희극성과 관련된 방식으로 이루어질 수 있는데, 이것이 가장 일반적인 벌레스크 기법이다.

벌레스크는 여러 가지 목적으로 사용할 수 있다. 단지 즐거움과 재미를 유발하기 위해 사용할 수 있고, 패러디를 하면서 그 대상을 비웃기 위해 사용할 수도 있다. 또한 사회적, 정치적, 문학적 풍자를 하기 위해 사용할 수 있다. 그리고 자연의 존재를 양식화함으로써 그 존재를 변화시키기 위해(예컨대, 라퐁텐처럼 인간의 결점을 드러내기 위해 동물을 의인화하는 경우) 사용할 수 있다.

[문재은]

그로테스크, 모방, 문체, 장르, 진실임직함, 패러디,
풍자, 해체(해체구성, 해체론), 형식

■ 참고문헌

· 김익진, 「시라노 드 베르제락의 뷔를레스크와 그 웃음의 의미」, 『불어불문학연구』 67권, 한국불어불문학회, 2006.
· 린다 허천, 『패러디 이론』, 김상구 외 역, 문예출판사, 1992.
· 정끝별, 『패러디 시학』, 문학세계사, 2002.
· Henri Bénac, *Guide des idées littéraires*, Hachette, 1991.

변형문법

F: grammaire transformationnelle *E:* transformational grammar
D: Transformationsgrammatik

✳ 해당 언어에 내재한 규칙에 의해 모든 문법적인 문장을 생성해 낸다는 촘스키의 문법 이론

A

촘스키(N. Chomsky)가 1950~1960년대에 창안한 변형문법은 변형생성문법, 생성문법이라고도 불리는 문법 모델이다. 종래의 구조언어학이 특정 언어의 현실적 발화를 근본 자료로 삼아 주어진 자료의 구조를 분석, 기술하는 것을 궁극적 목표로 삼았다면, 촘스키의 생성문법은 모든 문법적 문장을 기술하고 생성하는 언어 규칙을 찾는 것을 목표로 삼았다.

변형문법에서는 일련의 변형규칙들이 문장을 생성하는 데 중요한 역할을 한다. 변형규칙은 하나의 통사적 요소나 구성 성분을 다른 요소나 구성 성분으로 변형시키는 강력하고 절제된 규칙이다. 촘스키는 변형이라는 개념을 발전시키는 데 있어서 그의 스승 해리스(Z. Harris)의 텍스트 구조에 대한 작업에서 영향을 받았다.

촘스키는 1965년 표준이론을 발표하는데, 변형규칙은 심층, 표층 구조의 개념을 도입하여, 심층 형태에서 표층 형태로의 전환을 가능하게 한다. 그리하여 단순문장들이 접속이나 종속이라는 변형규칙들에 의해 합성문이나 복합문으로 변형된다. 주요 변형규칙으로는 부정, 삭제, 명사화 규칙 등이 있다. 또한 문체적 규칙이라 불리는 선택적 변형규칙들이 주제화와 같은 표면구조의 변화를 담당한다.

처음에 촘스키는 변형 자체가 의미에 영향을 주지 않는다고 가정했는데 그 점은 논란거리가 되었다. 결국 1970년에 확대표준이론(Extended Standard Theory)에서 자신의 주장을 바꿔 표면구조도 의미에 영향을 줄 수 있다는 점을 인정했다.

B

변형 모델이 문체론의 모델로 사용될 수 있는지 그 가능성에 대한 많은 논의가 있었다. 특히 오만과 해이스(C.W. Hayes)는 다양한 작가들의 문체를 다양한 종류의 변형을 선택해 추출해 낼 수 있는지에 대해 고찰한다.

그리하여 다양한 변형을 통해 표면 텍스트를 풀어헤쳐서 심층구조를 찾아내고 또한 대체할 수 있는 표층구조도 찾아낼 가능성이 있다는 사실을 보여준다.

헨리 제임스(H. James)의 복합적이지만 의미적으로 절제된 절 구조는 여러 번의 명사화 단계를 포함하고 있는데, 이것은 변형이 층층이 이루어지고 있다는 사실을 보여준다. 헤밍웨이 같은 작가의 간결한 문체들은 너무 명백해서 변형 모델이 필요치 않은 것으로 간주되기도 한다. 어쨌든 다시 쓰기 과정은 통사적 선택의 다양한 효과에 대한 토론을 자극해 많은 관심을 끌었다. 변형 생성모델은 1970년대부터 텍스트 언어학에서도 사용되고 있다. 촘스키의 모델은 전체 텍스트를 생성하는 수단으로는 부적합하다는 것이 곧바로 증명되었다.

촘스키의 해석의미론과 대립되는 생성의미론을 적용한 반 다이크(V. Dijk)의 연구는 변형에 의해서 일련의 구성성분이나 거대구조가 가능해지고, 그로부터 복합서사가 파생된다는 점을 보여준다. 그레마스(A.J. Greimas)도 생성모델을 이용해 서사구조를 밝히고 있다.

[고광식]

문체론(문체학), 서사

참고문헌

· 노엄 촘스키, 『생성문법의 원리』, 이승환 외 역, 범한서적, 1984.

병렬

F: parataxe *E:* parataxis *D:* Parataxe

✳ 연결어나 접속사를 사용하지 않고 절이나 구를 늘어놓는 표현법

Ⓐ

배치, 순서를 뜻하는 그리스어 'taxis'와 '~의 곁에', '~의 주변에'라는 뜻의 그리스어 'para'가 결합된 '파라탁시스(parátaxis)'에서 나온 말이다. 문장 관계의 속성을 표시하는 연결어나 접속사(종속접속사, 등위접속사)를 사용하지 않고 절이나 구를 늘어놓는 표현법이다. 겉보기에는 종속절 없이 주절로 이루어진 단문들만 배열해 놓은 것처럼 보인다.

두 개의 단문으로 이루어진 '당신도 오겠죠. 그러기 바라요'라는 문장은 한 개의 복문으로 이루어진 '나는 당신이 오기 바란다'는 문장을 병렬적으로 배치한 것으로, '그녀는 가발을 썼다. 아무도 그녀를 알아보지 못했다'라는 표현은 '그녀가 가발을 썼다. 그래서 아무도 그녀를 알아보지 못했다' 또는 '그녀가 가발을 썼기 때문에 아무도 그녀를 알아보지 못했다'라는 문장을 병렬적으로 배치한 것으로 볼 수 있다.

이처럼 병렬 구조의 문장에서는 문장 사이의 인과관계나 선후관계, 방법 등이 분명하게 명시되지 않아서, 독자들이 스스로 그 연결 관계를 파악하거나 재구성해 내야 한다. 가령 '태양이 밝게 빛났다. 우리는 산책하러 갔다'는 문장은 '태양이 밝게 빛났다. 그리고 우리는 산책하러 갔다', '태양이 밝게 빛났다. 그래서 우리는 산책하러 갔다' 등으로 해석될 수 있다. 우리말에서는 잘 사용하지 않지만, 영어나 프랑스어에서는 ';' 또는 ':'를 사용해 'Sun was shining bright; we went for a walk'로 표현하기도 한다.

병렬은 아직 조리 있게 이야기를 구성할 줄 모르는, 발달단계에 있는 어린아이들 문장 구성의 특징이기도 하고, 구어체에 많이 사용된다. 또한 문장의 관계가 겉으로 분명하게 드러나지 않기 때문에 문장구조가 전복될 수 있다.

B

유머러스한 세부사항들을 병렬 배치하면 문학 텍스트 안에서 아이러니와 유머의 효과를 만들어 낼 수 있고, 격한 행동과 반응을 숨 가쁜 리듬으로 표현해 내 감동을 불러일으키기도 한다. 고상한 문체와는 반대로 단순성을 지향하며, '구어체'를 모방하는 문체라고 할 수 있다.

C

병렬은 생략을 이용하는 문채다. 병렬과 비슷한 의미로 사용되는 접속사 생략(연사 생략)은 등위관계를 나타내는 연결사나 접속사를 생략하는 것이어서, 종속접속사까지 생략할 수 있는 병렬이 더 넓은 의미를 가진다. 문장의 종속관계를 중시하고 명확히 표시하는 종속과 반대되는 표현법이다.

D

일부 문화 이론가들은, 다다예술가들의 콜라주나 현대의 뮤직비디오처럼, 일련의 장면들이나 구성요소들이 특별한 순서나 체계 없이 나란히 이어지는 예술작품이나 문화 텍스트를 설명하는 데 병렬이란 용어를 차용하기도 한다.

[김계영]

구어체, 문체, 생략(법), 아이러니,
접속사(연결사)생략, 종속, 텍스트

불확정성(비결정성)

F: indétermination *E:* indeterminacy *D:* Unbestimmtheit

✻ 이분화된 대립항에 대한 양자택일이 아니라 양면성에 대한 긍정적인 수용을 통한 자유와 선택이 강조된 개념으로, 애매성이라고도 할 수 있는 비결정성을 의미

A

'불확정성'은 이분화된 대립항에 대한 양자택일이 아니라 양면성에 대한 긍정적인 수용을 통한 자유와 선택이 강조된 개념으로, 애매성(ambiguity)이라고도 할 수 있는 비결정성을 의미한다. 불확정성의 원리는 카오스(chaos) 이론이 제시되면서 먼저 과학 분야에서 구체화하여 나타났다. 카오스 이론은 겉으로 불안정해 보이는 현상들 가운데서도 자세히 관찰해 보면 어떤 규칙성을 찾을 수 있다는 이론으로, '결정론적 사고방식'을 거부하고 불변의 진리에 대한 확정성을 부정함으로써 다양성과 새로움을 폭넓게 수용한다. 이후 정치, 경제, 문화, 예술의 전 영역에서 표출되고 있는 불확정성은 다양한 문화적 범주들의 상호보완적 포용을 통해 대립구도로 야기되는 모순과 갈등을 새로운 차원의 조화로 이끌어 내는 포스트모더니즘 문화의 특징이라 할 수 있다.

B

언어학에서 불확정성은 변형생성문법과 같은 문법이론들이 제기한 문제들 때문에 생겨났다. 이 이론들은 문법적인 것과 비문법적인 것의 구별이 항상 쉽지 않다는 문제를 제기하고, 오히려 문법성의 정도(degree)만 다를 뿐이라고 말한다. 그런데 분류의 불확정성은 전통 문법에서도 존재한다. 예컨대 영어에서 'mine', 'yours', 'hers' 같은 몇몇 단어들은 문법적으로 분류하기가 어렵다. '대명사'로 분류할 것인지 '지시사'로 분류할 것인지, 아니면 둘 다로 분류할 것인지 확정할 수 없다. 의미론에서도 성분분석에서처럼 이분법에 대한 선호 때문에 의미 범주의 불확정성과 복수성이 없는 것 같지만, 불확정성은 존재한다. 예컨대 '진흙'은 '액체'인지 '고

체'인지 확정지을 수 없다.

C

담화분석과 화용론처럼 언어를 체계로 분석하기보다 언어 사용에서 분석하는 언어학자들은 화자와 청자 간의 발화사건의 특성으로부터 생기는 또 다른 종류의 불확정성을 주목한다. 화자가 청자에게 전하는 메시지는 화자가 분명하게 표현하지 않을 수도 있고, 청자가 분명하게 받아들이지 않을 수도 있기 때문에 애매성이 발생한다. 때때로 불확정성은 계획적이거나 전략적일 수도 있다.

예컨대 셰익스피어의 『오셀로』에서 이아고가 오셀로에게 캐시오에 대한 거짓 암시(캐시오가 꿈속에서 데스데모나의 이름을 부르며 결혼에 이르지 못한 그들의 처지를 한탄하고 저주했다고 이야기함)를 한다. 그런데 오셀로는 그 이야기가 꿈에 불과하다는 사실을 인정하면서도 동시에 그것이 아내 데스데모나의 간음에 대한 혐의가 될 수 있다고 생각함으로써 이아고의 전략적 메시지에 말려든다.

D

전략적인 불확정성은 문학적 언어, 특히 시적 언어의 특징이라 할 수 있다.

1970년대에 발전한 독자반응비평과 수용이론은 그 관심을 신비평의 확정적 축인 작품에서 불확정적 주체의 축인 독자로 옮겨놓고 불확정성을 활발하게 논의한다. 이저(W. Iser)는 텍스트를, 확정적인 구조이지만 불가피한 정보의 틈이나 불확정적인 지점들을 갖고 있어 독자가 자신의 문화적 지식으로 채워 넣어야 하는, 말하자면 '행간'을 읽어야 하는 구조로 이해한다. 더 나아가 피시(S. Fish)는 텍스트 자체를 독자가 해석해 보다 실체적으로 '구체화(concretization)'하기 전까지는 모양(형식)이나 실체

(내용)가 주어지지 않은 불확정적인 것으로 간주한다.

E

데리다(J. Derrida)는 해체이론에서 그 어떤 단어도 고정된 의미를 가질 수 없다는 '언어의 불확정성'을 말한다. 말라르메(S. Mallarmé)의 시에 나오는 'hymen'이란 단어를 예로 들면서, 데리다는 그 단어가 서로 모순되고 상충되는 의미(처녀성의 상징으로서의 처녀막이란 의미와 처녀성을 무너뜨리는 결혼이란 의미를 동시에 가짐)를 갖고 있기 때문에, 둘 중 어느 하나를 올바른 의미라고 확정할 수 없다고 말한다. 또한 그는 어떠한 방법론이나 관점으로도 텍스트의 애매성이나 모순이 명료해질 수 없으며, 따라서 텍스트의 확정된 의미가 결정될 수 없다고 말한다.

또 다른 해체주의자 드 만(P. De Man)에 의하면, 불확정성은 책읽기를 의미의 생산이나 결정 과정으로 보는 관념 자체를 부정하는 것이다. 즉 불확정성은 텍스트에 이미 내재해 있는 본질이기 때문에 독자의 결정 능력과는 아무 상관이 없다는 것이다.

[문재은]

성분분석, 애매성, 텍스트, 포스트모더니즘, 해체(해체구성, 해체론)

참고문헌

· 장경렬, 『매혹과 저항』, 서울대학교출판부, 2007.
· 전영철, 『문학수용의 양극성: 확정성과 불확정성』, 건국대학교 박사학위논문, 1987.
· 최보근, 「로만 인가르덴(Roman Ingarden)과 볼프강 이저(Wolfgang Iser)의 문예학적 불확정성 이론」, 『독일학연구』 16권, 동아대학교 독일학연구소, 2000.

ㅅ

사건

F: événement *E:* event *D:* Ereignis

✺ 어떤 일이 발생했지만 아직 그 진상을 알 수 없는 순간을 가리키는 말

Ⓐ

'사건'은 일어난 상황이나 나타난 현상, 혹은 변화를 뜻하는데, 주변에서 일어나는 온갖 순간들을 망라해 일상적 사건, 역사적 사건, 돌발사건 등으로 나눈다. 일반적으로 사건은 '사물'(일어난 '사건'과 존재하는 '사물'), '사실'(기원전 44년 로마에서 시저가 죽은 '사건'과 시저가 죽었다는 '사실(facts)'), '속성'(일회적인 '사건'과 되풀이되는 '속성(properties)'), 시간(시공간적으로 감지되는 '사건'과 관찰 불가능한 '시간(time)') 등으로 나뉜다.

Ⓑ

그러나 현대 비평이론은 니체(F. Nietzsche), 레비나스(E. Levinas), 리오타르(J.-F. Lyotard), 들뢰즈(G. Deleuze), 데리다(J. Derrida) 등이 논의해 온 사건의 함의에 주목한다. 최근 들어 사건은 알랭 바디우(A. Badiou)의 『존재와 사건』이나 이글튼(T. Eagleton)의 『문학의 사건』의 경우처럼 점점 비평이론의 중심 개념으로 부상한다. 이제 사건은 일반적 의미에서 발생한 일(occurrence)이나 우연한 일(happening)과 같은 확인 가능한 현

상에 국한되지 않는다. 그보다는 무슨 일이 발생했지만 아직 우리가 그 진실을 알 수 없는 순간에 가까운 의미다. 이와 같이 진실이 잠재하는 현상이라는 의미에서 사건은 칸트의 숭고(sublime) 개념의 연장선상에 놓인다. 칸트에게 숭고함이란 상상력과 이해력 사이를 가로막아 감정의 개념화를 저지하는 속성이기 때문이다.

또한 리오타르에 따르면, 사건 속에서 주체는 더 이상 스스로 세계를 구조화하거나 통제할 수 없는 존재다. 엄밀히 말해 진정한 포스트모던 조건에서 주체를 중심으로 한 기존의 규칙과 전통적 행동양식은 더 이상 사건의 상황에 의미를 부여할 수 있는 충분조건이 되지 못한다. 이러한 조건을 형상화한 예술이 곧 전위예술이다. 전위예술은 전통적 의미의 아름다움이라기보다는 '포스트모던한 아름다움, 숭고함'의 순간이 될 것이다.

한편 레비나스는 사건 속에서 주체가 위상을 상실해 결과적으로 장악력을 상실하게 된다고 말한다. 그로 인해 주체는 예측 불가능하게 되거나 메시아적인 미래로 향한다. 주체는 개별 사건을 통해 타자성에 눈을 뜨면서 윤리적 차원을 띠게 된다.

바디우는 '사건'에 대한 반응으로 일어나는 사고와 행동 방식을 탐구한다. 그는 어떤 새로운 것이 나타났을 때 우리의 관심을 끌게 되는 과정에 주목한다. 이때 사건이란 일어나서(혹은 나타나서) 현 상황을 방해하거나 지장을 주는 어떤 것을 뜻한다. 바디우는 사건을 '존재 내 단절(a rupture in being)' 또는 '존재 가로지르기(trans-being)'라고 정의한다. 다른 현대 이론가들처럼 그도 사건이 기본적으로 상황 혹은 존재의 법칙에 따라 의미를 형성하지는 못한다고 본다. 그런 의미에서 사건은 존재하지 않는다. 하나의 사건이 일어나기 위해서는 상황의 법칙을 변화시키는 '개입'이 관여해 사건이 특정 상황에 속해지도록 해야 한다. 그런데 주체는 존재가 진리를 깨닫고 화해를 시도하는 것은 존재와 단절의 상황으로 특징지어지는 사건을 통해서만이다.

바디우의 사건 인식은 테리 이글튼이 문학의 사건을 논의하는 데 직접적인 영향을 준다. 이글튼에게 모든 문학작품은 담기기를 거부하는 현실을 담으려는 일종의 전략이다. 현실이 문학에 담기기를 거부하는 과정에서 새로운 문제를 제기하고 문학은 계속해서 그 문제를 해소하려 한다. 문학의 사건은 이 계속되는 변혁적 만남을 의미한다. 그 만남은 독특하고 무한히 반복 가능한 것이다. 문학작품은 "변경 불가능하고 자기완결성의 구조"이지만 그 구조는 "독서 행위를 통해서만 지속적으로 움직이고 또한 실현"되기 때문이다. 그래서 이글튼은 "작품의 단어 하나도 바꿀 수 없지만 수용 과정에서 제자리를 충실히 지키는 단어 또한 하나도 없다"고 말한다. 만남으로서의 사건은, 바디우의 단절로서의 사건처럼, 편재(遍在)하고 불변하는 비가시적 진리가 자명해지도록 순간적으로나마 허용해 준다.

[외부집필-김태철]

반복(법), 상상력, 숭고/숭고미/숭고체, 작품, 주체, 타자

참고문헌

· Alain Badiou, *Being and event,* trans. Oliver Feltham, Continiuum, 2005.
· Emmanuel Levinas, "There is: Existence without existents," Sean Hand (Ed), *The Levinas reader*, Blacwell, 1989.
· Geoffrey Bennington, *Lyotard: Writing the event*, Manchester University Press, 1988.
· Jacques Derrida, "Event signature context," trans. Alan Bass, *Margins of philosophy*, University of Chicago Press, 1982.
· Terry Eagleton, *The Event of literature,* Yale University Press, 2012.

사실주의

F: réalisme *E:* realism *D:* Realismus

✻ 1. 현실의 충실한 재현과 사실적 묘사를 추구하는 문학양식
2. 19세기 중후반 낭만주의에 반발하여 일어난 문학운동으로서의 문예사조

Ⓐ

'사실'이라는 뜻의 라틴어 '레스(res)'에 어원을 둔 '사실주의'라는 용어는 플라톤과 중세 스콜라 철학에 의해 대표되는 인식론의 한 입장, 즉 사물의 실재성(reality)을 주장하는 입장을 통칭하는 개념으로 사용된다. 이는 개념의 실재성을 부인하고 현실로 존재하는 경험적 개체만이 참된 실체라고 주장하는 유명론(nominalism)과 대립된 개념으로, 철학상의 사실주의는 실재론이란 용어로 번역된다.

사실주의라는 용어가 "과거의 걸작들의 모방이 아닌 자연이 제공하는 원작들의 충실한 모방", "역사 소설에서의 풍속과 관습의 세세한 묘사" 등의 의미로, 이를테면 현실의 모사(模寫)라는 미학적 개념을 갖게 된 것은 1820년대 후반부터다. 마침내 1850~1880년 사이 앞 세대의 낭만주의 미학을 거부하는 사실주의가 프랑스 소설과 회화의 주류를 이루면서 유럽에서 빠르게 확산된다.

Ⓑ

웰렉(R. Wellek)은 사실주의를 "당대 사회 현실의 객관적 묘사"로 정의한다. '당대'는 어느 시대나 해당될 수 있다. 그러나 사실주의는 낭만주의와 비교할 때 그 본질적 성격이 더 확연히 드러난다. 웰렉에 의하면, 19세기의 사실주의는 환상적인 것이나 동화적인 것, 우의적인 것이나 상징적인 것, 고도로 양식화된 것, 아주 추상적이고 장식적인 것을 거부한다. 그것은 신화나 동화, 꿈의 세계를 거부한다는 것을 의미한다. 또한 있을 법하지 않은 것이나 단순한 우연, 기이한 사건들을 배제한다는 뜻이다. 이렇게 볼 때 당시에 '현실'은 19세기 과학의 질서 정연한 세계, 인과관계의

세계, 기적과 초월이 배제된 세계로 파악되고 있음을 알 수 있다.

사실주의에 대한 웰렉의 정리는 사실주의가 낭만적이고 관념적인 것을 거부하며, 경험적이고 실증적인 태도로 현실을 다룬다는 것을 뜻한다. 이를테면 사실주의는 기존의 문학적 관습과의 결별을 통해 현실을 더 정확히 드러내기 위한 노력인 것이다. 따라서 "사실주의 예술은 대체로 기존의 사회 질서에 위협을 가하는 진보적, 혁명적 성격을 띤다"고 할 수 있다.

C

기존의 문학적 관습에서 벗어나 당대 현실을 세심히 관찰해 객관적으로 묘사하는 것을 목적으로 삼은 사실주의는 그 목적을 이루기 위해 고유의 문학적 기법을 발전시킨다. 야콥슨은 사실주의 문학적 기법의 특징으로 ① 세부 기록의 상세화, ② 행위의 동기화를 제시한다. 사실주의 소설은 이야기의 진행에 본질적이지 않은 사소한 것들을 지나칠 정도로 세세하게 묘사한다. 한편, 현실의 사건은 대체로 인과적 관계의 연결 고리 안에서 서로 관계를 맺으면서 일어나므로, 인과적 질서에서 벗어나는 기적이나 우연적 요소들은 배제하고, 사건의 발생은 앞선 사건이나 정황에 비추어 우연적인 것이 되지 않도록 치밀하게 배려함으로써 이야기에 일관성을 유지한다. 이 두 기법은 진실임직함을 높이기 위한 것으로, 서로 적절한 균형을 이룰 때 현실을 더욱 입체적이고 생동감 있게 묘사할 수 있다.

야콥슨은 담론의 두 가지 전개 가능성인 '은유와 환유의 두 극'을 대립시킴으로써 사실주의 텍스트를 설명하려고 한다. 그에 따르면, 특히 낭만주의 시나 상징주의 시는 은유에 지배되는 반면 사실주의적인 산문은 환유적인 과정에 지배된다. 다시 말해, "인접 관계 방식에 따라 사실주의 작가는, 플롯에서 배경에 이르기까지 그리고 인물들에서 공간과 시간의 범주에 이르기까지 환유적인 탈선을 행한다."

라루(G. Larroux)에 의하면, 이는 수사학 체계의 다섯 가지 단계 중 문체와 관련된 표현(elocutio)의 단계이며, 앞서 언급한 이야기의 일관성 문제는 배열(dispositio)의 단계다. 따라서 설득에 상응하는 사실주의 담론은 수사학을 결합시킴으로써 옛 수사학의 의미를 되찾고 있다.

D

기존의 문학적 관습에서 벗어나 삶의 실재를 '있는 그대로' 객관적으로 모방하거나 재현하는 것을 가장 큰 목표로 삼는 사실주의는 모더니즘에 의해 비판과 도전을 받는다. 그러나 사실주의가 산출한 문학적 기법은 오늘날까지도 지속적으로 영향력을 발휘하고 있다.

[김중현]

동기부여, 묘사(기술記述), 모방, 문체,
재현(표상, 대표), 진실임직함, 행위

참고문헌

· 귀 라루, 『사실주의 문학의 이해』, 조성애 역, 동문선, 2000.
· 오탁번, 이남호, 『서사문학의 이해』, 고려대학교출판부, 2006.
· 진인혜, 『프랑스 리얼리즘』, 연세대학교출판부, 2003.
· Rene Wellek, *Concept of criticism*, Yale University Press, 1963.
· Roman Jakobson, *Essais de linguistique générale*, T. 1, Les Editions de Minuit, 1981.

삼단논법

F: syllogisme *E:* syllogism *D:* Syllogismus

✺ 주어진 명제인 전제들로부터 논리적으로 필연적인 결론을 도출해 내는 추론의 원리

Ⓐ

'증명'을 의미하는 그리스어 '술로지스모스(sullogismos)'에서 파생된 단어로서, 추론의 가장 근본적인 양식이자 논리학에서 가장 기초가 되는 원리로 인식된다.

Ⓑ

삼단논법은 아리스토텔레스에게서 시작되는데, 그는 『분석론후서』에서 두 가지 연이은 전제들을 통해 필연적인 결론을 만들어 내는 공식을 제시했다. 삼단논법은 연역적(즉 보편적인 것에서 특수한 것으로 나아가는)이고 간접적인 논리 추론 방식이며, 대전제와 소전제라는 두 개의 전제로 구성된다.

삼단논법은 보통 ① 정언삼단논법(categorical syllogism) ② 가언삼단논법(hypothetical syllogism) ③ 선언삼단논법(disjunctive syllogism)으로 구분된다. 이 중에서 가장 일반적인 것이 다음과 같은 정언삼단논법이다.

> 모든 인간은 죽는다. (대전제)
> 소크라테스는 인간이다. (소전제)
> 그러므로 소크라테스는 죽는다. (결론)

대전제는 인간과 죽음의 관계, 소전제는 소크라테스와 인간의 관계를 말하므로 결론은 소크라테스와 죽음의 관계가 나온다. 즉 두 전제를 통해 도출된 결론은 필연적일 수밖에 없는 것이다. A → B이고, B → C이면, A → C인 원리이다. 위 예에서는 '인간'이 B 역할을 했다는 것을 쉽게

알 수 있다.

논리학자들에 따르면, 궁극적으로 전제와 결론들은 다음의 a, e, i, o라는 네 가지 격으로 되어 있으며 이것들로 다양하게 조합할 수 있다고 한다.

코드	양화사	주어	서술어	형식	예
a	모든	S	P	보편긍정	모든 인간은 죽는다.
e	모든	S	~ P	보편부정	모든 인간은 완벽하지 않다.
i	어떤	S	P	개별긍정	어떤 인간은 건강하다.
o	어떤	S	~ P	개별부정	어떤 인간은 영리하지 않다.

예를 들면 Barbara의 경우에는,

모든 동물은 죽는다. (MaP)
모든 인간은 동물이다. (SaM)
그러므로 모든 인간은 죽는다. (SaP) 이며,

Celarent의 경우에는,

모든 파충류는 털이 없다. (MeP)
모든 뱀은 파충류다. (SaM)
모든 뱀은 털이 없다. (SeP)

이다. 이런 식이 64개가 있으므로 모든 조합을 맞추면 256가지의 정언삼단논법이 가능하다. 중세에는 이 256개의 삼단논법식을 "Barbara celarent darii ferio baralipton …" 등의 문구로 만들어 암송하기도 했다. 한편 가언삼단논법은 "A라면 B다", "A다", "그러므로 B다"라는 논법이며, 선언삼단논법은 "A 또는 B다", "A가 아니다", "그러므로 B다"라는 논법이다. 이 두 가지 논법 역시 모두 정언삼단논법에서 파생된 것으로 보인다.

하지만 삼단논법은 형식적인 추론을 좀 더 도식화해서 명료하게 만들어

주는 기초적인 논리일 뿐이다. 형식이 아무리 옳아도 내용상 오류가 생기는 경우가 있는데, 이것이 삼단논법의 오류다.

> 모든 희귀한 것은 값이 비싸다. (대전제)
> 1원짜리 동전은 희귀하다. (소전제)
> 그러므로 1원짜리 동전은 값이 비싸다. (결론)

이처럼 삼단논법은 간단하게 오류로 판명될 수도 있다. 모든 희귀한 것은 비싸지만 예외가 있을 수 있으며, 1원짜리 동전이 희귀하다는 것과 희귀한 것이 비싸다는 것은 맥락이 다르기 때문이다. 전제가 하나라도 오류가 될 수 있으면 결론은 당연히 오류가 될 수밖에 없는 것이다. 그러나 심지어는 전제에 모두 오류가 없어도 결론이 오류가 되는 경우가 있으므로 더욱 주의가 요청된다.

> 모유가 나오고 새끼에게 모유를 먹일 수 있는 동물은 포유류다. (대전제)
> 병아리는 우유를 먹을 수 있다. (소전제)
> 그러므로 병아리는 포유류다. (결론)

밀(J. S. Mill)은 삼단논법이 전제 속에 이미 함축되어 있는 내용들을 우리에게 결론으로 재인식시켜 줄 뿐이라고 비판한 바 있다. 삼단논법은 순수하게 형식적인 추론이다. 그러므로 복잡한 현실을 제대로 반영하지도 못하고 여러 다양한 맥락을 설명하지도 못한다.

[김성수]

전제, 추론, 형식

참고문헌

· 김광수, 『논리와 비판적 사고』, 철학과 현실사, 1990.

· 스티븐 바커, 『논리학의 기초』, 최세만 외 역, 서광사, 1991.
· 웨즈리 C. 새먼, 『논리학』, 곽강제 역, 박영사, 1981.
· L. Miller, *Questions that matter*, McGraw-Hill Book Company, 1984.

상상계

F: l'imaginaire *E:* the imaginary *D:* das Imaginäre

✳ 1. 라캉의 용어로 실재계, 상징계와 함께 인간 존재 작용의 세 차원 내지 세 영역의 하나
2. 자아와 (그 허상인) 유사자 이미지 간의 오인, 분리, 매혹, 유혹, 동일화가 일어나는 영역
3. 언어의 주관적 영역으로, 상징적인 시니피앙 저변의 상상적 시니피에의 영역

Ⓐ

'상상적(imaginaire)'이라는 형용사에 정관사(le)를 붙여 명사적으로 사용되는 상상계(l'imaginaire)는 '라캉의 용어로서 실재계(le réel), 상징계(le symbolique)와 함께 인간 존재 작용의 세 차원 내지 세 영역의 하나'를 일컫는다. 흔히 R.I.S.로 간단히 축약 표기되는 실재계, 상상계, 상징계의 삼계는 비록 완벽한 상응관계를 이루지는 않지만 프로이트의 이드, 자아, 초자아의 삼자 구조처럼 인간의 존재 조건 및 갈등의 심층 원리를 설명하는 개별적인 동시에 상호작용적인 삼원적 구조다.

Ⓑ

유아기에 형성되어 전 생애를 통해 항구적으로 기능하는 상상계는 라캉이 말하는 거울단계(생후 6~18개월)와 불가분의 관계에 있다. 따라서 상

상계를 이해하기 위해서는 나르시스적인 거울단계를 먼저 이해해야 한다. 나르시스는 물에 비친 자신의 모습에 매혹되어 사랑에 빠진 나머지 자신의 이미지를 사로잡으려다 끝내 물속에 빠지고 만다. 거울단계는 나르시스 신화의 현실적 버전이다.

우리가 일상적으로 처음 자신의 모습을 대면하게 되는 것은 거울을 통해서다. 유아는 거울에 비친 자신의 이미지, 하지만 아직 자신인지 모르는 그 거울상 혹은 유사자(semblable)를 바라보며 분절적으로만 감지했던 손과 팔, 다리 등을 하나의 통일된 신체로 파악하면서 그와 (때로는 유혹적이고 때로는 공격적인) 동일화 놀이에 빠져 서서히 자아를 경험하게 된다. 이렇게 거울단계는 자아가 태동 형성되는 시기라고 할 수 있다. 하지만 한편으로 거울에 비친 자신을 타자로 오인하고, 타자로서의 거울상에 대한 동일화를 통해 자아가 태동된다는 관점에서 거울단계는 또한 자아의 분열 및 소외가 시작되는 단계라고도 할 수 있다. 그리고 이러한 거울단계의 자아와 거울상 간의 상상적 이자(二者) 관계의 경험에서 비롯되는 여러 원리들이 곧 상상계를 설명하는 논리가 된다.

C

라캉에게 '상상적'이라는 말은 본래 자아와 유사자(거울상) 간의 관계를 설명하는 것인 만큼, 기본적으로 상상계는 실재가 아닌 착각에서 비롯하는 영역이다. 다시 말해 상상계는 유아의 상상 속에서 '자아와 (그 허상인) 유사자 이미지 간의 오인, 분리, 매혹, 유혹, 동일화가 일어나는 영역'이다. 그러므로 라캉이 말하는 자아는 오인에서 동일화에 이르는 과정의 산물, 한마디로 상상의 산물이다.

이러한 관점에서 라캉의 '상상적 자아' 개념은 기존의 프로이트 정신분석학에서 논하는 이드와 초자아의 중재자로서의 자아, 그리고 인접 학문에서 논하는 사유 주체로서의 합리적 자아 개념과는 상당한 차이가 있다. 라캉에게 자아는 항상 주관적 차원에 머무르는 상상적 자아이다. 따라서 상상적 자아의 언어는 주관적인 기호일 수밖에 없다.

문체론의 관점에서 상상계는 '언어의 주관적 영역으로, 상징적인 시니피앙 저변의 상상적 시니피에의 영역'이다. 다시 말해 상상계는 시니피앙으로 표상(재현)되더라도 그 의미는 상호주관적인 해석의 심연에 자리한다. 해석이란 개인의 상상을 초월할 수 없는 것으로, 결국 해석된 시니피에는 항상 화자와 청자의 상호주관적인 영역에 걸쳐 있다.

단적인 예로, 우리가 하나의 텍스트를 읽는데 해석이 저마다 편차를 보이는 것은 원론적으로 시니피에가 주관적인 독서의 산물이기 때문이다. 요컨대 꿈속의 이미지나 신경증 환자의 이야기를 완전히 객관적인 논리로 해석하는 것이 불가능한 이유는 상징적인 시니피앙 저변의 상상적 시니피에가 각 개인의 주관적 영역인 상상계에 자리하기 때문이다.

[류은영]

동일화, 상징계, 실재계, 이미지, 재현(표상, 대표),
주체, 텍스트, 해석/해석공동체

참고문헌

· Jacques Lacan, *Ecrits*, Seuil, 1966.
· Jean Bellemin-Noël, *La Psychanalyse du texte littéraire*, Nathan, 1996.

상상력

F: imagination *E:* imagination *D:* Einbildungskraft

✺ 눈앞에 없는 실재 혹은 정신적인 개념을 형상화하는 인간의 능력

Ⓐ

‘형상’, ‘심상’을 뜻하는 라틴어 ‘이마고(imago)’에서 파생된 ‘상상력’은 인간이 정신적인 이미지나 개념을 형성하는 능력을 말한다. 상상력은 현실에는 없는 세계, 즉 감각에도 없고 기억에도 없는 세계를 표현할 수 있게 해주는 의식의 한 양식이다. 상상력은 기존에 만들어진 지식을 이해하고 경험한 것의 의미를 아는 데 도움을 주며, 감각기관으로 직접 인지하지 못한 것을 파악할 때 유용하게 쓰인다. 상상력은 인간에게 세계와 세계에서 무슨 일이 어떻게 일어나는지에 대해 더 잘 이해할 수 있도록 만들어 준다.

Ⓑ

상상력은 아리스토텔레스에 의해 본격적으로 규명되기 시작했다. 그에 따르면, 인간의 정신에는 수용 기능만 있는 것이 아니라 어떤 이미지를 만들어 내는 기능인 상상력이 있으며, 이것에 의해 인간은 어떤 심상 혹은 이미지를 가질 수 있게 된다. 칸트는 상상력을 감각기능과 통각(경험과 인식을 자의식 내로 종합하고 통일하는 작용)과 더불어 인간의 근원적인 인식의 원천으로 간주한다. 그는 상상이 가능하기 위해서는 상상력 이전에 인식의 재료가 될 수 있는 것들이 개인에게 주어져야 하고, ‘종합(synthesis)’은 상상력의 작용 결과라고 역설한다.

융(C.G. Jung)은 모든 인간의 심리에는 칸트의 범주론과 유사하게 공통적으로 ‘인간 본능들이 발현되는 어떤 선험적(transcendental) 형식’이 있으며, 이것이 인간 존재의 심리적 상황을 집단 무의식적으로 조건지운다고 주장한다. 이것이 인간 보편의 원초적 사고를 말하는 원형이론이며, 인간은 원형에 직접 접근할 수 없고 신화적 상징에 의해서만 원형이 무엇인지를 알 수 있다는 점에서 상상력과 직결된다.

한편 신화적 사고를 바탕으로 바슐라르(G. bachelard)는 4원소(물 · 불

· 흙 · 공기)론이라는 역동적 원형론을 만들어 낸다. 그는 이미지에 중점을 두어 상상력을 인간 정신의 생산력 그 자체로 간주하였으며, 인간은 인간의 몽상에 의해서 창조되었다고 역설한다. 바슐라르의 4원소론에 한계를 느낀 뒤랑(G. Durand)은 레비-스트로스식의 구조 · 역사주의적 신화 연구를 수용하고, '원형적인 구조'라는 개념을 상상력의 핵심으로 만들기 위해 신화 분석 및 비평을 감행한다. 그는 역사를 하나의 구조로 보며 그 안에서 연속성과 반복성을 찾아 상상력으로 설명하려 한다. 반면 사르트르는 상상력에 대해 결정론을 거부하고 자유의지를 확보하기 위한 도구라고 강조한다.

인지과학자 포코니에(G. Fauconnier)와 터너(M. Turner)는 상상력을 일상적인 정신 활동의 이면에 있는 중심적인 원동력으로 간주한다. 이들에 따르면 인간은 상상력의 자유에 의해 자신과 세상에 대한 이해를 확장할 수 있게 된다. 신실용주의자 로티(R. Rorty)도 상상력에 의해 문학과 예술이 현대사회에서 주도적 역할을 담당할 것이라고 말한다. 그는 현대를 근대적인 보편적 이성과 합리주의적 소통에서 벗어나 상상력에 근거한 이미지적 소통이 더 중시되는 시대라고 통찰한다.

윤리학과 문화철학에서도 상상력이 강조된다. 체험주의(experientialism)자 존슨(M. Johnson)은 인간의 도덕적 사고가 신체적 · 물리적 차원의 경험에서 확장된 은유적 사고에서 나왔다고 역설한다. 그는 이러한 도덕적 사고를 상상적 도덕성이라고 명명하며, 인간의 도덕적 숙고에 어떤 원형적 구조가 있다고 본다. 커니(R. Kearney)는 상상력을 포스트모더니즘 및 내러티브와 연결시키고, 현대 포스트모던 문화가 상상력에 기반하고 있음을 강조한다.

C

상상력은 문학과 예술에서 창의적 사유 및 창작 활동과 연결된다. 상상력 연구자들 대부분은 글쓰기에서 창의적인 사유를 강조하는 경향이 있다. 창작에는 창의적인 이성과 감성이 중시되므로, 상상력은 개인의 영감과 상통한다고 말할 수 있다. 그렇지만 창작 능력과 활동은 완전히 창작자 개인 한사람에게만 부과되는 것이 아니다. 개인이 지닌 능력의 원천에는 인간 공통의 혹은 사회적인 상상력이 있기 때문이다.

[김성수]

글쓰기, 원형, 은유, 이미지, 포스트모더니즘

참고문헌

· 뤼시앵 보이아, 『상상력의 세계사』, 김웅권 역, 동문선, 2000.
· 마크 존슨, 『도덕적 상상력 (체험주의 윤리학의 새로운 도전)』, 노양진 역, 서광사, 2009.
· 송태현, 『상상력의 위대한 모험가들』, 살림, 2005.
· 임마누엘 칸트, 『순수이성비판』 1권, 백종현 역, 아카넷, 2006.
· 진형준, 『상상적인 것의 인간학. 질베르 뒤랑의 신화 방법론 연구』, 문학과지성사, 1992.
· 질 포코니에, 마크 터너, 『우리는 어떻게 생각하는가』, 김동환 외 역, 지호, 2009.
· Aristotle, *On the Soul*, Complete Works of Aristotle, vol. 1, The Revised Oxford Translation (Ed.) J. Barnes, Cloth, 1984.
· Richard. Kearney, *The Wake of imagination*, Routledge, 1998.

상징

F: symbole *E:* symbol *D:* Symbol

✳ 1. 어떤 것을 표상하는 다른 어떤 것
2. 원관념을 보조관념만으로 표현하는 기법

3. 추상적인 관념을 구체적인 사물로 표현하는 수사법 또는 사물 표상 자체

Ⓐ

상징은 본래 '조립하다', '짜맞추다'를 뜻하는 그리스어 동사 'symballein'에서 유래했으며, 명사형인 'symbolon'은 '부호(mark)'나 '증표(token)', '기호(sign)'와 같은 대리 표상을 가리킨다. 따라서 어원적으로 상징은 '어떤 것을 표상하는 다른 어떤 것'을 의미한다.

Ⓑ

상징이란 일반적으로 본래의 의미를 원관념, 상징하는 다른 의미를 보조관념이라 할 때 '원관념을 보조관념만으로 표현하는 기법'이다. 흔히 우리는 평화라는 원관념을 비둘기라는 보조관념만으로 표현하는데, 이는 상징의 대표적인 예라고 할 수 있다. 상징이 직유나 은유와 다른 점은 무엇보다 원관념을 직접 드러내지 않는다는 것이다. 박목월의 시 「길처럼」은 직유와 은유 그리고 상징의 차이를 잘 보여준다.

① 길처럼 길게 드러눕는 그리움
② 그리움은 길게 드러누운 길
③ 길게 드러누운 그 길로/ 바람이 오고 그대는 가고 […]

구절 ①과 ②에서는 원관념(그리움)과 보조관념(길)이 모두 드러나 있다. ①은 '그리움'과 '길'이라는 두 관념을 '~처럼'이라는 조사를 사용해 직접적으로 그 유사성을 명시한 직유이며, ②는 두 관념을 명시적인 조사 없이 암묵적으로 동일화해 암시하는 은유다. 그러나 ③은 원관념 '그리움'을 드러내지 않은 채 보조관념 '길'만으로 표현한 상징이라고 할 수 있다.

상징을 보다 구체적으로 정의하면, '추상적인 관념을 구체적인 사물로

표현하는 수사법 또는 사물 표상 자체'라고 할 수 있다. 따라서 상징은 의인화와 관련이 깊으며, 주로 이미지 표상으로 나타난다. 특히 보조관념이 이미지 표상이라는 관점에서 상징은 흔히 알레고리와 비교되지만 알레고리는 하나의 보조관념이 하나의 원관념(1:1)을 표상하는 반면, 상징은 하나의 보조관념이 다수의 원관념(1:다수)을 표상할 수 있다는 점에서 차이가 있다.

C

상징도 하나의 관념을 다른 관념으로 나타내는 표상이라는 점에서 은유의 일종이라고 할 수 있다. 하지만 은유는 두 관념 간의 유사성에 입각한 논리적 유추관계에 의존하는 반면, 상징은 유추관계만으로는 완전히 파악할 수 없는 비논리적인 관계에도 의존한다. 우리는 종교적인 성물을 보면 신비로움을 느낀다. 성물이 불러일으키는 것은 어떤 주술처럼 떠오르는 초월적 관념이다. 이렇게 상징은 원초적이고 주술적인 비논리적 관계에도 의존한다. 민담이나 전설, 신화와 같은 시원(始原)적인 이야기들이 상징으로 가득한 것은 바로 그와 같은 까닭에서다. 상징이 확장된 은유인 것은 이렇게 비논리적 차원의 관념까지도 결합하는 양식이기 때문이다.

D

학자에 따라 상징은 추리적 상징과 비추리적 상징, 일의적인 약속상징과 다의적인 긴장상징, 또는 언어적 상징과 문학적 상징 등으로 나뉜다.

문학적 상징이란 언어나 과학적 논리에 따른 상징(추리적 상징, 약속상징)과 달리, 암시하는 의미가 다양하게 해석될 수 있는 비논리적인 상징(비추리적 상징, 긴장상징)을 의미한다. 문학적 상징은 다시 관습적 상징, 원형적 상징, 개인적 상징으로 나뉜다. 관습적 상징은 일정 문화권 내의 전통적인 상징을 가리키며, 원형적 상징은 신화나 종교 등에서 끊임없이 되풀이되는 원초적인 이미지나 모티프를 말한다. 개인적 상징은 작가가 작품을 통해 창조하는 고유의 상징을 말한다. 개인적 상징은 전적으로 독창적인 것일 수도 있지만, 관습적 상징이나 원형적 상징을 기반으로 다시 자신만의 고유한 상징으로 재창조한 것일 수도 있다.

[류은영]

모티프, 알레고리, 원형, 유추, 은유, 의인법(의인화),
이미지, 작가(저자), 작품, 재현(표상, 대표), 직유(법)

참고문헌

· 오규원, 『현대시작법』, 문학과지성사, 2006.
· Georg Wilhelm Friedrich Hegel, *Esthétique*, PUF, 1953.
· Pierre Caminade, *Image et métaphore: Un Problème de poétique contemporaine*, Bordas, 1970.
· Raymond W. Gibbs, Jr., *The Poetics of mind: Figurative thought, language and understanding*, Cambridge University Press, 1994.

상징계

F: le symbolique *E:* the symbolic *D:* das Symbolische

1. 라캉의 용어로 실재계, 상상계와 함께 인간 존재 작용의 세 차원 내지 세 영역의 하나
2. 주어인 나(I)로 표상되는 '말하는 주체'의 영역
3. 상상적 시니피에를 표상하는 상징적 시니피앙의 영역

Ⓐ

'상징적(symbolique)'이라는 형용사에 정관사(le)를 붙여 명사적으로 사용되는 상징계(le symbolique)는 '라캉의 용어로 실재계(le réel), 상상계(l'imaginaire)와 함께 인간 존재 작용의 세 차원 내지 세 영역의 하나'를 일컫는다.

흔히 R.I.S.로 간단히 축약 표기되는 실재계, 상상계, 상징계의 삼계는 비록 완벽한 상응관계를 이루지는 않지만 프로이트의 이드, 자아, 초자아의 삼자구조처럼 인간의 존재 조건 및 갈등의 심층 원리를 설명하는 개별적인 동시에 상호작용적인 삼원적 구조다.

Ⓑ

언어는 유아가 탄생하기 전부터 존재하는, 즉 타자의 체계다. 그리고 상징계는 언어로 구조된 타자의 영역이다. 자아의 영역인 상상계 속에만 있던 유아는 타자의 언어를 말함으로써 상징계로 진입한다. 라캉(J. Lacan)은 언어를 '말하는 존재(parlêtre)'를 주체(sujet)라 규정하며, 주체는 항상 '말하는 주체(sujet-parlant)'라고 설명한다. 상징계는 본질적으로 주체, 즉 '주어인 나(I)로 표상되는 '말하는 주체'의 영역'이다.

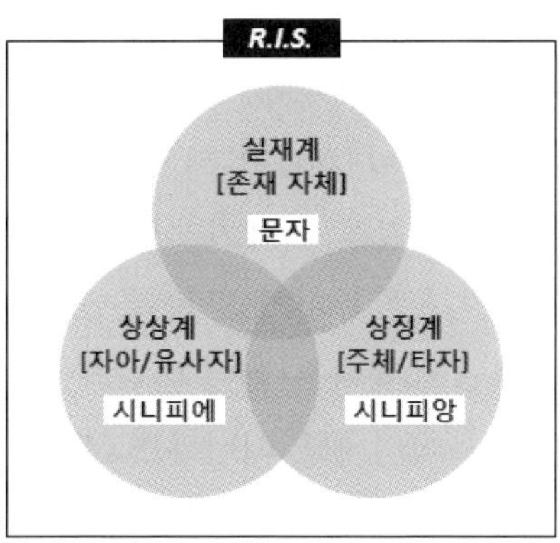

타자의 언어를 말하는 상징계적 주체의 언어작용은 곧 상상계적 자아(라캉의 자아 개념은 일반적으로 말하는 사유 주체로서의 합리적 자아 개념과 근본적으로 달라, 항상 주관적이고 자족적인 상상계 속의 자아, 즉 상상적 자아를 말함)의 억압으로 연계되며, 결국 무의식을 형성하게 된다. 따라서 라캉은 "무의식은 언어처럼 구조되어 있다"고 말한다. 이렇게 무의식은 말하는 주체의 언어작용에 따른 결과적 산물로, 형성과 동시에 상상도 상징도 불가능한 실재계 속으로 잠재화된다.

C

문체론의 관점에서 상징계는 '상상적 시니피에를 표상하는 상징적인 시니피앙의 영역'이다. 하지만 소쉬르(F. de Saussure)의 영향을 받아 라캉은 시니피앙과 시니피에의 표상관계는 본질적이 아니라 자의적이라고 말한다. 본래 주체의 언어는 실재를 상상하여 상징으로 표상하기에 실재적, 상상적 영역에도 걸쳐 있지만, 라캉은 특히 상징적 영역의 언어를 가리켜 시니피앙이라 칭한다.

시니피앙은 상징적 표상으로서, 본질적인 의미가 아니라 무의미한 음소간의 차이를 통해 기능하는 체계다. 예컨대 '나'와 '너'는 나라는 자신과 너라는 상대를 'ㅏ'와 'ㅓ'라는 모음의 청각적 차이를 통해 변별적으로 표상할 뿐이다. 이렇게 상징적 영역의 언어인 시니피앙은 '의미'가 아닌 '차이'로 기능하는, 즉 의미가 부재하는 순수 기표다.

따라서 작가의 언어는 독자의 자의적 해석으로 귀결되는 것이다. 마찬가지로 신경증 환자의 말은 표상 자체가 아니라 그 자신의 무의식으로 귀결된다. 예컨대 어느 신경증 환자가 강박적으로 반복하는 백합이라는 말은 표상적인 의미의 하얀 아름다운 꽃이 아니라 어머니, 즉 백합을 좋아했던 무의식 속의 자신의 어머니를 의미하는 것이다.

[류은영]

독자, 상상계, 실재계, 작가(저자), 재현(표상, 대표),
주체, 타자, 해석/해석공동체

참고문헌

· Jacques Lacan, *Ecrits*, Seuil, 1966.
· __________, *Le Séminaire livre XI*, Seuil, 1973.
· Jean Bellemin-Noël, *La Psychanalyse du texte littéraire*, Nathan, 1996.

상하위어관계

F: hyperonymie(hyponymie) *E:* hyperonymy(hyponymy)
D: Hyperonymie(Hyponymie)

✻ 한 어휘가 의미상 다른 어휘를 포함하거나(상위어) 다른 어휘에 포함되는(하위어) 관계

A

상하위어 관계는 어휘의 의미에 대한 계층적 구조로서 한쪽이 의미상 다른 쪽을 포함하거나 다른 쪽에 포함되는 관계를 말한다. 예를 들면 'vegetable(채소)'은 여러 개의 공통 하위어 'cabbage(양배추)', 'pea(완두콩)', 'sprout(싹)' 등을 포함하고, '꽃'은 '개나리', '진달래', '아카시아' 등을 포함하는 상위어 관계이다. 그러나 상위어는 흔히 각각 다른 문맥 또는 분류체계에서 총칭적인(generic) 단어가 되기도 한다. 이를테면 'tree(나무)'는 'oak(참나무)', 'ash(서양물푸레나무)'의 상위어지만 동시에 'plant(식물)'의 하위어이기도 하다.

상하위어 관계에는 '엄격한' 상하위어 관계와 '느슨한' 상하위어 관계

가 있다. 엄격한 상하위어 관계는 분류관계(식물-꽃)와 비분류관계(사람-의사)로, 느슨한 상하위어 관계는 가능형(애완동물-개)과 문화제약형(선물-시계)의 유형으로 나뉘는데, 전통적으로 상하위어 관계로 일컬어지는 것은 엄격한 상하위어 관계다.

B

상하위어는 의미특성의 양에 의해 결정된다. 그런데 의미자질의 양과 의미범위는 반비례한다. 상위어는 하위어에 비해서 의미범위(지시대상)는 더 넓지만 의미자질의 양(개념의 폭)은 적다(동물⊂새⊂참새). 의미범위와 관련하여 상하위어의 외연(connotation)과 내포(denotation)의 상관성을 살펴보면, 상위어는 외연이 넓고(크고) 내포는 좁은(작은) 반면에, 하위어는 외연이 좁고 내포는 넓다. 이 말은 의미범위가 넓으면 외연은 넓고 내포는 좁으며 의미범위가 좁으면 외연은 좁고 내포는 커진다는 반비례적 관계와 밀접한 관련성이 있다. 또한 한 단어의 성분 분석에서 하위어가 상위어보다 성분의 수가 더 많기 때문에 상위어('동물')에서 하위어('새')로 갈수록 하위어인 '새'는 [+날개]라는 의미자질이 개입되어 의미가 구체화되고, 특수화된다.

C

상하위어의 특성에 따른 표현 효과를 살펴보면 우선 상위어는 해당 범주의 일반적이고 공통적인 특성을 강조하는 효과를 낼 수 있는 반면에 하위어는 해당 범주의 개별적이고 독특한 변별적 특성을 강조하는 효과를 낸다. 예를 들어 '문화'라는 상위어는 '유통문화', '쇼핑문화', '외식문화' 등의 개별적인 특성을 지닌 하위어를 갖는다.

상하위어는 대조 효과를 유발하기도 한다. 예컨대 상위어 '사람'을 하위어 '남자'와 '여자'로 구분하는 경우 모순관계(하나의 상위어에 두 개의 하위어만 존재하는 경우)가 되는 반면, '꽃'을 '무궁화', '개나리', '진달래' 등으로 구분하는 경우 하위어는 상반관계(하나의 상위어에 셋 이상의 하위어가 있는 경우)가 된다. 이러한 대조효과는 각 단어가 갖는 내포적 의미에 의해 유발된다. 예를 들어 "판사의 입장이 아닌 인간으로서 재고해 주시길 바랍니다"에서 직업인의 범주인 '판사'와 대조되는 '인간'의 내포적 의미를 강조함으로써 대조 효과를 유발한다. 여기서 '판사'에는 화자의 부정적인 태도가 '인간'에는 긍정적인 태도가 담겨 있다.

[이종오]

내포, 성분분석, 외연

■ **참고문헌**

· 김봉주, 『개념학』, 한신문화사, 1992.
· 김준기, 「의미범위와 의미정보의 상관성에 대하여」, 『한국어 의미학』, 32호.
· 사뮤엘 울만, 『의미론』, 남성우 역, 탑출판사, 1995.
· 임지룡, 『국어의미론』, 탑출판사, 1996.
· John Lyons, *Structural semantics*, Basil Blackwell, 1963.

상호주관성

F: intersubjectivité *E:* intersubjectivity *D:* Intersubjektivität

✱ 1. 각 개인들의 의식이 타자들의 의식과 갖는 상호관계
2. 서사에 참여하는 다층의 주체 간의 복잡하고 다양한 상호적 관계 및 작용

A

상호주관성은 일반적으로 모든 사람들에게 주어진 구조나 인식의 공통점, 즉 각 개인들의 의식이 타자들의 의식과 갖는 상호관계를 의미한다. '간주관성', '공동주관성', '상호주체성'이라고 지칭되기도 한다. 상호주관성은 후설(E. Husserl)이 『데카르트적 성찰』에서 발전시킨 이후에 근대의 절대적 주관성을 넘어서서 현대철학의 중요한 개념으로 자리 잡고 있다.

후설이 말하는 상호주관성은 인간의 경험이 세상이나 타자와 단절된 존재의 경험이 아니라 타자와의 관계 내 존재의 경험이라는 전제에서 출발한다. 타자는 나와 유리되어 있는 것이 아니라, 이미 나의 의식에 현존한다. 따라서 나는 나를 발견하는 동시에, 대화의 가능성 속에서 그리고 공통적인 세계의 공유 안에서 타자를 발견하며, 그것이 자아에 대한 의식이건 세계에 대한 의식이건 간에 나의 경험은 늘 타자에 의해 매개될 수밖에 없다.

그런 의미에서 자아가 경험하는 세계는 주관적이고 개인적인 세계에 머물지 않는다. 그것은 타자들의 세계이기에 당연히 사회적이거나 상호주관적이다. 결국 주체와 대상, 주관과 객관의 구분은 무의미해지며, 각 개인의 의식들 간에 소통이 가능한 영역이 부각된다.

후설의 상호주관성 개념은 소통과 타자의 문제를 다루는 현대의 학문과 유파에 적지 않은 영향을 미쳤다. 예컨대 실존주의를 대표하는 사르트르(J.-P. Sartre)는 자신을 대상화하려는 타자의 시선에 주목하면서, 자기 자신에 대해 그 어떠한 진실을 얻기 위해서는 반드시 타자를 통해야 한다고 주장한다.

무니에(E. Mounier)는 존재한다는 것은 곧 타자를 위해서 존재하는 것이고, 극단적인 경우에 그것은 타자를 사랑하는 것이라고 말한다. 라캉(J. Lacan)은, 후기에 상호주체성에 대해 비판적이지만, 순수한 개인은 존재하지 않으며 주체의 형성은 상호주체성의 구조에서만 이루어진다고 말한다.

언어 속에서 그리고 언어에 의해서만 인간이 주체로 성립된다고 말하는 언어학자 방브니스트(E. Benveniste)는 상호성의 개념으로 언어의 인칭 문제에 접근한다. 그에 따르면 인칭은 타자와의 관계 전에 이미 절대적으로 존재하는 것이 아니라 타자와의 관계의 산물이다. '나'라는 인칭은 누군가에게 말을 하는 구체적인 대화 속에서만 존재하며, '나'의 담론 안에서 '너'였던 타자는 상호성 원칙에 의해 자신의 담론 안에서는 '나'가 되고, '나'는 '너'가 되기 때문이다. 자신을 '나'로 지칭함으로써 스스로 주체가 되는 행위는 '내'가 말을 건네는 타자의 존재를 필연적으로 요구하는 것이다.

B

문학 연구에서 상호주관성은 서사에 참여하는 다층의 주체들, 그러니까 작가, 저자, 서술자, 작중인물, 청자, 독자, 대중 사이의 복잡하고 다양한 상호적 관계 및 작용을 지칭할 때 사용된다. 바흐친(M. Bakhtine)은 서술자와 청자의 관계를 서술자 중심의 능동적-수동적 관계가 아니라 상호주체적인 참여를 전제로 한 대등한 관계로 간주하면서 '대화주의'를 주창한다. 바흐친에게 메시지는 서술자에서 청자로 전달되는 것이 아니라 두 주체 사이에서 형성되는 것이다. 문학작품도 하나의 발화이기 때문에 그 의미는 작중인물과 사건이 함축하는 가치론적 내용뿐 아니라 작중인물과 작가 사이의 거리, 독자와 작가 그리고 독자와 인물 사이의 거리 등 다양한 주체의 상호 관계 및 작용을 통해 역동적으로 형성된다.

바흐친의 이론을 프랑스에 소개한 크리스테바(J. Kristeva)는 모든 텍스트가 인용의 모자이크로 구축되고, 모든 텍스트는 다른 텍스트의 흡수이며 변형이라고 주장하면서 상호주관성을 상호텍스트성으로 대체한다.

[외부집필–한용택]

대화주의, 발화(작용)/발화문, 사건, 상호텍스트성, 서사, 서술자(화자), 인물(인물구성), 인용, 작가(저자), 전제, 주체, 타자, 텍스트

참고문헌

· 미하일 바흐친, 『말의 미학』, 김희숙 외 역, 길, 2006.
· 에드문트 후설, 오이겐 핑크, 『데카르트적 성찰』, 이종훈 역, 한길사, 2002.
· Emile Benveniste, *Problèmes de linguistique générale*, Gallimard, 1966.
· Julia Kristeva, "Bakhtine. Le mot, le dialogue et le roman", *Critique*, no. 239, 1967.

상호텍스트성

F: intertextualité(intratextualité) *E:* intertextuality(intratextuality)
D: Intertextualität(Intratextualität)

✳ **문체론에서 복수의 서로 다른 텍스트 사이에(*inter*textualité) 그리고 하나의 텍스트 안에서(*intra*textualité), 대조의 과정을 수용자에게 일으키는 모든 언어행위들의 총체를 지칭하기 위해 사용하는 용어**

Ⓐ

상호텍스트성은 바흐친(M. Bakhtine)의 대화주의에 뿌리를 두고 있으며, 크리스테바(J. Kristeva)가 바흐친의 대화주의를 텍스트 문제와 관련해 새롭게 재해석하여 만들어 낸 개념이다. 상호텍스트성이란 하나의 텍스트가 다른 텍스트들과 맺는 관계들을 종합적으로 일컫는 용어다. 오늘날 상호텍스트성이라는 용어는 문학 · 예술 · 문예이론에 새로운 패러다임을 마련해 주는 가장 핵심적인 개념이 된다. 이 용어의 의미 지평은 더욱

확대되어 인문학에서 '상호담론성', '상호문화성', '상호매체성', '하이퍼텍스트성', '기억의 시학'이라는 새로운 이론의 변주를 생성한다.

B

크리스테바는 바흐친의 대화 모델에서 작품의 내재적 구조 분석에만 머무르는 '정태적 구조주의'를 극복할 수 있는 가능성을 발견하고, 하나의 텍스트는 "인용의 모자이크"처럼 구성되어 있으며, "다른 텍스트들을 흡수하고 변형시킨 것"이라고 주장한다. 그래서 그는 상호텍스트성에 대한 명시적인 정의를 다음과 같이 내리고 있다. "우리가 상호텍스트성이라고 부르는 것은 하나의 텍스트 내에서 이루어지는 여러 텍스트들 간의 공동 연주다. 분석가에게 상호텍스트성의 가치는 하나의 텍스트가 어떻게 역사를 읽어내고, 그 역사 속에서 어떻게 자신의 자리를 잡아가는지를 보여줄 수 있다는 데에 있다." 이렇게 크리스테바는 텍스트가 의미를 갖도록 하는 인식의 총체로 상호텍스트성을 정의한다.

그러나 상호텍스트성 개념은 이론가에 따라 조금씩 다르게 원용된다. 토도로프((T. Todorov)는 환기의 측면에서 상호텍스트성의 개념을 중시하며, 한 텍스트가 다른 텍스트를 환기시키는 포괄적인 작용에 이 개념을 적용한다. 그런데 로랑 제니에 의하면, 상호텍스트성은 "단순한 인용이나 회상의 경우와는 다르다. 단순한 인용이나 회상의 경우는 의미 없는 선행 텍스트의 요소를 반복하는 것이지만, 상호텍스트성은 선행 텍스트로부터 전체적인 구조, 형식, 그리고 의미의 모형을 인용하거나 전환시키는 것"을 말한다.

영국의 모더니스트 엘리엇(T. S. Eliot)은 상호텍스트성과 관련해 다음과 같이 말한다. "미숙한 시인들은 남의 작품을 모방하지만 성숙한 시인들은 남의 작품을 훔쳐오며, 삼류시인들은 그들이 취해온 것을 파손시키지만, 일류 시인들은 그것을 보다 좋은 것으로 또는 적어도 원래의 것과 다른 어떤 것으로 만들어 버린다." 독일의 상호텍스트성 연구가 라흐만

(R. Lachmann)은 상호텍스트성 이론을 다루면서 주로 기억을 기초로 한 '기억의 시학'에 대한 문제를 다룬다.

이론가들이 사용하는 다양한 맥락을 종합해 볼 때, 상호텍스트성 개념은 한 텍스트가 다른 텍스트와 맺고 있는 상호관련성의 총체를 말한다. 더 상세하게 말하면, 상호텍스트성은 공개적인 또는 은밀한 인용이나 인유 또는 패러디에 의해서 이전의 텍스트가 지닌 특성을 이후의 텍스트가 흡수하는 것, 나아가 공통의 문학적 규약과 관례에 단순히 참여함으로써 어떤 하나의 문학 텍스트가 다른 텍스트들의 메아리가 되고 그 텍스트들과 불가피하게 연결되는 여러 가지 방법들을 가리키는 데 쓰인다. 따라서 '인용', '토포이', '모방', '번역', '패러디', '기억의 시학', '표절', '인유', '고쳐쓰기', '패스티쉬', '하이퍼텍스트' 등 '원천연구'라는 익숙한 형태들은 넓은 의미로 상호텍스트성의 범주에서 이야기될 수 있는 것들이다.

C

상호텍스트성에 대한 담론은 과거부터 현재에 이르기까지 수많은 철학자나 비평가들의 이론과 사상에서 중요한 논의의 대상이 되어 왔다. 상호텍스트성에 대한 거시담론은 소크라테스식 대화, 아리스토텔레스의 시학, 쿠르티우스의 토포스 이론, 톰슨과 레나테 라흐만의 기억의 시학, 바흐친의 대화주의, 하이퍼텍스트 이론 등에서 관찰될 만큼 포괄적이다.

또한 상호텍스트적 거시 담론은 문학 텍스트에 나타난 신화적 원형을 밝혀내는 데 주력해 온 신화비평가들, 작품의 기원이나 영향관계를 주로 연구하는 역사비평가들, 유물론적 관점에서 문학을 파악하려는 마르크스주의 문학 이론가들, 형식주의 이론가들의 담론에서도 중요한 지배소로 작용한다.

그리고 상호텍스트성에 대한 미시담론은 작가들 사이에서 발견되는 상호텍스트적 모방과 변주의 문제로 발전한다. 예컨대 고골과 호프만, 도스토예프스키와 괴테, 자먀찐과 조지 오웰 등은 텍스트들의 상호관련성에 깊은 관심을 보인 대표적인 작가들이다. 작가는 언제나 영원한 대화자이고, 그래서 타자의 영향에서 벗어날 수 없다.

상호텍스트성에 대한 문학적 분석과 해석 방법은 간략하게 다음과 같이 분류해 볼 수 있다. 첫째, 몽테뉴에게서 볼 수 있듯이, 상호텍스트성 속에서 한 작가가 보여주는 지적인 겸손함이나 그 자신이 존경하는 다른 작가의 권위에 의지하고자 하는 욕망을 읽을 수 있다. 둘째, 특히 고전적인 개념인 모방 이론에 근거를 둔 미학적 선택이라고도 볼 수 있다. 셋째, 파스칼이나 지로두에게서 볼 수 있듯이, 작가가 공통된 문화를 향유하고 있는 독자들에게 제안하는 독서적 유희의 한 형태로도 볼 수 있다. 넷째, 기사도 소설을 패러디한 라블레에게서 볼 수 있듯이, 작가가 비난하거나 조롱하고자 하는 모델을 패러디하는 목적으로 사용될 수도 있다. 다섯째, 현대 작가들, 특히 움베르토 에코와 보르헤스 등에게서 새로운 상호텍스트적 글쓰기를 볼 수 있는데, 그들은 세계의 기원적 진리에 대한 의문을 던지면서 탈구조주의적 기호이론이라는 새로운 측면에서 텍스트의 상호관련성을 부각시키고 있다.

[문재은]

글쓰기, 담화(담론), 대화(체), 대화주의, 모방, 문체, 반복(법), 인용, 작가(저자), 작품, 텍스트, 토포스, 패러디, 하이퍼텍스트, 환기

참고문헌

· 조주관, 임정택, 하명해, 「문학의 구심력과 원심력: 러시아 문학과 독일 문학의 상호텍스트적 변주」, 『러시아어문학연구논집』 12권, 한국러시아문학회, 2002.
· Julia Kristeva, *La Révolution du la langage poétique*, Seuil, 1974.
· ＿＿＿＿＿, *Recherches pour une sémanalyse*, Seuil, 1969.
· ＿＿＿＿＿, *Sèméiotikè*, Seuil, 1969.
· Laurant Jenny, "La Stratégie de la forme", *Poétique, no. 27,* 1976.

생략(법)

F: ellipse *E:* ellipsis *D:* Ellipse

✳ 1. 음절이나 낱말, 어구, 문장을 생략하고, 그 내용을 독자의 상상이나 판단에 맡기는 표현법
2. 서사나 희곡에서, 일어난 것으로 가정되지만 묘사되지 않고 극화되지 않은 사건을 빼는 것으로 담화의 행위에 속도감을 부여하는 하나의 기법

Ⓐ

'빠뜨림, 누락, 결핍'을 의미하는 그리스어 'elleipsis'에서 유래한 말로, 음절이나 낱말, 어구 또는 문장을 생략함으로써 독자의 상상이나 판단에 맡기는 표현법을 말한다. 김소월의 다음 시는 생략법의 좋은 예다. "그립다/ 말을 할까/ 아니 그리워// 그냥 갈까/ 그래도/ 다시 더 한 번……"(「그리워」).

어떤 관점에 따르든 생략되는 요소는 문장 안에서 불필요한 요소로 인식된다. 그러나 생략 요소는 담화 안에서 담화 맥락을 바탕으로 명백히 복원 가능한 것이어서, 화자와 청자(독자)의 인지구조 안에서 공통적인 의미 맥락으로 이해할 수 있는 것이어야 한다는 전제가 필요하다. 그래야만 담화 참여자들이 화자가 무엇을 생략했는지 파악하여 전체적인 맥락을 이해할 수 있기 때문이다.

수사학에서 말하는 생략법은 문법에서 말하는 생략법과 구분할 필요가 있다. 전보(電報) 문체의 특징이기도 한 주어의 생략('모레 도착'), 조사의 생략(아버지는 시골(에) 가셨다' '나는 담배(를) 안 피운다'), 동사(서술어)의 생략('각자가 가까이에 있는 것을 들어라. 철수는 곡괭이를, 미영이는 큰 돌을, 영수는 쇠스랑을') 등은 문법적인 생략이며 통사 규칙의 지식에 의해 보충될 수 있다. 이와 같은 생략은 언어 환경에 따라 불가피하며,

그 요소들을 생략함으로써 훨씬 더 자연스러울 수 있다. 반면 수사학에서 말하는 생략법은 반드시 어떤 표현상의 효과를 염두에 두고 사용해야 한다. 좋은 예로 카이사르의 "왔노라, 보았노라, 이겼노라"는 접속사를 빠뜨린 생략법으로 사건이 연달아 신속하게 일어난다는 느낌을 준다.

B

서사나 희곡에서, 일어났다고 가정되지만 묘사되지 않고 극화되지 않은 사건들을 빠뜨리는 생략은 담화의 행위에 속도감을 부여하는 한 기법이다. 주네트의 용어로 말하자면 일종의 시간 교란(anachrony), 즉 스토리와 담론 간의 불연속성(또는 불일치)이다. 막, 장면, 또는 장의 분할은 다음 예에서처럼 암시적일 경우 시간의 생략이나 공동(空洞)을 나타내는 도상 기호로 작용한다. "[…] 아우는 그 조그만 마을에서 없어졌다. 하루 이틀은 심상히 지냈지만, 닷새 엿새가 지나도 아우는 돌아오지 않았다. […] 그리하여 열흘이 지나고 스무 날이 지났지만, 한번 떠난 그의 아우는 돌아올 길이 없었고, […] 이리하여 꿈결같이 십 년을 지나서 […]"(김동인, 「배따라기」). 그러나 다음 예처럼 명시적일 경우도 흔하다. "운명을 결정하는 그 주의 사건에 대해서는 나는 일체 말하지 않을 생각이다."

특정 부분을 시간적으로 가속화하는 생략 기법(채트먼은 '시간의 요약'으로 표현한다)은 일정한 시간에 걸쳐서 진행된 사건들을 서술하지 않음으로써 스토리의 구조를 탄력 있고 짜임새 있게 한다. 서술에서 누락된 시간의 공백을 상상력으로 채워 넣게 함으로써 독자의 능동적 역할을 조장하는 이 기법은 대체로 서술 시간을 좇아가는 독자의 지루함을 해소하기 위해 적절히 사용하도록 권장된다. 이 기법은 스토리와 담론 사이의 불연속성이 독자에게 미치는 미학적 효과에 관한 논의와 깊이 연관된다.

C

생략법이 주는 문체 효과는 다음과 같다. ① 문장을 줄여 속도감을 준다. ② 표현에 긴장감과 역동성을 준다. ③ 암시효과에 의해 생략된 부분, 또는 정반대로 남아 있는 부분을 강조한다. ④ 생략된 단어들을 복원하게 되는 청자(독자)와 은밀한 공모를 갖게 한다. ⑤ 최소의 언어로 최대의 효과를 얻음으로써 언어의 경제성을 높인다. ⑥ 표현을 무겁게 만드는 불필요한 말들의 반복을 피한다. ⑦ 생략하지 않을 경우 멀리 떨어져 있을 두 단어의 비교를 가능케 한다.

[김중현]

담화(담론), 도상/도상성, 묘사(기술記述), 생략(법), 서사, 스토리, 액어(軛語)법, 완서법, 제유(提喩), 플롯, 축약어, 환유

참고문헌

· 강연임, 『한국어 담화와 생략』, 이회문화사, 2005.
· 김욱동, 『수사학이란 무엇인가』, 민음사, 2008.
· 시모어 채트먼, 『이야기와 담론』, 한용환 역, 푸른 사상, 2006.

생략삼단논법

F: enthymème *E:* enthymeme *D:* Enthymem

✺ 삼단논법에서 두 전제(대전제, 소전제)나 결론 가운데 자명한 명제로 간주되는 어느 하나를 생략하는 것

A

생략삼단논법은 논리적 삼단논법(syllogism, 전통 논리학의 전형적 추론법으로 '대전제-소전제-결론'으로 구성)을 수사학에 응용한 증명법으로 '수사적 삼단논법', '생략추리법', '논증법'이라 부르기도 한다. 생략삼단논법은 삼단논법의 세 요소(대전제, 소전제, 결론) 가운데 하나를 의도적으로 생략하여 독자나 청중을 좀 더 강하게 설득하기 위한 방법으로 ① 일차 생략삼단논법(대전제 생략), ② 이차 생략삼단논법(소전제 생략), ③ 삼차 생략삼단논법(결론 생략)의 세 종류로 구분한다.

아리스토텔레스는 『수사학』에서 "수사적 논증(법)을 생략삼단논법"이라고 부르면서 변증(demonstration: 직관 또는 경험에 의하지 않고, 개념을 논리적으로 분석하여 대상을 증명함)을 통해 설득효과를 노리는 수단들 가운데 하나로 정의 내린다.

아리스토텔레스는 생략삼단논법 형식에서는 대전제-소전제-결론과 같이 완전한 삼단논법 형식을 갖추어야 하는 것이 아니라, '알려진 전제'가 생략될 수 있다고 말한다. 즉 일반적으로 알려진 것이라면 언급할 필요가 없다는 것이다. 여기서 생략된 한 요소는 청중의 마음속에서 가장 자연스럽게 떠오르는 것이기 때문에 청중이 스스로 보완하게 된다.

예를 들면, '예수를 믿는 자는 구원을 받는다'(대전제) '따라서 간수장은 구원을 받았다'(결론)에서 '간수장은 예수를 믿는다'는 소전제가 의도적으로 생략된 것은 '간수장이 예수를 믿는 사실'을 독자나 청중이 이미 명확하게 알고 있는 사실로 간주하기 때문이다. 누구나 알고 있다고 생각되는 것, 즉 '자비의 원리(principle of charity)에 따라 논증에 암묵적으로 개입되어 자명한 명제(전제)가 생략되는 것이다.

퀸틸리아누스는 생략 가능한 전제들을 ① 보고 듣고 맛봄과 같이 감각적으로 인식할 수 있는 것, ② 일반적으로 견해가 일치하는 것, ③ 법률로 확정된 것, ④ 전승되는 관습에 근거를 둔 것, ⑤ 당사자들끼리 통용되거나 입증된 것으로 받아들여지는 것, ⑥ 증명된 것, ⑦ 상대가 어떤 반박도

하지 않는 것 등 일곱 가지로 설정한다.

B

생략삼단논법은 이른바 변증에 의존하는 삼단논법의 '불완전한' 형태로서 개연성(eikos; 진리이기는 하지만 불충분한 근거에 의해서 인식된 진리, 즉 '사실임직한 것'), 패러다임(paradeigma), 확실한 논거(tekmerion), 불확실한 논거(semeion)라는 네 가지에 기초한다. 생략삼단논법을 불완전한 삼단논법으로 보는 이유는 삼단논법은 참인 전제로부터 참인 결론을 얻는 반면, 생략삼단논법은 '참같이 보이는 전제'로부터 '그럴듯한 결론'을 얻어내기 때문이다. 엄격하고 확실한 논거를 갖고 있는 논리학과는 다르게, 수사학은 근본적으로 다르게도 볼 수 있는 확실하지 않은 변증적 논거를 지닌 것, 즉 개연성의 영역을 다루며, 이 개연성을 이용해 화자는 청자가 제안했을 법한 것들에 기초해서 변증의 전제를 제시한다.

따라서 삼단논법에서는 결론이 반드시 그렇게 내려지지만, 생략삼단논법에서는 그럴 가능성이 매우 높다는 의미에서 화용론의 함축(implicature)과 밀접한 관계가 있다. 또한 기존에는 개연성이 삼단논법과 생략삼단논법의 판단기준으로 이해되었지만, 최근에는 불완전한 생략삼단논법도 확실히 논거를 가질 수 있고, 형식적인 불완전성이 본질적인 특성이 아니라는 점이 부각되고 있다.

C

생략삼단논법의 생략 형식은 언어 차원에서는 표현의 간결성과 강조 효과를 얻기 위해 사용한다. 수사학 차원에서는 보다 많은 극적인 설득 효과를 거두기 위해 종종 명제 중 하나를 의도적으로 생략한다. 즉 생략삼단논법은 말(표현)의 논리보다 생각의 논리 폭이 더 넓다는 인상을 주고, 청자를 추론으로 끌어들이고 청자 자신의 지식으로 생략된 한 요소를 스스로 보완하게 함으로써 담론을 더욱 강하고 생생하게 한다. 이처럼 청중의 적극적 참여를 유발함으로써 청중 설득이라는 원래 목표에 부합한다는 점에서 수사학은 논리적 삼단논법보다 생략삼단논법을 더 선호한다.

[이종오]

삼단논법, 함축

참고문헌

· 김용규, 『설득의 논리학』, 웅진지식하우스, 2007.
· 박성창, 『수사학』, 문학과지성사, 2000.
· 아리스토텔레스, 『수사학 I, II』, 이종오 역, 리젬, 2007.
· 양태종, 『수사학 이야기』, 동아대출판부, 2002.

서사

F: récit　*E:* narrative　*D:* récit(Erzählung)

1. 사건의 스토리, 담화 및 서술
2. 하나 이상의 실제적 및 허구적 사건을 말이나 글로 서술하는 담화 또는 담화행위
3. 서술자가 피서술자에게 전하는 하나 이상의 실제적 및 허구적 사건의 경과와 결과, 대상과 행동, 구조와 구조화로서의 진술
4. 일련의 실제적 및 허구적 사건을 시간과 인과 관계에 따른 플롯 형식으로 구성 서술하는 담화 또는 담화행위

A

형용사 'narrative'를 그대로 명사로 쓴다. 일반적으로 서사는 '사건의

스토리, 담화 및 서술'을 가리킨다. 프린스(G. Prince)가 '금붕어가 죽었다'는 서사이나 '메리는 키가 크고 피터는 작다'는 서사가 아니라고 한 것은, 전자는 사건의 서술이고 후자는 아니기 때문이다. 따라서 사건을 서술하는 신문기사나 고백도 서사라고 할 수 있다. 이러한 허구성 없는 서사를 비허구적 서사 또는 단순 서사라고 한다. 이에 비해 소설과 같이 허구성을 전제로 한 서사를 허구적 서사 또는 플롯 서사(narrative with plot)라고 하는데, 일반적으로 서사의 전형은 이 허구성을 전제로 한 플롯 서사다.

서사의 전형은 역시 문학이라고 할 수 있다. 특히 에이브람스(M.H. Abrams)는 '산문이나 운문 형식으로 서술된, 사건과 인물 그리고 인물의 말과 행동을 담은 이야기'라고 한정한다. 다시 말해 산문 형식의 장·단편 소설 및 운문 형식의 서사시와 로맨스, 포괄적으로는 (물론 프린스의 경우 사건의 서술이 아닌 서술은 서사가 아니라 단언했지만) 사건의 서술보다는 감정의 서술에 가까운 서정시도 서사에 속한다.

주네트(G. Genette)를 비롯한 몇몇 서사학자는 서사를 '하나 이상의 실제적 및 허구적 사건을 말이나 글로 서술하는 담화 또는 담화 행위'라고 한정한다. 무대 퍼포먼스나 연기 등 시각 매체 담화의 경우는 사실상 서사로 거론하지 않았으나, 실제로 사건의 서술은 이미지, 제스처, 영상 등을 통해서도 가능한 만큼 그림이나 극, 영화 같은 시각 매체 담화도 서사로 간주하는 것이 일반적이다.

그럼에도 오늘날 서사가 문학, 특히 소설 고유의 담화 양식으로 일컬어지는 것은 소설이 사건의 서술이라는 서사의 일차적 전형이며, 나아가 현대 서사학자들이 그러한 소설을 주 연구대상으로 삼았기 때문이다.

B

주네트는 기존의 서사학자들이 서사의 구조를 '스토리와 담화', '서술체(서술된 것)와 서술' 등 이분법적으로 구분한 데 이의를 제기한다.

주네트는 『피귀르 III』에서 서사의 구조를 세 층위로 나눠 설명한다. ① 서사의 대상 내지 내용이 되는 물리적 사실이나 사건 자체인 스토리[histoire(=story)], ② 스토리를 플롯 형식으로 구성 발화하거나 기록한 서사, 담화 또는 텍스트, 즉 레시[récit(= narrative, discourse, text)], ③ 레시를 발화/기록하는 행위 및 제반 상황, 즉 서술(서술행위)[narration (=narration, narrating)].

주네트는 서사를 이해하기 위해서는 서사의 대상인 스토리와 서사 자체인 레시 그리고 서사의 서술, 세 차원을 통해야 한다고 설명한다. 결국 서사는 일차적으로는 서술체인 레시이지만, 총체적으로는 스토리와 서술행위까지를 포괄하는 다층적 차원에서 이해해야 한다는 것이다.

C

서사는 좁게는 사건을 구성 서술한 담화 텍스트, 넓게는 서술 이전의 서술 대상인 스토리 및 서술의 행위를 포괄하는 다층적 차원에 걸쳐 있다. 프린스는 서사를 사전적으로 '서술자가 피서술자에게 전하는 하나 이상의 실제적 및 허구적 사건의 경과와 결과, 대상과 행동, 구조와 구조화로서의 진술'이라 정의한다. 이에 라보프(W. Labov)나 그레마스(A.J. Greimas), 토도로프(T. Todorov) 같은 서사학자들은 하나 이상의 사건이라는 전제와 관련하여 사건의 단순한 서술이 아닌 연쇄적 전체라는 구조적 플롯을 위해서는 둘 이상의 사건이 전제되어야 한다고 주장한다. 말하자면 서사는 '일련의 실제적 및 허구적 사건을 시간과 인과 관계에 따른 플롯 형식으로 구성 서술하는 담화 또는 담화행위'라는 것이다.

서사론에서 구조의 문제는 인과적 플롯을 중시한 아리스토텔레스 이래 현대 서사학자들에 이르기까지 항상 논의의 중심을 이뤄온 문제라고 할 수 있다. 주네트가 서사학자들의 이분법적 사유에 이의를 제기한 바 있지만, 서사의 구조는 스토리와 담화, 즉 스토리라는 내용의 층위와 담화라는 형식의 층위, 곧 내용과 형식의 두 층위로 구성되는 것이라는 사유는 상당히 뿌리 깊은 것이다.

토도로프는 특히 서사의 구조에서 형식의 층위를 강조한다. 문학 서사의 미학은 서술된 내용(스토리)보다 서술하는 형식(담화)의 고유성에 있다고 보는 것이다. 이 점에서는 주네트를 비롯해 그레마스, 브레몽(C. Bremond), 바르트(R. Barthes), 단토(A.C. Danto), 채트먼(S. Chatman), 발(M. Bal), 리몬-케넌(S. Rimmon-Kenan), 프린스, 슈탄젤(F.K. Stanzel), 라보프 등도 견해를 같이한다.

D

현대 소설론에서 'narrative'는 'novel'을 대신해 소설의 동의어처럼 널리 사용되고 있다. 하지만 엄밀히 말해 소설은 서사의 하위 장르인데, 소설이 마치 서사의 동의어처럼 인식 사용되고 있는 까닭은 근대 이후 소설이 문학의 중심 장르가 되었다는 사실과 무관하지 않다. 실제로 20세기 이래 현대 서사 담론의 중심 기반은 소설적 서사다. 그런데 소설의 기원은 고대 서사시다. 오늘날 담화 양식의 두 갈래로 일컬어지는 말하기와 보여주기의 기원적 양식인 서술적 디에게시스와 재현적 미메시스, 이 두 양식의 혼합 장르인 서사시가 근대에 이르러 서술적 형식의 소설 장르로 변화하면서 현대문학의 중심 장르를 이루게 된 것이다.

하지만 21세기 들어 서사는 포스트모더니즘의 탈장르 미학 및 현대 멀티미디어의 발달과 더불어 점차 소설뿐 아니라 거의 모든 층위의 서사물을 통해 다양한 형식으로 변형 창출되고 있다. 이때 말하기로서의 서사는 흔히 보여주기로서의 스토리텔링과 일정한 상보적 관계를 형성한다. 현재 스토리텔링은 보여주기 양식, 즉 제스처를 동원하는 구술 층위와 멀티미디어 기반의 다감각적 층위의 양식으로 정립되어 21세기 멀티미디어 및 엔터테인먼트 산업의 담화양식으로 부상하고 있다.

하지만 스토리텔링의 담화적 기반은 역설적으로 서사적 플롯 형식이다. 시대가 변해도 결국 연설(스토리텔링)의 기반은 연설문(서사)이며, 연출

(스토리텔링)의 기반은 시나리오(서사)라는 이야기다. 아이러니하게도 스토리텔링의 전형이라 일컬어지는 게임, 표면적으로 인터랙션(스토리텔링)이 주도하는 듯 보이는 게임의 기반 역시도 극히 치밀한 시나리오의 룰(서사)이다.

[류은영]

결여, 담화(담론), 디에게시스, 레시, 말하기/보여주기, 미메시스, 서사학, 서술, 서술자(화자), 서술체, 스토리, 스토리텔링, 이미지, 인물/인물구성, 재현(표상, 대표), 텍스트, 포스트모더니즘, 플롯, 피서술자, 형식

참고문헌

· 롤랑 부르뇌프, 레알 웰레, 『현대소설론』, 김화영 편역, 현대문학, 2006.
· 시모어 채트먼, 『이야기와 담론』, 한용환 역, 푸른사상, 2006.
· Gérard Genette, *Figures III*, Seuil, 1972.
· __________, *Nouveau discours du récit,* Seuil, 1983.
· Tzvetan Todorov, “Les Catégories du récit littéraire”, *Communication*, n° 8, 1966.

서사독백

F: monologue narré *E:* narrated monologue *D:* erzählter Monolog

✻ 1. 서사에서 의식의 재현을 위해 사용되는 화법의 하나
2. 삼인칭 문맥 서사에서의 자유간접담화

콘(D. Cohn)의 용어로 ‘서사에서 의식의 재현을 위해 사용되는 화법의

하나'다. '삼인칭 문맥 서사에서의 자유간접담화'를 가리킨다.

자유간접화법과 일맥상통하는데, 직접화법에서처럼 현재 지시대상에 따른 상황 판단 속에서 전달문 없이 삼인칭 대명사와 과거 시제로 이루어지는 간접화법 중심의 담화가 이루어지기 때문이다. 반면 심리서술(psycho-narration)과는 대립하는데, 심리서술은 전지적 서술자가 모든 (작중)인물의 심리를 서술하는 양식이고, 서사독백은 인물의 담화가 인물 자신의 것으로 인정되는 말을 통해 서술되는 양식이기 때문이다. 따라서 서사독백에서는 서술자의 목소리와 인물의 시점이 하나를 이룬다.

[류은영]

담화(담론), 서사, 서술, 서술자(화자), 시점,
인물/인물구성, 자유간접화법, 재현(표상, 대표)

참고문헌

- Dorrit Cohn, "Narrated monologue: Definition of a fictional style", *Comparative literature*, vol. 18, no. 2, 1966.
- __________, *Transparent minds: Narrative modes for presenting consciousness in fiction,* Princeton University Press, 1978.

서사성

F: narrativité *E:* narrativity *D:* Narrativität

✸ 서사의 고유한 특성

'서사의 고유한 특성'을 가리킨다. 서사성은 내용과 형식의 층위에서 형성된다. 서사성의 정도 혹은 깊이는 내용의 층위에서는 인물, 사건, 배경 등 스토리 요소의 특성을 통해 형성되고, 형식의 층위에서는 플롯을 비롯해 문체, 구성, 시간, 시점, 묘사, 심리, 복선 등 담화 기법의 특성을 통해 형성된다.

[류은영]

담화(담론), 묘사(기술記述), 문체, 서사, 스토리,
시점, 인물/인물구성, 플롯, 형식

■ 참고문헌

· Gerald Prince, *Narratology: The Form and functioning of narrative,* Mouton, 1982.

서사학

F: narratologie *E:* narratology *D:* narratologie(Erzählttheorie)

✵ 토도로프가 명명한 용어로, 서사에 관한 학문을 가리킴

Ⓐ

narrative(서사)+ology(학문), 즉 서사학은 '서사에 관한 학문'을 가리킨다. 서사학의 기원은 아리스토텔레스의 『시학』으로까지 거슬러 올라간다. 하지만 서사학이라는 용어 자체는 프랑스 서사학자 토도로프(T. Todorov)가 명명한 것으로 1970년대에 들어 구조주의 작가 및 사상가들의 주목을 끌었고, 주로 러시아형식주의와 구조주의 논리에 입각했다. 일반적으로 소설을 연구대상으로 삼은 까닭에 소설연구로 인식되기도 한다.

B

종래의 문학자들은 서사를 허구적 표상으로 간주했으나 서사학자들은 체계적인 형식구조로 인식한다. 따라서 서사학은 서사가 기능하는 구조를 연구하고 서사에 관여하는 코드와 전의의 형식을 밝히고자 한다. 주요 서사학자로는 리몬-케넌(S. Rimmon-Kenan), 바르트(R. Barthes), 발(M. Bal), 브레몽(C. Bremond), 슈탄젤(F.K. Stanzel), 주네트(G. Genette), 채트먼(S. Chatman), 토도로프, 프린스(G. Prince) 등을 들 수 있는데, 특히 주네트는 서사학의 경전과 같은 『서사 담론』을 남겼다. 주네트는 서사의 세 층위(스토리(histoire), 레시(récit), 서술(narration))를 비롯해 시제, 법, 태, 초점화 등 체계적인 서사구조 분석의 기반이 되는 이론을 제시했다.

C

서사학은 서사에 관한 담론으로 서사의 장르, 형식 등 텍스트 차원의 구조와 일반 원리를 연구한다. 서사학은 서사의 층위와 구조, 서술 기법 등 서사의 형식적 요소들에 대한 유용한 분석틀을 제공하지만, 지나친 도식화로 형식주의적 한계를 극복하지 못하고 역사나 이데올로기, 가치 등의 텍스트 외적인 요소를 배제함으로써 서사의 사회문화적 맥락을 도외시한다는 평가를 받기도 한다.

서사학은 후기구조주의 또는 해체주의 사조의 서사론(narrative theory)과 구별되기도 한다. 구조에서 해체로의 흐름과 맥을 같이하는 서사론은 해체주의, 마르크스주의, 페미니즘, 정신분석학 등이 교차하는 상호텍스트적 양상을 띠는데, 구조주의적 서사학과 변별하여 서사론으로 통칭된다. 하지만 서사학과 서사론이 절대적으로 구분되는 것은 아니다. 넓게 보아 서사학은 텍스트의 내적 형식을 강조한다는 관점에서 형식주의 서사론에 속한다고 할 수 있다. 해체주의적 서사론자들은 서사학이 지나치게 보편성을 중시하여 서사의 일반 구조만을 규명함으로써 개별 텍스트의 특수성을 간과한다고 비판하며 구조의 해체를 논한다. 해체주의부터 정신분석학 등에 이르는 현대의 제반 사상을 아우르는 서사론은 서사에 관한 학문에 해체, 다양성, 욕망 등 역동성을 더한다.

[류은영]

서사, 장르, 전의(법), 초점화, 텍스트, 코드(약호),
해체(해체구성, 해체론), 형식

■ 참고문헌

· David Herman (Ed.), *Narrative theory and the cognitive sciences*, Center for the study of language and information, 2003.

· Gérard Genette, *Figures III*, Seuil, 1972.

· __________, *Nouveau discours du récit*, Seuil, 1983.

서술

F: narration *E:* narration *D:* Erzählung

✳ 1. 서사의 한 층위, 또는 서사 자체
2. 일련의 실제적 및 허구적 사건을 시간 관계에 따라 진술하는 담화양식
3. 사건을 말하기(=telling)

Ⓐ

서술은 사건의 진술 과정으로서 서사의 한 층위를 이루며, 결과로서 서사 자체를 이룬다. 이런 연유로 독일어에서 서술은 'Erzählung'으로 서사와 동일하다.

서술은 묘사, 설명, 논증과 다르나 사실상 명확히 구별되기보다는 서로 같이 쓰이는 경우가 많다. 원론적으로, 서술은 사건을 시간 관계에 따라 진술하는 서사 양식이고, 묘사는 공간 관계, 해설은 가치 관계, 논증은 (전제에 따른) 진리 관계에 따라 진술하는 서사 양식이다.

하지만 실제로 다양한 서사 속에서 네 양식을 이론처럼 구별하기란 쉽지 않다. 예컨대 사건이 시간 관계에 따라 서술되는 가운데 인물이나 배경이 묘사되는 경우나, 사건의 서술을 넘어 서술자가 개입해 가치 판단을 의도하는 경우, 사건이 시간과 더불어 전제와 추론의 진리 관계에 따라 전개되는 경우, 어떤 경우든 서술과 묘사, 해설, 논증을 구별하기는 어렵다.

서술 가운데 묘사가 두드러지는 사실주의 소설, 해설이 두드러지는 계몽주의 소설, 논증이 두드러지는 철학적 소설 등을 읽어 보면 그 어려움을 잘 알 수 있다.

B

서술은 기본적으로 '하나 이상의 실제적 및 허구적 사건을 시간 관계에 따라 진술하는 담화양식'이다. 시간 관계에 따라 서술은 후치적(posterior) 서술, 전치적(anterior) 서술, 동시적(simultaneous) 서술, 삽입적(intercalated) 서술로 나뉜다. 후치적 서술은 서사의 고전적 양식으로 사건을 시간 순서대로 서술하는 것이고, 전치적 서술은 『오이디푸스 신화』처럼 사건을 미리 암시한 후 그에 따라 사건을 서술하는 것이며, 동시적 서술은 사건들을 동시에, 삽입적 서술은 사건과 사건 사이에 다른 사건을 일시적으로 삽입해 서술하는 것을 말한다.

C

주네트(G. Genette)는 서술의 문제를 시간의 관점에서 더 나아가 '누가 보는가'라는 초점화의 관점에서 새롭게 조명한다. '누가 말하는가?'가 아니라 '누가 보는가?'의 관점에서, 주네트는 서술자의 초점화가 서사의 내부와 외부 어느 시점에서 이루어지느냐에 따라 내적(intradiegetic) 서술과 외적(extradiegetic) 서술, 그리고 이 둘이 함께 나타나는 메타(metadiegetic) 서술로 구분한다. 내적 서술보다 외적 서술이, 외적 서술보다 메타 서술이 인물이나 사건을 보다 자유롭게 바라보며 서술할 수 있다.

또한 서술자의 인칭에 따라 서술을 동질(homodiegetic) 서술과 이질(heterodiegetic) 서술로 구분한다. 동질 서술은 자기 이야기를 말하는 서술이며, 이질 서술은 다른 인물의 이야기를 말하는 서술이다. 이처럼 초점화와 인칭에 따른 주네트의 서술기법 연구는 서술을 '바라보는' 차원과 '말하는' 차원을 구분해 설명한 것으로서 서술에 관한 보다 정교한 논리적 기반을 정립한 것이라고 할 수 있다.

토도로프(T. Todorov)를 비롯한 일군의 서사학자들은 고대의 디에게시스와 미메시스 이론을 근간으로 오늘날 담화양식의 두 갈래를 각각 말하기와 보여주기라 설명했는데, 서술은 말하기, 재현은 보여주기에 상응한다.

[류은영]

논증, 담화(담론), 디에게시스, 말하기/보여주기, 묘사(기술記述), 미메시스, 서사, 서술자(화자), 스토리텔링, 시점, 인물/인물구성, 재현(표상, 대표), 초점화, 플롯, 형식

참고문헌

· 슬로미스 리몬-케넌, 『소설의 시학』, 최상규 역, 문학과지성사, 1985.

· Gérard Genette, *Figures III*, Seuil, 1972.

· __________, *Nouveau discours du récit*, Seuil, 1983.

· Tzvetan Todorov, "Les Catégories du récit littéraire", *Communication*, n° 8, 1966.

서술상황

F: situation narrative *E:* narrative situation *D:* Erzählsituation

✹ 서술체를 서술하기까지의 전 매개 과정

'서술체를 서술하기까지의 전 매개 과정'을 말한다. 슈탄젤(F.K. Stanzel)은 우선 서사에서 매개(mediacy)의 종류와 정도를 인칭과 시점, 화법의 세 범주를 통해 구분하고, 기본적인 서술상황을 저자 서술상황과 (작중)인물 서술상황, 일인칭 서술상황의 세 가지로 나눠 설명한다. 저자 서술상황은 외적 시점이 지배적인 경우, (작중)인물 서술상황은 사건 반영자인 (작중)인물의 화법이 지배적인 경우, 일인칭 서술상황은 자기의 이야기를 하는 동질서사적(homodiegetic) 서술자가 지배적인 경우의 서술상황을 말한다.

주네트(G. Genette)의 경우는 서술상황을 인칭과 초점화, 서사층위의 범주에서 설명한다. 인칭의 범주에서 동질서사적 또는 이질서사적 서술자에 따른 서술상황, 초점화의 범주에서 비초점화, 내적 초점화, 외적 초점화에 따른 서술상황, 서사층위의 범주에서 서사 내적 또는 서사 외적 서술상황 등으로 변별해 설명한다. 나아가 주네트는 서술은 물론 서술이 일어나는 시공간을 모두 포괄하는 개념으로서의 서술상황을 논하면서 서술과 서술체의 거리나 시간 관계에 따라 서술상황은 더 세분될 수 있다고 설명한다.

[류은영]

서사, 서술, 서술자(화자), 서술체, 인물/인물구성, 작가(저자), 초점화

참고문헌

· Franz Stanzel, *Narrative situation in the novel,* Indiana University Press, 1971.
· Gérard Genette, *Nouveau discours du récit*, Seuil, 1983.

서술자(화자)

F: narrateur *E:* narrator *D:* Erzähler

✳ 서사에서 서술하는 사람

'서사에서 서술하는 사람'을 일컫는다. 다시 말해 서사 속의 사건을 독자에게 전달하는 (작중)화자를 말한다. 서사 속에는 한 사람 이상의 서술자가 있으며, 서술자는 그 서술을 듣는 한 사람 이상의 피서술자와 동일한 서술적 층위에 자리한다. 서술자는 피서술자에 비해 명백하며 서사 정보에 밝고 어디에나 존재하며, 자의식이 강하고 신뢰할 수 있는 사람으로서 피서술자 및 (작중)인물이나 사건, 상황과 일정한 거리를 두고 기능한다. 이 거리는 시간적 거리일 수도 있고 언술적, 지적, 도덕적 거리일 수도 있다.

서술자가 서사의 내부와 외부 어느 시점에서 바라보느냐, 즉 어디에서 서술자의 초점화가 이루어지느냐에 따라 서술자는 서사 내적(intradiegetic)이거나 서사 외적(extradiegetic)이 된다. 또한 서술자가 누구를 이야기하느냐에 따라, 즉 나를 이야기하느냐 다른 인물을 이야기하느냐에 따라 동질서사적(homodiegetic)이거나 이질서사적(heterodiegetic)이 된다. 특히 서술자가 나를 이야기하는 동질서사적 인물일 경우 사건의 주인공이나 중심인물, 주변인물 등 서사 속 인물로 기능할 수 있다.

서술자는 내포작가와는 다르다. 서술자는 서사 텍스트 속에 자리하나, 내포작가는 서사 텍스트 전반을 통해 막연히 추정되는 존재다. 하지만 경우에 따라 내포작가와 잘 구별되지 않는 경우도 있다. 서술자가 서사 텍스트 속에 거의 부재하거나 드러나지 않는 경우가 그러하다. 서사 속에서 자신을 명확히 드러내는 동질서사적 서술자의 경우는 내포작가와 쉽게 구별되지만, 서술자가 자신을 숨긴 채 오로지 다른 인물만을 이야기하는 명백한 이질서사의 경우 서술자와 내포작가를 구별하기는 어렵다.

[류은영]

서사, 서술, 시점, 인물/인물구성, 초점화, 텍스트, 피서술자

참고문헌

· 시모어 채트먼, 『이야기와 담론』, 한용환 역, 푸른사상, 2006.
· Gérard Genette, *Nouveau discours du récit*, Seuil, 1983.
· Gerald Prince, *Narratology: The Form and funcitioning of narrative,* Mouton, 1982.

서술체

F: le narré *E:* narrated *D:* das Erzählte

✻ 1. 프린스의 용어로 서술하기와 함께 서사의 구조를 이루는 두 요인의 하나
2. 서술된 것

서사학자 '프린스(G. Prince)의 용어로 서술하기와 함께 서사의 구조를 이루는 두 요인의 하나'다. 서술하기에 대해 '서술된 것'을 가리킨다.

프린스는 서사의 서술행위를 일반적인 'narration' 대신 행위성을 더욱 강조하여 'narrating', 즉 '서술하기'라 일컬으며, 이에 대해 서술된 사건,

상황 등 서술된 것 일체를 'narrated', 즉 서술체라 일컫는다. 서술체는 서사의 내용이라 할 수 있는데, 이러한 관점에서 스토리와 일맥상통하며, 서사의 형식을 이루는 담화와 대립한다.

[류은영]

담화(담론), 서사, 서술, 서술하기, 스토리, 형식

참고문헌

· Gerald Prince, *Narratology: The Form and functioning of narrative,* Mouton, 1982.

서술하기

F: le narrer *E:* narrating *D:* das Erzählen

✻ 1. 프린스의 용어로 서술체와 함께 서사의 구조를 이루는 두 요인의 하나
2. 서술하는 일

서사학자 '프린스(G. Prince)의 용어로 서술체와 함께 서사의 구조를 이루는 두 요인의 하나'다. 서술체에 대해 '서술하는 일'을 가리킨다.

프린스는 서술된 사건, 상황 등 서술된 것 일체를 'narrated', 즉 서술체라 일컬으며, 그 서술행위를 일반적인 'narration' 대신 행위성을 더욱 강조하여 'narrating', 즉 '서술하기'라 일컫는다. 서술하기는 서사의 형식이라 할 수 있는데, 이러한 관점에서 담화와 일맥상통하며, 서사의 내용을 이루는 스토리와 대립한다.

[류은영]

담화(담론), 서사, 서술, 서술체, 스토리, 형식

참고문헌

· Gerald Prince, *Narratology: The Form and functioning of narrative,* Mouton, 1982.

선술법(예상, 사전제시, 프롤렙시스)

F: prolepse *E:* prolepsis *D:* Prolepse(Prolepsis)

1. 상대방의 질문과 반론을 예상하고 그에 대해 미리 대답하여 반박하는 수사법
2. 시간적으로 어떤 단어(구)를 정상적으로 구사하는 일이 가능하게 되기 이전에 미리 사용하는 문채
3. 주네트의 서사학 용어로, 이야기 전개에서 장차 일어날 사건을 현재 시점에서 미리 알려주는 시간교란의 한 방법

A

'앞으로 옮기다', 시간적으로 '앞서 나가다', 비유적으로 '추측하다'를 의미하는 그리스어 동사 'prolambanein'(나중에 'prolepsesthai'가 됨)에서 파생한 '프롤렙시스(prolêpsis)'에서 유래한 말로, 르네상스 시대에는 '미리 하는 생각', '선입견'의 의미로 사용됐다.

수사학에서는 상대방의 반론이 나오기 전에 상대방의 질문을 예상하고 미리 그에 대한 답변을 해서 상대방의 반론을 반박하고 무효화하는 수사법을 지칭한다. '물론 당신은 ~ 라고 말하겠지만, 나는 ~라고 대답하겠다', '(사람들은) ~라고 주장한다. 하지만', '나도 ~라는 사실을 알고 있다. 하지만'과 같은 관용적인 표현이 사용되는 것이 보통이다. 반대 의견을

예상하고 미리 반박하기 때문에 상대방은 반박당한 내용을 다시 주장하기 힘들어지고, 더 이상 유효하지 않게 된다.

B

서구문체론에서는, 문장 안에서 하나의 단어(주로 상황을 수식하는 형용사나 속사)나 구를 정상적으로 구사하는 일이 시간적으로 가능하게 되기 이전에 그 단어를 미리 사용하는 표현법을 지칭한다. 시간적으로 어떤 일의 결과로 일어나게 될 일을, 이야기하는 시점 이전에 이미 일어난 것으로 표현하는 방법으로, 일종의 예측에 의한 전치(轉置)라고 할 수 있다. '겁에 질린 산책자들 앞에 갑자기 괴물이 나타났다'라는 문장에서, 문맥상 괴물이 나타나기 이전에 산책자들이 겁에 질릴 이유가 없는 상황인데도 '겁에 질린'이라는 형용사를 사용하는 것은 괴물의 등장으로 나타날 결과를 미리 표현하는 것이지 괴물이 나타나기 이전 또는 그와 동시에 일어나는 상황을 표현하는 것이 아니다. 따라서 이 문장은 '괴물이 갑자기 산책자들 앞에 나타나 (그 결과) 산책자들이 겁에 질렸다'라고 이해해야 할 것이다. 이런 표현은 어색할 수도 있지만 강조의 형태가 될 수 있다.

C

서사학 용어로, 사건의 순서와 그 사건이 제시된 순서의 불일치를 표현하기 위해 주네트가 고안한 두 가지 시간교란(anchrony) 방법 중 하나다. 주네트는 이야기(스토리)와 담화 사이의 불일치를 말하기 위해 선술법과 후술법(회상, 소급제시, 아날렙시스)을 제안한다. 선술법은 장차 일어날 사건을 이야기가 전개되는 현재 시점에서 미리 알려주는 것으로, 이야기가 진행되는 현재의 순간에 과거에 일어났던 일을 제시하는 후술법의 반대 개념이다. 선술법은 영화의 플래시포워드(flashforward)와 유사하고, 후술법은 플래시백(flashback)과 유사하다.

'철수는 불같이 화를 내기 시작했다. 며칠 후면 분명 후회하련만, 지금은 그런 생각 따위는 없었다'라는 문장에서 볼 수 있듯이, 며칠 후의 상황이 이야기가 전개되는 현재 시점에서 언급되는 것이다.

선술법을 사용하면 이야기가 현재의 시점을 벗어나 갑자기 미래로 건너뛰고, 결과를 미리 예견하기 때문에 피할 수 없는 운명과 같은 느낌을 줄 수 있다. 추후 일어날 일을 미리 독자 또는 관객에게 보여줌으로써 일종의 복선과 비슷한 역할을 하기도 한다.

예언은 선술법의 가장 고전적인 예라고 할 수 있는데, 소포클레스의 비극 『오이디푸스 왕』에서 오이디푸스가 장차 아버지를 죽이고 어머니와 동침하게 될 것이라는 예언이 바로 그것이다. 마르케스의 『백 년 동안의 고독』은 선술법이 가장 두드러지게 사용된 작품이라 할 수 있다.

[김계영]

담화(담론), 서사학, 스토리, 시점, 아나크로니즘/아나크로니(시간교란), 전치(轉置)(법), 플래시백, 후술법(회상, 소급제시, 아날렙시스)

참고문헌

· 시모어 채트먼, 『이야기와 담론』, 한용환 역, 푸른사상, 2006.
· 에드워드 모건 포스터, 『소설의 이해』, 이성호 역, 문예출판사, 2000.
· 오탁번, 이남호, 『서사문학의 이해』, 고려대학교출판부, 2006.
· Gérard Genette, *Figure III,* Seuil, 1972.

성분분석

F: analyse componentielle *E:* componential analysis
D: Komponentenanalyse

✻ 단어를 의미 성분들의 구성체로 보고, 그 성분들을 나누는 방법

Ⓐ

성분분석은 주어진 단어를 의미성분(semantic component)들의 구성체로 보고, 그 성분들을 나누어 보려는 방법이다. 다시 말해 단어의 의미를 규정하기 위해 우선 단어를 구성하는 의미자질로 분해해서 그것의 조합에 의해 단어들 사이의 유사성과 상이점을 구분해 보려는 시도다.

성분분석의 의미관계를 구체적인 예를 들어보면 'man'과 'woman'은 [adult], [human]의 공통 성분(유사성)을 갖고 있으며, 상이점은 성(sex)이 다른 자질 [male]과 [female]로 구별된다는 것이다. 이때 [male]과 [female] 같은 특성을 변별적 자질이라 부르는데, 의미 성분분석의 기준이 된다.

구조주의 어휘의미론자들은 단어의 의미 특질과 다른 단어들과의 의미 관계를 파악하는 데 성분분석을 이용하고, 생성의미론자들은 문장 의미와 문장들 간의 의미관계를 명료하게 설명하는 데 이용한다.

Ⓑ

성분분석은 단어의 의미를 더 작은 구성요소들로 분해(decomposition)하는 방법이다. 어휘의미론자들은 예를 들어 'man', 'woman', 'boy', 'girl'과 같은 단어군에서 의미자질 [human], [male], [young] 등의 +/- 값의 차이에 따라 의미의 차이를 변별하려고 한다. [+]는 특정화된 자질이 존재한다는 의미이며, [-]는 존재하지 않는다는 뜻이다.

이 이론에서는 어휘의 의미를 정하는 데 있어 일반적 지식의 영역뿐만 아니라 속성 부분, 기능 등의 의미 성분까지 정한다. 예를 들어 'bachelor(노총각)'의 개념은 [+human인간], [+male남성], [+adult성인], [-married미혼]의 네 가지 의미자질(cf. spinster(노처녀): [+human인간], [-male남성이 아닌], [+adult성인], [-married미혼])로 구성된다. 대체로 명사가 지니는 의미자질을 고유자질(inherent feature)이라 하는데, 이분법적 성격을 띠고 있다.

그러나 차원성(dimensional: 길이, 넓이, 크기 등), 침투성(penetrable: 기체, 액체, 고체 등), 색채 등을 표현하는 어휘의 의미자질은 여러 개의 평가가치를 갖는다. 어휘를 분해하는 방법은 1970년대 초 변형생성문법 이론의 한 분파로 등장한 생성의미론자들에게서도 나타난다. 다음은 유명한 어휘 분해에 관한 예다.

예) kill: CAUSE(y, BECOME[NOT{ALIVE(x)}])

'kill'은 ALIVE라는 의미소에 NOT, BECOME, CAUSE 등의 의미연산이 작용하여 표층의 단어로 어휘화된 것으로 정의한다.

C

성분분석은 단어들 간의 의미관계를 명백하게 설명할 뿐만 아니라, 문법규칙의 위반 또는 일탈의 문채(모순어법, 아이러니, 의인법 등)를 이루는 구나 문장을 설명하는 데도 자주 사용된다. 예를 들면, '현명한 바보', '사랑스러운 흡혈귀', '숨쉬는 대지', '까마귀야 노래를 불러 보아라', 'a pregnant man(임신한 남자)', 'This orphan has a father(그 고아는 아버지가 있다)' 등의 문채에서는 앞서 언급한 것과 같은 성분분석을 통해 의미성분의 모순이나 부조화(incompatibility) 현상, 논리적 변칙(anomality)을 설명할 수 있다.

[이종오]

모순어법, 문채, 아이러니, 역설(법), 의인법(의인화), 일탈

참고문헌

· 이익환, 『현대의미론』, 민음사, 1983.
· 임지룡, 『국어의미론』, 일조각, 1983.
· Cliff Goddard, *Semantic analysis*, Oxford University Press, 1998.
· Jerrold J. Katz, Jerry A. Fodor, "The Structure of a semantic theory", *Language*. vol. 39, 1963.
· John Lyons, *Semantics*, Cambridge University Press, 1977.
· __________, *Language, meaning & context*, Fontana Paper Backs, 1981.
· Ray Jackendoff, *Semantic structures*, MIT Press. 1990.
· Stephen Ullmann, *Semantics: An Introduction to the science of meaning*, Basil Blackwell, 1962.

소네트

F: sonnet *E:* sonnet *D:* Sonett

✻ **서유럽에서 가장 성공한 동일율격과 세련된 각운체계를 갖춘 14행의 정형시**

Ⓐ

소네트(sonnet)는 '울리다'를 뜻하는 '소나레(sonare)'에서 나온 말로 12세기 프랑스어로는 '작은 노래(petite chanson)'를 의미했다. 소네트의 시원에 대해서는 여러 가지 의견들이 있는데, 프로방스 음유시인들(troubadours)의 연애시에 영향을 받은 시칠리아 궁정시인파가 시작한 것으로 보는 견해가 가장 일반적이다. 그리고 시칠리아에서 토스카나 지방으로 전파되어 이곳에서 14세기에 페트라르카(Pétrarque)가 317편의 소네트로 된 연작시를 발표하면서 페트라르카풍, 즉 '이탈리아풍 소네트'가 완성되었다.

르네상스시대에는 프랑스 및 영국에도 이 형식이 정착했고, 스페인, 포르투갈, 폴란드 등 유럽 전역으로 퍼져 나가 유럽 시에 지대한 영향을 미쳤다. 프랑스에서는 롱사르 등 플레이아드파(派)의 시인들과 보들레르, 말라르메, 발레리, 독일에서는 슐레겔과 괴테, 릴케 등의 소네트가 유명하다. 영국에는 셰익스피어, 밀턴, 워즈워스, 키츠, 로제티, 브라우닝 부인 등의 우수한 소네트들이 있다.

B

소네트는 동일율격과 세련된 각운체계를 갖춘 14행의 정형시다. 이 형식은 그 나라 말의 운율에 맞게 바뀌었는데, 이탈리아풍, 프랑스풍, 영국풍을 대표적인 소네트 형식으로 꼽는다. 이탈리아풍 소네트는 전반부 4행 시절(詩節) 두 개와 후반부 3행 시절 두 개로 구성되며, 운의 체계는 abba abba ccd eed다. 전반부 8행까지는 포옹운(abba)이 두 번 반복되어 인쇄의 시각 구조에 운의 구조가 일치한다. 그러나 후반부의 운의 구조는 평운(cc)에 포옹운(deed)이 이어짐으로써 6행이 하나의 연속체를 이루어 두 시절로 나뉘는 시각적 구조와 일치하지 않는다. 소네트의 매력은 이 같은 운의 체계와 통사·의미 구조의 일치에 의해 생성된다.

이 형식은 프랑스에 그대로 전달되나 점차 마지막 3행 시절이 포옹운 대신 교차운(dede)으로 바뀌면서 abba abba ccd ede의 운의 체계로 정착했고, 이를 프랑스풍 소네트라 한다. 다음 보들레르(Ch. Baudelaire) 시는 12음절의 동일율격으로 지은 프랑스풍 소네트 형식이다.

XXVI. SED NON SATIATA

Bizarre déité, brune comme les nuits, a
Au parfum, mélangé de muse et de havane, b
Oeuvre de quelque obi, le Faust de la savane, b
Sorcière au flanc d'ébène, enfant des noirs minuits, a

Je préfère au constance, à l'opium, aux nuits, a
L'élixir de ta bouche où l'amour se pavane; b
Quand vers toi mes désirs partent en caravane, b
Tes yeux sont la citerne où boivent mes ennuis. a

Par ces deux grands yeux noirs, soupiraux de ton âme, c
O démon sans pitié! verse-moi moins de flamme; c
Je ne suis pas les Styx pour t'embrasser neuf fois, d

Hélàs! et je ne puis, Mégère libertine, e
Pour briser ton courage et te mettre aux abois, d
Dans l'enfer de ton lit devenir Proserpine! e

XXVI. 그러나 흡족하지 않았다

밤처럼 컴컴한 괴상한 여신이여,
사향과 하바나 향기 섞인 내음 풍기는
아프리카 마술사의 작품, 대초원의 파우스트,
흑단의 옆구리 가진 마녀, 캄캄한 한밤의 아이여,

내가 더 좋아하는 것은 콩스탕스 술, 아편, 그리고 밤의 술보다
사랑이 으스대는 네 입의 선약(仙藥),
내 욕망이 너를 향해 떼 지어 갈 때,
네 눈은 내 권태가 목을 축이는 물웅덩이.

네 넋의 창 같은 그 검은 커다란 두 눈으로,
오 잔인한 악마여! 내게 그토록 불꽃을 쏟지 마라;
삼도내를 따라 흘러흘러 가도 너를 아홉 번이나 껴안을 수 없으니,

아 슬프구나! 방자한 메제르 여신이여,
네 용기를 꺾고 너를 궁지에 몰아넣기 위해,
네 잠자리의 지옥에서 내가 프로세르핀이 될 수는 없구나!

(보들레르, 『악의 꽃』, 윤영애 역, 문학과 지성사, 2004)

영국풍 소네트는 교차운(abab)의 4행 시절이 세 개 그리고 마지막 평운

(gg)의 2행 시절로 구성되며, 운의 체계는 abab cdcd efef gg다. 이를 셰익스피어 형식이라고도 한다. 이 형식은 이탈리아풍 및 프랑스풍보다 운의 수가 더 많아 덜 엄격하지만 마지막 2행에서 경구처럼 호소력 있게 내용이 집약되어야 하기 때문에 결코 쉽지는 않다.

C

17세기 고전주의 시대에는 소네트가 거의 사라지나, 19세기 낭만주의 시대에 다시 등장해 그 세기 전반에 걸쳐 소네트 창작이 활발하게 이루어진다. 특히 프랑스에서는 보들레르 및 말라르메, 베를렌 등에 의해 고전 형식에서 벗어난 매우 다양한 형식의 소네트가 탄생한다. 또한 소네트의 고전 형식은 10음절 및 12음절의 동일율격을 사용했으나, 19세기 이후로는 단음절에서 12음절까지 그 사용의 폭이 다양해지고, 심지어 10음절/8음절 및 12음절/5음절 등의 교차율격을 사용하는 경우도 빈번했다.

D

20세기 언어학자 야콥슨(R. Jakobson)은 소네트 형식이 큰 성공을 거둘 수 있었던 것은 균형과 유연성, 게다가 다양한 구조화의 가능성 덕분이라고 말한다. 현재 프랑스 시인이자 언어학자인 루보(J. Roubaud)는 소네트 선집 『해의 해』(Soleil du soleil)를 발행하고 자신이 창조한 새로운 소네트 형식 두 종류를 담은 시집도 출간했다.

[외부집필-최인령]

운, 운율, 율격, 형식

참고문헌

· 이진성, 『프랑스 시법 개론』, 만남, 2002.

· Jacques Roubaud, *Soleil du soleil: Le Sonnet français de Marot à Malherbe, une anthologie,* POL, 1990.
· Jean Molino & Joëlle Gardes-Tamine, *Introduction à l'analyse du poésie, De la Strope à la construction du poème*, PUF, vol. 2, 1988.
· Roman Jakobson, *Questions de poétique*, Seuil, 1973.

속어

F: langue polulaire *E:* slang *D:* Slang(Jargon)

✳ 1. 일련의 동일 의미 표현 중에서 비격식 언어로서 사회적으로 널리 수용되는 언어
2. 하위 범주로는 특정 집단 또는 계층에서 쓰이는 특수한 언어 표현 (은어와 유사함)

Ⓐ

속어는 비속어로 하위문화의 계층언어다. 속어는 어떤 새로운 것이나 기존의 것을 새로운 방식으로 표현하는 비관습적인 어휘 혹은 표현으로 정의된다. 일반적으로 속어는 방언의 범주에 들지 않는 말의 총칭으로 비어, 은어, 계층언어, 때로는 특정 분야의 전문언어까지 포괄한다. 속어는 표준어와 대비된다는 점에서 방언과 비슷하고, 사회적으로 특정 계층의 언어라는 점에서 전문언어(jargon)의 성격을 띠며, 문어보다는 구어에 친화성을 보인다.

격식어의 품격에 도전하는 속어는 표준어의 오용으로서 유머, 욕설, 편견 등으로 특징지을 수 있다. 그런데 속어는 기존의 상투화된, 때로는 위선적인 표준어의 대안 언어가 될 수 있다. 다채로운 은유를 통해 "지금-여기"를 사실적으로 반영하는 속어는 한 시대 혹은 사회의 진정성과 열망의 지표가 되기도 한다. 관용의 시대라 불리는 오늘날 방언보다 속어가 사회적 차별성을 드러내는 유효한 장치가 되기도 한다.

속어는 20세기 후반과 21세기에 영어뿐만 아니라 우리말에서도 사상 유래 없는 황금시대를 맞이한다. 그 배경에는 불과 20~30년 전에 비해 스스럼없는 구어와 비격식 언어의 통용, 젊은 하위문화의 부상, 위계의 해체 등이 자리한다. 이 같은 시대적 분위기에서 격식 언어는 구어 표현을 광범위하게 포용하게 된다.

B

속어는 모든 언어, 국가, 시대에 존재한다. 새로운 표현에 대한 욕망의 산물로서 표준어와 동일한 과정을 거쳐 새로이 만들어지고 대중화되기 때문이다. 속어를 표준어와 가르는 기준은 사회적 수용성과 대중성이다. 속어는 교육받은 교양 계층을 비롯해, 사회의 각계각층에서 사용되지만 주로 연어현상(collocation)을 통해 그 속성을 드러낸다. 가령 청소년속어, 학교속어, 마약속어, 군대속어 등에서 보는 것처럼 속어는 주로 특정 어휘를 구사하는 지역, 사회집단, 직업 등과 밀접한 연관이 있다.

속어는 서로 다른 사회집단이 사용하는 개별 언어의 성격을 띠기 때문에 내집단(in-groups)과 외집단(out-groups)을 가르는 표식이 된다. 한 집단의 일상과 밀접한 속어를 사용함으로써 한편으로 소속감을 확인하고, 다른 한편으로 대화에서 타 집단을 배제시키기도 한다. '땡땡이치는' 학생들과 '삥땅치는' 경리사원의 언어는 그 속어 코드에 익숙지 못한 외부인에게는 표준어를 대체하는 은어 혹은 반언어(anti-language)와 다름없다.

대체로 속어는 세대나 계층 간의 단절을 초래하고, 때로는 편의에 따라 이해하지 못하는 척 가장하는 방편이 되기도 한다. 그런데 표준어의 관점에서 보면 사회적으로 공인되는 언어 규칙이나 상궤에서 벗어난 속어는 지엽적, 국지적 관심사에 집착함으로써 보다 큰 사회뿐 아니라 미래 세대와의 소통을 제약한다. 그럼에도 속어는 신조어, 축약어, 소리 상징, 은유 등을 통해 일상생활의 창의성과 생동감을 체현한다.

속어는 일상어의 시적, 혁명적 차원일 수도 있고, '짝퉁'(모조품), '쏘다'(한턱내다)는 표현에서 볼 수 있듯이 때로는 재치 넘치는 사회비평을 함축하기도 한다. 이 과정에서 '배춧잎'(만 원짜리 지폐), 'cool!'(아주 좋아, 정말 멋져!)처럼 빈번히 기존 어휘를 새로운 의미로 전용한다. 역동적인 속어는 변화 속도 또한 빠르다. 그런데 대중성과 수용가능성의 정도에 따라 변화 속도가 다르다. 또한 한 세대에게 대중적인 속어일수록 다음 세대에게는 더욱 진부하게 느껴지는 경우가 많다. 속어는 대개 시간이 지나면서 더 이상 사용되지 않거나, 표준어로 편입되어 본래의 신선함을 상실하게 된다.

[외부집필-김태철]

구어, 신조어, 유머, 은어, 은유, 축약어, 해체(해체구성, 해체론)

참고문헌

· Daniel Smith, *The Language of London: Cockney rhyming slang*, Michael O'Mara Books, 2011.

· Geoff Tibballs, *The Ultimate cockney geezer's guide to rhyming slang,* Ebury, 2008.

· Julie Coleman, *The Life of slang: A History of slang,* Oxford UP, 2012.

쇼트(숏)

F: plan *E:* shot *D:* Schuss

✹ 1. 영화 글쓰기와 함께 출현한 개념으로 촬영 과정에서 셔터를 한 번 눌러 찍은 것을 의미

2. 영상과 영상 사이에 위치한 영화의 가장 작은 단위, 즉 영화의 기본 세포

3. 쇼트의 프랑스어 플랑(plan)은 회화적인 용어로 전경/중경/배경 등에서 '경'으

로 사용

A

포토그람(photogramme)이 실사의 기술적인 단위이고, 장면과 시퀀스가 영화 작품의 내러티브 단위라면, 쇼트는 촬영 과정에서 셔터를 한 번 눌러 찍은 것을 의미한다. 초창기 영화감독들은 현장성을 강조하기 위해 쇼트라는 용어 대신 '전망', '풍경', '시각'을 뜻하는 '뷔(vue)'를 사용하거나, 소설에서 사용되다가 미술과 연극으로 넘어오면서 시각적 의미가 강화된 '타블로(tableau)'라는 표현을 사용하기도 했다. 쇼트는 영화 글쓰기와 함께 출현했는데, 미술에서 사용하던 한 가지 관점을 버리고 주인공을 다양한 관점과 다양한 거리에서 보여주고 싶을 때나 몽타주를 사용하여 쇼트와 쇼트 사이의 관계를 맺을 때 사용한다.

에이젠슈타인(S. Eisenstein)이 몽타주를 영화의 핵심으로 간주했다면 타르코프스키(A.A. Tarkovsky)는 쇼트를 영화의 중심에 놓는다. 에이젠슈타인이 '몽타주의 영화감독'이라면, 타르코프스키는 '쇼트의 영화감독'이라 할 수 있다. 타르코프스키는 다음과 같이 말한다. "영화가 편집 작업대 위에서 태어난다고 주장했던 1920년대 소위 '몽타주 영화론'의 투사 쿨레쇼프와 에이젠슈타인을 전적으로 따르기는 어려운 일이다. [...] 영상이란 촬영 도중에 태어나는 것이며, 쇼트의 내부에만 존재할 뿐이다. 그렇기 때문에 나는 촬영 과정에서 쇼트에서의 시간의 흐름에 신경을 쓰고 이 시간의 흐름을 포착하고 정확하게 재구성하기 위해 애를 쓴다." 그는 몽타주로 조작되고 왜곡된 영상으로부터 관객들을 자유롭게 하기 위해 롱테이크를 즐겨 사용한다.

B

영화는 이미지의 연속체로 제시되지만, 실상 한 장 한 장의 필름으로 구성된 것이다. 촬영과 포스트프로덕션 등 모든 작업을 마치고 난 뒤 영상을 복사할 때 자세히 관찰하면 사진들이 연속적으로 이어져 있는 것을 확인할 수 있다.

① 피사체의 크기와 관련될 때 쇼트는 프레임과 동일한 개념으로 사용된다.
② 영상과 영상(커트와 커트) 사이에 위치한 영화의 가장 작은 단위, 즉 영화의 기본 세포를 지시한다. 다시 말하면 쇼트는 "한 쇼트에서 다른 쇼트로 변화하는 과정 가운데 삽입된 모든 필름 조각"(크리스티앙 메츠)이다. 쇼트는 영화감독과 장르 등에 따라 지속시간이 대단히 다양하고 쇼트마다 기능이 전혀 다르다. 그러나 이러한 정의는 쇼트가 그다지 길지도 않고 짧지도 않은 고전영화 분석에는 유효하고 타당하지만, 이중인화와 같이 아주 간단한 몽타주의 경우에도 쇼트를 하나하나 구별해 내기란 대단히 까다로운 작업이며 사실상 불가능에 가깝다.

쇼트는 개념이 모호하기도 하거니와 고전적인 몽타주 모델에 지나치게 잘 적용된다는 이유로 영화감독과 이론가들의 혹평을 받았다. 에이젠슈타인과 보니체르(P. Bonitzer)는 쇼트를 단편(segment)으로 대체하자고 주장했는데, 베르토프(D. Vertov)가 가장 극단적이다. 절대적인 영화언어를 만드는 것을 목적으로 제작된 「카메라를 든 사나이」는 많은 장면들이 몽타주에 의존하고 있다. 예를 들어 「카메라를 든 사나이」의 마지막 시퀀스는 다양한 이중인화 방식과 극도로 짧은 몽타주를 이용하고 있는데, 이 장면을 쇼트로 분할한다는 것은 사실상 불가능하다.

C

영화문법의 기본 단위로 한 번의 테이크를 통해 촬영된 장면 또는 커트와 커트 사이의 장면, 또는 커트와 동일한 개념으로 사용되기도 한다. 일반적으로 쇼트는 카메라와 피사체 간의 거리, 피사체를 바라보는 각도, 화면 내의 인물 수에 따라 다양하게 분류된다. 쇼트는 연출 미학의 의도에 따라 지속시간이나 길이가 달라진다.

쇼트는 이야기의 차원보다는 기계적 특성에 의해 결정되는 용어다. 다시 말해 촬영 당시 한 번에 찍힌 필름의 조각(한 번의 테이크)을 가리킨다. 비슷한 의미로 편집의 측면에서 이야기할 때는 커트와 혼용되기도 한다. 일반적으로 쇼트의 길이는 7초를 기준으로 10~15초 정도가 가장 일반적이다. 따라서 100분짜리 영화를 기준으로 하면 900개의 쇼트가 모여야 한 편의 영화가 된다고 할 수 있다. 물론 쇼트의 길이에 대한 절대적인 기준은 없다.

쇼트의 특징은 지속과 공간과의 관계다. 무성영화시대 막바지에는 많은 감독들이 대단히 짧은 몽타주를 사용했다. 아벨 강스(A. Gance)는 이 기법을 극단까지 몰고 갔다. 「나폴레옹」의 한 장면, 성 프란체스코 수녀들이 클럽에서 '라 마르세예즈'를 부르는 장면에서 감독은 필름을 한 장 한 장 잘라 밀착시켜 이 장면을 최대한 짧게 만들었다. 반대로 아방가르드는 한 장면의 길이를 가능한 한 끝까지 늘려갔다. 예를 들어 앤디 워홀은 「엠파이어, 1965」에서 8시간 가까이 엠파이어스테이트 빌딩에 밤이 내리고 해가 뜨는 장면을 보여주었다. 이런 극단적인 예외를 제외하면 일반적으로 장편 유성영화는 300~800개의 쇼트를 사용한다.

쇼트는 프레임의 크기, 카메라의 각도, 카메라가 고정되었느냐 유동적이냐 등에 따라 다양하게 분류된다. 먼저 하나의 프레임 안에 피사체(인물과 배경)의 크기를 어떻게 결정할 것이냐에 따라 익스트림 롱 쇼트, 풀 쇼트, 미디엄 쇼트, 웨이스트 쇼트, 바스트 쇼트, (익스트림) 클로즈업 등으로 구별한다.

롱 쇼트는 영화 전체의 분위기를 전달하기 위해 배경(웨스턴의 경우 광활한 평야)을 포착할 때 사용한다. 풀 쇼트는 화면 가득히 피사체 인물의 전신이 드러난 경우를 말한다. 미디엄 쇼트는 인물의 허리나 무릎 정도의 사이즈로 인물의 상반신을 촬영한 쇼트를 지시한다. 미디엄 쇼트는 다시 무릎, 허리, 가슴을 기준으로 아메리칸 쇼트, 웨스트 쇼트, 바스트 쇼트로 구분한다.

클로즈업이란 인물 또는 피사체의 일정 부분을 화면 가득 채운 쇼트를 말한다. 특히 클로즈업 쇼트의 장점은 화면 속의 인물과 관객의 감정이 쉽게 동화된다는 것이다. 다음으로 카메라와 렌즈의 시각 축에 따라서는 카메라가 피사체를 위에서 잡느냐(버즈 아이 쇼트, 하이앵글 쇼트), 아니면 아래서 위로 찍느냐(로우앵글 쇼트)에 따라 부감/역부감 등으로 나누고, 카메라를 고정시키느냐 아니면 크레인 등의 장비를 이용해 유동시키느냐에 따라 파노라마, 트래블링 등으로 구별한다.

[외부집필-윤학로]

글쓰기, 몽타주

참고문헌

· Emmanuel Siety, *Le Plan, au commencement du cinéma*, Cahiers du cinéma, 2004.

· Vincent Pinel, *Vocabulaire techinque du cinéma*, Armand Colin, 2008.

수사학의 구성요소

F: composante rhétorique *E:* rhetorical component
D: Komponente der Rhetorik

✵ 1. 발견술, 배열술, 표현술, 연기술, 기억술의 다섯 가지 유형으로 구분한다.
2. 17세기 이후에는 문체로 대표되는 표현술만 강조되는 경향이 있다.

A

아리스토텔레스는 수사학을 일종의 기술(Technè)로 간주하면서 웅변가의 담론(연설)을 설계하고 표현하는 방식을 ① 발견술(inventio, 말할 것 찾기), ② 배열술(dispositio, 찾아낸 것 순서대로 배열하기), ③ 표현술(elocutio, 표현들의 장식, 문채 덧붙이기), ④ 연기술(actio, 제스처나 발성을 가진 배우처럼 담론 나타내기), ⑤ 기억술(memoria, 기억력의 수단을 이용하기)의 다섯 가지 수사술(Technè rhétorikè) 유형으로 구분한다(『수사학 III』). 로마시대의 키케로에 이르러서도 수사학적 담론은 '로고스 기술'과 '설득 기술'의 개념으로부터 다섯 단계의 수사술 혹은 하위 분류들로 구분된 조작 행위에 의해 완성된 하나의 담론을 만든다.

첫 번째 단계인 발견술 또는 주제 설정법은 청중이 관심 둘 만한 주제 찾기다. 발견술은 본질적으로 의도된 설득 효과를 꾀하면서 주어진 담론(연설)의 상황과 목적을 믿게 만드는 참이 되는 사상이나 논거들의 재료를 발견하고 창안하는 것을 말한다. 이것은 가능한 모든 결과들 혹은 방식들을 의미하며, 담론을 장식하고 풍요롭게 할 수 있는 것들이다. 아리스토텔레스에 의해 에토스의 영역에 포함된 발견술은 작문과 논문 교육에서 '착상'의 형태로 남아 있다.

두 번째 단계인 배열술은 담론(연설)을 구성하는 부분들의 메시지를 일정한 순서에 따라 논리적이고 효과적으로 정돈하고 배열하는 방식이다. 담론의 질서는 발견술에서 모아 놓은 자료들을 어떠한 순서로 나열하여 가장 적절한 순서에 따라 하나의 말과 글로 만드는가를 의미한다. 논증의 순서를 구성하고 조직하는 배열술의 일반적인 순서를 살펴보면, 서론에서 청중의 관심과 호감을 이끌어 내고(도입부), 본론에서 사태에 대한 간결하고 명확하고 다양한 논점과 예시를 서술하며(진술부), 연설가의 입장을 분명하게 해주는 논거 사실들을 제시하고, 찬성(확언)하거나 반대(반박)하면서 청중에게 논거의 정당함을 표현한다(논증부). 결론에서는 적절한 관점들을 약술한 후, 주로 청중의 감정에 호소함으로써 논리적이고 감동적인 설득의 효과를 높여 강한 인상을 남기는 미적인 힘을 부여하는 데 주력한다(종결부). 이러한 배열술은 '구상 탐구'나 '문장 구분'의 형태로 남아 있다.

세 번째 단계인 표현술 또는 미사여구법은 언어의 치장을 하는 방식으로 형식의 명료성과 글장식을 뜻한다. 수사학과 문학이 만나는 구심점이 되는 표현술은 말 그대로 어휘의 장식, 문채의 첨가(lexis ornare verbis)로서 발견술과 배열술의 단계를 거쳐서 적절한 말과 문장을 부여하는 방식이라는 점에서 가장 바람직한 담론의 형식을 탐구하는 방법, 즉 문체론의 방법론과 매우 밀접하게 연관된다.

수사학이 문학비평에서 가장 중요한 도구가 될 수 있었던 것은 표현술을 구성하는 '작가의 고유한(sui generis) 언어 표현 방식 혹은 기법'인 문체뿐만 아니라, 메시지 그 자체와 관련하여 '담론을 구성하는 부분들의 결(lexis)', 즉 문채또는 전의를 통해서다.

네 번째 단계인 기억술 또는 암기법은 전달된 메시지를 좀 더 효과적으로 기억하는 방법이다. 이것은 텍스트 전체를 종합적으로 기억하는 것과 관련이 있다. 그러나 기억술은 수사술들 중에서도 상당히 일찍 사라지게 된다.

마지막으로, 다섯 번째 단계인 연기술 또는 발성술(prononciatio)은 희곡론의 내용을 차용한 것으로 암기해 둔 내용에 걸맞게 목소리와 몸짓, 그리고 표정을 연출하는 방식이다. 이것은 일정한 물리적 형식을 갖추어 메시지를 전달하는 능력이며 배우로서 담론을 행위로 연기하는 것이다. 따라서 완성한 글을 발표할 때 연설자의 목소리와 몸짓, 모든 신체기관의 유용한 사용법을 함께 사용한다. 그러나 이 영역 역시 기억술과 마찬가지로 상당히 일찍 폐기된다.

B

바르트(1970)에 따르면 수사학의 구성요소들 중 기억술과 연기술은 수사학이 '말하는 담론'에서 점차 '쓰는 담론', 즉 작품으로 관심이 옮겨지면서 사라지기 때문에 수사학의 비중은 주로 발견술, 배열술, 표현술이 중심이 된다. 이때부터 수사학은 더 이상 변호사나 정치인 또는 연사들이 말하거나 낭독하는 제시적 장르로서의 담론이 아니라, 쓰인 작품을 대상으로 하게 된다.

수사학의 구성요소 중 수사학과 문학이 만나는 구심점이 되는 것은 세 번째 분야인 '표현술'이다. 표현술은 발견하고 착안하여(발견술) 배열된 내용(배열술)에 적절한 말과 문장을 부여하는 방식이라는 점에서 주로 '담론의 형식'에 해당하기 때문에 담론의 형식을 다루는 문체론이나 시학과 밀접하게 연관된다. 수사학이 문학비평의 첫 번째 도구가 될 수 있었던 것은 바로 '표현술'을 구성하는 주개념인 문체와 문채를 통해서다. 이렇듯 수사학의 구성요소는 신수사학(문채를 중심으로 하는 수사학)을 거쳐 급속히 그 의미가 축소되지만 전통적인 수사학의 활동 영역이 갖는 중요성에 대해서는 아무도 부정할 수 없다.

[이종오]

문채, 문체, 전의(법)

참고문헌

· 김현, 『수사학』, 문학과지성사, 1985.
· 박우수, 『수사학과 문학』, 동인, 1999.
· 양태종, 『수사학 이야기』, 동아대출판부, 1999.
· ________, 『수사학이 있다 - 수사학의 이해』, 유로서적, 2009.
· 플렛 하인리히, 『분류체계의 수사학』, 양태종 역, 나남, 2009.
· Balthazar Gibert, *La Rhétorique ou les règles de l'éloquence*, Champion, 2004.
· Roland Barthes, *Systéme de la mode*, PUF, 1967.
· ________, "L'Ancienne rhétorique, aide-mémoire", *Communications, no. 16,* Seuil, 1970.

수수께끼

F: énigme *E:* enigma *D:* Rätsel

✳ 서사에서 가장 보편적인 플롯 전개 방식의 하나로, 해답 또는 종결까지 긴장감을 지속시키는 장치

Ⓐ

'서사에서 가장 보편적인 플롯 전개 방식의 하나로, 해답 또는 종결까지 긴장감을 지속시키는 장치'다. 서사 각 단계에서 독자에게 어느 정도의 정보를 줄 것인가는 작가의 중요한 관심사다. 정보를 적절히 제한함으로써 독자의 긴장감을 지속시킬 수 있기 때문이다. 따라서 수수께끼가 하나도 없는 소설이 오히려 특이한 경우라 할 수 있다.

Ⓑ

수수께끼를 전체 플롯의 핵심으로 이용하는 경우도 있다. 가장 유명한 예는 소포클레스의 『오이디푸스 왕』이다. 이 작품에는 몇 가지 다층적인 수수께끼가 이용된다. 먼저 스핑크스가 나그네들에게 내놓았던 그 유명한 수수께끼를 들 수 있다. 오이디푸스는 스핑크스의 수수께끼를 풀고 왕국을 재앙에서 구원함으로써 그곳 왕비와 결혼할 수 있었다. 하지만 『오이디푸스 왕』에서 더욱 중요한 수수께끼는 '누가 라이오스 왕을 죽였느냐?'라는 것이다. 이것은 결국 '오이디푸스는 누구냐? 어디 출신이고 그의 부모는 누구냐?'라는 질문으로 이어진다. 작품은 이 수수께끼를 풀어 나가는 과정으로 이루어져 있다.

아리스토텔레스가 『시학』에서 가장 이상적인 비극 작품으로 꼽은 이 작품은 또한 '분석극'의 모범이라 할 수 있다. 핵심적인 수수께끼들을 풀어 나가는 과정이 곧 서사 자체의 해법이 되는 분석극의 전형을 보여준다.

쉴러의 『메시나의 신부』도 동일한 예에 해당한다.

C

신화나 전설, 동화에도 수수께끼가 자주 등장한다. 이름 수수께끼가 가장 흔한 경우로, 그림 동화에서도 55번이나 등장한다. 중세의 서사시 『로엔그린』에서도 신부 엘잠은 신랑 로엔그린의 출신과 이름을 물으면 안 된다. 즉 그의 출신과 이름이 전체 서사와 부부 사이의 핵심적인 수수께끼가 된다. 뿐만 아니라 『로엔그린』 서사 전체를 감싸는 틀 이야기 부분에서 또다시 수수께끼가 등장한다. 마법사 클링조르가 그 서사에 등장하는 기사의 운명에 대한 수수께끼를 내고, 시인 볼프람이 그 수수께끼에 답하는 것으로 로엔그린 이야기를 들려주는 것이니, 서사 전체가 수수께끼 풀이라고 할 수 있다. 바그너의 4부작 오페라 『니벨룽의 노래』의 제3부 「지그프리트」에서도 수수께끼 놀이가 등장하고, 푸치니의 마지막 오페라 『투란도트』에서도 역시 여러 수수께끼와 이름 수수께끼가 서사 전개의 핵심을 이룬다.

D

수수께끼 풀이가 분석극의 핵심이 되는 것과 유사한 방식으로 각종 범죄나 추리소설, 희곡, 영화 등 통속적인 장르에서도 수수께끼는 널리 이용된다. 즉 '범인은 누구인가?' 또는 '누가 어떻게 이런 범죄를 저질렀나?'가 핵심 수수께끼가 되는 것이다.

[외부집필-안인희]

독자, 서사, 작가(저자), 장르, 플롯

참고문헌

· Roland Barthes, *S/Z*, Seuil, 1970.

수제트

F: sjuzhet *E:* sjuzhet *D:* Sjuzhet

✳ **러시아 형식주의자들이 구분한 서사물의 한 구성요소로, 사건들이 작품 속에 배열되고 소개된 방식을 가리킨다.**

Ⓐ

러시아 형식주의자들이 구분한 서사물의 필수적인 구성요소로서, "사건들이 작품 속에 배열되고 소개된 방식"을 가리킨다. 서사물의 구분은 토마체프스키의 「테마론」에서 먼저 제시되었는데, 수제트에 대립되는 개념으로 파블라(fabula)라는 용어가 사용된다. 수제트는 파블라를 구성하는 것과 똑같은 사건들로 이루어지지만 "사건들이 작품 속에 출현하는 순서를 존중하고, 우리에게 그 사건들을 가리켜 준 정보들의 연속을 존중한다." 이를테면 파블라는 실제로 일어난 사건을 말하고, 수제트는 재구성된 사건을 독자가 어떻게 인지하게 되었느냐의 문제, 다시 말해 그 사건의 인지 방식을 말한다.

슈클로프스키(V.V. Chklovski)에 의하면, 수제트는 단순한 이야기 재료를 예술적으로 배열한 것이 아니고 이야기 전달 과정에 사용된 기법들의 총체를 가리킨다. 이는 줄거리로부터 벗어난 것들도 줄거리 못지않게 주제에 절대적으로 필요한 요소임을 인정한다는 의미다.

[김중현]

독자, 러시아형식주의, 서사, 파블라, 플롯,

참고문헌

· 빅토르 어얼리치, 『러시아 형식주의』, 박거용 역, 문학과지성사, 2001.
· 오탁번, 이남호, 『서사문학의 이해』, 고려대학교출판부, 2006.
· 츠베탕 토도로프, 『러시아 형식주의』, 김치수 역, 이화여자대학교출판부, 1981.

수행발화(발화수반행위)

F: acte illocutoire(performatif) *E:* illocutionary(performative) act
D: Illokutionärer Akt

✳ 1. 오스틴(J.L. Austin)과 썰(J.R. Searle)이 발전시킨 화용론, 특히 언어행위이론과 관련된 용어
2. 문체를 인간 상호간의 의사소통 과정의 산물로 파악하는 화용론(의사소통문체론, 화용문체론)에서 문체의 분석 도구로 사용되는 용어
3. 문학의 드라마, 우화, 아이러니, 부정 등의 분석에 사용되는 용어

A

수행발화(Performative utterance), 수행문(performative)이라는 용어는 오스틴의 저서 『말과 행위(How to do Things with Words)』에 처음으로 등장한다. 오스틴은 문장의 발화를 진위문(constative utterance, 진위진술적 발화)과 수행문(행위수행적 발화)으로 구분하고, 수행문이 진위문보다 열등하지 않으며, 논리실증주의자들이 주장하는 것처럼 무의미한 것도 아니라는 사실을 강조한다.

오스틴은 언술의 발화를 통해 일정한 행위가 이루어지는 것을 '수행

(performance)'이라고 말한다. 하나의 표현이 '수행적(performatif)'이라고 말하는 것은, 그 표현이 발화행위상에서 완수하는 일정한 화행과 그 표현의 의미가 일치한다는 것이다.

다음 두 표현을 예로 들어 언어 의미의 수행성을 설명해 보자. ① 나는 노래한다. ② 나는 다시 올 것을 약속한다. ①의 경우, '나는 노래한다'라고 말함으로써 내가 실제로 노래하게 되는 것은 아니다. 노래를 부르고 있지 않으면서도 우리는 얼마든지 '나는 노래한다'고 현재적으로 말할 수 있다. 반면, ②의 경우에는 '나는 다시 올 것을 약속한다'고 말하면서, 그리고 그것을 말함으로써만이 우리는 실제로 '약속'의 행위를 수행하게 되는 것이다.

상기 '약속하다'와 같은 표현들의 의미는 '말이 곧 행위'라는 수행성 개념의 도움 없이는 설명될 수 없다. 이런 수행 표현들의 의미는 '담화 내에서 그것들의 적절한 사용'에 의해 구성되는 일정 행위와 분리될 수 없다. 결국 오스틴의 언어행위이론(speech act theory)은 문장에 담겨진 내용에만 국한하지 않고 발화를 표출하는 행위 자체에 주목한다. 이는 진위진술적 발화만이 의미가 있다는 기존의 언어관을 극복하려는 시도라고 할 수 있다.

B

의사소통문체론은 문체가 인간 상호간의 의사소통 과정에서 발생하는 것으로 간주해 문체의 의사소통 요인들을 연구한다. 의사소통문체론은 발신자(화자, 저자), 수신자(청자, 독자), 정보(텍스트), 코드(언어와 문체), 매체(전달 형식) 등의 의사소통 요인들뿐만 아니라 발신자 측과 수신자 측의 문체를 결정적으로 특징짓는, 의사소통 상황과 의사소통 목적을 함께 분석한다. 이때 수행성 개념(질문, 약속, 설득, 선언 등)은 의사소통 목적을 분석하는 데 중요한 역할을 담당한다.

화용문체론도 그 방법론과 분석을 인간 상호간의 의사소통에서 사용되는 실제 텍스트나 가능 텍스트들에 입각하여 다룬다. 화용문체론은 모든 텍스트들이 의도와 작용을 내포하는 것으로 간주한다. 예를 들어 잔디히(B. Sandig)는 천체 위치 관측, 기상예보, 광고 문안 등을 분석하면서 텍스트에 하나의 화행론적 동질성, 하나의 의지적 일치성이 존재한다는 사실을 보여준다. 텍스트의 의도와 작용을 분석하는 데 수행성 개념이 적용된다.

C

발화수반 행위에 대한 연구는 문학담화분석 특히 드라마 대화 분석에서 이루어진다. 모든 말이 기능적이고 일종의 행동인 드라마에서는 각 언술의 발화수반 행위가 특히 강조된다. 발화수반 행위들을 통해 등장인물의 복잡성을 보여줄 수 있다. 다양한 발화수반 양상들에 의해 서술자 대 등장인물 같은 소설 속의 다양한 목소리들이 구분될 수 있다. 발화의 의미를 확장한다면, 현실을 모방한 가상세계의 등장인물들에게도 발화수반 행위를 적용할 수 있다.

오스틴의 뒤를 잇는 초기 언어행위 이론가들은 문학담화가 픽션의 지위를 갖고 있기 때문에 문학담화 발화들을 진지하게 다루려고 하지 않았다. 예를 들어 무대 위에서의 약속이라는 것은 말 그대로 '사실'이 아니기 때문에 유효한 것이 아니라는 것이다. 그러나 오만에 의하면 그런 언어행위도 픽션의 세계에서는 유효하다. 오만은 사회에서 문학의 자율성, 문학의 지위, 기능에 대한 해묵은 문제를 제기하면서 문학을 발화수반력이 없는 유사-언어행위로 간주한다. 가르치고, 설교하고 설득할 목적으로 '예술의 목적을 위한 예술'이 다양한 시대와 다양한 장르에서 여전히 통용되고 있기 때문에 유사-언어행위는 중요하다. 문학담화가 더 넓은 '가설적' 발화들(수학 문제, 컴퓨터의 가상세계, 문법과 사전의 예문들, 우화, 농담, 악의 없는 거짓말 등)의 계층에 속한다고 받아들이면 여기에도 '발화수반 행위' 개념이 적용될 수 있을 것이다.

[고광식]

발화(작용)/발화문, 언어행위이론, 화용론

참고문헌

· 오스틴, 『말과 행위』, 김영진 역, 서광사, 1992.
· 이정, 『불란서 언어학의 방법과 실제』, 연대출판부, 1993.
· 베른하르트 조빈스키, 『문체론』, 이덕호 역, 한신문화사, 1999.
· 존 설, 『언화행위』, 이건원 역, 한신문화사, 1987.
· J. L. Austin, *How to do Things with Words*, Oxford University Press, 1962.
· R. Ohmann, "Speech acts and the definition of literature", *Philosophy and Rhetoric,* 1971.
· J. R. Searle, *Speech acts: An Essay in the philosophy of language*, Cambridge University Press, 1969.

술어(술부)

F: prédicat *E:* predicate *D:* Prädikat

✵ 1. 하나의 문에서 주어를 서술하는 어구
2. 서사에서 등장인물들이 이야기 속에 참여하는 다양한 관계를 의미한다.

A

술어(술부)는 하나의 문장(sentence)이나 절(clause)에서 주어 또는 주부를 서술하는 어구를 말한다. 예를 들어 'The early bird 'catches the worm''에서 작은 따옴표 부분이 술어 또는 술부가 된다. 술부의 핵이 되는 동사를 술어동사(predicate verb)라고 부른다. 위의 예문에서 'catches'가 술부동사다. 언어학에서는 술어의 종류를 '문법적 술어', '논리적 술어', '심리적 술어' 등으로 나눈다.

문법적 술어는 술부의 핵이 되는 술부동사를, 논리적 술어는 한 문장에서 주어를 제외한 모든 부분을, 심리적 술어는 한 문장에서 실질적으로 주어를 서술하는 말을 의미한다. 예를 들어 'John is honest'에서 문법적 술어는 'is', 논리적 술어는 'is honest', 심리적 술어는 'honest'다. 이때 주어 'John'을 서술해 주는 심리적 술어는 'honest'뿐이다. 왜냐하면, 계사(copula)인 'is'는 주어 'John'을 직접 서술해 주지 않고 'honest'가 'John'을 서술하도록 도와줄 뿐이기 때문이다.

의미론적으로 '주어-술어'의 구분은 주어에 대해 말하는 어떤 것이라는 점에서 주제와 논평이라는 말에 일치한다. 주제와 논평이 결합되어 명제를 이루는 것이다. 좀 더 세부적으로 보면 술어는 동사를 기본으로 하여 사건의 행위, 과정, 상태를 가리킨다.

논리학에서는 자기 학문 고유의 술어나 주술관계(predication)의 개념을 갖고 있다. 논리학의 술어는 언어학적 술어와 완전히 일치하지는 않는다. 이 술어들은 명제 속의 어떤 것에 대해 추가적인 정보를 제공하는 논항과 연관된 연결요소들이다. 이 경우 동사와 더불어 형용어구도 술어가 될 수 있다. 예를 들어 '영희가 회색의 코끼리를 쳐다본다'에서 일차적 술어는 영희에 대해 논평하는 '회색의 코끼리를 쳐다본다'가 되고 이차적 술어는 목적어에 해당하는 논항 '코끼리'와 조합을 이루는 '회색의'라는 형용어구가 된다.

B

서사에서 기본술어라는 개념은 이야기의 등장인물들이 이야기 속에 참여하는 다양한 관계를 표시하는 개념이다. 이 개념은 필모어(C. Fillmore)의 격문법이나 생성의미론의 분석을 응용한 것이다. 격문법에서나 생성의미론에서는 문장을 심층구조의 주술관계로 파악하고, 문장은 일련의 논항(다양한 역할이나 격을 가진 명사구)과 술어선택(상태, 사건, 과정 등)으로 형성된다. 이런 심층구조 프레임은 몇 가지 면에서 서사(문법)에 적용될 수 있다. 플롯은 술어(행위)와 역할(등장인물)의 연속체로 간주될 수 있다. 예를 들어 이야기 속에 '사랑, 신뢰 전달, 도움' 등의 개념과 여기서 반의어로 파생하는 '미움, 경솔, 방해' 등과 수동형으로 파생되는 '사랑받음, 신뢰받음, 도움받음'과 같은 개념을 통해 이야기를 분석할 수 있다.

기본술어 개념은 이야기의 보편적 구성 성분들을 찾아보려는 의도에서 생겨났다. 구성 성분들을 통해 변형된 통사구조를 찾아낼 수 있으며(예를 들어 'A가 B를 사랑하다', 'A가 B에게 사랑받다', 'A가 B를 신뢰하다', 'A가 B에게 신뢰받다', 'A가 B를 돕다', 'A가 B에게 도움받다), 통사구조를 이용하여 개별 이야기에 고유한 구조들을 이해할 수 있게 된다.

[고광식]

서사, 형용어구

참고문헌

· 권재일, 『한국어 통사론』, 민음사, 1992.
· 김원경, 「보어개념의 확장에 대하여, - 학교문법의 술어를 중심으로 -」, 『이중언어학』 44호, 2010.
· 선우환, 「술어에 대한 새로운 프레게적 이론」, 『철학』 85집, 2005.
· 안희제, 「동사와 서술어의 대응관계에 대하여」, 『정신문학 연구』 31권, 2008.

숭고/숭고미/숭고체

F: sublime *E:* sublime *D:* das Erhabene

1. 고결하고 위대한 사상이나 감정, 정신 등을 가리킨다.
2. 숭고의 원천은 위대한 구상 능력, 강력하고 열광적인 파토스, 문채 생산의 특징, 고귀한 표현법, 고상한 문장 구성 다섯 가지가 있다.

A

숭고(崇高)는 그리스어로 'hypsos'로서 문자 그대로 보면 '높이', '고양(elation)', '상승', '정상'을 뜻한다. 또한 라틴어로는 'sublimis'로서 'sub'는 '아래의 낮은 곳', 'limis'는 '높은 언덕 비탈길'을 뜻하므로 어원적으로는 낮은 곳에서 높은 곳을 지향하는 움직임을 의미한다. 문학비평 용어에서 숭고미는 주로 롱기누스의 정의에 따라 '고결하고 위대한 정신', '언어적 탁월함'을 지닌 사상이나 감정의 미를 가리키는데, 숭고가 웅대하고 근엄한 것으로 이해되고 있음을 말해준다.

B

숭고의 개념에 대한 논의는 1세기 롱기누스(Dionysios Longinus)의『숭고론』에서 구체화된다. 롱기누스의 숭고론은 좋은 글의 성격과 그것을 얻을 수 있는 방법에 관한 문제로부터 출발하기에, 숭고의 개념은 가능한 모든 종류의 언어적 표현, 이를테면 수사학의 구성요소 가운데 하나인 표현술(elocutio)과 밀접한 관련이 있다.

그러므로 롱기누스의 숭고에 관한 논의는 이전에 존재하던 문체들의 성격과 유형 분류의 범위에 포함된다. 특히 그의 숭고론은 호메로스, 소포클레스, 에우리피데스, 사포 등의 문학작품의 숭고체 형식(숭고문체는 단순문체 및 보통문체와 함께 주요 삼문체를 이룸)뿐만 아니라 문학비평의 영역에도 많은 기여를 한다.

롱기누스는『숭고론』에서 어떤 글이 숭고하고 탁월한 글인지를 판단할 수 있는 근거로 언어에서 비롯된 숭고체의 원천으로 ① 생각이나 사상에서 훌륭하고 탁월한 기량을 향상시키는 능력, ② 열정을 창조하는 강렬하고도 신들린 파토스, ③ 문채 생산의 특징, ④ 언어 선택과 비유 표현을 구성하는 고귀한 표현, ⑤ 위엄 있고 고상한 문장 구성 등 다섯 가지를 제시한다. 그에 따르면 첫째와 둘째는 플라톤이 말하는 영감에 동조하는 자연, 즉 천부적 자질에 따른 능력이고, 나머지 셋은 소피스트가 말한 것처럼 교육이나 학습을 통해 후천적으로 습득할 수 있는 기술적 능력이다.

C

고대의 숭고(론) 개념은 중세와 르네상스 시대에는 조화나 비례, 균형과 같은 형식적인 미의 개념이 미학의 중심적 위치를 차지하면서 크게 주목받지는 못했지만, 1694년 부알로(N. Boileau)가 롱기누스의 『숭고론』을 번역하면서 재조명받기 시작한다. 이를테면, 숭고 개념은 아리스토텔레스나 롱기누스의 숭고미 개념이 문학적 소재로 사용되어 근대 미학의 핵심 개념으로 등장하면서 18세기 미학(적어도 영국의 취향 이론에서는)의 가장 중요한 논제가 된다.

18세기에 미(the beautiful)와 숭고미(the sublime)는 문학과 예술의 가장 중요한 범주였다. 버크(E. Burke)는 숭고를 아름다움과 더불어 쾌락과 고통에 대한 체험, 즉 문학적 취향(taste, 이것은 독자 중심의 수용적 측면으로, 작가 중심의 창조적 측면인 천재성(genius)과 구별됨)의 근본 범주로 설정한다.

칸트는 숭고를 '전적으로 큰 것', 즉 "절대적으로, 비할 데 없이 큰 것(absolute, non comparative magnum)"의 표상으로 정의하면서 인간의 상상력을 넘어서는 압도적 심리 상태로 본다. 칸트의 숭고 개념은 아리스토텔레스와 롱기누스의 숭고와 큰 것의 동일성('아름다운 것은 큰 것이다')이라는 고대의 정신세계를 그대로 수용한 것이다. 오늘날 이 개념은 현대의 예술과 미학 분야로 확산되어 뉴먼, 베이컨, 벤야민, 리오타르 등이 많이 거론한다.

D

고대의 삼문체 모델 가운데 최상위로 간주되는 숭고체는 청중의 마음을 뒤흔들어 감동시키는 강력하고 위대한 유형의 문체다. 위대한 문체로서 숭고체 어법의 특징은 '작은 것'을 뜻하는 어휘의 사용을 피해야 하며, 은유나 어순도치, 반복, 점층법 등 언어의 영향력이나 위대함을 나타내는 기법들이 사용된다. 특히 숭고체 어법은 종교적 의미를 담은 단어들뿐만 아니라, 인용부호나 신을 부르는 호칭, 명사구 표현과 같은 제의적(祭儀的) 언어가 사용되는 서사시나 비극 작품 들에서 자주 볼 수 있다. 숭고를 저해하는 문체로는 젠체하는 저질 리듬과 지나치게 간결하거나 진부하게 표현하는 경우를 들 수 있다.

[이종오]

문채, 파토스(페이소스)

참고문헌

· 롱기누스, 『롱기누스의 숭고미 이론』, 김명복 역, 연세대 출판부, 2002.
· 안성찬, 『숭고의 미학』, 유로서적, 2004.
· Baldine Sauint Girons, *Fiat Lux. Une Philosophie du sublime*, Quai Voltaire, 1993.
· Denys Longin, *Du sublime* (traduit, présenté et noté par Jackie Pigeaud), Rivage Poche, 1993.
· Edmund Burke, *A Philosophical enquiry into the origin of our ideas of the sublime and beautiful* (edited by A. Phillips), Oxford, 1973.
· Immanuel Kant, *Observations sur le sentiment du beau et sublime* (trad. par Roger Kempf), J. Vrin, 1992.

스토리

F: histoire *E:* story *D:* Story(Geschichte)

✷ 1. 시간 순서대로 정돈해 놓은 사건의 서술을 가리키며, 마찬가지로 사건의 서술

이지만 인과관계를 강조하는 플롯과 구별된다.

2. 서사물의 내용으로, 묘사된 서사물 속의 '무엇'을 가리킨다. 표현 혹은 내용이 전달되는 방식으로, '어떻게'에 해당하는 담화와 구별된다.

A

아리스토텔레스는 『시학』에서 비극시와 서사시의 공통된 구성요소로 우화(fable), 인물(character), 표현법(elocution), 사상을 드는데, 그중 우화가 바로 오늘날의 스토리에 해당된다. 그는 우화야말로 위 장르들의 '원칙'이자 '혼'이라고 말할 정도로 네 요소 중에서 우화를 가장 중시했는데, 이 주장은 현재까지 서술문학의 여러 현대적 형태에까지 확대 적용되면서 중요한 규칙으로 간주된다.

B

러시아 형식주의자들에게서 아리스토텔레스의 흔적을 발견할 수 있는데, 작품을 분석할 때 우화라는 용어를 사용하기 때문이다. 그들은 우화에 대립되는 개념으로 주제(sjuzhet)라는 용어를 사용한다. 특히 토마체프스키는 「테마론」에서 서사물(narrative text)을 위와 같이 구분하는데, 우화란 "기본적인 이야기 재료로 서사물 속에 관련된 사건들의 총체"이며 실제로 일어난 사건을 가리킨다. 우화의 경우 그것을 구성하는 사건들은 자연적인 순서, 즉 사건들 자체가 작품 속에 배열되고 소개된 방식과는 전혀 독립적으로 사건들의 시간적 순서에 따라 배열된다. 반면, 주제는 우화를 구성하는 것과 똑같은 사건들로 이루어지지만 "사건들이 작품 속에 출현하는 순서를 존중하고, 우리에게 그 사건들을 가리켜 준 정보들의 연속을 존중한다."

이를테면 주제는 독자가 그 사건을 어떻게 알게 되었느냐의 문제, 다시 말해 그 사건의 인지 방식을 말한다. 따라서 똑같은 것은 아닐지라도, 토마체프스키가 말한 우화는 스토리에 상응하며 주제는 포스터의 플롯이나 채트먼의 담화(discourse)에 상응한다.

C

포스터는 스토리를 "시간의 연속대로 정돈해 놓은 사건의 서술"로 정의한다. 스토리는 문학적 조직 가운데 가장 일차적이고 단순한 것이지만, 소설이라는 아주 복잡한 조직에 공통된 최상의 요소라고도 말한다. 이야기의 재료에 불과한 스토리가 플롯으로 변하는 과정에 대해 포스터가 내리는 정의는 이러하다. "우리는 스토리를 시간의 연속에 따라 정리된 사건의 서술이라고 정의한 바 있다. 플롯 역시 사건의 서술이지만 인과관계를 강조하는 서술이다. '왕이 죽고 왕비가 죽었다.' 이것은 스토리이다. '왕이 죽자 (슬픔을 못 이겨) 왕비도 죽었다.' 이것은 플롯이다. 시간의 연속은 보존되고 있지만 인과성이 거기에 첨가되어 있다. 또 '왕비가 죽었다. 사인(死因)을 아는 사람이 하나도 없더니 왕이 죽은 슬픔 때문이라는 것이 밝혀졌다.' 이것은 신비를 지닌 플롯이며 고도의 발전 가능성이 있는 형식이다. 이것은 시간의 연속을 유보하고 가능한 데까지 스토리를 떠나 멀리 이동한다. 왕비의 죽음을 생각해 보라. 이것이 스토리에 나오면 '그러고 나서는?' 하고 의문을 갖는다. 이것이 플롯에 나오면 '이유는?' 하고 묻는다. 이것이 소설이 갖는 두 가지 형상 사이의 근본적인 차이점이다. 플롯은 입을 헤벌리고 듣고 있는 원시 혈거족이나 포악한 군주, 그리고 그들의 현대적인 후예인 영화 관객들에게 이야기해 줄 수는 없다. 이런 사람들은 '그 다음에는' 하는 식의 말만으로도 눈을 뜨고 있게 할 수 있으며 호기심을 채워줄 수 있는 상대일 뿐이다. 그러나 플롯은 지성과 기억력도 아울러 요구한다."

D

토도로프는 서사물을 스토리와 담화의 양상으로 구분하여 분석한다. 플롯이라는 말 대신 담화라는 술어를 사용한 것이다. 그는 서사물의 두 양상에 대해 이렇게 정의한다. "서사물은 스토리인 동시에 담화이다. 스토리는 그것이 어떤 현실, 즉 일어났을 법하다고 여겨지는 사건들과, 현실 속 인물들과 혼동될 수 있는 인물들을 환기시킨다는 점에서 스토리이다. 똑같은 스토리가 문학작품이 아니라 영화에 의해서 전달될 수도 있다. 우리는 책을 통해서가 아니라 어떤 목격자가 입으로 말하는 이야기를 통해서 그 스토리를 알게 될 수도 있다. 그러나 문학작품은 동시에 담화이다. 즉 스토리를 전하는 화자가 있고 그의 면전에는 스토리를 인지하는 독자가 있다. 그런 차원에서 보면, 중요한 것은 진술된 사건들이 아니라 화자가 그 사건들을 알려주는 방식이다."

E

채트먼은 서사물의 필수적인 구성요소를 크게 두 가지로 나눈다. 서사물의 내용으로서 묘사된 서사물 속의 '무엇'에 해당하는 스토리와, 표현 혹은 내용이 전달되는 방식으로서 '어떻게'에 해당하는 담화가 그것이다. 다음은 그가 정리한 서사물의 구성요소에 관한 도표다.

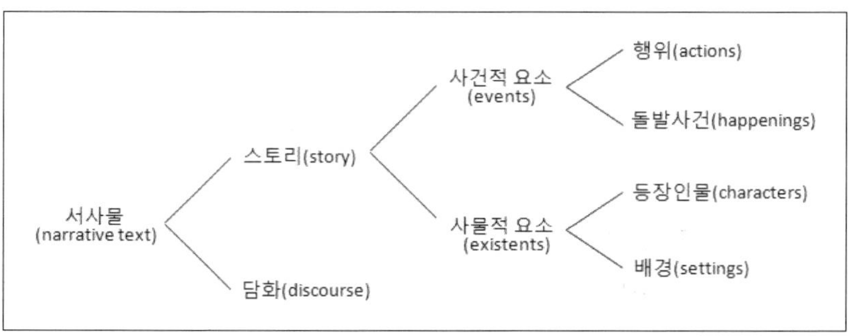

F

주네트는 서로 다른 서술적 현실을 구별하기 위해 스토리, 레시, 서술

(행위)이라는 용어를 사용한다. 스토리는 서술의 내용 또는 기의를, 레시는 서술의 기표, 언술, 담화, 또는 서술적 텍스트 그 자체를, 서술 행위는 서술적 담화를 생산하는 행위, 더 넓게는 그 행위가 위치하는 현실적 혹은 허구적 상황의 총체를 의미한다.

[김중현]

담화(담론), 독자, 디에게시스, 레시, 묘사(기술記述), 서술, 인물/인물구성, 초점화, 텍스트, 플롯, 픽션(허구), 서술자(화자)

참고문헌

· 롤랑 부르뇌프, 레알 웰레, 『현대소설론』, 김화영 편역, 현대문학, 2006.
· 오탁번, 이남호, 『서사문학의 이해』, 고려대학교출판부, 2006.
· 시모어 채트먼, 『이야기와 담론』, 한용환 역, 푸른사상, 2006.
· 츠베탕 토도로프, 『러시아 형식주의』, 김치수 역, 이회여자대학교출판부, 1981.
· 에드워드 모건 포스터, 『소설의 이해』, 이성호 역, 문예출판사, 2000.
· Gérard Genette, *Figures III*, Seuil, 1972.

스토리텔링

F: storytelling *E:* storytelling *D:* storytelling

✳ 1. 구술적 전통의 담화양식으로, 어원적 의미는 '말로 이야기하기'

2. 사실적 및 허구적 사건을 시각이나 청각 등에 호소하며 실시간으로 재연해 전달하거나 소통하는 시공간적, 다감각적, 상호작용적 담화양식

3. 20세기 말 이후 정치, 경제, 사회 문화 전반, 특히 대중문화 기반의 미디어 및 엔터테인먼트 산업 분야의 근간을 이루는 담화기법

A

백과사전을 비롯한 기존의 정론적인 사전들의 경우 '스토리텔링(storytelling)'을 표제어로 다루지 않거나, 드물게 다룬다 하더라도 '스토리(story)'의 파생어 범주에서 "이야기하기(the telling of stories)"(*Webster's*) 내지 "이야기하는 행위(the action of telling stories)"(*Oxford*) 정도로 간략히 제시하는 데 그치고 있다. 이는 스토리텔링이 정론적인 용어라기보다 인간이 말로 이야기하기 시작한 이래 오랜 일상의 범주에서 체화되고 관념화된 일상어 자체라는 사실에 기인한다. 실제로 스토리텔링이 문체론적 범주에서 담론화되기 시작한 것은 1990년대 중반 이후부터다.

B

스토리텔링은 인간이 말을 하기 시작한 이래 현재까지 존속하는, 다시 말해 인류와 연원을 같이하는 구술적 전통의 담화양식이다. 한마디로 스토리텔링은 '말로 이야기하기'다.

서사 & 스토리텔링

1990년대 중반

	서사(narrative)	(디지털) 스토리텔링(storytelling)
미학	형식 (문학의 전형적 양식)	소통 (구술, 게임의 전형적 양식)
담화 방식	일방성(non-interactivity) 화자가 청자에게 일방적으로 이야기를 전달하는 방식	쌍방성(interactivity) 화자와 청자가 상호 이야기를 주고 받는 방식
담화 구조	선형성(linearity) (결말이 닫힌) 선형적 완결구조	비선형성(non-linearity) (결말이 열린) 비선형적 개방구조
속성	(서술적) 시간성·인과성·형식성	(재현적) 시공간성·다감각성·상호작용성
장르	문학, 만화, 영화, 애니 등 (결말 완결구조의) 닫힌 담화 장르	연설, 구비문학, 만화, 영화, 애니, 게임 등 구술·다감각·상호작용 담화 장르

따라서 스토리텔링은 구술의 속성인 현장성(=현재성), 재연성, 소통성

을 그대로 지니는 시공간적(현장성), 다감각적(재연성), 상호작용적(소통성) 담화양식이다. 즉 상대와 같은 시공간에서 말 · 이미지 · 제스처 등 다양한 감각을 동원해 서로 이야기를 주고받는 상호작용적 담화양식이다. 흔히 시공간성, 다감각성, 상호작용성 중 하나 이상을 속성으로 하는 담화를 가리켜 스토리텔링이라 일컫는다. 오늘날 스토리텔링은 시공간적 구술(연설, 강연, 대담, 협상, 리더십, 구연동화 등), 다감각(만화, 드라마, 영화, 공연, 축제 등), 상호작용적 디지털(인터넷, 게임, 모바일 등) 장르의 담화양식으로 나타난다. 따라서 스토리텔링은 '사실적 및 허구적 사건을 시각이나 청각 등에 호소하며 실시간으로 재연해 전달하거나 소통하는 시공간적, 다감각적, 상호작용적 담화양식'이라 할 수 있으며, '20세기 말 이후 정치, 경제, 사회 문화 전반, 특히 대중문화 기반의 미디어 및 엔터테인먼트 산업 분야의 근간을 이루는 담화기법'으로 이해할 수 있다. 특히 디지털 매체의 담화양식을 가리켜 디지털스토리텔링이라 한정하기도 한다.

C

스토리텔링이 일상 커뮤니케이션의 차원에서 문화 담론의 전면으로 부상한 것은 20세기 말부터다. 문자의 창안 이래 20세기 말까지 문화를 주도한 담화양식은 문학을 전형으로 하는 '글로 이야기하기', 즉 '서사'였다.

스토리텔링의 역사는 구술시대부터지만 실제로 스토리텔링이라는 용어가 문체론의 층위에서 활발히 담론화된 것은 1995년 미국 콜로라도에서 열린 '디지털스토리텔링 페스티벌'을 계기로 해서다. 이후 다양한 분야에서 널리 사용되고 있는데, 대중화하면서 스토리텔링의 고유 속성 및 기능은 변화한다. 본래 인간의 전통적이고 일상적인 '순수' 커뮤니케이션 양식이던 스토리텔링이 20세기 말 미국에서 일상 커뮤니케이션의 차원을 넘어 사회 각 분야에서 다양한 방식으로 활용되면서 '기교적인' 성격을 띠기 시작한다. 처음에는 대학에서 문학의 구연 및 영화의 비주얼 효과를 위한 서사의 한 장치로 논의되기 시작했던 것인데, 이후 점차 대중의 의식과 소비의 흐름을 주도하려는 사회 각 분야, 특히 기업이나 미디어, 이익단체 등의 영향으로 목적지향적, 대중지향적, 소비지향적 성격을 띠기 시작해 현재의 기교적인 커뮤니케이션 양식으로 변화한다. 다시 말해 본래 현장에서 서로 자유롭게 주고받는 '상호 소통 양식'으로서의 스토리텔링이 서사의 정교한 '자기 완결적 플롯'을 기법화하여 다양하게 활용되면서 기교화한 것이다.

이렇게 기교화한 스토리텔링은 이야기로 대중을 사로잡고자 하는 정치, 경제, 경영, 마케팅, 미디어, 문화산업 등 사실상 사회 문화 전 분야의 효과적인 감성 유혹 장치로 자리를 잡는다. 물론 대중 친화적인 담화양식으로서 대중문화 및 문화산업을 활성화하고 유희적 가치의 문화적 삶을 제공하는 스토리텔링의 순기능은 다양하고 광범위하다. 하지만 크리스티앙 살몽(Ch. Salmon)의 경우와 같이 현대 소비문화에 따른 역기능도 인식해야 한다는 견해도 만만치 않다. 예컨대 본래 정치는 정책으로 호소했고, 경제는 시장원리를 따랐으며, 경영은 수칙을 준수했다. 영화는 비주얼 이상으로 시나리오를 중시했고, 마케팅은 정확한 정보로 설득하고 협상하고자 했다. 게임은 순수 오락이었다. 그러나 이제 정치가 정책보다 '판타지한 비전'으로 여론몰이를 하고, 경제가 '신화적 어젠다'를 제시해 주식을 급등시키고, 경영은 흥미로운 '브랜드 스토리'로 허구적 전설을 양산하는 현상을 쉽게 접할 수 있다. 영화는 '오감'을 자극하는 블록버스터로 관객을 사로잡고, 마케팅은 '감성마케팅'을 주창하며, 시뮬레이션 게임은 그 자체로 하나의 '전략'이 되기도 한다.

담화의 양식은 기술의 발전과 더불어 변화하는 것으로, 디지털 매체의 출현과 더불어 21세기 거대한 미디어 및 엔터테인먼트 산업의 근간을 이루는 담화양식은 이제 형식미학적인 서사보다 감각적이고 소통지향적인 스토리텔링이다. 하지만 스토리텔링과 서사는 상보적인 관계다. 다시 말해 스토리텔링은 거의 모든 분야에서 서사와 그 기능을 분담하고 있다. 예컨대 연설(스토리텔링)은 연설문(서사)을 기반으로 하며, 영화(스토리텔링)는 시나리오(서사)를, 게임(스토리텔링) 역시 시나리오(서사)를 기반으로 한다. 아이러니하게도 디지털미디어 콘텐츠의 전형인 게임, 표면적으로 보기에 인터랙션(스토리텔링)이 주관하는 듯 보이는 게임의 기반은 극히 다중적인 플롯의 치밀한 룰(서사)이다.

[류은영]

구술성, 담화(담론), 서사, 이미지

참고문헌

· 류은영, 「내러티브와 스토리텔링: 문학에서 문화콘텐츠로」, 『인문콘텐츠』, 14호, 인문콘텐츠학회, 2009.
· 스테판 데닝, 『스토리텔링으로 성공하라』, 안진환 역, 을유문화사, 2006.
· 월터 잭슨 옹, 『구술문화와 문자문화』, 이기우 외 역, 문예출판사, 1996.
· 크리스티앙 살몽, 『스토리텔링』, 류은영 역, 현실문화, 2010.

시뮬라크르/시뮬라시옹

F: simulacre/simulation *E:* simulacrum/simulation
D: Simulacrum/Simulation

✳ 1. 일반적으로는 원본으로부터 완전히 독립되어 있다는 의미로서의 '자기동일성이 없는 복사물'. 곧 실재의 범주로부터 완전히 독립된 이미지 (들뢰즈)
2. '실재와 무관한 이미지' 또는 '실재의 부재를 은폐하는 이미지'. '~인 체하기'로서 마법에서처럼 우리를 속이는 경우 (보드리야르)
3. 시뮬라크르의 자전운동으로 시뮬라시옹 발생

Ⓐ

시뮬라크르는 '비슷함', '유사성'을 의미하는 그리스어 '판타스마(phantasma)', 라틴어 '시뮬라크룸(simulacrum)'에서 파생된 단어다. 넓게는 이미지(像), 그림자, 모조품, 환영 등과 가족유사어를 이룬다. 15~16세기에는 회화나 조각품의 복사물, 그중에서도 주로 신의 화상(畵像)이나 소상(塑像)을 가리키는 말이었다. 이후 19세기에는 복사와 이미지 일반을 가리키는 말로 사회·문화 전 영역에서 쓰였으며, 현재는 일반적으로 자기동일성이 없는 복사물이란 뜻으로 사용되고 있다.

Ⓑ

시뮬라크르의 유래는 플라톤에게로 거슬러 올라간다. 이원론적 세계관을 가진 플라톤에게 있어서 원본들의 세계, 참된 것들의 세계는 이데아의 세계며, 이데아의 복사물로 이루어진 세계는 현실의 세계이고, 시뮬라크르는 복사물을 다시 복사한 것이다.

플라톤은 '복사물인 시뮬라크르들은 원본인 이데아와는 다른 이차적인 존재들로 실제 현실의 복사물적인 형상은 아니지만 형상의 유사성을 겨우 인정받고 있는 존재들', '시뮬라크르들이 비유사성 위에 존립하고 있으므로, 일종의 타락, 샛길을 함축한다'고 강조한다. 플라톤은 '이미지-우상'을 '복사물-도상(圖像)'과 '시뮬라크르-환상'이란 두 영역으로 나누었다. 복사물은 이데아와의 유사성을 지닌 복사물인 반면, 시뮬라크르는 그렇지 못한 복사물의 그림자에 불과하다.

원본(이데아) ⟶ 복사물(현실) ⟵ 시뮬라크르(그림자)

추론·사고·지성·관조의 대상 = 지성의 세계

상상·믿음·짐작·확신의 대상 = 감각의 세계

이렇듯 시뮬라크르는 부조화, 차이 위에서 구성되며 비유사적인 성질에 기초한다. 그래서 시뮬라크르를 복사물들이 나누어 공유하는 모델, 복사물들의 유사성의 원천이 되는 동일자의 모델과 관련지어 정의하는 것은 어렵다. 시뮬라크르가 모델을 가진다면, 그것은 비유사성의 원천이 되는 차이와 타자의 모델일 것이다. 결국 이는 모델을 닮으려고 하지만, 복사하면 할수록 원래 모델의 모습에서 멀어지는 그런 복사물을 의미하는 것에 그치게 된다.

한편 질 들뢰즈(G. Deleuze)에게 시뮬라크르는 플라톤과는 많은 점에서 다르다. 들뢰즈가 말하는 시뮬라크르는 플라톤 이래 서양 철학사 전체를 관통하며 일관되게 지속되어 온 이데아 중심, 곧 이상과 실재 중심의 논리를 전복시키려는, 다소 급진적인 논리에서 나왔다고 할 수 있겠다.

차이와 생성·변화로서 전래의 철학을 극복하려는 들뢰즈의 시뮬라크르는 플라톤이 말하는 복사물의 복사물 같은 개념과는 확연히 구분된다. 그의 시뮬라르크는 이데아나 원본을 복사한 현실의 복사물과는 아예 다른 독립성을 가지고 있으며, 원본과 같아지려는 맥락에서의 복사가 아니라 원본을 넘어서는 새로운 개념이다.

결국 들뢰즈에게 시뮬라크르는 차이의 다른 이름이기도 하다. 그 차이는 존재나 동일자에 존재론적으로 앞서는 데 그치지 않고 존재와 동일자의 위계를 그대로 반복한다. 또한 모든 사물들의 배후에 있으며, 배후에 있는 다른 차이들과 관계한다. 이런 까닭에 들뢰즈는 반플라톤주의자라고 할 수 있다.

이러한 맥락에서 들뢰즈의 시뮬라크르 개념에 사건이란 개념이 포함되어 있다는 면도 중요하다. 사건에는 발생했다가 소멸한다는, 즉 어떤 일이 발생했다가 사라진다는 존재론적인 맥락이 내재되어 있는데, 들뢰즈는 이 부분에 착안해서 시뮬라크르의 현재성을 강조한다. 즉 들뢰즈에게 시뮬라크르는 순간적으로 생성되었다가 사라지는 우주의 모든 사건 내지 자기 동일성이 없는 복사, 즉 '상사(相似)'를 총칭하는 개념이라고 할 수 있다.

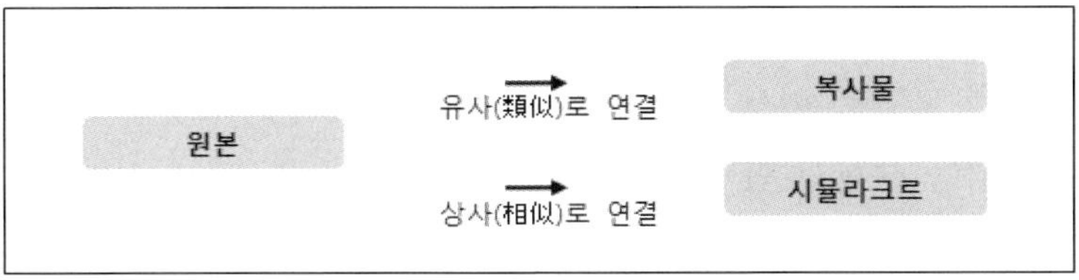

보드리야르에게 시뮬라크르는 일반적으로 우리가 존재한다고 믿는 현실 세계의 실재물들이 철저하게 기호로 대체되는 것이다. 그에게 기호는 더 이상 실재의 등가물도 실재의 복사나 재현도 아니다. 기호화한 시뮬라크르는 역으로 실재 위에 초실재로서 군림하고 있다. 이런 점에서 보드리야르의 시뮬라크르는 플라톤이 말하는 이데아의 복사물의 재복사가 아니라, 대응하는 지시대상이 실제로 존재하지 않는 기호라는 점이 특징이다. 보드리야르가 현대 소비사회를 설명하면서 현대인은 자신의 욕구를 충족시키기 위해 사물을 소비하는 것이 아니라 신분을 상징하기 위해 소비한다고 말했던 것도 같은 맥락이다. 결국 현대 소비사회에서 사물은 기호가 되며, 인간은 차이의 원리에 의해 사물을 소비하게 될 뿐이다.

또한 시뮬라크르(기호)가 현실이 되고 현실은 시뮬라크르가 되며, 이런 소비사회에서는 기준이 되는 가치도 없고 차이의 유희만이 난무할 뿐이다. 보드리야르는 이런 사회를 '시뮬라시옹 사회'라고 부른다. 보드리야르가 말하는 시뮬라시옹 사회는 모델에 대응하는 현실이 존재하지 않고 시뮬라크르가 현실이 된 세계다. 사물의 기원은 사물의 원본에 있지 않고, 시뮬라크르를 생성하는 코드화된 기호와 숫자에 있다는 것이다.

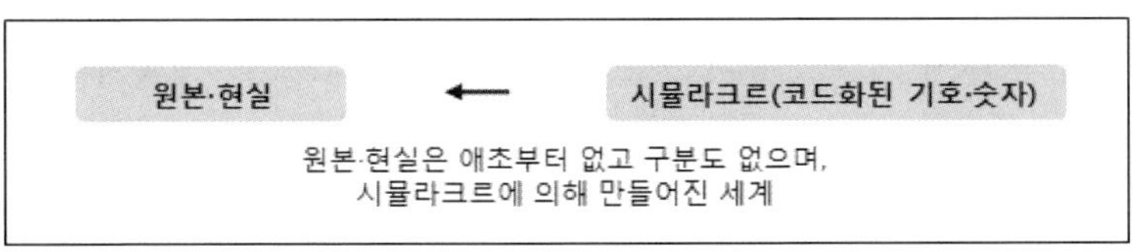

보드리야르에 의하면, 시뮬라크르의 역사에는 세 국면이 존재한다. 첫째는 현실을 모델로 해서 모사하는 단계, 둘째는 기호로서의 상품이 생산되어 소비되는 생산의 단계, 셋째로는 현실의 모든 근거가 소멸하고 시뮬라크르가 초현실이 된 시뮬라시옹 단계, 즉 현대가 그것이다. 모든 것이 소멸하고 남은 것이라고는 자기 재생산(복제)적인 시뮬라크르라는 유령들, 실체와 전혀 무관한 이미지에서 파생된 이미지일 뿐이다. 따라서 원본이 없는 복사물을 제작하는 작업은 시뮬라시옹으로, 그 결과로 나온 복사물을 시뮬라크르라고 총칭할 수 있다. 한마디로 더 이상 실재와 실재를 묘사한 이미지를 구분할 기준은 없는 것이다.

C

문체론에서 시뮬라크르는 문예의 창조성과 연결시켜 예술 개념 전반으로 확대 적용이 가능해 보인다. 플라톤이 규정한 시뮬라크르를 예술작품의 상황에 적용하면 사실 예술은 이데아로부터 복사된 현실을 다시 복사한 것에 불과하다. 현실은 완벽한 이데아를 모방한 것이고, 예술은 현실을 다시 모방해서 복사물로 재현한 '복사의 복사'인 것이다. 그래서 플라톤은 『국가』 편에서 예술가를 국가에서 추방해야 할 대상으로까지 간주한 바 있다. 예술가는 이데아들을 모방해서 만들어진 이 현실 세계를 다시 복사해서 재현한 자로서 '시뮬라크르'를 만든 부도덕한 사람인 까닭이다.

반면, 들뢰즈에게 시뮬라크르는 원본과 '유사(類似)'로 연결되어 있지 않으며, 순간적으로 생성되었다가 사라지는 사건으로서의 자기 동일성이 없는 복사인 '상사(相似)'를 말하고 있는 까닭에 현대 예술이론으로 자연스럽게 연결될 수 있다. 플라톤은 시뮬라크르 개념으로 예술을 반대했지만, 들뢰즈는 오히려 시뮬라크르 개념으로 예술을 옹호한 것이다.

한편, 보드리야르에게 시뮬라크르와 예술은 이런 견해들보다 훨씬 더 급진적이다. 보드리야르가 보기에, 이미지는 홍수가 되어 현대사회에 범람하고 있으며, 정보는 넘쳐나고 미디어가 삶을 지배하는 현대사회는 실재와 가상이 혼재된 탈-리얼리티의 사회다. 그리고 현대예술은 탈-리얼리티, 초-리얼리티를 지향하고 있다. 보드리야르는 "이제 더 이상 모방이나 복제의 문제는 존재하지 않는다. [...] 단지 실재 자체를 실재의 기호로 대체하는 문제만이 남아 있을 뿐"이라고 주장한다. 이런 견해는 1970~1980년대 이후 부상한 포스트모더니즘 문화 전반에 적지 않은 영향을 미쳤다. 보드리야르의 시뮬라크르 개념은 결국 우리가 벤야민(W. Benjamin)을 통해 기억하는 예술작품의 '아우라'에 종언을 고하는 셈이다. 그에게는 모든 것이 예술작품이고 동시에 그 어떤 것도 예술작품이 아니다.

[김성수]

이미지, 재현(표상, 대표), 포스트모더니즘

참고문헌

· 미셸 푸코, 『이것은 파이프가 아니다』, 김현 역, 민음사, 1996.
· 발터 벤야민, 「기술복제시대의 예술작품」, 『발터 벤야민의 문예이론』, 반성완 편역, 민음사, 2005.
· 장 보드리야르, 『시뮬라시옹』, 하태환 역, 민음사, 2003.
· 질 들뢰즈, 『의미의 논리』, 이정우 역, 한길사, 1999.
· __________, 『차이와 반복』, 김상환 역, 2004.
· 플라톤, 『국가』, 박종현 역, 서광사, 1997.
· André Lalande, *Vocabulaire technique et critique de la philosophie*, PUF, 1968.

시법

F: versification　*E:* versification　*D:* Versifikation

✺ 시를 짓는 규칙 및 수법 등의 총체

Ⓐ

시법(詩法)은 '시행'을 뜻하는 라틴어 '베르수스(versus)'와 '짓다'를 의미하는 '파세레(facere)'의 합성어로 어원적으로 '시 짓기'를 뜻한다. 시법은 시를 짓는 규칙 및 수법 등을 통틀어 이르는데, 두 중심축은 율격과 운이다. 시법은 언어에 따라 다르다. 즉, 율격만 규범 체계로 정착한 한국 시법은 비교적 단순하다. 그러나 율격과 함께 운의 체계가 복잡하게 발달한 프랑스 시법은 대단히 복잡하다. 프랑스에서 시법은 대체로 중세를 거치면서 형성되어, 16세기 플레이아드파 시인들과 17세기 고전주의를 통해 확립되었다. 그러나 19세기 낭만주의 시인들이 고전 규칙들을 위반하기 시작했으며, 상징주의 시인들, 특히 베를렌과 랭보에 의해 고전 규칙들이 완화되거나 쇠퇴하면서 현대 자유시가 등장한다.

Ⓑ

수아미(H. Suhamy)는 시법의 어원이 시 짓기에 있지만, 더 나아가 초고나 산문을 시 형식으로 다시 쓰는 기법도 이에 포함되며, 시가 사회적, 특히 종교적 기능을 담당했던 시대에는 이러한 작업이 흔했다고 말한다.

Ⓒ

20세기에 이르러 시법은 언어학 영역으로 그 연구 범위가 확장된다. 그 흐름의 선두에 구조주의가 있으며, 특히 언어학자 야콥슨(R. Jakobson)이 「언어학과 시학(Closing statements: Linguistics and poetics)」에서, 회화에서 그림의 구조를 분석하는 것처럼 시학은 시의 언어학적 구조가 연구 대상이 되어야 한다고 선언함으로써 가속화된다.

그의 영향을 받은 몰리노(J. Molino)와 가르드-타민(J. Gardes-Tamine)

은 운율학 · 리듬 · 프로조디 · 연의 구성 등을 시법에 포함시킬 것을 주장하면서, 그 연구 영역을 보다 구체적으로 제시한다. 현재 활동 중인 언어학자 코르눌리에(B. Cornulier), 구바르(J.-M. Gouvard), 아루이(J.-L. Aroui) 등도 이와 같은 흐름의 학자들로 꼽힌다.

[외부집필-최인령]

기능, 리듬(시), 운, 율격, 자유시, 프로조디

참고문헌

· 로만 야콥슨, 『일반언어학 이론』, 권재일 역, 민음사, 1989.
· 이진성, 『프랑스 시법 개론』, 만남, 2002.
· Benoît de Cornulier, *Art poétique. Notions et problèmes de métrique*, Presses Universitaires de Lyon, 1995.
· Henri Suhamy, *La Poétique*, PUF, 1986.
· Jean-Michel Gouvard, *La Versification*, PUF, 1990.
· Jean Molino, Joëlle Gardes-Tamine, *Introduction à l'analyse du poésie, vers et figures,* vol. 1, 1982; *De la Strophe à la construction du poème*, vol. 2, PUF, 1988.
· Michèle Aquien, *La Versification appliquée aux textes*, Nathan, 1993.

시인의 자유

F: licence poétique *E:* poetic licence
D: Dichterische Freiheit(poetische Lizenz)

✻ 1. 문학적 완성도를 위해 리듬, 운율, 울림 등의 차원에서 일상적인 화법을 위반하기

2. 문학적 완결성이나 효과와 직결되는 작품의 통일성 또는 이상화를 위해 역사적 상황이나 엄연한 사실을 위조하기

A

시인의 자유는 '문학적 완성도를 위해 리듬, 운율, 울림 등의 차원에서 일상적인 화법을 위반하기', 또는 '문학적 완결성이나 효과와 직결되는 작품의 통일성 또는 이상화를 위해 역사적 상황이나 엄연한 사실을 위조하기'를 통해 나타난다.

일상적인 화법을 위반하는 경우는 의미론적, 음운론적 위반으로 나타난다. 이는 곧 창조적인 문체적 일탈이라 할 수 있다. 역사적 사실을 위조하는 경우는 역사적 사실 자체가 아니라 그 사실을 통해 작가가 자신의 세계와 세계관을 표현하려 할 때 나타난다. 역사나 실제 세계와 무관하게 문학 작품을 독자적인 전체로 파악하고, 외적 진실이 아닌 내적 진실을 추구하고자 하는 것이다.

B

단순한 소여, 즉 주어진 현실을 예술적으로 소화하고 변화시키기 위한 창조적 일탈, 즉 시인의 자유는 이따금 꼭 필요하다. 예를 들면 실러(F. Schiller)의 이른바 '역사극'은 모두 그렇게 사실을 위조한 것으로, 엄밀한 의미에서는 역사극이라 부르기 어려울 정도다. 특히 그가 동일한 소재를 역사가로서 탐구한 내용(『동 카를로스』, 『발렌슈타인』 등)과 비교해 보면, 그에게는 희곡의 창작을 위해 시인의 자유가 꼭 필요한 것이었음을 알 수 있다.

시인이 자신에게 부여하는 이러한 자유는 수용자가 볼 때 작품의 내용이 사실을 위반하고 있다는 의식이 예술적 효과를 해칠 정도가 되는 지점에서 그 한계에 이른다.

[외부집필-안인희]

리듬(시), 운율, 일탈, 작품

참고문헌

· Gero von Wilpert, *Sachwörterbuch der Literatur*, Stuttgart(Kröner), 1979.

시점

F: point de vue *E:* point of view *D:* Perspektive

✳ 1. 하나의 이야기가 독자에게 전달되는 방식
2. 작품 내 세계가 누군가의 의식을 통해 독자에게 전달되는 방식 (주네트, 린트벨트)

Ⓐ

시점은 이야기의 구성 및 이야기가 독자에게 영향을 미치는 의미와 관계되는 핵심적이고 필연적인 문제지만 정의하기가 쉽지 않다. 학자에 따라 사용하는 용어와 의미가 다르고, 문제가 작품에서 실제적으로 뚜렷하게 구분되어 나타나지 않기 때문이다. 시점의 기능을 명확하게 인지하고 이론적으로 접근하기 시작한 것은 러보크(P. Lubbock)의 『소설의 기법』과 제임스(H. James)의 『소설의 기술』이 나온 이후다. 러보크는 서술자와 서사의 관계를 중심으로, 작품 내 상황을 서술자 자신의 시각으로 바라보는 방법과 작중인물의 시각으로 바라보는 방법으로 시점을 구분한다.

신비평이 나타나는 1960년대까지 영미의 이론가들을 중심으로 시점에 대한 유형 연구가 이루어진다. 일반적이고 넓은 의미의 시점은 이 시기의 이론에 준거하는데, 그중 대표적인 구분은 워렌(R.P. Warren)과 브룩스(C. Brooks)가 제시한 네 가지 유형이다. 이들은 서술자가 누구인가와 서술자가 인물의 심리에 침투하는가라는 두 가지 기준으로, 일인칭 주인공 시점, 일인칭 관찰자 시점, 전지적 시점, 삼인칭 관찰자 시점을 구분한다.

일인칭 시점은 작중인물이 서술자인데, 그중에서 주인공 시점은 서술자가 주인공인 자신의 심리를 이야기하지만, 관찰자 시점은 서술자가 주인공의 심리에 침투하지 못한다. 반면 전지적 시점과 삼인칭 관찰자 시점은 서술자가 작품 내 세계에 존재하지 않는 경우다. 전지적 시점에서는 서술자가 작중인물의 심리에 침투해 모든 작중인물의 생각과 감정을 모두 이야기할 수 있지만, 삼인칭 관찰자 시점에서는 서술자가 작중인물을 서술하는 데 제한이 있어, 하나 또는 제한된 수의 작중인물들의 생각이나 느낌 등을 전달한다.

B

1970년대 프랑스 구조주의의 등장과 함께 시점 이론은 새롭게 변모한다. 서사학 정립의 근거를 제시한 주네트(G. Genette)의 이론이 대표적이다. 하지만 이보다 앞서 푸이용(J. Pouillon)은 『시간과 소설』(1946)에서 시점 이론의 방향을 제시한다. 푸이용은 시점을 이해의 양식으로 파악하고, 세 유형으로 나누어 각각 '함께의 시각(vision avec)', '배후의 시각(vision derrière)', '외부의 시각(vision du dehors)'이라 명명한다.

첫째 유형은 중심이 되는 작중인물의 내면에 작가가 존재하는 유형으로, 이 인물의 시각을 통해 타인의 모습이 그려진다. 독자는 그 인물과 '함께' 다른 작중인물들을 보고, 그와 '함께' 이야기되는 사건들을 체험함으로써 자신의 시각을 중심 작중인물의 시각과 동일시한다. 둘째 유형은 작가와 작중인물 사이에 거리가 유지되는 유형이다. 작가와 독자는 작중인물의 내면세계를 객관적이고 직접적인 방식으로 파악한다. 첫째 유형과는 다르게 작가는 작품 내 세계에 있지 않고, 마치 전능한 존재처럼 그 세계의 '배후'에 있다. 셋째 유형은 실제적으로 관찰이 가능한 행동, 작중인물의 모습, 주위 환경 등이 '내면'을 드러내줄 때 사용된다. 작중인물의 외양을 제시하면서 그 인물의 성격을 점차적으로 드러내주는 경우가 그러한 예다.

푸이용의 시점에 관한 이론은 자신과 타인의 이해, 인간의 심리 같은 주관적 요소를 개입시키고 또한 장편소설이라는 한정된 장르를 대상으로 하기 때문에, 모든 서사에 적용될 수 있는 보편성과 유연성을 수반하지 못하는 한계점을 갖는다. 하지만 그가 제시한 세 가지 유형의 변별 원칙은 후에 토도로프(T. Todorov)와 주네트의 서사학에서 그대로 차용된다. 토도로프는 푸이용의 이론을 작중인물과 독자의 앎의 정도로 도식화하고, 독자와 작중인물의 앎의 범위가 같은 경우(독자=작중인물), 독자가 작중인물보다 더 많이 아는 경우(독자>작중인물), 작중인물이 독자보다 더 많이 아는 경우(독자<작중인물)로 분류한다.

동사와 관련된 문법의 범주, 즉 '시제(시간, temps)', '법(mode)', '태(態, voix)'를 서사분석의 범주로 제시한 주네트는 기존의 시점 이론들이 인칭과 시점을 혼동한다고 지적하면서, 인칭을 '누가 말하는가?'의 문제로서 '법'의 범주로, 시점을 '누가 보는가?'의 문제로서 '태'의 범주로 파악한다. 주네트의 이론에서, 시점은 작품 내 세계가 누구의 시각을 통해 독자에게 전달되느냐 하는 명확하고 구체적인 대상으로 규정된다. 서술자가 일인칭이냐 삼인칭이냐의 문제는 시점의 범주에서 제외된 것이다. 아울러 주네트는 객관적이고 중성적인 용어를 사용해 시점의 문제를 '초점화(focalisation)'로 명명한다.

주네트의 용어는 발(M. Bal)이 지적하듯 작중인물이 초점화의 대상인지 주체인지를 분명하게 구분하지 못하는 단점이 있지만, 그의 이론은 대체적으로 대다수의 이론가들에게 수용된다. 그리고 발이나 린트벨트(J. Lindvelt) 등 몇몇 이론가들은 주네트의 이론을 수정하지만, 그 근간은 유지된다.

기실 시점은 단순히 시각적인 측면만을 의미하는 것은 아니다. 그것은 외부세계를 지각하는 모든 측면을 포함한다. 단순히 보는 것만이 아니라,

듣고, 냄새 맡고, 느끼는 등 모든 감각이 이에 포함된다. 린트벨트는 이러한 점을 강조해, 시점이 시선보다는 의식을 통해서 작품 내 세계가 전달되는 문제라고 제시한다. 그래서 그는 작품 내 세계를 보는 작중인물을 '의식 주체(sujet de perception)'로 간주하고 중시한다.

[외부집필–한용택]

목소리(태), 서사, 서사학, 서술자(화자),
인물/인물구성, 작품, 주체, 초점화

참고문헌

· 미케 발, 『서사란 무엇인가』, 한용환 외 역, 문예출판사, 1999.
· 수잔 스나이더 렌서, 『시점의 시학』, 김형민 역, 좋은날, 1998.
· Gérard Genette, *Nouveau discours du récit*, Seuil, 1981.
· Henry James, *The Art of the novel*, C. Scribner's Sons, 1934.
· Jaap Lindvelt, *Essai de typologie narrative - Le "Point de vue",* José Corti, 1981.
· Tzvetan Todorov. "Les Catégories du récit littéraire", *Communications* no. 8, Seuil, 1966.

시퀀스

F: séquence *E:* sequence *D:* Sequenz

✳ 1. 그 자체로는 서사를 이루지 못하고 일련의 결합을 통해 서사를 이루는, 서사의 구성단위
2. 문장이나 문단 또는 그 이상의 단위로 구성 진술된 서사적 상황 내지 사건
3. 시간적으로 최후의 상황(사건)이 최초의 상황(사건)의 부분적인 반복이나 변형인 서사적 상황 내지 사건

'그 자체로는 서사를 이루지 못하고 일련의 결합을 통해 서사를 이루는, 서사의 구성단위'를 말한다. '문장이나 문단 또는 그 이상의 단위로 구성 진술된 서사적 상황 내지 사건'으로, 시간상 최후의 상황(사건)이 최초의 상황(사건)의 부분적인 반복이나 변형으로 나타난다. 문장 단위의 간략한 예를 들어보자. '존은 행복했다. 그는 이혼했다. 그는 불행했다'라는 시퀀스와 '메리는 불행했다. 그녀는 결혼했다. 그녀는 행복했다'라는 시퀀스는 서로 결합하여 '존은 행복했다. 그는 이혼했다. 그는 불행했다. 메리는 불행했다. 그녀는 결혼했다. 그녀는 행복했다'라는 서사를 이룬다. 이는 한 시퀀스의 최후 상황이 다른 시퀀스의 최초 상황으로 연결되며 결합을 이루는 링킹에 의한 시퀀스 결합의 예로, 시퀀스는 기본적으로 링킹, 교체, 끼워넣기에 의한 결합을 통해 서사를 이룬다.

[류은영]

교체, 끼워넣기, 링킹(연결), 서사

참고문헌

· Algirdas Julien Greimas, *Du Sens: Essais sémiotiques*, Seuil, 1970.
· Claude Brémond, *Logique du récit*, Seuil, 1973.
· Gerald Prince, *Narratology: The Form and functioning of narrative,* Mouton, 1982.

시행(운문)

F: vers *E:* verse *D:* Vers

✳ 시의 행 또는 운문

A

서구의 시행(verse)은 '되돌아오다'를 뜻하는 라틴어 '베르수스(versus)'에서 온 말이다. 어원상으로 이랑 끝에서 쟁기를 되돌리는 것을 가리키는데, 이랑은 은유적으로 글줄을 마치는 운문 및 싯줄을 표현한다. 시행은 이랑처럼 규칙적인 반복에 기초하는 것으로, '똑바로 가다'를 의미하는 산문과 어원적으로 대립되는 개념이다. 시행은 시의 한 줄을 말하지만 지면상의 한 줄을 다 채워야 되는 것은 아니다.

B

시행 규칙의 기준은 언어와 전통에 따라 다르다. 말하자면 언어마다 그 고유한 운율 및 시법 규칙에 따라 시행이 규정되는 것이다. 예를 들어 전통 한국 시와 프랑스 시는 공통적으로 음수율에 기초하지만 시행의 내부 규칙은 서로 다르다. 운을 갖지 않는 한국 시에서는 음절 및 마디 수만으로 시행이 구성되는 것에 비해, 시법이 복잡하게 발달한 프랑스 시에서는 시행의 내부 규칙이 다양하다. 프랑스 시행은 음절수의 규칙을 준수해야 할 뿐만 아니라, 시행의 첫 글자는 대문자로 시작하고 끝 음절은 운을 맞추게 되어 있다. 다음 두 시행은 대문자로 시작해서 각운을 맞춘 12음절 시행이다.

> Mon âme vers ton front// où rêve, ô calme soeur, /sœ:ʀ/
> Un automne jonché// de taches de rousseur, /sœ:ʀ/
> 내 영혼은 꿈꾸는 그대 이마를 향해, 오 온화한 누이여,
> 주근깨가 박힌 어느 가을날,
>
> \- 말라르메(St. Mallermé), 「한숨(Soupir)」

시행은 길이에 따라 단순시행과 복합시행으로 나눈다. 시를 읊던 전통에서 한숨에 읊을 수 있는 길이를 단순시행이라 말하며, 복합시행은 길이

가 너무 길어서 중간 휴지를 두는 것을 말한다. 프랑스 시에서 9음절 이하는 단순시행에 속하며, 10음절, 11음절, 12음절은 복합시행에 속한다. 위의 말라르메 시는 6음절과 6음절 사이에 중간 휴지(//로 표시함)가 오는 프랑스의 가장 대표적인 복합시행인 12음절 시행이다. 한국 시의 경우 3마디 이하는 단순시행, 그 이상은 복합시행이 된다. 다음의 홍낭의 평시조 초장은 두 구 사이에 중간 휴지가 오는 대표적인 복합시행이다.

뫼버들/ 가려 꺾어// 보내노라/ 님의 손에

C

자유시(free verse) 및 무운시(無韻詩, blank verse)가 명칭상으로 볼 때 시(poem) 대신 시행(verse)이라는 용어가 차용되었다는 점에 주목할 필요가 있다. 무운시는 운의 체계가 발달한 프랑스 시 같은 경우 율격은 갖추고 있지만 운을 맞추지 않는 시를 말한다. 자유시는 운율이 있지만 그것이 자유롭다는 뜻을 지닌 말로서, 곧 전통 규범의 기계적인 틀에서 벗어나 불규칙적인 운율로 살아 있는 리듬을 창안하는 것을 말한다.

[외부집필-최인령]

리듬(시), 마디, 무운시(無韻詩), 시법, 운, 운율, 율격, 자유시

참고문헌

· 오세영, 『한국 근대문학론과 근대시』, 민음사, 1996.
· 이진성, 『프랑스 시법 개론』, 만남, 2002.
· Benoît de Cornulier, *Art poétique. Notions et problèmes de métrique*, Presses Universitaires de Lyon, 1995.
· Jean-Michel Gouvard, *La Versification*, PUF, 1990.
· Jean Molino, Joëlle Gardes-Tamine, *Introduction à l'analyse du poésie, vers*

et figures, vol. 1, PUF, 1982.

신조어

F: néologisme *E:* neologism *D:* Neologismus

✻ 1. 새로운 단어나 어휘 단위 또는 새로 만들어진 의미를 가리킨다.
2. 새로운 형태 변화가 수반되는 형태적 신조어와 새로운 의미 변화를 만들어 내는 의미적 신조어로 구분

Ⓐ

신어(新語) 또는 신조어(新造語)는 새로운 단어나 새로운 어휘 단위, 또는 화자가 새로 만들거나 새로 귀화한 어휘 단위 등을 가리킨다. 신조어는 세 부류의 어휘 단위군(群)으로 나뉜다. 첫 번째 부류는 사전에 수록된 신조어들로 해당 어휘 뒤에 'neol.' 또는 'neologism'으로 표기되어 있는 것들이다. 이 경우 사전은 신조어 추출작업에서 하나의 객관적 지표가 될 수 있다. 두 번째 부류는 언어공동체에서 어느 정도 정의되고, 인지되어 있으나 사전 속으로의 편입이 보류된 상태에 있는 것들이다. 세 번째는 최근에 생성된 것으로, 인지하고 있는 사용자가 거의 없어 문맥의 도움 없이는 파악하기 어려운 것들이다.

Ⓑ

신조어는 기존에 없던 것으로 새로 형성된 어휘 단위, 즉 형태적 신조어(파생, 합성, 혼성, 차용)와 기존의 어휘가 형태적인 변화 없이 새로운 의미를 획득하거나 의미에 변화가 생김으로써 형성된 것, 즉 의미적 신조어(의미 확장, 문법 범주의 전환, 다른 분야로의 채택)로 구분된다.

형태적 신조어(morphological neologism)는 다시 기존 단어에서 형태상의 변화 요소를 가지고 새로운 어휘를 만드는 경우(접두사법, 접미사법, 합성법, 축약법, 약어법, 낱말 음절 뒤집기verlan, 어휘 요소 교체 등)와 기존 요소들과 어원적으로 전혀 관계없는 완전히 새로운 어휘를 만드는 경우(의성어, 무로부터의 창조creatio ex-nihilo)로 분류된다. 의성어의 경우는 만화에서 많은 예를 찾아볼 수 있고, 무로부터의 창조와 같이 완전히 자의적으로 배합된 음소의 연속에 의한 신어로는 'kodak'과 'gaz' 정도로 그 수는 매우 적다.

의미적 신조어(semantic neologism)는 새로운 의미가 추가되어 만들어지는 방식이다. 형태적 변화가 따르지 않기 때문에 문맥에서만 의미 변화가 파악되는데, 다음과 같은 세 가지 유형이 있다. 첫째는 어휘소 의소들의 집합에 변화가 생기거나, 의소들 사이의 관계가 재조직되어 새로운 의미가 생기는 경우로, 전통적인 수사법인 은유, 환유, 제유 등이 이에 속한다. 둘째는 문법 범주의 변화에 의한 경우로 의미의 변화가 어휘소의 품사 변화(형용사의 명사화, 명사의 형용사화, 동사의 명사화, 형용사의 부사화 등의 유형들)로 이루어진다. 셋째는 어떤 분야의 용어가 다른 분야로 전이되면서 이루어지는 경우로, '사회적' 유형이라 부른다. 일반집단의 어휘가 전문집단의 어휘로 특수화되는 경우, 전문집단의 어휘가 일반적인 사용영역으로 그 의미가 일반화되는 경우, 특정집단의 어휘가 다른 특정집단(해양 용어들이 비행술의 발달에 따라 비행기술 용어로 차용, 바이러스학의 virus가 컴퓨터 보안영역의 용어로 차용)의 어휘로 전이되면서 의미가 변화하는 경우 등이 있다.

C

신조어는 쉽게 요약하거나 서술할 내용을 미리 개괄적으로 예고하는 기능을 가진 임시조어(세금계산서 브랜드 네임 'e세로'는 '전자(electronic) + 세금(稅) + 길(路)'의 조어)와는 구별된다. 임시조어는 합성어(조지 오웰의 '표정죄

facecrime', 쥘 고티에의 '보바리즘Bovarism') 또는 혼성어에서 많이 볼 수 있다. 학문적 문헌이나 작가의 문체에 영향을 줄 수 있는 문학 텍스트(한 단어에 두 개의 의미가 들어 있는 제임스 조이스의 '나긋나긋하고 끈적끈적한slithy'는 lithe+slimy)에서 많이 나타날 뿐 아니라, 즉흥적인 구어 텍스트(freeter는 free+arbeit의 합성어로 일본식 조어)에서도 찾아볼 수 있다. 특히 사전에도 없는 감각적 시어("옛 이야기 지줄대는 실개천이 휘돌아 나가고 얼룩백이 황소가 해설피 금빛 게으른 울음을 우는 곳…")를 만들어 냄으로써 미적 완벽성을 추구했다는 평가를 받는 정지용의 시에 등장하는 신조어들은 언어의 마술사답게 아름답고 섬세하다.

D

현대에 들어 신조어의 수는 가히 혁명적이라고 할 만큼 급격하게 늘어나고 있다. 신조어의 생성과 출현은 급변하는 사회의 움직임에 따라 새롭게 생겨나는 실용적 차원의 일반어휘나 과학기술 용어, 특정 문학작품 등에서 자주 목격된다. 신조어의 생성 시기(언제 만들어져 사용되고 있는가)와 새로움의 정도(neologicity, 언제까지 새로움의 가치가 유지되는가)를 확인하는 것은 매우 어려운 일이기 때문에 수많은 신조어들의 적절한 유형이나 일률적이고 객관적인 기준을 세우기가 쉽지 않다.

[이종오]

차용어, 합성(어), 혼성(어)

참고문헌

· Alain Rey, *La Lexicologie, lectures,* Klincksieck, 1970.
· Louis Guilbert, *La Créativité lexicale,* Larousse, 1975.
· Michael D. Picone, *Anglicisms, neologisms and dynamic French,* Benjamins, 1996.

실렙시스

F: syllepse *E:* syllepsis *D:* Syllepse

✻ 1. 하나의 단어가 원래의 의미와 비유적 의미로 동시에 사용되는 문채
2. 아나크로니에 의해 지배되는 상황, 사건 전체 (주네트)
3. 일반적인 문법의 성 · 수의 일치 규칙과 다르게 의미에 따라 일치시키는 것

Ⓐ

중의(법), 쌍서(雙書)법, 겸용법 등으로도 불린다. '함께 쥐다'를 뜻하는 그리스어 'sullêpsis'를 그대로 가져온 라틴어 '실렙시스(syllepsis)'에서 나온 말로, 단조로움을 피하기 위해 한 단어에 두 가지 이상의 의미를 함께 실어 표현하는 기법이다. 퐁타니에는 실렙시스를 '하나의 단어가 원래의 의미와 비유적 의미로 동시에 사용되는 문채, 즉 혼성 전의(tropes mixtes)'라 정의한다,

조선시대 명기 황진이가 양반 벽계수를 유혹하기 위해 불렀다는 시조 "청산리 벽계수야 수이 감을 자랑마라/일도창해하면 도라오기 어려우니/명월이 만공산하니 쉬어간들 어떠리"에서 볼 수 있듯이, 야경을 서정적으로 읊고 있는 것처럼 보이는 이 시조에서 '벽계수'는 푸른 계곡의 물도 되고 양반의 이름도 되며, '명월'은 밝은 달을 의미하는 동시에 황진이의 기명(妓名)이기도 하다. '나는 아들을 아끼는 만큼 벌을 준다, 나는 아버지이기 때문이다'라는 문장에서 '아버지'는 혈연상의 아버지라는 일반적 의미와 추상적 의미의 부성(父性)을 동시에 의미한다. 군 장병들이 부르는 노래가사 중에 "인제 가면 언제 오나 원통해서 못살겠네"라는 표현은 원래 전통 장례의식을 치를 때 부르던 상여소리의 일부를 가져온 것인데, 여기서 '인제'는 '이제'라는 뜻과 강원도의 지명 '인제'를 함께 나타내는 것이고 '원통' 역시 원래 의미 '원통하다'는 뜻과 지명 '원통', 두 가지

뜻을 함께 담고 있다.

실렙시스는 단어가 가지고 있는 다의성 또는 모호성에 그 기반을 두고 있다. 즉 하나의 시니피앙이 두 개(또는 그 이상)의 시니피에를 가지면서, 원래의 의미와 비유적 의미로 동시에 사용되는 것이다. 이처럼 이중의미를 갖는 실렙시스는 명료성을 추구하는 (의)고전주의 원칙과 어긋나는 점이 있어 (의)고전주의 시대에는 배척받기도 했다. 17세기 프랑스 고전주의 대표적 극작가 라신(J. Racine)의 경우 실렙시스를 즐겨 사용했는데, 슈피처(L. Spitzer)는 실렙시스가 라신의 문체 매너리즘의 한 형태라고 지적하기도 했다. 이후 실렙시스는 착각이나 오해, 아이러니를 표현하기에 적합한 문채로 간주되면서 “현대 시인들이 가장 즐겨 사용하는 방식”, “시에 필연적으로 수반되는 당연한 결과”(야콥슨)로 각광 받는다.

구체적, 일반적인 의미와 추상적, 개별화한 의미를 연결시킬 수 있다는 점에서 실렙시스는 심리 상태를 그려내는 중요한 문채다. 또한 동음이의어에서 오는 경우가 많아서 말놀이와도 긴밀하게 연결되는데, 실렙시스의 의미 효과는 결국 청자가 화자의 말놀이를 어떻게 해석하느냐에 따라 달라진다. 실렙시스는 절묘한 상징을 표현하는 동시에 오묘한 말맛을 선사한다. 또한 독자들에게 신선한 느낌을 주고 흥미를 북돋우는 효과가 있어 현재에는 광고 마케팅에서도 많이 시도하고 있다. 아파트 브랜드 명칭인 ‘e편한세상’은 ‘e’의 ‘이’와 편한 세상을 ‘경험(experience)’하라는 의미를 함께 지니고 있는 이중의미로 사용된 예다.

B

주네트는 아나크로니에 관계된 것들의 집합을 시간적 실렙시스라 부른다. 즉 연대기적인 원리라기보다는 비연대기적인 원리(공간적 원리 또는 주제적인 원리 등)에 의해서 지배되는 상황, 사건 군(群)을 실렙시스라 부른다. ‘그는 그때의 일을 잘 기억하고 있다. 콜라를 조금 마시고, 여자와 데이트만 하고, 책은 거의 읽지 않았던 것이다’라는 문장에서 기억되는 여러 사건의 재현이 실렙시스를 구성하는 것이다.

특히 주네트가 유추반복레시(récit itératif, 'n'번 일어난 일을 한 번(에) 서술하는 방식의 레시, 예를 들어 '나는 월요일에 일찍 잤다. 나는 화요일에 일찍 잤다. 나는 수요일에 일찍 잤다. 목요일, 금요일에도 일찍 잤다.…'라고 표현하지 않고 '나는 매일 일찍 잤다'라고 표현하는 것으로, 동일한 사건이 여러 번 반복되어 일어났음을 단 한 번의 서술로 보여준다)라 부른 서술 유형에서는 빈도와 반복을 나타내는 표현들('매일', '매주', '~하곤 했다' 등)이 실렙시스의 기능을 담당한다.

C

실렙시스는 흔히 액어법과 함께 쓰이는 경우가 많다. 이런 연유로 영미권에서는 실렙시스를 의미상의 액어법과 거의 동일시하기도 한다. 이 경우 실렙시스는 하나의 단어나 문장성분(대부분 동사)이 둘 또는 그 이상의 단어와 관계를 맺으며 다르게 이해되는 생략의 일종으로 이해할 수 있으며, 하나의 단어가 지배하는 다른 단어들 가운데 어느 하나와는 문법적, 어법적으로 들어맞지 않는 경우가 많다. 액어법은 재치 있는 표현이라는 인상을 심어줄 수 있지만 대부분의 경우에는 생략 기교를 잘못 사용한 것으로 볼 수 있고, 말놀이의 형태로 여겨질 수 있는 것은 실렙시스뿐이다.

D

문법에서 실렙시스는 문법적 규칙에 따라 성(性)과 수(數)를 일치시키는 것이 아니라 의미에 따라 일치시키는 것을 말한다. 우리말에서는 예를 찾아보기 힘들지만 영어나 프랑스어의 경우, "The orchestra are playing Mozart(오케스트라는 모차르트의 곡을 연주하고 있다)", "Le monde sont fous(사람들이 미쳤어)", "La plupart des gens sont d'accord(대부분의 사람들이 찬성한다)" 등의 문장에서 볼 수 있듯이, 동사(와 속사)가 단수 주어에 일치하지 않고 주어의 의미상 복수성에 맞춰 복수가 되는 것이다.

따라서 의미상의 실렙시스(중의법)와 문법적 실렙시스(쌍서법)를 혼동하지 말아야 한다. 그러나 문법적인 실렙시스는 문법적 오류와 의미적 가용문(일반적으로 어휘화할 수 있고, 받아들일 수 있는 구문)의 경계선상에 위치하고, 파격구문을 이해하도록 해준다.

[김계영]

동음이의어, 레시, 말놀이(말장난, 언어유희), 문채, 상징, 생략(법), 아나크로니즘/아나크로니(시간교란), 액어(軛語)법, 유추, 파격구문

참고문헌

· 김욱동, 『수사학이란 무엇인가』, 민음사, 2002.
· 로만 야콥슨, 『현대시의 이론』, 박인기 역, 지식산업사, 1989.
· 시모어 채트먼, 『이야기와 담론』, 한용환 역, 푸른사상, 2003.
· Gérard Genette, *Figure III,* Seuil, 1972.
· Leo Spitzer, *Etudes de style*, Gallimard, 1970.
· Michael Riffaterre, "La Syllepse intertextuelle", *Poétique*, no. 40, 1979.
· __________, "Syllepsis", *Critical Inquiry*, no. 6, 1980.
· Roman Jakobson, *Questions de poétique*, Seuil, 1973.
· Yannick Chevalier, Philippe Wahl (Dir.), *La Syllepse, figure stylistique*, Presses Universitaires de Lyon, 2006.

실재계

F: le réel *E:* the real *D:* das Reale

✳ 1. 라캉의 용어로 상상계, 상징계와 함께 인간 존재 작용의 세 차원 내지 세 영역의 하나

2. 인간의 상상으로 파악할 수도, 상징으로 기술할 수도 없는 존재 혹은 물(物) 자체의 영역

3. 언어의 의미작용 체계를 초월하는 자족적이고 자율적인 무의식이나 꿈, 실수, 신경증 자체의 차원

A

'실재적(réel)'이라는 형용사에 정관사(le)를 붙여 명사적으로 사용되는 실재계(le réel)는 '라캉의 용어로 상상계(l'imaginaire), 상징계(le symbolique)와 함께 인간 존재 작용의 세 차원 내지 세 영역의 하나'를 일컫는다. 흔히 R.I.S.로 간단히 축약 표기되는 실재계, 상상계, 상징계의 삼계는 비록 완벽한 상응관계를 이루지는 않지만 프로이트의 이드, 자아, 초자아의 삼자 구조처럼 인간의 존재 조건 및 갈등의 심층 원리를 설명하는 개별적인 동시에 상호작용적인 삼원적 구조다.

B

라캉이 말하는 실재란 우리가 흔히 주관적으로 포착하는 현실도 아니며, 플라톤이 말하는 이상적인 이데아도 아닌, 존재 혹은 물(物) 자체다. 실재계는 실재에 대한 착각이나 오인을 기반으로 하는 상상계와 실재의 표상이나 대체를 기반으로 하는 상징계를 초월하는 절대적인 영역이다. 다시 말해 실재계는 상상과 상징을 초월하는 본질 혹은 실체, 그 스스로 자족적인 실재 자체의 영역이다. 실재계는 인간의 상상 혹은 사유로 파악할 수 없는 무의식 자체이며, 또한 상징적 언어의 의미작용 체계를 초월하는 자족적이고 자율적인 문자의 물질성 그 자체다. 따라서 실재계는 불가능의 영역이다. 실재계는 '인간의 상상으로 파악할 수도, 상징으로 기술할 수도 없는 존재 혹은 물(物) 자체의 영역'이라고 할 수 있다.

C

실재계는 인간의 일상적 언어행위와 언어체계를 초월한다. 라캉은 인간의 언어란 실재의 재현이 불가능한 영원히 미끄러지는 체계라고 말한다. 말하자면 실재란 객관적 기술이 불가능한 대상이다. 실재는 언어 너머에 존재한다. 따라서 실재계는 '언어의 의미작용 체계를 초월하는 자족적이고 자율적인 무의식이나 꿈, 실수, 신경증 자체의 차원'이다.

[류은영]

상상계, 상징계

참고문헌

· Jacques Lacan, *Ecrits*, Seuil, 1966.
· Jean Bellemin-Noël, *La Psychanalyse du texte littéraire*, Nathan, 1996.

ㅇ

아나그람

F: anagramme *E:* anagram *D:* Anagramm

✺ **한 단어 또는 문장에서 철자들의 순서를 바꾸어 새로운 단어나 문장을 생성해 내는 기법**

Ⓐ

아나그람은 '전복', '역행'의 뜻을 가진 접두사 'ana-'와 '알파벳 문자'의 뜻을 가진 'gram'이 합쳐진 말이다. 이 용어는 '한 단어 또는 문장 내에서 철자들의 순서를 바꾸어 새로운 단어나 문장을 생성해 내는 기법'으로 '철자 바꾸기', '글자 수수께끼', '어구전철어(語句轉綴語)' 등과 동의어로 사용된다.

아나그람의 예로는 '가짜 → 짜가', '건달 → 달건', 'the One → Neo' ('유일신'을 '유일자'로 바꿔 사용), 'live → evil', 'rose → Eros' 등의 조어(coinage)가 있다. 아나그람을 만들 때에는 반드시 주어진 철자들만 사용해야 하며, 음소 또는 활자적 원리, 철자 규칙성의 패턴, 음절 구조, 의미 또는 통사적 지식 등에 대한 이해가 요구된다.

Ⓑ

아나그람은 오랜 역사를 가진 현상 또는 장르로 종교, 문학, 예술 등 다양한 분야에서 사용되어 왔다. 특히 16세기에는 남성 신 'Amon'과 여성 신 'Lisa'를 합쳐 'Monalisa'를 만드는 등의 이름 아나그람 형태로 유행하고, 19세기에는 비문학적 영역인 사교게임과 같은 저급한 장르로 전락하기도 한다. 이후 아나그람은 소쉬르(F. Saussure)를 통해 다시 담론화된다.

그에 따르면 그리스-라틴시대의 시에는 주제와 관련된 중요 단어(대부분 신의 이름을 가진 고유명사)의 파편화된 소리 또는 문자 요소들, 즉 음성적 또는 활자적 아나그람이 시구 속에 대구를 이루고 있으며, 이 현상이 시가 성립되는 모태가 된다는 것이다. 즉 스키피오(Scipio)의 묘비명에 새겨진 시구 "Taurasia Cisauna Samnio cepit(타우라시아 카시우나가 삼나움으로부터 빼앗았다)"에는 Scipio라는 이름이 아나그람으로 숨겨져 있는 것처럼 주제어가 몇 개의 단음으로 나뉘어 시구 속에 산재해 있다.

소쉬르는 '텍스트 속의 텍스트'와 같은 아나그람이 시인들의 의도일 거라는 가설을 세우면서 아나그람은 파라그람(paragram)의 한 현상이나 부분만을 재현하는 문채이며, 이포그람(hypogram)은 한 이름, 한 단어의 강조와 관련된 문채라고 언급한다.

C

아나그람은 상호텍스트성 개념 형성의 근간을 이룬다. 아나그람은 하나의 문학 장르를 넘어 글쓰기 전반에서, 부연하면 하나의 서사 전략을 동원하여 다양한 독법과 접근방식에 이르게 하는 역동적인 텍스트 형태를 제시하거나 새롭게 만들고, 한 텍스트 속에서 다른 텍스트들을 언급하고 평가하는, 즉 '인용'하고 '재현'하는 상호텍스트적 성격을 띤다.

아나그람은 추리소설에서 자주 활용된다. 또한 '반복'을 토대로 하는 아나그람은 영화의 기법으로도 사용된다. 특히 브뤼네트(P. Brunette)와 윌스(D. Wills)는 영화의 '아나그람 수사학'을 논한다. 차이에 의한 반복을 이야기한 데리다의 이론에 영향을 받은 그들은 모든 담화는 차이에서 출발하며, 영화의 재현 역시 단순한 모방이 아닌 차이에 의한 아나그람성에서 출발한다고 역설한다. 영화적 재현의 미학은 현실과의 유사성이 아니라 차이, 즉 현실의 충실한 복제가 아니라 창조적 인용에 있다는 것이다.

D

아나그람은 언어유희 효과를 낳는데, 그러한 현상이 만들어지는 동기는 사회문화적 측면과 언어적 측면에서 나타난다. 사회문화적 측면에서 아나그람 언어행위(풍자, 위트 등)의 동기는 금기어와 완곡어법에서 찾아볼 수 있다. 예를 들면 '건달'이라는 나쁜 뜻을 가진 일종의 금기어를 '달건'이라는 신선하고 새로운 단어로 부르면 조금은 완곡하고 익살스러운 느낌을 가질 수 있고, '자살'을 뒤집어 '살자'로 사용함으로써 자살 예방 운동에 인용하기도 한다.

언어 내적 측면에서 아나그람은 대칭구조(symmetrical structure)를 나타내기 위해 사용되기도 한다. 예컨대 'eye'는 얼굴에서 대칭적으로 보이는 눈의 형상을 표현한 단어이고, 'onion'은 잘라진 양파의 모양을 표현한 단어다.

[이종오]

담화(담론), 문채, 반복(법), 상호텍스트성, 언어유희,
완곡어법, 재현(표상, 대표), 풍자

참고문헌

· 제라르 데송, 『시학 입문: 문학 이론들의 접근방법론』, 조재룡 역, 동문선, 2005.
· 조너선 컬러, 『소쉬르』, 이종인 역, 시공사, 1998.
· 줄리아 크리스테바, 『언어 그 미지의 것』, 김인환 역, 민음사, 1997.
· Jean Starobinski, *Les Mots sous les mots,* Gallimard, 1971.
· Peter Brunette, David Wills, *Derrida and film theory,* Princeton University Press, 1989.

아나크로니즘/아나크로니(시간교란)

F: anachronisme/anachronie *E:* anachronism/anachrony
D: Anachronismus/Anachronie

✵ 1. **작품 속 등장인물이나 사건, 풍습 등이 본래의 시대상과 일치하지 않는 것**
2. **사건이 일어난 순서와 그 사건이 제시된 순서의 불일치를 가리키는 서사학 용어 (주네트)**

Ⓐ

'~의 뒤에', '~에 반대하여'를 뜻하는 그리스어 'ανά(ana)'와 '시간', '시대'를 의미하는 'ρόνος(chronos)'가 결합해 만들어진 단어이다. 어원적으로는 '시대에 뒤처진 것', '시대와 맞지 않는 것', '시대에 역행하는 것'을 의미한다. 흔히 '시대착오적'이라고 할 때에 시대적으로 뒤처진 진부한 사상이나 언동을 생각하기 쉽지만, 문학작품이나 영화에서 아나크로니즘은 작품 속에 등장하는 인물이나 사건, 사물, 개념, 풍습 등이 본래의 시대상(時代相)과 일치하지 않는 것을 말하며, 흔히 역사물에서 많이 발견된다. 로마시대를 배경으로 한 셰익스피어의 비극 『줄리어스 시저』(1599년경)에 1400년경에 발명된 시계가 등장하는 것처럼 작품의 배경시대 이후의 인물이나 사물, 사건들이 나타나거나, 반대로 현대를 시대 배경으로 하는 작품에 오래전에 사라진 요소들이 등장하는 것 등을 예로 들 수 있다.

상당수의 아나크로니즘은 작가의 의도가 아닌 부주의에서 나온 것이지만, 의도적으로 사용하는 경우도 있다. 서로 다른 역사적 시기 또는 과거와 현재를 중첩시킴으로써 유머나 아이러니를 표현하거나, 여러 역사적 시기들을 하나의 시기로 압축해 허구의 이야기 전개와 역사적 사건들을 일치시킴으로써 작가 자신의 주장을 강조하기도 한다.

리치(G. Leech)는 아나크로니즘을 고어나 사어 등 현재 사용하지 않는 언어 표현을 일부러 사용하거나 모방하는 의고체와 유사한 것으로 간주한다.

B

주네트는 스토리와 레시, 즉 사건이 일어난 순서와 그 사건이 제시된 순서의 불일치를 아나크로니라 부른다. 한 작품에서 이야기된 사건들의 실제 순서와 서술자가 그 사건들을 독자에게 제시할 때 다시 배열되는 사건의 순서는 다를 수 있는데, 이야기가 발생한 순서대로 제시되지 않고 서술자에 의해 앞뒤 순서가 조정되면서 서술의 현재시점에서 과거의 이야기나 앞으로의 이야기가 제시되는 것이 아나크로니, 즉 시간교란이다.

사건의 한가운데(in medias res), 즉 클라이맥스에서 시작되는 대부분의 이야기들은 서술적 시간교란 장치를 사용해 이전에 일어난 사건들을 들려준다. 이런 기법은 호메로스의 『일리아드』에서 시작된 것으로 현대의 새로운 서술 기법이 아닌 문학적 전통에 속한다고 볼 수 있다.

시간교란은 크게 두 가지로 나뉜다. 현재 진행 중인 이야기를 중단하고 과거의 사건으로 돌아가는 것을 회상(아날렙시스), 현재 진행 중인 이야기를 중단하고 장차 일어날 사건을 알려주는 것을 예상(프롤렙시스)이라 한다.

시간교란의 주된 목적은 독자들에게 이야기 속의 행위나 사건이 일어나기 이전에 존재했던 인물들과 사건들에 대한 필수적인 정보를 제공하거나 장차 일어날 사건에 비추어 현재 사건을 해석하는 방향을 정립하려는 것이다. 또한 적절한 시간교란을 통해 긴장과 놀라움을 창조하기도 한다.

주네트는 프루스트의 『잃어버린 시간을 찾아서』의 시간교란을 분석하면서, 무의식 세계에 침전해 있던 주인공의 과거가 사소한 감각 경험을 통해 회고적으로 종합되고, 나아가 주인공이 물리적인 시간의 지배에서 벗어나 '전지적 시간 구성'을 할 수 있게 만드는 것이 프루스트 작품의 시간교란의 특징이라고 본다.

시간교란에서 조작되는 시간은 다시 '거리(portée)'와 '폭(amplitude)'으로 나뉘는데, '시간 거리'는 이야기가 진행 중인 현재로부터 과거의 사건으로 되돌아가거나 미래의 사건으로 전진하는 시간의 거리(길이)를 말하며, '시간 폭'은 시간교란이 가해진 사건 자체의 지속을 말한다. '그녀는 자리에 앉았다. 4개월 후 그녀는 똑같은 감정을 느끼게 될 것이고 그녀의 흥분은 한 달간 계속될 것이었다'라는 문장에서 시간교란의 '거리'는 4개월이고 '폭'은 한 달이 된다.

[김계영]

담화(담론), 레시, 서사학, 서술, 서술자(화자),
선술법(예상, 사전제시, 프롤렙시스), 스토리, 아이러니,
의고주의, 인메디아스레스, 작가(저자), 클라이맥스(절정),
픽션(허구), 후술법(회상, 소급제시, 아날렙시스)

참고문헌

· 롤랑 부르뇌프, 레알 월레 공저, 『현대소설론-소설의 세계』, 김화영 편역, 현대문학, 2006.
· 시모어 채트먼, 『이야기와 담론』, 한용환 역, 푸른사상, 2006.
· 에드워드 모건 포스터, 『소설의 이해』, 이성호 역, 문예출판사, 2000.
· 오탁번, 이남호, 『서사문학의 이해』, 고려대학교출판부, 2006.
· Gérard Genette, *Figure III,* Seuil, 1972.
· Shlomith Rimmon-Kenan, *Narrative fiction: Contemporary poetics*, Methuen, 1983.

아비투스

F: habitus *E:* habitus *D:* Habitus

✳ 1. 지식과 미덕 같은 인간의 '자질'로, 습관이나 훈련·교육으로 획득된 방식으로 행동하는 지속적인 성향

2. 개인이 사회화 과정에서 획득되는 일정 방식의 행동과 인지, 감지와 판단의 성향 체계

Ⓐ

아리스토텔레스의 '엑시스(hexis, 품성 상태)' 개념에서 발전된 것으로, 훈련이나 교육 같은 것을 통해 획득된 지속적인 성향을 일컫는다. 이를테면 실천을 통해 개인이 자신의 활동에 의미와 목적을 부여하고 자발적인 태도를 취하게 하는 행동원리를 말한다.

아리스토텔레스는 『니코마코스 윤리학』에서, 인간의 영혼에서 생겨나는 것으로 감정(pathos), 능력(dynamis)과 함께 '엑시스(hexis)'를 들고 있는데, 이것들에 따라 인간은 감정에 대해 올바른 태도를 취하거나 올바르지 못한 태도를 취하는 것이다. 화를 내는 것에 관해 예를 든다면, 지나치게 화를 내는 것이나 그 반대로 너무 화를 내지 않는 것은 모두 올바른 태도를 취하는 것이 아니며, 중용적일 때 올바른 태도를 취한다고 할 수 있다.

아리스토텔레스는 『범주론』에서 그가 자주 사용하는 아비투스라는 용어를 정의하는데, 아비투스란 기질(disposition)과 함께 '자질(quality)'에 속한다. 아비투스는 보다 더 지속적이고 항구적인 성격을 가진다는 점에서 변경되기 쉽고 변화에 민감한 상태의 기질과는 구별된다. 아비투스는 기질들이지만, 그렇다고 기질들이 반드시 아비투스인 것은 아니다. 다시 말해, 아비투스를 가진 사람은 자신 안에 기질들을 갖는다. 그렇지만 기질들을 가진 사람이 언제나 그것에 상응하는 아비투스를 갖는 것은 아니다. 아비투스에 속한 것으로는 지식(episteme)과 미덕 같은 것들이 있다.

Ⓑ

부르디외(P. Bourdieu)는 아비투스라는 말을 "사회구조(場, fields)와 개인의 행위(practice) 사이의 인식론적 단절을 극복하는 매개적 메커니즘으

로 개념화"한다. 이를테면 아비투스는 개인들의 삶 속에서 그 개인들에 의해 내면화(구조화)하는 동시에 일상적 실천을 구조화하는 양면적 메커니즘으로, 일정 방식의 행동이나 인지, 감지와 판단의 성향 체계를 일컫는다. 이는 사회 체계(상징계)를 내면화한 주체에게 형성된 무의식이라고 할 수 있다.

더 정확히 말해, 아비투스는 개개의 집단이나 계급 속에서 개인들이 공통적인 방식으로 세계를 재현하고 고유한 방식으로 판단·행동할 수 있게 하는 인지적이고 감정적인 가이드라인을 제공하기에, 그 집단이나 계급의 집단무의식이라고도 할 수 있다. 따라서 개개의 집단이나 계급 속의 개인들은 어떤 분류나 판단, 인지, 행동양식, 문화적 상징, 생활양식 등을 공유한다.

또한 언어적인 차원에서도 각 직업이 고유의 직업어(전문어)를 갖는 것처럼 개개의 집단과 계급 고유의 공통 용어나 은어, 주장 제시법, 화법(ways of speaking) 들이 존재하며, 그 구성원들은 그것들을 무의식적으로 수용하고 사용한다.

[김중현]

상징, 상징계, 은어, 파토스(페이소스)

참고문헌

· 아리스토텔레스, 『니코마코스윤리학』, 이창우 외 역, 이제이북스, 2006.
· __________, 『수사학 I』, 이종오 역, 리젬, 2007.
· 파트리스 카니베즈, 『시민교육』, 박주원 역, 동문선, 2002
· 피에르 부르디외, 『구별짓기』 (상), 최종철 역, 새물결, 2005.
· __________, 『자본주의의 아비투스』, 최종철 역, 동문선, 2002.

아이러니

F: Ironie *E:* Irony *D:* Ironie

✳ 1. 겉으로 나타난 의미와 실질적인 의미가 상이하거나 반대되는 표현
2. 패러디, 역설, 풍자, 농담, 말놀이, 희극 등과 매우 유사하게 사용

A

아이러니의 어원은 그리스어 에이로네이아(eironeia)로 허위 또는 은폐의 뜻을 가지고 있다. 소크라테스의 『대화편』에서 아이러니는 어느 한 편이 자신의 입장이나 주장으로 다른 한 편을 설득하거나 그 주장에 동의하게끔 하려는 의도를 가지고 구사하는 수사법이다.

이와 같은 소크라테스적 아이러니를 바탕으로 아리스토텔레스는 『윤리학』에서 에이론(Eirōn)과 아라존(Alazōn)이라는 두 유형의 대조적 인물을 만들어 희극의 주인공으로 등장시킨다. 고대 그리스 희극의 붙박이 인물 에이론은 겉보기에는 약하고 세력도 없지만 꾀가 많은 인물이어서 힘센 허풍선이 아라존을 놀려주곤 한다. 겉보기에는 약해 보이지만 속으로는 대단한 힘을 발휘하는 에이론의 뜻이 아이러니라는 추상명사에 살아남아 있다. 고전적인 수사법에서 아이러니는 '거짓 꾸밈'을 뜻하는 말이다.

B

아이러니의 개념은 허위, 농담, 조소, 반어(反語), 풍자, 희극(comic), 역설, 패러디 등과 근접한 개념으로 사용되고 있는데, 이 개념들 간의 종속 혹은 대립관계는 아이러니를 이해하는 데에 어려움이 있다. 그렇지만 아이러니의 중심 개념은 '표현된 것과는 상반되는 의미'인 반어(反語)나 감추려는 기법, 속이는 기법, 우회적 방향 전환 기법들로서, 언어학에서 '언어의 간접 사용'에 해당한다. 따라서 아이러니는 표면적 의미와는 어긋나

는 의미, 즉 뜻하는 의미와 겉으로 표현한 말이 다름을 통해서 표현의 효과를 높이고 효과적인 의사소통을 이루려는 문학적, 언어적 문체 장치다.

C

아이러니의 주요 유형에는 표현적 또는 언어적 아이러니, 상황적 아이러니, 극적 아이러니, 낭만적 아이러니, 심리적 아이러니 등이 있다.

언어적 아이러니는 표현과 의미가 상충되는 진술로서 가장 일반적인 아이러니를 말한다. 예를 들면 '추녀'를 '미녀'라고 하는 경우나 하는 짓이 꼴불견일 때 '잘하고 있네!'라고 하는 경우다. 이것은 문채 또는 전의의 일종으로, 겉으로 드러난 표면적 의미와 작가가 의도하는 암시적 의미가 다른 진술을 말하거나, 화자가 서술한 의미와 작가가 의도한 의미의 대조에 의해 모순된 진술을 말한다.

이러한 아이러니는 도치법, 축소법 등의 언어적 맥락을 통해서 그 의미가 드러나기 때문에 의미론적 아이러니라고도 부른다. 아이러니에서는 의미적 도치나 일탈이 생겨난다. 언어적 아이러니는 일상대화에서 풍자로 자주 사용된다.

상황적 아이러니는 텍스트 분석에서 작중인물의 의도와 실제적인 결과가 정반대의 대조(contrast)로 설정된 구조를 말한다. 그것은 어휘나 구의 단위를 넘어서서 한 단락이나 글 전체 그리고 정황이나 맥락 전체에 의해 나타난다.

비극적 아이러니 또는 소포클레스 아이러니라고 명명하는 극적 아이러니는, 관객은 등장인물이 처한 상황을 알고 있지만 정작 당사자는 자신의 상황을 충분히 알지 못하기 때문에 작가나 관객의 기대와 맞지 않거나, 정반대의 행동을 할 때 발생한다.

낭만적 아이러니는 소크라테스 아이러니(소크라테스의 문답법에서 유래한 것으로 겉으로 무지를 가장하여 상대방의 허점을 집어내는 아이러니)에 근거를 두고 있다. 시인의 아름다운 환상을 창조하다가 갑자기 파괴되면서 생겨나는 아이러니다. 이러한 아이러니의 중심 사상은 역설, 초월적 주체성, 진실과 객체성의 거부, 유한성과 절대성, 자연과 감성 등의 이원론적 대립 의식에서 발생한다. 낭만적 아이러니는 포스트모더니즘의 '해체' 또는 '전복'의 개념과 연결하려는 시도와 함께 다시 관심의 대상이 되고 있다.

심리적 아이러니는 공격적, 악의적 태도를 지니며 일반적 언어 논리와는 반대로 작용하는 말놀이다. 발화행위 과정의 한 현상으로 프로이트가 제시한 심리적 아이러니에는 반대에 의한 간접 표상인 압축(condensation)과 전치(displacement), 그리고 희극(comic)이 있다.

D

아이러니는 문체적으로나 기법상으로 작가 고유의 특징으로 간주되어 해석의 색다른 지평을 제공한다는 점에서 문학작품의 해석이나 이론 연구에서 큰 비중을 차지하고 있다.

아이러니의 주요 문체 기법에는 ① 문학, 성서의 등장인물을 현대의 우스꽝스럽고 가치하락적 부조화의 모습으로 의미를 전환시키는 상호텍스트 관계에 의한 패러디적 반전 또는 유희로써 희극을 유발하는 아이러니적 패러디의 기법, ② 어휘들 간의 의미 변칙이나 불쾌한 농담, 터무니없는 표현 등을 두드러지게 나타냄으로써 수사적, 논리적 가치를 하락시키는 음란한 유머 및 풍자 놀이, ③ 양립되지 않는 어휘들 간의 내적 모순 관계를 구성하여 희극의 효과를 강화하는 모순어법, ④ 추상적 어휘 형태의 규칙이나 부정확한 어법(barbarism) 사용으로 경멸과 조롱을 나타내는 신어법(neologism)의 사용, ⑤ 단순한 인용이 아니라, 부적절성이나 파생의 의미를 지닌 인용부호, 반대의 가치를 나타내는 감탄부호, 의미의 단절이나 역설, 대립을 나타내는 생략부호 등과 같은 대표적 문체 기법이 있다.

[이종오]

말놀이(말장난, 언어유희), 역설(법), 전치(법), 풍자

참고문헌

· 배영달, 『보드리야르의 아이러니』, 동문선, 2009.
· 에른스트 벨러, 『아이러니와 모더니티 담론』, 이강훈, 신주철 공역, 동문선, 2005.
· 윤순식, 『아이러니』, 한국학술정보, 2004.
· 이은주, 『디드로 소설과 아이러니』, 만남, 2006.
· Catherine Kerbrat-Orecchioni, "Problème de l'ironie", *Linguistique et sémiologie,* no. 2, 1976.
· __________, "L'Ironie comme trope", *Poetique,* no. 41, 1980.
· Sigmund Freud, *Le Mot d'esprit et ses rapports avec l'inconsicent*, Gallimard, 1976.
· Vladimir Jankelevitch, *L'Ironie*, Gallimard, 1964.
· Wayne Booth, *A Rhetoric of irony,* University of Chicago Press, 1974.

아포리아

F: aporie *E:* aporia *D:* Aporie

✳ 1. 작중인물이 어려운 문제에 부딪혀 숙고하거나 말을 머뭇거리는 순간을 일컫는다.
2. 텍스트의 언어적이고 철학적인 일관성과 그 일관성에 장애물이 되는 전복적인 모순 및 역설 사이의 충격이나 간격

Ⓐ

'길이 막힘', '통로가 없음', '당혹', '속수무책' 등을 뜻하는 그리스어 '아포리아(aporiā)'에서 유래한 말로 어떤 문제에 대한 해결 방법을 찾지

못하는 상태, 또는 해결이 곤란한 문제를 가리킨다.

소크라테스는 철학을 '자신의 무지를 깨닫는 일'로 삼았는데, 그는 계속된 질문을 통해 대화 상대자를 아포리아에 빠지게 함으로써 무지를 자각시켰다. 아포리아에 빠진 자는 질문 속에 놓이게 되는데, 이 상황은 문제의 해답을 찾아가는 과정에서 직면하게 되는 첫 번째 관문이다. 이런 의미에서 아리스토텔레스는 아포리아에 의한 놀라움에서 바로 철학이 시작된다고 말한다.

B

수사학에서는 작중인물이나 저자 또는 연설자가 어려운 문제 또는 해결할 수 없는 문제에 부딪혀 숙고하거나 말을 머뭇거리는 순간을 아포리아라 칭한다. 이를테면 난처하거나 곤란한 처지에 빠진 인물이 할 말을 찾지 못하고 머뭇거리거나 말이 끊긴 경우, 어떤 사실을 백일하에 드러내 보여주지 않는 편이 낫다고 생각되어 주저하며 돌려 말하는 경우 등이 이에 속한다. 끊김에 의한 말의 부재나 더듬거림은 독자의 주의를 환기시켜 인물이 말하려는 내용이나 의도를 생각해 보게 한다. 이 어법은 역설적으로 표현에 힘을 실어주는 문체적 효과를 발휘한다.

「퀴퀴냥의 신부」 다음 대목은 수사학적 아포리아의 좋은 예다. '퀴퀴냥의 신부(마르탱 신부)'는 악마에게 대꾸할 말을 찾지 못해 계속해서 더듬는다.

> "이것 봐, 들어올 거야, 나갈 거야?"
> 갈퀴로 저를 찍어대며 뿔 달린 악마가 물었습니다.
> "저 말입니까? 안 들어갑니다. 저는 하느님 친구입니다."
> "하느님의 친구? 하! 이 대머리……! 그럼 여긴 뭣하러 왔어?"
> "그러니까…… 아! 말도 마세요, 이놈의 다리가 더 버텨내지 못할 것 같습니다……. 아주…… 아주 먼 길을 왔거든요……. 죄송하지만 말씀 좀……혹시…… 여기 혹시…… 퀴퀴냥 사람이……."

"아! 답답해 미치겠군! 당신, 바보 아냐?……"

C

아포리아는 해체론에서 자주 언급되는데, 데리다의 사유를 "아포리아적 사유"라고 규정짓기도 하고, 해체론의 주개념 가운데 하나인 텍스트의 비결정성(undecidability)을 아포리아라고 말하기도 한다. 다시 말해, "텍스트의 언어적이고 철학적인 일관성과 그 일관성에 장애물이 되는 전복적인 모순이나 역설 사이의 충격 또는 간격"이 곧 아포리아인 것이다. 이러한 충격 또는 간격은 텍스트의 의미를 '결정불능' 상태로 만들어 체계화 작용을 교란함으로써 텍스트의 가능성을 자유로운 유희로 열어 놓는 결과를 가져온다.

해체주의 비평가들은 다원성이나 비결정성을 강조하면서 "무한한 의미의 자유로운 유희"를 드러내는 데 주력한다. 텍스트가 가지고 있는 모순이나 틈, 부재 등에 세심한 주의를 기울이는 그들은 텍스트의 객관적 의미를 찾아내는 것보다는 텍스트 속의 숨은 의미를 드러내는 것에 주의를 기울인다.

해체주의 비평가 힐리스 밀러(J. Hillis Miller)는 '최종적 아포리아'를 들춰내는 비평적 방법을 사용한다. 그에 따르면 모든 문학 텍스트는 끝없는 아포리아의 작용이다. 모든 문학 텍스트에는 해결 불가능하고 모순적인 의미가 끊임없이 작용한다는 것이다. 따라서 이 비평의 목적은 문학 텍스트의 아포리아를 끊임없이 들춰냄으로써 텍스트의 의미의 비결정성과 불안정성을 보여주는 데 있다.

[김중현]

독자, 모순어법, 역설(법), 텍스트, 해체(해체구성, 해체론)

참고문헌

· 김종갑, 「아포리아와 변증법」, 『비평과 이론』, 한국비평이론학회, 1998.
· 알퐁스 도데, 『알퐁스 도데 작품선』, 권지현 외 역, 주변의길, 2003.
· 조셉 힐리스 밀러, 『문학에 대하여』, 최은주 역, 동문선, 2004.

아포리즘

F: aphorisme *E:* aphorism *D:* Aphorismus

✻ 1. 인간과 인간의 정신 등 인류 전반에 대한 통찰을 드러내는 글쓰기 형식
2. 속담, 격언, 금언, 잠언 등의 형태로 민중 속에 전해 내려오는 지혜의 한 표현으로, 매우 간결한 문구를 통해 보편적으로 인정되는 진리와 진실을 압축 전달하는 문학의 한 하위 장르

Ⓐ

'분리'와 '한정'을 뜻하는 그리스어 '아포리스모스(aphorismos)'에서 유래한 말로, 히포크라테스가 '일반적인 질병의 징후와 치료법에 관한 간결한 개요'라는 의미로 처음 사용했다. 이처럼 아포리즘은 의학적인 기원을 갖고 있기 때문에 자연과학적인 원리를 지향했지만 형식적인 측면에서 간결성과 정형성을 갖추는 과정에서 미학적 원리도 지향했다. 그 이후 정치, 종교, 예술 등 여러 영역으로 확대 적용되어 인간과 인간의 정신 등 인류 전반에 대한 통찰을 드러내는 글쓰기 형식으로 정착되었다.

문학 장르로서 아포리즘은 16, 17세기에 정립되었다. 속담, 격언, 금언, 잠언 등의 형태로 민중 속에 전해 내려오는 지혜의 한 표현으로, 매우 간결한 문구를 통해 보편적으로 인정되는 진리와 진실을 압축 전달하는 문학의 한 하위 장르라고 할 수 있다. 이러한 장르 특성상 어떤 문학 장르보다도 민중적인 삶의 철학과 세계관을 농축해서 보여주는 귀중한 보고가

될 수 있다.

아포리즘은 현대문학에서도 여전히 그 진가를 인정받고 있으며, 또 개발되고 있다. 예컨대 르네 샤르(R. Char)는 이 정제된 형태의 장르에 큰 관심을 갖고 의미의 밀도와 압축을 가능하게 하는 역설과 대조의 수사법을 통해 확실한 예언적 어투의 아포리즘을 시 속에서 즐겨 사용한다. 까뮈(A. Camus)와 말로(A. Malraux) 또한 소설 속에서 삶의 여러 상황이나 경험을 압축하고 있는 아포리즘을 즐겨 구사한다.

B

아포리즘은 닫힌 형식(closed form)과 열린 내용(open content)이라는 상호모순적인 특성을 갖고 있다. 아포리즘은 형식적인 측면에서 볼 때, 가정을 서술하지 않고 결론만 보여주어 단정적인 까닭에 닫힌 형식이라고 할 수 있다. 내용적인 측면에서 볼 때는 압축적으로 제시된 아포리즘은 해석되어야 하므로 열린 내용이라고 할 수 있다. 그런데 바로 이러한 상호모순적인 형식과 내용의 관계에서 유발되는 긴장과 갈등이야말로 아포리즘을 생산하는 동인이라 할 수 있고, 그 속에서 독자는 작가의 심오한 통찰을 읽어낼 수 있는 것이다

아포리즘의 또 다른 특성은 의미의 밀도와 압축성, 각각의 아포리즘이 갖는 독립성(언술의 관점에서 볼 때 비연속성)이다. 바르트(R. Barthes)는 이러한 특성에 주목해 아포리즘을 "충만한 작은 언술 연속체, 의미의 여백이 끔찍하다는 사실에 대한 웅변적인 확인"이라고 규정한다. 바로 이러한 이유 때문에, 서구 사회가 유지해 온 '책' 혹은 '작품'의 이념, 즉 '질서와 연속성 속에서 수미일관되게 의미의 단일한 총체성을 제시해야 한다'는 이념에도 불구하고 전통적으로 아포리즘 작품이 용인되어 왔다고 할 수 있다.

[문재은]

글쓰기, 대조(법), 역설(법), 작품, 장르, 형식

참고문헌

- 신정환, 『발따사르 그라시안의 바로크 미학과 아포리즘 연구』, 『외국문학연구』 7호, 한국외국어대학교 외국문학연구소, 2000,
- 심재중, 『시, 아포리즘, 자동기술 - 르네 샤르와 초현실주의』, 『한국프랑스학논집』 34권, 한국프랑스학회, 2001.
- 이새봄, 『유치환의 아포리즘 연구』, 『한국시학연구』 24호, 한국시학회, 2009.
- 정주연, 『유치환 시 연구: 아포리즘과의 관계를 중심으로』, 서강대학교 석사학위 논문, 1999.
- Roland Barthes, *Essais critiques*, Seuil, 1964.

안티클라이맥스

F: anticlimax *E:* anticlimax *D:* Antiklimax

✵ **크고 강한 표현에서부터 작고 약한 표현으로 서술하면서 나타내려는 뜻을 강조하는 표현법**

A

일종의 점강기법으로 '말로 주고 되로 받는다', '오는 홍두깨, 가는 방망이'의 예에서 보듯이 의미를 점점 약하게 하거나 중요성이 덜한 낱말이나 어구 순으로 서술해 나가는 표현법을 가리킨다.

이 표현법은 "크기나 규모가 크거나 많은 것에서 작거나 적은 것으로, 중요하거나 본질적인 것에서 덜 중요하거나 비본질적인 것으로, 또는 감정의 강도가 강한 것에서 약한 것으로 점차 낮추어 간다." 표현의 강도를 조금씩 높여 나가면서 맨 마지막을 가장 강하고 중요한 어구로 끝맺는 비유적 표현기법인 클라이맥스의 반의어다.

클라이맥스를 상승적 점층기법, 안티클라이맥스를 하강적 점층기법이라고도 부른다. 안티클라이맥스는 점진적으로 의미를 약화시킴으로써 오히려 강조해 설득력을 높이고 강한 호소력을 발휘하는 효과를 지닌다.

[김중현]

클라이맥스(절정)

참고문헌

· 김욱동, 『수사학이란 무엇인가』, 민음사, 2008.

· Catherine Fromilhague, *Les Figures de style*, Armand Colin, 2007.

알레고리

F: allégorie *E:* allegory *D:* Allegorie

✻ 1. 은유적으로 의미를 표현하는 방식의 하나로, 추상적인 어떤 주제 A를 말하기 위해 구체적인 다른 주제 B를 사용하여 그 유사성을 암시하면서 주제를 나타내는 수사법

2. 추상적인 개념을 직접 표현하지 않고 다른 구체적인 대상을 이용하여 표현하는 문학 형식

3. 사실적 회화나 조각, 재현 예술에서 추상적인 개념을 사람이나 동물, 상징물 등의 형태로 표현한 것

Ⓐ

'다른 이야기'라는 뜻의 그리스어 '알레고리아(allegoria)'에서 유래한

말이다. 알레고리아는 '다른'을 뜻하는 '알로스(allos)'와 '사람들 앞에서 말하다'라는 뜻의 '아고레우에인(agoreuein)'의 합성어다. 어원적으로 볼 때 알레고리는 은유적, 상징적, 비유적 이미지를 사용한 언술이나 담화이다. 대체로 직접 표현하기 어려운 추상적, 윤리적 주제를 사람이나 사물, 동식물, 행동 등의 다른 대상물을 사용해 그 유사성을 적절히 암시하면서 나타내는 수사법을 말한다.

은유가 하나의 단어나 하나의 문장과 같은 작은 단위에서 구사되는 표현 기교인 반면, 알레고리는 이야기 전체가 하나의 총체적인 은유로 이루어져 있거나, 은유의 지속으로 관철되어 있다는 차이점이 있다. 예를 들어 '양들이 늑대에게 잡아먹힌다'라고 할 때 양은 선한 사람들의 은유가 되고, 늑대는 악한 사람들의 은유가 되지만 이런 은유가 동일한 동위태(isotopie)에서 계속 이어지면 알레고리가 될 수 있다.

이런 까닭에 은유는 미시구조 문채(figure microstructurale)로, 알레고리는 거시구조 문채(figure macrostructurale)로 분류될 수 있다. 알레고리는 은유보다 길게 지속되고 더 충만한 의미를 담고 있다. 또한 유추가 이성이나 논리에 호소하는 데 반해 알레고리는 상상에 호소한다.

의인화, 연속된 은유(metaphore filée), 신화, 우의(寓意, parabole), 상징 등도 알레고리와 유사점을 가지고 있다. 하지만 의인화는 특수한 상황에서 일시적으로 행해진다는 점에서 추상적, 일반적 개념을 지속적으로 다루는 알레고리와 다르다고 할 수 있다. 지속된 은유는 특수한 상황을 표현하면서 일반적, 추상적 개념으로 환원되지 않는다는 점에서 알레고리와 구별된다. 신화는 사람들이 그 내용을 믿는다는 점에서 알레고리와 구별되고, 우의는 도덕적, 종교적 차원의 문제를 시대적으로 한정해 다룬다는 점이 알레고리와 다르다. 마지막으로 알레고리는 하나의 해석만을 가진다는 점에서 여러 해석이 가능한 상징과도 다르다.

B

문채나 표현법으로서의 알레고리와, 추상적인 개념을 직접 표현하지 않고 다른 구체적인 대상을 이용하여 이야기 전체를 은유적으로 표현하는 허구로서의 알레고리를 구별할 수 있다. 이 경우 표면적으로 인물과 행위, 배경 등 통상적인 이야기 요소들을 갖추고 있는 동시에, 그 이야기의 배후에 추상적, 정신적, 도덕적 의미가 전개되는 뚜렷한 이중구조를 가지게 된다. 플라톤의 동굴의 알레고리, 중세의 도덕우의극(道德寓意劇)이나 『장미이야기』, 존 버니언의 『천로역정』 등이 대표적이다.

지나치게 관념 위주이며 교훈적 의도를 담고 있어 현대 작가들은 사용을 꺼리지만, 정치나 종교를 문제로 할 때는 유효한 형식이며, 현대 문학에서도 넓은 의미에서 '알레고리컬'하다고 할 수 있는 작품도 많다. 카뮈의 『페스트』 역시 이야기 전체가 인간 조건에 대한 알레고리로 읽힐 수 있다.

작품의 해석과 관련해서 볼 때, 작품이 이야기하는 구체적 사실을 어떤 고정된 정신적 의미(교훈, 또는 철학 사상)로 해석하는 것은 그 작품을 알레고리로 이해한다고 할 수 있다.

[김계영]

동위성(동위태), 문채, 상징, 유추, 은유,
의인법(의인화), 픽션(허구), 해석/해석공동체

(내가) 알 수 없는 그 무엇

F: je ne sais quoi *E:* je ne sais quoi *D:* je ne sais quoi

✺ 확실한 이유를 알 수 없고 정확하게 정의할 수 없지만 형언할 수 없을 만큼 좋은 그 무엇

Ⓐ

확실한 이유를 알 수 없고 정확하게 정의할 수 없지만 형언할 수 없을 만큼 좋은 그 무엇을 말한다. 보통 자연이나 예술작품의 아름다움, 상대방에 대한 호감이나 사랑, 종교적 은총 등을 느끼게 되는 이유나 기원이 되는 매력 또는 멋을 지칭하는 표현이다. 그런 느낌을 갖게 되는 이유를 알 수 없고, 그 느낌이 무엇인지 논리적으로 분석하거나 정의할 수도, 정확하게 표현할 수도 없지만, 놀라움과 경탄, 감동을 불러일으키는 오묘한 매력 또는 멋을 말한다.

프랑스에서 이 표현이 본격적으로 등장한 것은 17세기부터다. 그 당시 사전적 정의는 "적절하고 참된 표현을 찾을 수 없는 것" 또는 "표현할 수 없는 어떤 것"으로, 의미상의 공백, 언어 표현의 불합리함, 표현력 부족, 언어적 결점 등의 부정적인 측면이 강조된 것이었다.

이런 사전적 정의와 달리 17~18세기 고전수사학에서 '알 수 없는 그 무엇'은 긍정적으로 평가되어 매력적인 느낌, 정체를 파악하기 힘들고 말로 표현할 수는 없지만 감미로움의 '효과'를 실제적으로 만들어 내는 일종의 문체적 특성이나 자질을 지칭하는 데 사용되었다. '알 수 없는 그 무엇'은 작가의 테크닉이나 의도, 문채로 압축되거나 환원될 수 없는 영역, 제어할 수 없고 예측할 수 없는 영역, 언어의 역동성이 가져오는 효과의 영역으로 수사학의 길을 넓혀 주었다.

Ⓑ

'je ne sais quoi'가 '뭐라 (말)해야 할지 모르겠다' 또는 '어떻게 해야 할지 모르겠다'는 일상적 언어 표현과 달리 '(내가) 알 수 없는 그 무엇'이란 보통명사가 되어 미학적 의미를 띠게 된 것은 17세기부터다.

부우르(D. Bouhours) 신부는 『아리스트와 으젠의 대담』(1673)에서 '(내가) 알 수 없는 그 무엇'을 "마음으로 느끼는 호감이나 직관, 마음에 와 닿는 대상에 대해 영혼이 느끼는 그윽하고 감미로운 느낌"이라 말한다. 그는 "아무리 영적(靈的)으로 섬세하게 잘 만들어진 것이라 하더라도 내가 알 수 없는 그 무엇이 없을 경우 그 모든 장점들은 죽어 있는 것이 되고 만다"고 말하면서 취향, 감정, 상상력, 직관, 감동, 정열, 감성, 천재성 같은 미학적 개념들을 알 수 없는 그 무엇과 연결시킨다.

몽테스키외 또한 『취향론』(1757)에서 '알 수 없는 그 무엇'을 놀라움과 연결시키며 "사람들이나 사물들에는 때때로 정의할 수 없는 보이지 않는 매력과 자연스러운 멋이 있어서 우리는 그것을 '알 수 없는 그 무엇'이라 부를 수밖에 없다"고 말한다.

알 수 없는 그 무엇의 두 가지 중요한 속성은 의미의 불분명함과 대상의 성질을 설명하기 힘든 어려움, 즉 불명확성(indetermination)과 표현불가능성(ineffability)이다. 알 수 없는 그 무엇은 무언가 존재하면서도 숨겨져 있는 그 무엇으로, 그 속성은 모호하고 정의하기 힘들지만 존재 자체를 부정할 수는 없다. 따라서 알 수 없는 그 무엇은 인간의 이성적 인식으로는 파악할 수 없는, 신비롭고 초자연적이며 비합리적 성격을 갖는다.

알 수 없는 그 무엇의 등장은 '감성의 복권', '심미적 이성'의 출현과 관계가 깊다. 합리철학에 근거한 이성론 미학은 대상에 내재된 아름다움의 객관적 속성을 파악하려 노력하고, 아름다움의 속성을 비례나 조화, 균형 같은 특징으로 보지만, 알 수 없는 그 무엇은 이성론 미학에서 억압된 감각과 감정을 구제해, 아름다움과 숭고는 대상에 내재하는 속성이 아니라 그것을 경험하는 이의 심리적 상태, 즉 주관적 감정에서 시작되는 것임을 보여주었다. 알 수 없는 그 무엇은 개인의 미적 경험을 중요시하면서 본격적인 미학의 탄생에 기여했고, 철학적으로 칸트의 『아름다움과 숭고함의 감정에 관한 고찰』로 이어졌다.

알 수 없는 그 무엇이라는 용어가 처음 등장할 때는 미학, 철학, 윤리학의 교차지점에 위치해 있었지만, 점차 사교계의 인간관계, 사랑의 감정 등에 적용되면서 세속적이고 사회적인 개념과 미학적 개념으로만 수용되고 철학적, 윤리학적으로는 사용하지 않게 되었다. 이 용어는 19세기와 20세기에는 거의 사용되지 않았지만 최근 얀켈레비치(V. Jankélévitch)의 저서와 함께 다시 주목 받으면서 문학 연구에서도 다시 거론되고 있다.

C

문학에서 알 수 없는 그 무엇은 객관성에 의존하기보다 취향의 주관성을 근거로 한다. 알 수 없는 그 무엇은 감탄과 경이로움을 불러일으키는 문체의 자질을 정의하는 데 이용할 수 있다. 비슷하게 잘 쓴 작품이라 하더라도 다른 작품에서는 느껴지지 않는 은밀한 매력이나 섬세한 멋이 느껴질 때 그 예술작품의 효과가 바로 '알 수 없는 그 무엇'이다. 작가의 의도를 추측하게 하는 은유나 환유, 수수께끼가 알 수 없는 그 무엇을 느끼게 해주는 좋은 대상이 된다. 알 수 없는 그 무엇은 이미지와 시학의 가치를 재평가하게 하고, 다른 한편으로는 온화한 숭고미(숭고미에는 고통의 체험이 동반되는 형태도 있음)의 형태로 간주되기도 한다.

가시적인 것을 넘어서는 상상력을 중요시하는 동시에, 이유를 알 수 없는 모호한 권태의 감정, 행복해서 죽어버리고 싶다는 역설적인 느낌까지 포함하는 낭만주의적 감성은 '알 수 없는 그 무엇'의 연장선상에 있는 것으로 이해할 수 있다. 또한 알 수 없는 그 무엇은 모호함과 몽롱함 속에 숨겨진 인간의 감정을 암시와 상징으로 표현하려 한 상징주의 시학과도 연결될 수 있다.

[김계영]

문채, 문체, 상상력, 상징, 수수께끼,
숭고/숭고미/숭고체, 암시/인유(법), 은유, 환유

참고문헌

· 임마누엘 칸트, 『아름다움과 숭고함의 감정에 관한 고찰』, 이재준 역, 책세상, 2005.
· Annie Becq, *Genèse de l'esthétique français moderne, 1680-1814*, Albin Michel, 1994.
· Pierre-Henri Simon, "La Raison classique devant le 'je ne sais quoi'", *Cahier de l'Association internationale des études françaises*, no. 11, 1959.
· Vladimir Jankélévitch, *Le Je ne sais quoi et le Presque-rien*, Seuil, 1980.

암시/인유(법)

F: allusion *E:* allusion *D:* Allusion(Anspielung)

✻ 1. 인물, 사건, 사실, 텍스트 등을 직접적으로 분명하게 지칭하지 않으면서 간접적으로 나타내는 표현법
2. 유명한 시구나 문장, 고사 따위를 끌어다가 자신의 생각을 표현하거나 보충하는 수사법

Ⓐ

시(詩), 시구(詩句)를 뜻하는 라틴어 '아드(ad)'와 '놀다'라는 뜻의 '루데레(ludere)'의 합성어 '알루지오(allusio)'(말장난)에서 나온 말이다. 인물, 사건, 사실, 텍스트 등을 직접적으로 분명하게 지칭하지 않으면서 암묵적으로 나타내는 표현법으로, B라는 다른 것을 생각하게 할 의도를 가지고 A를 말할 때 암시가 들어 있다고 할 수 있다. 일반적으로 하나의 단어나

구에서 그치지 않고 여러 문장에 걸쳐 그 의미가 나타난다.

"항상 취해 있어야 한다. 모든 것이 그 안에 있다. 그것이야말로 '유일한 문제'다"(샤를 보들레르)라는 문장에서 보들레르는 '유일한 문제'가 무엇인지 직접적으로 언급하지 않지만, 독자는 자신이 알고 있는 지식과 교양을 통해 보들레르가 간접적으로 말하고 있는 '유일한 문제'가 셰익스피어의 유명한 "죽느냐 사느냐, 그것이 문제로다"라는 것을 파악하게 된다.

암시는 유사성과 함축성에 입각한 문채로, 은유, 환유, 제유, 환칭 등에서 출발하는 경우가 많다. 또한 '그녀는 돈 쓰기를 좋아하지 않는다. 그녀는 스크루지와는 거리가 멀지만, 꼭 필요한 물건을 제외하고는 좀처럼 물건을 사지 않는다'라는 문장에서 볼 수 있듯이, 성경, 신화, 역사적 사건, 유명한 허구의 인물 또는 실재 인물 등 잘 알려진 내용을 바탕으로 이루어지는 경우가 많다.

암시에는 겉으로 드러나는 의미와 숨겨진 의미가 있기 때문에, 발화자가 암시한 내용의 의도와 의미를 수신자가 파악하기 위해서는 암시가 사용된 전후맥락을 수신자가 파악하고 있어야 할 뿐 아니라, 발화자와 수신자가 공통된 문화유산을 공유하고 있어야 한다. 암시를 사용하면 암묵적으로 드러나는 의미와 겉으로 분명하게 드러나는 의미가 서로를 풍부하게 만들어 주는 시너지 효과를 얻을 수 있고, 대중과의 친밀감, 무언가 함께 공모하고 있다는 느낌을 얻을 수 있다.

B

주네트는 암시가 인용, 차용, 표절, 패스티쉬, 패러디 등과 더불어 상호텍스트성을 이루는 요소 중 하나라고 말한다. 모든 시대, 모든 장소의 작가들 사이의 유대감을 드러낸다는 점에서 작가들이 애호하는 문채다.

[김계영]

문채, 상호텍스트성, 알레고리, 은유, 인용, 제유(提喩), 패러디, 패스티쉬, 환유, 환칭(換稱)

참고문헌

· Gérard Genette, *Figure III*, Seuil, 1972.
· Jacques Lajarrige, Christian Moncelet, *L'Allusion en poésie,* Presses Universitaires Blaise Pascal, 2002.
· Marc Fumaroli, *Histoire de la rhétorique dans l'Europe moderne: 1450-1950*, PUF, 1999.

애매성

F: ambiguïté *E:* ambiguity *D:* Zweideutigkeit(Ambiguität)

✳ 하나의 표현이나 문장이 여러 가지 의미로 해석될 때 드러나는 자질

Ⓐ

애매성은 하나의 표현이나 문장이 여러 가지 의미로 해석될 때 드러나는 자질이다. 애매한 표현은 두 가지 이상의 해석이 가능하다. 애매성이란 개념은 다양한 분야에서 다른 방식으로 사용되고 있다. 언어학자들은 애매성을 언어의 자의성에 의해 어쩔 수 없이 생겨나는, 다시 말해 기호와 의미 사이의 일대일 대응이 어렵기 때문에 생겨나는 언어적 현상으로 간주한다.

언어학자들은 단어가 갖는 어휘적 애매성과 구나 문장이 갖는 문법적 애매성을 구분한다. 예를 들어 '눈이 아름답다'라는 문장에서 '눈'은 '하늘에서 내리는 눈'으로도 '사람의 눈'으로도 해석될 수 있는데, '눈'이라

는 어휘 자체가 동음이의어이기 때문에 문법적 애매성이 생겨난다.

'철수의 그림'이라는 명사구는 '철수가 그린 그림', '철수가 갖고 있는 그림', '철수에 대한 그림'으로도 해석될 수 있고, '철수가 영희를 영수만큼 사랑한다'라는 문장은 '철수는, 영수가 영희를 사랑하는 만큼, 영희를 사랑한다'는 의미도 될 수 있고, '철수가, 자기가 영수를 좋아하는 만큼, 영희를 사랑한다'는 의미도 될 수 있다. 이처럼 다양한 해석이 가능한 것은 통사구조에서 기인한다 .

B

애매성은 문학 특히 시 작품에서 탐구되어 운문의 특별한 혹은 정의적 자질이 되었다. 애매성이란 두 가지 이상의 지시내용이나 상이한 태도와 감정을 나타내기 위해 단어나 표현을 사용하는 데에서 발생하는 시적 자질을 의미한다. 시의 언어가 과학적 언어와 다르다는 전제에서 애매성은 오히려 하나의 시적 장치로써 옹호되기 시작했다. 윌리엄 엠프슨(W. Empson)은 자신의 주요 저서 『애매성의 일곱 가지 유형』에서 언어의 난해성과 다의성을 분류하고, 시에서 이러한 표현은 단점이 아니라 장점이 된다는 애매성의 의의를 규명해 신비평 발전에 크게 공헌했다.

다음은 엠프슨이 이야기한 애매성의 7가지 유형이다. ① 한 낱말 또는 문장이 동시에 여러 방향으로 효과를 미치는 경우(이 유형이 기본 유형으로 나머지 6가지는 모두 ①의 다른 면모에 속한다), ② 둘 이상의 뜻이 모두 저자가 의도한 단일한 뜻을 형성하는 데에 같이 참여하는 경우, ③ 일종의 동음이의어로서 한 낱말로 두 가지의 다른 뜻이 표현되는 경우, ④ 서로 다른 의미들이 합쳐져서 저자의 착잡한 정신 상태를 나타내는 경우, ⑤ 일종의 직유로서 그 직유의 두 개념은 서로 잘 어울리지 못하나 저자가 하나의 개념에서 다른 개념으로 옮겨 가고 있음(불명확성에서 명확성으로 나아가고 있음)을 보이는 경우, ⑥ 하나의 진술이 모순되든가 또는 부적절하여 독자가 스스로 해석을 내려야 하는 경우, ⑦ 하나의 진술이 근본적으로 모순되어서 저자의 정신에 원천적 분열이 있음을 나타내는 경우다.

그러나 엠프슨이나 그 밖의 애매성을 옹호하는 비평가들이 안고 있는 위험은, 집중적인 애매성의 추구가 자칫하면 엉뚱한 해석에 이르기 쉽다는 것이다. 즉 언어의 규범을 어기고, 문학적 표현이 지닌 지시기능의 통어력을 무시하고, 과장되고 때로는 자가당착적인 이해를 할 우려가 있다는 것이다.

C

애매성이 담화의 해석에 심각한 타격을 줄 경우에는 허용되지 않을 것이다. 일상 회화나 과학적 문장에서 애매성은 명백성의 반대 개념으로 문장에서 배제해야 할 결함이다. 애매한 용어를 사용할 경우, 그 용어의 의미가 한정되지 않는다면 터무니없는 주장을 할 수도 있다. 예를 들어, '꼬리가 길면 반드시 잡힌다. 쥐는 꼬리가 길다. 그러므로 쥐는 반드시 잡힌다'라는 문장의 경우, 형식적으로는 아무런 문제가 없다. 그러나 앞의 꼬리와 뒤의 꼬리는 같은 꼬리가 아니기 때문에 완전히 비논리적인 논증을 하게 되어버린다. 이런 의미에서 애매성은 부적절하거나 불명확한 문체의 결점으로 간주되기도 한다.

한편 애매성은 농담이나 수수께끼, 광고 등에서 유머러스한 효과를 내기 위해 사용되기도 한다. 대우 봉세탁기 선전 문구 '커지고 세지는 대우 봉세탁기, 구석구석 빨아줘요 봉이니까'에서 '봉'은 '봉사하는 의미' 혹은 '막대기의 연상에 의한 성기' 등으로 해석되어 그 의미가 약간 애매하지만, 광고를 듣는 시청자나 청취자가 유머러스하고 성적인 연상을 하게 되어 한 번만 듣고도 오래 기억하는 효과가 있다.

애매성은 언어가 본래 가지고 있는 특성 중 하나로 산문보다 운문에서 고도화되며 의미가 깊어진다. 압축된 언어를 사용하는 시에서 언어의 애매성을 적극적으로 이용하면 경제적 언어 사용이 가능해지며 동시에 내용과 의미가 풍부해질 수 있다. 시의 어떤 낱말들은 핵심적인 의미와 더불어 풍부한 암시성을 포함할 뿐만 아니라 동시에 둘 이상의 의미를 모두 수용하는 융통성 있는 문맥을 이루기 때문이다.

애매성은 텍스트를 낯설게 하고, 읽는 속도를 늦추고, 호흡을 길게 하는 효과가 있기 때문에 독자의 독서를 방해하기도 하지만, 역으로 독자와 텍스트의 상호작용을 촉진해 독자가 능동적으로 텍스트에 개입하는 효과를 내기도 한다.

[고광식]

담화(담론), 동음이의어, 문체

참고문헌

· 권오룡, 『애매성의 옹호』, 문학과지성사, 1992.
· 김종훈, 「시 창작 교육과정에서 나타나는 애매성의 유형 설정」, 『민족문화논총』 43권, 영남대 민족문화연구소, 2009.
· 성혜숙, 『일상생활의 모험』 소론 3 -애매모호함의 방법적 효과-」, 『일본어문학』 37호, 한국일본어문학회, 2008.
· 이민우, 「다중적 의미 사용에 대한 연구」, 『한국어 의미학』 32호, 한국어의미학회, 2010.
· 이승훈, 『시론』, 고려원, 1979.
· William Empson, *The Seven Types of Ambiguity*, Chatto &Windus, 1930.

액어(軛語)법

F: zeugme *E:* zeugma *D:* Zeugma

✽ **생략법의 한 형태로, 하나의 낱말이나 하나의 문장성분을 의미상 혹은 구성상(통사상) 서로 다른 두 개 내지 여러 개의 문장성분에 걸리게 하는 문체**

Ⓐ

‘관계, 멍에’라는 뜻을 가진 그리스어 ‘쥐우그마(zeûgma)’를 계승한 후기 라틴어에서 차용된 말로, 처음에는 ‘zeume’(1380년)로 번역되고, 그 다음에 zeugme(1765년), zeugma(1808년)로 번역된다. 액어법은 하나의 낱말이나 하나의 문장성분을 의미상 혹은 구성상(통사상) 서로 다른 두 개 내지 여러 개의 문장성분에 걸리게 하는 문채다. 의도하지 않은 액어법은 문법위반이나 문체오류로 평가된다.

액어법은 의미의 액어법과 구성(통사)의 액어법으로 나눌 수 있다. 의미의 액어법은 한 문장성분에 두 개의 다른 낱말이나 문장성분을 연결시키는데 그때 연결되는 낱말이나 문장성분이 서로 다른 의미 영역에 속하는 경우가 있고, 또는 하나는 본래적인 의미로 쓰이고 다른 하나는 비유적인 의미로 쓰이는 경우가 있다. ‘그는 날마다 가난한 소녀에게 동전 한 닢과 미소를 던지면서 집으로 온다.’ 같은 문장이나 “Time and her aunt moved slowly.”(Austen, *Pride and Prejudice*) 같은 문장이 그러한 예에 속한다. 앞 문장의 ‘던지면서’라는 동사의 목적어 ‘동전 한 닢’과 ‘미소’, 그리고 뒤 문장 ‘moved’라는 동사의 주어 ‘Time’과 ‘her aunt’는 이론적으로 양립할 수 없는데, 그 이유는 하나가 구체적이고 다른 하나가 추상적이기 때문이다.

구성(통사)의 액어법은 한 문장성분에 구성상(통사상) 양립할 수 없는 두 개의 문장성분을 연결시키는데, 그때 연결되는 문장성분들 중 하나만 앞의 문장성분에 통사적으로 걸리고 다른 하나는 통사적으로 연결되지 않는(통사적으로 연결되기 위해서는 다른 말이 필요한) 경우이다. 우리말에는 우리말의 문장구성상 적절한 예를 찾을 수 없고, ‘He believes in his God and that his girl friend is honest.’ 같은 영어 문장이 그러한 예에 속한다. 앞 문장에서 ‘his God’은 ‘believes in’(간접타동사)에 연결되지만, ‘that his girl friend is honest’는 ‘believes in’에 연결되지 않고 ‘believes’(직접타동사)에 연결되기 때문에 ‘and’와 ‘that’ 사이에 ‘he believes'라는 말이 빠져있는 것이다.

B

액어법이 창출하는 문체 효과는 다음과 같다. 첫째, 일반적으로 분리해야 할 것들을 연결시킴으로써 독자를 놀라게 하고, 예상 밖의 연결을 함으로써 잠시 숙고하게 만든다. 둘째, 엉뚱하게 연결시킴으로써 낯설게하기, 익살스러움와 유머를 생성한다. 셋째, 아이러니와 풍자를 만든다. 넷째, 사회에 대한 비판적 견해를 드러낸다.

[문재은]

낯설게하기, 문채, 생략(법), 유머

■ 참고문헌

· 황석자 편저, 『문체style의 문채figure』, 어문학사, 1997.

액자소설(액자구성)

F: récit-cadre *E:* frame story, story within a story *D:* Rahmenerzählung

✻ 이야기 속에 하나 또는 여러 개의 또 다른 이야기가 들어 있어 그 틀이 마치 액자의 형태를 보이는 구성 형식을 가진 소설 또는 그러한 구성 형식

A

틀이야기라고도 한다. 액자틀 속에 사진이 끼워져 있는 것처럼 이야기 속에 하나 또는 여러 개의 비교적 짧은 이야기가 들어 있는 구성 형식

또는 그런 구성으로 이루어진 소설을 일컫는 말이다. 액자틀의 역할을 하는 이야기를 외부 이야기, 바깥 이야기, 외화(外話)라 하고, 액자 안에 들어 있는 이야기를 내부 이야기, 내화(內話), 안 이야기라 부른다.

액자소설에서 외부 이야기는 잠재적으로는 독자적인 이야기로 구성될 수 있지만, 핵심을 이루는 이야기는 주로 내부 이야기이며, 액자틀이 외부와 내부의 이야기, 나아가 소설과 일화를 이어주는 다리 역할을 하게 된다. 외부 이야기는 내부 이야기를 도입하거나 괄호로 묶는 역할 또는 흥미와 긴장감을 유발하는 역할을 하고, 내부 이야기와의 대비효과를 강조하거나 모티프를 연결하는 데 사용된다.

액자구성 형식은 소설에서뿐만 아니라 민담과 설화에서도 발견되는데, 이 경우 구술자가 신빙성이나 흥미를 유발하기 위해 이 형식을 취하기도 한다. 우리 문학의 경우, 『삼국유사』 안에 있는 설화들 대부분이 '傳曰(전해지기를)', '俗曰(항간에서 말하기를)'이라고 하는 것을 볼 수 있는데, 고대소설을 구전으로 이야기할 때 이야기하는 사람은 외부 이야기의 화자로 볼 수 있고, 이야기의 내용은 내부 이야기로 볼 수 있다.

액자구성은 서사문학의 전통과 함께 시작되었다고 할 정도로 오래된 양식이다. 세헤라자데가 생명을 연장하기 위해 천 일 동안 왕에게 이야기를 해주는 형식으로 액자 속에 수많은 일화를 담아내고 있는 페르시아 설화집 『천일야화』나 중세 설화문학의 집약이라 할 수 있는 『캔터베리 이야기』, 근대소설의 선구로 불리는 『데카메론』 등도 대표적인 액자소설이다.

한국작품 중에서는 김만중의 『구운몽』, 김동리의 『무녀도』, 『등신불』, 김동인의 『광화사』, 『배따라기』, 전영택의 『화수분』, 현진건의 『고향』, 황순원의 『목 넘이 마을의 개』, 이청준의 『병신과 머저리』, 『선학동 나그네』, 김승옥의 『환상수첩』 등이 대표적인 액자소설이다. 액자구성은 특히 단편소설에서 중요한 구성방식으로 사용되며, 김동인의 『배따라기』는 한국 단편소설사에서 액자소설 양식을 뚜렷하게 정형화했다는 평가를 받고 있다.

B

액자구성에는 하나의 액자 속에 여러 가지 내부 이야기가 들어 있는 순환적 액자구성과 하나의 액자 속에 하나의 내부 이야기가 있는 단일 액자구성이 있다. 『천일야화』나 『데카메론』은 전자의 경우에, 『광화사』, 『등신불』 등은 후자의 경우에 해당한다. 자이들러(H. Seidler)는 액자의 형태를 도입부의 기능을 하는 것, 한 액자 속에 여러 개의 내부 이야기가 있는 것, 한 액자 속에 한 개의 내부 이야기가 있는 것, 서로 혼합된 것 등으로 구분한 바 있다. 또한 그는 내부 이야기의 근원을 제시하고 내부 이야기가 진술되는 이유를 설명하는 것이 액자의 주된 기능이며, 액자가 내부 이야기와의 거리를 발생시키면서 내부 이야기의 개연성을 증진시킬 때 뛰어난 예술적 효과를 갖는다고 본다.

액자구성은 일종의 트릭 장치가 될 수도 있다. 연암 박지원의 『열하일기』 안에 있는 「관내정사」에 삽입된 「호질」이 그 대표적인 예로, 작가를 은폐하기 위한 방편으로 요동 지역에서 전해들은 이야기라는 식의 액자를 고안해 놓고, 당대 사회에서 통용되기 어려운 양반에 대한 신랄한 풍자적 우화를 핵심적인 내부 이야기로 만든다.

C

액자소설은 외부/내부 이야기의 화자가 뚜렷이 구별되는 경우가 대부분이다. 이런 점에서 액자소설은 서술자의 존재를 뚜렷하게 드러내는 소설 양식이며, '이야기가 실현되는 제 조건, 즉 서술내용, 서술자, 청자 중 서술자가 하나의 틀을 형성하여 작품 위에 나타난 형태의 소설'이라 할 수 있다. 소설 전체가 일인칭시점, 또는 삼인칭시점으로 진행되는 것과 달리 핵심이 되는 이야기 밖에 또 다른 서술자의 시점 즉 '나'와 '그', '그'와나'라는 이중의 인물의 시점을 배치함으로써 전지적 소설 방식에서 탈피해 다층적으로 이야기를 전개해 나갈 수 있는 이점이 있다. 또한 각 서술 시점의 변화는 내부 이야기의 진행 과정과 허구적 청자/실제적 독자 사이에 거리를 두는 계기를 마련해 낯설게하기나 아이러니 효과를 낼 수 있고, 서술자 역할을 변화, 확대시킴에 따라 고도의 기교적, 실험적 예술 형식으로 발전해 나갈 수 있다.

해석학적 관점에서 볼 때 액자소설의 두 이야기는 '해석적 상황'을 연출하며 서로 맞물린다. 외부 이야기는 '해석하는 이야기'이고 내부 이야기는 '해석되는 이야기'이며 이 두 이야기가 포개진 액자소설은 '해석하면서 해석되어지는 이야기'가 된다.

액자구성은 소설에 국한되지 않고 가극(서곡)과 희곡(극중극), 영화에서도 응용된다.

[김계영]

극중극, 낯설게하기, 미장아빔, 서사,
서술자(화자), 시점, 아이러니, 픽션(허구), 형식

■ 참고문헌

· 르네 웰렉, 『소설의 이론』, 이경수 역, 문예출판, 2002.
· 이규정, 『현대소설의 이론과 기법』, 박이정, 1998.
· 이재선, 『한국문학의 원근법』, 민음사, 1996.
· 프란츠 칼 슈탄젤, 『소설의 이론』, 김정신 역, 문학과 비평사, 1990.
· Herbert Seidler, *Die Dichtung, Wesen, From, Dasein*, A. Kröner, 1965.

언어능력/언어수행

F: compétence linguistique/compétence performative
E: linguistic competence/linguistic performance
D: Sprachkompetenz/Sprachliche Leistung

✳ **언어능력은 화자가 자신의 언어에 대해 추상적으로 갖고 있는 내재화된 지식을 의미하고, 언어수행은 화자가 일상생활에서 실질적으로 생산하는 언어 사용을 의미함**

Ⓐ

'언어능력'은 생성문법에서 사용되기 시작한 용어로, 화자에게 내재화된 해당 언어의 규칙 체계를 말한다. 화자는 언어능력을 통해, 지금까지 발화된 일이 없는 무한수의 문장을 말하거나 이해할 수 있다. 규칙 체계인 문법을 내면화하기 때문에, 화자는 주어진 발화에 대한 문법성을 판단할 수 있는 직관을 갖게 된다고 볼 수 있다. 같은 언어 공동체가 갖고 있는 이런 언어능력을 명확하게 밝히는 것이 언어학의 임무 중 하나다.

언어능력이란 개념은 소쉬르 언어학의 개념인 '랑그'에 일부 대응한다. 그리고 언어능력은 언어수행(linguistic performance)과 대립한다. 언어수행은 언어능력의 사용을 제한하기 위해 작용하는 여러 규칙들로 이루어져 있으며 소쉬르 언어학의 '파롤'이라는 개념에 일부 대응한다. 촘스키(N. Chomsky)의 '언어능력', '언어수행' 개념과 소쉬르의 '랑그', '파롤' 개념은 부분적으로 대응하지만, 작업틀이 완전히 다르기 때문에 각각 고유한 의미를 갖는다.

모든 언어의 문법적 근저에 있는 생득적인 '보편적 언어능력'과, 언어 환경을 통해 습득된 특수규칙으로 구성된 '개별적 언어능력'은 구별된다. 예컨대, '철수는 철수를 씻는다'와 같은 문장에서 두 개의 명사구 '철수'와 '철수'가 동일한 지시대상을 가리키면, 그 경우에는 재귀화 변형이 수행된다('철수는 자기를 씻는다=철수는 몸을 씻는다'). 재귀화 변형은 보편적인 규칙으로 영어나 프랑스어 등의 재귀대명사에 의해서, 혹은 그리스어의 동사의 상(相)에 의해 이루어지기도 한다.

이렇게 개별 언어마다 다르게 실현되는 특수규칙은 '보편적 언어능력'이 아닌 '개별적 언어능력'에 속한다. 그리고 우리의 실제 생활에서 이루어지는 언어 행위는 언어수행에 해당한다. 언어수행은 화자에게 내재화된 언어능력을 바탕으로 이루어지기 때문에, 언어능력에 비해 이차적인 것으로 여긴다.

B

언어능력/언어수행과 문체의 관련성은 다음과 같다고 볼 수 있다. 앞에서 언급했듯이, 재귀화 변형은 영어나 프랑스어에서는 재귀대명사에 의해 실현되고 그리스어에서는 동사의 상에 의해 실현된다. 두 가지 재귀화 방식이 존재하는 것은 보편문법의 내부에 그것들이 이미 존재하기 때문에 가능하다. 그러므로 두 가지 방식이 존재한다는 것 자체는 언어능력에 속하는 것이고, 언어마다 달리 재귀화를 실현하는 방식은 존재하는 언어능력 중에서 선택한 것이기 때문에 언어수행에 해당한다.

문체는 존재하는 방식 중에서 선택하는 문제이기 때문에 언어수행의 문제이고, 반면에 다양한 재귀화 방식 자체가 존재한다는 것은 언어능력의 문제다. 그러나 1960년대 이후부터 수많은 언어학자들은, 촘스키의 언어능력/언어수행이라는 이분법적 분할로는 수많은 언어행위 양상들을 충분히 설명할 수 없다는 사실에 동의하게 된다. 그리하여 많은 언어학자들이 언어능력의 개념을 일반적인 의사소통 능력으로까지 확대한다. 다시 말해 인간은 특별한 언어적, 사회적 문맥에 따라 그 순간에 적절한 발화를 구성하는 의사소통 능력을 갖고 있다는 것이다.

실제로 우리는 가정, 학교, 직장 등의 장소에 따라 그리고 친구 간이나 상급자와 하급자 혹은 연배 차이가 나는 사람들 사이에서 그때마다 문체를 달리하는 적절한 발화를 사용한다. 의사소통 능력은 사회적, 문화적 상호작용이나 힘의 관계에 따라 달리 드러나기 때문에 촘스키가 말하는 생득적 '언어능력'을 넘어서 후천적으로 획득해야 하는 능력이 포함된다.

C

'언어능력'이란 용어가 다양한 분야에서 유추적으로 확대 적용되어 사용된다. 사회적·문화적 맥락도 고려하면서 의사소통을 하는 확대된 언어능력은 저자가 독자에게 말하는 서사능력(narrative competence)과 유사하다고 하겠다. 문학능력(literary competence)이란 용어는 컬러(J. Culler)의 문학 이론 모델 혹은 시학 모델에 의해 일반화되었다. 그의 시학모델은 문학 텍스트를 해석하는 데 필요한 일련의 규범들에 대한 독자의 지식을 명시적으로 밝히고 있다. 이런 지식은 은유, 일탈된 구조의 사용 등에 관한 지식으로 일정 부분은 언어적이고, 또 일정 부분은 문화적, 사회적 상황과 관련하여 얻게 된 텍스트 밖의 지식이다. 독서와 이해의 전 과정은 언어적 지식, 사회적 지식, 문화적 지식 등의 종합 능력에 의한 것이기 때문에 촘스키가 말하는 언어능력에만 의존해서는 설명할 수 없다.

[고광식]

문법성, 문체, 언어능력/언어수행, 은유, 일탈

참고문헌

· 남기심, 이정민, 이홍배, 『언어학 개론』, 탑출판사, 1998.
· 로저 섕크, 『역동적 기억: 학습과 교육에 주는 함의』, 신현정 역, 시그마프레스, 2002.
· 알렌 파킨, 『기억연구의 실제와 응용』, 박희경 외 역, 시그마프레스, 2002.
· Jonathan D. Culler, *Structuralist poetics*, Routledge, 1975.
· Noam Chomsky, *Reflections on language,* Pantheon Books, 1975.

· __________, *Lectures on government and binding: The Pisa lectures*, Foris Publications, 1982.

언어사건

F: événement langagier(du discours) *E:* speech event *D:* Sprachereignis

✳ 1. 야콥슨의 담화 상황 분석 모델을 지칭하는 말
2. '1'의 의미를 확대하여 담화분석이나 사회언어학에서도 사용하는 용어

A

뷜러(K. Bühler)는 언어의 본질을 발신자, 수신자, 신호라는 세 가지 필수기능으로 분석한다. '언어사건'은 뷜러의 삼분체계 모델을 야콥슨(R. Jakobson)이 변형해 발전시킨 언어 기능 모델로, 담화의 일상적 상황이나 발화 문맥을 분석하는 데 유용하다.

그는 의사소통과 그에 연관된 기능들을 6개의 주요 성분으로 나누는데, 이런 성분들이 잘 정의되고 명확히 구분되어 있는 것은 아니다. 그의 정의에 따르면 모든 상황 문맥(1)에서 발신자(2)가 메시지(3)를 수신자(4)에게 보낸다. 이 상황은 자연히 코드(5)(언어 혹은 의미 시스템)를 필요로 한다. 접촉(6)은 발신자와 수신자 사이에 음성이나 제스처, 즉 심리적 혹은 사회적 요인들을 통해 유지된다.

이런 성분들은 각각 다른 기능을 가지고 있다. 발신자는 감정적(emotive) 기능을, 수신자는 호소적 기능 혹은 능동적(conative) 기능을, 일반적으로 비언어적 세계도 포함하는 문맥(context)은 지시적(referential) 기능을, 접촉(contact)은 교감적 혹은 정서적(phatic) 기능을, 코드(code)는 메타언어적(metalingual) 기능을, 사실상의 표면구조인 메시지(message)

는 시적(poetic)기능을 갖는다.

문학 담화는 그 자체가 한 쌍 이상의 참여자들을 요구하는(작가 대 독자, 서술자 대 피서술자, 등장인물 대 등장인물) 이중적인, 심지어 다중적인 언어사건이다.

B

언어사건은 사회언어학과 담화분석에서 일련의 언어행위들과 담화 유형들을 포함하는 잘 정의된 사회적 단위나 구술 행위로 정의된다. 예를 들어 교회의 미사는 확실하게 순서 지워진 절차 구조를 갖고 있으며, 설교, 기도, 강독 등의 진행 목록을 포함하고 있다. 담화분석에서 연구된 언어사건들은 학교 수업이나 의사-환자의 상담에 적용되기도 한다.

[고광식]

기능, 독자

참고문헌

· 권재일, 『언어학과 인문학』, 서울대학교출판부, 1999.

언어사용역

F: registre *E:* register *D:* Register

✳ 1. 음악에서 목소리로 낼 수 있는 톤(tone)의 영역을 가리킨다.

2. 문체론이나 언어학에서 상황에 따라 달리 사용되는 언어의 다양한 변이(變異)

A

사용역(음역, register)은 목소리로 낼 수 있는 음조(tone)의 영역을 가리키기 위해 19세기 초부터 음악에서 사용된 용어로, 말(음성, speech)의 잠재적 높낮이(pitch)를 기술하기 위해 음성학에 도입되었다. 일반적으로 남성의 목소리가 여성보다 음고가 낮지만, 남성이나 여성 모두에게 있어서 정상적인 무표적 음역은 음고가 낮은 편이다. 높은 음역은 예를 들어 강력한 감정을 나타내기 위해 사용되기 때문에 어떤 식으로든 유표적이라고 말할 수 있다. 팔세토(falsetto, 음악의 높은 성역 소리)와 소프라노(여자 목소리의 최고 성역 소리) 같은 음악 용어는 이런 다양한 음역을 기술하기 위해 사용된다.

B

'언어사용역'은 언어 변이(linguistic variation) 현상을 설명하기 위해 (사회)언어학과 문체론에 도입된 개념으로, '언어 사용에 따른 변이(use-related variation)'로 정의할 수 있다. 언어사용역은 '언어 사용자에 따른 변이(user-related variation)'로 정의되는 방언(dialect)과는 다른 개념이다. 방언이 언어 사용자들의 사회적, 지역적 배경을 알려준다면, 언어사용역은 언어의 사용과 관련된 고정된 어휘 또는 문법 패턴으로 표현되며, 이러한 패턴은 특정한 맥락과 관습적으로 관련되어 있다.

언어사용역은 말리노우스키(B. K. Malinowski), 퍼스(J.R. Firth) 등을 중심으로 런던학파가 사용한 용어로, 이들은 의미 연구가 문맥의 기능적 측면에서 접근되어야 한다고 주장한다. 예컨대 다음 두 문장은 언어가 사용되는 분야가 달라지면 어투, 표현 및 문법 등의 층위에서 형식상의 차이가 나타남을 보여준다. 선생이면서 아버지인 한 남자가 학교에서 학생들에게 '여러분! 단것은 건강에 안 좋으니 많이 먹지 말아야 합니다'라고 말하는 투와 가정에서 자식들에게 '애들아! 단것은 몸에 안 좋으니 많이 먹지 말아라'고 말하는 투는 확연히 다르다. 두 예문의 차이점은 언어 사용과 관련된 변이, 즉 특정 형식 또는 어휘의 사용 여부를 고려한 언어사용역을 통해 설명될 수 있다.

앞의 예문은 형식과 격식이 요구되는 상황에서 발화된 반면 뒤의 문장은 보다 일상적인 담화 영역에서 사적이고 자유롭게 발화된 문장이다. 즉 언어사용역은 개별적 상황에 맞춘 표현 방식으로, 특정한 어휘 또는 통사적 선택과 톤(tone)까지 결정하게 된다. 인간은 친한 사람, 낯선 사람, 어린아이, 연장자 등과 의사소통을 할 때 각기 다른 방식으로 말을 하며, 이 밖에도 사회, 문화 수준 등에 맞춰 각기 다른 방식으로 말하게 된다.

C

사용역의 문체를 전반적으로 결정하는 언어 자질들에 대한 약호화는 1960년대 초반 할리데이(M.A.K. Halliday) 등의 언어학자들에 의해 이루어진다. 상황 자질의 선택에 따른 세 가지 주요 변수가 구분되었다. 주제 혹은 담화 영역(field of discourse), 매체 혹은 담화 양식(mode of discourse, 구어 혹은 문어 등), 형식성의 정도에 영향을 미치는 참여자들 간의 관계라 할 수 있는 담화의 테너(tenor of discourse)가 그것이다.

이런 변수 외에도 언어의 설명적 기능, 교육적 기능 등 다양한 기능이 첨가될 수 있다. 스포츠 실황 방송 같은 경우는 주제를 반영하는 특별한 어휘, 시청각 매체, 기술하고 평가하는 기능, 해설가와 대중 사이의 매우 허물없는 관계 등과 같은 여러 변수를 복합적으로 보여주는 하나의 다른 영역으로 구분될 수 있다. 다양한 사용역이 기능, 매체, 혹은 영역 측면에서 서로 겹치기 때문에 많은 언어 자질들은 몇몇 사용역에서 공통적으로 드러난다. 그러나 상당한 양의 자질들은 일상의 공통어에서 도출된다.

[고광식]

기능, 문체, 문체론(문체학), 유표적/무표적

참고문헌

· 최경환, 「<열녀춘향수절가> 연구 - 언어사용역과 인물영역」, 『어문학』 제82권, 2003.
· 황순희, 「언어사용역을 고려한 불한번역의 화용적 접근」, 『프랑스어문교육』, 제25집, 2007.
· Michael Alexander Kirkwood Halliday, Alan Mcintosh, Peter Strevens, *Linguistic sciences and language teaching*, Longman, 1964.

언어유희

F: calembour *E:* pun *D:* Wortspiel

✻ **동음이의어, 동음이형어, 동형이의어, 유형유음어, 다의성 등을 사용하여 유머와 웃음 또는 정신적 긴장을 유발하고 텍스트에 대한 흥미와 재미를 높이려는 수사법**

Ⓐ

언어유희는 일상적인 언어 규범을 벗어난 독특한 형태의 언어행위를 통해 유머와 웃음 또는 정신적 긴장을 유발하고 텍스트에 대한 흥미와 관심을 높이려는 수사법이다. 델라바스티타(D. Delabastita)는 언어유희를 더 상세하게 분류하여 소리와 철자가 같으나 뜻이 다른 동음·동형이의어(homonymy), 소리는 같으나 철자가 다른 동음이형어(homophony), 소리는 다르지만 철자가 같은 동형이의어(homography), 철자와 소리가 유사한 유형유음어(paronymy)를 이용한 것들로 나눈다.

또한 언어유희가 일어나는 위치에 따라 동일 지점에서 일어나는 언어유희(vertical wordplay)와 텍스트 내의 다른 지점에서 연속성을 갖고 발생하는 언어유희(horizontal wordplay)로 세분한다. 이 외에도 단어의 다의성(polysemy)을 이용한, 즉 한 단어를 두 개 또는 그 이상의 의미를 암시하도록 사용하는 언어유희, 말꼬리 잡기(stychomithia), 이미지를 이용하는 비주얼 펀(visual pun)이 있다. 다만 의도된 이탈인 언어유희와 오류로 볼 수 있는 비고의적 규범 이탈(kakemphatan)은 구별해야 한다.

언어유희는 단순히 언어 형태만으로 이루어지는 것은 아니다. 단어에 숨겨진 언어유희를 제대로 이해하려면 문맥(context)과 상황(situation)까지도 고려해야 한다. 따라서 언어유희는 델라바스티타의 지적처럼 "운 좋게 언어 구조 속에서 발견되는 것"이 아니라 "뛰어난 솜씨로 만들어 내는 것"이다.

언어유희는 통상 문어보다 구어에서 더 애호된다. 실제로 약간의 억양의 차이는 다의적인 한 문장에 대한 이해의 방향을 결정한다. 이 기법은 다른 언어보다 악센트가 거의 없고 동음이의어가 풍부한 프랑스어에 더 적합하다.

B

언어유희를 즐겨 사용한 작가들이 많지만, 그중에서도 셰익스피어가 으뜸이다. 그는 작품 속에서 3천 개 이상의 언어유희를 사용했다. 셰익스피어가 어떤 방식으로 언어유희를 하는지 대표적인 한 예를 들어보자.

『햄릿』의 초반에서 클로디어스는 햄릿에게 "How is it that the clouds still hang on you?(아직도 얼굴에 서린 구름이 걷히지 않고 있으니 어찌된 일이냐?)"라고 묻는다. 이 질문에 햄릿은 "Not so, my lord. I am too much in the sun.(그렇지 않습니다, 전하. 저는 너무나 햇빛을 듬뿍 받고 있습니다.)"이라고 대답한다. 이때 'sun'은 'son'과 동음이형어이므로 'sun' 대신 'son'을 넣어 보면 'I am too much in the son'이 된다. 이것은 숙부 클로디어스와 어머니 게트루드의 결혼으로 숙부까지 자신을 아들이라고 부르게 된 부자연스러운 상황을 비아냥거리는 언어유희라 할 수 있다.

또한 'sun'은 'cloud'라는 클로디어스의 표현에 대한 일종의 말꼬리 잡기이며, ‘too much in the sun’이란 자신에게 늘 감시의 눈길이 끊이지 않는 상황, 또는 자신이 ‘sun’이 상징하는 왕권의 지배 아래 놓여 있는 상황을 풍자하는 언어유희이기도 하다.

아울러 ‘sun’이 은유적으로 왕권을 상징하므로 ‘too much in the sun’이란 클로디어스의 왕위 찬탈로 왕권을 주장하는 사람이 많아졌음을 의미하기도 한다. 즉 자신이 왕권 계승자임에도 불구하고 클로디어스가 왕위를 가로챘음을 암시하는 것이다. 그밖에도 아직은 선왕의 죽음을 애도할 시기인데도 덴마크 궁정은 햄릿 자신의 상복을 제외하면 너무 밝은 모습을 띠고 있음을 비난하는 표현으로도 볼 수 있다.

이처럼 짤막한 문장 속에서 햄릿은 동음이의성을 이용한 언어유희뿐만 아니라 플롯을 전제로 한 언어유희 및 상대방의 말꼬리 잡기까지 그야말로 복잡하고도 다양한 언어유희를 구사하고 있다.

C

언어유희를 통해서 한 의미를 다른 의미로 바꾸는 것은 동위성의 갑작스런 변화를, 이를테면 현실 분야의 갑작스런 변화를 일으킨다. 그래서 낯설게하기의 효과, 환상적 세계 출현의 효과가 생긴다. 대체로 동위성의 급격한 변화는 웃음과 유머를 생산한다.

언어유희는 시와 연극(특히 희극)에서 그 장르들의 전매특허인 양 가장 많이 활용하고 있으며, 언론매체에서는 독자의 주목을 끌기 위해 제목으로 많이 사용한다. 광고에서도 소비자의 호기심을 유발하기 위해 광고 문안으로 사용한다.

D

한 언어로 구성된 언어유희를 다른 언어로 번역하는 데에는 많은 어려움이 따른다. 언어공동체 내에서 통용되는 언어 규범이나 의사소통 참가

자의 예상을 벗어나는 언어행위를 통해 사람들의 주의를 끄는 언어유희는 문화적 요소와 언어적 요소가 결합된 고도의 수사 전략이기 때문이다. 특히 비교문체론의 관점에서 보면, 두 언어 간의 거리가 먼 번역의 경우, 이를테면 영한번역이나 한영번역처럼 두 언어 간의 유사성이 적은 경우 번역의 방식이 쉽지 않아 그 어려움이 배가될 수밖에 없다.

[문재은]

동위성(동위태), 문맥, 유머

참고문헌

· 권오숙, 「햄릿의 말놀이연구」, 『셰익스피어 비평』 42권 1호, 한국셰익스피어학회, 2002.
· 김순영, 「『이상한 나라의 엘리스』를 통해 본 언어유희(pun)의 번역」, 『번역학연구』 8권 2호, 한국번역학회, 2007.
· 박영원, 『비주얼 펀 비주얼 펀』, 시지락, 2003.
· Claude Peyroutet, *Style et rhétorique*, Nathan, 1994.
· Dirk Delabastita, "Wordplay and translation," *The Translator*, vol. 2, no. 2, 1996.

언어행위이론

F: théorie des actes du langage *E:* speech act theory
D: Sprechakttheorie

✺ 사람들이 서로에게 말을 할 때 무엇이 발생하는가를 설명하려는 언어 이론

Ⓐ

언어행위이론은 언어철학자 오스틴(J.L. Austin)과 그의 제자 썰(J.R. Searle)의 연구와 밀접히 연관된다. 언어행위이론은 발화하는 동안 이루어지는 언어행위와 연관되며, 발화는 인간 상호간의 목적, 혹은 사회적 목적, 화용론적 목적을 가지고 행해진다.

오스틴은 처음에 진술문(constatives)과 수행문(performatives)으로 발화를 구분했지만, 후에 발화의 종류를 언표행위(locutionary act, 발화하는 행위 자체), 언표내적행위(illocutionary act, 뭔가를 발화하면서 동시에 수행하는 행위), 언향적행위(perlocutionary act, 뭔가를 발화한 결과에 의해 수행된 행위)로 더 세분하여 구분한다.

언어행위는 어떤 적절성 조건이 채워지지 않으면 성공적으로 수행되었다고 볼 수 없다. 예를 들어 화자의 의도를 청자가 인지하지 못하거나(겁을 주려 했으나 청자가 겁을 먹지 않은 경우), 화자가 적절한 권위를 갖고 있지 않은 경우(신부나 목사라는 권위가 없는 사람은 세례를 줄 수 없다)가 이에 해당된다. 언어행위이론은 주로 언표내적행위와 발화의 의사소통적 목적을 주로 연구해 왔다. 그래서 발화행위는 흔히 언표내적행위와 동일시되어 사용되기도 한다.

언어행위는 직접적 언어행위와 간접적 언어행위로 구분된다. 직접적 언어행위는 '약속하다', '경고하다'와 같은 수행동사가 직접적으로 사용되어 명시적으로 표시된 언표내적행위이고, 간접적 언어행위에서는 언표내적행위가 수행동사 자체가 아닌 간접적인 방식으로 수행된다. '창문 좀 열 수 있습니까?'라는 식의 의문문을 사용해 문을 열어 달라고 요구하는 경우가 이에 해당한다.

오스틴의 작업은 통사단위로서의 문장에서, 특별한 의도나 목적을 가진 발화 상황에서 벌어진 발화로서의 문장에 언어학의 관심을 돌렸다는 점에서 의의가 있다. 발화행위는 담화의 기본 단위로 간주될 수 있다. 그러나 오스틴과 썰은 담화가 함축하는 바를 철저하게 알아내려고 하지는 않았다. 사실 그들에게 발화는 단순히 전통문법의 '이상적' 문장에 불과하다.

실제 담화에서 단순히 하나의 문장에 의거해 하나의 발화행위를 구별해내는 것은 쉬운 일이 아니다. 예를 들어 고소나 비난 행위의 경우 일련의 질문들과 대답들이 포함된 거시 언어행위의 층위에서 파악되어야지, 단 하나의 질문에 의해 혹은 단 하나의 대답에 의해 이루어지는 것은 아니다. 그리고 하나의 발화는 그것이 포함된 문맥 안에서도 한 가지 이상의 언표내적행위를 수행할 수 있다.

어쨌든 다양한 종류의 담화, 다양한 언어사건은 다양한 언어행위를 포함하게 된다. 예를 들어 부부가 집안에서 말싸움을 할 때, 상호간에 공격, 협박, 모욕, 경시, 논쟁, 회피하는 등의 많은 언어행위를 할 수 있다. 오스틴과 썰이 언어행위의 종류를 나누고 있지만, 실제적으로 언어행위의 잠재적 숫자가 얼마인지는 정확히 알 수 없다.

B

발화행위라는 용어는 오스틴과 썰이 주로 발화에, 그러니까 문어가 아닌 구어에 관심을 가졌다는 사실을 짐작하게 한다. 그러나 언어행위이론은 구어가 아닌 문어적 담화 문장들에도 적용될 수 있다. 언어행위이론에 있어서 문학언어의 위치는 데리다(J. Derrida)가 썰과의 해체주의 논쟁에서 보여준 것처럼, 상당한 논란거리가 된다.

오스틴은 문학적인 언표내적행위들의 허구성을 강조한다. 다시 말해 연극이나 소설의 대화에 나타나는 약속은 말 그대로 '진실'이 아니기 때문에 유효한 언어행위가 아니다. 오스틴의 말을 빌리면, 그런 약속들은 '병약한', 기생적인 발화들이다. 이런 식의 은유는 문학언어를 일탈의 범주에 집어넣어 버리고, '사실적', 혹은 '지시적' 의미만을 가진 언어를 가치 있는 언어라고 단언하는 것이다.

그러나 저자가 자신의 소설 속에서 '철수야, 엄마를 기억해 다오'라는 문장을 쓰면서, 그것이 말 그대로 현실에서 어떤 개별적인 요청이 되지는 않는다고 해도, 문학 세계의 언어행위들이 실제적으로 사용되고 있다고 우리는 판단한다. 저자들은 다양한 문학 장르를 통해 정보를 주고, 명령하고, 설교하고, 사랑을 선언하기도 한다. 스토리는 근본적으로 서술행위로 간주될 수 있다. 텍스트 내에서 서술자들은 자신들의 잠재적 독자들과 더불어 알려주고, 묘사하고, 평가하고, 약속하고, 요청하는 등의 언어행위에 참여하고 있다.

게다가 다른 각도에서 보면 문학언어는 농담, 과학적 담론, 텔레비전 광고 등과 같이 허구성이 일정 부분 역할을 하는 다른 종류의 담화와 그렇게 동떨어져 있지 않다. 언어행위이론은 문학성에 함축된 관습적 개념과 요소들을 언어행위의 관점에서 분석해 문학에 대한 새로운 관심과 재해석을 불러일으킨다.

[고광식]

언어사건, 언어행위이론, 언향적 행위, 일탈, 화용론

참고문헌

· 오스틴, 『말과 행위』, 김영진 역, 서광사, 1992.
· 존 설, 『언화행위』, 이건원 역, 한신문화사, 1987.

언표행위

F: acte locutionnaire *E:* locutionary act *D:* lokutionärer Akt

✳ 무엇인가를 말하는 행위 또는 의미 있는 언어 표현을 생성하는 행위

A

무엇인가를 말하는 행위를 언표행위(발화행위)라 하는데, 이것은 오스틴(J.L. Austin)이 발전시킨 언어행위이론과 밀접히 연관되어 있다. 언표행위는 세 가지 하위 행위들 즉, ① 어떤 소리를 내는 발성행위(phonetic act) ② 어휘(vocable)나 단어에 속하는 어떤 유형의 소리를 발화하는 형태행위(phatic act) ③ 다소 확정된 뜻과 지시를 가진 단어를 사용하는 의미행위(rhetic act)로 구성된다. 개략적으로 말해 언표행위는 어떤 뜻(sense)과 지시(reference)를 가진 문장을 발화하는 행위다. 언어의 다른 행위들과 구별하기 위해 우리는 언표행위에 관심을 갖는다.

오스틴은 언어행위를 언표행위, 언표내적행위, 언향적행위로 구분한다. 언표행위는 언어 표현을 발화할 때 화자가 수행하려고 의도한 행위로서, 발화를 하면서 동시에 수행하는 행위다. 언표내적행위는 그 언어 표현과 명시적이거나 암시적으로 연관된 관례적 힘에 의해 이루어진다. 언향적행위는 발화를 통해서 결과적으로 청자에게 어떤 효과를 야기하는 행위로서, 그 효과는 발화 상황에 달려 있다.

이론적으로 언어행위를 이처럼 세 가지 행위로 구분하지만, 항상 이처럼 명확하게 구분되는 것은 아니다. 언표행위의 수행이 때로는 언표내적행위, 언향적행위를 수행하기도 하기 때문이다. 예를 들어, '물가에 가지 마라'(분명한 음성적, 통사적, 의미론적 자질을 가진 언표행위)고 내가 당신에게 건넨 말은 당신에게 물가에 가지 말라는 경고(언표내적행위)로 간주될 수 있다. 만약 당신이 내 경고에 주의를 기울여 물가에 가지 않는다면 결과적으로 물가에 가지 말라고 내가 당신을 설득한 셈(언향적행위)이 된다. 이런 경우는 하나의 언어행위가 세 가지 행위를 동시에 수행하는 것이다.

언표행위는 말을 생산하는 행위이기 때문에 그 자체가 문체의 선택을 직접적으로 좌우한다고 하겠다. 그리고 하나의 언표행위가 다른 언어행위들을 수행할 수 있다는 사실을 고려하면, 문체론과도 간접적으로 연관되어 있는 것을 확인할 수 있다. 언표행위를 수행하면서 동시에 언표내적행위를 수행하는 경우, 언표내적행위를 다양한 언표행위로 완수할 수 있다. 예를 들어 '문 좀 열어 주실 수 있겠습니까?'와 '괜찮다면 문 좀 열어 주십시오'라는 두 언표행위는 '문을 열어 주세요'라는 언표내적행위(명령)를 다른 문체로 사용하고 있는 것이다.

[고광식]

문체론(문체학), 언어행위이론, 언향적 행위, 지시(관계)/지시대상

참고문헌

· 얀 후앙, 『화용론』, 이해윤 역, 한국외대출판부, 2009.
· 제이콥 메이, 『화용론 개관』, 이성범 역, 한신문화사, 2007.
· 존 설, 『언화행위』, 이건원 역, 한신문화사, 1987.
· 존 오스틴, 『말과 행위』, 김영진 역, 서광사, 1992.

언향적 행위

F: acte perlocutoire *E:* perlocutionary act *D:* Perlokutiver Akt

✻ 화자가 발화를 하면서 수행하는 언표내적행위의 결과로서 청자에게 미치는 효과를 의미한다.

Ⓐ

언향적행위는 오스틴(J.L. Austin)이 발전시킨 '언어행위이론(speech act theory)'에 등장하는 용어로, 발화하는 동안 이루어지는 언어행위들과 밀접하게 연관되어 있다. 언어행위들은 '언표적행위(locutionary act)', '언

표내적행위(illocutionary act)', '언향적행위(perlocutionary act)'로 구성된다. 언표적행위는 발화하는 물리적 행위 자체를, 언표내적행위는 약속을 하거나 명령을 내리는 것과 같이 발화를 통해 동시에 수행된 행위를, 언향적행위는 협박하고 즐거움을 주고 설득하고 겁을 주는 것과 같이 발화가 언표내적행위를 통해 결과적으로 수신자에게 미치는 행위 효과를 의미한다.

화자는 하나의 발화를 행하면서 동시에 여러 가지 행위를 수행할 수도 있다. '내가 철수에게 물가에 가지 말라고 경고한다'와 같은 발화는 언표행위(발화의 내용을 말하는 물리적인 행위), 언표내적행위(말하면서 경고하는 행위)를 수행하는데, 만약 철수가 결과적으로 물가에 가지 않았다면 내가 경고하여 결과적으로 가지 말라는 설득 효과를 냈기 때문에 언향적행위도 수행한 것이다.

언어행위이론과 화용론 같은 학문 분야는 언향적 효과보다는 발화의 언표내적 힘에 훨씬 더 많은 주의를 기울였다. 그 이유는 언표내적 힘이 표면상 기술하기가 더 쉽기 때문이다. 예를 들어 우리가 누군가에게 의도를 가지고 모욕을 주었다 치자. 그런데 그 모욕이 당사자에게 모욕으로 느껴지지 않을 수도 있다. 이런 경우 모욕을 주려는 효과가 상실되어 버린다. 달리 말해 언향적 효과를 화자가 항상 통제할 수는 없다는 것이다. 결과적으로 하나의 발화에서 언표내적행위와 언향적행위를 구별해 내는 것이 꼭 용이한 일은 아니다.

이런 구분의 어려움에도 불구하고, 몇몇 종류의 언표내적행위들은 청자에게 무엇인가를 행하도록(명령하는 것, 요구하는 것 등) 시키기 위하여 화자에 의해 특별히 의도될 수 있다. 화자는 특별한 의도를 가지고 청자에게 무엇인가를 행하도록 몇몇 종류의 언표내적행위들(칭찬하는 것, 명령하는 것, 요구하는 것 등)을 수행할 수 있다. 이때 '잘하셨습니다!'와 같이 칭찬하는 언표내적행위는 당연히 그 결과로 즐거움을 주는 언향적행위를 함의한다.

또한 몇몇 의례적인 수행동사들도 언향적 함축들을 포함한다. 예를 들어 '이 배를 엘리자베스 호라고 명명한다'라는 발화는 배에다 이름을 명명하는 언표내적행위를 수행하고 결과적으로 배에 '엘리자베스 호'라는 이름을 붙이는 효과를 낳는다. '이 아이의 세례명은 바울이다'라는 발화는 아이에게 세례명을 명명하는 언표내적행위를 수행하고 결과적으로 아이에게 '바울'이라는 세례명을 지어주는 효과를 낳는다.

시선이나 제스처같이 상당수의 비언어적 의사소통도 협박하고, 즐겁게 하고, 지루하게 하고, 화나게 하고, 위로하고, 당황하게 하고, 귀찮게 하는 언향적 힘을 갖고 있다. 이런 모든 행동들은 잠재적인 언향적행위들로 간주된다.

전통적으로 보아 그 자체가 언향적 효과를 갖고 있는 학문 분야는 수사학이다. 수사학은 특히 설득하고 감정을 움직이는 효과를 갖고 있다. 그러나 수사적 영향력은 언어 수행 전체 양상에서 기인하는 것이지 그 일부에서 기인하는 것은 아니다. 다시 말해 대화 참여자들의 지식과 가치 등에 의존하는 수많은 전체 변수들, 언어행위 문맥, 텍스트 내 모든 문장들의 명제적 내용과 언표내적 힘의 총합에 기인하는 것이다.

[고광식]

언어행위이론, 화용론

참고문헌

· 테리 이글턴, 『문학 이론 입문』, 김명환 외 역, 창작과비평사, 1989.
· 존 설, 『언화행위』, 이건원 역, 한신문화사, 1987.
· Geoffrey N. Leech, *Principles of pragmatics*, Longman, 1983.

에크프라시스

F: ekphrasis *E:* ekphrasis *D:* Ekphrasis

✵ 1. 실제 또는 상상의 예술작품을 생생하게 묘사하는 문학 텍스트 또는 그러한 장르
2. 시각적 재현물의 언어적 재현

Ⓐ

'~으로부터' '~ 밖으로'를 뜻하는 '에크(ek)'와 '언술' '표현'이라는 뜻의 '프라시스(φρασεις, phrasis)'가 결합된 그리스어 '에크프라시스(ekphrasis)'에서 유래한 말이다. 고대 수사학에서는 '충만하고 생생한 묘사'의 의미로 사용되었지만, 5세기 즈음부터 그 의미가 조각 및 회화의 예술작품에 대한 묘사로 한정되어 현재까지 지속되고 있다. 좁혀 말하면, 실제 또는 상상의 시각예술 작품(그림, 조각, 건축물, 부조, 태피스트리 등)을 생생하게 묘사하는 문학 텍스트 또는 그러한 장르를 말한다.

호메로스의 『일리아스』 18장에서 대장장이 신 헤파이스토스가 아킬레우스에게 만들어 준 방패를 묘사하는 장면은 에크프라시스의 가장 오래되고 가장 유명한 예로 자주 인용된다. 르네상스 시대 셰익스피어의 운문서사시 「루크리체의 강간」, 낭만주의 시대 키츠의 「그리스 항아리에 부치는 송가」 등도 에크프라시스의 예로 널리 알려져 있다. 또한 디드로의 『살롱』은 예술작품을 문학적으로 묘사하는 예술비평의 새로운 차원을 연 것으로 평가받는다.

에크프라시스는 단순한 이미지의 모방이나 묘사라기보다, 이미 존재하는 예술작품의 회화적 이미지를 언어기호를 사용해 다시 보여주는, 예술작품에 대한 정치한 문학적 묘사다. 따라서 에크프라시스에서는 '보이는 것'과 '읽을 수 있는 것', 보는 이미지와 읽는 이미지, 그림과 텍스트 같은

이중 기호체계가 하나로 통합되면서 상호 매체성이 강조되고, 말하기와 보여주기라는 두 전달 기능이 동시에 드러난다.

[김계영]

말하기/보여주기, 묘사(기술記述), 이미지, 장르, 재현(표상, 대표), 텍스트

참고문헌

· 고위공, 『문학과 미술의 만남』, 미술문화, 2004.
· 김숙희, 「텍스트와 그림의 상호 매체성-힐데스하이머의 『마보트』에 나타난 에크프라시스」, 『독일문학』 50권 3호 111집, 2009.
· Adolphe Reinach, *Textes grecs et latins relatifs à l'histoire de la peinture ancienne*, Macula, 1985.
· Julius von Schlosser, *La Littérature artistique* (1924), Flammarion, 1984.

에토스

F: éthos *E:* ethos *D:* Ethos

1. '성격'이나 '품성', 혹은 '관습'을 뜻하는 고대 그리스어
2. 아리스토텔레스 수사학의 설득 능력 가운데 하나로, 청중의 관심을 끌고 신뢰를 얻기 위해 연설가가 지녀야 할 성격이나 품성
3. 전형성을 지닌 인물 창조 및 묘사에 관련된 문학적 개념

A

에토스(ἔθος, ēthos)란 '성격'이나 '품성', 혹은 '관습'을 뜻하는 고대 그리스어다. 아리스토텔레스는 『니코마코스 윤리학』에서 지적 탁월성과 성

격적 탁월성을 설명하면서 중요한 의미를 두는데, 전자는 주로 가르침에 그 기원을 두며 후자는 습관의 결과로 생겨난다고 말한다. 정의로운 일을 행함으로써 정의로운 사람이 되고 용감한 일을 행함으로써 용감한 사람이 되는 것처럼, 탁월한 성격을 획득하기 위해서는 올바른 이성(orthos logos)에 따라 동일한 행위를 반복하여 습관을 들일 필요가 있다는 것이다.

탁월한 성격은 본성적인 것도 아니요, 본성에 반하여 생겨나는 것도 아니다. 우리는 그것을 습관을 통해 완성한다. 에토스는 지속성과 습성을 가진다는 측면에서 일시적인 특성을 가진 파토스(pathos)와 대립된다.

B

아리스토텔레스가 『수사학』에서 구분한 세 가지 설득 능력(에토스, 파토스, 로고스) 가운데 하나로, 청중의 관심을 끌고 신뢰를 획득하기 위해 연설가가 지녀야 할 성품이나 성격(character)을 지칭한다.

아리스토텔레스는 연설가가 논증적이거나 설득적인 주장을 하는 것도 중요하지만, 청중에게 자신이 어떤 사람으로 보일 것인가를 구상하는 것 또한 필요하다고 말한다. 이에 필요한 것으로는 실천적 지혜 혹은 능력(phronesis)과, 정직과 진실성의 미덕(areté), 그리고 호의(eunoia)가 있는데, 이 세 특성은 강력한 힘을 지닌다. 따라서 이러한 특성을 모두 가진 연설가는 분명 청중을 설득할 수 있는 사람이라고 아리스토텔레스는 말한다.

연설이 훨씬 더 많은 설득력을 확보하려면 연설가 개인의 에토스 외에, 연설의 대상인 청중이 공유하는 가치관이나 관습, 전통, 습속 등에 부합할 필요가 있는데 이 요소들 또한 에토스에 속한다. 전자를 주관적 에토스라고 부르며, 후자를 객관적 에토스라고 부른다. 키케로는 『연설가』에서 에토스를 "청중의 공감을 얻어내는 것"으로 설명한다.

Ⓒ

에토스 개념은 전형성을 지닌 인물 창조와 묘사에 관련된 문학적 개념으로 발전한다. 문학적으로 만들어진 인물의 성격 역시 그 인물이 처한 시대의 가치관이나 관습, 전통 등을 반영하며, 창조된 인물의 성격 속에는 마찬가지로 작가의 에토스가 반영되기 마련이다. 따라서 성격(인물)의 창조는 곧 에토스 만들기이며, 작가의 에토스란 곧 작가의 세계관이기도 하다. 인물 창조에서 드러나는 작가의 에토스를 문학에서 특히 중시하는 경향은 작가의 의도를 찾으려는 비평적 시도에서 그 위력을 발휘한다.

오늘날 문학작품 속에서 작가의 존재(presence)가 갖는 기능과 본질에 대한 관심은 에토스 개념과 관련이 있다. 이처럼 에토스 개념은 담론 분석과 문학 텍스트 연구에서 중요한 자리를 차지한다.

Ⓓ

채트먼에 의하면, 에토스는 허구적 서사물이 진실인 것처럼 보이게 하는 기능을 갖고 있다. 이는 물론 "화자의 성격(에토스)이 모든 설득의 수단 중에서 가장 막강한 것"이라는 아리스토텔레스의 주장에 기초한다.

채트먼은, 진실임직함(vraisemblance)을 가장 잘 드러낼 수 있는 방법은 시대와 양식에 따라 변화하며, 서사물은 내포작가의 직접적인 발화를 전달할 수 없기 때문에 에토스는 화자에게만 적용된다고 말한다. 화자의 에토스는 그가 주장하는 핍진성(verisimilitude, 逼眞性)의 유형에 의존한다.

[김중현]

담화(담론), 로고스, 텍스트, 파토스(페이소스), 행위

참고문헌

· 박성창, 『수사학』, 문학과지성사, 2000.

· 박우수, 『수사학과 문학』, 동인, 1999.
· 아리스토텔레스, 『수사학』(I, II), 이종오 역, 리젬, 2007.
· 아리스토텔레스, 『니코마코스 윤리학』, 이창우 외 역, 이제이북스, 2006.
· 양태종, 『수사학이 있다 -수사학의 이해』, 유로, 2009.
· 시모어 채트먼, 『이야기와 담론』, 한용환 역, 푸른사상, 2006.

에필로그

F: épologue *E:* epilogue *D:* Epilog

✵ 1. **극의 끝에 추가된 끝 대사나 보충 장면, 또는 배우 중 하나가 관객에게 하는 폐막인사를 가리키는 연극 용어**
2. **인물들의 최후의 운명에 대한 자세한 정보를 제공해 주는 의례적인 종결부 또는 종결 장치를 가리키는 서사(학) 용어**

Ⓐ

'~에 대하여, ~의 뒤에, ~에 이어서'를 뜻하는 그리스어 '에피(epi)'와 '말, 담화(discours)'를 뜻하는 '로고스(logos)'의 합성어에서 유래한 말이다. 고대 그리스극에 기원을 두며, 극의 끝부분에 추가된 끝 대사나 보충 장면, 배우 중 하나가 프레임을 깨고 연극의 세계를 벗어나 관객에게 하는 폐막인사 등을 가리킨다. 가장 훌륭한 에필로그는 관객이 유쾌한 기분으로 돌아갈 수 있게 배려하는 재치 있는 말이다. 그러므로 에필로그는 폐막의 느낌을 고조시키는 효과를 갖는다.

중세의 작품에서는 작가나 낭송자가 작품이 끝났음을 알려주거나, 관객 또는 독자에게 고마움을 표시하거나, 신이나 후원자 또는 작품을 헌정받은 여인이 그들의 노고를 칭찬하고 박수 보내주기를 바라는 희망을 표현하기 위해 작품의 마지막에 발언하는 시구, 대사, 문장 들을 가리킨다. 중세에는 에필로그의 사용이 관례적이었다.

영국 연극에서는 17세기 중·후반에 에필로그가 전성기를 이루었으나, 18세기 이후로는 거의 자취를 감추었다가 20세기에 다시 부활해 효과적으로 사용되고 있다.

셰익스피어의 『한여름 밤의 꿈』의 끝에 나오는 퍽의 다음과 같은 대사는 에필로그의 훌륭한 예다.

> 퍽: (관객들에게) 저희 그림자나 다름없는 것들이 여러분의 마음을 조금이나마 언짢게 해드렸다면, 잠시 이렇게 생각해 주십시오. 여러분께서는 여기서 잠깐 조셨을 뿐인데, 꿈이나 환영이 눈앞을 스쳐간 것으로 말입니다. 이 보잘것없고 허황된 연극을 한낱 헛된 꿈이라 생각하시고, 신사숙녀 여러분, 너무 나무라지는 말아주세요. 만일 용서해 주신다면 앞으로 열심히 고쳐 나가겠습니다. 저는 매우 고지식한 요정 퍽이니만큼, 진심으로 말씀드린 겁니다. 여러분이 칭찬을 해주시면 더욱 분발해서 열심히 하리라는 걸……. 이 말이 거짓이라면 이 퍽을 거짓말쟁이라고 부르세요. 그럼 여러분, 모두 안녕히 돌아가시기를……. 저에게 큰 박수를 보내주시고, 친구로 생각해 주신다면, 이 퍽은 앞으로 훌륭한 배우가 될 것입니다.

B

서사(물)에서는, 인물들의 최후의 운명에 대해 자세한 정보를 제공해 주는 의례적인 종결부(formal coda) 또는 종결 장치를 가리킨다. 또한 작가가 작품의 구상이나 성격 등을 설명하기 위해 작품 말미에 추가한 '작가의 말'이나 '후일담'을 지칭하기도 한다. 서사물의 끝부분에서 결말 뒤에 이어지며, 결말과 혼동해서는 안 된다.

C

작품 서두에 나오는 프롤로그에 대응하는 말이기도 하다. 그리스어 '프로로고스(prologos)'에서 유래한 프롤로그는 연극의 주제나 인물, 상황, 장소 등을 설명하기 위해 연극이 개막되기 전 맨 처음에 나오는 독백 또는 대화를 가리킨다. 이를테면 줄거리와 분리된 형식의 개시부(開始部)를 지칭한다.

[김중현]

결말(대단원), 서사, 프롤로그

참고문헌

· 베른하르트 아스무트, 『드라마 분석론』, 송전 역, 한남대학교출판부, 1986.
· 셰익스피어, 『셰익스피어 5대 희극』, 셰익스피어 연구회 역, 아름다운 날, 2006.
· 아리스토텔레스, 『시학』, 천병희 역, 문예출판사, 1988.
· Wallace Martin, *Recent theories of narrative*, Cornell University Press, 1986.

여담(주제이탈)

F: digression *E:* digression *D:* Digression

✷ 본론이나 주제에서 벗어나는 이야기나 글, 또는 그러한 행위

Ⓐ

'멀어지다'라는 뜻을 가진 라틴어 동사 '디그레디(digredi)'에서 파생한 명사 '디그레소(digresso)'에서 나온 말이다. 이야기 또는 담론에서 의도적으로 일시적인 주제의 변화를 가져오는 문채를 말하는 것으로, 수사학의 구성요소인 배열(disposition)과 관련된다.

고대 수사학에서는 연설이나 작문을 5개 구성요소(머리말, 서술, 논증 또는 확인, 여담 또는 반박, 결론)로 나누고, 주제를 벗어나는 이야기를 논증 단계 전이나 후에 배치한다. 주로 주제에 대한 관심을 끌 필요가 있을 경우나 미묘한 사안인 경우 지적(知的) 준비 작업을 위해서 행해지는 경우가 많다.

여담은 외관상 주제와 무관해 보이는 이야기지만 다시 원래의 주제로 되돌아왔을 때 주제의 정당성을 입증하거나 결론을 내리기 위한 증거가 돼야 그 의미를 갖게 된다.

구체적으로 여담은 문제되는 대상과 관계해 어떤 논거를 우회적으로 전개하거나, 판사나 증인, 상대방에게 호소하며 제3자를 칭찬 또는 비난하거나, 풍경을 묘사하는 등의 방식으로 이루어진다. 여담은 원칙적으로 청중의 감정에 호소해 효과를 얻는다. 로마의 수사학자 퀸틸리아누스는 "여담은 담론의 자연적 순서에 어긋나게 첨가된 부분이다. 이상한 것을 다루지만, 결과적으로는 그 목적에 유용하다"고 말한다.

B

문학에서는 중심 이야기나 줄거리에서 벗어나는 서술 행위를 여담으로 간주할 수 있다. 변론이나 연설에서와 달리 문학에서 여담은, 소설 작품이 수많은 여담을 사용하고, 엄밀한 의미에서 여담을 사용하지 않는 문학작품이 없다는 점에서, 수사학과 문학의 경계선상에 있다고 볼 수 있다. 문학작품에서 여담은 발화와 서술의 층위가 서로 뒤섞여 있으므로 매우 미묘한 문제다.

어떤 한 행동과 동시에 병행해서 일어나는 다른 행동을 언급하거나, 서술자나 작가가 개입하기 위해서 의도적으로 사용하는 것이 보통이다. 서술자의 견해나 주관을 다소간 길게 전개해 나가거나 부차 이야기를 곁들이는 형태로 진행되기도 한다.

『트리스트럼 섄디』의 작가 로렌스 스턴(Laurence Sterne)은 "여담은 이의의 여지없이 소설의 빛과 같은 것, 독서의 생명이자 영혼"이라고 하면서 여담의 특성 자체를 풍자의 일부로 간주한다. 헨리 필딩은 『톰 존스』에서 연극의 방백이나 주제를 이탈하는 진술과도 같은 사이드픽션을 사용하는데, 이러한 여담은 후일 디킨스나 멜빌, 빅토르 위고, 톨스토이, 쿤데라 등 수많은 작가들에게서도 볼 수 있다.

20세기 포스트모던 픽션에서 작가들은, 독자가 픽션과 거리를 유지하는 방법 또는 픽션의 환상을 없애는 방법, 나아가 유희의 느낌을 증폭시키기 위한 창작 기법으로 여담을 사용한다.

[김계영]

독자, 발화(작용)/발화문, 서술, 서술자(화자), 풍자, 픽션(허구)

참고문헌

· Christine Montalbetti, Nathalie Piegay-Gros, *La Digression dans le récit*, Bertrand-Lacoste, 1994.

· Pierre Bayard, *Hors-sujet: Proust et la digression*, Editions de Minuit, Paris, 1996.

역설(법)

F: paradoxe　*E:* paradox　*D:* Paradox(Paradoxon)

✺ **표면상 명백히 모순되지만 본질의 단계에서 한 단계 깊은 진리를 담고 있는 장르 또는 수사법**

A

역설법을 뜻하는 '파라독스(paradox)'는 '반대의'의 뜻을 가진 그리스어 'para'와 '일반적으로 널리 통용되는 견해'를 뜻하는 'doxa'의 합성어다. 본래 '독사(doxa)'에 어긋나는 의견이나 생각을 가리키는 역설(법)패러독스는 겉으로 보기에는 명백히 모순되는 것 같지만 표면적인 논리를 떠나 자세히 따져보면 근거나 본질에서 그 나름대로 진실을 담고 있는 수사법을 말한다.

역설은 의미에 대한 비논리적 역행이 아니라 또 다른 의미, 이를테면 보다 근본적인 의미로 심화시키기 위해서만 공론(널리 통용되는 견해)을 배제하는 언술행위다. 따라서 역설은 "일반적인 의미 행위를 넘어서고자 하는 의미 행위"다.

B

역설의 가장 큰 특징은 그 표현이 문법적으로 구조는 맞으나 표면상으로는 자기 모순적이어서 의미가 통하지 않는다는 점이다. 일상적으로 자주 사용하는 말에서 '지는 것이 이기는 것', '바쁠수록 돌아서 가라' 등은 역설법의 좋은 예다. 한용운의 시 「님의 침묵」의 다음 구절들은 아주 효과적으로 사용된 역설법의 예이다. "나는 향기로운 님의 말소리에 귀먹고 꽃다운 님의 얼굴에 눈멀었습니다. [...] 아아 님은 갔지만 나는 님을 보내지 아니하였습니다." '향기로운 님의 말소리에 귀가 먹었다'거나 '꽃다운 님의 얼굴에 눈이 멀었다'는 말, '님은 갔는데도 내가 님을 보내지 않았다'는 말은 서로 모순되어 표면상으로는 뜻이 통하지 않는다. 그러나 내면적으로는 '님의 말소리 외에는 귀에 들리지 않고 님의 얼굴 외에는 눈에 보이지 않는다. 오직 내게는 님만이 모든 것일 뿐'이라는 보다 근본적이고 깊은 뜻이 생겨나면서 시적 울림과 함께 의미의 확장을 이룬다.

C

역설법은 모순어법(oxymoron)과 구별된다. 역설법이 문장 단위나 그 이상의 단위에서 일어나는 반면 모순법은 '무소유의 소유', '즐거운 고통', '작은 거인'처럼 구나 절에서 일어나며, 반대어를 나란히 결합해 놓은 것이다. 따라서 모순법은 '역설법을 짧게 줄여놓은 수사법'이라고 말할 수 있다. 역설법은 겉으로 나타난 의미와 실질적인 의미가 상이하거나 반대되는 표현 수사법인 반어법과도 구분된다. 상반되는 모순을 이용한다는 점에서는 서로 닮았지만 일반적인 통념에서 크게 벗어난다는 점에서 그 효과가 아이러니보다 훨씬 더 크다.

기교주의 문체의 주요한 특징인 역설법은 일반적으로 청자나 독자를 낯설게 함으로써 주의력을 환기시키고 의표를 찔러 말하는 사람의 의도를 더욱 효과적으로 전달한다. 처음에는 진술이 갖는 명백한 비논리성에 당혹감을 느끼지만 곧 그 안에 담긴 예상 밖의 사실이나 진리에 수긍하게 되며, 급변하는 정반대의 수긍에서 쾌감을 느끼게 하는 효과가 있다.

D

문학은 세계에 대한 또 다른 인식 방법이라는 입장을 가진 신비평가들은 아이러니와 함께 역설법을 문학을 규정짓는 지표로 삼는다. 브룩스(C. Brooks)는 논리의 연속성에 근거한 과학의 언어나 철학의 언어와 달리 "시의 언어는 역설의 언어"라는 주장도 한다. 과학에서 보면 시의 진술은 대부분 비합리적이라는 것이다. '독사'의 거부와 혁신으로서의 패러독스를 논의한 바르트를 비롯해, 언어 의미의 비확정성 논의, 즉 '언어의 모든 용법은 궁극적으로 해결 불가능한 역설이나 아포리아(aporia)로 확산된다'는 주장을 한 포스트구조주의 이론가들에 의해 역설은 또 한번 그 중요성이 부각된다.

[김중현]

낯설게하기, 모순어법, 반어(법), 아포리아

참고문헌

· 김욱동, 『수사학이란 무엇인가』, 민음사, 2002.
· 롤랑 바르트, 『현대의 신화』, 이화여자대학교 기호학 연구소 역, 동문선, 1997.
· Cleanth Brooks, *The Well Wrought Urn*, Brace and World, 1947.

역언(逆言)법

F: prétérition(paralipse) *E:* paralipsis *D:* Paralipse

✳ 1. 어떤 사항에 대해 언급하지 않겠다고 말하면서 실제로는 넌지시 암시하거나 의미를 강조하는 표현법
2. 상황을 구성하는 중요 요소들 중 특정 부분을 의도적으로 생략함으로써 오히려 의미를 강조하는 서사 기법

Ⓐ

'말하지 않고 지나가다'라는 뜻의 라틴어 '프레에테레오(praetereo)'에서 유래한 말이다. 어떤 사항에 대해 언급하지 않겠다고 말하면서 실제로는 넌지시 암시하거나 의미를 강조하는 표현법이다. 생략법의 하나이고, 아이러니의 한 형태이기도 하다. '그의 무례함은 물론이고 그의 천박함에 대해서도 언급하지 않겠다', '우리가 여기 모인 것은 중대한 결정을 내리기 위해서라는 사실은 말할 필요도 없다'처럼 어떤 사실을 말하지 않겠다고 하면서도 언급하지 않겠다는 표현과 함께 말하려는 내용을 함께 언급함으로써 그 중요성을 강조하는 표현법이다.

우리말에서는 대개의 경우 '~는 말할 필요조차 없다', '~는 물론이고', '~에 대해서는 더 할 말이 없다'는 식의 표현이 문장 끝부분에 나타나지만, 서구어에서는 침묵을 위장하는 표현이 문두에 오고 그 뒤에 말하지 않겠다는 내용이 부연 설명되는 형태를 취하는 경우가 많다.

역언법을 도입하는 문장에서는 보통의 경우 부정문이 사용된다. 또한 "나는 보지 않으련다, 황금빛 낙조도/멀리 아르플레르 항구로 돌아오는 배들의 돛도"(빅토르 위고, 「내일은 새벽부터」, 『관조시집』)에서 볼 수 있듯이, 말뿐 아니라 행위(여기에서는 보는 행위)에 대해서도 적용할 수 있으며, 말이든 행위든 역언법을 사용하는 의도는 마찬가지다.

역언법은 화자가 말하려는 내용을 상대방(또는 청중)이 이미 알고 있거나 너무도 분명해서 논증을 밀고 나갈 필요가 없는 것처럼 말하지만 사실은 그에 대한 설명을 하지 않을 수 없는 상황에서, 또는 상대방이 지겨워하거나 불쾌해할 수 있는 주제나 논란의 여지가 있는 내용에 대해 관심을 유도하고 내용을 강조하려 할 때 자주 쓰인다.

이미 널리 알려진 사실이기 때문에 말하지 않겠다고 함으로써 상대방과의 일체감을 만들어 내는 동시에 반론의 여지를 미리 제거할 수 있으며, 상대방으로 하여금 주제의 중요성을 스스로 가늠케 한다. 또한 평범한 생각에 독창적인 모양새를 덧붙일 수도 있고, 말로는 표현하기 어려운 것을 어렵사리 묘사하고 있는 느낌을 줄 수도 있다.

B

서사학에서 역언법은 상황을 구성하는 중요 요소들 중에서 특정 부분을 의도적으로 생략함으로써 오히려 의미를 강조하는 기법을 말한다. 주네트는, 서술 기간 내에 포함되는 (중요) 정보, 즉 독자가 사건의 진행이나 중요인물의 행동을 이해하는 데 필요한 정보를 화자나 주인공이 의도적으로 전달해 주지 않고 일부러 제쳐두는 경우, 즉 일종의 '정보 제한'을 역언법이라 지칭한다. 이와 반대로 여러 가지 정보가 필요 이상으로 지나치게 많이 주어지는 경우, 즉 '정보 더 주기'를 파라렙스(paralepse, paralipse, paralepsis 등으로 표기)라 지칭한다.

예를 들어 탐정소설이나 미스터리에서 사건 해결의 단서가 되는 사항이 독자들에게 전달되지 않고 나중에 알려지는 것이 역언법의 대표적인 경우다. 결정적 단서가 미리 전달될 경우 서사의 긴장감을 유지하기 힘들기 때문에, 정보의 의도적 생략이나 지연은 극적 긴장을 유발하고 독자들이 계속해서 스토리 전개를 지켜보게 만드는 효과를 부여한다. 의도적인 생략으로 서술에서 빠졌던 부분들은 스토리 전개상 나타나는 공백을 보충하는 역할을 하는 후술법(회상)을 통해 보완되는 경우가 많다.

주네트에 따르면, 역언법은 서술의 시간을 건너뛰는 것이 아니라 요소를 피해가는 것이므로 초점화와 관련된 서술법 변조의 한 방법이고, 후술법은 서술의 시간과 관련된 시간교란의 한 방법이다.

[김계영]

묘사(기술記述), 생략(법), 서사, 서술, 선술법(예상, 사전제시, 프롤렙시스), 아나크로니즘/아나크로니(시간교란), 아이러니, 초점화, 후술법(회상, 소급제시, 아날렙시스)

■ 참고문헌

· 미케 발, 『서사란 무엇인가』, 한용환 외 역, 문예출판사, 1999.
· 시모어 채트먼, 『이야기와 담론』, 한용환 역, 푸른사상, 2006.
· Francisca Snoeck Henkemans, "La Prétérition comme outil de stratégie rhétorique", *Revue argumentation et analyse du discours*, no. 2, 2009.
· Gérard Genette, *Figure III,* Seuil, 1972.

연설의 세 가지 종류

F: trois genres oratoires *E:* three genres of speech
D: drei Gattungen der Rede

✵ 청중의 종류에 따라 구분되는 연설의 세 가지 종류, 즉 식장연설, 정책연설, 법정연설

A

연설이 성립되기 위해서는 연설가, 연설문, 청중이라는 세 가지 구성요소가 필요하다. 아리스토텔레스를 비롯해 그를 따르는 수사학자들은 연설을 청중의 종류에 따라 식장연설(칭찬, 비난), 정책연설, 법정연설로 구분한다.

식장(式場)연설은 제의적 연설(epideictic speech)이라고도 부르며 개인이나 집단에게 찬사를 보내거나 비난함으로써 연설에서 제시한 가치를 청중이 받아들이도록 설득하는 데 목적이 있다. 식장연설은 연설 대상을 명예롭게 하거나 수치(불명예)를 주는 것이 관건이기에 그의 미덕과 악덕에 논의를 집중한다. 장례연설이나 덕을 기리는 송덕연설 등이 이에 속한다.

제안설득과 반대설득으로 구성되는 정책연설은 새로운 정책을 통과시키거나 거부하게 하는 데 목적이 있다. 정책연설은 공동체의 유용성에 논의를 집중하며, 의회연설이 한 예다.

법정연설은 법정에서 행해지는 연설로, 고소와 변호를 목적으로 한다. 법정연설은 정당함과 부당함에 논의를 집중한다.

각 종류의 연설은 특정한 시제에 따라 표현되는데, 이는 '사안 중심'에 따른 분류이기도 하다. 식장연설은 지금 일어나고 있는 일에 관한 것이기에 현재형으로, 정책연설은 앞으로 일어날 일에 관한 것이기에 미래형으로, 그리고 법정연설은 이미 일어난 일에 관한 것이기에 과거형으로 표현된다.

B

키케로는 연설의 '표현'(아리스토텔레스는 '낱말'을 뜻하는 그리스어 '*Λέξις*'를 사용하는데, ‘문체’, ‘표현법’, ‘표현’, ‘화법’을 의미한다)에 관해 크게 세 가지로 나누어 논의한다.

첫째는 표현 방식에 의한 구분인데, 모든 표현은 자연(kata physin, 그 자체로 마음에서 흘러나온 것)과 조작(para physin, 통어(統語)·조제(調製) 된 종류)에 의한 방식으로 구별된다. 둘째는 표현 단위의 구분으로, 개별단어(형태론적 층위)와 문장(연결된 단어들, 즉 통사론적 층위)으로 구분된다. 셋째는 표현의 다섯 가지 덕목을 기준으로 표현 문제를 논의한다. 명확성, 간결성, 신뢰성, 선명성, 달콤함이 그것들로, ‘개별단어’와 ‘단어의 연결 구성’에 공통으로 적용된다.

키케로에 따르면, ‘명확성’은 일상 단어와 정상 배열에 의해서 가능하다. ‘간결성’은 개별단어에 의해서, 한 번에 한 사안만을 다룸으로써, 그리고 명백하게 말하고자 하는 것 이외에 다른 어떤 것도 취급하지 않음으로써 가능하다. ‘신뢰성’은 말이 너무 다듬어지거나 지나치게 세련되어 있지 않을 경우, 그리고 사람들의 상식과 관습에 어긋나지 않을 경우에 가능하다. 이를테면 각각의 표현(verba)이 각각의 상황과 의미가 요구하는 바(res)와 일치할 경우(그리스어로는 prepon(적절함)인데, 키케로는 decorum(데코룸)으로 번역함)가 그것이다.

‘선명성’은 표현 대상이 요구하는 정확한 의미값을 측정하여 그 값에 맞는 단어가 취사선택되고 은유나 과장, 관용구, 반복, 유의어가 사건을 보기 적절하게 재현할 때 가능하다. 선명성은 마치 눈앞에서 일어난 사건을 보고 있는 것처럼 만드는 표현 방식으로, 시각이 가장 민감하게 반응하며 마음 자체가 가장 강력하게 영향을 받는다. 말의 명확성을 높이는 데 기여하는 것은 모두 말의 선명성에도 적용되며, 명확성은 우리의 이해를 돕는 데 기여하지만, 선명성은 우리가 마치 현장에서 보고 있는 것처럼 만든다. 마지막으로 연설의 ‘달콤함’은 우아함에 의해서, 단어를 소리 낼 때의 즐거움과 부드러운 소리에 의해서, 연결을 통해서 가능하다.

Ⓒ

퀸틸리아누스는 청중의 종류에 따라 구분된 세 가지 연설의 목적은 각기 다르지만, 연설가라면 연설의 성격에 관계없이 감동과 매료라는 세 가지 목표를 달성해야 한다고 말한다. 이는 연설가는 어느 정도의 지적인 수준에서 청중을 교화해야 하고 심금을 울려야 하며 지루하지 않게 흥미를 지속시켜야 함을 뜻한다.

[김중현]

과장법, 데코룸, 문체, 반복(법), 은유, 재현(표상, 대표)

참고문헌

· 아리스토텔레스, 『수사학 I』, 이종오 역, 리젬, 2007.
· 키케로, 『수사학』, 안재원 편역, 길, 2009.
· 티모시 보셔스, 『수사학 이론』, 이희복 외 역, 커뮤니케이션북스, 2007.

영도의 글쓰기(글쓰기의 영도)

F: degré zéro de l'écriture *E:* writing degree zero
D: am Nullpunkt der Literatur

✺ **사회적, 집단적 차원의 언어와 개인적 차원의 문체(스타일) 사이에서, 어떤 이데올로기적 결정과 판단으로부터도 자유로운 중립적 글쓰기**

바르트(R. Barthes)의 첫 평론집 『글쓰기의 영도』(1953)에서 사용된 표현이다. '제로' 또는 '영도((零度)'는 언어학에서 사용되는 개념으로, 언어구사에서 특별한 표지를 갖지 않는 것(예를 들면 관사나 조응소를 의도적으로 사용하지 않는 것), 또는 규범과 동의어로 사용되기도 하는데 바르트는 이런 개념을 그의 저서에 도입한다.

『글쓰기의 영도』에서 바르트는 글쓰기(écriture)를 언어(langue)와 문체(style) 사이에 존재하는 형태적 실체로 보고, "창작과 사회 사이의 관계를 표현하는 기능"으로 이해한다. 바르트는 소쉬르의 랑그 개념을 이어받아 언어를 사회의 공통적인 의사소통과 표현의 틀, 즉 한 시대 모든 작가들에게 공통적인 규정 및 습관의 조직체라 보고, 문체를 작가의 비밀스런 개인적 신화 속에 빠져드는 자족적 언어행위로 정의한다.

바르트에 따르면 언어는 이미 존재하는 형식, 관습, 장르, 약호 들로 구성되어 있고 사회적인 목적에 의해 이미 확립된 것이어서 역사나 전통에 의해 고착된 것이고, 작가의 문체는 작가의 개인사와 개성이라는 '자연'에서 나오는 것, 즉 작가의 육체에서 '비자발적'으로 나오는 것이다. 언어와 문체는 어떤 작가도 피해갈 수 없는 '맹목적인 힘'이어서 작가가 선택할 수 있는 것이 아니다.

글을 쓰는 행위는 언어행위이고, 일상적 언어행위를 할 때 발화자는 사회적, 역사적 조건들 속에 있기 때문에 이들을 고려하지 않을 수 없다. 따라서 글쓰기는, 개인의 언어를 역사(이미 확립된 문학언어)와 단순히 연결시키는 것이 아니라, 사회에 대한 작가의 의식이 글을 쓰는 행위를 통해 투사되는 것이자 역사적 연대의식의 행위, 즉 작가의 선택과 이데올로기적 참여의 표현이 되는 것이다.

결국 글쓰기는 작가 자신의 능동적이며 의도적인 결단과 선택에 의해서만 가능한데, 그 과정에서 어떤 (이데올로기적) '판단과 외침들'에도 참여하지 않은 채 그것들의 가운데 위치하는 글쓰기, 즉 그것들이 부재하는 글쓰기가 바로 영도의 글쓰기다. 이것은 미리 정해진 고착된 문학언어에 속박되지 않는 글쓰기, 어떤 질서가 부가하는 모든 예속에서 해방된 글쓰기이기도 하다. 바르트는 이러한 글쓰기를 '영도의 글쓰기' 또는 '중립적 글쓰기', '백색의 글쓰기', '무구한 글쓰기', '냉정한 무감동의 글쓰기', 그리고 '불가능한 글쓰기'라 부른다.

바르트는 영도의 글쓰기가 일종의 직설법적인 글쓰기와 같다고 말한다. 그는 직설법을 언어학에서 말하는 중립항, 또는 제로항(자석의 남극과 북극 또는 전극의 양극과 음극처럼 서로 다른 성질을 갖는 극성의 양쪽 끝 중간에 위치하는 항)에 비유하면서, 영도의 글쓰기는 곧 '법이나 양태가 없는 글쓰기(écriture amodale)'라고 말한다. 또한 지나치게 명령적이거나 비장하지 않다면, 신문기자의 글쓰기 또한 영도의 글쓰기가 될 수 있다고 말한다.

바르트는 영도의 글쓰기에서는 고착된 문학 언어가 가지고 있는 사회적, 신화적 특징들이 폐기되거나 유보된다고 말한다. 그 예로 카뮈(A. Camus)의 『이방인』을 제시한다. 『이방인』은 하나의 질서를 나타내는 문학의 안전 체계에 속하는 서술적 과거(프랑스어의 단순과거나 과거완료를 말한다. 서술적 과거의 가장 중요한 기능은 하나의 원인과 결말을 가능한 한 가장 신속하게 결합시킴으로써 어떤 질서를 표현하는 것이다)와 삼인칭 시점(사회와 저자 사이의 해독 가능한 협약을 나타내는 기호이자 저자가 세계를 자신이 원하는 방식으로 유지시키는 수단이다) 대신 복합과거(영어의 과거시제와 현재완료시제에 해당하는 프랑스어의 과거시제)와 일인칭 시점을 사용함으로써 "형식의 이차적 참여를 통해 역사에 압도당하지 않는" 글쓰기를 보여준다는 것이다. 문학이 글쓰기에 원하지 않는 의미와 관습적인 연상, 전통적 약호와 지배 이데올로기를 부여한다면, 카뮈의 중립적인 백색의 글쓰기는 이러한 덫과 부가적 의미들을 피해 나가는 것처럼 보인다.

하지만 바르트에 의하면 글쓰기는 사회, 그리고 역사의 족쇄에 묶여 자유로울 수 없다. 따라서 중립적 글쓰기 양식도 어쩔 수 없이 '문학'과 지배문화로 흡수되고 동화될 수밖에 없고, 영도의 글쓰기는 '불가능한 글쓰기'가 될 수밖에 없다. 바르트가 보기에 혁명적 상태로 스스로를 유지하는 글쓰기는 존재하지 않기 때문에, 현대 작가들은 자유로운 글쓰기를 창조하려고 계속 애쓰지만 결국 그 글쓰기가 부르주아 문학으로 추락하고 마는 것을 경험하는 시지프스의 형상과 같다.

[김계영]

관사, 규범, 글쓰기, 문체, 시점, 작가(저자), 조응, 코드(약호), 형식

참고문헌

· 그레이엄 앨런, 『문제적 텍스트/롤랑 바르트』, 송은영 역, 앨피, 2006.
· 김주언, 「식민지 감옥을 견디는 글쓰기의 영도 - <태형>, <물> 그리고 <무명>을 대상으로」, 『현대소설연구』 44호, 2010.
· 롤랑 바르트, 『글쓰기의 영도』, 김웅권 역, 동문선, 2007.

영탄법

F: exclamation, interjection *E:* interjection *D:* Interjektion

✺ 감탄사나 감탄조사 따위를 이용해 기쁨, 슬픔, 놀라움과 같은 감정을 강하게 나타내는 표현법

'오, 아아, 아이고' 등의 감탄사나 '~구나, ~그려, ~(로)고' 등의 감탄조사, 감탄형 어미, 감탄부호 등을 이용해 기쁨, 슬픔, 놀라움과 같은 감정을 평상시보다 강하게 나타내는 표현법이다. 특히, 시에서 많이 사용되며, 시의 내용을 압축, 고조시키는 효과를 지닌다. "꽃이 지는 아침이면 울고 싶어라" "산산이 부서진 이름이여! 허공에 헤진 이름이여!" 등의 예를 들 수 있다.

[김계영]

오이디푸스콤플렉스

F: complexe d'Œdipe *E:* Œdipus complex *D:* Ödipus-Komplex

✵ 1. 오이디푸스왕 신화에서 프로이트가 차용한 용어로, 정신분석학의 기본 개념 중 하나
2. 3~5세 사이의 남근기에 자식 특히 남아가 부모와의 삼각관계에서 갖게 되는 심리로서, 어머니를 사랑하고 아버지를 증오하는 이중적인 욕망의 구조 혹은 원리
3. 인간 비극의 한 원형으로 연민과 카타르시스를 불러일으키는 문학의 주된 모티프의 하나

Ⓐ

‘오이디푸스왕 신화에서 프로이트가 차용한 용어로, 정신분석학의 기본 개념 중 하나’다. 아버지를 죽이고 어머니와 결혼한 오이디푸스왕 신화는 인류가 경험적으로 체험해 내재화된 무의식적 강박임을 프로이트는 여러 임상 및 문학작품들을 통해 확인하고, 이를 정신분석학적으로 논리화했다. 프로이트는 오이디푸스왕 신화를 모태로 ‘3~5세 사이의 남근기에 자식 특히 남아가 부모와의 삼각관계에서 갖게 되는 심리로서, 어머니를 사랑하고 아버지를 증오하는 이중적인 욕망의 구조 혹은 원리’를 오이디푸스콤플렉스라고 명명한다.

Ⓑ

남아의 어머니에 대한 애정은 아버지에 대한 거부감으로 연결되며, 이러한 거부감은 아버지의 부재, 궁극적으로는 아버지의 죽음, 정신분석학적 용어로 ‘부친살해(parricide)’의 욕망으로까지 이어진다. 오이디푸스콤플렉스는 남아와 남아의 절대적 사랑의 대상인 어머니 그리고 증오의 대상인 아버지 간의 삼각관계를 통해 형성된 무의식이다. 오이디푸스콤플렉스는 성장하면서 자신이 증오하는 아버지에 의해 거세당할지도 모른다는 두려움, 즉 아버지에 대한 두려움과 죄의식에서 비롯하는 거세콤플렉스에 의해 어머니에 대한 사랑을 포기하면서 극복된다. 사실 여기에는 한 인간의 차원을 넘어 오이디푸스콤플렉스의 인류학적이고 사회학적 의미가 내

재한다. 다시 말해 오이디푸스콤플렉스는 사회의 가장 기본 구조인 가족 제도를 유지하기 위해 근친상간의 금기라는 인류의 관습화된 원초적 억압에 대한 무의식적인 저항이라고 할 수 있으며, 반대로 거세콤플렉스는 사회문화체계에 대한 순응이라고 할 수 있다. 오이디푸스콤플렉스는 정상적인 성장 과정을 통해 사회문화체계에 적응하면서 자연스럽게 무의식 깊숙이 잠재화해 의식선상에서 은폐된다.

C

가족 환경에 따라 오이디푸스콤플렉스는 동성 부모에 대한 사랑과 이성 부모에 대한 증오로 나타나는 반대의 경우도 있지만, 일반적으로 이성 부모에 대한 사랑과 동성 부모에 대한 증오의 형태로 드러난다. 여아의 경우 이성인 아버지에게 애정을 느끼는 오이디푸스기 이전에 동성인 어머니에게 애착을 보이는 전-오이디푸스기를 거친다.

유아의 시원기(始原期)와 여성적 오이디푸스콤플렉스의 특수성을 밝히고자 하는 클라인(M. Klein)을 위시한 대상관계학파 정신분석학자들은 프로이트와 달리 오이디푸스기 이전 어머니와의 이자(二者)관계가 우세한 전-오이디푸스기를 중시하기도 한다. 여아의 거세콤플렉스는 형성과 쇠퇴 시기가 불분명한데, 이미 거세된 (것으로 오인하는) 여아의 경우 두려움보다는 부재하는 자신의 남근을 (아버지의) 아기를 가지는 것으로 대체하려는 남근선망적인 욕망의 지배를 받기 때문이다.

융(C.G. Jung)은 여아가 부모와의 삼각관계에서 갖게 되는 아버지에 대한 사랑과 어머니에 대한 증오의 심리를 엘렉트라콤플렉스(Electra complex)로 설명하기도 하지만, 프로이트는 "부모 중 한 명을 사랑하면서 동시에 다른 부모를 연적으로 증오하는 숙명적 관계의 성립은 오로지 남아의 경우에 한정된다"라고, 엘렉트라콤플렉스의 의미나 중요성을 거의 인정하지 않는다. 이러한 시각은 대상관계학파 정신분석학자들의 비판을 받는 바지만, 인류학적 관점과는 일맥상통하는 것이다.

오이디푸스콤플렉스는 인류 보편적인 가부장적 구조의 산물로, 결국 남성 위주의 인류적 강박을 설명하는 논리라고 할 수 있는데, 이는 오이디푸스콤플렉스가 정신분석학뿐 아니라 인류학의 사유 기반이 되는 이유이기도 하다. 하지만 한편으로 인류학자들은 아버지의 억압 기능이 없는 문화에서는 오이디푸스콤플렉스의 논리 자체가 무의미할 것이며, 그 문화에 따른 또 다른 핵심 콤플렉스가 내재할 수 있음을 강조한다.

D

신경증이 무의식의 병적 발현이라면, 문학은 무의식의 미학적 발현이라고 할 수 있다. 아리스토텔레스는 문학 서사의 가장 극적인 효과는 가족 간의 비극에서 비롯하는 것이라고 말한다. 인간 유아기의 역사를 간직한 가족사는 서사의 가장 기본적인 소재이며, 서사는 직접적이든 간접적이든 가족사의 이야기, 즉 가족소설의 다양한 변형들이다. 특히 가족 간의 비극적 사랑의 상처인 오이디푸스콤플렉스는 가족사의 원형적 트라우마라고 할 수 있다.

카타르시스는 인류의 원형적 트라우마, 그 비극적 무의식에의 감정이입, 곧 연민에서 비롯하는 것이다. 인간 보편의 비극성이 연민과 카타르시스의 모태라고 할 때, 그 비극성의 근저에는 무엇보다 오이디푸스콤플렉스가 자리하며, 그만큼 오이디푸스콤플렉스는 '인간 비극의 한 원형으로 연민과 카타르시스를 불러일으키는 문학의 주된 모티프의 하나'라고 할 수 있다.

문학 서사가 인간의 억압된 삶의 시기와 사유를 복원시키며, 때로 신경증적 독자를 치유로 이끄는 기능을 하는 것은, 문학 서사가 치유 기능, 즉 인류의 비극을 연민으로 승화시키는 힘을 가진 무의식의 담론이기 때문일 것이다. 이는 곧 오이디푸스콤플렉스가 인류 서사의 가장 기본적 모티프의 하나가 되는 까닭이기도 하다.

[류은영]

모티프, 서사, 원형

참고문헌

· 지그문트 프로이트, 『정신분석입문』, 서석연 역, 범우사, 1990.
· ＿＿＿＿＿, 『성욕에 관한 세 편의 에세이』, 김정일 역, 열린책들, 2006.

오토픽션

F: autofiction *E:* autofiction *D:* Autofiktion

✺ 자서전과 소설의 경계를 넘어 '소설의 규약'과 '자서전의 규약'을 혼합한 '이중적 규약'을 바탕으로 이루어지는 문학 장르

A

'자기'라는 의미의 '오토(auto)'와 '허구'라는 의미의 '픽션(fiction)'의 합성어다. 이 용어는 1977년 소설가이자 문학 이론가인 두브로프스키(S. Doubrovsky)가 자신의 소설 『아들』 뒤표지에서 처음으로 사용했다.

오토픽션은 프랑스 자서전 연구가 르죈(P. Lejeune)의 연구에 대해 두브로프스키가 던진 일종의 문제 제기로부터 비롯한 것이다. 르죈은 1975년 출간한 『자서전의 규약』에서 '소설의 규약'과 대조되는 '자서전의 규약'을 바탕으로 자서전에 대한 정의를 내린다. 르죈에 의하면 자서전의 규약은 화자와 등장인물, 저자의 동일성을 기초로 성립하는 것이다. 르죈은 소설과 자서전의 경계를 다음과 같은 도표로 설명한다.

인물 이름 → / 규약(pacte) ↓	(≠) 저자 이름과 다름	(=0) 이름 없음	(=) 저자 이름과 동일
소설의 규약	소설	소설	*
규약 없음	소설	불확정	자서전
자서전의 규약	**	자서전	자서전

오토픽션의 역사는 위의 도표에서 빈칸으로 남겨진 '*' 부분에서 시작된다. 르죈은 이 빈칸에 해당하는 작품이 존재하지 않는다는 결론을 내린다. 그런데 두브로프스키는 『아들』이 빈칸 '*'를 채우는 새로운 장르의 작품이라고 주장한다. 즉 『아들』의 '화자'와 '(등장)인물'은 '저자'와 동일해 자서전의 규약을 만족시키지만, 『아들』은 결국 자서전이 아니라 허구인 소설이라는 것이다.

이후 새로운 문학 이론에 목말라하던 프랑스 비평계는 이 새로운 유형의 글쓰기에 대해 활발한 논의를 벌인다. 그 결과 이 용어는 2003년 라루스 사전과 로베르 사전에 정식 표제어로 채택되며, 연구서들도 '소설'이나 '자서전'이 아닌 '오토픽션'이라는 타이틀로 꾸준히 출판되고 있다.

B

오토픽션의 가장 중요한 특징은, 이 장르가 '자서전의 규약'과 '소설의 규약'이라는 모순된 두 규약의 혼합인 '오토픽션의 규약'을 바탕으로 하고 있다는 점이다. 이런 의미에서 '오토픽션의 규약'은 '모순적 규약(pacte oxymoronique)'이라 규정되기도 한다.

그런데 오토픽션 규약의 제창자는 두브로프스키도 르죈도 아닌, 프랑스 현대 작가 모디아노(P. Modiano) 연구자 로랑(T. Laurent)이다. 로랑은 『파트릭 모디아노의 작품. 오토픽션』에서 이 용어를 처음으로 사용하며 규정을 내린다. 로랑은 오토픽션 규약의 본질적 특성으로 '애매성'을 꼽는다. '오토픽션' 개념 자체에 자전적 요소와 허구적 요소가 함께 포함되어 있기 때문에 '오토픽션의 규약'은 태생적으로 '혼종적'일 수밖에 없다는 것이다.

말하자면 오토픽션의 규약은 '반-사실적(mi-véridique)'인 동시에 '반-허구적(mi-fictif)'이라 할 수 있다. 이런 점을 고려해 로랑은 '애매성'을 오토픽션의 본질로 파악하고, 그러한 본질 때문에 오토픽션 작가가 자서전 작가보다 더 '솔직하게' 자신의 체험을 글로 표현할 수 있다고 주장한다.

C

오토픽션에 대한 논의는 오토픽션을 하나의 새로운 문학 장르로 보는 진영과 그렇지 않은 진영으로 나뉘어 진행되고 있다. 오토픽션을 단지 자서전의 변형된 형태, 곧 의혹의 시대에 나타난 자서전의 '아바타'로 보는 후자의 대표적 인물이 라우엥(M. Laouen)이다.

그는 오토픽션을 하나의 '혼종적 괴물'로 본다. 오토픽션은 저자, 화자, 인물의 동일성을 바탕으로 하는 동시에 그 동일성이 결국은 '허구'라는 모순을 전제로 하는 장르라는 것이다. 그래서 라우엥은 오토픽션이 갖는 이와 같은 특징 때문에 독자들의 '기대지평'에 혼란을 빚을 수 있다고 주장한다. 독자들은 '분열적 글쓰기'를 그 자체로 이용하는 오토픽션 안에서 '진실'을 기대할 것인지 아니면 '거짓'을 기대할 것인지를 놓고 일관된 입장을 유지하지 못하는 '분열' 상태에 빠지게 된다는 것이다. 이런 이유로 라우엥은 오토픽션을 하나의 새로운 문학 장르로 인정하는 것을 거부한다.

하지만 라우엥과 정반대의 입장을 취하는 진영에서는 오토픽션을 1977년에 등장한 하나의 새로운 문학 장르로 인정하려 한다. 오토픽션의 규약이 가지는 모순성과 혼종성, 그로 인한 애매성을 긍정적으로 해석하고, 이와 같은 특징의 오토픽션 글쓰기를 자서전의 한계를 극복할 수 있는 효율적인 방법론으로 보는 것이다.

이 진영에서 자신들의 주장을 뒷받침하기 위해 내세우는 이론적 근거의 하나가 정신분석학이다. 예컨대 르카름(J. Lecarme)은 오토픽션을 옹호하기 위해 "자아의 심급은 사회적 결정 이전부터 허구의 노선 속에 위치한다"는 라캉(J. Lacan)의 주장을 빌린다. 르카름은 라캉의 논리를 바탕으로

'나'는 '허구적인 나'일 수밖에 없고, 그 같은 '나'를 포착하기 위한 자전적 글쓰기는 근본적으로 '허구'가 내포된 글쓰기일 수밖에 없다고 역설한다.

20세기 인문학의 혁명을 가져왔다는 언어학, 특히 구조주의 방법론에 의거하는 언어학의 논리도 오토픽션 지지자들에게 힘을 실어준다. "자아는 언어의 산물에 불과하고, 인간 존재는 발화행위에 의해서만 존재할 뿐"이라는 구조주의자들의 주장에 따르면 '진실성' 개념의 유효성은 무의미한 것이 되고 만다. 뿐만 아니라 '원본'과 '모사품'의 경계, '현실'과 '상상'의 경계, '실재'와 '가상'의 경계 해체를 기치로 내세우며 한 인간에 대한 '진실'과 '거짓'은 결코 명확하게 구분될 수 없는 것이라 생각하는 포스트모던적 사유 또한 오토픽션의 성립 논리를 강화하는 주요 논거라 할 수 있다.

오토픽션의 성립 논리를 들뢰즈(G. Deleuze)와 가타리(F. Guattari)가 주창한 '소수집단' 이론에서도 찾을 수 있다. 그 근거는 지금까지 오토픽션 작가를 자칭한 이들이 주로 유태인, 동성애자, 페미니스트 등이라는 사실이다. 가령 '쇼아(Shoah)' 이후에 '예술이 과연 가능한가'라는 질문에는 그 어떤 예술적 도구로도 나치 치하에서 유대인들이 겪었던 고통과 슬픔을 재현해낼 수 없다는 절망어린 판단이 담겨 있다고 할 수 있다. 이와 같은 상황에서 전통적인 글쓰기를 버리고 새로운 글쓰기, 예컨대 '사실'에 '허구'를 혼합하는 글쓰기를 선택하는 것은 재현 불가능한 것을 재현 가능케 하는 유효한 방법의 하나가 될 수도 있는 것이다.

[외부집필-변광배]

글쓰기, 발화(작용)/발화문, 인물/인물구성, 자서전,
작가(저자), 장르, 픽션(허구), 혼종화/혼종

참고문헌

· *Autofiction(s)*, Colloque de Cerisy 2008, sous la direction de Claude

Bergelinm, Isabelle Grell et Roger-Yves Roche, Presses Universitaires de Lyon, 2010.
· Jacques Lecarme, "L'Autofiction: Un Mauvais genre?", *Autofictions & Cie, Colloque de Nanterre*, sous la direction de Serge Doubrovsky, Jacques Lecarme et Philippe Lejeune, RITM, no. 6, Presses Universitaires de Paris X, 1992.
· Philippe Gasparini, *Autofiction - Une Aventure de langage*, Seuil, 2008.
· Serge Doubrovsky, *Fils*, Galilée, 1977.
· Vincent Colonna, *L'Autofiction. Essai sur la fictionnalisation de soi en littérature*, Thèse de doctorat inédite dirigée par Gérard Genette, EHESS, 1989.

완곡어법

F: euphémisme *E:* euphemism *D:* Euphemismus

✳ **수치, 불쾌, 공포의 감정을 불러일으키는 직접적이고 노골적인 단어나 표현을 완곡하고 부드러운 단어나 표현으로 바꾸어 나타내는 표현법**

Ⓐ

완곡어법은 '기분 좋게 또는 기쁘게 말하다'를 뜻하는 그리스어 'euphemismos'에서 유래한 것으로, 거칠고 상스러워 품위가 없거나 불쾌한 금기어를 기분 좋게 하거나 기분을 상하지 않게 하는 단어로 바꾸어 표현하는 기법이다. 이 기법은 주로 완서법이나 우언법의 수단을 동원해 금기시된 주제, 두려움과 혐오스러움을 주는, 특히 죽음이나 더러운 것, 신체 부위, 성(性) 등에 관련된 것을 말할 때 부정적 의미를 함축한 표현이나 생각을 부드럽게 하거나 완화하기 위해 자주 사용된다.

이와 반대 개념인 위악어법(dysphemism, 불쾌한 언어 기법)은 비방하거나 깎아내릴 때 사용되며 주로 정신적·육체적 결함, 성차별적 발언, 사람을 동물에 비유하는 방식으로 표현된다.

B

완곡어법의 주요 유형으로는 비유적 표현, 우회적 표현, 일대일 대응 표현, 무관계(irrelevant) 표현 등이 있다.

비유적 표현은 완곡어법 중 가장 많이 사용되는 장치다. 동서양을 막론하고 가장 많이 사용되는 완곡어법은 '죽다'에 관한 표현이다. 죽음은 두려움에 근거한 금기어에 해당하기에 우리말에서는 대개의 경우 '돌아가시다', '하늘나라로 가다', '더 좋은 세상으로 가다', '잠이 들다' 등과 같은 완곡한 표현을 사용한다.

우회적 표현은 뉴스나 신문과 같은 매체에서 자주 사용한다. 예를 들면 위악어법인 '가정부', '식모'를 '가사도우미'로, '청소부'를 '환경미화원'으로, '가난한 사람'을 '혜택 받지 못하는 사람'으로 완곡하게 표현한다. 특히 성(性)과 생리에 대한 표현을 직접적이고 노골적으로 표현하는 것을 더욱 꺼리는 동양 문화에서는 수치심을 피하기 위해 이러한 완곡어법('오줌싸다→소변보다', '뒷간→변소→화장실', '궁둥이→둔부→히프')을 자주 사용한다.

일대일 대응 표현은 상위어를 사용한 완곡어법과 하위어를 사용한 완곡어법이 있다. 전자는 의미의 확장이, 후자는 의미의 축소가 이루어진다. 이는 특히 청자(독자)에 대한 공손원칙이 많이 반영된 표현이다.

무관계 표현은 불쾌한 어휘를 의미론적으로 관계없거나 무의미한 어휘로 대체하는 장치다. 예를 들면, 'die'에 대한 완곡어법으로 죽음과는 관계없는 관용구 'hang up one's hat', 'call off the bets', 'cash one's checks' 등을 사용한다.

이 외에도 완곡어법의 장치로는 단축, 두문자어, 생략, 삭제 등이 있다. 또한 일상용어 대신 다른 언어에서 차용한 학문 용어나 특수한 은어 사용, 격식 있는 언어 대신 대화체 언어 사용 들도 여기에 해당된다.

C

완곡어법은 경어법처럼 강한 구속력을 지니지는 않지만, 사회·문화적 관계나 배경에 의한 관습에서 유래되는 것이기 때문에 지키지 않으면 체면손상을 입게 된다. 따라서 완곡어법은 정보 전달 기능 외에 상대방에게 상처를 입히지 않기 위해 공손하고 우회적인 표현을 사용함으로써 체면 유지 효과를 주는 공손원칙 기능이 반영된 것이라 볼 수 있다. 그러나 완곡어법은 위선이나 두려움 때문에 진리가 왜곡되거나, 원래 의미가 애매모호한 표현으로 바뀌어 전달될 수 있다는 단점이 있다.

[이종오]

공손이론, 단축(어), 상하위어관계, 완서법, 은어

참고문헌

· 김태엽, 『한국어 대우법』, 역락, 2007.
· 박영순, 『한국어 화용론』, 박이정, 2007.
· Keith. Allan, Kate. Burridge, *Euphemism & dysphemism: Language used as shield and weapon*, New York University Press, 1991.
· Penelope Brown, Stephen Levinson, *Politeness: Some universals in language usage*, Cambridge University Press, 1987.

완서법

F: litote *E:* litotes *D:* Litotes

✺ 1. 곡언, 겸손, 절제의 표현으로 사용하는 수사법
2. 긍정의 완서법과 부정의 완서법이 있다.
3. 문학이나 언어행위에서의 문체 효과는 과장의 결과를 가져온다.

A

그리스어 '리토테스(litotēs)'에 어원을 둔 수사법으로 '소박함', '단순함'의 의미가 있으며, '노래를 못하는 가수는 아니야(not a bad singer)' 또는 '불행하지 않아(not unhappy)'의 형식과 같이 반대(어)를 부정함으로써 강한 긍정의 효과를 내는 기법이다. 완서법의 문채는 '축소법 또는 줄여서 말하기(understatement)'와 마찬가지로 겸손의 의미를 전달하기 위해서도 사용된다.

B

완서법을 설명하는 적합한 기준은 의미의 '곡언(diminution)'이나 '경감'에서 비롯된다. 완서법의 개념은 과장법(hyperbole)과는 반대로, '최상의 것을 표현하기 위한 최소의 것'이라는 의미 효과를 가지고 있다. 완서법은 절제와 경의로써 표현하고자 하는 사상이나 사물을 의도적으로 경감시키면서 더 많은 효과를 암시하는 문채다. 이 경우 완서법은 외견상 경감이나 완화의 의미를 나타내는 표현처럼 보이지만 최종의 의미 효과는 그 반대인 과장(overstatement)의 결과를 초래하게 된다.

C

완서법의 구조는 '긍정의 완서법'과 부정문의 형식을 띤 두 종류의 '부정의 완서법'으로 나타난다. 긍정의 완서법은 강조부사(enough, little, a little)를 첨가하거나, 아주 강한 어휘 대신 약화된 어휘를 사용함으로써 이루어진다. 예를 들면, "나는 그를 매우 좋아해"라는 의미 정보를 전달하기 위해 "나는 그를 조금 좋아해"를 사용하는 경우다. 강조부사를 사용한 긍정의 완서법은 완곡어법(euphemism)과 매우 유사하다. 브뤼셀 학파인 그룹 뮤(Groupe μ)는 긍정적 완서법을 '제1의 완서법' 또는 '진정한 완서법'이라 부른다.

이와는 다르게 부정의 완서법은 하나의 평가적 표현이 부정에 의해 곡언되는 것으로, 이중부정에 의한 '제2의 완서법'("나는 눈물이 없는 사람을 사랑하지 않는다")과 어휘적 중합현상에 기초하는 반대(어)의 부정에 의한 '제3의 완서법'("나쁘지 않아", "나는 너를 미워하지 않아")과 같은 두 종류 형식을 구분하고 있다. "나는 너를 미워하지는 않아"라는 부정 완서법의 사용은 결국 '나는 너를 무척 사랑해'를 나타내기 위해 사용하는 강한 긍정, 즉 과장법의 의미 효과를 가진다.

그러나 부정의 요소와 더불어 사용하는 완서법은 상황이나 맥락에 따라 가변적일 수 있기 때문에 확정된 구조체는 아니다. 이를테면 부정문이 항상 완서법은 아닌 것이다.

D

완서법의 정의나 형식 구조는 문체적 표시와 의미 효과에 대한 정보를 충분히 제공하지 못하기 때문에 완서법의 의미적 기준을 재설정할 필요가 있다. 예컨대 부정 완서법의 표현("미워하지 않아")은 긍정의 표현("무척 사랑해")과 의미적 등가를 이루고, 대체되는 긍정의 표현보다 더 넓은 의미 범위를 갖기 때문에 완서법 형성에 필요한 이원적 자질을 지닌 어휘의미의 대립관계('미워하다'-'사랑하다', '나쁘다'-'좋다')를 관찰할 필요가 있다.

완서법의 표현 구조에 관해서는 특정한 어휘들의 등급에 따른 의미 범위에 대해 볼링거(D. Bolinger)가 서술한 '어휘등급(degree words)'의 개념이 매우 중요하다. 또한 완서법은 그라이스의 대화격률 가운데 질의 격률과 양의 격률을 위반하며, 리치의 공손의 원칙, 즉 정중어법(grammar of politeness)을 위한 언어 사용의 간접전략이 되기도 한다.

[이종오]

참고문헌

· Dwight Bolinger, Degree words, *Janua linguarum,* series maior 53, Mouton, 1972.
· Geoffrey Leech, *Principles of pragmatics,* Longman, 1983.
· Groupe μ, *Rhétorique générale,* Larousse, 1970.
· Jules Marouzeau. *Lexique de la terminologie linguistique*, Geuthner, 1933.
· Paul Grice, "Logic and conversation", *Syntax and Semantics,* vol. 3, New York Academic Press, 1975.
· Terence Langendoen, Thomas Bever, "Can a not unhappy person be called a not sad one?", *An Integrated theory of linguistic ability*, T.Y. Crowell/Harper & Row, 1977.

외연

F: dénotation *E:* denotation *D:* Denotation

✳ 1. 어떤 개념이 적용되는 대상의 집합
2. 단어나 기호가 일상적으로 갖고 있는 중심적인 의미나 지시적인 의미

A

내포와 외연의 대립 개념은 스콜라 논리학에서 빌려온 개념이다. 스콜라 논리학에서는 하나의 개념에 대한 정의를 나열에 의한 정의(외연)와 의미 내용에 의한 정의(내포)로 나누었다. 외연이란 어떤 개념이 적용되는 대상의 집합을 말한다.

B

외연은 내포와 더불어 단어나 기호의 지시적 의미와 중심적 개념을 구별하기 위해 의미론, 기호학, 문학에서 사용되는 용어다. 이때 단어나 기호가 특별한 문맥에서 획득할 수 있는 연상적 의미나 은유적 의미를 배제한다. 어휘 항목의 사전적 정의는 바로 외연적 의미에 근거하고 있다. 그러나 외연과 내포를 명확하게 구별하기 어려운 경우가 흔히 존재한다. 가령 '군대의'라는 단어는 군대나 군인과 연관되어 있다고 사전에 정의되어 있다. 그러나 공동의 문화를 공유하는 사람들은 이 단어에서 '제복, 행진, 훈련, 힘, 남성성, 엄격한 공동생활' 등의 연상 의미를 즉각적으로 느낀다. 이처럼 많은 경우에 외연과 내포를 정확히 구별하기가 쉽지 않다.

[고광식]

내포, 은유, 지시(관계)/지시대상

운

F: rime *E:* rhyme *D:* Reim

✺ 1. 각 시행의 동일한 위치에서 동일음을 주기적으로 반복하는 체계
2. 율격과 더불어 시의 형식미를 구성하는 핵심적인 요소

A

운은 각 시행의 동일한 위치에서 동일음을 주기적으로 반복하는 규범 체계이며, 압운(押韻)이라고도 부른다. 이는 음운 강세의 주기적 회귀를 통해 시의 음악성을 높이는 것이다. 서구에서 운(韻)은 오랫동안 산문에

대비되는 시법(詩法)의 형식을 지칭했으며, 라틴어 '리스모스(rythmus)'에서 나온 리듬(rythme)과 쌍형어라 생각해 중세까지 혼용되었다. 운이 현대적인 의미로 사용되기 시작한 것은 14세기부터였고, 16세기에 리듬과 분명하게 구분된다. 운과 리듬이 같은 어원에서 파생된 것인지에 대한 논의는 아직도 계속되고 있다.

B

운은 동일음의 주기적 반복으로 만들어진 체계로, 모든 언어의 시법에 필수적인 요소는 아니다. 예를 들어, 고대 라틴시와 그리스시의 음량 율격과 한국 시의 음절 율격에는 운이 없거나, 혹 있다 하더라도 매우 예외적이고 시인 개인적인 취향에 따른 것이다. 그러나 프랑스 시법에서 운은 음절 율격과 함께 형식미를 구성하는 매우 핵심적인 요소이며, 특히 각 시행의 마지막 강세 모음의 교차와 변화를 조직적으로 체계화한 양식이다.

이처럼 프랑스 전통시에서 운은 시행(詩行)과, 시절(詩節, 연), 시편(詩篇)을 구조화하는 중요한 역할을 한다. 프랑스 시에서 가장 많이 사용하는 운의 구조에는 평운(aabbccdd처럼 이어질 수 있음), 교차운(abab) 그리고 포옹운(abba)이 있다. 다음은 포옹운으로 구조화한 4행 시절의 예다.

> Dans l'interminable /abl/ a (광야의 한없는)
> Ennui de la plaine /ɛn/ b (권태 속에)
> La neige incertaine /ɛn/ b (희미한 눈이)
> Luit comme du sable. /abl/ a (모래처럼 빛난다.)
>
> - 폴 베를렌(P. Verlaine), 「잊힌 아리에타(Ariette oubliée) VIII」

이처럼 시행의 마지막 음절에 동일모음반복(assonance)을 중심으로 구조화한 운을 각운이라고도 부르는데, 이는 주로 서양시에서 나타나는 양식이다. 그러나 동일자음반복(allitération)이 시행의 초두에 나타나는 몽골시와 같은 경우도 있는데, 이런 양식을 두운이라고 부른다.

C

20세기 구조주의 시학에서 운은 율격과 맞물려 시행을 구성하는 핵심적인 요소로 정의되면서, 전통 시법의 범위를 넘어 언어학 연구의 대상이 된다. 특히 시의 구성원리가 등가성(equivalence) 원리에 있다고 보는 야콥슨(R. Jakobson) 시학에서 운은 시행과 시절, 시편을 조직적으로 구조화하여 형식미를 생성하고 특수 의미 효과를 연출하는 것으로 간주된다. 이후 몰리노와 가르드-타민(J. Molino & J. Gardes-Tamine), 코르눌리에(B. Cornulier), 아키엥(M. Aquien), 아루이(J-L. Aroui) 등의 언어학자들에 의해 운은 언어학의 중요한 연구 대상이 되어 그 논의가 지속되고 있다.

[외부집필-최인령]

두운, 리듬(시), 반복(법), 시법, 시행, 율격

참고문헌

· 로만 야콥슨, 『일반언어학 이론』, 권재일 역, 민음사, 1989.
· 이진성, 『프랑스 시법 개론』, 만남, 2002.
· Benoît de Cornulier, 1995, *Art poétique. Notions et problèmes de métrique*, Presses Universitaires de Lyon, 1995.
· Jean-Michel Gouvard, *La Versification*, PUF, 1990.
· Jean Molino, Joëlle Gardes-Tamine, *Introduction à l'analyse du poésie, vers et figures,* vol. 1, 1982; *De la strope à la construction du poème*, PUF, vol. 2, 1988.
· Michèle Aquien, *La Versification appliquée aux textes*, Nathan, 1993.

운율

F: mètre(rime) *E:* meter(rhyme) *D:* Metrum(Reim)

운율은 시의 율격과 운(rime)을 합해서 부르는 말인데, 율격 대신 잘못 사용되는 경우가 많다. 운율과 율격은 전통 시법의 핵심 요소로서 시의 형식미를 가장 잘 드러내는 것이며, 각 민족의 언어 체계에 따라 규범화되어 있다. 세계적으로 율격은 운보다 더 보편성을 지닌다. 즉, 세계 모든 언어의 시법은 기본적으로 율격 체계를 갖추고 있다. 한편, 운이 규범 체계로 정착되지 못한 경우는 한국 전통시를 포함해 상당수가 있다.

[외부집필-최인령]

시법, 운, 율격

원형

F: archétype *E:* archetype *D:* Archetypus

✻ 1. 본래의 형(型), 나아가 집단 무의식의 원초적이고 보편적인 상징
2. 문화적 함의를 지닌 모든 이야기의 모델이 되는 기본 모티프
3. 문학작품 속에 기본적으로 반복해 나타나는 인류 보편적인 인물상, 행동양식, 이미지, 상징, 모티프, 테마 따위

A

그리스어의 어원적 의미는 '본래의 형(original pattern)'이다. 흔히 전형과 유사한 개념으로 쓰이지만, 전형은 본보기 즉 모범적인 것 혹은 대표적

인 것을 의미한다는 점에서 본래의 것을 의미하는 원형과는 구분된다. 구어에서 원형은 '전형적인 무엇' 혹은 '완벽한 예'를 가리키기도 하지만, 문학비평의 범주에서 원형은 '다양한 문학작품 속에 기본적으로 반복해 나타나는 요소로서, 인류 공통의 의미와 공감을 자아내는 보편적인 인물상, 행동양식, 이미지, 상징, 모티프, 테마 따위'를 의미한다.

B

원형이라는 용어가 문학비평을 중심으로 한 문체론적 범주에서 담론화되기 시작한 것은 인류학자 프레이저(J. Fraser)의 『황금가지』와 융(C.G. Jung)의 집단심리학 연구 그리고 프라이(N. Frye)의 문학비평 연구에 힘입어서다.

프레이저는 『황금가지』에서 다양한 문화권의 신화와 종교, 제의 등을 비교 연구하여 그 속에 보편적으로 담긴 본원적인 양식, 즉 원형이 있음을 밝혔다. 예컨대 죽음과 소생의 모티프는 여러 신화에 반복해 등장하는 인류의 기본 모티프, 즉 원형이라는 것이다.

융은 태초 이래 인류가 되풀이했던 경험들을 통해 인간 정신 깊숙이 내면화된, 인류 본원의 원초적이고 보편적인 집단무의식을 역설했다. 집단무의식은 인간의 정신 속에 내재하는 까닭에 직접적으로 드러나지 않으며, 그 원초적 이미지라고 할 수 있는 원형을 통해 상징적으로 재현된다는 것이다. 따라서 우리는 인류의 원초적 담화인 신화, 종교, 꿈 그리고 문학 속에서 인간의 집단무의식을 재현하는 원형들을 찾을 수 있다. 실제로 문학비평가 프라이는 인류의 수많은 작품 속에 동일한 유형의 인물상, 이미지, 모티프 등이 반복적으로 나타남을 밝혔다.

C

문학작품에서 원형을 찾는다는 것은 신화나 꿈에 나타나는 일련의 통시적 유형을 문학작품 속에서 선별해 내는 것을 의미한다. 다시 말해 인류의 관념, 사상, 상상력의 상징적 보고라고 할 신화나 꿈은 집단무의식의 발현인 원형인물과 원형모티프를 근간으로 하는 원형서사의 전형이며, 문학은 그러한 신화로부터 파생된 변형, 즉 신화의 창조적 재현이라고 할 수 있다. 문학작품은 원형인물(어머니, 영웅, 악마 등), 원형모티프(여행, 모험, 탐험, 사랑, 경쟁, 희생, 복수, 부활 등), 원형이미지(아니무스, 아니마, 그림자) 등으로 짜여 있다. 우리가 지금도 수 세기 전의 셰익스피어를 공감하는 것이나, 릴케를 읽고 카타르시스를 느끼는 것은 시대와 공간을 불문하고 인간 정신 구조에 원형이 통시적으로 잠재되어 있기 때문이다.

[류은영]

모티프, 상징, 이미지, 인물/인물구성

참고문헌

· 노드롭 프라이, 『비평의 해부』, 임철규 역, 한길사, 2000.
· 제임스 프레이저, 『황금가지』 I, II, 장병길 역, 삼성출판사, 1990.
· Carl Gustav Jung, *The Archetypes and the collective Unconscious* (Collected works, vol. 9, part 1, translated by R. F. C. Hull), Pantheon Books, 1959.

유머

F: humour　*E:* humor　*D:* Humor

✻ 마음을 즐겁게 해주거나 웃기는 독특한 형태의 말 또는 행동

A

유머는 중세 및 르네상스 시대의 생리학 용어로서 개개인의 기질과 관계되는 네 종류의 체액(four cardinal humours, 현재의 호르몬 같은 의미)을 뜻했다. ① 다혈질(sanguine)의 쾌활한 성질, ② 흑담즙질(melancholy)의 우울한 성질, ③ 점액질(phlegm)의 둔중한 성질, ④ 담즙질(choleric)의 성을 잘 내는 성질의 배합에 의해 한 인간의 성질이 정해진다고 보았다.

17세기 초 영국의 극작가 존슨(B. Jonson)은 괴팍한 성질의 사람을 청중의 웃음을 자아내기 위해 희극에 의도적으로 등장시켰다. 그의 독특한 양식의 희극을 유머 희극(Comedy of humors)이라 했는데, 아직 유머가 우스운 것이란 뜻은 갖지 않았으며, 이때부터 괴팍한 성질이 불쾌하거나 병적이라기보다는 우습고 재미있는 것으로 통념화되었다.

정답고도 긍정적인 형태의 희극성을 뜻하는 유머가 유행하기 시작한 것은 산문문학이 발달한 18세기부터다. 18세기 영국에서 시작해 유럽 전역으로 퍼져 나간 감상주의와 결합한 유머는 작고 보잘것없는 것에 대해 애정을 보이는 감상주의 정신을 갖게 되었으며, 풍자나 조롱과는 달리 긍정적이면서 정겨운 희극의 성격을 지칭하는 용어가 되었다.

B

유머는 위트의 대조로 곧잘 사용되는데, 상호대비로 둘의 차이가 확연히 드러난다. 위트가 지적인 능력을 바탕으로 하는 데 반해 유머는 웃음의 대상에 대해 동정과 사랑의 감정을 품고 있다. 위트가 단순히 눈앞에 보이는 하나하나의 현상에 단도직입적인 반응으로 나타난다면, 유머는 포괄적인 자세로 폭넓게 인생을 관조하는 태도라고 할 수 있다.

유머는 성격적이고 기질적이기 때문에 태도나 동작, 표정, 말씨 등에 광범위하게 나타나지만, 위트는 언어적 표현을 떠나서는 생성될 수 없다. 위트는 서로 다른 사물에서 남이 보지 못하는 유사점을 찾아내어 그것을 경구나 격언 같은 압축되고 정리된 말로 재치 있게 표현하는 지적 능력인

데 반해 유머는 인간에 대해 선의를 가지고 그의 약점이나 실수, 부족을 같이 즐겁게 시인하는 공감적인 태도다.

[김중현]

아이러니, 풍자

참고문헌

· 지그문트 프로이트, 『농담과 무의식의 관계』, 임인주 역, 열린책들, 2003.
· 윤순식, 『아이러니』, 한국학술정보, 2004.

유음중첩법

F: paronomase *E:* paronomasia *D:* Paronomasie

✻ **유사음을 결합하거나, 의미적으로 대립되는 유사음을 가진 어휘들을 중첩 또는 반복하는 수사법**

Ⓐ

유음중첩법은 라틴어 'paronomasia'에서 온 말로 유사음을 가진 어휘들을 중첩 또는 반복해 문장의 리듬감을 살리거나 풍자 또는 패러디의 효과를 거두기 위해 사용하는 수사법이다. 넓은 의미에서 일종의 말놀이라고 볼 수 있으며, 음의 유사성뿐만 아니라 의미적 대립을 강조하기 위해서도 사용한다. 이 수사법은 음성적이고 형태적인 부분 변형을 통해 어휘의 결합관계를 창출하는 전형적인 텍스트 구성 방식으로 구술시(oral poetry)에서 자주 볼 수 있으며, 유음중첩법에 사용되는 동음이의어(homonymy)와 유음어(paronymy)에 근거를 두고 있다.

B

유음중첩법은 작시법에서 거론되는 두운법(alliteration)이라는 일종의 음성적 상징과 유사한 것이라 할 수 있다. 유음중첩법은 광고 슬로건, 속담, 책이나 글의 제목 등에서 자주 볼 수 있으며, 음소와 음절의 교환, 전후 이동, 연장, 첨가 등의 음의 반복 원리를 통해 문장에 생생한 표현력, 언어유희를 제공한다.

① 현금이 실현하는 현실 앞에서, 회사 같은 사회가, 치정 같은 정치가
② Narcissism-Man's crisis 나르시시즘-남자의 위기
③ I like Ike. 나는 아이크를 좋아한다.
④ Rats Kill-Kill Rats 쥐가 죽다-쥐를 죽이다
⑤ Bridel, débridez vos instincts. 브리델, 당신의 본능을 폭발시키세요.
⑥ Femme boniche, femme potiche 하녀와 같은 여자, 실권이 없는 여자
⑦ Qui vole un oeuf vole un boeuf. 계란도둑이 소도둑 된다.

유음중첩법은 철자교환법(anagram, 단어나 음소나 음절을 재배열하여 새로운 의미를 만드는 구성법)에 속한다고 할 수 있으며, 음성학적 내텍스트성(intratextuality, 하나의 텍스트 안에서 실현되는 변화의 구조)을 보여준다. 유사음의 연쇄를 통한 음의 '유사성' 원리는 텍스트의 음성적 등가성을 강화한다. 다시 말해, 음성적 등가성을 실현하기 위해 음의 유사성을 지닌 어휘들을 특별히 선택하고 결합하여 텍스트에 배열하는 것이다.

C

유음중첩법은 의미상의 관계를 비추어 보면 임의적이고 이차적이지만,

의미의 강도를 크게 심화시켜 준다. 또한 동어반복적인 음성학적 패러디나 말놀이와 마찬가지로 텍스트의 리듬감을 살리고 의미상으로도 골계(滑稽) 생성의 효과를 낸다. 뿐만 아니라 음악적 효과를 한층 고양하며, 어휘들의 의미를 효율적으로 연상하여 음성 상징성의 효과를 가져다준다.

[이종오]

동음이의어, 두운, 말놀이(말장난, 언어유희), 패러디, 풍자

참고문헌

· 김욱동, 『수사학이란 무엇인가』,민음사, 2002.
· 김진우, 『언어-그 이론과 응용』, 탑출판사, 1985.
· 올리비에 르불, 『수사학』, 박인철 역, 한길사, 1999.
· 츠베탕 토도로프, 『상징과 해석』, 신진 역, 동아대출판부, 1987.
· 황석자, 『문체의 문채』, 어문학사, 1997.
· Roger Fowler, *Linguistic criticism,* Oxford University Press, 1986.

유추

F: analogie *E:* analogy *D:* Analogie

✷ 1. 서로 다른 형태나 성질을 지닌 것들에서 서로 닮은 요소들을 찾아내는 방법 또는 그러한 공통의 속성 자체

2. 어떤 언어 형식이 의미나 기능, 음성 형태가 비슷한 언어 형식에 동화되어 변화하거나 그러한 형식이 새롭게 창조되는 심적 과정

Ⓐ

'새로, 다시'를 뜻하는 접두사 'ana-'와 '말씀', '이성'을 뜻하는 'logia'

를 합성한 그리스어 '아나로지아(analogia)'에서 나온 말이다. 시와 그림처럼 서로 다른 영역에 속하고 전반적으로 공통점이 전혀 없지만, 상호비교를 통해 뚜렷한 유사함을 보여주는 두 대상, 개념, 현상 간의 부분적인 유사성을 지칭한다. '유비추리(類比推理)'의 줄임말로, '유비'라고도 한다.

철학에서는 둘 이상의 현상들이 어떤 속성, 관계, 구조, 기능 등에서 서로 같거나 비슷하다는 점에 기초하여 그 현상들이 다른 속성, 관계, 구조, 기능에서도 같거나 비슷하리라고 추리하는 논리적 과정을 이른다. 유추는 일정하게 구역을 정해 나누어 놓는 분리의 사유가 아니라 잇고 결합하는 종합의 사유다.

본래 수학, 논리학과 수사학의 한 개념에 불과하던 유추는 세세하게 분석하고 분류하는 근대적 이성의 논리를 비판하는 도구로써 미학적 용어가 되었다. 주체와 타자를 이분법으로 가르며 타자를 대상화하고 배제시켜 나가는 근대적 이성의 원리와는 달리, 타자를 끌어들여 주체와 화해시키는 유추는 서로 같지 않은 것들에서 공통적인 속성을 발견하고 이를 바탕으로 이질적인 것들의 소통과 연결을 가능하게 하는 개념이다.

이처럼 유추는 차이와 비판을 만드는 동일성(identity)의 사유 방식인 근대적 이성과는 달리, 서로 다른 차이를 유지하면서 차이가 나는 것들의 조화를 꾀하는 사유 방식이다. 그것은 서로 같지 않은 것들에서 비슷한 요소들을 찾아냄으로써 가능하다.

B

언어학에서는 '어떤 언어 형식이 의미나 기능, 음성 형태가 비슷한 언어 형식에 동화되어 변화하거나 그러한 형식이 새롭게 창조되는 심적 과정'을 지칭하며, 연결주의(connectionism) 관점에 기반을 둔 어휘부(lexicon)에서 자주 논의되는 개념이다.

어휘적 연어(lexical collocation)의 형성과 관련해 이해하면, 유추는 어휘부에 저장된 언어 표현 간의 유사성에 근거하여 유사한 도식(schema)의 연어 표현이 만들어질 것이라는 추론으로, 화자에게 익숙한 기존의 연어들로부터 새로운 연어를 만들어 내는 과정이 된다.

예를 들어 영어에서, 'reap/reaped', 'seem/seemed'에서 유추하여 'sweep'의 과거형을 'swept' 대신 'sweeped'로, 'dream'의 과거형을 'dreamed'로 사용하거나, 'book/books' 'dog/dogs'에서 유추하여 차용어인 'curriculum'의 복수형을 'curricula' 대신 'curriculums'로, 'medium'의 복수형을 'media' 대신 'mediums'로 사용하는 경우 등이다.

한국어에서도 이러한 예를 찾을 수 있다. 현대 국어의 부사 '서로'와 '바로'의 중세 국어 형태는 '서르'와 '바ᄅᆞ'인데 '함부로', '저절로' 따위의 '-로'에서 유추하여 '서로', '바로' 등으로 변화된 것이다. 또한 '뻥튀기'는 원래 '뻥튀기다'에서 '-다'가 탈락해 형성된 것인데, 사람들이 '-다'를 탈락시킨 이유는 '뻥튀기다'의 '-기-'를 명사 접미사 '-기'라고 생각했기 때문이다.

이러한 유추의 개념은 어휘부에 대한 연결주의 관점이 대두되면서 단순히 불규칙한 형태에 대한 변화 이유가 아니라 단어 형성 기제인 '규칙'을 대신할 개념으로 등장한다. 그래서 규칙에서 벗어난 예외적인 어휘 현상을 설명하던 기존의 관점과는 달리 유추를 새로운 단어의 주된 형성 기제로 보는 것이다.

C

문학작품에 나타난 유추는 유사한 개념인 은유와 비교하면 이해하기 쉽다. 유추는 관계 유사성(예컨대 원자와 태양계의 비교) 정도가 높고 속성 유사성(예컨대 보름달과 쟁반의 비교)은 거의 없는 비교를 한다. 은유는 거의 대부분 관계 비교를 많이 사용하기 때문에 본질적으로 유추라고 할 수 있지만, 은유와 유추는 다음과 같은 점에서 다르다.

첫째, 은유는 유추보다 구조적으로 변화가 심하다. 즉 은유는 속성대응과 관계대응 둘 다 가능하고, 때로 유추적 유사성의 기초인 구조 일치성

(structural consistency)을 위반하기도 한다. 둘째, 은유는 표현적 · 정서적 목적에 주로 쓰이고, 유추는 설명적 · 예언적 목적에 많이 쓰인다.

[문재은]

도식(도식이론), 은유, 작품, 형식

참고문헌

· 김진우, 『은유의 이해』, 나라말, 2005.
· 나은미, 「유추를 통한 한국어 어휘 교육」, 『한국어학』 40권, 한국어학회, 2008.
· 이현주, 『유추에 의한 과학개념 학습효과』, 이화여자대학교 박사논문, 2004.
· 조은영, 「어휘적 연어의 형성과 유추」, 『한국어학』 48권, 한국어학회, 2010.
· 주재우, 「유추를 통한 설득 표현 교육연구」, 『국어교육』 32권, 한국어교육학회, 2007.

유표적/무표적

F: marqué/non-marqué *E:* marked/unmarked *D:* Markiert/Unmarkiert

✻ 기본 형태가 아니거나 자연스럽지 못한 형태가 유표적 형태이고, 기본 형태거나 자연스러운 형태가 무표적 형태다.

A

'유표적'이라는 용어와 '무표적'이라는 용어 사이의 대립은 문체론을 포함한 언어학의 모든 영역에서 자주 사용된다. 유표성(markedness)이란 용어는 1930년대 투르베츠코이(N.S. Trubetskoi)의 음운론에 등장한 이후, 로만 야콥슨(R. Jakobson)에 의해 더욱 발전했다.

'유표성'이란 기본적으로, 언어에서 두 개의 상호 배타적 대립 성분들 사이의 대립을 가리키는 이항대립(binarism)이라는 구조적 원칙을 확장한 것이다. 이항대립이란 예를 들어 영어의 자음들이 '유성'과 '무성'이라는 대조자질을 통해 서로 대립관계를 맺고 있는 것과 같은 관계를 말한다(예: /b/와 /p/, /d/와 /t/). '유표적'이란 용어는 적극적 혹은 비(非)관례적 가치를 가질 수 있고, '무표적'이란 용어는 소극적, 정상적 혹은 중립적 가치를 가질 수 있다. '+' '-'라는 상징기호가 각각의 가치들에 대한 표시법으로 흔히 사용된다.

형태론에서 유표적 형태들은 성이나 수를 가리키기 위해 단어의 기본형(그 자체로 중립적이거나 무표적임)에 첨가된 첨사들에 의해 어떤 의미를 가리키는 형태들이다(예: elephant-s(복수), lion-ess(여성)). 영어뿐만 아니라 많은 언어에서 여성은 유표적으로 표시되고, 무표적 형태들은 남성지시를 나타내기도 하고 종칭적(종의 전체를 가리키는 표현) 표현으로도 사용된다(예: man, dog). 페미니스트 언어학은 언어에서 여성이라는 유표적 표시가 '비정상'이거나 '열등성'이란 내포 의미를 지닌 것(예: governor-governess, 남성인 전자는 '주지사'로 해석되지만, 여성인 후자는 흔히 '여자 주지사'가 아닌 '여자 가정교사'나 '주지사 부인'으로 해석된다)으로 평가되지 않도록 노력을 기울이고 있다.

B

유표성 개념은 문법뿐만 아니라 형태론, 통사론, 의미론, 문체론, 문학 같은 영역으로 확대되었다. 그러나 어떤 형식이 더 유표적이고 덜 유표적인지를 결정하는 기준이 다양하기 때문에 유표성이란 매우 애매한 개념이다. 어떤 형식이 음성적으로, 음운적으로, 형태론적으로, 통사적으로, 의미론적으로 유표적인가를 명확히 말해야만 모호성이 해소된다. 어떤 기준은 유표성을 통계적 사용빈도에 따라 설명하고, 어떤 기준은 유표성을 분포에 따라(예를 들어 러시아어에서 유성음과 무성음이 단어의 마지막 분절음으로 올 경우

양자는 무성음으로 중화된다. 따라서 러시아어의 경우 /p/가 분포적으로 넓기 때문에 무표적인 음운이고, /b/가 분포적으로 좁기 때문에 유표적인 음운임), 또 어떤 기준은 주제에 대한 우리의 직관을 통해(예를 들어 우리가 흔히 호랑이를 '잔인하다'고 판단하기 때문에, 호랑이의 잔인성은 호랑이의 자질에 대한 무표적 성질이고, 호랑이의 부드러운 새끼 보호 본능은 유표적 성질임) 유표성을 정의하기도 한다.

언어학과 문체론에서 유표성은 현저한, 비관례적인 혹은 어떤 면에서 통계적으로 일탈된 모든 자질이나 패턴을 가리키기 위해 사용된다. 패턴의 예를 들면 인도유럽어 계통 언어에서 가장 많이 보이는 '주어+동사+목적어' 형태의 문장은 무표적 어순이고, 그 외에 주어, 동사의 도치나 목적어, 주어의 도치에 의해 생성된 문장은 유표적 어순이다.

문학언어에서 첫 소리를 반복하는 두운은 유표적 음성장치다. 문학언어에서 동사의 생략이나 어순의 도치를 이용한 문체 변형 문장은 통사적으로 유표성을 드러내어 독자의 관심을 끌게 된다.

[고광식]

문체론(문체학), 이항대립(론)

참고문헌

· 권재일, 『일반 언어학 이론』, 민음사, 1989.
· 신문수, 『문학 속의 언어학』, 문학과지성사, 1989.
· Edwin L. Battistella, *The Logic of Markedness*, Oxford university press, 1996.
· Henning Andersen, "Markedness and the Theory of Linguistic Change", H. Andersen (Ed.), *Actualization Linguistic Change in Progress*, John Benjamins Publishing Company, 2001.

율격

F: mètre *E:* meter *D:* Metrum

✻ 1. 운문 혹은 율문을 구성하는 기본 요소
2. 소리의 주기적 반복 구조로 이루어진 규범 체계

Ⓐ

율격(律格)은 '측량 및 측정'을 뜻하는 그리스어 '메트론(metron)'에서 파생된 용어로, 소리의 일정한 반복 양식을 수량으로 표시한 규범 체계다. 율격의 3요소는 소리와 반복성과 규칙성인데, 이 3요소를 갖춘 텍스트를 운문 또는 율문이라 한다. 이미 아리스토텔레스의 『시학』에서부터 율격은 운문(율문)과 산문을 구별해 내는 변별적 자질로 나타난다.

그러나 모든 운문이 시는 아니다. 또한 율격은 리듬(율동)과 구분된다. 리듬도 소리의 반복으로 이루어진 것이지만 규범 체계가 아니기 때문에 규칙성과 불변성을 지니지 않는다. 따라서 리듬은 있으나 율격이 없는 것이 산문이다.

Ⓑ

율격은 언어의 음성적 자원을 바탕으로 이루어진 까닭에 민족의 언어적 특성과 밀접하게 연결되어 있고, 그에 따라 다양한 율격 체계가 생겨났다. 소리의 규칙적인 반복의 기저단위가 무엇인가에 따라 율격 체계는 크게 '강세율격(accentual meter)', '음량율격(quantitative meter)', '음절율격(syllabic meter)', '고저율격(tonal meter)'으로 구분된다. 또한 율격은 하부단위를 갖는다. 강세율격과 음량율격의 하부단위는 강음과 약음, 혹은 장음(長音)과 단음(短音)의 조합에 의한 음보(foot)이고, 음절율격은 음절(syllable)이 하부단위를 구성한다.

강세율격은 음절의 강 · 약을 기저단위로 하며, 강음과 약음의 교차 및 변화로 이루어진 음보의 반복을 조직적으로 체계화한 율격 체계다. 즉, 하나의 강음과 두 개의 약음이 조합해 이루어진 음보는 강약약격(dactyl)의 율격을 만들고, 하나의 약음과 하나의 강음은 약강격(iambic)을 만들며, 또 강약격(trochee), 약약강격(anapest) 등이 있다. 강세가 의미 변화에 영향을 미치는 영어와 독일어 시가 이 율격 체계에 속한다.

음량율격은 음절의 장 · 단(長短)을 기저단위로 하여 장음과 단음의 교차 · 변화를 조직적으로 체계화한 율격 체계다. 즉, 하나의 장음과 두 개의 단음의 조합으로 이루어진 음보는 장단단격의 율격을 만들고, 하나의 단음과 하나의 장음은 단장격을 만든다. 고대 그리스어와 라틴어 시가 이에 속한다.

음절 율격은 흔히 음수율이라고 부르는 것으로, 음의 강세 및 장단, 고저와는 관계없이 일정한 음절의 수에 따라 만들어진 율격 체계다. 음의 강세 및 장단, 고저가 의미 변화에 영향을 미치지 않는 한국 시와 일본 시, 그리고 프랑스와 이탈리아의 남유럽계 시가 이에 속한다. 예를 들면, 한국 시의 음수율을 흔히 3 · 4조 혹은 4 · 4조라고 말한다(청산리/ 벽계수야// 수이 감을/ 자랑마라). 프랑스 시는 음절 하나로 이루어진 단음절 시행에서부터 12개의 음절로 이루어진 12음절 시행까지 있다.

고저율격은 음절수의 규칙에 음의 높낮이(성조)의 교차 · 변화를 첨가한 율격 체계다. 중국의 4언(四言)시, 5언(五言)시, 7언(七言)시가 이에 해당한다.

C

20세기에 시학이 언어학의 연구 영역으로 떠오르면서 율격 연구는 언어학 연구와 불가분의 관계를 맺으며 발전하는데, 이는 야콥슨(R. Jakobson)의 구조주의 시학에서 본격적으로 시작된다. 야콥슨은 언어로 시라는 예술작품이 되게 하는 것은 언어 및 음운의 배열에 의한 구조에 있다고 보고 그 구조의 기본 원리로 등가성 원리(반복)를 제안한다. 율격 체계는 이 원리에 기초해 규범화된 대표적인 사례로 시의 형식미를 가장 잘 드러낸다.

코르눌리에(B. de Cornulier)는 등가성 원리에 바탕을 둔 율격 체계의 언어학적 연구를 더욱 체계적으로 발전시킨다. 최근에는 구바르(J-M. Gouvard), 아루이(J-L, Aroui), 아키엥(M. Aquien) 등의 언어학자들이 연구하고 있다.

[외부집필-최인령]

리듬(시), 반복, 시법, 운

참고문헌

· 로만 야콥슨, 『일반언어학 이론』, 권재일 역, 민음사, 1989.
· 성기옥, 『한국시가율격의 이론』, 새문사, 1986
· 아리스토텔레스, 『시학』, 김한식 역, 웅진씽크빅, 2010.
· 오세영, 「한국시가 율격 재론」, 『한국 근대문학론과 근대시』, 민음사, 1996.
· 이진성, 『프랑스 시법 개론』, 만남, 2002.
· Benoît de Cornulier, 1995, *Art poétique. Notions et problèmes de métrique*, Presses Universitaires de Lyon, 1995.
· Jean-Michel Gouvard, *La Versification*, PUF, 1990.
· Jean Molino, Joëlle Gardes-Tamine, *Introduction à l'analyse de la poésie, vers et figures*, vol. 1, 1982; *De la Strophe à la construction du poème*, PUF, vol. 2, 1988.
· John Lotz, “Metric typologye”, Thomas A. Sebeok (Ed.), *Style in language*, The M.I.T. Press, 1978.
· Michèle Aquien, *La Versification appliquée aux textes*, Nathan, collection 128, 1993.

은어

F: argot *E:* argot *D:* Rotwelsch

✻ 1. '부랑배'를 일컫는 말로 어떤 특수집단이나 계층에서 쓰이는 특수한 언어 표현
2. 전문어, 비속어와 동의어로도 사용

A

'부랑배'라는 의미의 프랑스어 '아르고(argot)'에서 차용한 은어는 17세기까지는 떠돌아다니며 도둑질을 일삼는 부랑배들의 언어를 일컫는 말로서, 특수집단이나 계층에서 쓰이는 특수한 언어 표현이었다. 은어가 갖는 이러한 부정적 관념 때문에 비어, 속어와 함께 하류계층에서 주로 사용되었다. 19세기에 이르러 은어는 그 의미 영역이 더욱 확대, 적용되어 다양한 특수집단의 구성원들 사이에서 사용되는 다양하고 개성 있는 특수어를 일컫게 되었다.

은어는 우리말로 변말, 즉 '남이 모르게 저희들끼리만 쓰는 암호말' 또는 '숨기는 말'로 정의된다. 예들 들면 '감옥'은 변말로서 '빵', '벽돌집', '붉은집'으로, '뇌물'은 '약'으로, '전과기록'은 '별', '살인'은 '작업' 등으로 통한다.

현대적 의미로 은어는 특정 부류의 사람들, 즉 은어집단(은어집단으로는 의사나 철학자, 불량배, 군인, 사회운동가, 디자이너, 음악가 등이 있다)이 사용하는 전문용어로 비밀, 유희, 친교 등을 목적으로 한다. 실제로 어떤 특정 집단의 세계에서 사용되는 은어는 그 집단에 소속되지 않은 일반대중이 쉽게 파악하지 못하기 때문에 은밀한 느낌을 준다.

은어는 직업상의 전문어(jargon, 법률, 과학 등 전문지식 분야에서 사용되는 특수언어) 또는 비속어(slang, 저속하게 말할 때 사용하는 언어로 'boy'를 'yob불량소년'으로, '배', '머리'를 '배때기', '꼴통'으로 표현하는

경우)와 동의어로 사용될 정도로 그 구분이 뚜렷하지 않다.

B

은어는 은비(隱祕)적 기능, 유희적 기능, 친교적 기능, 신성화 기능 등을 갖는다. 은비적 기능은 은어가 특정한 일부 사람들끼리만 통용하며 그 어법이 특수해서 일반인들이 이해하지 못하는 기능이다. 예를 들면 '감옥'을 '콩밥'이라는 말로 자주 사용하는 것과 같은 언어이다.

유희적 기능의 은어는 풍자, 해학 등 개방적 집단에서 자주 사용하는 것으로, '권총(낙제점수인 F학점)'과 같이 일종의 말장난으로 사용하는 은어다. 친교적 기능은 특정 집단에서 통용되는 은어 행위가 동질적 집단의식과 친밀감을 만들어 내는 역할을 말한다.

성별적 기능은 옛 왕궁이나 수도원의 궁정인('수라-왕의 식사'), 종교인('박나물-돼지고기')들과 같은 특수집단에서 특권이나 신성함을 표현하는 은어의 역할로 특권화된 또는 신성화된 기능이다. 이러한 의미에서 은어는 비밀어(秘密語)가 된다.

C

은어는 형식적이지 않은, 대중적, 구어체적, 저속한 등의 표지를 갖는 '비형식적 구어체'라는 언어 사용역(register)에 속한다. 은어는 은유, 차용(일본어 차용의 '시다바리'의 경우 '시다이(밥)'+'-바리(사람)'), 단어 형태의 변형(신조어 생성에 많이 이용되는 축소사, 확대사, 단축어 등), 의미 변화 등의 다양한 방법을 이용하는 언어변이형 중 하나인데, 일반적으로 어휘적 측면에만 국한되며 특정 집단 고유의 어휘 의미를 부각시키거나 강조한다.

은어의 사용은 담화에서 화자들 간의 거리를 좁히기도 하며, 은어가 갖는 유머러스하거나 위협적인 뉘앙스는 대화를 성공적으로 이끌기 위한 전략이 되기도 한다.

은어는 예전에는 집단 구성원들 사이의 비밀을 지키기 위한 것으로 한정했지만, 요즘은 풍자, 해학, 말장난 등 보다 다양한 목적에 사용된다. 또한 폐쇄적 집단의 암호로써 은비성(隱秘性), 위장, 금기, 풍자성의 필요에 의해 발생하며, 집단 구성원의 귀속의식, 욕구불만으로 인한 반항적 심리, 유희적 쾌감, 새로운 것을 요구하는 욕망 등을 나타내는 상징으로 탈바꿈하기도 한다. 은어는 격언, 속담 등의 대중화 형식으로 소통하기도 한다.

[이종오]

단축(어), 말놀이(말장난, 언어유희), 상징, 신조어, 은유, 차용어, 풍자

참고문헌

· 장태진, 『국어 변말의 연구』, 태학사, 1995.
· 주경복, 「한-불 은어 비교를 통한 언어의 사회 심리적 기능 연구」, 『언어』, 한국언어학회, 1990.
· Pierre Guiraud, *L'Argot,* PUF, 1973.
· Denise François-Geiger, *Les Argots*, Gallimard, 1968.
· __________, *L'Argoterie*, Sorbonnargot, 1989.

은유

F: métaphore *E:* metaphor *D:* Metapher

✻ 1. 사물, 행동, 관념 등을 본래의 의미를 넘어 다른 의미로 옮기는 수사법
2. 언어 표상을 간접적이고 암시적으로 표현하는 문체
3. 유추를 통해 본래의 의미를 새로운 의미로 전이시키는, 가장 널리 쓰이는 문채 혹은 전의

A

은유는 그리스어로 'metaphora(μεταφορά)'다. 'meta(over)'는 '~을 지나', '~을 넘어', 'phora(carrying)'는 '운반하다', '옮기다'를 뜻하므로, 어원적으로 은유는 사물이나 행동, 관념을 '본래의 의미를 넘어 다른 의미로 옮기기'를 뜻한다.

일반적으로 은유되는 본래의 의미를 원관념, 은유하는 다른 의미를 보조관념이라 하는데, 은유는 모호하고 불확실한 원관념을 상대적으로 이미 잘 알려진 구체적인 보조관념으로 옮기는 수사법이다. 즉 은유는 원관념을 보조관념이라는 의미가 다른 매개를 통해 표현한다. 예컨대 '사랑은 장미다'처럼 '사랑'을 '장미'라는 겉으로 보기에 이질적인 매개를 통해 에둘러 표현한다.

또한 은유는 직유처럼 '~같이', '~듯이' 따위의, 유사성을 직섭적으로 명시하는 조사나 부사 등을 사용하지 않고 원관념을 보조관념과 암묵적으로 동일화해 간접적으로 암시한다. 그러므로 은유에 의한 의미의 전이는 비약적이고 모호하기 쉬우며, 그만큼 은유의 의미망은 풍부하고 함축적이 된다. '사랑'과 '장미'라는 서로 이질적인 두 표상의 동일화가 단번에 이루어지기 때문에 의미의 전이가 비약적으로 일어나 여러 의미가 압축된 다의적 의미망을 함축하게 된다.

이러한 사실을 들어 존슨(S. Johnson)은 은유를 "한 단어로 압축된 직유"라고 설명한다. 이처럼 은유는 '언어 표상을 간접적이고 암시적으로 표현하는 문체'다.

B

야콥슨에 따르면, 은유와 환유는 각각 유사성과 인접성에 입각한 수사적 이원성이며 언어의 양극성이다. 다시 말해 은유는 유사성에 입각한 문채이고 전의이며, 결국은 언어의 일반적 과정이다. 따라서 은유는 '유추를 통해 본래의 의미를 새로운 의미로 전이시키는, 가장 널리 쓰이는 문채 혹은 전의'라고 정의할 수 있다.

은유의 공식은 (원관념을 X, 보조관념을 Y라 할 때) X=Y로, 원관념 X는 유추에 의한 은유를 통해 새로운 의미의 보조관념 Y로 전이된다. X와 Y, 예컨대 '사랑'과 '장미' 간의 의미 전이를 이해하기 위해서는 두 표상의 유추 가능한 유사한 속성, 즉 아름답지만 가시 돋친 속성의 상호 의미관계를 유추해 내어야 한다. 은유는 그 의미관계가 겉으로 명시적으로 드러나지 않기 때문에 풍부한 다의성을 함축하며, 특히 X와 Y 간의 의미관계가 비약이 심할수록 비유 효과는 더욱 강렬하고 풍부해진다. 그러므로 X와 Y의 관계는 기표적으로는 X=Y이지만, 기의적으로는 단순히 Y로만 환원되지 않고, Y 이상의 X×Y의 의미로 풍부해진다.

은유는 직유와 마찬가지로 이질적인 두 표상 간의 결합으로, 비교의 양식이지만 은유의 X와 Y는 비교를 나타내는 연결어 없이 결합되므로 상호 비약적인 의미관계를 이루면서 전이된다. 은유의 전이는 다층적으로 이루어지며 다의적 효과를 나타낸다. 이 같은 관점에서 수사학 연구 그룹 뮤(μ)는 은유를 두 제유의 결합이라고 규정한다.

은유가 유사성의 관계로 이루어진다면 제유는 환유처럼 인접성의 관계로 이루어지는 수사법이다. 제유는 일반적으로 ('나는 빵이 없다'라고 말할 때 '빵'이 '식량'을 의미하는 것처럼) 부분이 전체를 표현하는 수사법이지만, 전체가 부분을, 특수한 것이 일반적인 것을, 일반적인 것이 특수한 것을 표현하기도 한다. 그룹 뮤는, 은유는 이 네 가지 제유 중 두 가지 이상의 제유를 통해 형성된다고 설명한다. 예컨대 '철의 여인 대처'라는 표현은 '철'이라는 '특수한 것'을 통해 '강한 사물'이라는 '일반적인 것'을 연상한 다음, 이를 다시 '한 강한 사람', 즉 대처라는 '특수한 대상'으로 전이시킨 경우로, 두 제유가 결합된 은유라고 할 수 있다.

C

아리스토텔레스는 언어의 특성을 논한 『시학』 22장에서 “중요한 것은 은유에 능한 것이다. 이것만은 남에게서 배울 수가 없는 것이며, 천재의 징표다. 왜냐하면 은유에 능하다는 것은 서로 다른 사물들의 유사성을 재빨리 간파할 수 있다는 것을 뜻하기 때문이다”라고 간략히 기술하며 은유의 중요성을 강조하긴 했지만, 실제로 은유를 길게 논한 것은 『수사학』에서다. 아리스토텔레스가 은유를 『시학』이 아니라 『수사학』에서 본격적으로 다루었다는 것은, 그가 은유를 문학보다는 말의 기교로, 즉 수사학적 기법으로 인식했다는 것을 의미하며, 이러한 인식은 근대에 이르기까지 유럽 문학 이론의 오랜 지배적 사상이었다.

하지만 수사학과 시, 혹은 수사학적 은유와 시적 은유는 상당한 차이가 있으며, 현대에 들어 시적 은유는 문체론의 주된 논제가 된다. 수사학적 은유 역시 낱말을 장식하고, 새로운 의미를 만들어 내며, 유추적 관계에 대한 지적 호기심을 자극하지만, 그럼에도 소통을 위한 지시적 선명성을 지닌다. 게다가 상당수는 반복적으로 또 보편적으로 사용됨으로써 ‘세월은 무상하다’, ‘빛나는 태양’, ‘인생의 굴곡’ 등의 예처럼 원관념과 보조관념이 이미 하나의 의미나 관념으로 굳어버린 ‘죽은 은유’가 되기도 한다.

반면 시적 은유는 수사학적 은유와 마찬가지로 유사성의 원리를 따르지만, 그 고유의 의미 효과는 오히려 유사성보다 차이성에 의해 드러난다. 예컨대 이육사의 「순정」의 마지막 행 “겨울은 강철로 된 무지갠가 보다”를 보면, ‘겨울’과 ‘무지개’ 간에는 유추 가능한 의미 요소가 거의 없다. 은유가 지나쳐 마치 남용이나 오용, 즉 카타크레시스로 이해할 수도 있다. 하지만 두 관념은 시 속에서 필연적 의미관계를 이룬다.

김춘수의 무의미시, 이승훈의 비대상시와 같은 현대의 추상시는 흔히 이러한 수사학적으로 설명하기 어려운, 다시 말해 문맥 밖에서는 의미관계를 유추하기 어려운 은유, 즉 ‘절대은유’를 즐겨 사용한다. 그렇다고 절대은유가 곧 예술성을 담보하는 것은 아니다. 모든 문체의 가치는 상대적인 것이며, 절대은유 역시 작품의 문맥 속에서 그 진정한 의미와 미(美)를 부여받는 것이기 때문이다.

D

수사학적 은유에서 시적 은유에 이르기까지, 은유는 유형에 따라 유추가 단순할 수도 복잡할 수도, 심지어 문맥을 떠나서는 불가능할 수도 있다. 하지만 은유는 어느 유형이든 모두 유사성에 입각한 문체다. 유사성은 두 관념 간의 결합관계를 유추 가능케 하는 지시적 기능을 한다. 그러나 은유에 있어 두 관념 간의 유사성 못지않게 유사성 속의 차이성 역시 중요한 기능을 한다. 실제로 은유가 다양한 유형으로 분류되는 것은 바로 이 유사성 속의 차이성의 결합에 따른 의미론적 변용의 정도와 효과에 따른 것이다.

일반적으로 은유는 크게 치환은유와 병치은유의 두 유형으로 구분한다. 치환은유는 논리적 유추에 따른 가장 전형적인 은유로, 다시 단순은유, 확장은유, 액자은유의 세 가지 유형으로 나눈다. 단순은유는 하나의 원관념에 하나의 보조관념이 결합되는 은유이며, 확장은유는 하나의 원관념에 둘 이상의 보조관념이 결합되는 은유, 그리고 액자은유는 은유 속에 또 다른 은유가 들어 있는 은유를 말한다. 하나의 원관념에 하나의 보조관념이 결합된다는 관점에서 단순은유는 흔히 알레고리가 되기도 한다. 병치은유는 유사성이나 동일성보다는 차이성을 기반으로 완전히 새로운 의미효과를 창출하는 은유다. 휠라이트(P. Wheelwright)에 따르면, 병치은유란 서로 완전히 이질적인 수소와 산소가 결합해 물을 생성하듯, 유사성이 전혀 없는 두 표상이 결합해 완전히 새로운 의미를 창출하는 은유를 말한다. 즉 병치은유는 병렬과 종합을 통해 새로운 의미를 창조하는 은유다. 이러한 병치은유는 문맥 밖에서는 유추가 불가능하다는 점에서 절대은유와 일맥상통한다.

또한 사유의 층위에 따라 초월은유, 치환은유, 절대은유로 구분하기도 한다. 초월은유는 논리적이기보다 신비주의적인 세계관에 기댄 은유를 말한다. 자아와 사물 혹은 세계와의 일치 내지 동일화를 추구하는 초월은유는 인간 본연의 가장 단순한 은유로 인류의 원초적 보편성, 통일성에 대한 희구의 표현이다. 초월은유는 인간의 보편성에 호소하는 까닭에 죽은 은유의 속성을 띠기도 한다. 치환은유는 이성주의적 세계관에, 절대은유는 해체주의적 세계관에 기댄 은유로, 치환은유는 상대적으로 지시적 선명성을 띠며, 절대은유는 주관성의 극대화로 극히 모호하고 낯선 의미 효과를 창출한다.

그리고 표현 방식이나 의미 효과에 따라 암시적 은유, 혼합적 은유, 죽은 은유로 구분하기도 한다. 혼합적 은유는 둘 이상의 은유가 결합된 유형으로 대체로 유추하기 난해한 경우가 많다. 이렇게 은유는 초월은유처럼 세계와의 동일화를 극단적으로 추구할 수도 있고, 절대은유처럼 오로지 자아의 관념만을 추구할 수도 있다. 치환은유처럼 유사성이 선명할 수도, 병치은유처럼 차이성이 극명할 수도 있다. 하지만 각 유형의 은유가 함축하는 다양한 가치와 효과는 어구 자체가 아니라 문맥 속에서 드러나는 의미론적 변용에 있을 것이다.

E

아리스토텔레스 이래로 은유는 논리적 유추이며, 유추는 심리학적 용어로 전이다. 말하자면 은유는 세계와 동일화되고 싶은 인간 욕망의 표현이다. 따라서 은유의 근거는 유추 가능한 유사성, 다시 말해 전이 가능한 동일성이다.

그러나 개인의 주관성에 의미를 부여하는 탈근대적 시대정신은 곧 현대시로의 전환, 즉 수사학적 은유에서 시적 은유로, 치환은유에서 병치은유로의 전환을 가져왔다. 따라서 개인의 주관성과 낯선 병치를 창의성의 발현으로 보는 현대시의 미학은 보편성과 통일성에 대한 몰이해, 즉 주관성의 극대화로 표방된다.

문학적 사조의 변화, 구체적으로 말해 은유의 변화는 단순히 수사학 내지 문체론의 변화 이전에 인간의 문화적, 사상적 변화와 맥을 같이하는 것으로, 자본주의와 개인주의의 발달은 병치은유 내지 절대은유 같은 상호전이가 불가능한 주관적이고 해체적인 문체를 낳았다.

그런데 20세기 말 인지과학의 발달과 더불어 인지언어학(인지수사학, 인지시학, 인지문체론)이 정립되면서 은유 역시 인지은유이론을 통해 재조명된다. 인간의 인식과 행동의 모의 알고리즘을 컴퓨터로 구현하고자 하는 인지과학을 기반으로, 인지언어학은 언어의 추론·표현 과정을 구체적으로 지각 및 범주화가 가능한 현상으로 인식, 설명하고자 한다. 인지언어학에서 언어는 인간 본연의 인지 능력이나 신체성과 직결되는 현상으로, 이제 은유는 논리적 유추이기 이전에 감각적 충동이며, 인간 사유의 기본 과정이 된다. 따라서 인지언어학이 도출하고자 하는 은유는 인류 보편적인 경험 속에, 문화 속에 내재된 관용적인 은유, 즉 원초적이고 보편적인 은유, 통합적인 은유다. 이는 곧 시적 은유에서 수사학적 은유로의 전환을 의미한다. 세계와의 동일화, 인류의 보편성을 추구하는 인간 본연의 은유들, 초월은유 혹은 죽은 은유로의 회귀를 의미한다. 죽은 은유 속에는 인류의 보편적 사유가 고스란히 살아 있다. 죽은 은유는 독창적이지는 않지만 인류의 정서와 삶이 반영된 공동체적 산물이다. 이러한 의미에서 죽은 은유는 곧 상징이라고 할 수 있다. 상징이 된 죽은 은유는 인간의 근원적 사유이며 인간 상상력의 모태다.

고도화된 21세기 문명의 산물인 인지언어학이 고대 이래의 죽은 은유를 재조명하는 이유는 궁극적으로 죽은 은유는 인류의 목소리이자 세계를 말하는 문체이며, 또한 죽은 은유에 대한 인식 없이 살아 있는 은유를 창조할 수 없다는 데 공통된 인식이 있기 때문일 것이다.

[류은영]

동일화, 문채, 상징, 알레고리, 유추,
인지(언어학, 시학, 문체론, 담화분석, 은유이론),
전의(법), 제유(提喩), 직유(법), 환유

참고문헌

- 아리스토텔레스 외, 『시학』, 천병희 역, 문예출판사, 2002.
- 아리스토텔레스, 『수사학 III』, 이종오 역, 리젬, 2008.
- 辻幸夫 외, 『언어의 인지과학 사전』, 임지룡 외 역, 박이정, 2008.
- Albert Henry, *Métaphore et métonymie*, Klincksieck, 1971.
- Andrew Ortony, *Metaphor and thought*, Cambridge University Press, 1979.
- David Lodge, *The Modes of modern writing: Metaphor, metonymy, and typology of modern literature,* Cornell University Press, 1977.
- Hedwig Konrad, *Etude sur la métaphore*, Vrin 1958.
- Michael Riffaterre, *Essais de stylistique structurale*, Flammarion, 1971.
- Michel Le Guern, *Sémantique de la métaphore et de la métonymie*, Librairie Larousse, 1973.
- Paul Ricœur, *La Métaphore vive*, Seuil, 1975.
- Philip Wheelwright, *Metaphor and reality*, Indiana University Press, 1962.
- Pierre Caminade, *Image et métaphore*, Bordas, 1970.
- Roman Jakobson, *Essais de linguistique générale*, Editions de Minuit, 1963.
- Sheldon Sacks et al., *On Metaphor*, The University of Chicago Press, 1981.

응축(압축)

F: condensation *E:* condensation *D:* Kondensation

✵ 두 가지 이상의 잠재 요소의 의미, 시니피앙, 이미지가 단일 요소로 압착되거나 중첩되어 드러나는 현상이나 구조

A

응축(압축)이란 프로이트의 『꿈의 해석』에서 나온 개념으로 두 가지 혹은 그 이상의 잠재 요소의 의미, 시니피앙, 이미지가 단일 요소로 압착되거나 중첩되어 드러나는 현상이나 구조를 말한다. 프로이트에 따르면 무의식은 꿈을 통해 발견될 수 있으며, 꿈의 본질적 형태는 응축과 전치(displacement)라는 메커니즘의 작용에 의해 만들어진다.

응축(과정)은 꿈, 말실수, 신경증의 징후, 위트(Witz) 들을 형성하는 방어기제로 고도의 상징성을 내포한다. 예컨대 프로이트는 꿈에서의 한 사람은 당신이 알고 있는 여러 사람이 겹쳐진 것일 수 있다고 말한다. 이를테면 둘 이상의 실제 사람 형상을 하나의 꿈 이미지로 결합시킴으로써 어떤 다른 형상이 생성될 수도 있다. 즉 "A 같은 얼굴을 가진 사람은 A처럼 보일 수 있지만, B 같은 옷을 입을 수 있고, C 같은 행동을 할 수 있으며, 동시에 그가 D라는 사실을 알 수도 있다"는 것이다. 그러므로 응축은 서로 다른 특성들을 함께 묶는 혼합적인 형상과 구조를 형성할 수도 있고, 하나의 상징 뒤에 여러 가지 특성이나 의미가 은폐될 수도 있다.

B

라캉은 프로이트의 응축과 전치라는 무의식의 두 작용을 야콥슨의 실어증(aphasia)의 두 축이 되는 은유와 환유라는 수사학적 개념으로 번역하면서 언어작용의 두 축(은유와 환유)과 동일한 것으로 간주한다. 즉 응축은 이념적이고 상징적인 과정이며, 은유의 특징인 시니피앙들이 중첩되는 구조로서 상징계에서는 정신병 증상으로 나타난다. 전치는 표면적이고 인접시키는 과정이며, 환유의 특징인 의미가 연계적으로 이동되는 구조로서 욕망에 해당한다.

C

프로이트는 무의식과 위트의 본질적인 관계를 설명한다. 위트는 응축, 전치, 난센스와 반대(어)를 통한 표현, 간접표현 등의 특정한 표현 방식이나 기술적 수단으로 사용되는데, 이는 꿈의 중요한 두 가지 작용인 응축과 전치의 메커니즘과 동일하다. 응축은 간결성, 혼성어, 동일대상의 중복사용, 이중의미 등의 경우에 해당하며, 전치는 논리 방향의 전환, 사고의 오류, 자동주의적 전개, 간접서술 등으로 파악된다.

응축작용으로 인한 간결성을 통해 위트의 단어를 대하게 되면 순간적인 당혹감에 빠지다가 의미를 이해하게 될 때 희극이 발생한다. 따라서 응축작용에 의한 위트는 고통스러운 감정, 심리적 불쾌를 방어하는 데서 출발해서 유머나 희극의 효과를 발생시키기 위한 문체 형식이라고 볼 수 있다. 이러한 간결성의 응축은 바로 라캉이 설명한 은유이기도 하다.

또 다른 응축의 결과로는 말실수가 있는데, 예를 들면 '그는 나를 졸부처럼 아주 거만하게(famillionairely) 대했다'에서 두 단어 'familiarly'와 'millionaire'의 응축으로 만들어진 단어 'famillionairely'는 무의식적 사고를 드러낸 시니피앙으로 나타난다. 이러한 응축은 두 단어의 유사음(mili/milli: ar/aire)을 바탕으로 은유적 대치현상이 일어나 새로운 합성어 또는 신조어를 만들어 낸다. 이것은 어떤 주체('나')의 무의식적 사고, 즉 부자들의 거만하고 불손한 태도에 대한 부정적인 생각을 드러내는 문체 효과를 지닌다. 이처럼 다층적인 의미를 동시에 가지고 있는 응축, 특히 등장인물들에 대한 응축은 텍스트에서 극단적인 간결함을 낳기도 하고, 꿈에서는 낯선 인물을 생성하기도 한다.

[이종오]

상징계, 신조어, 은유, 합성(어), 혼성(어), 환유

참고문헌

· 김경용, 『기호학의 즐거움』, 민음사, 2001.
· 마단 사럽, 『알기 쉬운 자끄 라깡』, 김혜수 역, 백의, 1994.
· 오세영, 『문학과 그 이해』, 국학자료원, 2003.
· 지그문트 프로이트, 『꿈의 해석(상), (하)』, 김인순 역, 열린책들, 1997.
· __________, 『정신분석 강의(상), (하)』, 임홍빈, 홍혜경 역, 열린책들, 1997.
· __________, *The Interpretation of dreams,* Penguin, 1976.
· __________, *Le Mot d'esprit et ses rapports avec l'inconscient*, Gallimard, 1969.

의고주의

F: archaïsme *E:* archaism *D:* Archaismus

✻ 1. 예술 표현에 있어 고풍스런 양식을 본떠 사용하려는 주의 또는 경향
2. 고대 예술을 전형으로 모방하려 한 17세기 유럽 문예사조 전반의 경향
3. 문학에서 특별한 수사적 효과를 얻기 위해 고어나 사어를 의도적으로 사용하는 경향

Ⓐ

의고주의의 그리스어 어원은 본래 '구식의(old-fashioned)', '시대에 뒤진(antiquated)'을 뜻하는 'archaïkós'인데, 점차 '태초의(from the beginning)', '고대의(ancient)'를 뜻하는 'archaîos'와 연계된다. 따라서 어원적으로 의고주의는 더 이상 통용되지 않는 예술이나 언어 양식을 새삼 사용하려는 경향을 가리킨다. 시대착오적이라는 관점에서 의고주의는 아나크로니즘과 일맥상통하기도 한다. 의고주의는 고풍스런 회화나 시가(詩歌), 미문조(美文調)의 산문 등 예술작품뿐 아니라, 의례적이고 정형구

적인 법조문이나 종교경전 등 생활문화 전반에서도 그 예를 찾아볼 수 있다.

B

일반적으로 의고주의란 '예술 표현에 있어, 고풍스런 양식을 본떠 사용하려는 주의 또는 경향'을 말한다. 특수하게는 '고대 예술을 전형으로 모방하려 한 17세기 유럽 문예사조 전반의 경향'을 한정적으로 가리키기도 한다. 17세기는 문예사조상 (신)고전주의 시대(그리스·로마 시대의 고전주의, 르네상스 시대의 고전주의와 구별하여 17세기 고전주의를 신고전주의라 부르기도 한다. 르네상스가 고대 고전의 창조적 모방을 지향한 반면, 신고전주의는 직접적 모방을 지향함)로 아리스토텔레스의 『시학』을 비롯한 고대의 예술을 숭배하여 그 모티프, 양식, 장르 등을 그대로 모방하려 한 의고주의의 전성기였다.

C

문학에서 의고주의는 '문학에서 특별한 수사적 효과를 얻기 위해 고어나 사어를 의도적으로 사용하는 경향'을 가리킨다. 고어나 사어 등 예스런 단어나 표현 양식을 사용하는 문체를 일컬어 의고체(archaic style)라고 한다. 의고체를 사용하면 문장이 격조와 함께 완곡한 느낌을 주며, 작품이 전반적으로 장중하거나 고상한 분위기를 띠게 되는 특별한 수사적 효과를 얻을 수 있다. 하지만 의고체는 리파테르(M. Riffaterre)의 지적처럼 작품을 낡은 것으로 만들어 버리는 속성도 함께 지닌다.

한 작가가 과거의 어떤 특정 작가의 언어를 즐겨 모방하는 경우에 대해서도 의고주의라고 말할 수 있다. 흔히 초오서의 스펜서(Spencer of Chaucer), 스펜서의 밀턴(Milton of Spencer)이라 일컫는, 다시 말해 초오서가 과거의 스펜서를, 스펜서가 과거의 밀턴을 의도적으로 모방한 경우가 대표적인 예다.

현대문학에서 의고체는 작품의 무게와 격조를 높이기 위해 사용되기도 하지만, 대개 의고체에 익숙지 않은 독자들에게 낯선 느낌을 주거나 희극적인 재미를 줌으로써 주의를 환기하고 흥미를 유발하는 효과를 낳는다. 일반적으로 문어가 구어보다 의고적 특성을 띤다.

[류은영]

구어, 모방, 모티프, 문어,
아나크로니즘/아나크로니(시간교란), 장르, 정형구

참고문헌

· Lambros Couloubaritsis, *Aux Origines de la philosophie européenne. De la pensée archaïque au néoplatonisme*, De Boeck, 2003.

의성어/의태어

F: onomatopée *E:* onomatopeia *D:* Onomatopoesie(Lautmalerei)

✻ 1. 사람이나 사물의 소리를 흉내 내거나(의성어) 소리 이외의 현상(상태)을 발음의 느낌에 의해 상징적으로 묘사한 어형(의태어)
2. 언어적 구성을 통한 청각적 인상의 재현 또는 공감각을 수단으로 한 시각적 인상의 재현

A

'단어 창조', '말 만들기'를 뜻하는 라틴어 '오노마토페이아(onomatopeia)'에서 나온 말이다. 이 단어는 그리스어 'onomatopoiia'에서 온 것으로, 'onomato'는 '이름'을 뜻하는 'onoma-atos'에서 파생한 말이며, '창조'를 뜻하는 'poiia'는 '만들다' '창조하다'는 뜻의 'poiein'에서 파생한 단어다.

사람이나 사물의 소리 또는 소음을 흉내 내는 말을 의성어라 하고, 소리 이외의 현상, 즉 상태의 모방을 발음의 느낌에 의해 상징적으로 묘사한 어형을 의태어라 한다. 의태어는 넓은 의미의 의성어에 포함되며, 의성어로 간주되는 것들에는 소리를 흉내 내는 것이 아니라 의미를 소리로 표현한 의태어들도 있다. 예를 들어 의성어처럼 보이는 '블링블링'은 흔히 힙합 가수나 래퍼들이 착용하는 번쩍거리는 금속 조각이라는 의미를 표현하는 것이다.

흔히 의성어와 의태어는 구어에서 많이 사용되고 어린아이들만 사용하는 것으로 인식되는 경향이 있다. 하지만, "오.오.오.오.오. 소리치며 달려가니,/ 오.오.오.오.오. 연달아서 몰아 온다./ 간밤에 잠 살포시/ 머언 뇌성이 울더니,/ 오늘 아침 바다는/ 포도빛으로 부풀어졌다./ 철썩, 처얼썩, 철썩, 처얼썩, 철썩/ 제비 날아들 듯 물결 사이사이로 춤을 추어."(정지용, 「바다」)에서 볼 수 있듯이 의성어나 의태어로 문장을 표현하면 그 느낌이 더 쉽고 강렬하게 전달되며 입체적인 느낌을 주는 효과가 있다. 의성어와 의태어는 텍스트에 인위적으로 배치된 경우에조차 자연발생적이고 본능적인 느낌을 준다.

서구어는 의태어가 그다지 발달하지 않았고, 그런 연유로 의태어는 수사학이나 문체론에서 따로 한 항목을 차지하지 않지만 한국어는 의성어와 의태어가 매우 발달했고 '촐랑촐랑/출렁출렁' '산들산들/선들선들', '팔팔/펄펄'처럼 모음을 변화시킴으로써 그 정도의 차이를 드러내는 대립어가 체계화되어 있다.

B

의성어는 문자의 형태를 취하는 동시에 소리를 직접적으로 담고 있다는 점에서 소리를 시각화하는 촉매라고 할 수 있다. 일반 언어에 비해 문자 그대로 청각의 심상(心象)을 내재하고 있어 감각을 공유하거나 치환하기 위한 특별한 문체 장치를 거치지 않고도 공감각의 장을 손쉽게 형성할 수 있는 독특한 언어 형태가 된다. 의태어와 마찬가지로 의성어는 언어적 구성을 통해 청각적 인상을 재현하거나 공감각을 통해 시각적 인상을 재현하는 것이라 할 수 있다.

C

의성어는 제스처와 함께 인류의 커뮤니케이션 잠재 능력의 최초의 발현이었을 것으로 여겨진다. 플라톤의 유명한 대화 『크라틸로스 편』에서는 사물의 이름이 사회적 계약에 의해서 주어지는가, 아니면 사물들의 본성에서 나오는가 하는 실재와 이름의 문제를 논의하면서 의성어가 유연성(有緣性, 언어기호의 의미(내용)와 음성(형식) 사이의 본질적이고 필연적 연관성)에 입각해 만들어지는 것으로 보고, 시니피앙과 시니피에의 일치가 가능하다는 이론을 펼친다.

하지만 의성어 역시 언어의 자의성과 사회성을 바탕으로 한다. 예를 들어 우리나라에서는 닭 울음소리를 '꼬끼오'로, 프랑스어로는 '꼬꼬리꼬(cocorico)', 독일어로는 '키케리키(kikeriki)'로 표현하는데, 이처럼 닭의 울음소리를 표현하는 의성어가 각 나라마다 다른 것은 각 나라의 언어와 음운 구조가 자의적 계약에 의해 서로 다르게 규정되어 있다는 점으로 설명될 수 있다.

D

어떤 의성어들은 의성어적인 기원을 가지고 있지만 일상적으로 사용하는 어휘가 되어 더 이상 의성어의 표현력을 갖지 않는다. 예를 들어 프랑스어의 '비둘기(pigeon)'라는 단어는 원래 비둘기의 울음소리를 흉내 낸 라틴어 '삐삐오(pipio)'에서 나온 말이지만 현재에는 이러한 의성어적 기원을 인식하는 사람은 드물다. '똑딱똑딱', '꼬끼오' 등도 일상적으로 사용하는 단어가 되어 의성어가 갖는 원래의 강한 표현력을 더 이상 느끼기 힘들다. 또한 '까악거리다', '꼬꼬댁거리다', '속삭이다'처럼 원래의 의성어에 다른 접사가 붙어 일반 어휘화하기도 한다.

E

의성어, 의태어는 특히 만화에서 그 중요성이 부각되면서 새로운 차원을 연다. 만화는 이야기와 그림을 분절시켜 배열하는 텍스트인데 여기에서 의성어는 글과 그림의 응결장치가 된다. 뒤돌아볼 때 '휙', 차가 급정거할 때 '끼이익', 비밀 이야기를 할 때 '쉿', 잠잘 때 'zzzzzz', 생각에 잠겨 있을 때 '멍' 등, 의성어, 의태어 삽입은 등장인물의 동작을 그대로 살려주는 효과를 넘어서 표현의 한 방식이 된다. 즉 '탕'과 '탕탕'으로 총을 한 방 쏘았는지 두 방 쏘았는지도 구분할 수 있는 것이다. 탄산음료를 마시는 모습을 표현하면서 '꾸룩꾸룩'이나 '꿀렁꿀렁'처럼 흔히 쓰이는 의성어나 의태어 대신 '콜라콜라콜라'를 쓰는 식으로 작가들은 완전히 새로운 의성어와 의태어를 만들어 내기도 한다.

[김계영]

공감각, 구어, 신조어, 재현(표상, 대표), 형식

참고문헌

· 김태진, 「러시아 의성어 연구」, 『노어노문학』 21권 1호, 2009년.
· 박연미, 『한글 의성어의 타이포그라피적 표현에 관한 연구』, 홍익대학교 석사학위 논문, 2009년.
· 양문흠, 「크라틸로스 편(篇)에서 논의된 실재와 이름의 문제 II」, 『서양고전학연구』, 6권 9호, 1992년.

의인법(의인화)

F: personnification *E:* personification *D:* Personifikation

✳ **사물이나 동물, 추상적 개념에 인간의 속성을 부여해 인간인 것처럼 표현하는 수사법**

A

그리스 연극에서 '탈에 부여된 역할'을 의미하는 라틴어 '페르소나(persona)'와, '하다, 일어나다'라는 뜻의 '피카레(ficare)'에서 유래했다.

인간이 아닌 무생물이나 동물, 추상적인 성질이나 개념에 인간의 속성을 부여해 인간 또는 인간의 행동으로 표현하는 수사법이다. 무생물이나 추상적 대상이 의인화되면 인간과 마찬가지의 행동을 하고 마찬가지 감정을 가지게 되어 감정이입이 되고 생동감을 갖게 된다. 그런 이유로 문학 텍스트에서 흔히 사용되며, "무생물에게 감정과 열정, 생명을 부여하는 의인법만큼 시에서 일반적으로 쓰이는 문채는 없다"는 부알로(N. Boileau)의 말처럼, 의인법은 특히 시와 관계가 깊다.

변형문법에서는 의인법이 포함된 문장은 정상적인 문장으로 간주하지 않지만, '책상다리', '시간이 흐른다', '필요는 발명의 어머니' 등과 같은 관용구나 격언 등에서 볼 수 있듯이 의인법은 우리의 일상 언어에서도 자주 사용된다. 광고에서도 동물이나 사물이 인간처럼 표현되는 경우가 많고, '인플레이션이 이윤을 깎아먹는다'는 식의 표현은 정치적 수사법에 생동감을 준다.

B

퐁타니에(P. Fontanier)는 의인법이 환유나 제유, 은유에 기초해 이루어지는 문채라고 말하고, 의인화된 주제나 속성, 효과에 따라 여러 형태로 분류한다.

환유에 기초한 예: "스파르타가 그대들을 부르고 있다."
제유에 기초한 예: "침울한 늙음이 끊임없이 쌓여간다."
은유에 기초한 예: "시간의 날개를 타고 슬픔이 날아간다."
비유에 기초한 예: "습관은 마치 어린아이를 안아주듯 나를 그의 두 팔에 안아주었다."

의인법은 특히 알레고리에서 자주 나타난다, 바크리(P. Bacry)에 의하면, 일반적이고 보편적인 여러 주제, 특히 추상적인 개념들이 연속해서 의인화되면 알레고리가 되고, 의인법은 특수한 상황에 일시적으로 사용되는 것이 보통이다.

알레고리로 읽힐 수 있는 중세의 『장미 이야기』에는 연인, 장미, 수치, 환대, 위험, 질투, 사랑 등의 보통명사와 추상명사가 의인화된 등장인물로 나타나고, 존 버니언의 『천로역정』(1678)에는 죽음, 친교, 자식, 좌절, 게으름, 위선, 경건 등이 의인화된 등장인물로 나온다. 라퐁텐의 우화는 의인화된 동물들을 등장시켜 사람의 속성과 인간 세태를 풍자한 것으로 유명하다. 서구에서는 보통명사나 추상명사의 첫 글자를 대문자로 표기함으로써 의인화하는 경우도 많다.

뒤프리에(B. Dupriez)는 의인화가 유사성의 원칙에 입각해 이루어진다고 설명하면서, "말하는 사람이 대상이나 관념 속으로 들어가 주체로서 자신의 감정을 주관화하는 작업"이 의인화라고 말한다.

C

의인화할 수 있는 대상은 무궁무진해서 인간의 구체적 삶과 관련된 모든 사물, 추상적 관념을 의인화할 수 있다. 의인화가 발생하고 발전된 데에는 두 가지 정도의 원인이 있는 것으로 추정된다. 하나는 본질적 요인으로, 고대 사회에서부터 인간이 지녀왔던 토테미즘과 애니미즘의 영향이다. 동(식)물을 숭배하는 토테미즘과 사물에 영혼을 부여하는 애니미즘은 인간 정신의 원형 중 하나이며, 이런 정신적 메커니즘이 이야기 문학의 발생 단계에서부터 꾸준히 개입되었을 가능성이 크다. 다른 하나는 현실적 요인으로, 문학작품이 지닌 현실 비판적 의식이 당대의 이데올로기나 정치 체제, 혹은 기타 다양한 요인에 의해 억압당할 때, 그 상황을 우회하는 방법으로 동식물이나 무생물이 선택되었다는 점이다.

의인화는 대체로 문화적으로 널리 알려진 유사성, 보편적인 감정이나 상징에 근거해 이루어진다. 샤를 페로의 동화 『장화 신은 고양이』에서 볼 수 있듯이, 서구에서는 말하는 고양이가 꾀 많고 약삭빠르며 때로는 교활하기까지 한 인간의 측면을 나타내는 의인화의 전형이다. 또한 고대 신화에 등장하는 인물이나 사물, 동식물 들을 사용하면, 별다른 설명을 덧붙이지 않아도 독자들의 반응과 수용에 큰 효과를 볼 수 있다. 그런 의미에서 고대 신화는 의인화의 보고(寶庫)라고 할 수 있다.

D

의인법에는 형태상 완전한 의인화와 불완전한 의인화가 있다. 완전한 의인화는 대상에 인간적 속성이 완전히 부여되어 있는 형태이며, 불완전한 의인화는 부분적으로 인간적 속성이 부여되어 있는 형태다.

의인화를 사용하면 실재의 세계와는 다른 생소한 세계, 예를 들면 정령 숭배적인 세계나 환상적인 세계를 제시할 수 있고, 이로 인해 비이성적, 비합리적인 느낌을 갖게 할 수도 있다.

[김계영]

문채, 상징, 알레고리, 원형, 은유, 제유(提喩), 페르소나(퍼스나), 환유, 활유(活喩)

참고문헌

· Bernard Dupriez, *Gradus, les procédés littéraires*, coll. Domaine française, 10/18, 2003.

· Catherine Fromilhague, *Les Figures de style*, coll. 128 Lettres, Armand Colin, 2007.

· Joëlle Gardes Tamine. *L'Allégorie, corps et âme. Entre Personnification et double sens*, Publications de l'université de Provence, 2002.

이미지

F: image *E:* image *D:* image

✳ 1. 어떤 사람이나 사물에 대한 감각적 인상 또는 심상
2. 선이나 색채로 그려진 상이 아니라 언어로 묘사된 상
3. 심상부터 은유, 상징 등의 수사까지를 포괄하는 비유적 언어의 총체

Ⓐ

본래 이미지는 그림이나 조각 같은 2차원적 평면, 3차원적 입체의 물리적 모방(미메시스), 즉 시각적 재현을 가리켰으나 현재는 흔히 마음속의 그림, 즉 '어떤 사람이나 사물에 대한 감각적 인상 또는 심상(imagery)'의 의미로 사용된다.

문학에서 이미지는 '심상부터 은유, 상징 등의 수사까지를 포괄하는 비유적 언어의 총체'를 말한다. 본래 심상은 '선이나 색채로 그려진 상이 아니라 언어로 묘사된 상'이며, 서술적이거나 설명적이 아니라 시청각적이고 비유적인 상이다. 심상은 시의 리듬이나 연(聯. 보통 4행 이상의 각운이 있는 시구) 또는 은유와 같은 수사적 특성으로 일컬어지기도 하는데, 이는 그 감각적이고 비유적인 요인에 따른 것이다.

이미지가 무엇보다 시에서 중시되는 것은 시는 설명적이기보다 감각적이고 비유적인 담화이기 때문이다. 맥리쉬(A. Macleish)는 “시는 엄지손가락에 낀 오래된 반지처럼 벙어리여야 한다”, 다시 말해 시는 말하기보다 이미지여야 한다고 강조한 바 있다. 드라이든(J. Dryden)은 이미지는 시의 극치요 생명이라고까지 했다.

B

이미지의 개념 범위는 비유적 언어의 총체로 포괄적인 만큼 명확하지 않은 까닭에 이미지 분석을 중시했던 1960년대 신비평 이후 이미지라는 개념의 사용은 점차 제한적이 되었다. 특히 퍼뱅크(P.N. Furbank)는 이미지는 심상까지를 포괄하는 개념인데, 특히 심상의 개념이나 범위를 명확히 할 수 없는 만큼, 이미지는 범위가 너무 포괄적이고 때로 모순적이기까지 하다고 의문을 제기했다. 결국 이미지라는 용어를 어느 경우에 어느 범위까지 사용할 것인가가 의문시 되면서 그 사용이 한정적이 되었다.

그럼에도 프레밍거(A. Preminger)는 이미지를 유형별로 범주화하고자 했다. 그는 이미지를 정신적 이미지, 비유적 이미지, 상징적 이미지로 구분했다. 정신적 이미지는 심리적 이미지라고도 하는데 독자의 오감각적 인상에 따른 이미지로, 특히 시각 이미지나 청각 이미지 등 두 감각 이상의 이미지가 결합된 이미지를 공감각적 이미지라고 한다. 비유적 이미지는 ‘내 마음은 호수요’와 같이 이미지가 비유적으로 사용된 경우를 말하고, 상징적 이미지는 시 속에서 이미지가 상징성을 띠는 경우를 말한다.

C

현대에 들어 시각 매체가 발달하면서 다시 이미지라는 용어는 널리 사용되고 있다. 이미지의 현대성은 무엇보다 구체성과 감각성에 있다.

본래 시를 비롯한 문학에서 이미지는 추상적 관념이나 내용을 구체적

인상으로 구현해 독자의 감각에 호소하고 정서적 반응을 불러일으키는 효과를 낳는다. 김동명의 시 「내 마음은」의 한 구절 '내 마음은 호수요 [...] 내 마음은 촛불이요 [...]'에서 호수와 촛불은 시인의 마음을 구체적으로 제시하는 이미지로 독자의 정서에 감각적으로 호소한다. 이렇게 이미지는 구체적이고 감적적인 특성을 갖는다.

이미지의 구체성과 감각성은 현대 미디어의 가장 주된 수사적 특성이다. 미디어는 말하는 매체가 아니라 보여주는 매체로서 추상적인 것을 감각적으로 구체화하는 담화양식을 기반으로 한다. 감각성은 대상의 모습, 소리, 냄새, 촉감, 맛의 오감을 통해 재현된다. 그리고 감각이 사상으로 승화되는 것은 상상력을 통해서다. 이러한 연유로 많은 비평가들이 이미지와 상상력을 함께 연관시켜 논한 바 있다.

한편으로 현대 미디어 담론에서 반사실주의자들은 사실적 재현을 근간으로 하는 영상과 구별하여, 이미지는 반사실적 재현까지 포괄하는 양식이라 밝히며 선호하는데, 이는 이미지의 비유적이고 감각적인 그리고 상상적인 특성에 대한 옹호라고 할 수 있다. 이 외에도 광고나 홍보 분야에서는 브랜드이미지나, 이미지메이킹 내지 이미지빌딩이라는 수사 양식이 널리 사용되고 있다.

[류은영]

공감각, 담화(담론), 리듬(시), 말하기/보여주기,
묘사(기술記述), 미메시스, 상징, 은유, 재현(표상, 대표)

참고문헌

· 미르치아 엘리아데, 『이미지와 상징』, 이재실 역, 까치, 1998.

· Philip Nicholas Furbank, *Reflections on the word 'Image'*, Secker & Warburg, 1970.

이야기문법

F: grammaire du récit *E:* story grammar *D:* Erzählgrammatik

✵ 같은 종류의 이야기에 내재하는 공통적 규칙 체계

'이야기 문법'은 같은 종류의 이야기에 내재하는 공통적 규칙 체계를 말하며, 촘스키(N. Chomsky)의 변형생성문법을 문장 차원에서 텍스트 차원으로 확장하려는 시도에서 출발했고, 1970년대 후반과 1980년대 초에 성행했다. 각각의 언어적 표현은 다르게 보이지만 공통 구조를 포함할 수 있듯이, 각각의 이야기는 모두 달라 보이지만 그 이야기들이 공통으로 갖는 구조 때문에 이야기의 생산, 이해, 회상, 판단이 가능하다는 것이 이론의 가설이다. '서사 능력'을 공식화하려는 이야기 문법은 이야기되는 내용의 논리적 구성을 밝히려는 작업과 다시쓰기 규칙을 통한 교육 분야에서 다양하게 활용될 수 있다.

이론가들에 따라 차이는 있지만 이야기 문법은 유사한 구성단위를 갖고 있는데, 이 구성단위들은 일정한 순서에 의해 발생된다. 영미 연구자들이 주로 준거하는 스타인(N. L. Stein)과 글렌(C. Glenn)의 이론을 예로 들면, 이야기는 우선 '설정(setting)'과 '에피소드(episode)'의 결합으로 재구성된다. 마치 하나의 문장이 명사구와 동사구로 분류되어 재구성될 수 있는 것과 마찬가지다. 에피소드는 '시작사건(initiating event)', '내적반응(internal response)', '시도(attempt)', '결과(consequence)', '반작용(reaction)'의 다섯 개 구성단위로 나뉘며, 여기에 설정이 포함되어 이야기 문법의 기본 구성단위를 이룬다. 설정은 사건의 공간적 배경과 인물 소개 등에 해당하고, 시작사건은 인물의 행위를 서사에 위치시키는 사건의 발생, 내적 반응은 시작사건에 대한 인물의 반응, 시도는 문제를 해결하기 위한 인물의 노력, 결과는 그러한 인물의 노력의 결과, 반작용은 결과에 대한 인물의 반응을 가리킨다.

[외부집필-한용택]

사건, 서사, 인물/인물구성, 텍스트, 행위

참고문헌

· 김병원, 「이야기 스키마의 기능이 드러내는 언어문화의 특성」, 『한국언어문화학』, 제1집 2권, 2004.
· David Everett Rumelhart, "Notes on a schema for stories", Daniel Gureask Bobrow, Allan Collins (Ed.), *Representation and understanding: Studies in cognitive science,* Academic Press, 1975.
· __________, "On Evaluating Story Grammars", *Cognitive science,* 4, 1980.
· Nancy L. Stein, Christine Glenn, "An Analysis of story comprehension in elementary school children: A Test of a Schema", R.O. Freedle (Ed.), *New directions in discourse processing*, Ablex, 1979.

이어성(헤테로글로시아)

F: hétéroglossie *E:* heteroglossia *D:* Heteroglossie

✺ **바흐친의 대화주의를 구성하는 한 요소로, 한 언어가 지니고 있는 내적 분화 현상을 가리킴**

Ⓐ

이어성(異語性)은 바흐친의 대화주의 이론을 구성하는 한 요소로 '언어적 다양성'으로 해석할 수 있다. 이 개념은 하나의 언어가 여러 다른 맥락에서 각각 다른 의미로 해석될 수 있는 가능성에 의존하는 원리이며, 바흐친은 근대 서양문학 작품 속에 나타난 문체의 풍자적 성격을 드러내는 데 사용한다.

여러 계층, 다양성, 우연성을 내포하는 이어성은 다어성(polyglossia), 다성의 개념과 함께 바흐친의 대화주의 이론의 모체를 이루는 중요한 개념이다. 다성이 주로 작가가 그의 작중인물과 맺고 있는 관계, 즉 작가의 관점이나 시점의 문제라면, 다어성과 이어성은 주로 언어와 관련된 문제라고 할 수 있다.

바흐친에 의하면, 언어의 절대성을 믿는 단어성(monoglossia)은 두 가지 신화에 기초하고 있다. 첫째, 자신의 언어만이 유일하고 완전하고 진실한 언어라고 간주하는 태도다. 둘째, 자신의 언어를 어디까지나 동질적인 것으로 파악하는 태도다. 다시 말해 사회계층이나 지역적 차이에서 비롯되는 방언과 같이 한 언어 안에 존재하는 여러 유형의 언어를 전혀 인정하지 않는 태도다.

이러한 절대적인 단어성의 세계를 붕괴시키는 것 중에 하나가 언어의 상호작용이다. 상대적인 특성을 인정하는 언어의 상호작용은 언어의 절대성을 무너뜨리는 데 일종의 촉매제 같은 역할을 하는데, 다어성과 이어성이 그런 역할을 한다.

바흐친은 단일한 문화체계 안에서 어느 한 언어가 다른 언어와 맺고 있는 대화적 관계를 다어성이라고 지칭한다. 남부 이탈리아에서는 그리스어, 라틴어 외에도 오스칸어가 널리 사용되었고, 그곳 사람들은 '자신들의 가슴속에는 세 개의 영혼이 살고 있다'고 말한다. 그들은 주로 라틴어를 사용했지만, 그리스어에 대해서도 '곁눈질을 보내면서' 그것을 사용했던 것이다.

언어는 단일한 문화 체계 안에서 이처럼 외적으로 분화될 뿐 아니라, 한 언어 안에서도 내적으로 분화된다. 예를 들어, 한 언어에는 공시적인 면에서 사회적 신분이나 직업 혹은 성별과 나이 차이에 의해 사회적 방언이, 서로 다른 지역에 따라 지리적 방언이 존재한다. 또한 통시적인 측면에서 볼 때도 한 언어는 시간적 추이에 따라 다양하게 분화된다. 바흐친은 어느 한 언어가 지니고 있는 이런 내적 분화 현상을 가리켜 이어성이라고 지칭한다.

이어성의 경우 텍스트보다는 문맥(context)을 강조한다. 주어진 시간, 주어진 장소에는 일련의 사회적, 역사적, 기상학적, 생리학적 조건들이 존재하며, 바로 이런 조건들 때문에 그 장소와 시간에 발화된 말은 다른 조건에서 발화된 말과는 다른 의미를 지니게 되기 때문이다. 또한 이어성은 구심적 언어(중앙집권적 특성을 갖고 모든 언어를 동질화하고 한 곳으로 힘을 집중함으로써 단일 언어를 이루려는 언어)와 원심적 언어(지방분권적 특징을 갖고 모든 것을 분리하여 다양화, 다층화하려는 언어)가 충돌하는 지점을 가장 잘 개념화한다.

B

바흐친에 의하면, 모든 장르 중에서 소설이 이어성을 가장 강하게 나타낸다. 소설에서 이어성은 다성을 미학적으로 형상화해 표현한다.

바흐친은 소설에서 이어성이 구성되는 형식을 크게 네 가지 측면에서 파악한다. 첫 번째 형식은 언어를 희극적이나 반어적 혹은 패러디적으로 취급한 경우다. 다양한 사회 계층의 사람들이 사용하는 언어를 직접 작품 안으로 끌어들여, 특히 패러디를 통해 권위주의적이고 공식적인 언어들을 위선적이거나 허위에 가득 찬 언어로 만드는 경우다.

두 번째 형식은 이야기가 화자에 의해 전달되는 경우다. 이 형식에서 작가는 작품 속에 직접 등장하지 않고 다른 인물로 가장해 등장한다. 이 경우 화자가 사용하는 언어는 직접적인 작가의 언어가 아니라 항상 다른 누군가의 언어이기 마련이다. 작가는 오직 화자나 화자의 언어를 통해서 그리고 작품의 주제를 통해서만 간접적으로 나타날 수 있다. 그래서 독자는 이런 작품에서 두 가지 서로 다른 층, 즉 화자의 층과 작가의 층을 느끼게 된다.

세 번째 형식은 언어가 작중인물들에 의해 사용되는 경우다. 이 경우 작중인물들이 어떤 방식으로 언어를 사용하든 그것은 항상 그들 특유의 언어다. 따라서 그 언어는 작가의 의도를 굴절시킬 수밖에 없다. 심지어 작중인물의 언어는 작가의 언어에 영향을 끼치기도 한다.

네 번째 형식은 작품 속에 다른 장르를 병합하는 경우다. 소설 장르는 여러 가지 다른 문학 장르를 다양하게 삽입한다. 또한 소설은 편지와 일기 같은 일상적인 장르를 비롯해서 수사적 · 학문적 · 종교적인 여러 가지 비문학적 장르를 병합하기도 한다. 소설 속에 병합된 이런 장르들은 그 특유의 언어적 특징을 간직함으로써 소설의 언어를 좀 더 다양하고 복잡하게 만든다. 이러한 이어성의 형식들을 통해 소설은 열린 장르가 되며, 다양한 언어에 의한 대화적 관계가 그 안에서 형성된다.

바흐친을 프랑스에 소개하는 데 크게 기여한 크리스테바(J. Kristeva)는 상호텍스트성이라는 개념을 만들어 바흐친의 이어성 개념을 계승, 발전시킨다.

[문재은]

다성, 대화주의, 문맥, 문체, 상호텍스트성,
장르, 텍스트, 패러디

참고문헌

· 김욱동, 『대화적 상상력』, 문학과지성사, 1988.
· __________, 『모더니즘과 포스트모더니즘』, 현암사, 1992.
· 김욱동 편, 『바흐친과 대화주의』, 나남, 1990.
· 미하일 바흐친, 『바흐찐의 소설미학』, 이득재 역, 열린책들, 1988.
· __________, 『문예학의 형식적 방법』, 이득재 역, 문예출판사, 1992.

이항대립(론)

F: binarisme *E:* binarism *D:* Binarismus

✻ 구조주의의 중요한 이론 가운데 하나로 두 개의 요소에 의한 대비, 대립 관계를 의미한다.

Ⓐ

이항대립은 일찍이 플라톤의 국가철학에서 찾아볼 수 있다. 플라톤은 이데아계와 현상계의 이분법을 주인과 노예, 신과 인간, 정신과 몸, 선험과 경험, 주체와 객체, 국가와 국민, 아버지와 아들, 남성과 여성, 인간과 자연의 관계 등으로 끊임없이 확장시킨다. 또한 플라톤은 이것을 엄격히 구분해 전자를 우위에 두었다. 이러한 사고는 사물을 규정함에 있어 흑과 백으로 구분 짓게 하고, 인간의 몸 대칭이나 좌우의 관계에서도 이항대립의 적용을 피할 수 없게 한다.

좌우 관계에서 살펴보면 오른쪽은 불어의 'droit'로 라틴어에서 유래된 행운이라는 뜻이다. 반면 왼쪽은 불길하다는 의미의 뜻을 지닌다. 이것은 심리학으로 발전하여 안정과 불안이라는 변형된 대립구조를 형성한다. 이렇듯 인문사회학을 비롯해 예술작품 또는 문화현상에서도 이항대립은 쉽게 찾아볼 수 있다. 또한 전 세계의 모든 친족 구조인 혈족과 인척 관계 그리고 부계와 모계의 관계도 이항대립의 구조를 가지고 있다.

Ⓑ

이항대립이란, 프라하학파가 음운론을 발전시키면서 널리 사용한 개념으로, 하나의 음운체계의 변별 특징 사이에서 볼 수 있는 관계의 형식이다. 각각의 변별 특징의 선택은 어떤 특성의 존재와 부재(예: 유성/무성, 콧소리/콧소리 아닌 소리) 혹은 동일 범주의 양극을 이루는 특성(예: 저음

조성/고음조성)을 대비시킨다. 특정 언어의 음소 특성은 이러한 이항대립의 다양한 조합에 의해 분류될 수 있다.

야콥슨(R. Jakobson)을 포함한 구조주의자들은 언어가 아닌 문화활동에도 관심을 갖고 신화와 문학 연구에서 이항대립 원칙을 사용해 분석한다. 이항대립은 인간 사고와 경험의 범주화에 필수불가결한 관계일 수도 있다. 사람들은 '선'과 '악'의 기본적 대립을 당연히 생각하는데, 이 대립은 전 세계적으로 종교철학과 도덕규범을 지배하고 있으며 다양한 상징적 변형을 통해 문학에서도 널리 퍼진 주제가 되고 있다('영웅/악당', '군주/찬탈자', '미녀/추녀').

구조주의자들은 인간의 모든 조직 체계를 가장 근본적인 형태로 환원하여 인식하려 한다. 이항대립은 세계와 사물을 인식함에 있어 가장 기본적인 사고방식이며, 가해성과 함께 가독성이 높기 때문에 아동들이 사고 체계를 발전시켜 나가는 데 큰 도움이 된다.

C

그러나 리파테르(M. Riffaterre) 같은 비평가들은 야콥슨의 분석을 평가하면서, 모든 것을 이항대립으로 축소시켜 분석해서는 안 된다고 말한다. 또 페미니스트 비평가들의 주장처럼, 대립된 두 개의 용어가 흔히 중립적이 아닐 수 있기 때문에, 즉 하나는 긍정적, 다른 하나는 부정적 의미를 가질 수 있기 때문에(예: '선인/악인', '빛/그림자', '남성/여성'), 이항대립 개념은 상당한 편견을 야기할 수 있는 도발적인 개념이기도 하다.

비록 이항대립 개념이 인간정신의 기본원칙일지라도, 그것만이 언어의 유일한 구조원칙도 인간의 사고원칙도 아니라는 사실에 유념해야 한다. 때때로 이항대립은 너무 단순한 것처럼 보인다. 나무나 동물 들의 종을 범주화하는 데는 다양한 분류법을 사용하는 것이 더 유용하고 만족스럽다.

그리고 물리적 층위이건 문화적 층위이건 간에 이항대립적 분석이 쉽게 적용되지 않는 수많은 대상들이 존재한다. 만약 수은이 액체라면 어떻게 그것이 금속일 수 있는가? 왜 개구리는 프랑스 사람에게는 먹을 만한 것이고 영국 사람에게는 그렇지 않은가? 이렇게 이항대립으로 설명할 수 없는 많은 대상이 존재할 뿐만 아니라, 이항대립에 들어가지 못하는 '호모', '편부/편모 가정', '비(非)노동조합회원들' 같은 비결정성(indeterminacies)이나 모호성을 드러내는 단어는 흔히 해당 구성원을 사회적으로 비난하기 때문에 그 사용에 유의해야 한다.

D

문학에서는, 대조나 대구 같은 문채에서 이항대립이 뚜렷이 드러나며, 짧은 시퀀스와 긴 시퀀스를 대립시켜 대비 효과를 추구하거나, 문장 차원에서도 호흡이 짧은 문장(단문)과 호흡이 긴 문장(복문 등)을 대립시킬 수도 있다. 등장인물 구성에서도 이항대립을 전개할 수 있다. 등장인물들을 선이나 악의 화신으로 대립시켜, 긴장감을 증폭시키고 선인이나 악인의 행동을 예상할 수 있게 해준다. 하지만 때로는 선인이나 악인으로 분류할 수 없는 혼합 인간상을 드러냄으로써 등장인물의 행위를 독자로 하여금 예측할 수 없게 만들기도 한다. 결론적으로 이항대립으로 설명할 수 없는 많은 부분이 존재하기 때문에 모든 것을 이항대립으로 판단하는 것은 위험하다.

[고광식]

대구(법)/대칭(법), 대조(법), 문채

참고문헌

· 김활, 『현대문학 이론과 의미의 부재』, 탑출판사, 1992.
· 김형효, 『구조주의의 사유체계와 사상』, 인간사랑, 2000.
· 김혜리, 『동화의 이항대립과 화해의 양상 연구』, 석사학위 논문, 중앙대, 2006.

· Jonathan D. Culler. *Structuralist poetics*, Routledge, 1975.
· Michael Riffaterre, "Describing poetic structures: Two approaches to Baudelaire's 'Les Chats'", *Yale French Studies no. 36-37,* 1966.

인메디아스레스

F: in medias res *E:* in medias res *D:* in medias res

✳ 서술하는 사건에 대한 사전 정보 없이 (이미 시작되어 진행되는 듯이) 사건의 중간부터 이야기를 시작하는 기법

Ⓐ

'사건의 한가운데에서'라는 뜻의 라틴어 'in medias res'는, 그 어원이 의미하듯 서술하는 사건의 중간부터 서술을 시작하는 기법을 말한다. 하나의 이야기나 이야기를 구성하는 독립적인 에피소드 모두에 적용될 수 있으며, 사건의 진행을 처음부터 차근차근 이야기하는 일반적인 서술 방식과 구분된다. 전지적 화자가 사건의 시공간적 배경과 인물을 소개하면서 이야기를 시작하는 19세기의 지배적인 형식과 대비되며, 인물의 주관적 내면세계를 강조하는 20세기에 주목받은 기법이다. 하지만 이 기법은 사실 기원전 8세기 호메로스의 『일리아드』나 베르길리우스의 『아이네이드』 같은 고대 그리스 서사시부터 현대에 이르기까지 꾸준히 사용되었다.

Ⓑ

소설, 영화 등에서 인메디아스레스로 시작하는 서술 기법은 이미 시작되어 진행 중인 사건으로 독자, 관람객 등을 끼어들게 하는 효과를 내며, 이야기에 생생함과 긴박감을 준다. 또한 독자나 관객이 아무 정보 없이 이미 시작된 사건을 급작스럽게 마주한다는 측면에서, 이 기법은 필연적

으로 시간성과 관련된 서사의 구조에 영향을 미치기도 한다.

이야기의 서두에서 결여된 정보는 차후에 작중인물들의 대화나 회상, 화자의 설명 등을 통해 보충되게 마련이며, 그런 점에서 시간교란, 즉 사건의 순서와 서술의 순서 사이에 불일치가 일어난다. 예를 들어, 앙드레 말로(A. Malraux)의 『인간조건』은 전형적인 인메디아스레스 기법이 사용된 소설이다. 이 작품은 "1927년 3월 21일, 밤 12시 반. 첸은 모기장을 들어 올릴 것인가? 그냥 그 위로 찌를 것인가? 극심한 불안 때문에 그의 위가 뒤틀렸다"로 시작된다. 독자는 첸이 누구인지 모르고, (사실 그는 모기장 속에서 잠들어 있는 한 사내를 칼로 찔러 죽이려 하지만) 그의 행위의 동기도 모르며, 모기장 속의 사내가 누구인지도 모른다. 심지어는 공간적 배경 또한 작품 초반에는 알려져 있지 않다.

독자는 느닷없이 한 암살 장면을 목도하고, 처음으로 살인을 경험하는 한 남자의 내면적 고통을 생생하게 목격한다. 테러리스트 첸이 상해에서 국공합작에 의한 무장봉기 전날, 무기 인도증을 탈취해 공산당 동료들에게 전달하기 위해 무기 밀매상을 죽인다는 것은 인물들의 생각, 대화를 통해 나중에 재구성되는 정보들이다. 이 강렬한 첫 장면에서 결과적으로 강조되는 것은 첸의 행위의 동기나 역사적 의미가 아니라 살인 행위 그 자체라고 할 수 있다.

C

인메디아스레스 기법이 특히 많이 사용되는 서사 장르도 있다. 추리소설, 범죄 영화나 TV 드라마의 시작은 대부분 범죄가 일어나는 현장의 장면으로 구성된다. 이야기 자체가 범죄의 발생에서 출발하기에, 인메디아스레스 기법의 활용이 일반적이다. 범인의 인적사항, 범행 동기, 범행 과정 등은 추리와 수사를 통해 범인을 밝혀 나가는 도중에 재구성되며, 이러한 재구성이 실제로 서사의 핵심이 된다.

[외부집필-한용택]

대화(체), 독자, 서사, 서술, 아나크로니즘/아나크로니(시간교란), 인물/인물구성, 작품, 장르, 후술법(회상, 소급제시, 아날렙시스)

참고문헌

· 미케 발, 『서사란 무엇인가』, 한용환 외 역, 문예출판사, 1999.
· 이기언, 「『이인』의 첫 문단의 한 해석」, 『불어불문학 연구』 38집, 1999년.
· Andrea Del Lungo, *L'Incipit romanesque*, Seuil, 2003.
· Gérard Genette, *Figures III*, Seuil, 1972.
· __________, *Nouveau discours du récit*, Seuil, 1981.
· Pierre Simonet, *Incipit: Anthologie des premières phrases*, Editions du Temps, 2009.
· Yves Reuter, *Introduction à l'analyse du Roman*, Bordas, 1991.

인물/인물구성

F: caractère/caractérisation *E:* character/characterization
D: Charakter/Charakterisierung

✺ 1. 인물: 작품에서 행위나 사건을 수행하는 주체
2. 인물구성: 작가가 인물을 형상화하기 위해 사용하는 방식과 기법

A

인물은 작품에서 행위나 사건을 수행하는 주체인데, 우선 프로타고니스트(protagonist)와 안타고니스트(antagonist)로 나눌 수 있다. 이 용어들은 그리스 비극에서 유래된 말로, 프로타고니스트는 제1인물 또는 제1배우를 의미하고, 안타고니스트는 그와 적대되는, 갈등을 일으키는 인물을 의미한다. 이 용어들은 이후 유럽의 연극이론에서 계속 사용되고, 오늘날 소설

이론에서도 사용된다. 그런데 복수(複數)의 인물이 프로타고니스트가 될 수도 있고, 작품에 따라 안타고니스트가 없는 경우도 있다.

또 인물은 주인물(major character)과 보조인물(minor character)로 나눌 수 있다. 주인물은 작품의 중심인물이고, 보조인물은 주변인물이다. 주인물은 주인공(hero)이라 부르기도 한다. 주인물은 프로타고니스트와 일치하지만, 보조인물은 적대적인 인물만 있는 것이 아니기 때문에 모두 안타고니스트라 부를 수 없다.

포스터는 인물을 평면적 인물(flat character)과 입체적 인물(round character)로 나눈다. 평면적 인물은 유형적이고 단순한 인물이다. 작품에 등장하면 독자가 금방 그 성격을 한마디로 묘사할 수 있는 인물이다. 페린은 평면적 인물 가운데 자주 등장해 그 성격이 전형화된 인물을 상투적(stock) 인물이라고 부른다. 입체적 인물은 성격이 복잡하고 다면적인 인물이며, 독자를 놀라게 하는 인물이다.

페린은 인물을 정적(static) 인물과 동적(dynamic) 인물로 분류한다. 정적 인물은 성격이 변하지 않는 인물이고, 동적 인물은 성격이 다소간 계속 변하는 인물이다. 단편소설에 등장하는 인물들은 대개 정적 인물이라 할 수 있다. 단편소설의 분량으로는 한 인물의 성격 변화를 묘사하기 어렵기 때문이다. 그에 비해 장편소설의 인물은 동적 인물인 경우가 많다. 작가에게 그만큼 표현 공간이 넓기 때문이다. 주인물과 대조적으로 보조인물은 대체로 정적 인물이다.

인물은 또한 독자의 윤리관에 입각해 긍정적(positive) 인물, 부정적(negative) 인물, 중립적(neutral) 인물로 나눌 수 있다. 일반 독자의 윤리관으로 판단해서 진실을 추구하는 선한 인물은 긍정적 인물이고, 악하고 나쁜 인물은 부정적 인물이고, 어느 쪽으로도 단정하기 어려운 인물은 중립적 인물이다. 물론 독자들이 윤리적으로 인물을 판단하는 데는 개인차가 있을 수 있다는 사실은 고려되어야 한다. 일반적으로 프로타고니스트는 긍정적 인물이고, 안타고니스트는 부정적 인물이다. 그런데 겉보기에는 부정적 인물이지만 실제로는 긍정적 인물도 있고, 또 그 반대의 경우도 있다.

작가의 인물에 대한 관심은 시대에 따라 다르다. 일반적으로 17세기부터 20세기 초까지 소설에서 인물은 중요한 역할을 한다. 그런데 20세기 중반부터 인물은 그 중요성을 상실한다. 누보로망의 대표적인 작가 로브-그리예는 "인물로 이루어져 있는 소설은 분명히 과거의 것이다. 그러한 소설은 한 시대, 즉 개인의 전성기를 기록했던 시대를 특징짓고 있다"고 말하면서 누보로망에서 인물이 부차적인 역할밖에 하지 않음을 강조한다.

현대소설에서 인물이 중요성을 상실하고 있다는 징후는 두 가지 점에서 드러난다. 첫째, 인물의 개성이 사라진 것이다. 인물은 그저 어떤 상황 속에서 그 어떤 행동을 할 수밖에 없는 사람들의 대표자일 뿐이다. 둘째, 인물의 이름도 중요하지 않게 된 것이다. 이것은 현대소설에서 개성을 갖는 인물이 그 존재 의미를 상실했음을 나타낸다. 이러한 현상은, 카프카의 『성』의 주인공의 이름이 K인 것처럼, 주인공의 이름도 익명으로 나타나는 것에서 잘 드러난다.

B

인물구성은 작가가 인물을 형상화하기 위해 사용하는 방식이며, 두 가지 방법이 있다. 하나는 직접적 제시(direct presentation)이고, 다른 하나는 간접적 제시(indirect presentation)다. 직접적 제시는 화자가 인물의 모습이나 성격을 독자에게 직접 해설해 주거나 다른 인물의 입을 통해 해설해 주는 방법이다. 간접적 제시는 작중인물의 행동을 자세히 묘사하여, 이를 통해 독자가 인물의 성격을 미루어 알 수 있도록 하는 방법이다. 이 경우 인물이 생각하고 말하고 행동하는 바를 통해 독자는 그 인물의 성격을 추론한다. 직접적 제시가 19세기 이전의 소설에 많다면, 간접적 제시는 20세기 이후의 소설에 많다.

직접적 제시는 웨인 부스의 이론에서 '말하기(telling)'에 해당하고, 간접적 제시는 '보여주기(showing)'에 해당한다. 문장론의 입장에서 직접적 제시는 '요약'을 통한 표현이고, 간접적 제시는 '묘사'를 통한 표현이다.

시점이론으로 인물구성을 고찰해 보면 직접적 제시는 슈탄첼(F.K. Stanzel)의 '기록자적 시점'에 해당한다. 바네트(S. Barnet) 등이 사용한 표현을 적용하면, 직접적 제시는 '논평적(editorial)'이고, 간접적 제시는 '중립적(neutral)'이라 볼 수 있다.

직접적 제시는 간단명료하게 인물의 성격을 독자가 파악할 수 있도록 하는 장점이 있다. 그런 의미에서 '경제적'이다. 그러나 대화, 독백, 내적 독백의 서술, 행동과 심리 묘사 같은 간접적 제시가 병행되지 않을 때는 독자를 확신시킬 수 없다. 그리고 독자의 판단을 방해하고 구속할 뿐만 아니라 오도할 수도 있다.

이에 반해 간접적 제시는 독자가 인물의 성격을 파악하는 데 시간과 노력이 필요하다. 그런 점에서 '비경제적'이다. 그러나 작가가 설정하는 테두리에 얽매이지 않고 독자 스스로 인물의 성격을 판단할 수 있는 장점이 있다. 또한 독자의 참여와 역할을 중요시하는 수용 미학적 입장에서 보면 아주 긍정적인 측면이 있다.

[문재은]

내적 독백, 누보로망(반소설, 앙티로망), 대화(체), 말하기/보여주기, 묘사(기술記述), 서술, 시점, 작가(저자), 작품

참고문헌

· 김천혜, 『소설구조의 이론』, 문학과지성사, 1993.

· Alain Robbe-Grillet, *Pour un Nouveau Roman*, Les Editions de Minuit, 1972.

· Edward Morgan Foster, *Aspect of the Novel*, London, 1974.

· Laurence Perrine, *Story and structure*, Harcourt, Brace & World, 1966.

인용

F: citation *E:* quotation *D:* Zitat

✺ 다른 사람의 말이나 글을 자신의 말이나 글 속에 자구 그대로 따다 넣어 사용하는 것

A

'부르다, 불러오다'를 뜻하는 라틴어 '시타레(citare)'에서 유래한 말로 다른 사람의 말이나 글을 자구 그대로 따오는 것을 가리킨다. 인용은 본문에서 또는 주(註)의 형식으로 이루어지며, 인쇄물의 경우 인용부호나 이탤릭체를 사용해 표시한다. 특히 널리 알려진 문구가 아니면 인용부호나 직접발화의 따옴표 없이 차용될 경우 표절로 간주된다.

B

인용이 포함된 글은 바흐친이 말한 다성성을 지닌다. 인용을 할 경우 인용하는 저자의 목소리와 인용문 저자의 목소리가 공존함으로써 목소리의 복수성이 표현되고 있기 때문이다. 상호텍스트성의 성격을 띠고 있는 인용은 바흐친이 말하는 대화주의의 특징을 갖는다. 따라서 인용에는 저자가 인용문 목소리(또는 의견)에 동의하거나 동의하지 않건 간에 인용을 통한 일종의 설전에서 오는 비판의 역동성과 긴장감이 담겨질 수 있다.

한용운의 「선사의 설법」 중 다음 대목은 그에 대한 적절한 예라 할 수 있다. 저자는 한 선사의 말을 직접 인용한 뒤 곧이어 그의 말을 반박하고 있기 때문이다.

> 나는 선사(禪師)의 설법(說法)을 들었습니다.
> "너는 사랑의 쇠사슬을 묶어서 고통을 받지 말고, 사랑의 줄을 끊어라. 그러면

너의 마음이 즐거우리라"고.
그 선사는 어지간히 어리석습니다.
사랑의 줄에 묶이운 것이 아프기는 아프지만, 사랑의 줄을 끊으면 죽는 것보다
더 아픈 줄을 모르는 말입니다.
사랑의 속박은 단단히 얽어매는 것이 풀어주는 것입니다.
그러므로 대해탈(大解脫)은 속박에서 얻는 것입니다.
님이여, 나를 얽는 님의 사랑이 줄이 약할까 봐서, 나의 님을 사랑하는 줄을
곱들였습니다.

C

과거의 사실을 현재의 의미와 중첩시켜 새로운 의미 공간을 생성하는 인용은 이 밖에도 저자가 자신의 진술을 설명, 입증할 때나 문학적 암시 및 연상을 의도할 때도 사용된다. 양식상의 특징이 되기도 하는 인용은 수사학적 장식이나 형식 구성상의 요소(도입부, 휴지부, 연설의 맺음말, 설교 등) 및 허구를 표현하는 수단(인물의 특징 묘사나 라이트모티프, 상징적 기능, 예시의 수단 등)으로도 사용된다. 또한 문맥을 벗어난 인용은 반박, 선동, 해학, 풍자를 목적으로 사용된다.

상호텍스트적 인용의 특별한 종류로는 모방과 패러디가 있다. 직접인용은 모방, 간접인용은 패러디인데, 허천(L. Hutcheon)의 논지에 따르면, 직접인용이라 할지라도 문맥 이동을 필수적으로 수반하기 때문에 패러디라 할 수 있다.

[김중현]

다성, 대화주의, 라이트모티프, 모방, 묘사(기술記述), 상징, 상호텍스트성, 암시/인유(법), 인물/인물구성, 패러디

참고문헌

· 김병욱, 「텍스트의 상호성과 글쓰기: 인용을 중심으로」, 『불어불문학 연구』, 한

국불어불문학회, 1995.
· 김욱동, 『수사학이란 무엇인가』, 민음사, 2002.
· 린다 허천, 『패러디 이론』, 김상구 외 역, 문예출판사, 1992.
· Jean Weisgerber, “Propos sur la citation, sa forme et ses fonctions dans la littérature contemporaine”, *Ecritures à Maurice-Jean Lefebre*, A. Mingelgrün, A. Nysenholc (Ed.), Editions de l'ULB, 1983.

인지(언어학, 시학, 문체론, 담화분석, 은유이론)

F: cognitif *E:* cognitive *D:* kognitiv

✻ 인지과학의 발전과 함께 여러 가지 언어현상을 언어 주체의 인지 능력이나 신체성과 관련하여 파악하려는 학문 분야

A

인지란 ‘알고 있다’ 또는 ‘이해하고 있다’고 하는 마음의 상태를 통틀어서 가리키는 말이다. 인지과학은 정보가 두뇌에서 어떻게 표현되고 어떻게 변형되는지에 대한 학제 간 연구이다. 인지과학은 정신분석학, 인공지능, 철학, 신경과학, 교육학, 언어학, 인류학, 사회학 등의 다양한 분과학문으로 구성되어 있다.

언어를 인간 인지 능력의 반영으로 보는 관점은 결코 새로운 것이 아니지만, 소쉬르에서 시작된 20세기 언어학의 주류는 언어를 언어 주체나 사회에서 분리된 자율적 존재로서 연구해 왔다. 인지과학이 발전하면서 언어를 언어 주체의 인지 능력이나 신체성과 관련시켜 다시 파악하려는 움직임에 의해 인지언어학은 20세기가 끝날 무렵에 생겨난다.

인지언어학은 담화 연구와 문체론의 잠재적 가치에 대한 연구 분야로서 1990년대에 출현한 이래 최근 가장 활발하게 연구되고 있다. 인지언어학

은 텍스트 세계를 만들기 위한 작가, 텍스트, 독자와 문맥 사이의 창조적 협상으로서의 독서 개념에 관심을 쏟는다. 인지과학과 마찬가지로, 인지언어학은 인류학, 정신분석학, 의미론, 화용론, 인공지능 등의 다양한 분야에 뿌리를 두고 있기 때문에 어떤 단일한 접근 노선을 갖지 않는다. 그렇지만 1980년대 이래 랑각커(R. Langacker), 라코프(G. Lakoff), 터너(M. Turner), 존슨(S. Johnson)의 작업과 연관되어 있다고 말할 수 있다.

넓게 말해 인지언어학은 이론적인 방법으로, 지각과 범주화에 대한 일반적인 인지 원칙의 관점에서 언어행동의 원칙들을 설명하고자 한다. 결과적으로 정신이 어떻게 작동하는가에 대한 인지 원칙의 관점에서 언어현상을 설명하기 때문에 문법 대 어휘, 통사론 대 의미론, 의미론 대 화용적 의미, 문자적 표현 대 문채와 같은 전통적 대립들이 사라져버린다.

B

일반적 인지 원칙에 대한 토론이 활성화됨에 따라 1990년대에 인지시학 혹은 인지문체론, 인지수사학이 등장한다. 이런 분야들은 넓게는 문체의 인지 효과들과 연관되고, 세부적으로는 인지은유이론과 연관된다. 인지언어학과 인지시학은 좁게는 인지와 언어에서의 '관용적(conventional)'은유의 역할과 각별히 연관되고, 넓게는 사고와 말 그리고 문학의 문채와 연관된다.

C

인지 연구에 기초해 담화 이해를 추구하는 인지시학의 또 다른 분과는 주로 인지담화분석이나 인지담화문법이다. 프레임과 도식에 대한 작업이 특히 영향력을 발휘하고 있는데, 이런 작업들은 쿡(G. Cook)이 시도한 문학과 비문학 텍스트에 대한 독자의 이해와 해석에 유용하게 적용되고 있고, 세미노(E. Semino)의 시 분석에, 에모트(C. Emmott)와 웨스(P. Werth)

의 서사 분석에 사용되고 있다.

D

인지은유이론을 주장한 라코프, 존슨, 터너는 은유 충동이 인간사고 과정의 기본 충동으로 사고 형성을 자극하고 수많은 개념들의 실제적 근간이 된다고 주장한다. 이들이 발전시킨 인지은유이론은 문화적으로 이미 조건 지워진 일련의 기본적이고 도식화된 신체의 실제적 경험에 근거해, 흔히 '관용적' 은유라 불리는 것들을 창조적 은유와 함께 통합하려고 시도한다.

관용적 은유에는 개념에 구조를 주는 개념적 은유와 신체 경험이나 지각운동 유형을 추상화한 영상도식(image schema) 은유가 있다. 예를 들어 '인생은 여행이다'라는 개념적 은유에서는 '출발', '길동무', '갈림길' 등의 비유가 체계적으로 생성되어 '인생'이란 추상적 개념에 관한 기술이나 설명을 풍부하게 한다. 영상도식 은유의 예로 영어나 한국어에서 '좋은(good)' 것은 보통 '위(up)'라는 말로 묘사되고, '나쁜(bad)' 것은 '아래(down)'라는 말로 묘사된다('럼스펠트는 부시 정부의 '최고위층' 인사다', '아버지가 '저기압'이다').

'인생은 여행이다', '사랑은 마음의 병이다' 등과 같은 매우 흔한 관용적 은유들은 대화와 문학에서 동시에 쓰인다. 인지문체론적 접근에서는 이런 '근원 유추(root analogies)'가 창조적 은유를 만들어 내는 데 기본이 되기 때문에, 문학 텍스트의 창조적인 심상 디자인을 이해하는 데 중요한 역할을 한다.

[고광식]

유추, 은유, 환유

■ 참고문헌

· 김동환, 『인지언어학과 의미』, 태학사, 2005.
· 임지룡, 『인지언어학 개론』, 태학사, 1998.
· Francisco Varela, *Invitation aux sciences cognitives*, Points Sciences, 1997.
· Paul Thagard, *Mind Introduction to Cognitive Science*, The MIT Press, 2005.

일탈

F: écart *E:* deviation(deviance) *D:* Abweichung

✻ 1. 문학 텍스트에서 언어적 규범이나 통계적 평균치로부터 어긋남을 나타내는 용어
2. 일상 언어와 구분되는 시적 언어의 특수성을 강조하기 위해 프라하학파가 사용한 개념

Ⓐ

일탈은 문체론 초기 저작에서 아주 일반적으로 사용된 용어이고, 문체 자체를 정의하기도 한다. 또한 생성문법에서 일탈은 언어 규칙에 따르지 않는, 문법적이지 않거나 부적격한 어떤 구성단위를 나타내기 위해 사용되기도 한다.

정확히 말하면, 일탈은 규범이나 통계적 평균치로부터 어긋남을 나타낸다. 이러한 어긋남은 언어구조(그 구조가 음운론적이든, 문법적이든, 어휘적이든, 의미적이든 상관없이)의 표준법칙을 깨는(그래서 통계적으로 생소하고 드문) 것에 의존하거나 용법의 표준법칙을 과다하게 사용하는(그래서 빈도가 과다하다는 의미에서 통계적으로 이상한) 것에 의존한다.

일탈은 특히 시적 언어와 관련되는데, 시적 언어를 조직화하고 개념화하는 데 있어 특이한 것에 대한 기대가 크기 때문이다. 시가 특징적으로 일상 언어의 규범을 위반한다는 견해는 프라하학파에 의해 많이 제시된다.

그런데 중요한 것은 일탈이 어떤 규범을 벗어나기 위해 이루어지는지를 아는 것이다. 왜냐하면 규범 자체가 아주 상대적인 개념이기 때문이다. 그러므로 1960년대에 많은 문체론자들이 문체를 언어적 규범으로부터의 일탈이라고 정의한 것은 이제 적절하지 않다. 문학 언어에서 뿐만 아니라 비문학언어에서도 다양한 언어만큼 다양한 규범이 있기 때문이다.

게다가 문체가 본질적으로 비정상적이라고 생각하거나 정상적인 용법은 문체가 없다고 생각하는 것도 오해의 소지가 있다. 일상대화를 하는데 쓰이는 일상 언어를 보통 규범으로 간주하지만, 오히려 정상 상태와 일탈의 정도를 고려하는 것이 더 적절하고, 그 규범들과 대비해서 시적 언어의 일탈을 판단하는 일련의 규범들을 고려하는 것이 더 적절하다. 또한 일탈의 정도가 어떠하든, 모든 텍스트가 자신만의 특별한 '이차적인' 혹은 '두 번째의' 규범을 만들 수 있다.

레빈(S.R. Levin)에 따르면, 몇몇 문체론자들은 외적일탈(external deviation)과 내적일탈(internal deviation)을 구별한다. 외적일탈은 텍스트 밖의 규범과 텍스트 언어를 비교해 평가한 것이고, 내적일탈은 기대된 것과 다른 텍스트 특징들을 나타내는데, 리치(Leech)는 이것을 '무산된 기대치(defeated expectancy)'라고 부른다.

또한 레빈은 통계적 일탈(statistical deviation)과 결정적 일탈(determinant deviation)을 구분한다. 통계적 일탈은 규범으로부터의 일탈을 양적으로 측정한 것을 가리키고, 결정적 일탈은 질적으로 측정한 것을 가리킨다. 리치도 일탈을 시적 언어의 특성이라고 하면서, 어휘의 일탈, 문법의 일탈, 음성론적 일탈, 자소(字素)론적 일탈, 의미의 일탈, 방언의 일탈 등과 같이 일탈의 다양한 유형을 제시한다.

이러한 일탈들은 구체적으로 새로운 단어들의 고안, 비문법적인 문체 사용, 특별한 발음 사용, 시행 배열이나 구두점의 특수한 사용, 무의미하고 불합리한 언어 사용, 파격적인 방언의 사용 등을 통해 이루어진다.

B

바이이(Ch. Bally)는 일탈을 규범과 대립적인 개념으로 파악하고, 메시지의 중립적인 정보 내용에 부가된 문체를 구별하기 위해서는 규범에서 벗어난 일탈을 먼저 알아야 한다고 주장한다. 규범은 가장 일반적으로 상용되는 표현이며, 일탈은 동의어이면서 상용어가 갖지 못한 정의(情意)적 가치를 갖거나 환기적 효과를 함축한다.

일탈은 문체적 변이형을 전제한다. 왜냐하면 어떤 생각을 표현하는 데 일반적으로 통용되는 규범적 표현에서 벗어나는 여러 다른 변이형이 있기 때문이다. 그래서 바이이는 일탈을 알기 위해서는 먼저 동의어에 대한 지식이 필요하다고 말하는 것이다. 또한 그는 일탈이 어휘뿐만 아니라 문장 구문에서도 나타난다고 한다. 관사의 유무, 도치, 감탄문 등으로 정의적 효과를 구문으로도 나타낼 수 있기 때문이다.

리파테르(M. Riffaterre)는 규범과 대립적 개념으로 일탈을 설명하는 바이이에 반대해, 무표의 문맥에 대립된 유표의 예측불가능성으로 일탈을 설명한다. 일탈의 문체 가치는 문맥에 따라서 실현되기도 하고 실현되지 않기도 한다는 것이다. 다시 말해 모든 일탈이 모두 문체 효과를 나타내는 것이 아니므로, 항상 예측불가능성의 대조를 일으키는 바탕으로서의 문맥에서 문체 효과를 총체적으로 찾아야 한다는 것이다. 예컨대 시적 어휘는 고정된 것이 아니라, 문맥에 따라서 산문적 어휘도 될 수 있고 시적 어휘도 될 수 있으며, 반대로 시적 어휘로 분류되는 어휘도 전혀 시적 효과를 나타내지 못하는 경우도 있다.

이러한 리파테르의 문맥적 문체관은, 단지 독자의 기대로부터의 일탈에서만 문체 특성을 인정하는 문체 개념을 전제한다. 그러므로 문체는 모든 텍스트의 일반적인 성질이 아니라, 특정한 텍스트의 독특한 성질이라는 것이다. 이러한 문체론을 일탈문체론이라 부른다.

코헨(J. Cohen)은 시와 산문의 차이나 대립구조를 일탈로 개념화하고, 문체론, 통계론, 전통수사학이라는 서로 다른 영역들을 묶어줄 수 있는 개념으로 일탈을 거론한다. 코헨이 의미하는 시적 문체는 개별적인 변이형들, 즉 수많은 개별적인 시인들의 문체를 뛰어넘어 시인들의 언어 속에 상존하는 문체론적 특성이 있음을 전제로 한다. 그러므로 코헨이 찾아내려는 시적 문체는 '규범을 일탈하는 동일한 방식' 또는 '일탈 그 자체에 내재하는 규칙'의 의미다. 또한 코헨은 시적 문체를 시와 산문의 대립에 관련된 경우에는 '질적' 일탈로, 문학적 산문과 시의 대립에 관련된 경우에는 '양적' 일탈로 간주한다.

[문재은]

규범, 대조(법), 문맥, 문체, 문체론(문체학),
방언/방언학/방언주의, 유표적/무표적, 텍스트

참고문헌

· 미카엘 리파테르, 새뮤얼 R. 레빈, 제프리 N. 리치, 『일탈문체론』, 양희철 외 편역, 보고사, 2000.
· 박성창, 『수사학과 현대 프랑스 문화이론』, 서울대학교출판부, 2002.
· 이종오, 『문체론』, 살림, 2009.
· 베른하르트 조빈스키, 『문체론』, 이덕호 역, 한신문화사, 1999.
· 황석자 편저, 『문체의 문채』, 어문학사, 1997.
· 황석자, 『현대문체론』, 한신문화사, 1985.

ㅈ

자동화

F: automatisation *E:* automatization *D:* Automatisierung

✺ 일상적인 언어 소통에서 사용자가 그 심미적 가능성을 더 이상 인식하지 못할 정도로 언어기호가 낯익게 된 과정

'낯설게하기'와 반대되는 개념으로 러시아형식주의자와 프라하학파가 사용한 이 용어는 일상적인 언어 소통에서 사용자가 그 심미적 가능성을 더 이상 인식하지 못할 정도로 언어기호가 과도하게 낯익게 된 과정을 지칭한다. 그런데 시는 언어기호를 탈자동화하여 그 언어기호를 낯설게 한다.

[문재은]

낯설게하기

자서전

F: autobiographie *E:* autobiography *D:* Autobiografie

✺ 1. 자기가 쓴 자신의 전기

2. "한 실제 인물이 자기 자신의 존재를 소재로 하여 그 개인적인 삶, 특히 개성

의 이야기에 비중을 두고 쓰는 산문으로 된 회고적인 이야기" (필립 르죈)

A

자서전은 일반적으로 '자기가 쓴 자신의 전기'를 말한다. 실제 사실만을 기술한 경우뿐 아니라 허구를 보탠 경우도 자서전의 범주에 들어가는데, 특히 후자의 경우 자서전 문학으로서의 가치와 의미를 지닌다. 하지만 어디까지나 자서전의 본질은 진실성이라고 할 수 있다.

문학이 전제하는 허구성 대신 진실성을 원칙으로 하는 자서전은, 대표적인 자서전 연구가 르죈(Ph. Lejeune)의 정의에 따르면, "한 실제 인물이 자기 자신의 존재를 소재로 하여 그 개인적인 삶, 특히 개성의 이야기에 비중을 두고 쓰는 산문으로 된 회고적인 이야기"다. 물론 르죈은 '산문'이라는 조건과 관련하여 시와 같은 운문 형식으로 된 자서전도 성립함을 밝혔지만, 실질적으로 자서전은 대부분 산문 형식이다.

B

일반적으로 우리는 루소(J.J. Rousseau)의 『고백록』을 최초의 자서전으로 꼽는다. 물론 시기적으로 최초라 할 수 있는 4세기경 아우구스티누스(St. Augustinus)의 『고백록』이나 몽테뉴(M. de Montaigne)의 『수상록』(1580~1588년) 등이 있긴 하지만, 엄밀한 의미에서 최초의 자서전은 루소의 『고백록』이라는 것이 일반적인 견해다. 다수가 이견 없이 『고백록』을 진정한 의미의 자서전으로 받아들이는 것은 무엇보다 『고백록』이 당시까지의 단순한 일대기나 정치·사회적인 회고록 등과는 명백히 변별되는 순수한 개인사의 이야기, 자아의 이야기, 필립 르페브르(Ph. Lefebvre)의 표현처럼 "영웅이 아닌 한 인간의 이야기"이기 때문이다.

C

자서전에 대한 연구가 실제로 본격화한 것은 최근에 와서다. 하지만 루소의 『고백록』에서부터 최근 페렉(G. Perec)의 『W 혹은 유년기의 추억』에 이르기까지 자서전의 역사는 장고하고, 그만큼 문학적 비중도 상당하다.

기독교가 융성하던 시대의 종교적인 고백록이나, 저명한 인물의 회고록, 17~18세기에 성행하던 서한문, 내밀한 자기 성찰인 일기 그리고 타인의 일대기를 기록한 전기에 이르기까지 다양한 형식의 자전적 글쓰기는 물론, 자서전 역사의 전기를 이룬 루소의 『고백록』이 기술된 것도 이미 수세기 전의 일이다. 루소 이후 스탕달의 『앙리 브륄라르의 생애』, 와일드의 『옥중기』, 괴테의 『시와 진실』, 조이스의 『젊은 예술가의 초상』, 레리스(M. Leiris)의 『성년』을 비롯한 자서전 시리즈 그리고 페렉의 실험적 자서전에 이르기까지 수많은 작가들이 자아의 이야기를 기술해 왔다.

사실 끊임없이 종교와 왕권에 맞서야 했던 서구인들의 자아에 대한 관념은 강박에 가까웠다고 해야 옳을 것이다. 그리고 오늘날 주체의 해체 내지 위기에 대한 인식과 더불어 자서전의 기술과 그에 대한 연구는 한층 활발해져 실로 다양해지고 방대해졌다.

D

자서전은 대체로 작가의 글쓰기가 정점에 이른 시기에 쓰인다. 그만큼 자서전은 완숙한 글쓰기, 특히 형식미를 요한다. 시나 소설 등의 장르에 비해 상징성도, 또 인물이나 사건도 그리 흥미로울 것 없는 일상적인 삶의 이야기가 주 내용인 자서전은 결국 매혹적인 형식, 즉 완숙한 구성과 문체를 통해 소통을, 카타르시스를 구할 수밖에 없다.

실제로, 현대 자서전의 전기를 이룬 『성년』의 서문이자 기념비적인 자서전 선언문인 「투우-문학론」을 통해 레리스는 자전적 미학의 본질은 형식이며, 그 형식은 곧 '구성'과 '문체'임을 밝힌 바 있다. 예컨대 루소는

18세기 당시까지 전례가 없던 자아의 몽상적 내면을 이야기하는 '감성적 문체'를 통해, 레리스는 이미지를 모티프로 한 '회화적 문체 및 구성'을 통해, 그리고 페렉은 자전과 소설을 연계하는 '장르 간 구성'이라는 실험적 형식을 통해 독자와의 소통을 희구했다.

그리고 21세기 디지털시대와 더불어 등장한 블로그나 유튜브, 트위터 등은 우리 현대인의 그야말로 글로벌한 새로운 형식의 자전적 장이라고 할 수 있다. 우리는 하나의 현실이나 현상을 두고 각자 실로 다양한 형식으로 인식하고 기술하고 소통하며 가공까지 한다. 현대는 현실과 가상현실 간의 해체 내지 탈경계 시대라고 할 수 있다. 이러한 시대적 흐름에 따라 이제 문학은 '자서전'뿐 아니라 '오토픽션'을 이야기한다.

[류은영]

모티프, 문체, 오토픽션, 인물/인물구성, 형식

참고문헌

· 필립 르죈, 『자서전의 규약』, 윤진 역, 문학과지성사, 1998.
· Georges May, *L'Autobiographie*, PUF, 1984.
· Jacques Lecarme, Eliane Lecarme-Tabone, *L'Autobiographie*, Armand Colin, 1997.
· Michel Leiris, *L'Age d'homme*, Gallimard, 1946.
· Philippe Lefebvre, *L'Esthétique de Rousseau*, Sedes, 1997.
· Philippe Lejeune, *Moi aussi*, Seuil, 1986.

자유간접화법

F: discours indirect libre *E:* free indirect discourse
D: freie indirekte Rede

✳ 직접화법의 단점인 이야기의 단절과 간접화법의 단점인 종속구문의 무거움을 피하면서 직접화법의 장점인 인용된 말의 생생함과 간접화법의 장점인 요약과 서술의 기능을 갖는 화법

Ⓐ

직접화법: He said, "I love her now."
간접화법: He said that he loved her then.
자유간접화법: He loved her now.

자유간접화법은 직접화법과 간접화법의 특징을 동시에 갖고 있으면서도 어느 한 인용 방식에 귀속시킬 수 없는 복잡성을 내포하고 있다. 자유간접화법은 직접화법의 단점인 이야기의 단절과 간접화법의 단점인 종속구문의 무거움을 피하면서 직접화법의 장점인 인용된 말의 생생함과 간접화법의 장점인 요약과 서술의 기능을 갖는다. 이처럼 자유간접화법은 전달하는 것의 현실감을 생생하게 느끼게 하면서도 신속하게 대상을 스케치할 수 있다.

자유간접화법은, 우화의 형식을 빌려 동시대의 다른 작가들과는 비교가 되지 않을 정도로 풍부하게 자유간접화법을 사용한 17세기 프랑스 작가 라퐁텐에 의해 비로소 독립적인 모습을 띠게 된다. 그런데 자유간접화법이 문학에서 완전한 표현 방식으로 자리 잡은 것은 19세기 중엽 플로베르에 의해서다. 현대소설, 특히 모더니즘 계열의 소설이 개발하고 선호하는 문체다.

논자에 따라 '자유간접문체(free indirect style)', '자유간접발화(free indirect speech)', '서술된 독백(narrated monologue)', '체험된 화법(experienced discourse)', '결합된 화법(combined discourse)', '의사직접화법(quasi-direct discourse)' 또는 '치환서술(substitutionary narration)'이라고 부르기도 한다.

B

자유간접화법의 특징은 다음과 같이 요약할 수 있다. 첫째, 직접화법이나 간접화법과는 달리 고유한 언어학적 표지를 갖지 않는다. 둘째, 특별한 도입 양태(단절이나 종속)를 갖지 않는다. 셋째, 문장의 통사에 속하는 현상이 아니라 극도로 다양한 차원의 텍스트 전체에 걸쳐 있다. 넷째, 전적으로 문맥에 의존한다.

자유간접화법은 이야기의 흐름을 단절하지 않는 범위에서 간접화법이나 직접화법 그리고 서술문과의 혼합으로 나타난다. 서술문이 전개되어 가다가 갑자기 아무런 예고도 없이 자유간접화법이 삽입되기도 하고, 연속된 직접화법 구문 가운데 자유간접화법이 끼어들기도 하고, 연속된 간접화법 구문 가운데 자유간법화법이 삽입되기도 한다. 또한 서술문에서 자유간법화법으로 바뀌었다가 다시 직접화법이나 간접화법으로 바뀌기도 하고, 직접화법에서 자유간접화법으로 바뀌었다가 다시 서술문으로 바뀌기도 하고, 간접화법에서 자유간접화법으로 바뀌었다가 다시 직접화법으로 바뀌는 등 자유간접화법의 앞·뒤에 여러 문체가 다양하게 제시될 수 있다. 이러한 문체상의 변화는 자유간접화법의 다성적 현상과 연관이 있다.

C

자유간접화법은 화자와 등장인물의 이중적인 목소리가 어법적인 수준에서 혼성된 것으로, 화자의 초점화 서술과 등장인물의 초점화 서술의 경계선에서 나타난다. 즉, 자유간접화법은 등장인물의 직접성과 화자의 간접성이 혼합된 사고와 화법을 재현하는 문체와 관련된다. 이처럼 미메시스적 디에게시스라고 할 수 있는 자유간접화법은 '이중적인 서술 상황'을 드러내는 것이므로, 인물과 화자 중 누구의 목소리가 더 많이 섞였느냐에 따라서 화자와 인물의 목소리를 섞어 쓰는 것부터 인물의 지각이나 사고를 지속적으로 제시하는 것까지 다양한 서술 양식으로 나타날 수 있다.

그런데 인물의 지각이나 사고를 지속적으로 제시하는 경우는 화자의 존재가 사라진 듯한 인물 초점화 서술의 일반적 양상과 일치한다. 다만 이 경우에도 최소한의 화자의 개입은 있으며, 그것이 보다 더 적어지거나 없어지는 '내적 독백'이나 '의식의 흐름'과는 구별되어야 한다.

초점화가 '누구의 시선을 통해 이야기가 전달되는가?'의 문제라면, 자유간접화법은 '발언된 말이나 표현된 사고들은 누구의 것인가?'의 문제다. 직접화법에서 말하는 사람은 등장인물이고 간접화법에서 말하는 사람은 화자인 반면에, 자유간접화법에서 말하는 사람은 등장인물인 것처럼 보이지만 그 말에는 화자의 목소리(어투)가 뒤섞여 있다. 따라서 자유간접화법은 두 개의 사건(화자의 사건과 등장인물의 사건), 두 개의 문체, 두 개의 의미론적 가치체계, 두 개의 목소리가 혼합되어 있다고 말할 수 있다. 그래서 자유간접화법은 소설 담론의 대화성을 형상화하면서 좀 더 풍부한 의미 구현을 할 수 있게 된다.

다시 말해 자유간접화법은 두 개의 목소리 간의 충돌, 목소리의 이중성을 통해 담론 주체 간의 대화적 관계를 드러내는 것이다. 이러한 점과 관련해 바흐친은 자유간접화법이 소설에서 '다성' 현상의 대표적인 경우라고 평가한다. 또한 아우얼바하는 이러한 '문체의 혼합' 양상과 관련해 플로베르의 글을 예로 들면서 자유간접화법이 내용 면에서 고상한 주제와 저열한 주제, 심각한 것과 코믹한 것 양자 간의 결합을 매끄럽게 처리해 내는 장점을 지닌 것으로 평가한다.

[문재은]

내적 독백, 다성, 디에게시스, 미메시스, 초점화

참고문헌

· 김종로, 「자유간접화법의 다음성적 분석」, 『불어불문학연구』 36권 2호, 한국불어불문학회, 1998.

· 김태희, 「문학과 영화에서의 자유간접화법」, 『프랑스학연구』 39권, 프랑스학회, 2007.
· 미하일 바흐친, 『마르크스주의와 언어철학』, 송기한 역, 한겨레, 1988.
· 선주원, 「대화적 관점에서의 소설교육」, 『현대문학의 연구』 16호, 한국문학연구학회, 2002.
· 에리히 아우얼바하, 『미메시스』(근대 편), 김우창 외 역, 교보문고, 1992.
· 폴 헤르나디, 『장르론』, 김준오 역, 문장사, 1983.
· Mikhail Bakhtin, *Le Marxisme et la philosophie du langage*, Minuit, 1977.

자유시

F: vers libre *E:* free verse *D:* freie Rhythmen

✵ 압운 체계가 없고 운율 형식이 드러나지 않는 열린 형식의 시

Ⓐ

전통적인 의미에서 시는 압운 체계(rhyme scheme)와 명시적 운율을 바탕으로 하지만, 자유시는 무압운, 비운율의 '열린 형식'의 시이다. 자유시란 운율시(metrical verse)의 파생 장르(시)이면서도 '운율 피하기'(자유)라는 의미에서 용어상 모순이지만 동시에 다양한 작시법이 혼합된 형태다. 자유시는 시의 일반 규칙과 제약을 거의 받지 않고, 그 시적 효과를 주로 개별적 리듬과 불규칙해 보이는 시행에 의존한다.

자유시는 압운 체계가 없다는 점에서 무운시와 유사하지만, 무운시와는 달리 약강5음보의 운율 형식을 따르지 않는다. 또한 자유시는 행 배열 이외에는 산문과 본질적으로 차이가 없는데, 압운은 없지만 내재율을 가진 운문이라는 점에서 산문체 리듬에만 의존하는 산문시(prose poems)와도 다르다.

자유시는 기본적으로 시행이 리듬 단위이며, 규칙적 음보와 뚜렷한 압운이 없기 때문에 구문이나 억양과 같은 내적 논리에 따라 유기적으로 구성된다. 연 구성 또한 의미 단위로 이루어짐에 따라 길이가 제각각이고 시각적으로 특이해 보이는 경우도 있다. 그 결과 자유시는 극단적으로 다양한 형태를 띠는데, 이를 통해 실제 삶의 경험을 보다 사실적으로 재구성한다.

삶의 지각, 인식, 정서, 상상의 과정을 복제, 투사, 재현 하려는 자유시 정신은 시인과 독자를 끊임없이 매료시키는 요소다. 즉, 자유시는 정해진 형식이나 외적 규범이 없어서 시인의 개성이 보다 분명히 확보되고, 시의 속도, 강세 등을 창출하기 위해 독자의 개입이 보다 적극적으로 요구되는, 오늘날 가장 보편적인 유형의 시다.

B

자유시는 인류의 구어 전통에 바탕해 규칙적 운율 이전으로 거슬러 올라가는 세계 문학사상 일찍부터 발견되는 가장 오랜 시 형식 중 하나로서, 서정시 전통에 그 맥이 닿아 있다. 민족에 따라 서로 다른 역사적 조건을 갖고 있는 만큼 그 스펙트럼이 넓고 운율 배경도 다양하다. 그럼에도 자유시는 압운 체계와 운율 형식이 지배해 온 문학사에서 오랫동안 억압되어 오다가 20세기 이미지즘, 아방가르드 같은 모더니즘 자유시로 '억압된 것의 귀환(the return of the repressed)'을 이뤄 낸다.

용어상 자유시는 엄격한 전통 운율로부터 부분적으로 자유로워진, 17세기 프랑스 라퐁텐(La Fontaine)과 그의 동료들의 '해방된 시(vers libéré)'를 기원으로 한다. 그러나 오늘날 우리가 알고 있는 자유시라는 명칭은 대체로 파격적 기법으로 불규칙한 운율을 시도한 귀스타브 칸(G. Kahn)이나 쥘 라포르그(J. Laforgue) 등과 같은 19세기 말 프랑스 시인들의 시작 활동에서 기인한다. 영어권에서 자유시는 오래 전부터 비하의 표현으로 쓰이다가 20세기 초 문학운동 구호로 등장한 후 중립적인 기술어(記述

語)가 되어 오늘에 이른다.

영문학에서 현대적 의미의 자유시는 이미 1611년 흠정역 성경(the King James Bible)에 나타난다는 인식이 일반적이다. 그중 시편(Psalms)과 아가서(the Song of Solomon)는 고대 히브리 시가의 병행구조와 카덴스(cadence)를 산문 영어로 모방한 것이다. 특히 시편은 1380년대 위클리프(J. Wycliffe) 이래 오늘날까지 다양한 형태의 자유시로 번역돼 왔다. 이와 같은 성경의 문체는 18세기 중반 크리스토퍼 스마트(Ch. Smart)의 장편 자유시 『어린양을 기뻐하라』 등에 영향을 미쳤다.

이후 자유시는 19세기 많은 영미 시인들의 형식 실험을 통해 발전한다. 윌리엄 블레이크(W. Blake), 매슈 아놀드(M. Arnold) 등은 규칙적 음보에서 벗어난 문체를 구사하고, 크리스티나 로제티(Ch. Rosetti), 코벤트리 팻모어(C. Patmore), 브라운(T.E. Brown) 등은 정해진 격식이 없는 압운시를 시도했다. 그중에서도 미국 시인 월트 휘트먼(W. Whitman)은 현대 자유시의 중요한 선구로 알려진 비운율시 『풀잎』을 썼다. 그의 문체 역시 성경을 바탕으로 하는데, 특히 강세와 음절수의 규칙을 무시한 다양한 길이의 시행으로 세상을 놀라게 했다. 그는 구어에 바탕한 형식을 통해 예기치 못한 곳에 강세를 둘 뿐 아니라 문법적 강조, 평행구조, 전후조응(anaphora, 특히 첫머리 어구 반복), 산문처럼 긴 시행 등을 영시에 되살렸다. 반복되는 음보를 통해 리듬 효과를 창출하는 전통시와는 달리 그는 특정 낱말, 구, 절, 시행 등 의미 단위의 반복, 균형, 변주 등을 효과적으로 활용한 것이다. 휘트먼 이후 영어권 자유시는 대체로 번역 성경에 기원한 긴 시행으로부터 짧은 대화체로의 이행 과정이었다.

그 밖에도 전통적 작시법에서 벗어나려는 시도는 낭만주의 이래 대부분의 서구 민족문학의 주요 경향을 이룬다. 러시아의 수마로코프(A.P. Smarokov), 푸시킨(A.S. Pushkin), 독일의 괴테, 횔더린(F. Hölderlin), 프랑스의 랭보(A. Rimbaud), 아폴리네르(G. Apollinaire) 등이 민족 고유의 운율에서 근본적으로 벗어난 시를 썼다. 특히 독일의 하인리히 하이네(H.

Heine)는 연작시 「북해」를 통해, 그리고 랭보는 산문모음집 『일뤼미나시옹(Illuminations)』을 통해 자유시 발전에 크게 기여했다.

오늘날 자유시는 대체로 19세기 말 프랑스의 상징주의 시와 제1차세계대전 전후 아방가르드 자유시를 의미한다. 이 시기의 자유시는 자의식적이고 자기선언적이며 운율에서 보다 철저히 자유로워지려는 시도였다. 20세기 초 영어권의 이미지즘 시인들은 습관적으로 시행과 문법적 단위를 일치시켰고, 이 운동과 직간접적으로 연관된 에즈라 파운드(E. Pound), 엘리엇(T.S. Eliot) 등도 다양한 형태의 자유시를 실험했다.

이후에도 앨런 긴스버그(A. Ginsberg)나 로버트 블라이(R. Bly)의 목록시(the catalog verse), 칼로스 윌리엄즈(W.C. Williams)의 변동음보(the variable foot) 이론, 찰스 올슨(Ch. Olson)의 투사시(the projective verse) 등을 통해 자유시를 실천하고 또한 이론적으로 옹호했다. 문학사에서 아방가르드 자유시는 프랑스어권의 랭보, 브르통(A. Breton), 에메 세자르(A. Césare) 등과 칠레의 스페인어 시인 파블로 네루다(P. Neruda), 영어권의 찰스 톰린슨(Ch. Tomlinson) 등이 대표한다.

20세기 자유시는 그 다양성 때문에 일반화할 수 없다. 그럼에도 많은 유형의 자유시에는 운율시 못지않은 규칙성이 존재하는데, 전통시와 차이점은 단지 그 규칙이 개별 시의 언어와 텍스트 논리에 근거한다는 점이다. 오늘날 자유시는 내재율이 지배적이지만, 시인들은 필요에 따라 해방된 형식을 통해 운율시와 자유시 사이를 수시로 넘나든다. 한편으로는 20세기 말 신형식주의로 알려진 몇몇 시인 비평가들처럼 전통적 작시법의 음보, 압운, 연 형식 등으로 돌아갈 것을 주장하는 경우도 있다.

C

자유시는 그 대중성과 성취에도 불구하고 발전 가능성과 한계에 대한 지적 또한 있다. 실제 시작 과정에서 특별한 형식적 제약이 없고 개별적, 내적 통제에 따라 전개되는 자유시가 갖는 곤경을 프로스트는 “네트 없이 테니스 치기"(playing tennis without a net)라는 은유를 통해 드러낸다. 그러나 자유시가 여전히 시로 인식되는 한, 나름의 구조와 리듬을 가지며 전통적인 운율시의 경우와 동일한 용어 및 방법으로 논의될 수밖에 없다. 그런 의미에서 엘리엇의 지적처럼, "시를 잘 짓고자 하는 자에겐 어떤 시도 자유롭지 않다"고 할 것이다.

자유시는 외부에서 주어진 규칙이 없다 해도 여전히 어구반복, 약하나마 압운, 평행구조, 대조, 콤마 등을 통해 반복과 반향을 일으켜 리듬을 형성하고, 유사한 이미지나 낱말을 나열해 음악적 효과를 내기 때문에 문장강세 운율(intonational meter)이라 불리기도 한다. 그럼에도 자유시는 운율 규범의 의도적 배제와 문장을 문법 혹은 의미 단위로 분절한 시행을 주요 특징으로 한다.

또한 자유시에서는 구조상 반복 못지않게 일회적 우연성이 중요하며, 시적 효과를 문법과 서로 다른 길이의 시행이나 연 사이의 긴장에 의존한다. 그 결과 자유시는 주어진 규범보다는 개별 시의 임의적 요소가 부각되고, 주로 청각에 의존하는 정형시와는 달리 시마다 서로 다른 시각적 공간을 창조한다. 자유시는 시 형식을 유지하면서도 시마다 독특한 형태와 예측 불가능한 구조의 역동성을 통해 한편으로 시 장르의 연속선상에 놓이면서 다른 한편 수사적 측면에서 끊임없는 '낯설게하기'를 시도한다.

대부분의 자유시는 전통시처럼 시행의 관행을 따르지만, 시행의 길이를 규제하는 원칙이 없기 때문에 서로 다른 길이를 통해 다양한 효과를 창출한다. 문법, 의미, 시각 단위의 어구로 시행을 구분함으로써 일률적인 정형시행의 단조로움을 벗어나 보다 짜임새 있는 구성이 가능하다. 반면 상투적 문법, 의미, 시각 단위 안에서 시행갈이를 폭력적으로 시도하는 경우는 전치사나 조사와 같은 기능어를 강조해 파편화 혹은 탈자동화된 불연속적 읽기를 요구한다.

대체로 짧은 시행이 단절효과를 일으켜 흐름을 조절하고 무게를 보태는 반면, 긴 시행은 5음보 같은 전통적 시행의 한계를 넘어서는 탄력을 준다.

길이가 짧든 길든 등가의 시행으로 이뤄지는 자유시에서는 대체로 어떤 두 행의 길이도 일치시키지 않는데, 확장된 서사시나 짧은 서정시에서 긴 시행과 짧은 시행을 교차시켜 대화적 효과를 낼 수 있다.

자유시에서는 시어 또한 소리와 시각 효과로 풍부한 의미를 형성하지만, 그 효과는 대체로 일회적이다. 가령 자유시에 압운이 나타난다 해도 시 전체 구도로서가 아니고 단어와 시행의 중간처럼 예상치 않은 곳에서 우연적 상황으로 종종 발생한다. 또한 자유시는 시각적 효과를 위해 한 페이지 전체에 걸쳐 시를 배치하기도 한다. 예를 들면 말라르메(S. Mallarmé)는 「주사위 던지기」에서 새의 깃털 모양을 제시하기 위해 펼칠 수 있는 확장된 페이지를 사용하기도 한다. 이 경우 여백이 텍스트를 둘러싼 공간으로서 멈춤, 분리, 침묵의 이미지 등을 창출한다.

자유시도 다른 시의 경우처럼, 인쇄 기술과 새로운 시각 매체의 발전으로 시각적 장치에 영향을 받아 왔다. 자유시는 타자기 자판으로나 조판상 가능한 상징이나 문자를 이용함으로써, 실제로 운율 파악을 불가능하게 하거나 운율을 파괴하기도 한다.

[외부집필－김태철]

구어, 낯설게하기, 대화(체), 리듬(시), 모더니즘,
무운시(無韻詩), 문체, 반복(법), 상징, 시행(운문),
운율, 은유, 이미지, 장르, 재현(표상, 대표), 조응

참고문헌

· Alex Preminger, Terry Brogan et al. (Ed.), *The New Princeton encyclopedia of poetry and poetics,* Princeton UP, 1993.

· Antony Easthope, *Poetry as discourse,* Methuen, 1983.

· Harvey Seymour Goss, *Sound and form in modern poetry,* University of Michigan Press, 1964.

· Meyer Howard Abrams, Geoffrey Harpham, *A Glossary of literary terms,*

Thomson Wadsworth, 2005.
· Thomas Stearns Eliot, "Reflections on *vers libre*", Frank Kermode (Ed.), *Selected prose of T. S. Eliot,* Faber, 1975.

자음운

F: consonance *E:* consonance *D:* Konsonanz

✻ 1. 연속하는 단어의 동일한 위치에 동일한 음의 자음을 반복하는 기법
2. 단어 또는 시행 간에 음이나 운율, 특히 마지막 음이나 운율이 동일한 자음을 반복하는 시적 표현기법

Ⓐ

'함께'를 의미하는 'con'과 '소리'를 의미하는 'sonare'에서 유래한 말로 조화로운 소리를 의미한다. 흔히 '연속하는 단어의 동일한 위치에 동일한 음의 자음을 반복하는 기법'을 말한다. 자음운은 초성, 중성, 종성의 자음 반복을 포괄하나, 주로 종성의 자음 반복을 가리킨다. 따라서 자음운은 동일한 위치에 동일한 운을 반복하는 압운이나, 동일한 모음을 반복하는 모음운, 주로 처음 또는 중간 자음을 반복하는 두운과 구별된다. 경우에 따라 자음운을 반-압운(half-rhyme), 자음-모음운(consonantal assonance), 종성-두운(end-aliteration)으로 부르기도 한다.

Ⓑ

문학적으로는 '단어 또는 시행 간에 음이나 운율, 특히 마지막 음이나 운율이 동일한 자음을 반복하는 시적 표현기법'이다. 자음운은 동일한 음이나 운율의 자음들을 반복해 표현함으로써 리듬감을 낳아 어조와 감정을 더욱 풍부하게 전달하는 효과가 있다. 예컨대 하인즈(Heinz) 사의 광고 슬로건 'Beanz meanz Heinz'는 단어 끝머리의 '-z[z]'가 자음운을 이루어 리듬감을 낳는 경우라 할 수 있다. 또한 워즈워스(W. Wordsworth)의 시 「외로운 추수꾼」도 좋은 예다.

I listened, motionless and still (나는 들었네, 꼼짝 않고 가만히)
And, as I mounted up the hill, (그리고, 나 언덕을 올랐을 때,)
The music in my heart I bore, (노래 소리 내 마음에 흘렀지,)
Long after it was heard no more. (이미 그 소리 더는 들리지 않았지만.)

1행의 'sti<u>ll</u>[l]'과 2행의 'hi<u>ll</u>[l]', 그리고 3행의 'bo<u>re</u>[r]'와 4행의 'mo<u>re</u>[r]'가 자음운을 이룬다. 단어의 끝머리이자 시행의 끝머리에 자음운을 사용하여 보다 풍부한 시적 감흥 효과를 불러일으킨다.

[김용석]

두운, 반복(법), 운율

참고문헌

· Claude Peyroutet, *Style et rhéthorique*, Nathan, 1994.

작가(저자)

F: auteur *E:* author *D:* Autor

✷ 1. 모든 글 또는 간행물의 작자
2. 텍스트, 독자와 함께 문학을 이루는 세 요소의 하나
3. 텍스트를 쓴 사람

Ⓐ

‘증대시키다’, ‘보증하다’를 뜻하는 라틴어 동사 ‘augeo’의 파생어 ‘auctor’에서 유래한 용어로, 문화에 더 많은 무엇을 보태는 사람 또는 신뢰할 만한 훌륭한 사람을 일컬었다. 예컨대 고대에 키케로는 플라톤을 “가장 심오한 보증인(Gravissimus auctor)”이라 칭했으며, 중세에 ‘권위’를 뜻하는 라틴어 ‘auctoritas’는 아리스토텔레스나 수도원의 수도승처럼 매우 신뢰할 만한 대작가를 가리켰다. 중세의 서기는 이러한 대작가의 텍스트를 옮기는 필경사(scriptor)나 텍스트의 일부를 발췌해 새로 구성하는 편집자(compilator) 또는 텍스트에 주석을 다는 주석자(commentator)였는데, 때로 작가가 되기도 했다. 현대에 이르러 작가는 혁신적인 진술을 생산하는 자로서 ‘모든 글 또는 간행물의 작자’를 의미하게 되었다.

Ⓑ

16세기 이후 텍스트의 인쇄가 일반화되면서 원고는 아직 미완의 작품으로서, 작가는 원고를 출간해야만 비로소 작가로 간주되었다. 이때 인쇄본 표지 제목 언저리에 표기된 작가의 이름은 기원전 6세기 이래로 진술의 책임자를 명시하는 서명의 가치를 지녔으며, 이는 곧 작자로서의 권위가 있는 원작자(authorship)를 가리키는 것이었다. 하지만 16세기 중반 시작된 사회적, 정치적 검열이 18세기 말까지 이어지면서 작가는 익명 또는 가명으로 작품을 출간하기도 했다.

17세기에 들어 작가는 점차 창조자로 정의되기 시작한다. 작가는 창조자로서 고유의 방식으로 글을 쓰면서 생각을 표현하고 기록하는 최초의 사람으로 여겨졌다. 종종 작가를 창조자가 아닌, 페로(Ch. Perrault)나 이후 18세기 그림 형제(les frères Grimm)처럼 민간 설화를 모아 글을 쓰는 사람 정도로 간주한 경우도 있었으나, 통상 창조자로 간주했다. 작가는 자신의 생각과 감성에서 작품의 토대를 찾아 그 스스로 작품에 신용을 부여한다는 것이다. 그리하여 19세기에 이르러 작가는 작품의 시조로 간주되었다.

작가는 16세기 이후로 인쇄업자와 서적상, 그리고 18세기 후반에는 편집자와 관계를 맺었다. 출판시장의 발달과 함께 작가에 대한 법규가 정해져 작가는 자신의 작품에 대한 소유권을 인정받았다. 프랑스의 경우 1777년 보마르셰(P. Beaumarchais)의 발의로 창설된 극작가작곡가협회(SACD: Société des Auteurs et Compositeurs Dramatiques)를 시작으로 권리 단체도 생겨났다.

19세기, 특히 20세기에 들어 다양한 문화 영역에서 작가라는 직업이 생겨났으며, 이에 따라 저작권 관련 법규들이 한층 체계화되었다. 예컨대 1950년 이후 샤브롤(C. Chabrol), 고다르(J.L. Godart), 트뤼포(F. Truffaut) 등 일군의 감독들은 스스로 작품을 구상하고 연출하는 창조자, 즉 작가로 불리며, 그들의 영화는 '작가영화'로 인식되었고, 동시에 감독의 위상과 권위는 재정립되었다.

C

문학에서 작가는 '텍스트, 독자와 함께 문학을 이루는 세 요소의 하나'다. 따라서 문학작가는 '텍스트를 쓴 사람'이다. 특히 문학에서는 작가라는 용어 대신 '글을 쓰는 사람'을 뜻하는 라틴어 'scribanus'를 어원으로 하는 '문필가(écrivain)'라는 용어를 흔히 쓰기도 한다. 본래 문필가는 작가와 동의어처럼 쓰였으나 현대에 들어 문학적 글을 쓰는 사람에 한해 변별적으로 쓰이고 있다.

고대 이래로 주요 작가의 경우, 사후에 그 작품의 진위부터 영향에 이르기까지 종합적인 해석을 붙인 그의 전집(Complete works)이 출간되었는데, 해석은 작가의 의도와 전기, 그리고 작가가 인용 참조한 여러 원전에 의거했다. 이러한 사적(史的)이고 실증적인 해석 전통은 랑송주의 문학비평의 전통을 이루었다.

그러나 1960년 이후, "작가의 죽음(la mort de l'auteur)"을 선언한 바르트(R. Barthes) 및 지식인, 학생들이 옹호하는 새로운 신비평과, 기존의 신문이나 잡지가 옹호하는 랑송주의 대학비평 간의 신랄한 신구비평논쟁이 벌어지는데, 이를 통해 신비평가들은 작가의 작품에 대한 절대적 권위를 부정하고 독자에게 그 권위를 양도한다. 특히 바르트는 작품과 텍스트를 구별하는데, 작품은 혈연(작가/아버지-작품/자식)을 따르지만, 텍스트는 일단 생산되면 더 이상 혈연에 귀속되지 않는, 말하자면 독자와 더불어 부단히 재생산되는 백색의 언어체임을 밝힌다. 이로써 독자는 더 이상 작품의 소비자가 아닌 텍스트의 생산자, 텍스트의 의미를 능동적으로 재창조하는 향유자, 즉 제2의 작가로 부상하게 된다.

다시 말해 1960년대 이후 독자는 텍스트의 향유(주이상스: jouissance) 주체로서 과거 작가의 고유 영역이던 글쓰기의 참여자가 된다. 이러한 관점은 20세기 후반 영향문체론(affective stylistics) 및 수용이론과 맥을 같이하는 것이다. 이렇듯 작가의 의미와 위상은 시대에 따라 변화하며, 문학작품의 생산과 재생산, 나아가 문학사에 영향을 미친다.

D

작가는 내포작가 및 서술자와 구별되어야 한다. 작가는 현실의 작자이나 내포작가는 텍스트 내에서 구성되는 작가의 제2 자아(author's second self) 또는 페르소나이며, 서술자는 텍스트에서 서사를 서술하는 인물을 말한다. 내포작가는 텍스트 전반을 통해 막연히 추정되는 존재이고, 서술자는 텍스트 속에 비교적 명백히 자리한다. 하지만 경우에 따라 내포작가와 서술자가 잘 구별되지 않는 경우가 있는데, 서술자가 텍스트 속에 거의 부재하거나 드러나지 않는 경우가 그러하다. 텍스트 속에서 자신을 명확히 드러내는 동질서사적(homodiegetic) 서술자의 경우는 내포작가와 쉽게 구별되지만, 자신을 숨긴 채 오로지 다른 인물만을 이야기하는 완전히 이질서사적(heterodiegetic) 서술자의 경우 내포작가와 구별하기가 어렵다.

때로 발자크(H. de Balzac)의 『으제니 그랑데』처럼 작가담화(authorial discourse) 형식이 지배적인 텍스트의 경우 작가는 서술자, 엄밀히 말해 전지적 서술자로서 명백히 개입하며 권위를 드러낸다. 이는 명백한 작가 개입으로, 작가는 서술자로서 간섭하고 설명하며 독자는 서술자가 아니라 작가를 통해 신뢰성을 보장받는다. 이처럼 서사 외적인 작가가 전지적 서술자인 서술상황을 작가서술상황(authorial narrative situation)이라고 한다. 작가의 권위는 서술상황에 서술자로서 미치는 지식의 정도로 가늠되는데, 전지적 서술자일 때 권위는 최상이 된다.

[류은영]

글쓰기, 내포, 독자, 문체론(문체학), 서사, 서술, 서술상황,
서술자(화자), 작품, 주이상스, 텍스트, 페르소나(퍼스나)

참고문헌

· 롤랑 바르트, 『텍스트의 즐거움』, 김희영 역, 동문선, 2002.
· 시모어 채트먼, 『이야기와 담론』, 한용환 역, 푸른사상, 2006.
· Franz Stanzel, *Narrative situation in the novel,* Indiana University Press, 1971.
· Gérard Genette, *Nouveau discours du récit*, Seuil, 1983.
· Wayne Booth, *The Rhetoric of fiction,* University of Chicago Press, 1983.

작품

F: oeuvre *E:* work *D:* Werk

✻ 1. 예술 창작 활동을 통해 얻은 생산물에 대한 통칭
2. 작가가 생산한 단일하고 안정된 의미를 갖는 기호 체계

예술 창작 활동을 통해 얻은 생산물을 통칭한다. 작가가 역사적, 사회적 문맥을 초월한 자율적인 존재라면, 그가 만들어 낸 세계는 오직 작가에 의해서만 완성된, 고정적 의미를 지닌 창조물로 해석될 수 있다. 이러한 인식은 예술 생산물을 '작품'으로 파악하는 관점이다. 반면 예술 생산물을 '텍스트'로 파악하는 관점은 작가를 역사적, 사회적 문맥 속에서 담론을 구성하는 존재라고 전제하고, 예술 생산물을 당대의 사회적 조건의 산물일 뿐만 아니라 독자의 해석에 따라 그 의미가 변화할 수 있다고 보는 것이다.

작가의 독창성과 천재성을 바탕으로 한 낭만주의 비평은 작가를 작품의 모든 의미를 통제하고 탄생시키는 존재라고 여긴다. 이때 비평의 가장 중요한 작업은 작가가 자신의 작품을 통해 무엇을, 어떻게, 왜 말하고자 하는지 밝히는 것, 즉 암호를 해독하듯 작가의 의도를 파악하는 것이다. 이처럼 작품은 단일하고 안정된 의미를 갖는 기호 체계다. 모든 작품은 그 자체로 완결된 '닫혀 있는' 작품이기 때문에, 독자는 작가의 의도와는 독립적으로 작품을 읽을 수 있는 자유를 갖지 못한다. 독자는 작품을 수동적으로 소비하는 존재가 될 수밖에 없다.

그런데 신비평은 작가의 작품에 대한 절대적 권위를 부정하고 독자에게 그 권위가 양도된, 가치중립적인 언어적 구조물이라는 텍스트의 개념을 작품과 구분해 즐겨 사용한다. 고정된 의미로 환원될 수 없는 무한한 시니피앙들의 짜임인 텍스트는 독자와 더불어 부단히 재생산되는 '열려 있는' 언어체이고, 그때 독자는 더 이상 작품의 소비자가 아닌 텍스트의 생산자, 텍스트의 의미를 능동적으로 재창조하는 향유자, 즉 제2의 작가로 부상하게 된다.

[문재은]

독자, 문맥, 작가(저자), 텍스트

참고문헌

· 권국명, 「문학 텍스트란 무엇인가」, 『어문학』 80호, 한국어문학회, 2003.
· Roland Barthes, *Le Plaisir du texte*, Seuil, 1977.

장(場)

F: champ *E:* field *D:* Feld

✳ 1. 사회적인 힘들, 어떤 권력이나 자산의 형태 속에 뿌리 내린 여러 '입장(position)'들 사이의 역사적이고 객관적인 관계 전체
2. 어휘 분석에서 의미를 공유한 어휘들의 집합인 의미장/어휘장을 지칭

Ⓐ

'특수한 영역이나 범위'를 가리키는 프랑스어 '샹(champ)'을 번역한 말이며, 프랑스 사회학자 부르디외가 행위와 구조의 관계를 통합하는 이론을 전개하기 위해 아비투스란 개념과 함께 사용한 개념이다. 그는 관계들의 망으로 구성된 사회적 공간을 장의 개념으로 표현하고, 행위자(agent)들의 신체 안에 기록된 사회적인 습관과 잠재적인 가능성을 아비투스란 개념으로 나타낸다. 이를테면 그는 물리적 공간을 이야기하기 위해서가 아니라, 자기장처럼 서로 끌어당기거나 밀어내는 힘들 간의 관계를 설명하기 위해 장의 개념을 일종의 은유적 표현으로 사용한다. 여기서 장이란 사회적인 힘들, 어떤 권력이나 자산의 형태 속에 뿌리내린 여러 '입장(위치, position)'들 사이의 역사적이고 객관적인 관계 전체라고 할 수 있다.

부르디외에 의하면 현대사회는 단 하나의 통합된 문화, 총체적인 권위를 형성하거나 단일한 사회의 논리로 귀결되지 않고, 상대적으로 자율적인 일련의 게임 공간인 장(이 속에 들어가서 장이 주는 보상을 믿고 또

이것을 적극적으로 추구하는 행위자들이 존재하는 공간)들로 이루어져 있다. 이러한 장(정치장, 경제장, 문화장, 종교장, 예술장 등)은 내부적으로 자신만의 고유한 논리와 규칙과 조정의 원칙을 가진 역동적인 공간이다. 현대사회는 다수의 소우주인 장들로 분할되어 있고, 각각의 장들은 고유한 세계관을 가졌으며, 그 장에서만 통용되는 특수한 이해관계를 지니고 있다. 각각의 장들은 자유롭게 자신만의 고유한 규칙을 만들 수 있고 다른 사회적 장들의 타율적인 영향을 피할 수 있지만, 다음과 같은 속성을 공유한다.

첫째, 장은 위치(입장)들의 구조화된 공간이다. 위치는 장 안에 불평등하게 분포되어 있는 특수한 자본의 양과 구조에 의해 결정된다. 그리고 자본의 불평등한 분포는 장의 구조를 결정한다. 부르디외에 의하면 장의 구조는 투쟁 속에 가담한 제도들 사이의, 참여한 행위자들 사이의 역학관계의 한 상태, 또는 과거의 투쟁에서 축적되어 향후의 전략 방향을 결정하는 특수 자본의 한 분포 상태라고 말할 수 있다.

둘째, 장은 투쟁과 경쟁의 공간이다. 부르디외에 따르면 모든 장에서는 하나의 투쟁을 발견할 수 있는데, 독점권을 주장하면서 경쟁을 배제하려는 지배자와 그 독점권을 깨뜨리고자 하는 신참자 사이의 투쟁이 존재한다. 투쟁은 장의 구조 자체를 문제시하고 변형시키려는 전략 속에서 일어난다. 장의 행위자들은 그 장을 특징짓는 합법적인 폭력(특수한 권위)의 독점, 즉 특수 자본의 분배구조의 영속 또는 전복을 내기물로 한다.

셋째, 장의 행위자들은 장의 존재와 관련된 근본적인 이해관계를 공유한다. 장 속에서 대립하는 진영들 모두가 투쟁의 내기물에 대해 서로 동의하고 있다는 점에서 공모관계라 할 수 있다. 그 공모는 명시적으로 합의된 것이 아니라 구조화된 장에서 무의식적으로 생산된 것이다. 그래서 장의 게임에 참여하는 사람들은 자신들이 함께 공모했다는 사실을 망각한다. 부르디외는 바로 이 망각된 공모의식이 구조화되면서 장이 형성되고 재생산된다고 본다.

이렇게 실체적 분석이 가능한 실용적인 개념인 장의 구조적 논리를 예술장/문학장에 적용해 보면, 예술/문학은 이상이 아니라 현실, 단독이 아니라 관계, 영감이 아니라 전략, 보편이 아니라 상대임이 밝혀진다. 그래서 부르디외는 문학사회학이 문학작품에 대한 사회적 제요인의 영향관계를 추적하려면 반드시 문학장의 구조라는 매개변수를 고려해야 한다고 주장한다.

B

어휘 분석에서 장은 의미장/어휘장을 가리킨다. 의미장/어휘장의 이론을 체계적으로 수립한 선구자는 트리어(J. Trier)이고, 트리어의 이론을 지지하고 진전시킨 이는 바이스게르버(L. Weissgerber)이다. 그래서 의미장/어휘장 이론을 흔히 트리어-바이스게르버 이론이라고 부르기도 한다. 코세리우(E. Coseriu)는 이들의 이론을 구조주의적 의미론에서 새로이 조명한다.

의미장이란 의미의 단일체를 이루는 단어들의 집합을 의미하는데, '의미를 공유한 어휘들의 집합'으로 기술되기도 한다. 즉, 개념적으로 연관되는 단어들을 의미 연상의 원리에 의해 집단화한 낱말군을 의미한다. 의미장이 단어의 의미관계에 초점을 맞춰 사용된 용어라면, 어휘장은 의미장의 다른 표현으로서 어휘의 집합이라는 점을 나타내기 위해 쓰인 용어다.

하나의 의미장/어휘장을 이루는 어휘들 사이의 관계는 계열관계(paradigmatic relation)와 결합관계(syntagmatic relation) 두 가지로 나타난다. 계열관계는 언어의 특정 체계 내의 요소들 사이의 선택 관계나 요소들의 집합으로 나타나며 동의어, 반의어, 상의어(hypernym), 하의어(hyponym) 등이 계열관계에 해당한다. 결합관계는 연어(連語, collocation)로 나타나며 요소들이 결합함으로써 좀 더 큰 형태나 문장의 단위로 늘어나는 방식을 말한다. 예를 들면, ① a. the old man, b. the <u>young</u> man, c. the <u>tall</u> man, ② a. the old <u>man</u>, b. the young <u>woman</u>, c. the tall <u>dog</u>

에서 ①의 'old'라는 형용사는 'young' 및 'tall'과 계열관계에 있다. 또한 ②에서 명사 'man'과 'woman' 및 'dog'는 서로 계열관계를 이루고 있다. 이는 서로 대치될 수 있는 상호관계를 말하는 것이다. 반면에 ①의 a에서 형용사 'old'는 명사 'man'과, 그리고 'old man'은 정관사 'the'와 결합관계를 이루고 있다.

의미장/어휘장은 문학 분석에 이용할 수 있다. 왜냐하면 의미장/어휘장을 통해 주제와 주제의 상호관계를 이끌어 낼 수 있고, 성격 규정이 어떻게 작동하는지를 관찰할 수 있기 때문이다.

[문재은]

문학장, 아비투스, 행위소(행위자)/행위소모델(행위자모델)

참고문헌

· 김신회, 「국어사전의 다의어의 기술에 대하여」, 『언어사실과 관점』 23권, 연세대학교 언어정보연구원, 2009.
· 김천기, 「부르디외의 장 · 아비투스 이론의 적용 가능성과 난점: 학교와 교사의 성향을 중심으로」, 『교육사회학연구』 17권 3호, 한국교육사회학회, 2007.
· 김희영, 『문학장과 문화권력』, 한국외국어대학교출판부, 2009.
· 장혜민, 「부르디외의 사회이론에서 본 예술이해: 아비투스와 장 개념을 중심으로」, 서울대학교 석사학위논문, 2004.
· 정시호, 『어휘장이론연구』, 경북대학교출판부, 1994.
· 피에르 부르디외, 『예술의 규칙』, 하태환 역, 동문선, 1998.
· __________, 『구별짓기』(상 · 하), 최종철 역, 새물결, 1996.

장르

F: genre *E:* genre *D:* Gattung(Genre)

✳ 1. 예술작품을 구분할 때 사용되는 분류 범위를 지칭
2. 여러 형식적인 특징들과 기능적인 특징들로 이루어진 체계

Ⓐ

'종(種)'을 뜻하는 라틴어 '제누스(genus)'에 어원적 의미를 둔 프랑스어 'genre(종류)'에서 나온 말이다. 일반적으로, 예술작품을 구분할 때 사용되는 분류 범위를 지칭하는 용어다. 주로 문학과 수사학에서 사용되었으나, 현재는 영화, 음악, 만화, 컴퓨터 게임 등 다른 분야에서도 폭넓게 사용된다.

장르에는 보편적인 큰 장르(원 장르)와 역사적으로 특수한 실체를 지닌 작은 장르(역사적 장르, 구체적 장르)가 있다. 토도로프는 "장르에 대한 최초의 고찰은 문학 담화의 탐구를 위한 편리한 출발점 이외에 아무것도 아니다"라고 말하면서 몇 가지 대표적인 분류법을 소개한다. 즉 '산문/시', '서정적/서사적/극적', '고급/중급/저급', '사실주의적/이상주의적 경향' 등이 그것이다. 이러한 분류법들은 각자 나름대로 정연하면서도 포괄적인 논리와 설득력을 갖고 있지만, 그 어느 것도 절대적이고 초월적일 수 없다. 왜냐하면 문학이 변화함에 따라 장르의 범주와 함의가 변화하고 결국에는 분류 체계도 변화할 수밖에 없기 때문이다. 그런데 플라톤에서 시작하여 괴테, 야콥슨을 거쳐 슈타이거(E. Staiger)에 이르기까지 사람들은 서정(서정적), 서사(서사적), 극(극적)이라는 세 범주에서 문학의 근본적이고 '자연스러운' 형태를 찾으려고 한다.

B

서양에서 장르가 제시방식과 깊은 관계가 있는 것으로 믿어 왔지만, 제시방식 자체가 장르라고 생각하지는 않았다. 장르가 제시방식을 기반으로 하고 있지만 궁극적으로는 장르를 미학적 형식과 속성으로 인식했던 것이다. 서정과 서사의 차이를 '내면화'와 '중개'로, 소설과 설화의 차이를 '글'과 '말'의 차이로 환원한다면 그것은 장르론적으로 큰 의미를 지니지 못한다. 왜냐하면 제시 형식은 제시방식에 의해 형성된 예술적(미학적) 형식을 말하기 때문이다.

내면화된 제시 형식(독백 · 노래)이 갖는 미학적 형식과 속성을 서정 또는 서정적인 것이라 부르고, 중개된 전달(전언 · 이야기)이 갖는 미학적 형식과 속성을 서사 또는 서사적인 것이라 부른다. 또한 지금 여기에서 일어나는 다차원적 소통의 형식(재현 · 놀이)이 갖는 미학적 형식과 속성을 극 또는 극적인 것이라 부른다. 마찬가지로 설화와 소설의 경우, 설화는 구연되는 것이기 때문에 갖는 미학적 형식과 속성이, 소설은 읽히는 독서물이기 때문에 갖는 미학적 형식과 속성이 각각 다른 장르적인 의미를 지니는 것이다.

C

장르 개념의 정의와 구분만큼이나 장르 변화의 원인을 규명하고 그 과정을 설명하기란 쉽지 않다. 장르 변화를 적절하게 설명하고 기술하기 위해서는, 장르를 '여러 형식적인 특징들과 기능적인 특징들로 이루어진 열린 시스템'으로 전제하고, 여러 개별 장르들이 여기에 참여한다고 보는 것이 바람직하다.

그런데 생물학적 연구방법은 장르 시스템의 변화를 기술하는 데 필요한 방법론적 단초를 제공한다. 이에 따르면 문학 장르도 유기체들처럼 주변 환경의 조건에 따라 변화한다는 것이다. 장르의 생성 조건, 사회적 기능, 독자들의 기대지평, 다른 장르와의 경쟁관계 등이 문학 장르를 변화시키는 환경 요인이다. 장르는 갑자기 변화하거나 소멸되는 것이 아니라, 환경이 점차적으로 변화하거나(세계상의 변화로 서사시와 비극이 소멸된 점) 경쟁력이 뛰어난 문학 형식이 등장하면서(긴장감 넘치는 줄거리와 미래를 소재로 한 '사이언스 픽션'의 등장으로 고전적인 유토피아 소설이 소멸된 점) 서서히 사라진다.

또한 문학 내적인 조건도 장르 시스템을 변화시키는 요인이다. 환경 변화에 적응력이 뛰어나고 경쟁력이 탁월한 문학 규칙을 가진 장르는 생존력이 뛰어나다. 즉 장르 구조와 기능의 합리성(탐정소설이 발전되어 가는 양상)을 갖추고, 새로운 사회적 요구에 대한 대응 능력(전통적인 주제나 소재의 확장을 통해 새로운 독자의 기대에 부응)이 뛰어난 장르는 지속적으로 발전해 나갈 수 있다.

장르 변화의 한 양상인 혼종 장르는 사실과 허구의 구분이 애매한 최근 소설의 경향에서 잘 드러난다. 실제 사건을 허구적인 수단으로 묘사하는 '팩션(faction)'이나 창작 작업을 자기반성적으로 묘사하는 '메타픽션'이 대표적인 예이다. 최근에는 예술과 매체 간에 경계가 허물어지는 탈장르적 경향('상호매체성')이 부각되면서 장르 구분의 문제는 더욱 복잡해지고 있다. 심지어 일부에서는 포스트모더니즘 문학에서 자주 나타나는 혼종장르의 현상으로 전통적인 장르 구분이 무의미해졌다고 주장하고 있다.

D

장르 문체는, 텍스트가 장르 특유의 요구들을 받아들이는 것을 기초로 하여 갖게 되는 텍스트의 특징적인 문체를 의미한다. 예를 들면 희곡에서 대화 형식, 서정시에서 시행(詩行) 조건, 담시(譚詩, 발라드)에서 화자와 청자의 교체 등을 들 수 있다. 이 장르 특유의 요구 조건들(문체 규범)의 일부는, 서정시에서 절(節)의 형식이나 운(韻)의 구조들이 그러한 것처럼, 시간이 경과함에 따라 특정한 변화를 겪는다.

[문재은]

메타픽션, 문체, 텍스트, 포스트모더니즘

참고문헌

· 김창현, 「장르론의 전제에 대한 고찰」, 『배달말』 39권, 배달말학회, 2006.
· 김현 편, 『장르의 이론』, 문학과지성사, 1987.
· 라영균, 「문학사기술의 문제의식과 장르변화의 문제」, 『세계문학비교연구』 17권, 세계문학비교학회, 2006.
· 박유희, 「대중서사장르 연구 시론」, 『우리어문연구』 26권, 우리어문학회, 2006.
· 박태호, 『장르 중심 작품 교수 · 학습론』, 박이정, 2000.
· 베른하르트 조빈스키, 『문체론』, 이덕호 역, 한신문화사, 1999.
· 츠베탕 토도로프, 『담론의 장르』, 송덕호 외 역, 예림기획, 2004.

재현(표상, 대표)

F: représentation *E:* representation *D:* Vorstellung

✸ 1. 존재하지 않거나 스스로 표현하지 못하는 실재를 표현 또는 대리하는 행위
2. 말하기에 대립하는 보여주기

Ⓐ

어원인 라틴어 'repraesentatio'는 다시(re) 현전하게 하기(praesentatio)를 뜻한다. 이로부터 재현은 '존재하지 않거나 스스로 표현하지 못하는 실재를 표현 또는 대리하는 행위'를 일컫는다. 재현은 곧 인간 의식의 대상 정립 행위이자 반성 행위라 할 수 있으며, 서구 사상에서 가장 오래된 개념의 하나로 플라톤과 아리스토텔레스 사상의 중심 주제이기도 하다.

B

전통적으로 재현은 철학과 미학, 언어의 주된 논제였다. 철학에서는 일반적으로 '표상'으로 일컫는다. 세계 일체는 인간 의식의 표상이라는 철학적 사유는 데카르트 이후 칸트, 그리고 쇼펜하우어에서 정점을 이루는데, 이러한 인간 주체주의 철학 내지 형이상학은 서구 합리주의적 기술문명의 논리적 근간을 이룬다.

미학에서는 주로 '재현'의 의미로 쓰이며, 그 기원은 플라톤과 아리스토텔레스로 거슬러 올라간다. 두 사상가는 모두 문학을 비롯한 인간의 예술행위는 실제 존재한다고 믿는 무엇의 재현으로 보았다. 하지만 재현에 부여하는 의미에는 차이가 있다. 플라톤은 『국가』에서 "예술이란 결국 허상의 허상, 그림자의 그림자란 이야기가 아닌가?"라고 하면서, 시인은 이데아를 인식하지 못하고 오로지 눈에 보이는 허상만을 모방하여 진리에서 두 단계나 떨어져 있기에 시나 수사학은 환상을 자극할 뿐이며 지양해야 할 행위라고 역설했다. 하지만 아리스토텔레스는 예술의 특성을 모방, 즉 미메시스라 말하며 미메시스는 창조라고 이야기했다. 즉, 재현인 예술은 플라톤의 관점에서는 환상적 왜곡, 아리스토텔레스의 관점에서는 개성적 창조로 나타난다. 이후 현실을 사실적으로 표현해야 할 것인가, 아니면 인식적으로 표현해야 할 것인가의 문제는 줄곧 쟁점이 되어 왔다.

20세기 들어 토도로프(T. Todorov)는 재현을 보여주기라는 개념으로 설명한다. 토도로프는 플라톤과 아리스토텔레스가 담화의 두 갈래라 밝힌 디에게시스와 미메시스를 말하기와 보여주기라는 개념으로 대치하면서, 서술에 대한 재현의 관계는 '말하기에 대한 보여주기'의 관계와 같다고 밝힌다. 즉 재현은 논리적이고 형식적인 말하기가 아니라 구체적이고 감각적인 보여주기에 상응하는 담화양식이라는 것이다.

Ⓒ

계몽시대 이후에는 정치 활동과도 결부되는 개념이 된다. 정치학에서는 '대리' 또는 '대표'로 통용된다. 근대 민주주의의 중심 개념으로 권력의 근본을 신이나 왕에게서 찾던 고전적 관념에서 벗어나 다수의 시민, 국민에게서 찾으려는 의식에서 발로한 것이라고 할 수 있다. 근대 민주주의 이래 정치권력은 다수 국민의 의사를 대표하는 것으로서 지배의 정당성을 얻는다. 20세기 이후 재현의 정치적 의미는 더욱 중요해진다.

Ⓓ

푸코(M. Foucault)를 비롯한 현대의 많은 비평가들은 재현이 현실의 표상이고 표현인 만큼, 재현은 명시적으로든 암시적으로든 정치적 의미를 띤 담론임을 역설한다. 현대에 들어 재현의 정치적 의미는 제3세계문학이나 페미니즘문학, 소수문학 등을 통해서는 명시적으로, 그 외 순수문학 속에서도 암시적으로 드러난다는 것이다. 이는 바르트가 설명하듯 문학을 비롯한 모든 예술은 문화적 코드들의 얽힘인 텍스트이기 때문이다. 결국 재현은 현실의 코드화라는 의미다. 현재 재현은 문학, 예술을 비롯한 사회문화 전반에 걸친 후기구조주의 논쟁에서 현실에 대한 비판적이고 반성적인 담론의 기본 기제가 되고 있다.

[류은영]

담화(담론), 디에게시스, 말하기/보여주기,
미메시스, 서술, 코드(약호), 텍스트

참고문헌

· 아리스토텔레스, 『시학』, 천병희 역, 문예출판사, 2002.
· 에리히 아우어바흐, 『미메시스』(근대 편), 김우창 외 역, 민음사, 1979.

· 플라톤, 『국가 · 政體』, 박종현 역, 서광사, 2005.
· Hanna Pitkin, *The Concept of representation*, University of California Press, 1967.
· Tzvetan Todorov, “Les Catégories du récit littéraire”, *Communication*, no. 8, 1966.

전경화(前景化)

F: en mettant en avant　*E:* foregrounding
D: in den Vordergrund (stellen)

✳ 1. 문학작품에서 언어를 비일상적으로 사용하여 두드러지게 보이게 하고, 상투적인 표현을 깨뜨림으로써 언어 표현 자체가 눈에 확 띄게 해서, 새로운 느낌이나 지각이 일어나도록 하는 것
2. 담화에서 특정 개념을 먼저 언급 또는 되풀이하거나, 다른 주의 끌기 장치를 사용하여 초점이 되도록 하는 것

Ⓐ

문학작품에서 언어를 비일상적으로 사용하여 두드러지게 보이게 하고, 상투적인 표현을 깨뜨림으로써 언어 표현 자체가 눈에 확 띄게 해서, 새로운 느낌이나 지각이 일어나도록 하는 것을 말한다. 또한 담화에서 특정 개념을 먼저 언급 또는 되풀이하거나, 다른 주의 끌기 장치를 사용하여 초점이 되도록 하는 것을 말한다. 프라하학파의 티냐노프(Y.N. Tynyanov)와 무카로프스키(J. Mukarovsky) 등이 러시아형식주의자인 쉬클로프스키(V.B. Shiklovsky)의 ‘낯설게하기’ 개념을 발전시켜(‘낯설게하기’를 한 결과로서, 낯선 부분은 ‘전경화’가 되고, 친숙한 부분은 ‘후경화’가 된다고 본다) 언어학과 시학에서 사용한 용어다.

문학작품은 여러 요소들이 상호관계 속에서 계층구조를 띠며 나타난다. 그러한 요소들 중에서 일군의 요소는 지배소(dominant)로서 전경화되고, 나머지 요소들은 후경(배경)으로 물러난다. 티냐노프는 문학작품을 여러 가지 요소들이 갈등관계 속에서 전경화와 후경화(backgrounding, 언어의 지식적 국면이나 논리적 관계를 가리킨다)를 역동적으로 실행하여 이루어지는 체계로 설명한다. 또한 시대에 따라 전경화된 요소와 후경화된 요소 간의 종속관계가 뒤바뀜으로써 문학은 진화한다고 설명한다.

무카로프스키는 티냐노프의 문제제기를 그대로 이어 받아, 후경화되는 표준언어와 전경화되는 시적언어를 대조함으로써 시적언어의 특별한 기능을 부각시킨다. 그는 언어가 보통의 사용법에서 가장 멀리 일탈할 때 시적으로 혹은 미적으로 사용된다고 설명한다. 말하자면 시적언어란 표준언어의 규범에서 일탈하거나 규범을 파괴하면서 낯선 형식을 전경화한 결과물이라는 것이다. 이처럼 시인은 언어의 지시적인 측면과 논리적인 측면을 후경으로 물러나도록 하고 발화행위 자체를 전면에 내세우면서 독자의 주의를 집중시킨다.

토마셰프스키(B. Tomashevsky)는 서사 장르의 구조를 파블라(fabula)와 수제트(syuzhet)라는 용어로 설명하면서, 주로 시 분석에 활용되던 전경화 개념을 도입한다. 파블라는 실제로 일어난 사건을 시간적 흐름에 맞게 배열한 것이고, 수제트는 파블라를 파괴하여 낯설게 하는 양상을 가리킨다. 다시 말해 파블라를 파괴함으로써 낯선 형식을 전경화한 것이 수제트다.

B

전경화는 계열적으로나 통합적으로 발생할 수 있는데, 그 각각을 '계열적 전경화', '통합적 전경화'라 부른다. 계열적 전경화가 한 텍스트의 장르 범주를 드러내는 것이라면, 통합적 전경화는 한 서사물의 플롯 구조와 관련된 것이다.

Ⓒ

전경화는 언어 체계의 모든 층위(음운, 형태, 어휘, 구문, 의미, 화용 등)에서 일어날 수 있다. 일반적으로 텍스트의 중요한 부분을 강조하는 데 사용되고, 되새겨서 해석하도록 하는 데 사용된다.

전경화 기법은 크게 두 가지로 나눌 수 있는데, 일탈과 반복이 그것이다.

일탈은 문법 또는 의미 규범 등과 같은 언어 규범의 위반을 가리킨다. 비규범적 은유나 직유는 예상치 못한 의미의 결합을 생성해 독자가 신선한 자극을 느낄 수 있도록 한다.

반복은 어떤 의미에서 보면 일탈의 한 종류라고 할 수 있다. 같은 단어(들)의 과도한 출현으로 언어의 일반적인 규범을 위반할 수 있기 때문이다. 소리, 구문 등의 반복적인 양상은 규범적인 후경에 중첩되어 특별히 다른 것으로 독자의 주의를 끌 수 있다. 두운법, 대구법, 어휘 반복 등은 시적언어에서 전경화에 자주 활용된다.

이와 같은 언어 장치들은 비문학적인 언어(광고, 농담, 웅변술 등)에서도 많이 활용되지만, 문학적 언어, 특히 시적언어에서 지속적으로 일관되게 사용된다. 하지만 경우에 따라 전경화 여부의 판단은 쉽지 않고, 또한 항상 주관적인 판단이 개입될 여지도 있다. 그래서 반 피어(W. van Peer)와 쇼트(J. Short) 같은 학자들은 독자의 의식적 주목(conscious attention)을 통해서 전경화된 요소들의 존재가 드러난다고 하면서, 전경화된 요소들의 지각적 돌출성(perceptual prominence)을 강조한다.

[문재은]

낯설게하기, 대구(법)/대칭(법), 두운, 반복(법), 수제트, 은유,
일탈, 장르, 직유(법), 텍스트, 파블라, 후경화(배경화)

참고문헌

· 서혜련, 「쉬클로프스키의 낯설게하기」, 『어문학연구』 19권 2호, 1999.
· 이규정, 『현대소설의 이론과 기법』, 박이정, 1998
· 조주관, 『러시아 문학의 하이퍼텍스트』, 평민사, 2005.
· 토마스 켄트, 「계열적 및 통합적 전경화」, 『문예시학』, 오연희 역, 충남시문학회, 1993.

전의(법)

F: trope *E:* trope *D:* Trope

✱ 1. 낱말이 가지고 있는 고유 의미 혹은 본래 의미와 다르게 사용하는 언어 사용법
2. 수사학 전통에서 전의와 문채는 종(種)과 속(屬)의 관계다.

Ⓐ

그리스어 'trêpo, verto(돌다, 회전하다)'의 명사형 'tropos, conversio(돌리는 것, 의미를 바꾸는 것, 즉 방향 전환, 의미 변화)'에서 파생한 어휘다. 고대 수사학자들은 전의(轉義)를 '특별한 문채'로 정의하고, 낱말의 의미가 변하는 것처럼 보이는 모든 문채를 '전의'라는 일반적인 범주 안에 넣는다.

퀸틸리아누스에 따르면 전의는 독립적인 낱말에서 나타나므로 전의에 관한 연구는 한 낱말, 한 개념에 대한 의미 연구와 밀접하게 관련된다. '낱말은 의미 변화의 원인이 된다'는 전의에 관한 연구는 변증법이나 논리학의 영역으로 제한되어 발전해 왔다.

Ⓑ

고전 수사학자들은 고대 수사학자들과 다른 방식으로 전의를 사용한다.

그들은 '하나의 낱말로 이루어진 문채가 전의'라고 소개하면서 전의와 문채의 관계를 종(種)과 속(屬)의 관계, 즉 '전의는 문채의 일부'라는 의미로 설명한다. 라미(B. Lamy)는 전의가 '어휘 교체'의 기능을 가지고 있기 때문에 한정된 어휘로 무한한 대상의 전체를 조화롭게 명명할 수 있다며 전의를 문법이나 의미론의 영역에 포함시킨다. 실제로 라미의 수사학 구성에 관한 성찰을 살펴보면 전의는 의미 연구, 즉 문법의 대상이 되며, 문채는 발화행위, 즉 수사학의 대상이 된다.

C

뒤마르세는 한 낱말의 의미가 담론 속에서 사용될 때 필연적으로 나타나는 여러 의미들 간의 긴장을 개념화하는 임무, 이른바 전의의 기능을 문법에 부여하고, 고대와 중세의 전통을 되살려 '전의들의 문법으로의 병합'을 정당화한다. 뒤마르세는 전의의 개념을 언어이론의 중심에 놓으면서 전의를 '한 낱말이 가지고 있는 고유한 의미를 바꾸는 문채의 특별한 종류'로 정의한다.

"전의는 한 낱말이 그 낱말의 고유한 의미가 아닌 의미를 갖는 문채다. [...] 이 문채는 [...] 전의라고도 부른다. 이렇게 부르는 이유는 한 낱말을 비유적 의미로 취할 때 고유한 의미에서는 전혀 나타낼 수 없는 의미를 갖게 하도록 그 낱말을 변화시키기 때문이다. 고유한 의미에서의 '돛(voile)'은 '배(vaisseau)'를 의미하지 않는다. 돛은 배의 일부분이지만 그래도 종종 '배' 대신에 '돛'이라 하기도 한다. [...] 전의의 존재를 알기 위해서는 한 낱말의 고유한 의미가 무엇인지를 잘 이해하는 데에서부터 시작해야만 하는 것이다"

전의에 관한 뒤마르세의 정의는 매우 진부해 보일 수도 있지만, 그의 관심은 바로 낱말의 진정한 의미작용을 아는 것이고, 낱말이 담론 속에서 어떤 의미로 사용되는가를 이해하는 것이다. 결국 전의는 문채에 포함되며, 동시에 모든 전의는 곧 문채가 된다. 그에 따르면 전의는 한 낱말이 가진 기본 의미의 교체이며, 낱말의 의미, 즉 의미론 분야의 현상들에 영향을 미친다. 어휘의 단위(구, 절 또는 문장)와 관계하는 전의는 낱말이 가지고 있지 않은 또 다른 의미를 가진다는 측면에서 낱말의 고유한 문자 의미가 유지되는 문채와 구별된다.

이러한 점에서 전의에 관한 논의는 다양한 의미의 층에 관한 논의와 밀접하게 연결된다. 왜냐하면 전의는 고유한 의미와 비유적 의미의 대립, 문자적 의미나 일상적 의미 등과 같은 의미의 층을 항상 전제로 하기 때문이다. 전의는 한 낱말의 고유한(또는 문자) 의미를 바꾸는 또는 일탈시키는 문채의 특별한 종류이다.

D

전의는 한 낱말의 고유한 (1차적인) 의미에서 비유적 (2차적인) 의미로의 전이를 지칭하며, 전의는 한 낱말의 의미적 파생을 전제한다. 예를 들면 '호랑이'라는 낱말은 고유한 (문자) 의미로 '아프리카의 동물'을 가리키고, 비유적(파생) 의미로는 '용기 있는 사람'을 의미하는 데 사용된다. 바로 이러한 점에서 전의는 본래적 의미에서 벗어난 실현 가능한 의미 변이 혹은 의미 일탈을 가능케 해준다.

일상 언어나 광고, 문학 언어에서 자주 볼 수 있는 전의는 담론에서 일종의 잘못된 표현, 실수, 위반이나 혹은 의도성을 지닌 문체의 진행 과정으로 간주되는 일탈(écart, deviation), 즉 '중성적 언어 규범에 대한 벗어남'의 의미로 인식되어 왔다. 언어의 사용에서 전의의 존재는 언어의 정상성과 규칙성의 문제를 야기한다. 문법 규칙의 위반 또는 일탈의 실행 조건에 기초한 전의의 사용은 본질적으로 그 의미 효과에 있어서 모순적 분리나 엉뚱한 결합뿐만 아니라, 의미의 간격을 만든다. 따라서 전의는 인접한 요소들 간의 거리와 비일관성에서 생겨나며, 비양립적, 비문법적 규칙의 질서 속에서 볼 수 있는 의미작용의 일탈 행위다.

리치(G. Leech)는 내용의 전경(前景)화된 불규칙성, 토도로프는 의미 변칙으로서 전의의 의미 전환을 설명한다. 또한 바인라이히(U. Weinreich)가 분석했던 의인법에서 예기치 않은 명사구의 일탈의 적용 모델은 전의의 의미를 해석하고 이해하는 데 중요한 방법이다.

[이종오]

문채, 의인법(의인화), 일탈

참고문헌

· 황석자, 『문체 Style의 문채 Figure: 프랑스어 문체 기법』, 어문학사, 1997.

· Bernard Lamy, *La Rhétorique ou l'art de parler*, Champion, 1675.

· Chezneau Dumarsais, *Des Tropes ou des différents sens*, Flammarion, 1988.

· Charles Osgood, *The Measurement of meaning*, University of Illinois Press, 1957.

· Françoise Soublin, "13→30→3", *Langages, no.* 54, Larousse, 1979.

· Henry Suhamy, *Les Figures de style,* PUF, 1981.

· Tzvetan Todorov, *Théorie du symbole,* Seuil, 1977.

· Uriel Weinreich, "Explorations in semantic theory", Albert Sebeok (Ed.), *Current trends in linguistics,* Mouton, 1966.

전제

F: présupposition *E:* presupposition *D:* Voraussetzung

✺ 1. 한 문장이 발화되었을 때 문장 내의 어휘나 구조 및 발화 상황과 관련해 부수적으로 전달되는 의미

2. 화자나 작가가 발화하기 전에 이미 당연한 것으로 가정하는 어떤 사실이나 정보

A

전제는 한 개인이 발화할 때, 문장 내의 어휘나 구조, 발화 상황과 관련해 부수적으로 전달되는 의미를 가리킨다. 전제에 대한 관심은 철학에서 먼저 시작되었다. 철학에서 전제의 문제는 지시(reference)와 지시적 표현(referring expressions)의 본질에 관한 논쟁으로부터 발생한다. 프레게(G. Frege)는 "어떤 것이 주장되고 단언되면 거기에는 사용된 고유 이름이 지시물을 갖는다는 명백한 전제가 성립한다"고 지적한다. 예를 들어 '철수가 미국에 갔다'라는 발화문에서 고유명사 '철수'나 '미국'은 그 자체로 '철수/미국이라 불리는 어떤 사람/국가가 존재한다'는 전제를 부수적으로 전달하는 것이다.

일반적으로 전제는 의미론적 전제와 화용론적 전제로 나눈다. 어휘나 형태소, 문장구조에 의해 유발되는 관습적인 전제를 의미론적(논리론적) 전제라 하고, 맥락적 상황이나 대화 요인, 화자와 청자의 배경 지식에 연유되어 발생하는 전제를 화용론적 전제라 한다.

의미론적 전제의 일부인 어휘적 전제의 예를 들어보자. 어휘적 전제는 해당 단어 자체의 의미 자질에 의해서 의미가 전제되는 것을 말한다. '노처녀'는 [인간], [여자], [미혼], [결혼 적령기가 지남] 등의 의미 자질을 갖는데, 이 의미 자질에 의해 '노처녀'는 '인간이고 여자며 미혼이며 결혼 적령기가 지남이라는 전제'를 가지게 된다. 전제를 생성하는 언어적 항목을 '전제 유발자(presupposition-trigger)'라 한다. 전제 유발자에는 고유명사(철수, 영희 등. '철수가 영희를 사랑한다'의 경우, '철수/영희가 존재한다'는 전제), 수량사('all', 'some' 등. 'All dogs barked yesterday'의 경우, 'dogs exist'라는 전제), 한정 표현('the man with two heads', 'the wife of president' 등. 'John saw the man with two heads'의 경우 'There exists a man with two heads'라는 전제), 사실성 동사('aware', 'realize' 등. 'Now you realize that Chulsu loves Younghi'의 경우, 'Chulsu loves Younghi'라는 전제), 함축성 동사('manage to', 'forget' 등. 'I finally managed to get out of my shell'의 경우, 'I tried to get out of my shell'이라는 전제), 상태변화 동사('stop', 'arrive' 등. 'I stopped smoking'의 경우, 'I used to smoke'라는 전제), 반복어('again', 'anymore' 등. 'The next weekend it rained again의 경우, 'It rained the previous week'이라는 전제), 판단동사('accuse', 'criticize' 등. 'Pamela accused John of insincerity'의 경우, 'Pamela thinks that insincerity is bad'라는 전제), 시제절('before', 'when' 등. 'Before Vicky arrived at the shop, Maria left for the bus'의 경우, 'Vicky arrived at the shop'이라는 전제), 분리구문('It-that 구문', 'what절' 등. 'It was John that kissed Mary'의 경우, 'Someone kissed Mary'라는 전제), 의문문('why', 'where' 등. 'Where is Sunhi?'의 경우, 'Sunhi is somewhere'라는 전제) 등이 있다.

화용론적 전제 중 대화 상황의 배경 정보에 의해 발생하는 전제의 예를 들어보자. 엄마가 매우 소중히 여기는 비싼 꽃병을 아들이 깬 것을 보고 다음과 같은 말을 아들에게 했다. '잘했다, 잘했어', 이 경우 화자(엄마)와 청자(아들)는 '꽃병을 깼다'는 배경 정보를 공유하고 있다. 문장 자체의 의미는 어떤 일을 올바르게 해서 칭찬할 때 하는 말이다. 그러나 이 발화에 부수적으로 따라오면서 실제적 의미가 되는 전제는 '아들이 잘못했다, 바보짓을 했다' 등의 비난이다. 같은 발화가 상황 정보에 따라 문장 의미와는 완전히 다른 전제를 전달하는 것이다. 이 경우 반어법과 일맥상통하는 면이 있다.

B

만약 우리가 말할 때마다 모든 것을 정의(定義)하고 설명해야 한다면 커뮤니케이션이 불가능해질 것이다. 어느 정도 정의하고 어느 정도 설명해야 하는지는 상황에 따라 다를 것이며, 화자와 청자가 서로에 대해 가정하는 지식의 정도에 달려 있을 것이다. 전제라고 부를 수 있는 가정적 지식은 가상 세계에 '실재성'을 부여하는 수단으로 가상적 담화에서 흔히 이용된다.

한동안 유행했던 코끼리 수수께끼를 예로 들어보자. '코끼리를 냉장고에 넣는 방법을 아니?'라는 질문에 '냉장고를 연다. 코끼리를 넣는다. 그리고 냉장고 문을 닫는다'라고 대답하는 대화를 농담으로 받아들이고 그 뜻을 이해하기 위해서 우리는 '코끼리를 냉장고에 넣을 수 있다'는 전제를 받아들여야 한다. 이 전제를 청자가 받아들이지 않으면 대답 자체가, 심지어 대화 자체가 불가능해진다. 조지 오웰의 『동물농장』 같은 풍자적인 우화 작품도 '돼지가 인간보다 똑똑하다' 혹은 '동물의 세계도 인간과 똑같다' 등의 전제를 받아들이지 않으면, 이해하지 못할 것이다.

전제는 어떤 인물이나 사물 또는 세계가 이미 존재한다는 암시를 하기 위해 시나 소설의 첫 구절에서 흔히 사용된다. 이육사의 「황혼」이란 시는 "내 골방의 커튼을 걷고"로 시작하고, 황석영의 『손님』은 "류요섭 목사는 며칠 전에 이상스레 또렷한 꿈을 꾸었다"로 시작하며, 도널드 바셀미(D. Barthelme)의 『백설공주』는 "그녀는 날씬한 몸매에 무언가 비밀을 간직하고 있는 듯한 매력적인 여자다"로 첫 문장을 시작한다. '내 골방의 커튼'은 '내가 골방을 갖고 있다' 혹은 '내 골방에 커튼이 존재한다'는 전제를, '류요섭 목사'는 '류요섭이라는 인물이 존재한다'는 전제를, '그녀'는 '어떤 여자가 존재한다'는 전제를 전달하고 있다. 이처럼 작가는 전제를 이용해 독자에게 어떤 인물, 사물, 세계가 당연히 존재하는 것처럼 받아들이게 함으로써 그런 것들에 대한 정의나 설명을 생략하기도 하고, 그런 것들에 집중시키기도 하면서 이야기를 끌어 나간다.

[고광식]

반어(법), 생략(법), 지시(관계)/지시대상, 화용론

참고문헌

· 문금현, 「전제의 유형」, 『한국어 의미학』 14호, 2004.

· 송경숙, 「전자담화에서의 전제 분석」, 『텍스트 언어학』 12호, 2002.
· __________, 『담화화용론』, 한국문학사, 2008.
· 얀 후앙, 『화용론』, 이혜윤 역, 한국외국어대학교출판부, 2009.
· 염제일, 「전제와 척도함축의 투사에 대한 비교」, 『영어학』 7권 4호, 2007.

전치(轉置)(법)

F: hyperbate *E:* hyperbaton *D:* Hyperbaton

✻ **통상적인 어순을 바꾸거나, 통사적으로 연결되는 단어들을 분리하여 다 끝난 것으로 보이는 문장에 덧붙여 강조하는 표현법**

Ⓐ

'~ 이상', '~의 너머'를 뜻하는 'huper'와 '접근할 수 있는', '갈 수 있는'이라는 뜻의 'batos'가 결합된 그리스어 '히페르바톤(hyperbaton)'(~을 건너뛰어 가기)에서 나온 말이다. 통상적인 어순을 바꾸거나 통사적으로 연결되는 단어들을 분리하여, 다 끝난 것으로 보이는 문장에 덧붙여 강조하는 표현법이다. 대개 마지막에 덧붙여지는 단어 앞에 쉼표가 사용되고, 통사적으로 연결되는 두 단어(구)가 분리되기 때문에, 둘 사이에 일정 거리가 주어진다.

"내가 죽음의 냉기 속에 있는 동안, 나는 처음으로 사람들을 바라보았다, 마음속 깊이"(앙리 미쇼, 「엑소시즘」)라는 예에서 볼 수 있듯이, 보통의 구문이라면 '마음속 깊이'는 동사 '바라보았다' 앞에 놓여야 하지만 여기에서는 분리되어 문장의 마지막에 놓여 강조된다. 이런 의미에서 전치는 도치와 상당히 깊은 관계가 있다. 하지만 모든 도치가 전치는 아니다. 전치는, 문장의 한 요소가 위치를 바꾸어, 마지막 순간에 덧붙여졌다는 느낌을 주어야 하고, 엄밀한 의미에서 도치가 일어나지 않았다고 하더라도 마지막에 덧붙여진 문장 요소가 가치를 갖게 될 때 문채로서의 전치라고 볼 수 있다.

전치(법)가 사용된 문장은 자연발생적이고 무의식적인 효과를 만들어 내면서, 영혼의 강렬한 감정을 표현할 수 있게 만든다. 또한 통사적 구성 요소들을 비정통적인 방식으로 배치함으로써 구어체와 유사한 효과를 만들어 낼 수 있다. 통사적 결합관계가 강한 두 단어를 분리할수록 그 효과는 강해진다.

B

때로 전치는, '나는 그를 한 번밖에 만나지 않았다, 딱 한 번' 같은 문장처럼, 이미 표현된 구를 다시 반복하는 형태로 나타나기도 한다. 또한 선행사를 수식하는 관계절이 멀리 떨어져 나타나는 경우 역시 전치라고 할 수 있다. 우리말에서는 이런 경우를 찾아보기 힘들지만, 서구 문학 텍스트에서는 이런 문장구조가 상당히 흔하게 나타난다. 선행사를 한정하거나 설명하는 관계절은 선행사 바로 뒤에 위치하는 것이 의미상 훨씬 더 명료하기 때문에 이런 문장은 일상어에서는 피하는 것이 좋다.

C

전치에 대해서는 학자들 사이의 의견이 서로 다르다. 어떤 학자는 흔히 사용되는 어순을 뒤바꿔 놓음으로써 문체적인 표현성을 보여 주는 것이라 하고, 어떤 학자는 전치가 언어 자체의 가능성에서 나오며, 특별한 표현성이 없기 때문에 문채가 아니라고 본다. 더 극단적으로 전치를 문체의 결점으로 보고 문체 목록에서 제거해야 한다고 주장하는 학자도 있다.

[김계영]

구어체, 도치(법), 문채, 문체, 반복(법)

접속사(연결사)생략

F: asyndete *E:* asyndeton *D:* Asyndeton

✳ **하나의 문장 안에서 통사적으로 연결되어 있는 부분들을 접속사나 연결사를 생략해 나타내거나, 논리적 관계를 나타내는 표현을 의도적으로 사용하지 않는 표현법**

Ⓐ

결핍, 부정을 나타내는 접두사 'a'와 '함께'라는 뜻의 'sun', '연결하다'는 뜻의 'dein'이 결합된 그리스어 '아신데톤(asundeton)'(연결하지 않은, 접속사 없는)에서 나온 말이다. "왔노라, 보았노라, 이겼노라", "국민의, 국민에 의한, 국민을 위한 정부는 지구상에서 사라지지 않을 것이다" 같은 문장에서 볼 수 있듯이, 하나의 문장 안에서 통사적으로 연결되어 있는 부분들을 접속사나 연결사를 생략하고 나타내는 표현법이다. 어떤 학자들은 하나의 문장을 벗어나 문장 사이의 연결 관계가 생략되는 것까지도 접속사 생략에 포함시키기도 한다.

대개 생략되는 연결접속사는 등위접속사이며, 접속사를 생략한 자리에 쉼표가 사용되기도 하고, 의미적으로 연결되는 부분들이 나란히 이어서 놓인다. 절 또는 문장 사이에 표현되지 않은 관계, 즉 쉼표로 대체된 '그리고', '그러나', '하지만', '또는' 등은 독자가 재구성해 내야 한다.

이 표현법은 문장의 리듬감과 속도감을 상승시켜 이야기의 신속함을 강조하거나, 무질서를 나타내는 효과가 있어 대화에서 흔히 사용된다. 문학작품에서는 일시적이고 덧없는 시선을 모방하거나, 화자의 시선에 들어오는 디테일들을 재빨리 열거하기 위해 묘사에서 많이 사용된다.

Ⓑ

접속사 생략은 병렬과 같은 의미로 사용되기도 하지만, 좀 더 정확하게는 병렬의 특수한 형태로 간주할 수 있다. 병렬에서는 서로 다른 절이나 구, 문장의 연결 관계를 나타내는 모든 표시가 겉으로 드러나지 않고, 등위접속사 외에 종속접속사도 생략할 수 있기 때문이다.

연결접속사가 생략되고 그 자리에 쉼표가 사용되기 때문에 때로 동격과 혼동될 소지가 있다. 예를 들어 '여인은 부드럽게 아이들, 아기들을 바라보았다'라는 문장에서 '아이들, 아기들'이 '한편으로는 아이들을, 다른 한편으로는 아기들을' 의미하는 것인지, '좀 더 정확하게 말해서 아기들인 아이들'을 의미하는 것인지 분명하지 않다.

[김계영]

독자, 동격, 묘사(기술記述), 병렬

정신공간이론

F: théorie d'espaces mentaux *E:* mental space theory
D: Theorie des Geistraums

✵ **우리가 말하고 듣고 생각할 때 이루어지는 의미 구축을 정신공간의 형성, 관리, 운용으로 체계화한 이론**

Ⓐ

정신공간이론은 라코프(G. Lakoff)와 존슨(M. Johnson)의 '개념적 은유이론'이 가지고 있는 한계를 극복하기 위해 질 포코니에(G. Fauconnier)와 마크 터너(M. Turner)가 확립한 인지언어학의 한 분야다. 정신공간은 화자가 말을 듣거나 텍스트를 읽을 때 동적으로 환기되는 잠재적 실재에 대한 정신적 구성물이다. 예컨대 그림 공간, 가상공간, 신념 및 희망 공간 등이 있다. 정신공간의 특이한 성질은 그것이 외부 세계에 대한 완벽한 거울이 아니라 잠재적인 실재에 대한 구성물이라는 점이다.

질 포코니에가 내린 정신공간에 대한 정의는 다음과 같다. "정신공간은 언어 구조와 구별되는 것으로서, 담화 상황에서 사람들이 언어를 통해 말할 때 머릿속에 구성되는 개념적 구조다." 정신공간은 틀(frame), 영상 도식(schema image) 같은 다른 인지 모형과 동일한 것이 아니라 그것에 의존하는 것이다. 정신공간들은 상호 연결되어 담화가 진행됨에 따라 수정될 수 있다.

정신공간과 기타 인지 모형의 차이는 단기기억과 장기기억의 차이로 설명할 수 있다. 기타 인지 모형은 일상생활에서 습득되어 인간의 장기 기억 속에 들어 있는 정적인 구조지만, 정신공간은 특정 상황에서 우리가 말을 할 때 구성되는 단기기억 속에 들어 있는 유연하고 동적인 온라인 구조를 가지고 있다.

B

정신공간이론의 기본 골격은 정신공간의 형성과 연결에 관한 장치라 할 수 있다. 먼저 정신공간의 형성에 대해 살펴보자. 일반적으로 새로운 정신공간은 기저공간(base space, 정신공간 구성의 출발점이 되는 공간. 대부분 화자의 신념을 나타내는 공간이며, 다른 공간에 비해 특별한 지위를 차지한다. 종종 무표적인 기저공간이 현실공간이다)으로부터 만들어지는데, 이 과정에서 공간 형성자가 관여한다. 공간형성자는 새로운 정신공간을 형성하거나 담화에서 이미 소개된 정신공간을 지시하는 문법적 장치로 규정된다. 포코니에가 제시한 공간 형성자에는 전치사구(In Mary's picture, in Chulsu's mind, in 1930), 부사(really, theoretically), 연결어(if), 주어+동사 결합체(Max believes, Mary hopes) 등이 있다.

정신공간들이 연결되는 과정을 살펴보자. '철수의 어머니는 바보인 철수를 천재라고 믿는다'라는 예문에서 '믿는다'라는 '공간 형성자'에 의해 두 개의 공간, 즉 화자의 실재 세계에서 '바보인 철수'와 철수의 어머니의 믿음 세계에서 '천재인 철수'가 형성된다. 이 두 공간은 '현실 세계-마음'이라는 연결자에 의해 연결된다. 이 연결자는 단순히 공간과 공간을 연결하는 것이 아니라 공간 속에 설정된 요소들을 공간 너머로 연결시키는 구실을 한다. 이를 그림으로 나타내면 다음과 같다.

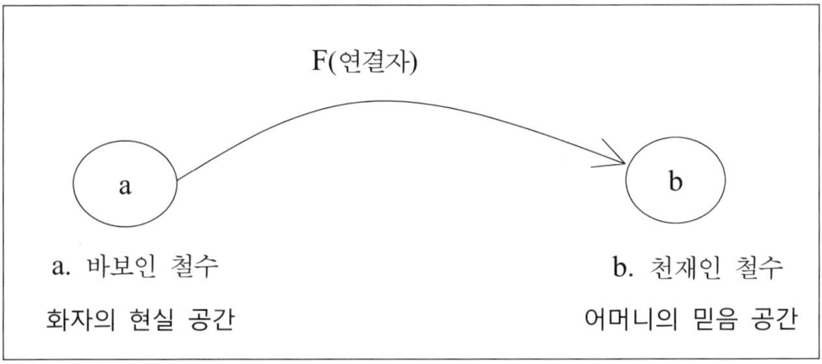

어떤 것을 그것과 관련된 다른 것의 이름으로 가리키는 현상에 대해 포코니에는 접근원리(access principle)라는 일반적 조작을 가정한다. 두 개의 요소 a와 b가 연결자 F에 의해 연결되어 있다면(b=F(a)), 요소 b는 그 대응물인 a의 이름이나 기술이나 손 가리킴으로 동일화할 수 있다. 이 경우 a를 매체(trigger, 여기서는 바보인 철수), b를 목표(target, 여기서는 천재인 철수), F를 연결자(connector) 또는 화용론적 함수(pragmatic function, 우리는 여러 가지 이유로 어떤 것을 다른 것과 결부시킨다. 이러한 결합은 어떤 것을 다른 것에 사상(事象)하는 함수의 성질을 갖는다. 그래서 이것을 '화용론적 함수'라고 함)라고 한다.

즉, 접근 원리는 한 정신공간에 있는 요소를 명명하거나 기술하는 언어 표현이 다른 정신공간에 있는 그 대응요소에 접근하는 데 사용될 수 있다는 원리다. 'In Len's painting, the girl with blue eyes has green eyes'

(렌의 그림에서 청색 눈의 소녀는 눈이 녹색이다)라는 표현을 통해 공간 형성자와 연결자를 종합해 보자. 예문에서 'In Les's painting'이라는 공간 형성자에 의해 두 개의 정신공간, 즉 화자의 실재 세계에서 '청색 눈을 가진 소녀'와 렌의 그림 세계에서 '녹색 눈을 가진 소녀'가 형성된다. 두 정신공간은 '현실세계-그림'이라는 연결자에 의해서 연결된다. 기저공간에는 'girl with blue eyes'라는 매체요소 a가 있으며, 그림공간에는 'girl with green eyes'라는 목표요소 b가 있다. 여기서 기저공간이 그림공간에 인지적으로 접근 가능하고, 매체요소 a와 목표 요소 b 사이에 연결이 있기 때문에 매체가 목표에 접근하는 데 사용될 수 있다.

언어 표현은 정신공간을 만들고, 거기에 요소를 도입하고, 요소에 정보를 부가하여 요소끼리 관계를 맺는다. 복수의 공간은 기저공간을 출발점으로 하여 여러 가지 종속관계로 연결되는 정신공간형상(mental space configuration)이라는 망을 형성한다. 복잡한 은유나 환유를 설명하는 혼성공간도 이런 공간 중 하나다. 담화 전체의 해석은 정신공간의 내용(요소, 관계)과 공간 간의 결합(요소끼리의 사상, 공간끼리의 종속관계)으로 이루어지는 정신공간 형상에 의해 표현된다. 정신공간이론은 우리가 말하고 듣고 생각할 때 하는 의미 구축을 정신공간의 형성, 관리, 운용으로 이론화한다.

[고광식]

유표적/무표적, 화용론

참고문헌

· 김동환, 『인지언어학과 의미』, 태학사, 2005.

· 이종열, 「정신공간에서의 개념적 사상의 양상」, 『한국인지과학회』, 한국인지과학회, 2000.

· 임지룡, 『인지의미론』, 탑출판사, 1997.

· Gilles Fauconnier, *Espaces mentaux*, Minuit, 1984.

· Gilles Fauconnier, Mark Turner, "Blending as a central process of grammar", A. Goldberg(Ed), *Conceptual structure, discourse and language*, CSLI Publications, 1966.

정전

F: canon *E:* canon *D:* Kanon

✷ **묵시적 합의를 통해 시대를 초월한 뛰어난 미학적 가치를 인정받은 작품과 작가**

A

'자(尺)' 또는 '척도'라는 뜻을 가진 그리스어 '카논(kanôn)'에서 유래한 말로, '기준이나 전거(典據)가 되는 모델'의 개념을 차츰 갖게 되었다. 기원전 2세기경 알렉산드리아 문헌학자들은 시, 역사, 웅변술, 철학 등 문에 각 부문의 모범이 되는 작가 리스트인 '작가 명표(Canon of Alexandria)'를 만드는 동시에 작가들 작품의 진위를 확인하는 작업도 병행한다. 따라서 그들에게 이 말은 모범이 되는 작가의 집합뿐만 아니라 한 작가의 진본(眞本)의 집합도 의미한다.

기독교에서는 니케아 공의회(325년)가 이 말을 '기독교의 계율과 규범의 집합'이라는 뜻으로 처음 사용하며, "신의 계시를 받은 말씀"으로 인정된 경전, 즉 구약과 신약을 그 기준으로 채택한다. 따라서 기독교에서 이 말은 구약성서와 신약성서를 가리킨다.

문학에 응용되는 이 용어는 알렉산드리아 문헌학자들의 의미를 수용하며, 묵시적 합의를 통해 시대를 초월한 뛰어난 미학적 가치를 지녔다고 인정하는 작품과 작가를 지칭한다. 이때에는 일반적으로 '고전'이란 말과 같은 의미로 쓰인다.

B

작품과 작가가 정전으로 확립되는 과정을 정전 형성이라고 하는데, 대략 19세기 후반부터 20세기 초 사이 학자들의 연구와 교육의 대상이 될 만한 '정전 리스트'가 확정됨으로써 정전의 개념이 다시 출현한다. 당시 서구에서는 민족주의의 확산으로 민족주의적인 교육이 요구되는데, 이 요구에 부응하여 자국의 문학이 정전으로서 고등교육 교과 과정에 편성된다. 따라서 근대의 문학 정전이란 서양 제국주의의 백인 남성 비평가와 교육자들로 이루어진 특권적 엘리트 계급에 의해 형성되었다고 볼 수 있다. 그러므로 정전은 지배 계층의 문화적 민족주의의 표상이라고 할 수 있다.

C

1960년대 이후 정전 형성 과정에 대한 의문과 정전이 숨기고 있는 이데올로기적인 성격이 드러나면서 영미를 중심으로 문학정전 논쟁이 촉발된다. 한 작품이나 작가의 정전 형성에는 객관적인 규범이 필요한데, 실제로 그 형성에 가장 큰 영향을 미치는 것은 문학의 기성 체제다. 이렇게 볼 때 정전은 기존의 지배계급 이데올로기의 반영이며 정전의 "배타적 연구와 교육은 그 지배 이데올로기의 지속적 재생산의 수단"에 지나지 않는다고 할 수 있다.

이 논쟁은 '글쓰기의 능동적인 개념'을 주창한 바르트 등의 신비평가들, 상대주의와 다원주의로 무장한 푸코, 데리다, 리오타르 등의 포스트모더니스트들, 그리고 페미니스트들이나 탈식민주의 연구가들에 의해 확대된다. 이들은 정전을 해체하고 반(反)정전(대립 정전)을 탄생시키는데, 결과적으로는 정전 확장을 가져온다. 또한 그 과정에서 소수 집단이자 피지배 계급 집단인 여성과 동성애자, 제3세계, 나아가 흑인들의 작품이 새롭게 평가된다.

이와 같은 정전 해체와 정전 형성의 문제는 필연적으로 문학성과 문학의 본질에 대한 논쟁에 활기를 북돋운다. 객관적 규범이 정전 형성의 관건이기 때문이다.

D

여러 가지 형식들의 역학(力學)과, 장르의 형성, 그리고 장르의 대체 문제에 특별히 관심을 갖는 러시아 형식주의자들에게는 그 형식과 장르 들이 정당하게 인정을 받느냐 못 받느냐가 정전 형성의 규범이 된다. 그들에 의하면 대중문학 장르들 또한 정전 형성 과정에 중요하게 참여하고 있기에 그에 합당한 가치를 갖는다.

[김중현]

규범, 러시아형식주의, 문학성, 포스트모더니즘

참고문헌

· 고규진, 「문학정전의 현주소」, 『독일문학』 제49권 3호, 한국독어독문학회, 2008.
· 정인모, 「정전화와 탈정전화」, 『독어교육』 제43집, 한국독어독문학교육학회, 2008.
· 츠베탕 토도로프 편, 『러시아 형식주의』, 김치수 역, 이화여자대학교출판부, 1981.

정형구

F: formule *E:* formula *D:* Formel

✻ "일정한 본질적 관념(essential idea)을 표현하기 위해 동일한 운율상의 조건하에

서 규칙적으로 사용되는 어군” (밀만 패리)

[류은영]

구술성, 구술정형구이론, 구어

제술

F: rhème *E:* rheme *D:* rhème

✺ 문장의 기능적 구분에서 주제에 대한 신정보를 전개하는 부분이며, ‘화자가 청자에게 특히 전달해 주고자 하는 정보 가치가 높은 문장요소’로서 동사와 밀접한 관계를 맺고 문장에서 핵심이 되는 의사 전달체

제술은 문장의 기능적 구분에서 주제(theme)에 대한 신정보를 전개하는 부분이며, ‘화자가 청자에게 특히 전달해 주고자 하는 정보 가치가 높은 문장 요소’이다. 동사와 밀접한 관계를 맺고 문장에서 핵심이 되는 의사 전달체에 해당한다. 언어학에서 프라하학파의 암만(H. Amman, 1928)이 사고와 언어행위의 상관성을 연구하면서 처음으로 주제와 한 쌍으로 사용한 개념이다. 이를테면 제술의 개념은 ‘무엇에 관하여 무엇을 말하는’ 주제-제술의 구조에 기반을 둔 용어다. 예컨대 화자와 청자에게 알려진 정보(구정보)는 주제이고 알려지지 않은 정보(신정보)는 제술이고, 대화행위에서 낮은 정보가치를 갖는 것은 주제이고 높은 정보가치를 갖는 것은 제술이며, 대화의 대상이 되는 것은 주제이고 주제에 덧붙여져 말해지는 것은 제술이다. 예컨대, ‘돌은 철수가 던졌다’라는 문장에서 ‘돌’은 주제이고, ‘철수가 던졌다’는 제술이다.

[문재은]

참고문헌

· 지광신, 「독일어 어순에 있어서의 theme와 rheme의 역할」, 『외국어로서의 한국어교육』 19권, 연세대학교 언어연구교육원 한국어학당, 1994.

제유(提喩)

F: synecdoque *E:* synecdoche *D:* Synekdoche

✳ **확장 또는 축소에 의해 의미의 변화를 일으키는 문채로서 주로 부분 대신에 전체를, 또는 전체 대신에 부분을 사용한다.**

Ⓐ

라틴 수사학에서 '제유'를 뜻하는 '시네크도케(synecdoche)'는 '여러 사물들의 동시적 이해'라는 뜻을 가진 그리스어 '순에크도크(sunekdokh)'에서 유래된 수사학적 용어다. 확장 또는 축소에 의해 의미의 변화를 일으키는 문채로서, 주로 부분 대신에 전체를 또는 전체 대신에 부분을 사용하여 사용하는 낱말이 본래 의미보다 더 넓게 혹은 더 좁게 느끼도록 하고, 은유와는 달리 '명사들'의 층위에서만 그 의미론적 전이가 일어난다.

제유와 환유는, 정확히 구분하기 어려운 경우가 많지만, 동의어가 아니다. 제유는 일종의 환유지만, 환유라고 해서 모두 제유가 되는 것은 아니다. 환유와 제유의 구분 문제는 전통 수사학뿐만 아니라 현대문체론에서도 매우 중요한 이론적 쟁점이 되고 있다.

퐁타니에(P. Fontanier)는 환유와 제유를 엄격하게 구분한다. 그에 의하면, 환유에서는 두 사물이 '완전히 별도로 떨어져 있는 전체'를 이루며 그 관계는 '외적 종속'의 관계(예: '원인/결과', '용기/내용물')를 이룬다. 반면, 제유에서는 두 사물이 서로 합쳐져 하나의 전체를 구성하며 그 결과

하나의 존재 또는 관념이 다른 것의 존재 또는 관념에 포함되어 있는 '내적 종속'의 관계(예: '부분/전체', '종/유')를 이룬다.

퐁타니에의 구분은 뒤마르세(Ch. Dumarsais)의 구분을 거의 그대로 따르고 있다. 뒤마르세는 '적게' 의미하는 단어(낱말)로 '많이' 의미하게 한다는 점을 제유의 고유한 의미로 생각한다. 환유에서 사물들 사이의 관계는 이름을 빌려오는 대상이 그 관념을 일깨우는 대상과 독립적으로 존재하고 있어서 결코 그것과 전체를 이루지 않는 반면, 제유에서는 사물들이 '전체와 부분'으로서 전체를 이루고 있다고 변별한다.

그런데 야콥슨(R. Jakobson)은 언어학적 관점에서 환유와 제유를 '인접성'이라는 언어학적 범주에 속하고 '유사성'의 원리에 토대를 두는 은유에 대립되는 것으로 간주하면서, 제유를 환유로 환원시켜 환유의 범주에 속하는 것으로 본다. 즉 제유는, 문체론적 실천에서 나타난다고 하더라도, 인접성에 토대를 두고 있는 환유적 관계들 가운데 특정한 하나의 관계, 다시 말해서 부분과 전체 또는 전체와 부분의 관계만을 지칭할 따름이라는 것이다.

또한 주네트(G. Genette)는 '내포(inclusion)' 즉 부분과 전체의 관계와, '배제(exclusion)' 즉 부분과 그 부분이 속해 있는 전체의 다른 부분들과의 관계로 제유와 환유를 구분할 것을 제안한다. 그러면 내포는 제유의 기준이 되고, 배제는 환유의 기준이 될 것이다. 그런데 해석학적인 측면에서 보면 환유와 제유의 구분은 사물이나 관념을 생각하는 다양한 방식 때문에 생겨난다고 볼 수 있다. 각자는 사물에 대한 자신만의 관점을 갖고 있으며 현실에 대한 체험은 모든 개인이 동의할 수 있는 단 하나의 원리로 환원될 수 없기 때문이다. 두 단위를 고려할 때 두 단위 간의 관계의 선택에 따라 언술은 제유적일 수도 있고 환유적일 수도 있게 된다.

고유명사를 대신해 보통명사처럼 쓰거나 보통명사 대신 잘 알려진 고유명사로 대체하는 표현법인 환칭은, 제유가 일반화되거나 특수화되거나에 따라 한 시니피에에 의소(意素)를 첨가하거나 제거함으로써 처리하는 전의라는 점에서, 제유의 특별한 한 사례가 될 수 있다.

B

수사학의 가장 중심적인 문채인 제유는 일종의 계열적인 일탈, 즉 대체의 일탈인데, 그러한 일탈로써 정상적으로 기대되는 낱말(A)을 포함관계에 의거한 다른 낱말(B)로 바꾸는 것이다. 제유는 일반적인 것에서 특수한 것으로 나아가거나 특수한 것에서 일반적인 것으로 나아가는, 세계를 지각하는 방식과 관련된 것이다.

특수화하는 제유에서, 요소 B는 전체 A를 대신하며, A와 B는 같은 동위성에 속한다. 이것을 집합관계로 표시하면 B⊂A다. 제유는 클로즈업한 느낌을 주며, 전진 이동을 통해서 요소를 중시하는 효과를 준다. 일반화하는 제유에서, 전체 B는 요소 A를 대신하며, A와 B는 같은 동위성에 속한다. 이것을 집합관계로 표시하면 A⊂B다. 이런 제유는 후진이동이나 거리두기나 멀어짐의 느낌을 주고, 일반화하는 효과를 준다.

제유는 크게 네 가지 형태로 나눌 수 있고, 각각의 형태에는 특수화하는 제유와 일반화하는 제유가 있다. 첫째, 부분과 전체의 관계로 생겨나는 형태이다. 특수화하는 제유의 예는 '빼앗긴 들에도 봄은 오는가'(들→국토)이고, 일반화하는 제유의 예는 '한국이 이겼다'(한국→한국축구팀)이다. 둘째, 재료와 물건·존재의 관계에서 생겨나는 형태이다. 특수화하는 제유의 예는 '실오라기 하나 안 걸친 마네킹'(실오라기→옷)이고, 일반화하는 제유의 예는 '나는 브람스를 듣는다'(브람스→브람스 음악)이다. 셋째, 유(類)와 종(種)의 관계에서 생겨나는 형태이다. 특수화하는 제유의 예는 '사람은 빵만으로 살 수 없다'(빵→음식)이고, 일반화하는 제유의 예는 '동산의 각종 나무에서 나는 것은 네가 자유롭게 먹되'(나무→열매)이다. 넷째, 단수와 복수의 관계에서 생겨나는 형태이다. 특수화하는 제유의 예는 '술 한잔 하자'(술 한잔→술)이고, 일반화하는 제유의 예는 '나는 그에게 많은 땅을 팔았다'(많은 땅→1에이커)이다.

C

제유는 속어와 은어에서 보통 사용되며(예: 돈을 뜻하는 '쩐'), 속담에서도 많이 발견되고(예: '칼로 일어선 자는 칼로 망한다'), 문학에서는 사실주의적 묘사와 인물 묘사에 쓰이고, 산문 레시와 운문 레시에서도 많이 볼 수 있다. 또한 제유적 기호는 연극에서 자주 발견된다. 예컨대 무대에서 나무 한 그루는 숲을 나타내거나 상징하고, 텐트 하나는 전장(戰場) 전체를 나타내거나 상징한다. 그리고 제유는 영화에서 자주 등장하는 장치다. 예컨대 영화에서 한 줄로 늘어선 집들은 도시를 암시하는 것이다.

제유는 논리적인 관점에서 보면 부분적으로 비유와 상징이 만들어지는 토대가 되고, 문체론적 측면에서 보면 한 개념의 반복적 사용을 피할 수 있게 해준다. 또한 포스트모더니즘에서는 제유가 민주주의적 세계관을 표현하는 것이라고 주장하기도 한다. 왜냐하면 제유가 의미의 최종점이 단일한 중심에 의해 고정되지 않고 다양한 해석적 의미들이 서로 각축을 벌이면서 미끄러져 나가는 과정을 표현하기 때문이다. 요컨대 제유라는 수사법은 개인들의 민주주의적 징후들을 자율적으로 드러내는 표현이라는 것이다.

[문재은]

동위성(동위태), 레시, 문채, 상징, 속어, 은어,
은유, 일탈, 전의(법), 환유, 환칭(換稱)

참고문헌

· 김욱동, 『수사학이란 무엇인가』, 민음사, 2002.
· 박성창, 『수사학과 현대 프랑스 문화이론』, 서울대학교출판부, 2002.
· 황석자 편저, 『문체style의 문채figure』, 어문학사, 1997.
· Peyroutet Claude, *Style et rhétorique*, Nathan, 1994.

조응

F: anaphore *E:* anaphora *D:* Anapher

✳ 1. 수사학, 시학, 문학, 문체론에서 강조 또는 대칭의 효과를 목적으로 문장(혹은 문장 일부)의 서두에 같은 단어(들)를 반복하는 것을 의미한다.

2. 언어학이나 텍스트 연구에 쓰이는 용어로, 앞이나 뒤에 나온 명사나 문장을 다시 받는 지시사의 일종으로 담화의 일관성과 결속성에 중요한 역할을 한다.

A

그리스어 '아나포레(anaphorê)'에서 차용한 용어다. '위쪽이나 뒤쪽'을 뜻하는 '아나(ana)'와 '짊어지다'를 뜻하는 '페레인(pherein)'이 결합된 형태로 위쪽이나 뒤쪽으로 짊어지고 가는 행위를 의미한다.

수사학에서 조응소는 연속된 절, 문장 혹은 운문의 서두에 똑같은 단어를 반복함으로써 얻게 되는 문채 효과를 의미한다. 조응소는 모든 시대의 운문과 산문에서 발견되며, 기술적·감정적 효과를 강조하기 위해 흔히 사용된다. 대중연설에서는 논거를 조직적으로 드러내거나 반복적으로 주입시키기 위해 사용된다. 문학에서는 특히 시에서 자주 볼 수 있으며, 그 형상은 다음과 같다: A -, A -, A -, … 우리 민요도 머리 구 반복을 많이 사용하고 있다.

예: '미나리'는 내 받을게
'미나리'나 보내주게(「미나리」)
'아홉' 솥에 매를 지어
'아홉' 반상 보다나니(「호미 타령」)

B

언어학과 텍스트 연구에서 조응소는 전방의 다른 언어 단위를 가리키는 일종의 지시사로 담화의 일관성과 결속성의 측면에서 중요하다. 문법에서 조응은 하나의 언어 단위, 특히 대명사를 사용하여 또 다른 담화의 단위(예를 들어 선행한 명사구)를 대신하는 통사적 절차를 의미한다. 삼인칭 대명사는 전형적인 조응지시사인데, 같은 텍스트 내에서 전방에 나타난 선행사라 불리는 명사들(고유명사)을 지시한다.

예: '영희'가 학교에 가지 못했다. '그녀'가 아팠기 때문이다.

영어나 프랑스어의 정관사(the, le, la, les), 지시사(this, that, ça, cela)도 조응적으로 사용된다. '전자(the aforesaid, the former)' 같은 구들과 '하다(do)' 같은 대동사도 반복을 회피하는 대체조응사로 사용된다. '완전한' 문장이 선행될 때 사용되는 생략도 일종의 조응사로 간주할 수 있다.

예: 영희가 '파인애플을' 좋아한다. 순희도 좋아한다.(두 번째 문장에서 첫 번째 문장의 '파인애플을'이란 목적어가 생략된다)

담화분석, 인지언어학, 화용론의 발전에 따라 담화 과정에 대한 고찰이 중요하게 됨으로써 조응소에 대한 형식적 접근들이 새롭게 평가받고 있다. 언어학자들은 특히 삼인칭 대명사가 선행사를 지시한다기보다는 어떤 실체에 대한 정신적 표상을 지시한다고 말한다.

조응소가 스토리, 시 혹은 희곡의 서두에 등장하기도 하는데 이럴 경우 선행사가 존재하지 않는 셈이다. 이런 조응소는 그 조응소의 정체에 해당하는 어떤 존재를 함축하고 있기 때문에, 독자가 상상적(혹은 관념적)으로 믿는 어떤 세계에 대한 환상을 창조하는 데 기여한다.

C

조응소가 여러 가지 용례로 사용되기 때문에 의미가 혼동될 때가 많은 데, 이럴 경우 조응소가 다른 용어로 대체되기도 한다. 조응은 일반적으로 전방조응을 가리키지만, 조응소가 담화나 텍스트 내에서 전방조응(anaphora)과 후방조응(cataphora) 두 가지 모두를 의미할 경우 라이언스(J. Lyons, 1977)는 '애너포러(anaphora)' 대신에 '엔도포러(endophora)'라는 용어를 사용한다. 엘람(K. Elam, 1980)은 텍스트 밖의 상황 문맥에 존재하는 조응소를 가리킬 때 '엑조포러(exophora)'라는 용어를 사용한다.

[고광식]

반복(법), 인지(언어학, 시학, 문체론, 담화분석, 은유이론), 화용론, 후방(역행)조응

참고문헌

· 김기종, 『우리말의 문체론과 수사학』, 훈민, 2006.

종속

F: hypotaxe *E:* hypotaxis *D:* Hypotaxe

✵ **하나의 문장 또는 이어지는 여러 문장에서 종속관계를 중요시하고 명확하게 표시하는 표현법**

Ⓐ

'배치', '순서'를 뜻하는 그리스어 'taxis'와 '~의 아래에 정돈하다'는 뜻의 그리스어 'hypo'가 결합된 '히포탁시스(hypotaxis)'에서 나온 말이다. 하나 또는 이어지는 여러 문장에서 종속관계를 중요시하고 명확하게 표시하는 표현법으로, 복문을 구성하는 방법, 절들을 연속시키는 방법과 관계있다. '그리고', '또는', '그러나', '그래서', '그러므로', '~ 할 때' 등의 접

속사가 과도하게 많이 사용되거나, 관계대명사나 관계부사 등을 이용해 관계절이나 보어절이 많이 삽입되는 형태로 나타난다.

> "그때 풀밭에서 놀고 있던 꽃들, 태양 아래 흐르고 있던 물, 그들이 나타날 때의 모든 주변 풍경이 무의식적인, 또는 멍한 그의 얼굴에 그들에 대한 추억이 계속 떠오르게 했다. 그리고 물론, 이 초라한 행인이 그것들을 오래 바라보고 있을 때, […] 자연의 이 한 모퉁이, 정원 한 구석은 그들이 떠오른 것이 그의 덕분이라고 생각하지 않을 수 없게 만들었다."(마르셀 프루스트, 『스완네 집 쪽으로』)

우리말 번역에서는 잘 드러나지 않지만, 위 예문은 많은 관계대명사와 종속접속사가 사용되었고, 그 절들이 서로 복잡한 관계를 맺으면서 연결돼 작가가 묘사한 현실에 어떤 일관성을 부여하는 동시에, 독자로 하여금 세심하게 읽도록 만든다.

종속은 작가 개인의 특별한 세계관과 관계가 깊다. 작가는 현실의 소재들을 해석해 재구성해 내고, 그 종속관계를 통해 작가의 해석이 외적으로 드러나기 때문이다. 종속은 정경이나 인물 묘사에 적합하다. 특히 사실주의나 자연주의 작가들은 현실의 복합성을 그려내기 위해 수많은 절과 논증들을 만들어 내는 데 이 표현법을 사용했다. 발자크나 프루스트 같은 작가들은 특히 종속관계를 많이 사용해 특유의 문체를 완성했다.

B

병렬이 툭툭 끊어지는 구어체의 특징이라면, 종속은 문어체에 속하고, 수많은 접속사와 연결사를 사용해 때로는 지나칠 정도로 문장이 길어지기도 한다. 종속관계를 피하는 병렬이나, 뚜렷한 등위관계를 제거하는 접속사(연결사) 생략과 반대된다.

[김계영]

구어체, 묘사(기술記述), 문어체, 문체, 병렬,
인물/인물구성, 접속사(연결사)생략

주변문학

F: paralittérature *E:* paraliterature *D:* Trivialliteratur

✱ 기성문학 주변에 있는 문학으로, 제도권에서 과소평가되는 완전히 자격을 갖추지 못한 문학

Ⓐ

1960년대 문학비평에서 사용되기 시작한 신조어로, '옆에', '곁에', '유사한', '준하는', '반대의'를 뜻하는 접두사 '파라(para)'와 '문학'을 뜻하는 '리터러춰(literature)'의 합성어다. 기성문학 주변에 있는 문학을 말하며, 다수의 대중을 겨냥한 신문이나 잡지의 연재소설, SF, 판타지, 추리소설 등의 '대중적인' 소설과 만화가 포함된다. 넓게는 가요, 통속극이나 영화 시나리오, TV 드라마의 텍스트, 포르노물 등도 포함된다.

주변문학에서 '주변'이라는 접두사는 문학성과 가치판단을 내포하지 않는 이점을 갖고 있다. 그것은 단순히 주변, 변방 혹은 외곽을 상기시키기 때문이다. 또한 주변문학이라는 용어도 규범에 맞지 않는 다양한 형식을 경험적으로 통합시키는 이점을 보인다. 그런데 주변문학의 '대중적인' 특성은 분명하지 않다. '대중적인'이라는 형용어의 의미가 애매하기 때문이다.

19세기에 과거 하위 장르였던 소설이 지배 장르가 되는데, 이처럼 한 시대의 대중적인 장르가 다른 시대에 주도적인 장르가 되는 것처럼, 문학 장르와 주변문학 장르 간의 끊임없는 상호작용을 역사 속에서 확인할 수

있기 때문이다.

B

소설 장르를 중심으로 문학의 대중화가 이루어지자 독자층이 구분되고, 독자들의 요구도 다양해진다. 우선 19세기 후반부터 제도권에서 소수의 고급독자를 겨냥하는 '문학'과 다수의 대중독자를 겨냥하는 저급한 '대중소설'을 뚜렷하게 구분하기 시작한다. 그리고 19세기 후반부터 20세기 초반 다양한 독자층의 요구에 맞춰 아동소설, 추리소설, 연애소설, 과학소설, 판타지, 스파이소설 등 세분화된 범주의 문학 생산물과 만화소설들이 출현하지만, '소비 문학', '싸구려 문학', '심심풀이 문학' 등의 부정적인 명칭을 얻고 '문학'의 제도권에서 배척된다.

1960년경부터 학자들은 '주변문학'이란 용어로 이 다양한 문학 생산물들을 제도권 안으로 수렴한다. 그때부터 연구가 활발하게 진행되지만, 주변문학이라는 명칭과 그 범주에 대한 논쟁은 계속되고 있다. 왜냐하면 제도권에서 과소평가되는 완전히 자격을 갖추지 못한 문학으로 통칭되는 주변문학에 대한 정의와 평가가 다르기 때문이다.

C

현재에도 대중소설로 대표되는 주변문학은 상투적인 표현과 평이하고 단순한 문체를 그 특징으로 하며, 독자의 흥미와 행복감, 오락성과 긴장의 이완을 가장 중요한 덕목으로 삼고 있다. 오늘날 기성문학이 지향하는 창조성과 독창성과 대조해 부정적인 측면으로 지적된 주변문학의 상투성과 반복성은 이제 긍정적으로 평가되어 오히려 주변문학의 성공 요인으로 간주되고 있다.

[외부집필-김인경]

가치, 규범, 문학성, 장르, 판타지

참고문헌

· 김정숙, 「대중/주변문학은 문학의 범주로 성립될 수 있는가?」, 『불어불문학 연구』 제55권, 불어불문학회, 2003.
· 김중현, 「프랑스의 신문소설」, 『신문소설이란 무엇인가?』, 국학자료원, 1996.
· 송덕호, 「현대 비교문학의 한 양상 - 주변문학 연구에 관한 일고」, 『비교문학 연구』 제19권, 한국세계비교문학회, 1994.
· Alain-Michel Boyer, *La Paralittérature*, PUF, 1989.
· Daniel Couégnas, *Introduction à la paralittérature*, Seuil, 1992.
· Daniel Fondanèche, *Paralittératures*, Vuibert, 2005.
· Marc Angenot, *Le Roman populaire. Recherches en paralittérature*, Presses de l'Université du Québec, 1975.

주이상스

F: jouissance *E:* jouissance(enjoyment) *D:* jouissance(Genuss)

1. 라캉의 용어로, 자기 한계를 넘어선 고통스러운 쾌락
2. 바르트의 용어로, 텍스트론에서 수동적인 즐거움에 대비되는 능동적인 즐김
3. '말하는 주체'에게 금지된 쾌락

A

우리말로 향락, 희열 등을 의미하는 프랑스어 'jouissance'는 영어 'enjoyment'에 해당하지만, 'enjoyment'에 없는 여러 의미, 특히 성적 의미를 함축하고 있어, 라캉 정신분석학자들은 일반적으로 프랑스어를 그대로 사용한다. 라캉은 주이상스를 '자기 한계를 넘어선 고통스러운 쾌락'이라고 설명하는데, 이러한 한계를 넘어서는 확산적이고 유동적인 속성 때문에 주이상스는 일종의 물질명사처럼 항상 정관사와 함께 단수로 사용된다. 라캉의 영향을 받아 바르트도 텍스트론에서 쾌락과 주이상스를 구별해 논한다.

B

라캉 초기에 주이상스는 생물학적 욕구 충족에 따른 유쾌한 감각 정도로 이해되었으나, 점차 성적 즐김, 성적 쾌락과 같은 성적 의미를 함축하게 되며, 1958년 『에크리』에서는 명백히 오르가즘의 의미를 갖게 된다. 라캉 이전에 이미 프로이트는 평화로운 정지 상태에의 희구, 즉 열반원칙(Nirvana principle)을 따르는 인간은 항상 쾌락을 넘어 물(物) 같은 죽음을 향하는 자기 파괴적인 마조히즘적 충동이 있음을 밝힌 바 있다. 하지만 동시에 프로이트는 죽음의 충동 같은 과도한 흥분은 곧 불쾌로 환원되므로, 항상 흥분의 수위를 낮춰 항상성을 유지하려는 쾌락원칙이 작동한다고 밝힌다.

라캉은 프로이트의 쾌락원칙론을 수용하면서, 쾌락과 주이상스는 상관적이면서도 대비적인 개념으로, 인간은 일정한 쾌락만을 감당할 수 있어 그 한계를 넘어서는 잉여적 쾌락은 고통스러운 불쾌로 환원되는데, 고통으로 환원된 쾌락이 주이상스라고 설명한다. 나아가 주이상스를 추구하여 쾌락원칙을 넘어서려는 모든 충동은 죽음의 충동으로, 결국 주이상스는 자기 파괴적인 열반원칙이나 마조히즘과 동일선상에 있다고 설명한다.

따라서 과도한 흥분을 막는 쾌락원칙은 항상 주이상스에 대한 금기 원칙으로 작용한다. 쾌락원칙의 관점에서 고통에 이르지 않으려면 가능한 한 절제해 즐겨야 한다. 하지만 인간의 욕망은 항상 금기를 위반하여 쾌락원칙을 넘어서고자 하며, 고통의 경험을 반복하면서도 끊임없이 주이상스를 추구한다. 그래서 라캉은 "주이상스는 괴로움", "주이상스는 죽음으로 가는 길"이라고 말한다.

C

라캉의 영향을 받아 바르트 역시 쾌락과 주이상스를 대비적으로 논하는데, 텍스트론에서 '수동적인 즐거움(plaisir)에 대비되는 능동적인 즐김(jouissance)'을 주이상스라고 설명한다. 즐거움은 의미의 단절 없이 잘 읽히는 고전적 작품(work)에서 얻어지는 편안하고 유쾌한 쾌락이며, 즐김은 독자 스스로 단절된 의미를 채워가야 하는 전위적 텍스트(text)에서 얻는 불편하고 고통스러운 주이상스다. 전위적 텍스트는 때로 소통을 완전히 거부하는 불가능의 언어체가 되기도 하는데, 이는 독자에게 단절과 상실, 곧 죽음의 체험을 강요하기도 한다. 바르트는 고전적인 문학은 즐거움을 주는 작품이요, 프루스트를 비롯한 현대 작가의 전위적인 문학은 즐김을 요구하는 텍스트라 구별하기도 한다.

D

주이상스를 금지하는 쾌락원칙은 하나의 법(法)으로 상징적인 언어 차원, 즉 상징계의 원칙인 까닭에 주이상스는 '말하는 주체에게 금지된 쾌락'이다. 즉 소통하는 자는 과도한 쾌락을 즐기지 않는다. 근친상간의 금기를 넘어 어머니를 사랑하는 오이디푸스적 존재는 거세라는 처벌의 두려움, 즉 거세콤플렉스에 의해 어머니를 사랑하는 상상계적인 과도한 쾌락을 포기하면서 아버지의 법이 지배하는 상징계로 진입하게 되는데, 어머니에 대한 포기는 주이상스에 대한 최초의 포기라고 할 수 있다. 하지만 잠재적으로 신경증적인 인간은 항상 어머니와의 최초의 주이상스로 회귀하려고 한다.

주이상스는 프로이트의 리비도 개념에 가깝다. 리비도는 삶의 충동과 죽음의 충동의 이중적 변주를 따르는 육체적 실체로서 근본적으로 성적이며 남근 중심적이다. 라캉 역시 "주이상스는 성적인 한에 있어 남근적"이라고 말한다. 그리고 한편으로 추가적 주이상스(jouissance supplémentaire)로서

성적인 남근을 넘어서는 무한한 여성적 주이상스를 논하며, 이는 말로 표현할 수 없는 것이라고 설명한다. 이러한 관점에서 식수(H. Cixous)와 이리가레(L. Irigaray)는 남근적 성을 넘어서는 페미니즘적 글쓰기를 무한한 주이상스, 진정한 주이상스라고 말한다.

문학적 주이상스는 단절과 상실, 불가능, 말하자면 죽음의 상징적 체험이다. 소통을 거부하는 베케트의 대사들이나, 줄거리 없는 누보로망의 서사에서 느끼는 고통스러운 쾌락 역시 우리 독자나 관객에게 주이상스의 체험을 강요한다. 이렇게 독자의 주이상스를 요구하는 난해하고 불편한 문학은 이제 즐김보다는 단순한 즐거움을 주는 디지털미디어의 발달과 함께 영상예술, 게임, 모바일 등에 그 자리를 내주고 있다. 탈장르, 미디어, 대중, 소비, 이미지, 감각 등을 코드로 하는 포스트모더니즘시대의 디지털미디어 서사는 독자나 관객의 상호작용적인 참여를 요구하긴 하지만, 서사의 메커니즘적인 단순성과 보편성으로 인해 즐김보다는 즐거움, 즉 주이상스보다는 엔터테인먼트적인 편안한 쾌락을 부여하기 때문이다.

[류은영]

누보로망(반소설, 앙티로망), 상상계,
상징계, 작품, 텍스트, 포스트모더니즘

참고문헌

· 롤랑 바르트, 『텍스트의 즐거움』, 김희영 역, 동문선, 2002.

· 지그문트 프로이트, 『정신분석학의 근본 개념』, 박찬부 외 역, 열린책들, 2004.

· Jacques Lacan, *Ecrits*, Seuil, 1966.

· __________, *Le Séminaire livre VII*, Seuil, 1986.

주체

F: sujet *E:* subject *D:* Subjekt

✳ 1. 지각과 인식을 통해 모든 종류의 지식을 산출하며 그 최종 근거로 여겨지는 존재
2. 의식의 전체 과정과 전체 행동의 담지자, 특히 인간 존재

Ⓐ

그리스어 '휘포케이메논(hypokeimenon)', 라틴어 '수브엑툼(subjectum)'이 어원으로, 본래 '무엇 아래 놓여 있는 것, 혹은 근거로서 모든 것을 자기에게로 모으는 것'을 가리킨다. 정치학과 정신분석학과 심리학 분야에서는 아직도 이 의미의 흔적이 남아 있다. 정치학에서 '권위에 복종하는 자'라는 의미의 프랑스어 '신하, 신민(sujet)'이라든가 또는 '종속시키기(assujettissement)'와 같은 단어, 정신분석학과 심리학에서 '검사와 관찰의 대상이 되는 사람'이라는 의미의 프랑스어 '피관찰자(sujet)'와 같은 단어에 'sujet'라는 단어가 내포되어 있다.

'sujet'가 '의식의 주체'로서의 의미를 가지게 된 것은 데카르트(R. Descartes) 이후다. 보다 구체적으로는 "나는 생각한다. 고로 나는 존재한다(Cogito, ergo sum)"라는 명제의 정립 이후이다. 그리고 데카르트를 이와 같은 '주체' 개념의 선구자로 만든 사람은 하이데거(M. Heidegger)다. 하이데거는 자신의 저서 『니체』에서 데카르트의 '코기토'에 대해 비판적인 해석을 가한다. 하이데거에 따르면, 데카르트의 '코기토'의 의미는 '내'가 사유하기 때문에 존재하는 것도 아니고, 또 그렇다고 '나'의 사유로부터 '나'의 존재가 자동적으로 추론되는 것도 아니다. 그보다는 오히려 사유하는 '나'는 무엇인가를 '나'의 앞에 세우는 자로서 그 무엇인가를 소유하고, 장악하고, 표상하며, 따라서 '나'의 존재는 그러한 소유, 장악, 표상

으로 규정된다. 또한 그러한 행위 속에서 이미 '나'는 그 무엇인가를, 나아가서는 이 세계에 존재하는 모든 것을 떠받치는 자, 근거 짓는 자로 존재하게 된다.

하이데거는 "데카르트에 의해서, 데카르트 이래로 인간은, 인간적 '자아'는 탁월한 방식으로 '주체'가 되었다"고 말한다. 인간은 데카르트를 기점으로 순수한 내면성, 순수한 활동, 자유로서의 정신, 인식의 최종 심급으로서의 정신 활동, 세계의 모든 존재에 의미를 부여하는 존재, 곧 세계의 입법자로서의 지위를 획득하게 된 것이다.

요컨대 데카르트 이래로 '코기토=인간=주체'의 등식이 성립되었다고 할 수 있다. 그리고 인간에게 이와 같은 주체로서의 길을 열어준 데카르트의 '코기토'는 그 이후 칸트(I. Kant), 헤겔(G.W.F. Hegel)을 거쳐 '절대화된 주체'가 되어 그 정점에 이르게 된다.

B

전도양양한 길을 걸어온 주체로서의 인간, 혹은 폴 리쾨르(P. Ricoeur)의 표현대로, '고양된 코기토(Cogito exalté)'는 점차 수난의 길을 걷게 된다. 리쾨르의 표현을 빌자면, '모욕당한 코기토(Cogito humilié)' 또는 '상처받은 코기토(Cogito blessé)'의 등장이다. 이른바 주체의 '해체' 혹은 '죽음'의 서막이라 할 수 있다. 사실 헤겔 이후 절대화된 주체로서의 인간의 자리에 문제제기를 한 이들의 수는 한둘이 아니다. 그 가운데서도 푸코(M. Foucault)가 '담론의 창시자들'이라고 부른 니체(F. Nietzsche)와 프로이트(S. Freud) 등의 역할은 결정적이다.

망치를 들고 철학을 했다는, 그 결과 서양의 근대 형이상학의 최후 거점인 '신의 죽음'을 선언하고, '모든 가치의 전복'을 목표로 삼았던 니체는 "주체란, 마치 우리가 가진 여러 상태가 유일한 기체(基體)의 결과이기라도 한 것처럼 간주하는 허구다"라고 주장한다. 보다 구체적으로 니체는 행위, 작용, 생성의 배후에는 그 어떤 존재도 없으며, '행위자', 곧 '주체'

란 상상의 허구일 뿐이라고 본다.

최종적으로는 근대 형이상학의 토대를 마련한 데카르트를 비판한다. 니체는 특히 "나는 생각한다. 그러므로 나는 존재한다"는 명제를 도출하면서 데카르트가 '문법적 타성'에 빠졌다고 주장한다. 인도유럽어의 경우 어떤 하나의 행동이 있게 되면 그 행동의 배후에는 항상 '주체'가 있다고 생각하는 습관이 있고, 그 결과 데카르트는 '생각하다'라는 행위의 '주체'가 분명하지 않음에도 언어 습관에 따라 그 행위의 '주체'로 '나'를 상정했다는 것이 니체의 판단이다. 거기서 더 나아가 니체는 "생각은 내가 원해서 나오는 것이 아니라 그것이 원해서 나온다. 따라서 '나'라는 주어가 '생각하다'라는 서술어의 조건이라고 말하는 것은 사실의 왜곡"이라고 주장한다.

니체가 개진한 '생각하다'의 '주체'로서의 '그것'은 정신분석학의 창시자 프로이트에게는 '무의식' 개념으로 이해된다. 무의식의 존재에 대한 인정에는 이미 데카르트의 '코기토'를 바탕으로 정립된 인간의 주체로서의 지위에 대한 부정이 내포되어 있다. 왜냐하면 프로이트가 밝히듯 인간의 정신 활동 가운데 투명하고 확실한 부분인 '의식'이 차지하는 부분은 빙산의 일각에 불과하기 때문이다. 따라서 프로이트는 "자아는 자기 자신의 집의 주인이 아니다"라고 주장한다. 이 주장에 담긴 의미가 주체로서의 인간 지위 박탈이라는 사실은 의심의 여지가 없는 것이다.

또한 '프로이트로의 복귀'를 기치로 내건 라캉 역시 인간의 '주체'로서의 지위에 타격을 가한다. 인간은 타자의 욕망과 관련해서만 욕망의 주체로서 존재할 뿐이라는 것이 라캉의 주장이다. 라캉은 인간이 성장하는 과정에서 자기 자신으로부터의 소외를 체험하면서 '주체'로 구성된다고 설명한다. 라캉의 '거울단계' 이론에 의하면, 인간은 우선 '상상적' 질서 속에서 타자와의 동일화를 통해 자신을 구성하게 된다. 하지만 인간은 이 질서 속에만 머물 수는 없으며, 점차 '상징적' 질서 속으로 편입되면서 자기와 타자가 구분되어 있다는 사실을 발견하게 된다. 상징적 질서에서는 '아버지의 이름'을 통해 법질서가 작동하게 되고, 이 법질서를 토대로 발생하는 금지와 허용의 메커니즘을 통해 자신의 욕망(특히 어머니를 향한 욕망)의 충족을 연기하는 과정에서 성숙한 주체로 구성된다. 이렇듯 라캉에게 인간은 타자 의존적 주체라고 할 수 있으며, 이는 라캉의 주체에 대한 사유가 데카르트의 그것으로부터 얼마나 멀리 떨어져 있는가를 여실히 보여준다고 하겠다.

C

니체와 프로이트 등에 의해 해체된 인간의 주체로서의 지위는 문학 분야에서는 특히 '저자의 죽음'이라는 선언의 형태로 나타난다. 바르트가 주창한 이 선언의 이면에는 '작품' 개념의 '텍스트' 개념으로의 전이가 자리 잡고 있다. 낭만주의적 저자관에 의하면 '저자'란 자기가 창작한 '작품'의 전지전능한 주인이 된다. 왜냐하면 저자의 창조는 '무로부터(ex nihilo)'의 창조이고, 따라서 저자는 자기의 창조 결과물인 '작품'에 대해 완벽한 심판관의 자격을 갖기 때문이다('저자'를 가리키는 단어 'auteur'와 '권위'를 가리키는 단어 'autorité'의 어원이 같다는 사실을 상기하자).

그런데 바르트는 작가가 창조한 작품이 반드시 '무로부터' 이루어지지 않음을 지적하면서 저자의 권위를 해체시킨다. 바르트는 저자의 작품이 기존 작가들의 작품에서 빌려온 요소들로 '직조되어' 있다는 사실을 지적한다. 저자는 과거 작가들의 작품에서 이것저것을 '끌어 모으는 자(bricoleur)', 다른 작가들의 작품을 그대로 베껴 쓰는 '필경사(scripteur)', 따라서 '종이 저자(auteur de papier)'에 불과하다는 것이다.

그리고 이 경우 '작품'은 '텍스트'에 그 권위를 이양하게 된다. 이와 같은 권리 이양의 파급 효과는 상당하다. 그 가운데 하나는 이제 저자는 자신의 작품, 아니 자신의 텍스트의 이해에 대해 과거만큼 무소불위의 권위를 행사하지 못하게 되는 것이다. 저자는 이제 자신의 텍스트에 대한 이해에서 특권적인 독자가 아니라 그저 한 명의 독자에 불과하게 된다. 바르트는 이러한 저자의 권위 소멸 현상을 일컬어 '저자의 죽음'이라고 선언한다. 그리고 이 선언에는 반대급부로 '독자의 소생'이 뒤따른다. 결국 바르트는 지금까지 거의 '신'과 같은 권위를 행사하던 저자의 힘을 해체시킴으로써 문학적 글쓰기에서 주체의 해체 혹은 주체의 죽음에 직간접적으로 기여한 것이다.

[외부집필-변광배]

글쓰기, 독자, 상상계, 상징계, 작가(저자), 작품,
타자, 텍스트, 해체(해체구성, 해체론)

참고문헌

· 강영안, 『주체는 죽었는가 - 현대 철학의 포스트 모던 경향』, 문예출판사, 2001.
· 윤효녕 외 3인, 『주체 개념 비판 - 데리다, 라캉, 알튀세, 푸코』, 서울대학교출판부, 1999.
· Alain Renault, *Découvrir la philosophie: Le Sujet*, Odile Jacob, 2010.
· Bertrand Ogilvie, *Lacan: La Formation du concept de sujet(1932-1949)*, PUF, coll. Philosophies, 2005.
· Elisabeth Guibert-Sledziewski, Jean-Louis Vieillard-Baron (Dir.), *Penser le sujet aujourd'hui*, Klincksieck, 1988.
· Friedrich Nietzsche, *La Généalogie de la morale*, Gallimard, coll. Idées, 1964.
· __________, *Le Gai savoir*, Gallimard, coll. Idées, 1950.
· __________, *La Volonté de puissance*, Gallimard, coll. Tel, 1995.
· Martin Heidegger, *Nietzsche*, Gallimard, coll. Bibliothèque de philosophie, 1971.
· Michel Foucault, *Les Mots et les choses. Une Archéologie des sciences humaines*, Gallimard, coll. Bibliothèque des sciences humaines, 1966.
· Paul Ricoeur, *Soi-même comme un autre*, Seuil, 1990.
· René Descartes, *Discours de la méthode, Œuvres et Lettres*, Gallimard, coll. Bibliothèque de la Pléiade, 1953.

· Roland Barthes, *Le Bruissement de la langue*, Seuil, 1984.
· Sigmund Freud, *Introduction à la psychanalyse*, Payot, coll. Petite Bibliothèque Payot, 2004.

중첩열거

F: accumulation *E:* accumulatio *D:* Akkumulation

✳ **통사적으로나 의미적으로 속성 또는 기능이 같은 어휘 · 어구들을 늘어놓는 열거의 일종**

Ⓐ

'쌓다', '축적하다', '어떤 것에 다른 것을 덧붙이다'는 뜻의 라틴어 '아쿠무라레(accumulare)'에서 나온 말로, 통사적으로나 의미적으로 속성 또는 기능이 같은 어휘들을 늘어놓는 열거의 한 형태다. '우리의 국토는 그대로 우리의 역사이며, 철학이며, 시이며, 정신입니다'에서처럼 열거된 어구들이 각각 나름의 자격과 표현적 가치를 가지면서 전체적인 내용을 강조하는 기법이다.

중첩열거는 생각과 표현의 풍부함과 다양성을 보여주는 동시에 불균형, 과장, 무질서 등을 나타낼 수 있다. 대구의 형식을 띨 수도 있고, '그는 부도덕하고, 부정하고, 부당하고, 부자연스럽고, 부실하고, 부적합하고, 부조리하다'처럼 특정 음절의 발음(또는 의미)이 같은 어구를 열거할 수도 있다. 첫음절이나 마지막 음절 등 특정 음절을 강조하는 경우, 강조된 요소가 일정하게 반복되면서 문장의 생동감을 표현하는 동시에 쉼표의 사용을 통해 불규칙하면서 단속적인 느낌을 만들어 낸다.

"그것은 예리한 소리를 냈고, 삐걱거렸고, 덜컹거렸고, 으르렁거렸고, 헐떡거렸고, 숨을 몰아쉬었고, 그리고 새된 소리를 냈고, 그리고 딸꾹질을 해댔고, 그리고 진동했다, 곳간 벽이 금 가 무너져 내릴 거라 생각할 정도로(Cela tintait, grinçait, cognait, cela grondait, haletait, soufflait, et stridait, et hoquetait, et tréfidait, à croire que les murs de grange allaient se fendre et s'écrouler).”

모리스 주느부아(M. Genevoix),
『봄을 만든 제비(L'hirondelle qui fit le printemps)』

위의 예문은 우리말로 번역했을 때 중첩열거되는 마지막 음절의 특성이 분명히 드러나지 않지만 프랑스어 원문에서는 마지막 음절의 음색(프랑스어 반과거어미 ‘-ait’)이 같은 어구를 중첩열거하고 있음을 확실히 알아볼 수 있다. 이런 중첩열거는 어떤 행동을 집약적으로 표현하거나 리듬을 가속화하는 효과가 있고, 일련의 요소들을 열거한 후 마지막에 급격히 추락하는 느낌을 대비시켜 긴장감을 자아내는 효과를 노릴 수도 있다. 또한 여러 개념들을 결합시키거나 이미지들을 병치시키는 효과, 주관적이고 심리적인 기능을 모방하기도 한다.

B

중첩열거와 일반적인 열거의 차이점을 들자면, 열거는 하나의 사실을 여러 각도에서 검토하는 것이어서 반복되거나 나열되는 어구가 의미적 유사성을 갖거나 논리적 연관성을 갖고, 대개 문법적 기능이 같은 어구들이 질서정연하게 나열된 느낌을 주며, 중첩열거보다 나열되는 어구의 수가 적다(일반적으로 3개 이상의 어구가 나열될 때 열거로 본다). 반면에 중첩열거는 대개의 경우 많은 어구들이 뚜렷한 논리적 관계없이 무질서하게 나열되어 일반적인 열거보다 덜 논리적으로 보일 수 있고, 텍스트에 쉼표 같은 특정 문장부호가 대량 사용되어 중첩열거가 나타나는 부분을 즉시 알아볼 수 있다.

중첩열거는 반복, 점층(법), 과장과도 관계가 있다. 의미확대는 형태보다는 생각을 심화하거나 승화하는 방식으로 열거되는 경우이고, 점층은 같은 종류의 사물(또는 행동)을 크기나 정도에 따라 순차적으로 배열하는 것이다. 하나의 생각을 나타내기 위해 의미적으로 밀접한 관련이 있는 어휘들이 중첩열거된 경우 메타볼(어구변환)라고 부르기도 한다.

[김계영]

가치, 과장법, 대구(법)/대칭(법), 메타볼(어구변환), 반복(법), 이미지

지소사

F: diminutive *E:* diminutive *D:* Verkleinerungsform

✵ '작은 ~' 의미나 개념을 나타내는 어법으로 특정한 어휘 형태의 접미사를 의미

A

지소사(指小辭)는 어휘가 가진 원래의 뜻보다 더 작은 뜻이나 개념(소량이나 소형), 혹은 친밀함을 표현하기 위해 사용하는 조어 방법이다. 대개 명사 뒤에 '접사' 또는 '축소접미사', 즉 지소접미사(diminutive suffix)의 형태를 붙여 거의 문법화하여 사용하고 있으며, 이렇게 파생된 어휘를 지소어라 한다.

B

지소어를 표현하는 원형적 형태소 표지는 각 언어마다 다양하게 나타난다. 우리말에서 대표적인 지소사 표지는 '작은', '새끼', '정감(affection)'의 감정을 나타내는 접미사 '—아지'(강아지, 망아지, 송아지), '—앙이'(베짱이, 꼬랑이, 나방이) 따위다. 영어의 지소사 표지는 '-let'(streamlet

실개천, piglet 새끼 돼지), '-ie'(doggie 강아지, birdie 작은새), '-cule'(animalcule 작은 동물), '-ling'(duckling 새끼 오리, princeling 소공자), '-cle'(particle 아주 작은 조각), '-y'(mammy 엄마) 등이 있다. 프랑스어는 '-ette'(maisonette 작은 집, noisette 작은 넓적다리고기), '-on'(chaton 새끼 고양이), '-ot'(goriot 작은 돼지, petiot 더 작은) 등이, 독일어는 '-chen'(Mädchen 소녀), '-lein'(Vöglein 작은 새)가, 그리고 이탈리아어는 '-etto'(canaletto 작은 운하), '-ella'(cinderella 재투성이의 소녀) 등이 있다. 때때로 라틴어 이름 뒤에 지소접미사 '-lus'를 붙여서 새로운 이름을 만들기도 한다. 예를 들면 아우구스툴루스(Augustulus)는 아우구스투스 주니어(Augustus Junior)를 뜻한다.

서양 이름에서 애칭을 부를 때 원래의 이름을 짧게 줄여서 부르는 경우도 지소사라고 한다. 애칭의 지소사를 만드는 방식은 형태의 일부분을 잘라내 버리거나, 그 남아 있는 형태에 지소사를 붙이는 것이다. 영어 이름의 경우 가장 흔한 지소사는 '-y'나 '-ie'다. 이를테면 '엘리자베스(Elizabeth)'는 앞뒤를 잘라내고 '리즈(Liz)'라 부르거나, 뒷부분에 지소사를 붙여 '베티(Betty)'로 부른다. 토머스→톰→토미(Tommie), 수전→수→수지(Susie), 제임스→짐→지미(Jimmy)의 관계도 이와 같다. 지소형 이름은 프랑스어에서도 발견된다. 프랑스어에서는 지소사를 특징화해 주는 사용의 조건들, 즉 정감적 또는 친숙한 문맥에 의지하는 경우도 있다. 예를 들면 영어에서 애칭을 만드는 것처럼 축약(또는 생략)의 형태(Stéphane→Stéphe), 이중의 축약 형태(Joseph→Jojo), 또는 이중으로 이루어진 명사(Jean-Jean) 등이 있다.

C

작거나 불충분한 존재, 대상 또는 자질을 나타내는 지소사의 공통적인 문체 속성은 '새끼(offspring)', '작음(small)', '어리다(young)', '정감(affection)' 등 긍정적인 내용으로 나타나는 것이 대부분이지만, 가끔은 부정적인 ‘경멸(pejorative)’의 의미로 표현되기도 한다. 마르셀 프루스트(Marcel Proust)의 『잃어버린 시간을 찾아서-게르망트 2편』에서 갈라르동(Gallardon) 부인의 이름에 ‘-ette’를 붙여 ‘Gallardonnette’로 부르는 경우와 영어에서 특정한 명사에 ‘-ling’를 붙여 경멸적 의미를 나타낸 지소어 ‘duckling’, ‘princeling’의 경우가 그러하다. 바이이(Ch. Bally)가 정감적 내용(정감성)이라 부르는 이러한 특성은 풍자 또는 찬사의 표현에서 자주 볼 수 있다. 지소접미사의 사용으로 얻어진 지소어는 강조어로 많이 사용된다.

[이종오]

참고문헌

· 이종오, 『문체론』, 살림, 2006.

· Bernd Heine, *Cognitive foundations of grammar*, Oxford University Press, 1997.

· Charles Bally, *Traité de stylistique française,* Klincksieck, 1951.

· Joan Bybee, *Morphology: A Study of the relation between meaning and form*, John Benjamins, 1985.

지시(관계)/지시대상

F: référence/référent *E:* reference/referent *D:* Referenz/Referent

✳ 현실 혹은 상상의 대상을 불문하고, 언어기호가 언어외적 세계 또는 담화세계의 대상을 가리키는 것을 지시라 말하고, 지시에 의해 가리켜지는 대상을 지시대상이라 한다.

A

언어기호는 관념과 음향영상을 결부시키면서(소쉬르의 기호) 동시에 언어외적 현실을 가리킨다. 언어기호는 현실 혹은 상상의 대상을 불문하고, 언어외적 세계 또는 담화세계의 대상을 가리키는 기능을 갖고 있는데, 이것이 바로 언어의 지시기능이다. 지시기능은, 기호를 현실의 대상물과 직접 관계 지우는 것은 아니고, 한 문화의 관념에 따라 느껴지는 세계와 관계 지운다.

지시는 현실의 대상에 대해 행해지는 것이 아니고, 사고의 대상에 대해 행해지는 것이다. 예컨대, 한국어는 무지개를 표현하기 위해 빨강, 주황, 노랑, 초록, 파랑, 남색, 보라라는 일곱 개의 색깔 기호를 사용하는데, 에스키모어 중에는 무지개를 두 개의 색깔 기호로 표시하는 언어가 있다. 즉 무지개라는 태양광선의 스펙트럼을 물리적 실체 그대로 지시하는 것이 아니라 각 문화가 갖고 있는 무지개에 대한 관념에 따라 해당 기호가 그 관념을 지시하는 것이다.

언어기호(기호표현), 언어기호가 연상시키는 기호의미, 언어기호가 가리키는 언어외적 세계의 사물, 이들 셋의 삼각관계를 잘 표현해 주는 것이 오그든(C.K. Ogden)과 리챠즈(I.A. Richards)가 고안한 기호삼각형이다. 기호삼각형에 의하면 언어기호는 사물을 직접 가리키는 것이 아니라 기호내용을 가리키며, 그 기호내용이 지시대상을 가리킨다. 그러므로 기호표현과 지시대상과는 직접적인 관계가 없으며, 기호표현은 기호내용의 중계로 지시대상과 관련을 맺게 되고 그 대상을 대신하는 것이다.

야콥슨에 따르면 이런 지시기능은 언어의 본질적 기능 중 하나로 인간의 커뮤니케이션 과정에서 중요한 역할을 한다. 야콥슨은 커뮤니케이션 행위에 여섯 가지 기능(발신자의 마음 상태를 표현하는 감정적 기능, 수신자에게 어떤 효과를 노리는 능동적인 기능, 전후맥락이나 정보와 관계된 지시적 기능, 의사소통이 약호 자체에 향해져 있는 메타언어적 기능, 접촉에 초점을 두는 친교적 기능, 의사소통이 전언 자체에 초점을 두고 있는 시적 기능)을 부여하고, 상황에 따라 어떤 기능이 다른 기능보다 우세하게 작용하는 경우가 있다고 말한다. 시 언어에서는 시적 기능이 우세하고 보고문에서는 지시적 기능이 우세하다고 볼 수 있겠다.

B

바르트는 지시라는 용어를 달리 사용한다. 그는 텍스트를 관통하는 의미 공간을 형성하는 네트워크를 정의하기 위해 다섯 개의 코드(인간의 행위를 규정하는 '행위 코드', 의미와 해석과 관련된 '해석학적 코드', 인간의 성격 묘사와 관련된 '의미소적 코드', 언어 · 육체 · 성의 관계를 확정하는 '상징 코드', 사회적 지식에 기초하는 '지시적 코드')를 고안해 낸다. 그중 지시적 코드(referential code)는 텍스트 외부에 존재하는 의미를 지시하기 위한 것이다. 작가는 자신의 글을 전개하면서 어느 정도 일반 지식을 독자가 가지고 있을 것으로 전제하고, 독자와 어떤 가치를 공유하기도 한다. 지시적 코드는 실제적 사실뿐만 아니라 공유된 지식이나 가치를 포함한 사회적 이데올로기와 문화적 전형을 가리킨다. 심지어 상징도 지시적 규약에 의존한다. 탄생과 죽음을 암시하기 위해 봄이나 겨울이라는 계절을 사용하거나, 인생을 여행에 비유하는 것은 일반적인 문화 의미를 가정하고 있기 때문이다.

C

지시는 더 넓은 의미로 사용되어 텍스트뿐만 아니라 모든 종류의 상황적 가리킴(designation)을 의미하기도 한다. 대명사는 다른 종류의 직시 단어들처럼 상황 속의 어떤 것을 가리킬 수 있는데, 그것의 의미적 지시는 상황에 따라 변화한다. 텍스트 내에서 '지시'나 '지시하다'라는 용어들은 대명사와 한정사 같은 단어들의 기능을 기술하는 데 편리하게 사용된다. 대명사나 한정사는 같은 텍스트 내에서 확인되는 명사구를 가리키는 데 사용된다. 아래 예에서 '그것'이란 대명사와 '그'라는 한정사는 '어린 양 한 마리'라는 명사구를 가리킨다('아저씨는 '어린 양 한 마리'를 얻어 왔다. '그것'의 양털은 눈처럼 하얗다. 아저씨가 가는 곳마다, '그' 양이 꼭 따라 갔다').

위와 같이 지시는 대명사 또는 한정사, 또 한편으로 전방조응(anaphore)이나 후방조응(cataphore)에 의한 공지시(coreference) 장치를 통해 문장과 문장을 연결함과 동시에 반복을 피하면서 텍스트 내에 일관성을 유지시켜 주는 중요한 수단인 동시에 같은 대상을 다른 표현으로 나타냄으로써 문체에 즉각적인 영향을 주게 된다.

[고광식]

공지시, 기능, 직시, 조응, 후방(역행)조응

참고문헌

· 자콥 메이, 『화용론 개관』, 이성범 역, 한신문화사, 2007.
· 테리 이글턴, 『문학 이론 입문』, 김명환 외 역, 창작과비평사, 2008.

지시사

F: démonstratif *E:* demonstrative *D:* Demonstrativ

✳ 1. 상황 문맥 속에 등장하는 사물이나 사람 들을 손짓, 눈짓, 몸짓 등과 같은 제스처를 동반해 '가리켜 나타내는' 직시적 단어
2. 텍스트 문맥에 등장하는 지시물을 지시하는 하위 문법그룹

Ⓐ

지시사는 담화 속에 등장하는 사물이나 사람 들을 손짓, 눈짓, 몸짓 같은 제스처를 동반해 '가리켜 나타내는' 직시적 단어를 가리킨다. 지시사는

단순히 화제의 생물이나 사물이 기지(旣知)의 사실이라는 점을 나타내기 위해, 또는 텍스트 문맥의 앞이나 뒤에서 언급된 선행사를 지시하기 위해 사용되기도 한다.

지시사에는 영어의 'this, these, that, those', 프랑스어의 'ce, cet, cette, ces, ceci, cela, celui, celle, ceux' 등, 한국어의 '나, 너, 이, 그, 저, 우리, 이 사람, 그 사람, 저 사람, 이것, 그것' 등, 독일어의 'dass, dieser' 등이 포함된다. 영어, 프랑스어, 독일어의 지시사는 대명사나 형용사로 쓰이고, 한국어의 지시사는 대명사, 관형사, 부사로 쓰인다. 영어의 'this', 'that', 프랑스어의 'ceci', 'cela', 독일어의 'dass', 'dieser'는 화자와 대상 사이의 근거리/원거리라는 직시적 의미를 기준으로 사용되고, 한국어의 '이것, 그것, 저것'도 화자, 청자, 대상 사이의 근거리/원거리라는 직시적 의미를 기준으로 사용된다.

지시사는 실제로 눈에 보이는 물리적 문맥에서 제시된 물체(직시적 사용) 및 대화 상황의 언어적 문맥(조응적 사용)에 포함된 담화 지시물을 지시하기 위해 사용된다.

'나는 '<u>이것</u>'이 아닌 '<u>저것</u>'이 마음에 든다'라는 문장이 실제적으로 백화점의 넥타이 코너에서 발화되었다고 가정해 보자. '이것'과 '저것'은 실제 백화점의 넥타이 코너라는 실제적 상황 문맥 속에서 화자에게 가까운 넥타이와 먼 넥타이를 물리적으로 가리키고 있는 것이다. 이렇게 실제적 상황에서 지시체를 가리키는 지시사를 상황조응어(exophora)라 한다.

'영희가 '<u>어떤 책</u>'을 한 권 샀다. 영희는 '<u>그 책</u>'을 열심히 읽었다'라는 문장에서 '그 책'은 앞의 명사구 '어떤 책'을 가리킨다. 이렇게 지시사가 텍스트 문맥에 이미 등장한 명사구를 다시 받을 수도 있는데, 이때의 지시사는 문맥조응어(endophora)라 한다.

지시사가 가리키는 것을 선행사라고 하는데 선행사가 지시사보다 앞에 있으면 전방조응이라 하고, 선행사가 지시사보다 뒤에 있으면 후방조응이라 한다.

B

문학에서도 지시사를 사용하는 기법이 흔히 사용된다. 몇몇 소설은 서두를 대명사로 시작하는 서사적 기법을 사용한다. 독자는 '그 또는 그녀'라는 대명사를 서두에서 읽고는, '그 또는 그녀'가 가리키는 지시체가 존재하는 어떤 소설 세계가 창조되어 있다는 환상을 갖게 된다. 결과적으로 지시사는 더 정확한 정보를 지연시킴으로써 독자에게 긴장감을 불러일으키는 서사적, 문체적 효과를 갖는다. '그는 남자답다. 그는 아름답다. 그는 나를 설레게 한다. 그는 나의 우상이다. 그는 바로 노무현이다' 같은 예문은 '그'를 반복 사용함으로써 청자의 관심을 집중시키는데, 이런 지시사의 반복은 작가의 문체로 간주할 수 있다.

[고광식]

공지시, 문체, 서사, 지시(관계)/지시대상, 직시, 후방(역행)조응

참고문헌

· 김공대, 「프랑스 언어학: 지시사 ceci , cela , ca , ce 의 조응성」, 『한국프랑스학논집』, vol. 37, 2002.
· 제이콥 메이, 『화용론 개관』, 이성범 역, 한신문화사, 2007.
· 조혜선, 「영어지시사의 의미: 의미자질의 확대」, 『현대문법연구』 14권, 현대문법학회, 1998.
· 홍순성, 「조응어와 선행어 -「이, 그, 저」을 중심으로 -」, 『한국학논집』 15권, 계명대 한국학연구원, 1988.
· Michael Alexander Kirkwood Halliday, Ruqaiya Hasan, *Cohesion in English*, Longman, 1976.

지표

F: indice *E:* index *D:* Index

✺ 1. A라는 사상(事象)이 발생하면 반드시 B라는 사상이 따를 때 B를 A의 지표라고 한다. (퍼스의 기호학)

2. 서사 단위의 하나로 주제와 관련된 배경이나 성격 묘사를 제공하는 단위들을 의미한다. (바르트의 구조서사학)

A

퍼스는 기호체와 대상체의 관계에 따라 기호를 세 가지 종류로 나누는데, 도상, 지표, 상징이 바로 그것이다. 도상은 실제 대상과의 유사성이 있는 경우이다. 예를 들면 사진이나 정밀화 등이 이에 해당된다. 지표는 실제 대상과 인접성, 근접성, 인과성의 관계가 있는 경우로 연기는 화재의 지표, 천둥과 번개는 폭풍의 지표, 반점은 홍역과 같은 질병의 지표다. A(화재, 폭풍, 홍역)라는 사상(事象)이 발생하면 반드시 B(연기, 천둥과 번개, 반점)라는 사상이 뒤따를 때 B를 A의 지표라 한다. 지표는 상징과는 다르다. 상징은 실제 대상과 유사성도 인접성도 없는 문화적 자의성을 드러내는 경우로, '언어'가 대표적이다.

발화가 사용되는 맥락, 즉 화자와 청자, 발화 장소, 발화 시간에 의해 의미가 결정되는 자질을 갖고 있는, 영어의 'I', 'you'/ 'here', 'there'/ 'this', 'that'/ 'now', 'then', 'tomorrow' 같은 대명사나 직시적 단어들은, 퍼스에 따르면, 컨텍스트 내에서 어떤 것을 가리키는(손가락 지시 같은) 지표적 표현들이다.

'지표'는 담화분석에도 이용된다. '지표어(mots-indices)' 이론에 따르면, 일정한 사회의 문화적 내지는 정치적 집단의 담화는 집단의 성격을 나타내는 용어에 의해 분류된다. 선생, 학생, 정치선동가, 폭력배 등이 쓰는 담화는 각자가 속한 집단에 따라 용어의 사용이 어느 정도 구분된다는 것이다.

B

지표는 바르트의 서사구조 분석에서 특별한 의미를 갖는다. 바르트는 서사의 구조적 분석에서 서사를 세 층위로 나눈다. 첫째는 기본 층위로서 '기능'의 층위, 둘째는 이보다 상위의 층위로서 '행위'의 층위, 셋째는 최상위 층위로서 서사 그 자체의 층위다.

서사를 구조적으로 읽는다는 것은 서사의 의미가 통합 생성되는 방식을 이해한다는 것이다. 기능이 행위로, 행위가 서사 그 자체로 통합 생성되는 방식이다.

기능이란 이야기의 줄거리가 전개되면서 의미를 형성해 가는 인물의 행위를 정식화한 설명의 틀이다. 이를 프로프는 이야기 서술의 기본 단위로 인식한다. 그런데 바르트(R. Barthes)는 프로프의 기능 개념을 핵 단위(nuciel 혹은 kernels)라고 하는데, 바르트의 설명틀 내에서의 이 핵 단위 개념은 핵 단위들을 연결해 주는 보조 단위 개념을 전제한 것이다.

그리고 바르트는 징조나 정보를 나타내는 것을 지표 단위(indices)라고 따로 정식화한다. 지표 단위는 소설에서 기능 단위를 위성처럼 둘러싸고 분위기를 조성하거나 이야기의 진전에 필요한 정보를 알려주기 위해 선택된 단위들을 가리킨다. 이 지표 단위는 장면을 구체적으로 만드는 '정보소(informants)'와 해독을 필요로 하는 자질과 사실 들인 '고유 지표(indices proper)'로 구성된다. 전자를 정보 단위라 하고 후자를 징조 단위라고 한다. 결국 기능은 핵 단위/보조 단위와 정보 단위/징조 단위 등으로 구성되는 것이다. 하나의 예를 들어보자.

> 나는 몹시 흔들렸다. 내객을 보내고 들어온 아내가 잠든 나를 흔드는 것이다. 나는 눈을 번쩍 뜨고 아내의 얼굴을 쳐다보았다. 아내의 얼굴에는 웃음이 없다.

> 나는 좀 눈을 비비고 아내의 얼굴을 자세히 쳐다보았다. 노기가 눈초리에 떠서 얇은 입술이 바르르 떨린다. 좀처럼 이 노기가 풀리기는 어려울 것 같았다. 나는 그대로 눈을 감아버렸다. 벼락이 내리기를 기다리는 것이다. 그러나 쌔근 하는 숨소리가 나면서 푸시시 아내의 치맛자락 소리가 나고 장지가 여닫히며 아내는 아내 방으로 돌아갔다. 나는 다시 몸을 돌쳐 이불을 뒤집어쓰고는 개구리처럼 엎드리고 엎드려서 배가 고픈 가운데도 오늘 밤의 외출을 또 한 번 후회하였다.
>
> -이상, 「날개」

이 이야기의 기능 단위들은 다음과 같다고 할 수 있을 것이다.

① 아내가 방으로 들어오다.

② 내가 눈을 뜨다.

③ 내가 눈을 감아버리다.

④ 아내가 방을 나가다.

아내를 중심으로 했을 때, 아내의 들어오기-나가기는 이야기의 전개에 있어서 핵심이 되는 단위들이며, 나의 눈뜨기-눈감기는 핵심 단위들을 연결해 주는 보조 단위들이다. 물론 분석되지 않은 단위들 가운데, 아내의 입술 떨림이나 나의 이불 뒤집어쓰기 등도 부차적인 수준에서 보조 단위의 기능을 수행하고 있다. 그런데 '나'를 중심으로 했을 때는 단위의 내용이 역전된다. 이것은 어느 점이 강조되느냐에 따라 각 기능들이 서로 다른 방식으로 명명될 수 있다는 사실을 말해준다.

다음 지표 단위의 경우를 살펴보자. 나의 방, 장지문, 아내의 방 등은 나와 아내가 위아랫방으로 나누어 생활하는 이상한 부부라는 것을 알려주는 정보 단위이며, 내객, 아내의 노기, 쌔근 하는 숨소리, 나의 기다림, 후회 등은 해석을 요하는 징조 단위들이다.

이상 네 개의 단위가 단일한 효과를 내는 하나의 장면을 이룬다고 할 수 있다. 이것을 시퀀스(sequence, 요소연쇄)라고 하는데, 이 연쇄와 연쇄들은 플롯이라는 서술 방법에 의해 전체 작품을 구성한다.

[고광식]

기능, 도상/도상성, 상징, 서사, 직시, 플롯, 행위

참고문헌

· 강미정, 「디지털미디어와 지표적 지시」, 『기호학 연구』 27권, 2010.
· 그레이엄 앨런, 『문제적 텍스트, 롤랑바르트』, 송은영 역, 앨피, 2010.
· 이동성, 「기호와 사물 그리고 존재-기호의 존재론적 의미-」, 『동서언론』 제12집, 2009.
· 이윤희, 「퍼스 기호학적 접근으로 본 서사적 커뮤니케이션」, 『기호학 연구』 25권, 2009.
· 한용환, 『소설학 사전』, 문예출판사, 1999.

직시

F: déictique *E:* deictic *D:* Deixis

1. 언어적 발화에서 직접적으로 상황을 지시하는 요소
2. 발화의 문맥 자질들이 언어의 어휘적 또는 문법적 수단에 의해 표현되는 현상

A

직시란 '보여주다' 혹은 '가리키다'를 의미하는 그리스 단어 '딕딕케스(δεικτικές)'로부터 유래되었다. 화용론 및 의미론 그리고 커뮤니케이션 이론에서 직시는 '담화와 담화가 사용되는 상황 사이의 연결'과 관련해 연구된다. 특히 언어적 발화에서 직접적으로 상황을 지시하는 요소를 나타내는 데 사용된다. 발화의 문맥 자질들이 언어의 어휘적 또는 문법적 수단에 의해 표현되는 현상으로 정의할 수 있다. 좀 더 쉽게 말하면 직시는 '길거리 이정표'와 같은 역할을 한다. 이정표를 통해 가고자 하는 방향

을 정하고 갈 목표에 대한 거리를 가늠할 수 있다. 화용론에서 직시는 의미 탐색을 위한 이정표로, 대상을 분류하기 위한 기준이 되거나 사건을 푸는 실마리가 될 수 있다.

B

직시의 전통적 범주는 인물(혹은 인칭), 장소, 시간이다. 라이언스(J. Lyons)와 필모어(C.J. Fillmore)는 이런 전통적 범주에 담화적 직시와 사회적 직시를 추가한다. 사위와 장인, 장인 친구, 장모 사이에 벌어지는 대화를 통해 직시의 범주를 살펴보자.

① 사위: 오늘 어디 다녀오셨어요?
② 장인: 응 우리 영암에 갔다 왔어. 내려갈 때는 기차, 올라올 때는 버스 탔어.
③ 사위: 거기서 무슨 일이 있었어요?
④ 장인: F1 자동차 경주대회가 있었어. 아주 멋진 구경거리였고 재미난 여행이었어.
⑤ 사위: 그래요! 다음 주 토요일에도 합니까? 저도 봐야 하는데.
⑥ 장인: 아니, 끝나버렸어. 내년에 할 거야.
⑦ 장모: 당신은 뭐가 재미있었다고 해요. 그걸 하느라 돈만 들었지.
⑧ 장인 친구: 뭐, 그냥 해본 소리겠지.

시간적 직시를 나타내는 표지는 ①의 ‘오늘’, ②의 과거시제형 동사 ‘갔다 오다’, ⑤의 ‘다음 주 토요일’, ⑥의 ‘내년’이 해당된다. 그러나 이러한 시간적 직시는 어떤 절대적인 가치를 가지고 있지는 않다. 지시점을 결정하는 직시 중심을 알려면 직시적 문맥에 대한 정보가 필요하다. 따라서 언급된 직시 표현들은 매우 명백해 보일지라도 말할 때의 시간에 대한 정보가 없다면 정확히 어느 때인지 알 수 없다.

공간적 직시는 발화 사건 참여자들의 위치에 비례해 공간상의 위치를 명시하는 것과 관련된다. ①의 ‘다녀오셨어요’, ②의 ‘내려가다’, ‘올라오다’, ‘영암’ 등, ③의 ‘거기’에 의해 공간직시가 나타난다. 그런데 이런 표현들 역시 말하는 순간의 직시 중심과 실제 세계에 대한 배경지식이 없으면 직시 표현의 의미를 정확히 알 수 없다.

담화적 직시는 어떤 발화 내에서 동일 담화상에 존재하는 선행발화 혹은 후행발화를 가리키기 위해 언어 표현을 사용하는 것과 관련한다. ③의 '거기'는 ②의 '영암'을, ⑦의 '그걸'은 '영암에서 F1 자동차 경주대회를 본 것'을, ⑧의 '그냥 해본 소리겠지'는 ④의 '멋진 구경거리였고 재미난 여행이었어'를 가리키는데, 이런 표현들이 이에 해당한다. 우리가 책이나 논문에서 '이 글은 직시에 관한 것이다'라는 문장을 보았을 때 '이 글'은 바로 담화상에서 진행되거나 또 나올 지시체를 가리키는 담화직시 표현이다.

담화적 직시는 선행 또는 후행 문장이나 구를 대신하는 직시 표현이 때로는 길게, 때로는 짧게, 때로는 은유적으로 사용됨으로써 문체에 영향을 미친다.

사회적 직시는 화자, 청자 또는 지시되는 개체나 제3자 등이 사회적 지위와 그들 간에 맺고 있는 사회적 관계 등을 드러내는 표현이다. 사회적 직시는 특히 인칭직시와 밀접히 연관되어 있다. 일대일 의사소통은 사회적 행위자들의 인칭을 포함하는데, 일인칭, 이인칭(혹은 수신인), 삼인칭(혹은 다른 사람들)이 있다. 예문에는 세 개의 인칭 모두 활성화되어 있다. ①에서 생략된 '장인어른', ②에서 '우리(장인과 장모)', ⑤에서 '저', ⑦에서 '당신', ⑧에서 생략된 '저 친구'가 이에 해당한다.

사회적 직시는 위의 예문처럼 장인과 사위의 관계, 장인과 장인 친구의 관계, 장인과 장모의 관계에서 어법의 차이를 유발시킴으로써 문체에 즉각적인 변화를 가져온다. 사회적 친소관계나 존경을 표시하는 데 차이를 두는 프랑스어의 이인칭 'vous'와 'tu'도 이에 해당한다. 달리 말해 이런 직시적 요소들이 실재 언어행위를 문맥화하고 때로 재문맥화하기 때문에 드라마, 시, 소설에서 새로운 담화 세계가 열린다.

[고광식]

화용론

참고문헌

· 송경숙, 『담화화용론』, 한국문화사, 2003.
· 얀 후앙, 『화용론』, 이해윤 역, 한국외대출판부, 2009.

직유(법)

F: comparaison *E:* simile *D:* Vergleich

✳ 1. 하나의 대상을 유사한 속성의 다른 대상과 직접적으로 비교하여 표현하는 수사법
2. 원관념과 보조관념을 '~처럼', '~ 같은', '~듯이' 따위의 연결어로 직접 결합하여 비유하는 문채

Ⓐ

인류의 가장 오래된 기본적인 수사법이다. '~처럼'을 뜻하는 라틴어 'similis(like)'를 어원으로 하는 직유는 '하나의 대상을 유사한 속성의 다른 대상과 직접적으로 비교하여 표현하는 수사법'이다. 따라서 아리스토텔레스가 직유와 은유 간에는 큰 차이가 없다고 밝혔듯, 예로부터 직유는 유사한 두 대상을 간접적으로 비교하여 표현하는 은유와 줄곧 상관적으로 논의되어 왔다. 단적인 예로, 상당수의 이론가들이 은유를 직유의 압축된 형식으로 간주해 왔다. 가령, '그녀는 장미처럼 아름답다'라는 직유를 압축하면 '그녀는 장미다'라는 함축적인 은유가 된다는 것이다.

B

암시적인 비유법인 은유와 달리 직유는 두 대상을 명시적인 연결어를 사용해 직접적으로 비교하여 표현한다. 다시 말해 (비유되는 본래의 대상을 원관념, 비유하는 다른 대상을 보조관념이라 할 때) 직유는 '원관념과 보조관념을 '~처럼', '~ 같은', '~듯이' 따위의 연결어로 직접 결합하여 비유하는 문채'다.

직유는 은유와 마찬가지로 유사성을 지닌 두 표상 간의 결합으로 비교의 양식이지만, 은유와 달리 원관념과 보조관념이 비교를 나타내는 연결어를 통해 직접 결합되므로 명시적이고 단정적인 서술이라고 할 수 있다. 예컨대 '그녀는 장미다'라는 식의 함축적인 은유에 비해 '그녀는 장미처럼 아름답다'라는 식의 직유는 장미의 '가시 돋친', '향기로운', '아름다운' 등의 여러 속성 중 '아름다운' 속성을 직접적으로 명시함으로써 원관념과 보조관념의 의미관계를 단정적으로 한정한다. 은유는 연결어를 통한 구체적인 비유 없이 원관념을 보조관념과 암묵적으로 동일화해 간접적으로 암시하기 때문에 두 관념 간의 의미전이는 비약적이고 모호하여 여러 의미가 압축된 다의적 효과를 자아낸다. 이에 반해 직유는 원관념과 보조관념 간의 의미관계를 연결어를 통해 명시적으로 표현함으로써 두 관념 간의 유사성을 강조하거나 심지어는 강제적으로 호소한다. 따라서 직유는 작가의 사상을 선명하고 강하게 전달하는 효과를 낳을 수 있다.

C

직유는 추상적이지 않고 구체적이기 때문에 고대로부터 현대에 이르기까지 극히 단순하고 초보적인 수사법으로 간주되어 왔다. 하지만 직유 역시 그리 단순하지만은 않다. 비교를 명시하는 연결어로 결합된 표현이라고 무조건 직유가 되는 것은 아니다. 예컨대 '내게 그녀처럼 소중한 사람은 없다'라는 표현은 직유로 보기 어렵다. 왜냐하면 '그녀'와 '사람'은 유사성보다는 동어반복 관계에 있기 때문이다. 또한 '깃 같은 바람'도 유효한 직유라고 할 수 없다. 깃과 바람 간에 어떤 일정한 유사성을 찾기 어렵기 때문이다. '깃털 같은 바람'으로 바꿔야 가볍고 사뿐한 바람이라는 비유적 의미관계가 성립이 된다. 이처럼 직유는 항상 유사성의 관계로 결합되어야 한다.

그리고 직유는 유사성이 암시적이기보다 명시적인 까닭에 함축적이고 긴장된 효과는 약하지만 B항에서 기술했듯이 선명하고 강한 의미전달 효과를 지닌다. 일반적으로 은유에 비해 직유를 시적인 비유 효과가 미약한 단순한 수사법으로 간주하지만, 작가가 의도하는 바에 따라 은유가 효과적일 수도, 직유가 효과적일 수도 있다. 문체의 효과는 대상과 목적에 따라 상대적이기 때문이다.

D

직유는 일반적으로 대상적 직유와 정황적 직유로 구분된다. 대상적 직유는 '그녀는 장미처럼 아름답다'와 같이 원관념이 보조관념의 일정한 대상으로 나타나는 경우를 말한다. 그리고 정황적 직유는 「별 헤는 밤」의 유명한 구절 "내 이름자 묻힌 언덕 위에도/ 자랑처럼 풀이 무성할 거외다"와 같이 풀의 무성한 정황을 자랑에 비유하는, 즉 원관념이 보조관념의 일정한 정황으로 나타나는 묘사적인 비유의 경우를 일컫는다.

[류은영]

묘사(기술記述), 서술, 은유

참고문헌

· 아리스토텔레스 외, 『시학』, 천병희 역, 문예출판사, 2002.
· Christine Brooke-Rose, *A Grammar of metaphor*, Secker and Warburg, 1958.

· Geoffrey N. Leech, Mick H. Short, *Style in fiction*, Longman, 1981.
· Philip Wheelwright, *Metaphor and reality*, Indiana University Press, 1962.
· Raymond W. Gibbs, Jr., *The Poetics of mind: Figurative thought, language and understanding*, Cambridge University Press, 1994.

진실임직함

F: vraisemblance *E:* verisimilitude *D:* Wahrscheinlichkeit

✻ 서사의 여러 측면에서 그 서사가 실제 현실과 흡사한 느낌을 주는 것

Ⓐ

핍진성(逼眞性, 사정이나 표현이 진실하여 거짓이 없음)이라고도 하며, 현실과의 일체감이나 사실감을 뜻하는 진실(사실)임직함에 대한 이론가들의 추론적 형식은 모두 아리스토텔레스의 『시학』 제9장의 다음 구문에 그 기원을 둔다.

> 시인의 임무는 실제로 일어난 일을 이야기하는 데 있는 것이 아니라 일어날 법한 일, 즉 개연적으로 또는 필연적으로 가능한 일을 이야기하는 데 있다는 사실이다. 역사가와 시인의 차이점은 […] 한쪽은 실제로 일어난 일을 이야기하고 다른 한쪽은 일어날 법한 일을 이야기한다는 점에 있다. 따라서 시는 역사보다 더 철학적이고 중요하다. 왜냐하면 시는 보편적인 것을 말하는 경향이 더 많고 역사는 개별적인 것을 말하기 때문이다. 보편적인 것을 말한다 함은 이러이러한 성질의 인간은 개연적으로 또는 필연적으로 이러이러한 것을 말하거나 행하게 될 것이라고 말하는 것을 의미한다. 비록 시가 등장인물들에게 개별적인 이름을 붙인다 하더라도 시가 추구하는 것은 보편적인 것이다.

아리스토텔레스의 말처럼 진실임직함이란 '실제 있었던 일'이 아니라 '있을 법한 일'과 관련이 있다. 가공적이지만 믿을 만한 일과 관련이 있다

는 것이다. 따라서 허구, 현실의 모방, 수용의 문제, 믿을 만한 것 등과 관련된다.

B

진실임직함은 17세기에 연극 장르에서 아주 중요한 문제로 대두되는데, 르 시드(Le Cid, 1637) 논쟁 이후 프랑스 고전주의 연극의 주요 규칙으로 자리 잡는다. 샤플랭(J. Chapelain)은 코르네유(P. Corneille)가 선택한 주제, 즉 쉬멘이 자신의 아버지를 죽인 원수의 아들 로드리그와 결혼한다는 것이 설령 역사적 사실일 수 있을지라도 진실임직하지 못하다고 해서 그를 비난한다. 이 경우 진실임직함은 그 시대의 사회를 지배하는 도덕규범, 여론, 관습에 의해 좌우된다. 이는, 어떤 서사물을 인위적으로 가능하거나 있을 법한 것으로 인식하는 것은 특정 문화 관습을 자연화함(naturalizing)으로써 가능해진다고 말하는 구조주의 비평가들의 주장과 일맥상통한다.

낭만주의 작가들은 고전주의 문학의 미학 규칙이 상상력을 고갈시킨다고 판단하여 그 구속에서 벗어난다. 그들은 초자연적이고 불가사의한 것, 환상적인 것, 괴기스러운 것, 추한 것 등에 흥미를 가지며, 유령이나 죽은 자의 부활 같은 비이성적인 것과 광기나 과격한 감정 같은 비정상적이고 과도한 것을 작품 속에 자유롭게 도입한다.

사실주의 및 자연주의 작가들은 진실임직함보다 진실에 더 가치를 부여한다. 그들은 진실, 즉 세계를 있는 그대로 보여준다는 명목하에 반도덕주의를 정당화한다. 고전주의 문학의 미학 개념과 비교할 때 사실주의 및 자연주의 문학은 진실임직하지 않음(invraisemblance)의 글쓰기로 이해된다. 이야기가 '그럴듯'해야 한다는 주장과 이야기가 '사실적'이어야 한다는 주장을 혼동해서는 안 된다. 후자는 사실주의 소설을 가리키기 때문이다.

20세기에 사로트(N. Sarraute)와 로브그리예(A. Robbe-Grillet) 같은 누보로망 작가의 작품들 또한 작품의 미적 가치와 도덕적 가치를 연계시키는 입장을 견지하는 비평가들로부터 비판을 받는다. 역시 고전주의 문학의 진실임직함의 작위성을 비난한다. 신비평 논쟁(1963~1966)에서 바르트는 피카르(R. Picard)를 중심으로 옹호된 진실임직함에 바탕을 두는 비평을 비난한다.

C

주네트는 「진실임직함과 동기부여(Vraisemblance et motivation)」에서 서사물에 요구되는 사실적인 신빙성을 지칭하기 위해 이 용어를 사용한다. 그는 진실임직함의 바탕을 이루는 것으로 여론, 상식의 이데올로기, 아리스토텔레스적인 상투어구, 혹은 토포스를 들고 있다.

진실임직함을 높이기 위해 가장 보편적으로 사용되는 소설적 장치로는 동기부여(motivation)와 세부묘사를 들 수 있다. 동기부여는 그럴듯하지 않은 요소를 그럴듯하게 만드는 방식이며, 근대 사실주의 이후에 두드러진 자세하고 사실적인 세부묘사는 이야기에 보다 사실감을 부여한다. 그러나 사실감이 현실과 꼭 같음을 의미하는 것은 물론 아니다.

컬러(J. Culler)는 『구조주의 시학』에서 진실임직함을 이루는 관습적 요소들의 단계를 다음과 같이 제시한다. 첫째, 가장 기본적인 물리적 요소로서 현실 세계와 삶에서 직접적으로 취해진 것. 둘째, 문화적 진실임직함으로써 한 사회에서 보편적으로 받아들여지는 상투화된 문화적 관습, 또는 인과적인 필연성을 갖춘 행위나 지식들. 셋째, 우리가 허구적인 이야기를 자연화해서 믿을 만한 것으로 받아들이게 하는 관습화된 문학적 관습. 넷째, 작가가 서사물에서 사용되는 장치들의 인위성을 명백히 드러냄으로써 관습으로부터 이탈되어 진실임직함에 이르는 공간을 마련하는 것(보통 이와 같은 과정을 통해 발생하는 효과는 문학적 관습들에 대한 패러디다). 다섯째, 아이러니와 패러독스의 복합적 텍스트와 상호텍스트성.

[김중현]

동기부여, 디에게시스, 모방, 묘사(기술記述), 미메시스, 사실주의, 상호텍스트성, 아이러니, 텍스트, 토포스, 패러디, 픽션(허구), 행위

참고문헌

· 방 티겜, 『불문학사조 12장』, 민희식 역, 문학사상사, 1981.
· 아리스토텔레스, 『시학/정치학』, 천병희 역, 삼성출판사, 1982.
· 오탁번, 이남호, 『서사문학의 이해』, 고려대출판부, 1999.
· 시모어 채트먼, 『이야기와 담론』, 한용환 역, 푸른 사상, 2006.
· Jonathan Culler, *Structuralism poetics: Structuralism, linguistics and the study of literature*, Routeledge, 1975.

ㅊ

차연(差延)

F: différance *E:* différance *D:* Différance

✳ 공간적인 차이와 시간적인 지연을 함께 나타내기 위해 데리다가 만든 신조어

A

데리다가 만들어 낸 신조어로, 해체라는 글읽기와 글쓰기의 방식을 가능하게 하는 것이다. 데리다는 「차연(différance)」이라는 글에서 '디페랑스(différance)'라는 용어에 대해 설명한다. 라틴어 '디페레(differre)'에서 온 프랑스어 동사 '디페레(différer)'는 '차이나다'와 '지연시키다'라는 다른 두 개의 뜻을 갖고 있다. 그런데 명사형 '디페랑스(différence)'에는 '차이'라는 뜻만 있다. 공간적인 '차이'와 시간적인 '지연'을 함께 나타내기 위해 'différence'의 가운데 철자 'e'를 'a'로 바꾼 신조어가 바로 'différance'다.

이렇게 보면 일반적인 의미에서의 '차이'와 '차연'은 구분되며, 차이는 차연의 한 계기를 이루게 된다. 차이가 일종의 공간화의 전략으로써 타자와의 관계 속에서 자신을 무한히 관계지우고 그 속에서 잠정적으로 자신의 의미를 드러내는 활동이라면, 차연의 계기를 이루는 시간적 지연은 그러한 잠정적 의미의 고정화를 언제든지 파괴할 수 있다.

데리다는 차연의 특성을 다음과 같이 함축적으로 설명한다. 첫째, 연기, 위임, 유예, 이송, 우회, 지연, 유보 등의 방식으로 지연시키는 과정의 능

동적이면서도 수동적인 운동이다. 둘째, 모든 개별자들을 생산하며 차이나게 하는 운동이라는 점에서 언어를 특징짓는 개념들의 모든 이항대립의 공통적인 근원이다. 셋째, 차연은 소쉬르부터 시작된 언어학 및 그것을 모델로 삼은 구조주의적 사유에서 모든 의미와 구조의 조건으로 인식되던 차이와 차별성을 생산하는 힘이다. 넷째, 서양의 언어 속에서 아직 존재와 존재자의 차이로 드러나지 않던 차이로, 다시 말해 존재-존재론적 차이가 펼쳐지는 과정이다.

이처럼 차연은 시간적이며 공간적인 차이가 생산되는 능동적이고 수동적인 운동이며, 부재하는 것들이 현재적인 것을 낳거나 거두어 가는 움직임을 가리킨다고 할 수 있다. 여기서 데리다가 생각하는 차연이라는 운동을 이해하는 관건은 그 운동의 '능동적이면서 수동적'인 성격이다. 차연이 존재하는 모든 것의 지반(地盤)인 시공간적인 차이를 생산하는 운동이라는 점에서 능동적인 것이지만, 차연이라는 운동이 지닌 힘 또한 차이성의 효과이기도 하기 때문에 수동적인 성격도 갖는다. 그러므로 차연은 능동적이면서도 수동적인 운동이다.

차연의 특성이 이렇다면, 어떤 기호의 생산, 더 나아가서 텍스트의 생산까지도 차연 없이 불가능하고, 또한 텍스트 내의 모든 기호에 내재된 차연의 운동에 의해 해체가 작동되는 것이다. 차연의 운동은 무엇보다도 기호의 운동이 거대한 이념과 정신에 종속되는 것이 아니라, 오히려 작은 기호의 운동들이 그 거대 이념과 정신을 항구적으로 전복시킨다는 것을 뜻한다. 특히 텍스트 내에서 주변적이고 부차적인 것으로 간주될 수 있는 기호의 움직임은 이분법적 도식 및 사유까지도 전복의 효과를 창출한다. 전통적인 형이상학은 이분법을 바탕으로 자체 내에 위계질서를 구축하면서 진리를 생산하지만, 해체론은 이분법에 내재된 차연의 운동을 직시함으로써 위계질서가 언제나 전복될 수 있음을 강조한다.

B

차연 운동에 의한 대립의 해체가 문학과 문예학에 가져온 결과는 다음과 같다.

차연 운동은 예컨대 알레고리와 상징, 은유와 환유 같은 개념쌍에 놓인 경계선을 허물어뜨린다. 일반적으로 알레고리는 시공간적으로 제한된 역사적인 속성을 담고 있고, 반면에 상징은 시공간적 제약을 뛰어넘는 초역사적이고 영원한 의미를 지닌다고 해석된다. 그러나 기호와 개념에 내재한 차연을 세심히 읽을 경우 그 같은 구분은 매우 모호해진다. 예컨대 우리가 초역사적인 의미를 부여하는 상징체계가 역사적으로 한정될 수밖에 없는 알레고리의 속성을 띤다고 볼 수 있다.

은유와 환유의 경우 야콥슨의 개념 규정에 의하면, 은유는 '유사성'을, 환유는 '인접성'의 특징을 띤다. 일반적으로 문학 이론의 기본지식으로 설정된 그와 같은 구분은 해체론의 시각에서는 의문시된다. 예컨대 니체는 『비극의 탄생』에서 아폴로적 예술 충동과 디오니소스적 예술 충동을 구체화하기 위해 다양한 비유군을 사용하는데, 그 비유군을 세심하게 분석한 드 만(P. de Man)에 의하면 유사성을 기초로 하는 은유가 때로는 '맹목적인 환유'로 변한다는 것이다.

차연의 운동은 장르를 획일적으로 구분하는 행위나 문학과 철학, 문학과 문예학 등의 학문 분과의 엄격한 구분 행위까지도 흔들어 놓는다. 해체론적 시각에서 가령 허구와 자서전의 구별은 양극이 아니라 미결정적인 것으로 파악된다. 그것은 자서전도 허구로 읽힐 수 있는 많은 가능성을 내포하고, 역으로 허구도 자서전적 요소를 다분히 담고 있기 때문이다. 또 해체론의 시각에서 보면 문학과 철학의 경계선도 무너진다. 철학을 포함한 모든 텍스트가 끊임없는 의미 만들기의 과정에 있는 '흔적 구조'일 뿐이고 모든 언어가 단지 '메타포'에 불과하다면, 철학적 진리와 문학적 허구 사이의 구분 자체가 무의미한 것이 되기 때문이다. 또한 문학과 문예학의 구분도 환상으로 파악되는데, 문예학도 문학처럼 적지 않게 수사적인 비유에 의존하고 있기 때문이다.

[문재은]

상징, 알레고리, 은유, 이항대립(론),
텍스트, 해체(해체구성, 해체론), 환유

참고문헌

· 박원재, 「도와 차연」, 『동서비교문학저널』 제6호, 한국동서비교문학학회, 2002.
· 자크 데리다, 『그라마톨로지에 대하여』, 김웅권 역, 동문선, 2004.
· __________, 『데리다 읽기』, 이성원 엮음, 문학과지성사, 2002.
· __________, 『입장들』, 박성창 편역, 솔, 1992.
· __________, 『해체』, 김보현 역, 문예출판사, 1996.
· 장정렬, 『매혹과 저항』, 서울대학교출판부, 2007.
· 최문규, 『문학 이론과 현실 인식』, 문학동네, 2000.
· Jacques Derrida, "Différance", *Marges de la philosophie*, Les Editions de minuit, 1972.

차용어

F: mot emprunté　　*E:* loanword　　*D:* Lehnwort

✻ **한 언어 체계에 있는 단어가 다른 언어 체계에 동화 또는 이입되어 사용되는 어휘**

A

한 언어에 있는 단어가 다른 언어에 이입되어 그대로 쓰일 때 그 단어를 차용어라고 한다. 이때 차용하는 언어인 외국어를 근원어 또는 출발언어(source language)라 하고 받아들이는 언어를 목표어 또는 도착언어(target language)라 한다.

차용어는 사용되는 정도에 따라 귀화어(歸化語, 다른 언어에서 들어온 뒤 완전히 동화되어 자국어처럼 된 낱말. '고무'는 프랑스어 '곰므 Gomme', '남포'는 영어 '램프Lamp', '가방'은 중국어 '캬반(來板)'에서 귀화한 어휘다. 외래어(다른 언어에서 들어온 뒤 마치 자국어처럼 토착화되어 표준어로 사용되기는 하지만, 완전히 편입되지도 않고 동화되지도 않은 형태의 낱말. '버스', '택시', '모니터' 등), 외국어 등으로 나뉜다. 또 차용한 외국어에 따라 중국어 차용어, 영어 차용어, 프랑스어 차용어, 일본어 차용어 등으로 나뉜다. 이 가운데 영어 차용어(E-mail, data, upgrade, Sars 등)의 수가 가장 많다.

B

차용은 대부분 어휘상의 차용에 의해 이루어진다. 차용어의 차용 방식은 특히 전문어에서 언어 접촉을 통해 두 가지 형태로 나타난다. ① Computer(영) - Ordinateur(프)와 같이 목표어에 유사 동의어 어휘소가 존재할 때의 차용 방식, ② Marketing, Trend, Software, CD-ROM 등과 같이 새로운 발명품에 대해 아직 명칭이 존재하지 않아서 목표어에는 일치되는 어휘가 없는 새로운 어휘소의 차용 방식.

C

차용어가 차용되는 경로는 다음과 같은 기준에 의해 나누어 볼 수 있다.

① 언어 수행자 간의 접촉 여부에 따른 직접차용(무역이나 여행을 통한 차용)과 간접차용, 문헌상의 차용(학술저서나 국제적인 학술연구 내지 대중문학에 의해 외래 어휘가 유입되는 경우)으로 나눌 수 있다. 후자의

경우에는 중세 기사의 모험소설이나 전설문학('Gral 성배(聖杯)', 'Phoenix 불사조'), 성경('Palm 종려, 야자', 'Balsam 향유')을 통해 차용되는 어휘들이 있다.

② 차용된 어휘가 직접 차용되었는가 아니면 제3국을 통해 유입되었는가에 따라 직접차용과 중개차용(간접차용)으로 나눌 수 있다. 직접차용(예를 들어 'Paris Baguette'는 영어를 거치지 않고 직접 프랑스어에서 차용)은 사물의 차용이나 문헌상의 차용 또는 접촉에 의한 차용을 통해 이루어질 수 있다. 중개차용은 어휘가 다른 나라를 거쳐 중개되는 것을 말하며, 외래 어휘들이 이 범주에 속한다. 예를 들면, '함바꾸스데끼(hamburg steak)', '마후라(muffler)', '아빠또(apartment)', '엑기스(extract)' 등이 일본어식 발음을 통해 다시 한국어에 그대로 차용된 어휘들이다. 중개차용에 해당하는 특수한 유형으로는 역차용을 들 수 있다. 역차용은 자국 어휘가 다른 나라로 유입되었다가 다시 차용되어 돌아오는 것을 뜻한다. 물론 역차용 될 때는 의미 변화가 수반될 수 있다. 예를 들면, 프랑스어에서 차용된 어휘 'Salon(살롱, 응접실)'은 원래 독일어 'Saal(홀, 넓은 방)'에서, 'Balkon(발코니)'은 'Balken(각목, 들보)'에서 변형되어 차용된 것이다.

D

단어의 개념 분화는 어휘 차용의 가장 중요한 동기가 된다. 새로운 사물이나 개념 중에는 그것을 가리키는 외래 어휘를 사용해야만 표현할 수 있는 경우가 있다. 이 경우에는 외래 어휘가 수용되면서 자국어에서는 그 의미가 제한되거나 반대로 확대된다. 예를 들면, 영어에서 'Slip'은 '속옷'을 뜻하는 데 반해, 독일어에서는 '여성, 남성, 어린이용 팬티'를 뜻한다. 마찬가지로 'Job'은 'Arbeit'와 다르다. 우리말에 차용된 '아르바이트'는 '학생이나 직업인 등이 돈을 벌기 위해서 학업이나 본업 이외에 부업으로 하는 일'이란 의미로 제한하여 사용하지만, 독일어에서 'Arbeit'는 '일, 작업, 연구', '직업, 업무' 등 여러 가지 의미로 폭넓게 사용된다.

[이종오]

혼성(어)

참고문헌

- 남성우, 『통번역의 이해와 수행』, 한국문화사, 2006.
- 박갑수, 『우리말 바로 써야 한다』, 집문당, 1995.
- 서재원, 『바로 쓰는 우리말 아름다운 우리말』, 한길사, 1992.
- Alain Rey, *La Lexicologie, lectures,* Klincksieck, 1970.
- Louis Guilbert, *La Créativité lexicale,* Larousse, 1975.

초독자

F: archilecteur *E:* super reader *D:* Superleser

✺ 1. **단순하게 읽는 독자의 기존 의미와 달리, 텍스트의 의미 구축 작업에 직접 참여하는 독자로서 시인, 비평가, 번역가, 학생 등과 같은 문체 제보자를 뜻한다.**
2. **독자 반응 비평의 방법론적 장치**

Ⓐ

초독자(super reader)의 개념은 리파테르가 제시한 독서이론의 가설적 성격을 띤 문체 분석의 기준으로, 1970~1980년대 미국에서 성행하던 독자 반응 비평이론의 개념 가운데 하나다.

리파테르는 논문 「시적 구조에 대하여: 보들레르의 '고양이'에 대한 두 가지 접근법」(1966)에서 독자의 반응에 토대를 두는 자기 방식의 새로운 시학을 강조하면서 이 개념을 등장시킨다. 그는 독서이론에서 독자의 기능을 인정하기는 하나 독자의 수용 기능보다 여전히 텍스트의 기능을 더 강조한다. 독자가 텍스트를 읽고 어떤 문학적 의미를 깨닫게 되는 것은, 그 의미가 이미 텍스트의 언의 속에 내재되어 있기 때문이며, 독자가 그 의미를 생산하는 것은 아니라는 것이다.

리파테르는 독자의 주관성을 띠는 미적 가치의 요소나 문학적 의미 생산에 관여하는 텍스트의 양상을 설명하기 위해 초독자라는 분석도구를 사용한다. 초독자는 텍스트의 의미 구축 작업에 직접 참여하는 독자이며, 단순하게 읽는다는 독자의 의미와는 달리 텍스트의 의미를 재생산한다는 의미에서 기존의 독자 개념을 초월한 독자이기도 하다.

독자의 위치가 상향조정된 초독자는 텍스트가 환기하는 문학적 의미와 미적 가치를 지향하는 이상적이고 세련된 독자이며, 이러한 독자를 통해 문학 텍스트를 가장 정확하고 객관적으로 분석 또는 해석할 수 있다는 것이다.

B

독서에서 리파테르가 주목하는 문체적 대조와 수렴의 두 개념은 '중간(평균)독자(average reader, 이 개념은 중간층의 독자란 개념이 아니라, 독자 혹은 비평가를 뜻한다)'에 의해 포착된다. 텍스트의 인지는 문체 연구가에 의해서 이루어지는 것이 아니라, 한 사람 혹은 여러 사람의 편견 없는 평균독자에 의해서 이루어진다. 자극과 반응을 기초로 하는 행동주의적 의미 파악의 주체인 독자는 후에 재구성되어 초독자라는 이름으로 대체된다.

리파테르가 창안한 방법론적 장치로써 초독자는 본질적으로 문체의 제보자들(informant)-독자, 시인, 비평가, 번역가, 학생 등-이 텍스트에 보이는 반응(문체적 자극, 문체적 의도)의 총체를 일컫는다. 이 문체 장치는 비언어적 기능을 가진 여러 특징 가운데서 메시지의 문체적 자질이나 자극 들을 가려내는 역할을 한다. 리파테르는 이러한 문체적 자극, 즉 문체적 일탈을 찾아내기 위해 발견적(heuristic) 요소로서 초독자를 개입시키는데, 이 과정에서 나타나는 초독자의 문체 반응을 문체 연구자가 분석하고 해석한다. 또한 초독자는 문체적 자극의 유용성을 규명하는 임무를 맡은 해석적 장치나 발견적 과정에 해당하기 때문에 텍스트에 문체 장치들을 위치시키는 데 쓰이며, 언어분석은 이 장치들의 구조를 설명하는 임무를 띤다.

C

리파테르가 「문체 분석의 기준」(1959)에서 "초독자의 반응이 아무런 맥락적 대조도 가지고 있지 않다면 [...] 우리는 텍스트에 대한 초독자의 지나친 반응이나 잘못이 있을 수 있다는 사실을 가정할 수 있다"고 언급했듯이, 텍스트 실제 분석에서 초독자는 맥락 내에서 대조적 요소들을 객관적 준거로 삼는 경향이 있다. 따라서 문체 현상의 제보자인 초독자의 반응보다 맥락 내에서의 대조가 더 우선된다. 환언하면, 문체 자극의 확인 과정에서는 문맥적 대조라는 언어구조의 분석이 우선이며, 그 다음이 초독자의 반응이다. 이런 의미에서 객관적 언어 자료와 그것에 의한 언어분석은 반응의 주관적 자료보다 우선한다.

이렇듯 리파테르가 구조주의 언어학(의사소통 기능)에 의한 분석 방법들을 사용하여 문체이론을 확립하고자 하는 이유는 바로 "문체론적 현상들은 언어(활동)로부터 파악되기 때문이다"(1959). 리파테르가 자신의 문체론에서 강조한 구조주의 독서에는 텍스트의 수직적 기호론적 양상, 특히 텍스트의 심층에 있는 실제 요소인 구조적 하이포그램(hypogram)과 모체(mitrix)와 같은 두 가지 대립적 독서 방법이 있다.

[이종오]

대조(법), 문맥

참고문헌

· 김욱동, 『모더니즘과 포스트모더니즘』, 현암사, 1993.
· 문덕수, 『현대의 문학 이론과 비평』, 시문학사, 1991.
· 이승훈, 『포스트모더니즘 시론』, 세계사, 1991.
· 이종오, 『문체론』, 살림출판사, 2009.
· Michel Riffaterre "Criteria for style analysis", *Word,* vol. 15, no. 1, 1959.
· __________, "Describing poetic structures: two approaches to Baudelaire's 'Les Chats'", *Yale French Studies,* no. 36-37, 1966.
· __________, *Essais de stylistique structurale*, Flammarion, 1971.
· __________, *La Production du texte,* Seuil, 1979.

초점화

F: focalisation　*E:* focalization　*D:* Fokalisation

✻ 1. 주네트와 구조주의자들이 사용한 용어로, 시각과 보이는 것과의 관계를 뜻한다.
2. 한 인식 주체가 이야기되는 상황이나 사건을 지각·인식하는 행위, 또는 상황이나 사건의 제시에 사용되는 지각 인식상의 위치를 지칭하는 용어

Ⓐ

미케 발에 의하면, 초점화란 "시각, 즉 보는 주체와 보이는 대상 사이의 관계"를 뜻한다. 사진과 영화에서 채용한 개념으로, 기법적 속성이 강조된다. 전통시학의 용어로는 시점(視點, point of view), 혹은 관점이 이에 해당한다.

주네트는 서술기법에 관한 문제 중 19세기 말엽 이래 가장 많이 연구되어 온 '시점' 문제를 검토 하면서, '누가 보는가(또는 누가 지각하는가)?'와 '누가 말하는가?'의 두 차원으로 분리할 것을 제안한다. 이 가운데, '누

가 보는가?'의 차원을 가리키는 용어가 곧 초점화다. 그의 말에 따르면, 전통시학에서 시점에 관한 모든 분류는 법(法, mood)과 태(態, voice)의 문제를 혼동하고 있다. 그야말로 문자 그대로의 의미에서 시점(point of view, 보는 지점 또는 위치, '누가 보는가?')의 문제와, 서술자의 정체 혹은 서술적 언술행위('누가 말하는가?')의 문제를 각기 다른 분류의 대상으로 간주해야 한다는 것이다.

초점화는 관계를 다루는 것이므로, 주체와 대상이 존재한다. 초점화의 주체를 초점화자(focalizer)라고 하며, 대상을 피초점화자(focalized)라고 한다. 초점화자는 스토리의 내부에 있을 수도 있고 외부에 있을 수도 있다. 이를테면 초점화는 스토리에 대해 밖에서 이루어질 수도 있고, 안에서 이루어질 수도 있다.

주네트는 초점화의 유형을 셋으로 구분한다. 서술자가 초점화자가 되는 유형을 외적 초점화, 이야기 서술자와는 관련 없이 작중인물이 초점화자가 되는 유형을 내적 초점화, 이야기 서술자가 인물이나 작중 상황을 바라보되 인물의 심리를 자유롭게 보는 경우를 제로 초점화 또는 비초점화라고 부른다. 이는 종래의 전지적 서술자와 결부되며, "인물의 심리적 삶을 객관적이고 직접적인 방식으로 보려는 목적"을 가진다. 내적 초점화는 다시 초점화자가 한 인물로 고정되는 고정 초점화, 여러 인물로 교체되는 가변 초점화, 동일한 사건을 여러 인물의 심리를 통해 바라보는 다중 초점화로 나뉜다.

채트먼은, "논리적으로 보면 일인칭 서술자를 내포하는 초점화는 결국 서술자를 통한 초점화"라는 주네트의 말을 지적하면서 그의 자가당착을 비판한다. 서술자를 '초점화자'라고 하는 것은, '누가 말하는가?'와 '누가 보는가?'의 전통적인 혼동을 없애기 위해 그가 제안했던 구분을 스스로 흐리고 있다는 것이다.

B

괴테의 『빌헬름 마이스터의 수업시대』의 한 대목을 예로 들어보면 다음과 같다.

> 문득 그(빌헬름)의 뒤쪽에서 문이 열렸다. 그래서 우선 슬쩍 거울을 보았다. 그런데, 그는 손에 촛불을 들고 막 방에 들어서려는 백작의 모습을 아주 뚜렷하게 보았다. 이 순간, 그가 얼마나 놀랐으며 얼마나 대경실색했던가? 어떻게 해야 할지, 그대로 눌러앉아 있어야 할지 일어서야 할지, 아니면 도망쳐야 할지, 모든 것을 고백해야 할 것인가 부인해야 할 것인가, 아니면 용서를 빌어야 할 것인지, 그가 이렇게 온갖 주저를 한 것도 불과 몇 초에 지나지 않았다. 꼼짝도 하지 않고 문간에 멈춰 서 있던 백작은 뒤로 물러나면서 문을 살그머니 닫아버리는 것이었다.

위 첫 번째 밑줄 친 문장에서 보면, '보는 주체' 곧 초점화자는 '그', 즉 빌헬름 마이스터이며, 피초점화자는 백작이다. 물론 말하는 이는 삼인칭 서술자다. 서술자와는 관련 없이 작중인물이 초점화자가 된다는 의미에서 내적 초점화의 경우이기도 하다. 그러나 두 번째 밑줄 친 문장에서 보면, '보는 주체'는 작중인물('그', 빌헬름 마이스터)이 아니라 서술자다. 서술자가 문을 닫고 나가는 백작의 심리까지는 침투하지 못하고 자신의 지각(눈)만으로 관찰하는 경우이기에 외적 초점화라고 할 수 있다. 전체적으로 보면, 초점화자가 내적 초점화자에서 외적 초점화자로 교체·이동하는 것도 볼 수 있다.

[김중현]

서사, 서술, 서술자(화자), 스토리, 시점, 인물/인물구성

참고문헌

· 요한 볼프강 괴테, 『빌헬름 마이스터의 수업시대』, 안삼환 역, 민음사, 2009.

· 롤랑 부르뇌프, 레알 웰레, 『현대소설론』, 김화영 편역, 현대문학, 2006.
· 미케 발, 『사사란 무엇인가』, 한용환 외 역, 문예출판사, 1999.
· 제라르 주네트, 『서사 담론』, 권택영 역, 교보문고, 1992.
· 시모어 채트먼, 『영화와 소설의 수사학』, 한용환 외 역, 동국대출판부, 2001.
· Gérard Genette, *Figures III*, Seuil, 1972.

촉매

F: catalyse *E:* catalyst(catalyser) *D:* Katalyse

✵ 1. 창작과정에 작용하는 성숙한 예술가의 마음에 대한 비유 (엘리엇)
2. 서사구조의 세 층위 중 가장 기본적인 기능을 구성하는 요소로 핵(혹은 중추 기능)에 대비되는 용어 (바르트)

A

촉매는 문학비평과 서사이론에서 서로 다른 의미의 비유로 사용된다. 촉매는 20세기 초 엘리엇(T.S. Eliot)이 반낭만적 비개성 시론(the Impersonal Theory of poetry)에서 처음 언급해 신비평 정서의 근간으로 널리 주목받는다. 그 후 1960년대에 다시 바르트(R. Barthes)가 구조주의의 틀을 통해 서사에 접근하면서 촉매를 핵(noyau)과 대응을 이루는 요소로 언급함으로써 서사이론의 용어로 새로운 함의를 얻게 된다. 촉매 개념은 엘리엇이나 바르트가 후속 논의를 통해 발전시키지는 않지만 특히 서사이론에서 여전히 의미 있게 사용된다.

B

문학에서 촉매는 모더니즘 시대에 처음 등장해 문학계에 신비평이 형성되는 데 기여한다. 20세기 초 시대정신으로 반낭만적 정서를 옹호한 엘리엇이 개진한 비개성 시론의 중심에 촉매가 일종의 비유로 등장한다. 그는 예술창작 과정을 "끊임없는 자기희생과 지속적인 개성의 몰각," 즉 탈개성(depersonalization)의 과정으로 간주하고, 예술가를 "독특하고 매우 다양한 감정이 자유롭게 새로운 결합을 이루는 과정에 개입하는 보다 정교하고 완성된 매개"로 이해한다.

그의 관점은 화학반응 과정에서 예술창작에 대한 빈틈없는 평행관계를 찾아낸다. 그가 주목한 화학반응은 산소와 이산화황이 촉매제 백금을 매개로 결합해 황산이 된다는 과학적 사실이다. 이렇게 생성된 황산은 촉매제인 백금의 흔적이 전혀 없고 백금 또한 어떤 변화나 영향도 받지 않는다는 사실에 주목한 것이다. 이는 다양한 경험과 감정이 예술가의 마음을 통해 예술작품이 된다는 점과 일치한다. 그래서 엘리엇은 "시인의 마음은 백금선이다"라고 선언한다.

이처럼 예술가를 화학반응 과정의 촉매에 비유한다면, 반응물질에 해당하는 사상과 감정은 그의 마음속에서 스스로 결합해 예술적 이미지 혹은 예술작품으로 창조된다는 것이다. 예술가의 영혼은 예술작품 생산과정에 필요하지만 그 과정으로부터 아무런 영향을 받지 않고 단지 사상과 감정이 저장되고 결합되는 특별한 통합의 장에 불과하다. 엘리엇은 이러한 설명으로써 예술작품이란 단지 예술가의 영혼 속에 존재하는 형이상학적 통합성이 표출된 것이라는 낭만주의 예술이론을 거부한다. 그에게 예술가란 탈개성화된 매개, 즉 단순한 매체에 불과한 셈이다.

엘리엇의 시론은 모더니티가 진전되면서 19세기 중반 이후 과학이 승리를 구가하던 과학주의적 시대정신의 산물이다. 화학반응 과정에서 같은 원소들이 같은 상황에서 만나면 그 결과는 항상 동일하다는 과학적 사실에서 예술창작에 대한 기발한 비유, 혹은 기상을 발견한 것이다. 그러나 엘리엇의 비유는 신선하지만 한계점도 엿보인다. 예술가가 창작과정에 단지 촉매로만 작용한다면 동일한 인간 경험이 동일한 조건에서는 예술가에 상관없이 항상 동일한 작품으로 창작되어야 한다는 논리적 한계를 드러낸다.

C

촉매는 구조주의 서사이론에서 다시 등장한다. 바르트는 서사 구조를 설명하는 과정에서 러시아 형식주의의 영향을 받는다. 그는 문장이 음소, 단어, 문장 등 세 층위로 구성되는 것처럼, 서사 구조도 서로 연결된 세 층위가 있다고 말한다. 요컨대 맨 아래에 기능이 있다면, 다음 행동(actions)이 오고, 그 위에서 서술(narration)이 서사의 표면층을 이룬다는 것이다.

바르트는 프로프(V. Propp)가 '31개의 기능'으로 유형화한 민담 분석틀에서 기능 개념을 빌려온다. '서사는 기능 이외 그 무엇으로도 구성되지 않는다'고 할 정도로 기능은 중추적인 서사단위로서 문장의 음소에 해당한다. 기능은 크게 두 유형, 분배적 단위인 고유기능과 통합적 단위인 지표로 나뉜다. 고유기능이 행동을 묘사한다면 지표는 "서사 행위자의 성격, 감정, 분위기" 등을 가리킨다. 따라서 서사는 크게 민담처럼 고유기능 중심의 서사와 심리소설의 경우처럼 지표 중심인 서사로 나눌 수 있다. 그런데 고유기능은 다시 그 중요성에 따라 핵(혹은 중추기능)과 촉매로 구별될 수 있다. 핵이 결절점(hinge-point)이라면 촉매는 보완적 성격을 띠며 서사 공간을 채우는 역할을 수행한다.

바르트가 든 예("전화가 울렸다. 본드는 탁자로 다가가 수화기를 집어들면서 피우던 담배를 내려놨다. 본드는 전화를 받았다.")를 따라 핵과 촉매를 구별해 보자. "전화가 울렸다"와 "본드는 전화를 받았다"는 핵을 이룬다. 그 두 핵 사이를 "본드는 탁자로 다가가 수화기를 집어들면서 피우던 담배를 내려놨다" 등과 같이 일련의 사소한 사건으로 메운다면 그 묘사가 촉매다. 이처럼 핵 사이에는 시간 순서와 논리적 연관성이 있지만 촉매에는 단순히 시간의 흐름만 존재할 따름이다.

핵이 연속적이면서도 필연적이라면 촉매는 연속적 기능만 한다. 핵이 서사에서 긴장된 순간인 반면 촉매는 안전지대, 휴식 공간, 여유 등을 의미한다. 그러나 서사 구조에서 촉매의 기능성이 "미약하다고 해서 아예 없앨 수는 없는" 것이다. 촉매는 끊임없이 서사에 긴장을 되살려줌으로써 의미를 환기하고, 또한 서사가 진행되면서 계속될 의미를 상기시킨다. 그러니까 서사 행동을 진전시키는 핵이 삭제되면 이야기 자체가 바뀌지만 촉매는 빠져도 서사의 흐름에 영향을 미치지는 않는다. 또한 촉매는 행동의 중심 가닥을 지탱하거나 증폭하고, 심지어는 지연하는 사건이나 묘사로 화자와 청자 (혹은 독자) 사이의 접촉을 유지한다.

전형적인 촉매 에피소드는 사소한 세목으로 구성되기 때문에 플롯 전개에서 상대적으로 중요하지 않지만 서사의 구체성을 확보하는 수단이 된다. 그런데 일반적인 화학 촉매는 특정 변화와 효과를 창출하는 데 적극적인 보조 역할을 하지만, 실제 서사에서 핵과 촉매의 구분이 명확하지 않고, 구분이 된다 하더라도 많은 경우 서사의 진전에서 그 상대적 중요성을 가늠하기 쉽지 않다. 이처럼 바르트가 촉매를 통해 지칭한 현상과 부여한 의미 사이에는 어느 정도 괴리가 있다. 이 때문에 바르트의 영향을 받은 채트먼(S. Chatman)은 '촉매' 대신 '위성'(satellite)을 제시하기도 한다.

[외부집필-김태철]

기능, 기상(奇想), 러시아형식주의, 묘사(기술記述),
사건, 서사, 서술, 이미지, 지표, 플롯

참고문헌

· Jonathan Culler, *Structural poetics*, Routledge, 1975.
· Roland Barthes, "Introduction to the structural analysis of narratives," trans. Stephen Heath, *Image music text,* Fontana, 1977.
· Seymour Chatman, *Story and discourse: Narrative structure in fiction and film*, Cornell UP, 1980.
· Thomas Stearns Eliot, "Tradition and the individual talent", *The Sacred wood: Essays on poetry and criticism,* Methuen, 1980.

추론

F: inférence *E:* inference *D:* Schlussfolgerung(Inferenz)

✻ 1. 논리학에서 전제(premise)가 되는 하나 또는 몇 개의 명제로부터 결론이라 불리는 새로운 명제를 도출해 내는 사고 과정
2. 일상생활이나 서사에서 우리가 알고 있는 지식이나 획득해 가는 정보를 기반으로 전개되는 사건을 이해하고 평가하는 사고 과정

Ⓐ

판단이란 존재하는 어떤 것에 대한 생각의 결정이다. 생각의 결정을 언어로 표현하면 그것이 바로 명제다. 다시 말해 생각의 결정을 서술문으로 표현한 것을 명제라 한다. 추론은 전제(premise)인 하나 또는 몇 개의 명제로부터 결론이라 불리는 새로운 명제를 도출해 내는 사고 과정이나 사고 행위를 말한다.

전제와 결론을 연결 짓는 과정에서 나타나는 일련의 명제군(命題群)이 규칙에 따라 연결되어 있는 것을 논증(論證, argument)이라 하며, 이러한 논증을 전개하는 것을 논리적 추론이라 한다. 좁은 의미의 추론은 이 논리적 추론을 가리키지만, 이 외에 통계적 추론, 유추적 추론, 인과적 추론 등이 있다.

논리적 추론에는 개별적인 특징명제들을 일반화하는 귀납적 추론과 일반화의 명제에서 특징명제를 결론으로 도출하는 연역적 추론이 있다. 통계적 추론, 유추적 추론, 인과적 추론은 일반적으로 귀납적 추론의 일종으로 본다. 연역적 추론은 논리적 형식에 따라 전제에서 결론을 도출하는 논증의 과정을 통칭하는 것으로도 사용되며, 좁은 의미의 논리적 추론은 이러한 의미의 연역적 추론과 같은 말로 이해되고 있다.

B

뭔가를 이해하는 과정, 말하지 않거나 쓰지 않은 것을 명확하게 밝히는 과정인 추론은 텍스트 언어학, 화용론, 관여성 이론, 담화분석에서 타자의 발언을 이해하고 텍스트의 일관성을 형성하는 중요한 요소로 인식되고 있다. 예를 들어 배경지식이나 상황의 컨텍스트에 의존해 우리는 표현상으로 간접적으로 보이거나 혹은 대화의 협력원칙을 어기는 것으로 보이는 발화의 적절한 언표내적 힘을 추론할 수 있다. '오늘 저녁에 별일 없니?' 라는 질문은 전화통화 상황에서 일반적으로 정보를 묻는 단순한 질문으로 간주되는 것이 아니라 초대의 의미로 추론된다.

서사를 구축하거나 해석하는 데도 추론은 절대적으로 필요하다. 사실들, 세부사항들, 문화적 지식을 당연한 것으로 받아들이지 않는다면, 우리는 하나의 스토리를 읽는 데도 너무 지치거나 지루해할 것이다. 수많은 정보가 '실제' 세계에서 일어나는 것에 대한 우리의 지식에 근거하여 전제되고 있다. 그렇기 때문에 비록 이런 사건들이 묘사되지 않는다 해도, 우리는 주인공이 잠을 자고, 매일 아침, 점심, 저녁을 먹는다는 것을 가정한다.

전경화된 것은 플롯이나 인물구성(characterization)에 더 의미 있는 사건들이다. 이것 역시 다른 종류의 추론과 관계된다. 독자는 전경화된 사건들을 스토리의 주제와 관련해 끊임없이 평가하거나 재평가하는데, 이것은 추론에 의해 이루어진다. 또한 하나의 소설이 등장인물의 사고 과정을 재현하는 장치로 내적독백(interior monologue)을 사용할 때, 독자는 겉보기에 일관성이 없어 보이는 것들 사이에 논리적 연결을 찾기 위해 높은 수준의 추론을 하게 된다.

문학 텍스트처럼 비문학 텍스트에서도 다양한 등급의 추론이 이루어진다. 직접 조립하는 부엌가구의 설명서는 일반적으로 매우 명시적이기 때문에 그것을 이해하는 데 높은 수준의 추론이 필요하지 않다. 반면 가까운 친구들 사이의 편지는 이미 공유하고 있는 지식을 근거로 대화를 하기 때문에, 타인이 그 내용을 명확히 이해하기 어려운 경우가 많다. 이런 경우에 그 내용을 이해하기 위해 높은 수준의 추론을 해야 한다.

[고광식]

관여성(적합성)이론, 논증, 담화분석, 인물/인물구성,
전경화(前景化), 텍스트언어학, 화용론

참고문헌

· 강계영, 『논리 정석』, 답게, 2003.
· 이유선, 「의미론에서 화용론으로-브랜덤의 추론주의에 나타난 표상개념-」, 『철학』 65권, 2000.

축약어

F: abréviation *E:* abbreviation *D:* Abkürzungen

✱ 기존의 어휘나 구 형태의 일부가 줄거나 합쳐지면서 간략하게 표현되는 축약 방식

Ⓐ

축약(어)은 기존의 어휘나 구의 일부가 줄거나 합쳐지면서 원어형(본래의 어형)보다 줄어든 한 어휘의 형태로 표현되는 방식으로 '약어' 또는 '준말'로 부르기도 한다. 축약어는 단일어휘의 앞부분이나 뒷부분을 잘라내는 것(어미음 소실(apocope): (한)동경대학교<동경대, (영)laboratory < lab, (프)professeur < prof.; 어두음 소실(aphaeresis): (한)점괘 < 괘, (영)autocar < car, (프)capitaine < pitaine)과 머리글자만을 사용하는 것(낱말의 축소로 이루어지는 두 문자 또는 두 문자군으로

'상고', '농협', 'radar', 'laser' 등))을 포함하는 넓은 의미로 사용된다. 이 밖에도 모음 '-o'로 끝나는 유형의 방식(biography < bio, personnel < perso)과 구(句)를 형용사로 표현하는 방식(steam locomotive < locomotive, daily newspaper < daily)이 있다. 새로운 어휘의 자격을 갖는 축약어는 조어법의 한 영역이 될 수 있으며 통사적 구성에서 형태는 줄어들지만 그 의미의 변화는 없어야 한다. 또한 원어형과 축약어는 상호 교체가 가능해야 한다.

학자들은 축약어는 구술법(구어)과 서기법(문어)에 따라 ① 음성적 축약(Did you eat yet? < Deetyet, want to be < wannabe), ② 서법적 축약(Limited < Ltd, Road < Rd, weeks < wks), ③ 불연속적 기호소의 서법적 축약(두문자약어(initialism): disk jockey < deejay < DJ, master of ceremonies < emcee <MC); 음절약어(acronym): White Anglo-Saxon Protestant < WASP, Acquired Immune Deficiency Syndrome < Aids; 상징약어(아파트 브랜드 '자이XI'는 '특별한 지성Extra Intelligent'을 의미하며, 품격과 세련된 이미지로 남보다 한 발 앞선 사람들이 선택하는 첨단, 고급 아파트를 상징)의 세 유형으로 나눈다. 오늘날 언어학자들은 축약어의 개념을 모든 유형의 축소어형을 포괄하는 상위 개념(abbreviation⊃acronym⊃initialism)으로 뒤섞어 사용하고 있다.

B

축약어는 일반담론뿐만 아니라, 가장 흔하게는 은어적 낱말들이 나타나는 전문적 담론, 특히 과학이나 기술 담론에서 활발히 사용되고 있다. 이러한 축약어는 원어형보다 사용빈도나 언어경제적 측면에서, 그리고 의미전달 기능 면에서 더 많은 역할을 하고 있으며 현대에 들어 하나의 새로운 언어기호로 등장하고 있다.

최근 사이버 언어에는 발음 나는 대로 표기하는 '음성 표기', 긴 문장이나 단어에서 몇 개의 알파벳만을 따서 표기하는 '문장, 단어 축소'와 같은 맞춤법을 무시한 축약어가 많다(안구에 습기<안습, 야한 동영상<야동, 다

른 데서 퍼온 글<펀글, 반갑습니다<방가 등). 이러한 애매모호한 국적불명의 축약어들은 의식적이든 무의식적이든 언어 파괴 현상을 가져온다.

외래어의 영향을 고려하면, 외래어 축약어는 원어형보다 더 쉽게, 더 빨리 수용되는 것을 목격할 수 있다. 왜냐하면 발음이 쉬운 축약어의 경우, 원어형에서 자소 또는 음소 성분의 축약이 일어났는지, 아니면 원래의 어휘가 그대로 보존되어 있는 것인지를 쉽게 파악하기가 어렵기 때문이다. 특히 사이버문화에 대해 공포증이나 적대감을 가진 '컴퓨터포비아' 증상에 시달리는 이들은 언어소통 장애, 대화 단절 등을 겪을 수 있다.

최근 활발하게 전개되고 있는 사이버 축약어가 많은 누리꾼들 사이에서 자연스럽게 정착, 확대된 원인으로는 소리 나는 대로 적어 타수를 줄이려는 언어경제성의 원리 외에도 대화의 현실감을 반영하고자 하는 의식, 화자 중심의 언어유희, 청소년층의 또래 집단의 연대의식을 구축하거나 표현하고자 하는 의식 등을 들 수 있다. 창조적이고 독창적인 축약어의 이해와 효과는 기존 어휘, 즉 원어형에 대한 의미 풀어쓰기(동의구문 paraphrase) 및 대화 상대자의 지식이 전제되어야 한다.

[이종오]

언어유희, 은어

참고문헌

· 김영석, 이영석, 『현대형태론』, 학연사, 1992.
· Georges Mounin, *Dictionnaire de la linguistique*, PUF, 1993.
· Laurie Bauer, *English word-formation*, Cambridge University Press, 1983.
· Louis Guilbert, *La Créativité lexicale,* Larousse, 1975.
· Michel Paillard, *Lexicologie contrastive anglais-français: Formation des mots et construction*, Ophrys, 2000.

치환(법)/대환(법)

F: hypallage *E:* hypallage *D:* Hypallage

✺ 문장 속의 정상적인 어구의 순서를 바꾸는 일, 특히 A라는 단어와 연결되는 것이 논리적으로 더 합당한 단어(특히 속사)를 B라는 단어와 연결시키는 행위 또는 그러한 표현기법

Ⓐ

'교환', '교환하다'라는 뜻의 그리스어 '히팔라예(hypallage, ὑπαλλαγή)'에서 온 말로, '~의 아래', '~의 안'을 뜻하는 'hupo(hypo)'와 '다른'을 뜻하는 'allos'에서 파생한 'allatein'이 합성된 '히팔라테(hupallatein)'에서 유래했다.

어원에서 알 수 있듯이 치환은 위치가 뒤바뀌는 것으로, 문장 속의 정상적인 어구의 순서를 바꾸어 놓는 것이다. '새 옷에서 나는 냄새'라는 표현 대신 '내 옷에서 나는 새(신선한) 냄새'로 표현하는 경우처럼, 일반적으로 A라는 단어(옷)와 연결되는 것이 의미적으로나 논리적으로 더 합당한 단어를 B라는 단어(냄새)와 연결시키는 것이다. 흔히 명사의 품질을 한정하는 속사와 관계되는 경우가 많다.

빅토르 위고(V. Hugo)가 '계산대 위에 팔을 괴고 있는 탐욕스러운 상인'이라고 쓰지 않고 "탐욕스러운 계산대 위에 팔을 괴고 있는 상인"이란 표현을 사용한 것은, 보통 탐욕스러운 것은 계산대가 아니라 상인임이 분명하지만 일반적으로 독자들은 상인이 계산대 위에서 물건과 돈을 교환한다는 사실을 알고 있기 때문에 명사와 형용사의 이와 같은 비정상적인 관계는 치환으로 정당화될 수 있다. 또한 "까마귀들의 검은 비행"(에밀 졸라)이라는 표현은 '검은 까마귀들의 비행'으로 표현하는 것이 일반적이지만, 치환(법)을 사용하면, 나는 것이 검은 까마귀가 아니라 나는 것 자체

가 검게 느껴지는 시지각(視知覺)의 변화를 유도할 수 있다.

치환(법)은 통사관계와 의미관계 사이의 부조화로 나타나기에 얼핏 보기에는 실수처럼 보이기도 한다. 그런 이유로 치환(법)을 문체의 악습으로 간주하는 작가들도 있지만, 치환(법)이 가져오는 문체 효과는 다양하다. 압축을 통해 표현을 강화할 수 있고, 논리를 벗어나는 예기치 않은 단어 연결이 가능해지며, 파격적인 은유와 환유를 통해 이미지를 만들어 낸다. 기존의 고착화된 범주를 거부함으로써 세계를 인식하는 통상적인 방법에 변화를 줄 수도 있다. 모호한 느낌을 표현하거나, 사물로부터 받는 작가의 순간적 인상을 강조하는 '인상주의적' 전망을 만들어 내고, 오브제들이 서로 혼동되면서 뒤섞이는 상호작용을 그려 냄으로써 세계의 구성요소들 사이의 연대감과 상호의존성을 부각시킬 수도 있다.

B

'행복한 아침', '지루한 전쟁' 같은 표현은 원칙적으로 생물의 속성을 가진 품질형용사로 무생물을 수식하는 단순치환이 적용된 관용구라고 할 수 있다. 하지만 수아미(H. Suhamy) 같은 학자는 생물에게 적용되는 형용사를 무생물에 사용하는 것은 확실한 잘못이라 간주한다. 가령 '아이들 방(children's room)'을 '아이들 같은 방(childish room)'으로 표현하는 경우는 잘못이라면서, '아이들 같은'이라는 형용사는 생물에게 적용되는 수식어로, 무생물인 '방'을 수식할 수 없다는 것이다. 일부 학자들은 이런 표현이, 관계를 나타내는 형용사를 품질형용사로 손쉽게 사용하는 영어의 영향을 받은 것이라고 본다. 퀘벡에서는 영어의 '스쿨버스(school bus)'를 '학교버스(autobus scolaire)'로 표현하다가 '학생버스(autobus d'écoliers)'로 바꾸었다.

C

"힘든 들판에 비에 젖은 걸음(With rainy walking in the painful

field)"(셰익스피어, 『헨리 5세』, '비에 젖은 들판을 힘들게 걸어간다'는 표현을 치환한 것)이라는 표현에서 볼 수 있듯이, 외국어를 번역할 경우 치환은 상당한 문제를 제기하기도 한다.

D

무생물이나 동물, 추상적인 성질이나 개념에 인간의 속성을 부여해 인간 또는 인간의 행동으로 표현하는 의인법과 혼동되기도 하지만, 의인법에서는 치환(법)에서처럼 속성의 교환이 일어나지 않는다는 차이가 있다.

[김계영]

도치(법), 독자, 은유, 의인법(의인화),
작가(저자), 전치(轉置)(법), 환유

참고문헌

· Michel Ballard, *Versus: La Version réfléchie*, t. 1, Ophrys, 2004.

침묵

F: silence *E:* silence *D:* Schweigen

✻ **'목소리의 부재'나 '무언의 연기'**

A

침묵은 '목소리의 부재'나 '무언의 연기'를 뜻한다. 극작가들은 오래 전부터 침묵과 휴지(休止)를 작품 내부에 삽입해 소(小)텍스트로 사용해 왔다. 18세기 중엽 디드로가 『극시론』에서 극텍스트에 침묵을 기술해야 할 필요성을 역설했지만, 침묵이 연극에서 독립된 요소로 인정받아 무대에 등장하게 된 것은 현대의 실험적 연출가들 덕택이다. 19세기 말부터, 연출의 기능과 연출가의 위상이 격상됨에 따라 공연에서 침묵을 활용하는 사례가 점점 증가하게 되고, 침묵은 더 이상 텍스트를 위한 양념이 아니라 텍스트 구성의 중요한 요소로 자리 잡게 된다.

자연주의 연극에서는 의식적으로 말을 억제하는 것에 대해 관심을 기울였고, 체호프(A. Chekhov)의 극작술에서는 극텍스트를 마치 침묵의 선(先)텍스트처럼 다룬다. 등장인물은 감히 자기 생각을 끝까지 말하지 못하거나, 아니면 줄임말로 의사소통을 하고, 혹은 마치 아무것도 말하지 않기 위해서 대화하는 인상을 주는데, 이때 '아무것도 말하지 않는다'는 것이 대화 상대자에게 실제로는 의미 있게 전달되도록 신경을 쓴다.

20세기 초 르노르망(H.-R. Lenormand), 빌드락(C. Vildrac) 등은 침묵의 연극(표현되지 않는 것의 연극)을 시도한 바 있는데, 이들의 작품이 완벽하지는 않았지만 무언의 극작술을 체계화한 것이었다. 그러나 너무 체계적이고 틀에 박힌 침묵은 지나친 수다와 동일한 효과를 낳게 된다.

B

배우에게 침묵은 매우 중요하다. 왜냐하면 침묵도 '무언의 연기'이며, 침묵의 시간이 길든 짧든 그것 또한 배우의 행동으로 간주하기 때문이다. 침묵은 사건의 리듬을 조절하는 데 기여하고, 배우의 언술행위를 강조하고 구조화하며, 때로는 역설적으로 무대에 생동감을 불어넣기도 한다. 또한 침묵은 심리적 상황을 통해 동기를 부여받을 수 있고, 긴장을 증가시키면서 어떤 효과를 준비함으로써 혹은 성찰의 집중을 가능하게 하는 하나의 공백을 만듦으로써 의도적이거나 비의도적인 단절이 될 수도 있다.

일상적인 대화처럼 보이는 사실주의 텍스트에서 침묵은 배우의 자유로운 해석에 내맡겨진다. 이때 배우는 연출가와 합의하에 자신이 구현하는 등장인물의 심리적 움직임에 따라 침묵을 실현하게 된다. 이 경우, 배우는 성찰과 암시 혹은 일관성을 상실한 생각이 필연적으로 침묵을 초래하는 순간들을 찾아내려고 노력하게 된다. 가끔 제스처와 흉내가 대사의 공백을 메우기 위해 이어지는데, 이 때 침묵은 말의 이면(裏面)이거나 준비 과정이 된다. 그런데 침묵이 문제가 되는 경우가 있다. 텍스트를 반박하는 '무언의 연기'로 배우가 관객에게 침묵이 느껴지도록 억지로 강조할 때다.

C

침묵은 독자에게도 중요하다(공연장에서 관객에게도 마찬가지다). 희곡을 읽는 독자들은 무대 위에서 침묵이 벌어지는 상황이 빚어내는 극적 효과가 얼마나 강력한 것인가를 실감하지 못한다. 왜냐하면 대부분의 극작가들이 침묵이 어디에 위치하며 얼마나 지속되는지에 대해 무대지시사로 상세히 기록하지 않으며, 독자는 '무대지시사가 배우를 위한 것'이라고 생각하고 별다른 주의를 기울이지 않기 때문이다.

독자가 희곡을 읽고 있는 서재의 침묵과는 다르게, 상연 도중의 침묵은 음향으로서만 존재한다. 행위가 진행 중일 때에도, 그 행위는 침묵을 통해 독특한 성격을 부여받는다. 장면들이 클라이맥스를 구축해 갈 때 침묵은 그 진행에 중요한 역할을 하기도 하고, 어떤 긴장이 조성되고 그것이 유지되고 있는 한, 아주 짧은 침묵이라도 엄청난 효과를 발휘하게 된다.

독자들이 극텍스트에서 침묵을 이해하기 위해서는 첫째, 침묵이 어디에서 비롯되었는지 알아야 하고, 둘째, 침묵의 길이를 예측해야 하며, 셋째, 침묵의 효과를 상상해야만 한다.

[외부집필-조효석]

대화, 독자, 리듬(산문), 무대지시사, 인물/인물구성,
클라이맥스(절정), 텍스트

참고문헌

· 로날드 헤이먼, 『희곡을 어떻게 읽을 것인가』, 김만수 역, 현대미학사, 1995.
· 신현숙, 『희곡의 구조』, 문학과지성사, 1990.
· Anne Ubersfeld, *Les Termes clés de l'analyse du théâtre*, Seuil, 1996.
· Michel Vinaver, *Écritures dramatiques*, Actes Sud, 1993.
· Pierre Larthomas, *Le Langage dramatique*, PUF, 1980.

ㅋ

카니발화

F: carnavalisation *E:* carnivalization *D:* Karnevalisierung

✻ 모든 위계질서나 특권, 규범 등을 파괴하고 자유와 평등, 변화와 다양성을 지향하는 카니발적 세계관과 요소들이 문학에 반영된 심미적 양식

Ⓐ

'고기를 치우거나 없앤다'는 뜻의 라틴어 '카르넴 레바레(carnem levare)'에서 유래한 카니발은 우리말로는 '사육제(謝肉祭)'로 번역된다. 카니발 전통은 17세기 절대왕정이 자리 잡으면서 사라진다. 그러나 카니발적 세계관과 요소는 18세기와 19세기를 통해 문학의 모든 장르에 깊숙이 침투함으로써 큰 영향을 미친다.

'카니발화'는 바흐친(M. Bakhtin)이 『라블레와 그의 세계』에서 처음 사용한 비평 용어로, 카니발적 세계관과 요소들이 문학에 반영될 경우를 문학의 '카니발화'라 한다. 이처럼 카니발은 '문학의 카니발' 또는 '카니발화된 문학'으로 수용되어 계승된다. 바흐친에 따르면, 카니발화된 문학의 대표적인 형태가 바로 '그로테스크 리얼리즘'인데, 문화적 현상으로서의 카니발을 문학에 심미적 양식으로 수용한 그로테스크 리얼리즘이 가장 잘 드러나는 작품, 다시 말해 가장 '카니발화된' 문학작품이 라블레(F. Rabelais)의 『가르강튀아』와 『팡타그뤼엘』이다.

'카니발화'는 대화주의 이론의 핵심적 개념들인 다성성이나 이어성(異

語性) 등과 본질적으로 그 맥락을 같이하는 바흐친의 주요한 개념이다.

B

'카니발' 이론을 전개한 바흐친에 따르면, 본격적이고 비공식적인 민중 카니발의 전통이 절정에 이른 때는 중세였다. 민중 카니발은 교회와 봉건제도 등 기성의 세계 질서와 제도를 강화시킨 공식적인 축제와 지배문화에 대항해 마치 지배적인 진리들과 기성의 제도로부터 일시적으로 해방된 것처럼, 모든 위계질서와 특권, 규범, 금지의 일시적 파기를 전제로 한다. 카니발에서는 모든 사람이 활동적인 참여자가 되며, 카니발이 열리는 동안 그들은 '카니발적인 삶'을 산다. 그 삶은 일상적인 궤도에서 벗어나기 때문에 어느 정도 '안과 밖이 뒤집힌 삶'에 해당한다.

카니발의 세계관은 당시의 다른 세계관과 비교하여 다음과 같은 독특한 특징을 갖고 있다. ① 카니발은 자유와 평등이 지배하는 세계다. 카니발이 열리는 동안에는 모든 위계질서가 파기된다. 공식적인 축제에서는 위계질서의 차별성이 특히 강조되어 나타나지만 카니발에서는 모든 사람이 평등하다. 카니발에서는 "사회적, 성직 계급적 불평등이나, 기타 다른 형태의 불평등으로부터 비롯되는 모든 것이 정지된다." ② 카니발적 세계관은 집단적이며 민중적이다. 카니발은 본질적으로 집단에 의해 행해지며, 그 주체는 민중이다. 봉건제도와 교회에 의해 억압되었던 민중은 종교적·정치적 위계질서와 권위에 과감하게 도전한다. 따라서 중세의 민중 카니발은 교회가 지배하는 사회의 지배문화를 희화화하고 전복하는 민중해방적이고 유토피아적이며, 저항문화의 성격을 띤다. ③ 카니발적 세계관의 특성은 변화와 다양성에 있다. 카니발은 "생성과 변화 갱생의 축제이다. 카니발은 모든 종류의 영구화나 완성 그리고 종결성과도 적대적이다." 기존의 고착화된 질서의 상징적인 파괴를 위해 전복을 그 원리로 갖는 카니발은 본질적으로 개방적이고 미래 지향적인 특성을 지닌다. 따라서 카니발은 "행복한 미래, 보다 공정한 사회 경제적 질서, 그리고 새로운 진리에 대한 희망을 표현한다."

C

바흐친에 따르면, 카니발 광장에서는 '유쾌한 상대성(joyful relativity)'의 논리에 따라 모든 것이 서로 뒤바뀌고 역전된다. 이로 인해 일상생활에서 불가능한 의사소통의 독특한 양식이 생겨나는데, 광장의 언어와 광장의 제스처가 지니고 있는 독특한 형식들이 그러한 것이다. 이 형식들은 카니발적 세계 감각을 효율적으로 표현하기 위한 역동적이면서도 가변적인 성격뿐만 아니라, 자신들의 우스꽝스러운 모습을 보면서 유토피아적인 자유를 만끽하게 하는, 민중적이며 축제적인 웃음을 유발하는 유희적 성격도 담고 있다. 따라서 카니발 언어는 "'거꾸로(à l'envers, 역전성 또는 전복)', '반대로', '뒤집은' 논리, 위와 아래(바퀴처럼)나 앞모습과 뒷모습이 끊임없이 자리를 바꾸는 논리, 패러디와 풍자적 개작, 격하(格下), 모독과 욕설, 저주, 익살스러운 대관(戴冠), 탈관(脫冠) 같은 다양한 형식들"을 특징으로 한다.

D

서양 문학 비평가들은 카니발 개념을 다양한 문학 장르에까지 확장하여 적용하고 있다. 또한 문화 비평가들은 민중문화론적인 관점에서 카니발 이론을 적용하여 전복적 읽기와 글쓰기를 시도하고 있다.

[김중현]

그로테스크, 다성, 대화주의, 패러디, 풍자

참고문헌

· 게리 솔 모슨, 캐릴 에머슨, 『바흐친의 산문학』, 오문석 외 역, 책세상, 2006.

· 김영아, 『한국 근대소설의 카니발리즘』, 푸른사상, 2005.
· 김욱동, 『대화적 상상력』, 문학과지성사, 1998.
· 미하일 바흐친, 『프랑수아 라블레의 작품과 중세 및 르네상스의 민중문화』, 이덕형 외 역, 아카넷, 2001.
· Mikhail Bakhtin, *Rabelais and his world*, trans. Hélène Iswolsky, Indiana University Press, 1984.

켄닝

F: kenning *E:* kenning *D:* Kenning

✳ 1. 둘 이상의 낱말을 동원하는 우회어법
2. 일상에서 흔히 볼 수 있는 대상을 여러 낱말을 이용해 우회 서술하는 은유의 일종

Ⓐ

'둘 이상의 낱말을 동원하는 우회어법'으로, '일상에서 흔히 볼 수 있는 대상을 여러 낱말을 이용해 우회 서술하는 은유의 일종'이다. 켄닝은 '스칼데'라 불리는 중세시대 북게르만어로 시를 쓴 시인들의 작품과 『에다』(Edda, 13세기에 편찬된 2권의 책에 실려 있는 고대 아이슬란드 문학 작품집) 문학에서 가장 빈번히 등장하는 비유법이다. 이 외에도, 영어 최초의 영웅서사시 『베오울프』의 약 20퍼센트의 서술이 켄닝으로 이루어져 있다. 켄닝과 유사한 하이티(Heiti)는 한 낱말만을 이용한 우회어법이다.

Ⓑ

『에다』에 자주 등장하는 지혜문답은 거의가 시인이 지닌 켄닝과 하이티의 능력을 자랑하기 위한 것이다. 예컨대 황금을 가리켜 '용의 처소',

바다를 가리켜 '고래의 길', 왕을 가리켜 '성(城)지기'라 표현한 경우 등이 켄닝의 좋은 예라 할 수 있다. 또한 『에다』에 등장하는 세계나무의 이름 이그드라실(Yggdrasil)은 '이그의 말(馬)'이라는 뜻인데, '이그'는 다시 '무시무시한 자'라는 뜻으로 최고신 오딘(Odin)을 가리키는 하이티 표현이다. 따라서 세계나무 이그드라실은 "무시무시한 오딘이 탄 말"이라는 하이티 · 켄닝 은유가 고유명사로 고정된 것이다.

C

켄닝은 대담하고 예술성 풍부한 표현이 되지만, 정도를 넘으면 억지스럽고 인위적으로 보일 때도 많다. 주로 신화와 전설의 소재에 익숙한 귀족 청중을 위한 은유로서, 이야기의 내용을 모르는 사람에게는 이해할 수 없는 표현이 될 수 있다. 그 때문에 켄닝은 한편으로는 시인과 그의 낭송을 듣는 청중의 종교적, 신화적 교양 수준을 나타내지만, 다른 한편으로는 원(原) 출처에 대해서는 침묵하면서 막연히 신화적 원용임을 암시하기 위해 이용되기도 한다. 서게르만 시문학에서도 두운을 찾아내기 위한 방편의 하나로 켄닝을 이용하면서, 그 같은 은유의 일부가 현대로도 넘어왔다. '포도의 피'(=포도주) 등이 그 예라 할 수 있다.

[외부집필–안인희]

두운, 은유

참고문헌

· Gero von Wilpert, *Sachwörterbuch der Literatur*, Kröner, 1979.
· Götterlieder Edda, *Heldenlieder und Spruchweisheiten der Germanen*, Hrsg., 2004.
· Rudolf Simek, *Lexikon der germanischen Mythologie*, Kröner, 2006.

코드(약호)

F: code *E:* code *D:* Kode

✻ 1. 묵계에 의해 발신자와 수신자 사이에 정보를 표현하고 전달하는 신호들, 언어 기호들, 상징들의 체계
2. 기호에 의미를 부여하는 체계적인 규칙의 집합
3. 텍스트를 읽는 하나의 틀이자 그 의미를 포착하는 그물망 (롤랑바르트)

Ⓐ

코드는 고대 사람들이 사용하던 '밀랍판 서적(codex)'이나 법전에 쓰인 언어를 가리키던 말이다. 이후 법전에 쓰인 언어를 가리키게 되었고, 법전 언어의 메시지를 구성하고 이해하게 해주는 규약을 의미하게 된다. 일반적으로 코드는 묵계에 의해 발신자와 수신자 사이에 정보를 표현하고 전달하는 신호들(signs), 기호들, 상징들의 체계를 말한다. 의사전달 과정에서 하나의 코드는 하나의 메시지의 형태로부터 다른 형태로의 변환체계를 의미한다. 이 변환 작업에서 코드엮기(코드화하기)가 일어나고, 수신자는 코드 해독을 통해서 그 메시지를 이해한다.

Ⓑ

기호학에서 코드는 기호에 의미를 부여하는 체계적인 규칙의 집합이다. 예를 들어 모스 부호나 비밀 기호에 의미를 부여한 규칙이 '모스 코드'나 '비밀 코드'다. 모든 인간 행위는 기호로 작용하기 때문에, 사회에는 구조와 정보의 복합성의 정도가 다른 온갖 종류의 코드가 존재한다. 하나의 코드는 다양한 성질의 신호들로 형성될 수 있는데, 자연언어, 그래픽 기호, 몸짓 신호, 도로 표지판의 상징들, 모스(morse) 부호, 수학 기호, 컴퓨터의 이진법 등이 그것이다. 이 모든 것들은 인간의 문화적 구성물이다.

야콥슨(R. Jakobson)의 '언어사건'이라는 개념 속에 등장하는 '코드'는 인간의 기본적인 의사소통 양상들 중 하나다. 송신자와 수신자 사이에 오간 메시지는 문맥과 메시지를 구조화하는 의미체계인 코드를 필요로 한다. 야콥슨에게 언어의 주요 기능들은 언어사건의 다양한 구성성분들과 연관된다. 언어사건의 구성 기능 중 코드와 연관된 기능을 메타언어적 기능이라고 한다. 예를 들어, 누군가의 악센트에 대해 이야기하고, 단어를 정의하는 것은 언어의 메타 기능이다. 기호학과 커뮤니케이션 이론에서 사용되던 코드 개념은 구조주의, 언어학, 문학 이론 등을 포함한 다양한 영역으로 확장되고 있다.

C

바르트의 코드는 텍스트를 읽는 하나의 틀로 텍스트의 의미를 포착하는 그물망을 말한다. 우리는 텍스트를 이해하기 위해 의식적이든 무의식적이든 어떤 문학적, 문화적 지시틀에 근거하여 코드를 끌어낸다. 바르트는 다섯 개의 코드를 구분한다. 행위의 배열과 연관된 '행위적 코드', 서사적 수수께끼와 해결책에 연관된 '교육적 코드', 등장인물의 의미와 연관된 '의미적 코드', 주제적 대립과 연관된 '상징적 코드', 텍스트 외부의 일반적 지식과 연관된 '지시적 또는 문화적 코드'가 이에 해당한다.

코드의 특징적 자질은 하나의 기호체계(1차 코드)가 메시지들을 다른 메시지들(2차 코드)로 바꾸는 데 사용될 수 있다는 점이다. 예를 들어, 모스 코드는 장음과 단음의 사용규칙을 이용해 기계적 메시지를 언어 메시지로 바꿀 수 있다. 일반적 의미에서, 모든 문학이 하나의 코드라고 주장할 수 있다. 텍스트의 메시지가 2차 층위를 상징화하고 있다고 할 수 있는 것은 텍스트의 메시지가 그 자체를 넘어서서 다른 어떤 것을 의미하길 기대하기 때문이다.

D

모든 텍스트는 사실상 동시에 여러 개의 코드 층위를 가정하고 있다. 주어진 언어 상태에 일치하는 '랑그의 코드', 한 시대의 규범화된 표지들, 한 작가의 개별적인 표지들과 문학 그룹의 표지(자유시나 산문시의 경우처럼 이전 코드들을 사용하거나 거부하는 것)를 포함하는 '문체적 코드'가 이에 해당한다. 텍스트는 또한 '수사적 코드', '미적 코드'도 포함한다. '수사적 코드', '미적 코드'라는 개념들은 역사적·사회적 상황에서 지배적인 규칙들과 가치들의 체계와 연관되어 있고, 텍스트가 이런 가치와 규정체계에 대한 징후를 포함하고 있기 때문에, 시대와 상황에 따라 변하는 상당히 모호하고 다의적인 개념이다.

또 텍스트는 수용성과 가독성을 보장해 주는 '문화적·이데올로기적 코드들'로 직조된 공간 속에 자리 잡고 있다. 주변적 텍스트(제목, 서문 등), 텍스트 자체 내부의 '첫 구절', 서술자와 등장인물들의 담화들도 코드가 빈번하게 표시되는 장소다. 이 외에도 바르트에 의하면, 전제들, 상투적 표현들도 암시적으로 코드화된 규범들을 가리킨다. 게다가 자신의 '문체'나 자신의 '담화'로 표시되는 작가 고유의 코드도 존재한다고 할 수 있다.

결과적으로 우리들은 결코 '완벽하게' 어떤 텍스트의 모든 코드를 다 인식하지는 못할 것이다. 이런 다양성 때문에 코드 개념은 비판을 받는다. 보드리야르는 코드를 '테러리즘'에 비유하고, 가이아르(F. Gaillard)는 '물신화'나 '잡동사니 창고'라고 말한다.

그럼에도 불구하고 코드 개념은 여전히 널리 사용되고 있다. 모방, 패스티쉬, 패러디, 상호텍스트성은 코드들의 유사성과 대립에 의존하고 있다. 마찬가지로 장르와 미에 대한 분석은 사회 코드들의 본질을 고찰하지 않고서는 완전하지 못할 것이다. 예를 들어 프랑스 밖의 프랑스어권 문학은 자신들의 코드와 완전히 일치하지 않는 본국 프랑스의 미적·문화적 코드들을 유희화하고 있다. 이런 유희화는 코드의 유사성이 전혀 없다면 일어나지 않을 것이다. 프랑스의 미적 규범들과 프랑스어와의 문화적 정체성

문제로 일어나는 충돌은 퀘벡, 아이티, 앤틸레스 문학에서 특히 잘 드러난다. 그러나 역으로 이들의 문학은 프랑스의 패러디나 패스티쉬, 문체, 장르, 담화의 방법에 근거해 자신들의 문학을 '퀘벡 · 아이티 · 앤틸레스식 코드'로 개조함으로써 드라마와 소설 글쓰기를 혁신하는 역할도 하고 있다.

[고광식]

규범, 글쓰기, 기능, 담화(담론), 메타언어(상위언어), 모방, 문체, 상호텍스트성, 언어사건, 장르, 전제, 코드엮기, 패러디, 패스티쉬

참고문헌

· 롤랑 바르트, 『S/Z』, 김웅권 역, 동문선, 2006.
· 이현우, 최성재, 「무버셜의 스토리 코드와 수용자의 의미 재구성」, 『디자인 연구』 제20권 5호, 2007.
· 일레인 볼드윈, 『문화코드 어떻게 읽을 것인가』, 조애리 역, 한울, 2009.
· 조창연, 「미디어 크리에이티브, 의미소통과 의미생성의 커뮤니케이션 작용을 중심으로」, 『한국광고홍보학보』 제13권 3호, 2011.
· 주창윤, 『대한민국 컬처코드』, 21세기북스, 2010.

코드엮기

F: encodage　　*E:* encoding　　*D:* Kodierung

✹ 1. 발신자가 기호나 메시지에 규칙이나 코드를 부여하는 과정

2. 발신자가 규칙이나 코드를 통하여 메시지를 텍스트로 바꾸는 과정

A

이 용어는 커뮤니케이션 이론에서 나온 기호학 용어로, 발신자나 전달

자가 기호 또는 메시지에 규칙이나 코드를 부여하는 과정, 혹은 규칙이나 코드를 통하여 메시지를 텍스트로 바꾸는 과정을 의미한다. 텍스트로 바뀐 메시지는 수신자에 의해 수신되거나 코드풀기가 이루어진다.

언어공동체는 통상적으로 자신들의 언어 시스템을 통하여 세상과의 경험을 코드로 엮어내고 있는 것으로 간주될 수 있다. 피스키(J. Fiske)가 주장하듯이, 실재에 대한 지각은 그 자체가 코드로 엮어내는 과정, 다시 말해 의미를 만드는 과정이다.

좀 더 구체적으로 말한다면, 발화자(화자)는 말을 통해 자신의 생각을 '코드로 엮어내고(encode)', 작가는 쓰기를 통해 자신의 생각을 코드로 엮어낸다. 또한 발신자의 사적 · 사회적 · 문화적 · 도덕적 가치, 신념, 가정들 역시 코드로 엮어질 것이다.

문학비평에서는 현재 코드엮기보다는 텍스트에 대한 해석, 즉 '코드풀기'에 더 관심이 집중되고 있다. 독서 과정에서 독자가 사실상 의미를 '(재)코드화'(즉 창조하는) 하는 것으로 간주할 수 있다는 주장 역시 활발한 논의의 대상이 되고 있다.

[고광식]

코드(약호), 텍스트

참고문헌

· 롤랑 바르트, 『S/Z』, 김웅권 역, 동문선, 2006.
· 이현우, 최성재, 「무버셜의 스토리 코드와 수용자의 의미 재구성」, 『디자인 연구』 제20권 5호, 2007.
· 일레인 볼드윈, 『문화코드 어떻게 읽을 것인가』, 조애리 역, 한울, 2009.
· 조창연, 「미디어 크리에이티브, 의미소통과 의미생성의 커뮤니케이션 작용을 중심으로」, 『한국광고홍보학보』 제13권 3호, 2011.
· 주창윤, 『대한민국 컬처코드』, 21세기북스, 2010.

크레올

F: créole *E:* creole *D:* Kreol

✵ 1. 공통 언어를 갖지 못한 발화자들이 상거래 등의 목적으로 사용하던 피진이 토착화, 현지화 되어 모국어로 된 언어

2. 여러 이질적 요소의 혼합 속에서 서로의 고유성을 인정하고 공존과 상생을 추구하는 다(多) 정체성의 개념으로 발전하기도 함

A

크레올은 프랑스어로서 어원은 '키우다', '양육하다'를 뜻하는 스페인어 '크리오요(criollo)' 혹은 포르투갈어 '크리오울루(crioulo)'다.

B

크레올은 유럽의 팽창주의가 성행하던 16세기에서 18세기에 이르기까지 유럽인, 주로 스페인 사람을 부모로 스페인령 아메리카에서 태어난 백인을 지칭하는 말이다. 스페인에서 태어나 아메리카에서 살던 사람과 구분하기 위해 사용했다. 후에 이 말은 다양한 의미 변화를 겪는다. 카리브 지역 유럽 이주민의 후손을 모두 크레올이라고 하다가, 현재는 유럽인뿐만 아니라, 아시아인, 아프리카인, 인도인 등 카리브 지역에 살고 있는 모든 사람들을 지칭하는 말로 사용되기도 한다.

C

인종적, 인류학적 의미를 지닌 크레올은 곧 언어의 개념으로도 사용된다. 크레올, 혹은 크레올어는 식민시대 이후 식민지에서 살던 사람들의 토착어로 정착된 언어를 가리킨다. 대부분이 아프리카 흑인의 후손인 토착인들이 서로 간의 공통언어로 아프리카어도 아니고 유럽어도 아닌 새로

운 언어를 만들어 사용한 것이 바로 크레올이다. 카리브 지역이 크레올이 가장 많이 생겨난 지역이지만 이 지역 외에도 서부 아프리카, 인도양 지역, 남아메리카 북동 지역에서도 크레올을 사용한다.

D

일반적으로 크레올은 소수 언어의 운명과 마찬가지로 그다지 발전하지 못하고 소멸하거나 방언이나 변형 언어로 간주되는 경우가 많다. 실제로 유럽의 예전 식민지에서 생겨난 크레올 중 이미 소멸된 것도 상당수다. 그러나 근래에 들어 크레올의 위상에 대해 새로이 조명하는 것도 사실이다. 특히 문화 혼종성을 중시하는 현대의 지적 풍토에서 크레올은 학문적으로도 상당한 위치를 차지한다. 뿐만 아니라 실제 생활에서도 크레올이 한 지역의 공식어, 혹은 준(準)공식어로 사용되는 경우도 있다.

E

크레올은 문화적 현상을 지칭하는 말로도 사용된다. 특히 아프리카인, 아메리카 인디언, 유럽인, 인도인, 중국인 등 다양한 인종이 섞여 있는 카리브 지역에서 찾아볼 수 있다. 실제로 크레올로 된 문학 작품을 생산해 내기도 하는 이 지역은 문화 혼종성이 가장 뚜렷하게 감지되는 공간이다. 크레올은 카리브 지역의 혼종성을 하나로 아우르는 총체적 개념으로 발전한다. 흔히 '크레올리테(créolité)'라고 하는 이 개념은 어지러울 정도로 혼돈스러운 이 지역을 갈등과 닫힘, 혹은 획일화된 통일성으로 묶으려는 것이 아니라 타자를 인정하고 공존과 상생의 틀을 마련하는 열린 공간으로 만들고자 하는 시도를 담고 있다.

[원종익]

피진, 혼종화/혼종

참고문헌

· Jacques Arends, Pieter C. Muysken, Norval Smith, *Pidgins and Creoles: An Introduction*, John Benjamins, 1994.
· Jean Bernabé, Patrick Chamoiseau, Raphaël Confiant, *Éloge de la créolité*, Gallimard, 1989.
· Loreto Todd, *Pidgins and Creoles*, Routledge, 1990.
· Mark Sebba, *Contact langages: Pidgins and Creoles*, MacMillan, 1997.

크로노토프

F: chronotope *E:* chronotope *D:* Chronotopos

✳ 작품 속에 예술적으로 표현된 시간과 공간 사이의 내적 연관을 지칭

A

'시공간' 혹은 '시공성'으로 번역할 수 있는 크로노토프는 그리스어 'chronos(시간)'와 'topos(공간)'의 합성어로, 시간과 공간이 불가분의 관계를 맺고 있음을 전제하고 있다. 본래 수학에서 사용되었으며, 베르그송과 칸트에 의해 철학의 개념으로도 사용되었다. 바흐친은 자연과학과 철학의 개념으로 사용되던 크로노토프를 문학 이론에 처음 도입하여 '문학의 형식적 구성 범주'로 사용했다.

바흐친은 예술적 공간을 예술 작품의 독자적인 형식 범주로 보지 않는다. 공간은 항상 시간과 긴밀한 내적 연관을 맺고 있으며, 양자 간 불가분의 관계가 하나의 통일된 전체로 문학작품 속에 구조화되어 나타난다는 것이다. 그래서 바흐친은 예술적 공간이라는 개념을 독자적인 의미로 사용하지 않고, 작품 속에 예술적으로 표현된 시간과 공간 사이의 내적 연관을 지칭하는 '크로노토프'라는 개념을 사용한다.

바흐친은 「소설 속의 시간과 크로노토프의 형식: 역사적 시학에 따른 논고」라는 논문에서 크로노토프가 무엇보다도 문학작품의 장르적 본질과 변형을 결정하는 근본적인 요인이라 생각한다. 그래서 '역사적 시학'이란 부제가 시사하듯이 그는 크로노토프라는 틀을 통해서 그리스 신화부터 시작하여 중세의 기사도 로맨스를 거쳐 르네상스 시대의 라블레 소설에 이르기까지 소설의 변화·발전 과정을 역사적 맥락에서 추적하고 있다.

이처럼 바흐친에게 크로노토프는 소설을 구성하는 기본적 사건들을 조직하는 중심이면서 이야기의 마디가 맺히고 풀리는 곳이고, 수제트를 구성하는 의미를 생성하며 문학작품의 장르(특히, 소설 같은 서사적 장르)를 규정하는 내적 구조를 조직하는 중심이다. 또한 바흐친은 시간과 공간의 결합 방식에 따라, 다시 말해 시간과 공간이 사용되는 비율에 따라 세계관이 달라진다고 말함으로써, 크로노토프를 연대기 상의 소설 변화 과정뿐만 아니라 세계관의 변화라는 더 근본적인 문제와 연계시킨다.

B

바흐친은 작품(텍스트) 속에 묘사된 세계의 크로노토프들은 그것이 묘사하는 세계의 실제적인 크로노토프들부터 나온다고 말하면서 예술적 크로노토프가 현실세계의 크로노토프에 근거한 것임을 강조한다. 다시 말해 예술적 크로노토프는 항상 현실세계 속에 자신의 원형을 갖고 있다는 것이다. 바흐친은 자신의 논문에서 예술가가 '묘사하는 세계의 실제적인 크로노토프들'만을 언급한다. 예컨대 "길의 크로노토프"(보편적인 크로노토프), "성채의 크로노토프"(중세의 역사소설), "응접실과 살롱의 크로노토프"(스탕달과 발자크의 소설), "지방 소도시의 크로노토프"(플로베르의 소설), "문턱의 크로노토프"(도스토예프스키의 소설) 등이 그것이다.

바흐친이 주목하는 길, 성채, 응접실과 살롱, 지방 소도시, 문턱이라는 크로노토프는 소설 속에서만 존재하는 장소가 아니라 실재하는 현실적 장소이기도 하다. 그리고 바흐친이 지적하는 소설 속 장소들의 크로노토프가 갖는 특성은 현실적인 장소로부터 연유하는 것이다. 이렇게 바흐친이 주목하는 소설 속 공간들은 예술적 언어로 표현된 실재하는 현실 속의 공간이다. 이러한 바흐친의 역사 시학적 입장은 예술 작품의 세계가 창조하는 특수한 시간과 공간의 가능성을 원천적으로 배제하고 있다.

[문재은]

수제트, 장르

참고문헌

· 권기배, 「바흐찐 크로노토프 이론의 국내 수용에 관한 고찰」, 『노어노문학』 18권 1호, 한국러시아문학회, 2006.
· 김욱동, 『장편소설과 민중언어』, 문학과지성사, 1988.
· 미하일 바흐친, 『장편소설과 민중언어』, 전승희 외 역, 창작과비평사, 1988.
· 이병훈, 「예술적 공간을 보는 두 가지 관점」, 『러시아문학연구논집』 12권, 한국노어노문학회, 2002.

클라이맥스(절정)

F: climax *E:* climax *D:* Klimax

1. 전통적인 플롯 구성에서 대립과 갈등이 최고조에 달하는 지점을 지칭하는 말
2. 표현의 강도를 점점 높여 나가면서 마지막을 가장 강하고 중요한 어구로 끝맺는 표현법이며, 수사학적 점층기법이라고도 부른다.

A

클라이맥스는 '사다리'라는 뜻의 그리스어 '클리막스(klimaks)'에서 유래한 말로, 점진적인 상승에 뒤이어 이르는 정점, 혹은 절정을 의미한다.

서사의 플롯 구성에서는 갈등이 최고조에 이르는 지점을 지칭한다. 인물들 간의 대립과 갈등이 점점 첨예화되어 긴장이 최고조에 달하는 지점으로, 독자(청자, 관객)에게 가장 강한 심리적 자극을 일으키는 지점이다. 이 지점에서 갈등은 어떤 상태로든 해결되지 않으면 안 되며, 이때부터 플롯은 해결의 단계(결말)로 접어든다. 플롯과 관련된 개념으로 클라이맥스는 담론상의 상당한 공간을 차지하며, 핵심사건(key event, 스토리 선상에서 가장 중요하고 핵심적인 사건. 핵심사건이 일어나는 순간을 결정적 계기 또는 키 모멘트 key moment라고 함)은 일반적으로 이 부분에서 나타난다.

독일의 비평가 프라이타크(G. Freytag)는 『드라마 기법』(1863)에서 희곡의 플롯 구조를 상승적 행위(rising action, '발단'과 '전개'가 이 단계에 포함됨), 클라이맥스, 하강적 행위(falling action, '위기'와 '결말'이 이 단계에 포함됨)로 이루어지는 피라미드 형태로 특징짓는데, 이후의 비평가들에게 큰 영향을 미친다.

신비평가들의 서사 연구는 클라이맥스를 중심으로 한 플롯의 전개 과정에 크게 관심을 갖는다. 토도로프에 의하면, 완전한 플롯은 '평형 상태→비평형 상태→평형 상태의 회복'이라는 구조를 갖는데, 이 구조에서 절정은 '비평형 상태'의 끝 지점으로 설명될 수 있다.

총체적 서사 구조와 플롯을 파괴하고자 하는 현대적 서사에서는 전통적인 클라이맥스 개념이 자주 무시되며, 그 기능과 중요성도 현저히 약화된다.

B

점층기법이라고도 부르는 클라이맥스는 "표현의 강도를 조금씩 높여 나가면서 맨 마지막을 가장 강하고 중요한 어구로 끝맺는" 비유적 표현기법을 가리킨다. 보통 클라이맥스는 의미 단위(낱말, 어구, 절, 문장)를 중요성의 순서가 점점 상승하도록 배열함으로써 얻을 수 있다. "기는 놈 위에 뛰는 놈 있고, 뛰는 놈 위에 나는 놈 있다"는 속담은 클라이맥스에 대한 좋은 예로, 의미를 점점 강조함으로써 설득력을 높이고 강한 호소력을 발휘하는 효과가 있다.

점층기법으로서 클라이맥스는 절들을 단어로 연결해서 의미를 점점 강조하는 형태도 포함한다. 이를테면, 연속된 절들을 배열하여 한 절의 중요한 마지막 단어가 다음 절의 시작 단어로 반복되어, 뒤따라오는 각 절의 강도나 중요성이 점점 커지는 형태다. 앞 절의 중요한 마지막 단어를 다음 절의 맨 앞에서 반복하는 것을 수사학적 용어로는 전사반복(anadiplosis)이라고 하는데, 이 경우 점층기법은 반복법과 함께 쓰인다. “다만 이뿐 아니라 우리가 환난 중에도 즐거워하나니 이는 환난은 인내를, 인내는 연단을, 연단은 소망을 이루는 줄 앎이로다”(「로마서」 5:3~4)는 점층법과 전사반복법이 함께 쓰인 좋은 예이다.

반의어는 점강기법(anticlimax)으로, “말로 주고 되로 받는다”의 예에서 보듯이 의미를 점점 약하게 하거나 중요성이 덜한 낱말이나 어구 순으로 서술해 나가는 표현법을 가리킨다.

C

리치(G. N. Leech)와 쇼트(M. H. Short)는 담화 내에서 클라이맥스의 음운론적 원칙에 주목한다. 그들은 일련의 음조가 나열되면서 최종적 위치에 있는 의미 단위가 정보의 가장 중요한 초점을 이룬다는 사실을 발견한다. 언뜻 보아 ‘문미초점(end-focus)’과 비슷해 보이는 이 개념은 음운론뿐만 아니라 통사론에서도 잘 나타난다. 도미문(periodic sentences, 문미에 이르러 비로소 문장의 뜻이 완결되는 장문)일수록 주절이 지연되면서 클라이맥스가 자주 나타나며, 언술에서보다는 서술에서 더 많이 나타난다. “나는 망했다. 나는 죽었다. 나는 살해당했다”(몰리에르, 『수전노』)는 통사론적 의미의 클라이맥스에 해당하는 표현법의 좋은 예다.

[김중현]

결말(대단원), 담화(담론), 반복(법), 서사, 스토리, 초점화, 플롯

참고문헌

· 김욱동, 『수사학이란 무엇인가』, 민음사, 2008.
· Catherine Fromilhague, *Les Figures de style*, Armand Colin, 2007.
· Gustav Freytag, *The Lost manuscript; A Novel*, General Books, 2009.
· Geoffrey Neil Leech, Jonathan M. H. Short, *Style in fiction*, Longman, 1981.

클리셰(상투어)

F: cliché *E:* acliché *D:* Klische

1. 문학 · 예술 · 연극 따위에서 너무 익숙하게 사용되어 판에 박은 듯한, 그래서 진부해진 문구나 표현 혹은 그 밖의 예술적인 요소들
2. 상투적인 줄거리 전개, 장면, 효과, 표현 혹은 상투어구
3. 영화 · 드라마 등의 대중매체에서 특정 생각이나 관념을 관객들에게 쉽게 불러일으키기 위해 반복되어 사용해 사용하는 표현, 대사, 등장인물 등을 지칭

A

클리셰(cliché)는 원래 인쇄에서 사용되는 '연판(鉛版)'이란 의미의 프랑스어다. 19세기 인쇄 용어에서 유래된 '클리셰'는 인쇄공들이 통상 자주 쓰이는 상용구를 편하게 사용하기 위해 활자판에 쉽게 끼워 넣을 수 있도록 미리 준비해 둔 상용구의 조판이었다. 그러다가 판에 박은 듯한 문구나 표현 혹은 관념을 지칭하는 용어로 뜻이 확대되었다. 클리셰라 부를 수 있는 내용들은 원래적 의미에서 벗어나서 어떤 특정의 전형(stereotype)을 묘사하기도 하며, 문학적으로는 너무 자주 사용되어 진부하게 느껴지는 표

현이나 개념 등을 비유하는 말로 쓰인다.

B

클리셰는 독자의 데자뷰(déjà-vu, 기시감) 효과에 기인하므로 독자는 텍스트 내에서의 반복을 통해 혹은 과거 경험을 통해 이미 알고 있는 내용이 있어야만 가능하다. 아모시(R.Amossy)는 “독자가 클리셰인 것을 눈치채지 못하면 의미가 없으므로, 텍스트 밖에서는 의미가 없다”라고 단언한다. 문학작품에서는 전형적이고 상투적인 표현이 반복적으로 사용된다. 예를 들면, 어떤 문학작품에서 ‘부드러운 가을바람’이란 문구가 나오면 그 다음 행에는 ‘꽃들 사이로 흐른다’라는 문구로 이어지는 것, 혹은 슬픔을 묘사하는 장면에서는 ‘비가 추적추적 내렸다’라는 식의 묘사가 나오는 것을 말한다. 이처럼 계속되는 반복이 클리셰의 가장 중요한 특징이다. 시에서는 ‘시냇물’ 앞에 ‘졸졸 흐르는’이 오는 것도 클리셰에 해당된다.

최근에는 의미가 더 발전되어 영화, 연극, 음악, 비평 등 다양한 대중문화 분야에서 진부한 공식과 규칙에 맞춰 흔히 쓰이는 장치나 문구 등을 지칭하는 말로 사용되고 있다. 대중문화에서 클리셰는 재미 혹은 코믹 요소를 부각시키거나 작가주의적 맥락을 강조하기 위해 이용되기도 한다. 우유센(John Woo) 감독의 액션 영화에서 총격 장면이 나오기 전에 비둘기가 날아가는 것, 로맨스 영화에서 아련한 상황을 묘사하기 위해 주인공들이 모른 채 스쳐 지나가는 것, 스포츠 영화에서 종료 직전에 꼭 득점을 하는 것 등이 그러한 사례다.

클리셰에는 사회적 인식도 반영되어 있다. 예를 들면 등장인물의 경우, ‘선글라스를 항상 착용하고 다니는 남성은 세상 물정에 익숙하고 멋쟁이 기질이 있다’고 인식된다. 클리셰는 통상 반복되어 사용되므로 생명력 있는 정서와 독창적인 아이디어가 결여되었다는 것이 일반적인 평가다. 작품에서 공식과 규칙으로서 클리셰가 무차별적으로 반복 나열되면 지루하고 따분하며 진실성을 찾아볼 수 없게 되기 때문에, 작가가 클리셰를 남용하는 것은 매우 무분별하고 무책임한 행동이라고 할 수 있다.

C

클리셰에 반드시 부정적인 면만 있는 것은 아니다. 클리셰가 될 수 있는 내용은 처음 제작 당시에는 독창성이 있었다. 그 내용이 유행어처럼 사람들에게 쉽게 받아들여질 수 있기 때문에 반복 사용되는 것이다. 다만 그런 까닭에 애초의 독창성이 사라질 뿐이다. 더욱이 사람은 보통 심리적으로 자신이 기대하는 일들이 직접 벌어지고 자신의 추측이 맞을 때 쾌감을 느끼곤 하는데, 클리셰가 이 부분을 충족시켜 주는 측면이 있다. 클리셰가 되는 내용은 익숙한 덕에 대중들로 하여금 내용에 대한 기대와 예측을 가능하게 만들고, 매력과 친숙함을 느낄 수 있게 하므로 클리셰를 적절하게 잘 활용한다면 작품에 도움을 줄 수 있다.

아인손(A. Einsohn)은 "편집자는 글에서 클리셰를 전부 삭제하려 할 것이 아니라 엄격하게 선별해서 사용해야 할 것"이라 말한다. 클리셰는 무조건 배척해야 할 대상이 아니라 조절의 대상이라는 의미인데, 클리셰를 잘 사용하면 독자들을 만족시킬 수 있기 때문이다. 클리셰의 특징들을 좀 더 확대하여 생각해 보면, 작품에서 정형화된 형식 혹은 요소 사용을 말하는 협약(convention)과의 경계가 애매해질 수 있다.

[이종오]

참고문헌

· Amy Einsohn, *The Copyeditor's handbook: A Guide for book publishing and corporate communications with exercises and answer keys*, University of California Press, 2000.

· John Frederick Nims, David Mason, *Western wind: An Introduction to poetry*, McGraw-Hill, 1999.

· Margery Sabin, "The Life of english idiom, the laws of french cliché", *The*

Dialect of the Tribe, Oxford University Press US, 1987.
· Ruth Amossy, Terese Lyons, “The Cliché in the reading process”, *Substance* 35, University of Wisconsin Press, 1982.

키니식스(키님, 키네틱아트, 키네스테틱스, 키네틱톤)

F: kinésique(kinème, art kinétique, kinesthétique, ton kinétique)
E: kinesics(kineme, kinetic art, kinaesthetics, kinetic tone)
D: Kinesik(Kineme, kinetische Kunst, Kinästhetik, kinetischer Ton)

✻ 1. 신체언어 또는 그에 관한 학문 (키니식스)
2. 키니식스를 구성하는 몸짓이나 동작의 최소 의미 단위로서의 동작소 (키님)
3. (신체의) 움직임을 의미 전달의 주요 형식으로 하는 예술 (키네틱아트)
4. 말하기를 생성하는 신체의 움직임에 관한 학문 (키네스테틱스)
5. 어조 단위에서 가장 핵심적인 음절과 관련된 음높이의 이동 방향 또는 어조의 높낮이 (키네틱톤)

Ⓐ

키니식스는 ‘움직임’을 뜻하는 그리스어 ‘kineo’가 어원으로 ‘신체언어 또는 그에 관한 학문’을 가리킨다. 키니식스라는 용어를 1950년대 처음으로 사용하면서 연구한 이는 본래 무용가였던 인류학자 버드위스텔(R.L. Birdwhistell)이다. 키니식스는 침묵의 언어(silent language)라고도 불리는데, 음성언어가 아닌 몸짓(gesture)이나 동작(motion) 등을 소통체계의 근간으로 하기 때문이다. 다시 말해 키니식스는 음성언어 이전부터 있어온 인류 최초의 소통 양식이라고 할 수 있다.

의사소통에서 어휘가 차지하는 비중이 30~35퍼센트 정도에 지나지 않는다고 보는 버드위스텔은 인간의 신체 움직임을 체계적으로 분석하면서 그것이 얼마나 잘 양식화되고 사회화되어 있는지를 보여준다. 그에 따르면, 인간의 잠재적 표정이나 움직임은 수천 가지에 이르나 사회마다 실제로 의미 있는 신체언어, 즉 키니식스로 양식화된 수치는 한정되어 있다. 그러한 한정된 의미소, 다시 말해 '키니식스를 구성하는 몸짓이나 동작의 최소 의미 단위로서의 동작소'를 버드위스텔은 키님이라 규정하는데, 키님은 음성학의 음소(phoneme)에 상응하는 개념이다. 키니식스는 키님의 연쇄를 통해 의미를 생성할 수 있다.

B

키니식스는 흔히 음성언어의 보조 수단으로 간주되나, 때로 결정적인 의미소통 수단이 될 수도 있다. 음성언어보다 논리적이지 않지만 감정을 보다 솔직히 드러낼 수 있기 때문이다. 담화분석가들은 동영상 녹화 기술의 일반화에 따라 대면(face-to-face) 상호작용이라는 측면에 관심을 갖기 시작했다. 그들은 의사소통에 있어 키니식스가 음성언어만큼이나 중요한 기능을 한다는 사실을 밝혀냈다. 예컨대 미소를 짓거나 눈살을 찌푸리거나 하는 얼굴의 표정, 또 주먹을 쥐거나 발을 구르거나 하는 신체의 움직임은 감정과 마음가짐을 지시하는 담화 강화 행위일 뿐만 아니라, 대화를 주고받는 상황과 관련된 중요한 단서는 물론 정보 수용에 대한 반응을 담화 참여자들에게 제공하는 행위이기도 하다. 시선의 교차나 응시의 지속시간, 눈썹의 움직임 등 온갖 몸가짐이 모두 중요한 담화 기호가 되는 것이다. 소설과 같은 글쓰기에서 이러한 키니식스의 정보는 묘사로 나타나며 마음가짐 등을 이야기하는 단서로 제시될 수 있다.

C

키니식스는 문화권별로, 또한 예술 장르별로 각기 고유의 체계로 나타난다. 예컨대 손가락을 치켜세우는 키님은 문화권에 따라 칭찬의 의미가 되기도 하고 조롱의 의미가 되기도 한다. 또한 '(신체의) 움직임을 의미 전달의 주요 형식으로 하는 예술'인 키네틱아트에는 발레나 마임, 연극 등과 같은 예술 장르가 있는데, 장르별로 고유의 키니식스를 갖는다.

엘람(K. Elam)은 연극의 키니식스 코드는 무대에서 실생활의 신체언어도 활용함으로써 진정한 동작연속체(kinesic continuum)의 일부를 이루었다고 밝힌다. "(서사극의) 줄거리는 연속성을 갖지 않는다. 각기 실생활에 상응하는 부분을 지시하는 독자적인 부분들이 통일된 전체를 이룬다"고 하는 브레히트식의 서사극에서 몸짓은 특히 중요한 역할을 하며, 일상적인 희로애락의 멜로드라마나 소극(광대극)에서도 잘 나타난다.

나아가 피쉬(S. Fish)는 문학까지도 키네틱 아트라고 주장하는데, 책을 읽을 때도 페이지를 넘기고 줄을 따라 읽는 등의 움직임이 수반되기 때문이다.

D

행위예술뿐만 아니라 '말하기'도 신체의 움직임 없이 생성될 수는 없다. 말하기는 항상 입과 목, 가슴, 근육 등의 움직임을 동반한다. 이러한 '말하기를 생성하는 신체의 움직임에 관한 학문'을 가리켜 키네스테틱스라고 한다. 엡스타인(E.L. Epstein)을 비롯한 일부 비평가들은 비록 공론화에는 실패했지만 문학에서도 시의 운율 등을 들어 키네스테틱스적인 호소나 감응을 논하기도 했다. 그리고 일부 음성학자들은 말하는 억양에서 키네틱 톤 개념을 사용하는데, 이는 '어조 단위에서 가장 핵심적인 음절과 관련된 음높이의 이동 방향 또는 어조의 높낮이'를 말하는 것이다.

[류은영]

글쓰기, 담화(담론), 묘사(기술記述), 서사, 장르, 형식

참고문헌

· Edmund Lloyd Epstein, *Language and style*, Methuen, 1978.

· Keir Elam, *The Semiotics of theatre and drama*, Methuen, 1980.

· Ray Lee Birdwhistell, *Introduction to kinesics: An Annotation system for analysis of body motion and gesture*, University of Louisville Press, 1952.

· __________, *Kinesics and context: Essays on body motion communication*, University of Pennsylvania Press, 1970.

· Stanley Fish, "Literature in the reader: Affective stylistics", *New literary history*, vol. 2, no. 1, 1970.

E

타자

F: autre *E:* other *D:* andere

✳ 1. 자기 또는 동일자 이외의 다른 존재
2. 구성적 타자라고도 하며 주체 또는 그 정체성을 구성하는 다른 존재
3. 여성, 식민지(인), 제3세계(인), 소수자, 독자 등 주류 이외의 존재

A

일반적으로 '자기(oneself) 또는 동일자(the Same) 이외의 다른 존재'를 가리킨다. 타자는 현대에 와서 철학, 특히 유럽 대륙철학 및 문학비평의 핵심 개념이 되었다. 대륙철학에서 타자는 '구성적 타자(constitutive other)라고도 하며 주체 또는 그 정체성을 구성하는 다른 존재'를 의미한다. 문학비평에서 타자는 '여성, 식민지(인), 제3세계(인), 소수자, 독자 등 주류 이외의 존재'를 말한다.

B

유럽 대륙을 중심으로 19~20세기에 걸쳐 형성된 독일관념론, 현상학, 해석학, 프랑크푸르트학파의 비판이론, 실존주의, 구조주의, 후기구조주의 등의 대륙철학에서 주체는 동일성이 아니라 '차이'의 탈주체적 상호관계에 의해 구성되는 존재로 나타난다. 다시 말해 주체는 순일한 존재가 아니라 그 정체성을 구성하는 차이의 존재, 즉 타자와의 관계를 통해서만 형성

되는 존재이며, 따라서 타자는 주체를 구성하는 필연적 존재가 된다.

현상학과 존재철학을 해석학과 접목시켜 새로운 타자의 철학을 제시한 레비나스(E. Levinas)의 타자 개념은 '타자를 위한' 윤리적인 가치에서 출발하는 것으로, 타자란 상호 지배관계가 아닌 선대(善待)관계에서 주체가 세계와의 의사소통을 가능하게 하는 존재 또는 조건이다. 칸트(I. Kant)의 비판철학과 독일관념론, 특히 헤겔(G.W.F. Hegel) 철학을 계승하고자 한 아도르노(Th.L.W. Adorno)를 비롯한 프랑크푸르트학파는 변증법적 모순이 현실의 본질적 특성이라고 말하면서 존재는 자기규정을 위해 타자가 변증법적으로 필요하다고 역설한다. 유사한 논리에서 실존주의자 사르트르(J.P. Sartre)는 인간은 이타적 존재로, 타자는 존재를 규정하는 구조라고 설명한다.

구조주의의 논리적 기반을 정립한 소쉬르(F. de Saussure)에게 타자란 기호 차이에 의한 관계의 총체이며, 구조적 마르크스주의자 알튀세르(L.P. Althusser)에게 타자란 최종심급에서 구조화된 경제적 관계의 총합이다. 해체철학, 정신분석학, 페미니즘 등의 후기구조주의 사상가들에게 타자는 주체와 상호주체적인 관계에 있는 것으로, 데리다(J. Derrida)에게 타자란 차연 관계에 의해 발현되는 해체적 존재이고, 푸코(M. Foucault)에게 타자는 다양한 사회적 권력 관계의 총체이다.

또한 라캉(J. Lacan)은 타자를 소타자(other)와 대타자(Other)로 구분해 설명하는데, 소타자는 실제 타자가 아니라 자아의 반영이자 투사로 자아의 상상적 거울상이거나 유사자(semblable)이며, 대타자는 동일화를 통해 동화될 수 없는 근본적인 타자성으로서 의식으로는 인식 불가능한 무의식의 상징적 장이다.

Ⓒ

문학비평에서 타자는 여성, 식민지(인), 제3세계(인), 소수자, 독자 등 구조 주변의 해체적 존재를 의미한다.

문학비평에서 타자에 대한 논의는 페미니즘을 통해 본격화된다. 해체철학과 정신분석학의 영향을 받은 페미니즘은 남성 중심의 사회 구조에서 타자로 간주되는 존재는 여성이라고 말하며, 여성은 단지 여자가 아니라 구조에서 억압되고 소외된 모든 존재를 의미하는 것이라고 설명한다. 예컨대 보봐르(S. de Beauvoir)는 주류 담론에서 주체는 남성이며 여성은 타자라고 지적한다. 그녀에 의하면 여성이 항상 권력이나 담론의 중심에서 배제된 주변적이고 부수적 존재라는 인식은 인류의 오랜 가부장적 문화에서 남성은 물론 여성 스스로도 자각하지 못한 채 익숙해진 관념이라는 것이다. 따라서 페미니즘문학은 권위와 질서, 논리로 닫힌 로고스적 상징체계의 남성적 글쓰기 대신 아이와 어머니의 관계에서 비롯하는 유희적이고 대화적인 욕망의 상상체계를 따르는 여성적 글쓰기를 복원하고자 했다.

남성과 여성, 주체와 타자의 구별이 없는 여성적 글쓰기는 아이와 어머니의 대화에 내재하는 몸짓, 표정, 어조 그리고 침묵까지 의미 이전의 혹은 그 너머의 아니면 심층의 육체적이고 무의미한 비언어적 소통의 특성을 띤다. 이러한 여성적 글쓰기의 전형은 크리스테바(J. Kristeva)가 분석해 보여준, 문학장에서 소외되었던 로트레아몽(C. de Lautréamont), 말라르메(S. Mallarmé)와 같은 아방가르드적 시인들의 시라고 할 수 있다. 논리나 의미보다 욕망에 호소하여 광적이라 평가받았던 그들의 시는 모두 구조와 가치, 의미의 상징계로부터 억압되고 소외된 타자의 목소리였다.

여성이라는 타자는 단지 여자가 아니라 구조에서 소외된 모든 존재라고 페미니스트들이 밝혔듯이, 문학장에서 타자는 여성뿐 아니라 식민지(인), 제3세계(인), 소수자, 독자를 포괄하는 개념으로, 타자의 논리는 비주류적인 식민지문학, 제3세계문학, 소수문학으로 이어진다. 뿐만 아니라 서양문학 주도적인 세계 문화 지형도에서 보면 동양문학도, 또한 절대 타자인 신에 대한 담론인 기독교문학도 타자의 문학으로 포괄할 수 있을 것이다.

그리고 타자는 관계적이고 해체적이라는 존재론적 결론은 문학의 장에서 대화적이고 수용적인 텍스트의 논리와 연계된다. 텍스트는 작가의 타자 아니면 상호주체라 할 수 있는 독자 각자에게 다르게 현전하는 의미이며, 따라서 독서는 현전할 의미를 향한 무한한 대화의 실천, 독자라는 타자의 의미생성행위, 곧 창조행위가 되는 것이다.

[류은영]

글쓰기, 독자, 동일화, 문학장, 상징계,
작가(저자), 주체, 차연(差延), 텍스트

참고문헌

· 자크 데리다, 『글쓰기와 차이』, 남수인 역, 동문선, 2001.
· Emmanuel Levinas, *Humanisme de l'autre homme*, Fata Morgana, 1972.
· Jacques Lacan, *Ecrits*, Seuil, 1966.
· Julia Kristeva, *Pouvoirs de l'horreur*, Seuil, 1980.
· Roland Barthes, *Le Degré zéro de l'écriture*, Seuil, 1972.

탈영토화/재영토화

F: déterritorialisation/reterritorialisation
E: deterritorialization/reterritorialization
D: Deterritorialisierung/Reterritorialisierung

✺ **탈영토화는 기성의 구조이자 체계인 영토의 경계를 벗어나려는 해체적 작용이며, 재영토화는 새로운 영토의 형성을 향해 나아가는 생산적 작용을 이름**

Ⓐ

탈영토화와 재영토화는 들뢰즈와 반(反)정신의학자인 가타리(F. Guattari)

가 『앙띠 오이디푸스』와 『천개의 고원』에서 강제적이고 억압적인 자본주의적 사회 구조에 대한 저항적 인간 존재 방식을 설명하기 위해 사용한 상호보완적인 용어다. 여기서 영토란 사회의 규범적 구조이자 체계이며, 동시에 새로운 생산의 장(場)을 말한다. 그러므로 '탈영토화는 기성의 구조이자 체계인 영토의 경계를 벗어나려는 해체적 작용이며, 재영토화는 새로운 영토의 형성을 향해 나아가는 생산적 작용'을 일컫는다. 그런데 재영토화는 생산되는 동시에 다시 고착될 수 있는 바, 탈영토화는 재영토화를 지향하는 동시에 다시 해체하는 과정을 반복한다. 요컨대 탈영토화와 재영토화는 상호 순환적이고 반복적인 이중 작용이다.

B

탈영토화와 재영토화는 기본적으로 현대 자본주의의 관념적 원리인 정신분석학에 대한 비판적 관점에서 정립된 개념들이다. 들뢰즈와 가타리는 인간의 욕망을 오이디푸스콤플렉스와 거세콤플렉스가 낳은 결여의 충족을 위한 작용으로 설명하는 정신분석학적 논리를 비판하며, 인간 욕망의 본질을 결여의 충족이 아니라 생산의 열망이라는 관점에서 설명한다. 두 학자에 따르면, 탈영토화는 억압된 욕망의 해방이며, 따라서 정신분열은 욕망의 역동적이고 창조적인 분출로 자본주의 세계에서 최선의 생존 전략이고, 정신분열증 환자는 가장 대표적인 탈영토화된 존재다.

C

들뢰즈와 가타리의 관점에서 보면 시인과 광인은 동일하다. 그들은 모두 구조와 가치, 의미의 체계로부터 억압되고 소외된 존재들이며, 동시에 그 체계에 저항적인 존재들이다. 탈영토화와 재영토화의 작용은 보편이 아니라 소외와 소수에 대한 인식, 소수를 다수의 차원으로 끌어올리려는 상호주관적인 저항 전략이다. 이는 곧 탈영토화와 재영토화가 노마디즘의 전략이 되는 이유다. 탈영토화와 재영토화는 세계의 해체와 동시에 융합에 대한 이중적 열망이다. 기성의 세계에 저항하며 광기 어린 열정으로 삶을 변화시켜 새로운 세계를 구현하고자 한 노마드적인 작가들, 예컨대 카프카를 비롯한 사드(Marquis de Sade)나 랭보(A. Rimbaud), 바타이유(G. Bataille) 등의 저항적인 글쓰기는 탈영토화인 동시에 재영토화의 문학적 발현으로 로고스적인 구조에서 억압된 모든 비논리적인 것, 일탈적인 것, 분열된 것들을 조명하고자 한다.

[류은영]

결여, 노마디즘(유목주의), 오이디푸스콤플렉스, 장(場)

■ 참고문헌

· 질 들뢰즈, 펠릭스 가타리, 『앙띠 오이디푸스』, 최명관 역, 민음사, 1994.
· __________, 『천개의 고원』, 김재인 역, 새물결, 2001.

텍스트

F: texte *E:* text *D:* Text

✳ 1. 일반적으로 문학비평에서는 구체적인 문학작품, 혹은 쓰인 문서나 인쇄된 문헌을 지시하는 용어
2. 바르트 이후에는 기호의 무한한 놀이를 통해 의미를 산출하는 모든 담론을 가리키는 용어

Ⓐ

어원적으로는 '천을 짜다'라는 뜻의 라틴어 동사 '텍스테레(textere)'에

서 파생된 명사 '텍스투스(textus)'에서 나온 말이다. 고유한 의미에서 텍스트는 종결 표식을 가진 독립적인 읽기 단위가 되는 언표들의 연쇄를 가리킨다. 이 용어는 일반적으로는 '쓰인 언표'들의 연쇄를 지시하기 위해 사용되지만, 일정한 조건을 갖춘 '말해지는 언표'들의 연쇄를 지시하기 위해서도 사용될 수 있다. 그러니까 텍스트는 종결과 내적 일관성으로 특징지어지는 개개 담론의 사건이다.

텍스트의 길이는 아주 다양하지만, 최소 단위는 문장이다. 텍스트는 그것이 속하는 담론 장르에 따라 과학텍스트, 종교텍스트, 법률텍스트, 문학텍스트 등으로 분류된다. 각각의 텍스트 장르는 특유한 법칙을 따르고 고유한 목적지향성을 갖고 있다. 문학 텍스트는 문학 이론의 중요한 분석 단위를 이룬다.

아리스토텔리스의 『시학』에서부터 낭만주의와 리얼리즘 문학론에 이르기까지, 그리고 형식주의와 분석비평을 거쳐 구조주의에 이르기까지, 전통적인 문학연구에서 텍스트는 언제나 유기적 구조를 지닌 통일체로서 어떤 유일한 의미를 갖고 있는 믿음의 대상이었다. 세계와 인간의 삶은 갈등과 모순으로 가득 차 있지만 그것의 미적 의미화 실천인 문학 텍스트는 그러한 갈등과 모순을 총체적인 의미와 체계로 통일시키고 미적 구조 안으로 수용해서 조화시키는 기능을 한다고 믿었다. 그때 텍스트는 자족적인 것이 되고, 작가의 완전한 표현이기 때문에 유일하고 고정된 의미를 지니게 되며, 이른바 정전(正典)으로 문학연구의 제도 안에서 지배적인 권위를 갖게 된다.

B

텍스트가 한 닫힌 체계, 일종의 유기체를 이루고 있다는 생각은 여러 관점에서 비평될 수 있다. 우선, 우연 때문이 아니라 의식적인 명백한 의지에 의해서, 열려 있고 불완전한 많은 문학 텍스트가 존재할 수 있다. 그리고 대부분 문학 텍스트의 기본적인 특징은 다의성이다. 그러므로 문학 텍스트는 복수적 읽기가 가능하고, 다양한 읽기 모델이 허용될 수 있다. 문학 텍스트의 수용은 언제나, 고유한 텍스트 구조에 의해서 완전히 결정되는 것은 아니다. 모든 텍스트 읽기는 일종의 건축물인데, 그 건축물은 특정한 시대에 유효한 읽기 규범을 따르지만 개별 독자가 자기 방식으로 창조할 수 있는 부분도 포함하고 있다.

문학 텍스트가 통일성을 갖고 있다는 생각에 대한 반론은 영미의 마슈레이, 이스트호프, 이글턴 등과 후기 구조주의 이후 바르트, 라캉, 데리다 등에 의해서 이루어진다. 이스트호프는 작가중심의 읽기, 사회적 실천 수준에서 읽기, 기표 수준에서 읽기, 기의 수준에서 읽기 등과 같은 16가지 다른 방식으로 하나의 텍스트를 해석한다. 그러한 각각의 해석은 개별적으로는 일관성이 있는 맥락을 갖지만 다른 해석들과 비교해보면 서로 모순되고 상충되기 때문에, 텍스트가 유기적 의미의 통일성을 갖고 있다고 말할 수 없다.

또한 이글턴은 문학 텍스트의 대상과 방법이 갖는다고 보는 통일성도 환상이라고 주장한다. 문학 텍스트가 유기적 통일성이라는 본질적 특성을 가졌기 때문에 문학 텍스트가 되는 것이 아니라 텍스트를 생산한 사회가 제도적으로, 이데올로기적으로, 정치사회적인 이유 등으로 그 텍스트를 문학 텍스트로 인정할 때 그것이 문학 텍스트가 된다는 것이다. 다시 말해 문학 텍스트의 정체성은 존재론적인 것이 아니라 기능적이고 역사적인 변화의 산물에 지나지 않는다는 것이다.

바르트는 문학작품을 작가의 사상과 감정의 표현으로 보거나 세계의 반영으로 보는 전통적인 시각을 전복한다. 바르트는 작품(work)과 텍스트를 엄격히 구분하고, 텍스트를 단일한 의미가 오가는 매개체가 아니라 다양한 해석의 유희가 펼쳐지는 장으로 규정한다. 데리다가 텍스트의 의미 생산을 '차연'이라는 개념으로 설명하고, 라캉이 기표 안에서 기의의 '미끄러짐'을 주장하는 것은 문학 텍스트는 물론이고 모든 텍스트의 의미가 실재를 지시하는 분명하고 완결된 의미, 즉 의미의 현존이 될 수 없다는 것을 말한다.

이처럼 텍스트는 유기적으로 통일된 의미를 갖고 있는 것이 아니라, 역사적 주체가 '자신을 텍스트에 관련시키는 방법'에 따라 그 의미가 충돌하는 불안정한 언어뭉치인 것이다. 이러한 현상은 아방가르드 텍스트일수록 더욱 과격해진다. 가령, 브레히트와 베케트, 이상(李箱)의 텍스트는 우리가 장르라고 부르는 기존의 의미 생산 규칙을 의도적으로 파괴하여 문학 텍스트가 단절과 불협화음의 분열상이라는 것을 전경화해서 잘 보여주고 있다.

[문재은]

담화(담론), 상호텍스트성, 작품, 장(場),
장르, 차연(差延), 전경화(前景化)

참고문헌

· 권국명, 「문학 텍스트란 무엇인가」, 『어문학』 80호, 한국어문학회, 2003.

텍스트언어학

F: linguistique textuelle *E:* text linguistics *D:* Textlinguistik

✳ **문장을 넘어 텍스트의 바탕을 이루는 텍스트 구성의 일반적인 조건과 규칙 들을 체계적으로 기술하고, 텍스트 수용에서 이들이 수행하는 역할과 의미를 밝혀내고자 하는 언어학의 하위분야**

Ⓐ

텍스트언어학은 언어학의 하위분야다. 형태론이 낱말 형성에 관련된 문제를 다루고 통사론이 문장 또는 구문 형성에 관련된 문제를 다루는 반면, 텍스트언어학에서는 문장을 넘어선 단위인 텍스트를 연구대상으로 삼아 논의를 전개한다. 자체가 포괄적인 용어인 '텍스트'를 연구대상으로 삼는 텍스트언어학은 담화분석, 문체론, 화용론, 사회언어학, 서사학의 연구대상과 다양한 방식으로 겹친다. 미국 언어학계에서는 텍스트분석 대신 담화분석이라는 용어를 쓰기도 하는데, 담화분석은 텍스트언어학의 하위분야에 속한다.

1960년대 유럽, 특히 독일을 중심으로 시작된 텍스트언어학은 1970년대 초까지는 별로 주목 받지 못했다. 그때까지 언어학에서는 문장을 분석의 중요 단위로 간주했기 때문이다. 적어도 1970년대부터 학자들은 어떤 특별한 학문 분야(=텍스트언어학)가 문장 간 관계나 문장 이상의 잠재적 단위들을 담당해야 한다고 주장하기 시작했다. 중요한 관심사는 '텍스트성'과 텍스트의 장르 특성에 따라 텍스트의 유형학을 분류하는 것이었다. 따라서 화용론과 심리학의 영향을 받아 텍스트의 생산과 수용 그리고 텍스트의 사회적 기능에 대한 관심이 집중되었다.

B

초기 텍스트언어학 모델로서 특히 영향력을 발휘한 것은 변형생성문법이다. 문장의 통사생성규칙에 의거해 텍스트를 재구성하려는 텍스트문법에서 처음 사용된 변형생성모델들은 단순서사나 몇 개의 서사 구성요소에서 파생된 복합서사를 성공적으로 만들어 냈다. 문장 층위의 언어학이 탈(脫)맥락적인 문법성과 적격성에 의존했다면, 텍스트 층위의 언어학은 의사소통 과정에 작용하는 모든 요인들을 고려한다.

텍스트언어학은 텍스트성의 기준으로 결속성, 응집성, 의도성, 용인성, 정보성, 상황성, 상호텍스트성의 일곱 가지를 제시한다. 텍스트언어학은 텍스트성의 여러 기준들이 문학작품에서 어떻게 구현되어 문학적으로 기능하고 기여하는지 설명한다. 결속성과 응집성은 작품 내의 언어현상과 논리를 집약적으로 연구함으로써 작품의 구조와 의미를 밝히는 주요 근거가 된다. 의도성과 용인성은 일반적으로, 작가는 작품의 의미와 구조를 독자가 제대로 이해, 수용하도록 의도, 생산하고, 독자는 그러한 의도를 고려해 맥락 속에서 작품을 제대로 이해, 수용하는 과정으로 실현된다.

정보성은 작품의 성격에 따라 정보의 양, 정보의 명시성과 함축성, 객관적 사실성과 가공적 핍진성 등을 파악함으로써 드러난다. 상황성은 작품 해석 측면에서 작품을 둘러싼 시대·사회적 맥락과 상황을, 작품 속에서는 서술자나 인물의 상황 인식과 대응 방법을 고찰함으로써 파악된다. 상호텍스트성은 작품 이해의 바탕으로 깔리는 기존 지식, 시대·사회·이념적 맥락, 전제되고 함축된 세계 지식 들이 작품의 의미에 관여하는 과정을 고찰한다.

C

문체론은 일정한 내용에 대응되는 다양한 표현 방식과 특징을 기술하고 그 요인, 기능, 효과를 설명하는 분야다. 텍스트언어학은 문체론처럼 텍스트의 요소, 구조, 기능을 전반적으로 연구한다. 그러나 문체론은 텍스트언어학에 비해 상대적으로 문학작품, 개별 작가의 특성, 개별 텍스트의 특징과 텍스트 간 변이와 차이, 차이에 따른 기능과 효과 등에 더 적극적이다. 한편 텍스트언어학은 문체론에 비해 다양한 비문학 텍스트, 일반적이고 객관적인 텍스트 논리와 규칙의 체계화, 텍스트성에 대한 유기적·종합적 인식 등에 역점을 둔다.

따라서 텍스트언어학은 다양한 비문학 텍스트 유형·장르의 랑그 문체론과 파롤 문체론에 대한 객관적이고 논리적인 근거를 제공할 수 있다. 또 텍스트나 작품 간 문체의 비교, 대조는 상호텍스트성의 관점에서 심화되고, 개별 텍스트나 작품의 문체의 세부 양상은 결속성, 응집성 등을 통해 정밀하고 명확하게 기술될 수 있을 것이다.

[고광식]

결속구조/결속성, 담화분석, 문체론(문체학),
변형문법, 상호텍스트성, 화용론

참고문헌

· 볼프강 드레슬러, 『텍스트언어학 개론』, 이재원 역, 한국문화사, 2004.
· 클라우스 브링커, 『텍스트언어학의 이해』, 이성만 역, 역락, 2004.
· 하인츠 파터, 『텍스트언어학 입문』, 이성만 역, 한국문화사, 1995.
· 한국텍스트언어학회, 『텍스트언어학의 이해』, 박이정, 2004.

토포스

F: topos *E:* topos *D:* Topos

1. 논증을 발견하기 위한 장소
2. 후속 텍스트들의 창작을 위한 원천으로서 자주 사용되는 한 텍스트의 관습화된 표현이나 구절
3. 확립된 사고체계, 확장된 은유, 묘사의 표준화된 구절, 서구 유럽문학에 반복되는 것들

A

'장소, 위치, 화제, 공통의 장소'라는 뜻을 가진 그리스어 '토포스(topos)'는 라틴어 'sedes', 'loci'로 번역되며, 복수 형태는 '토포이(topoi)'이고, 우리말로는 '말터', '공론', '화제', '일반적 논제' 등으로 번역된다. 토포스는 원래 논증을 발견하기 위한 장소를 뜻하는 개념이었다. 그런데 후대로 오면서 구체적으로 '후속 텍스트들의 창작을 위한 원천으로서 자주 사용되는 한 텍스트의 관습화된 표현이나 구절'을 뜻하게 되었으며, 쿠르

티우스(E. R. Curtius)가 그 의미를 더욱 확장시켜 '확립된 사고체계, 확장된 은유, 묘사의 표준화된 구절, 그리고 호메로스에서 현대까지, 특히 라틴 중세와 르네상스 시대에 서구 유럽문학에 반복되는 것들'로 정의한다.

모든 논증의 주제들이 저장되어 있는 일종의 창고라 할 수 있는 토포스와 항상 연결되는 개념이 토픽(topic)이다. 토픽은 논증의 내용들 즉 토포스를 연결하여 이해 가능한 단위들을 만들어내는 방식을 지칭한다.

토포스는 크게 일반공론(lieux communs)과 특수공론(lieux spéciaux)으로 구분한다. 일반공론은 매우 일반적인 유형의 논제로 어떤 유형의 담론에서도 활용될 수 있는 논제를 말하며, 특수공론은 문맥과 담론에 따라서 변화하는 논제를 말한다.

B

토포스는 아리스토텔레스 이전에도 통용되었지만, 아리스토텔레스의 『수사학』에서 사용되면서 수사학의 한 용어로 자리 잡는다. 아리스토텔레스에게 토포스는 웅변가에게 주어진 상황에서 가장 설득력 있는 논거들을 찾게 해주는 고안물이다. 이것은 라틴 수사학자들에 의해 본래의 의미를 유지하며 다소 변화를 겪게 되는데, 그 변화가 중세에 와서 더욱 커져 '문학 텍스트 창작을 위한 지도원리'가 된다. 그래서 토포스는 이제 논증의 원천이 아니라 문학 텍스트에서 관습이나 일반 주제의 제안자가 되는 것이다.

중세의 이러한 개념 규정에서부터, 원래 수사학의 다섯 단계 중 첫 단계 즉 무엇을 말할 것인가를 찾아내는 발견 또는 창안의 단계에 속한 토포스가 창조성의 문제와 배치되기 시작한다. 문학 텍스트를 창작할 때 이제 토포스는 작가에게 상당한 압력을 가하게 된다. 그 때문에 작가의 창작 방향이 작가도 모르는 사이에 토포스의 방향을 지향하게 되거나 작가의 의도와 무관한 것들이 텍스트 안으로 들어와 문맥의 혼선을 가져오게 된다.

그래서 르네상스 시대에 오면 이런 토포스는 거부나 조롱의 대상이 되며, 무미건조하고 진부한 담론을 생산하고 창조성을 질식시키는 부정적 대상으로 격하된다. 급기야 낭만주의 시대에 체계와 공식을 거부하는 낭만주의 미학의 반란은 토포스를 거부하게 된다. 그때부터 수사학이 학교 정규과목에서 제외되고, 글쓰기는 단순한 편집기술이라는 인식이 자리 잡게 되는 것이다.

C

오늘날 문예학과 언어학에서 토포스는 내용적으로 다르게 사용된다.

문예학에서는 여러 모티프들이 모여서 문학작품 속에 자주 나타나는 안정적인 구조적 형상을 나타낼 때 이것을 토포스라고 한다. 그리고 토포스 중에는 문학 전체나 하나의 문학권 전체에 해당하는 것도 있고, 특정한 사조나 시대에 국한되는 것도 있다. 예컨대 '아름다운 여성은 꽃'이라는 토포스는 문학 전체와, '전복된 세계'라는 토포스는 서유럽 문학권 전체와, 그리고 '잉여인간'이라는 토포스는 19세기 러시아 문학과 상관된다고 볼 수 있다.

얼핏 보면 토포스와 테마가 전혀 차이가 없는 것처럼 보일 수 있다. '전복된 세계'나 '잉여인간'은 하나의 테마로도 흔히 이야기할 수 있기 때문이다. 그렇지만 그 둘 사이에는 개념적으로 본질적 차이가 있다. 주어진 문학 텍스트에서 테마는 원칙적으로 그 텍스트 전체의 분석을 통해서만 결정될 수 있는 반면, 토포스는 그 텍스트의 테마에 대한 분석 이전에 이미 알려져 있는 정형화된 의미화의 사회적 토대라고 할 수 있다.

언어학에서 토포스는 앙스콩브르(J-C. Anscombre)와 뒤크로(O. Ducrot)처럼 언어적 논증의 영역에 국한해서 개념적으로 규정하는 경우와 라스티에(F. Rastier)처럼 보다 포괄적으로 의미 해석을 이끄는 규범적 공리로 규정하는 경우가 있다.

앙스콩브르와 뒤크로는 아리스토텔레스와 마찬가지로 논증과 결부해서 토포스를 이야기하지만 아리스토텔레스와 다르게 논증을 훨씬 더 일반적인 현상으로 생각하고, 토포스를 발화의 논증적 성격을 이끌어 가는 일반적인 원칙으로서 특히 우리의 상식과 연관된 점진적인 성격의 추정 규칙이라고 규정한다.

라스티에는 구조주의 의미론의 전통에서부터 출발해 토포스를 언어적 표현의 해석에 유효한, "사회화된 귀속관계의 기초가 되는 규범적 공리"로 규정한다. 이 경우 토포스는 텍스트 속에서 중첩적으로 작동하는 세 가지 규범화(언어 내재적 체계, 사회적 규범, 개인적 용법) 중에서 사회적 규범, 즉 '사회어'의 중요성을 잘 보여주는 현상이 된다.

D

낭만주의 이후로 잠복기에 들어갈 수밖에 없던 수사학이 20세기 중반 이후로 활발한 논의의 대상으로 부각되며 여러 분야에서 수사학에 대한 새로운 관념 표명이 생겨난다. 수사학의 중요한 목표 중 하나인 논증 또는 논증을 통한 설득이라는 문제도 재해석되고, 수사학적 논증도 수사학의 중요한 테마로 다시 부각되면서 토포스에 대한 관심이 강조되고 있다. 또한 '후속 텍스트들의 창작을 위한 원천으로서 자주 사용되는 한 텍스트의 관습화된 표현이나 구절'이란 정의에서 볼 수 있듯이, 토포스는 상호텍스트성의 전거로, 토픽은 상호텍스트성의 한 행위로 인식되고 있다.

[문재은]

논증, 모티프, 상호텍스트성

참고문헌

· 박성창, 『수사학』, 문학과지성사, 2008.
· 박현수, 『모더니즘과 포스트모더니즘의 수사학』, 소명출판, 2003.
· 이기웅, 「문학 텍스트화와 언어-문화 공간의 토포스」, 『러시아연구』 17권 2호,

서울대학교 러시아연구소, 2007.

· Perelman, Chaim, *La Nouvelle rhétorique: Traité de l'argumentation*, PUF, 1976.

ㅍ

파격구문

F: anacoluthe *E:* anacoluthon *D:* Anakoluth

✻ 1. 논리적 일관성이 없이 통사적 · 문법적으로 결함이 있는 문장
2. 선행사 없이 관계대명사만 사용하는 일종의 생략법

A

부정을 나타내는 전치사 'an'과 '동반하다', '이어지다'를 의미하는 동사 'akolouthein', '길', '방향'을 의미하는 'keleuthos'가 결합해 만들어진 그리스어 '아나콜루소스(anakoluthos)'에서 유래한 말로 '이어지지 않는', '일관성이 없는'의 의미를 지니고 있다.

'A'라는 방식의 통사구조로 시작된 문장이 도중에 'A'와는 다른 방식의 통사구조를 가진 문장으로 바뀌면서(직접목적보어를 취하는 동사에 간접목적보어를 연결하는 등) 문장에 통사적, 문법적 결함이 생겨 논리적 일관성이 없거나 정확하지 못한 문장을 말한다. 예를 들어 "Returning home, his wife was ill(집으로 돌아갔더니, 아내가 아팠다)"라는 영어 문장은, 통상 첫 문장이 분사구문으로 시작될 때 다음 문장의 주어는 분사구문의 주어와 동일한 주어가 되어야 하므로 두 번째 문장의 주어가 '그'로 시작되어야 논리적으로 옳은 문장이지만, 여기서 문장의 주어는 '아내'로, 일반적인 문법에 어긋나는 문장이 된다. 이 문장은 "Returning home, he found that his wife was ill(집으로 돌아가자, 그는 아내가 아프다는 것을

알게 되었다)"가 되어야 정상적인 구문이다.

마찬가지로 '우리에게로 오는 지원군을 보면서, 우리는 승리를 향한 열정이 죽음에 대한 공포에 항복하고 있음을 느꼈다'라고 표현해야 할 것을 '우리에게로 오는 지원군을 보면서, 승리를 향한 열정은 죽음에 대한 공포에 항복하고 말았다'로 표현하는 것 역시 일종의 파격구문이라 할 수 있다.

파격구문은 보통 말보다 생각이 앞서서 처음과 다른 방향으로 벗어나면서 문장의 통사 구성이 단절되거나 불연속적으로 되는 것이라고 볼 수 있다. 그런 점에서 파격구문은 계획되지 않은 즉흥적인 발화를 많이 사용하는 구어에서 흔하게 발생한다. 화자가 흥분하거나 감정이 고조되면서 처음 시작한 표현을 잊어버리거나, 대화의 전체적 흐름이나 맥락을 잊어버림으로써 논리적으로 예정된 문장구조에서 벗어나 일관성이 결여된 문장이 만들어지는 것이다.

문법규칙에 비추어볼 때 파격구문은 문법적 오류나 결함으로 간주되기도 한다. 자연스런 상황에서 즉흥적으로 발화되는 구어와 달리 문법적으로 완전한 문장에 가치를 두는 문학작품에서 문법적, 통사적 오류를 수정하지 않고 그대로 두는 경우, 규범적이고 통상적인 문장 구성에서 벗어난 문체 장치가 될 수 있다. 이 경우 파격구문은 문법적 규범을 중시하기보다는 말하는 사람의 생각에 더 힘을 실어주기 위해서나 감성적인 어법을 사용하고 있다는 측면을 살리기 위해, 또는 너무 복잡한 통사 구성을 피하고 일상적인 구어체 표현을 강조하기 위해 의도적으로 사용된 것으로 볼 수 있다.

규범을 중시하는 고전주의 작가들의 글에 파격구문이 많이 등장하는 것은 작시법상의 필요에 의한 것으로 이해할 수 있다. "시적 언어의 본질은 언어 규범을 위반하는 것"이라는 토도로프(T. Todorov)의 지적처럼 파격구문은 시의 전유물로 여겨지기도 하지만, 특히 '의식의 흐름'을 표현하는 산문 글쓰기에서도 흔히 발견된다. 또한 극단적인 만연체나 구두점의 적극적인 활용, 구문 파괴, 시각적 언어 효과 등으로 나타나는 셀린(L-F. de

Céline)이나 시몽(Cl. Simon)의 '구성할 수 없는(inconstruisible)' 문장들은 문법이라는 규범에 갇혀 있던 글쓰기에서 해방된, 되찾은 글쓰기의 자유를 드러내는 표상이 되기도 한다.

B

선행사 없이 관계대명사만 사용하는 일종의 생략법을 파격구문이라 칭하기도 한다. 우리말에서는 잘 드러나지 않지만 'Who wishes to travel far spares his steed(멀리 여행하는 자가 자기 말을 아낀다)'는 문장에서 볼 수 있듯이 'who'라는 관계대명사 앞에 원래 있어야 할 선행사가 생략되는 것인데, 이런 파격구문은 특히 속담에서 많이 쓰인다. 한편, 부정법 구문을 목적보어로 취하는 동사에 종속절을 함께 연결시키는 것과 같은 파격구문은 한 문장성분에 통사적으로 양립할 수 없는 두 문장성분을 연결시키는 액어법과 유사하다.

[김계영]

규범, 구어, 구어체, 글쓰기, 발화(작용)/발화문,
서술자(화자), 실렙시스, 액어(軛語)법

참고문헌

· 봉일원, 강국진, 「독일어 입말의 파격구문에 대하여」, 『독어학』 12집, 2005.
· Tzvetan Todorov, *Poétique de la prose,* Seuil, 1971

파블라

F: fabula　*E:* fabula　*D:* Fabula

✳ **러시아 형식주의자들이 구분한 서사물의 구성요소 중 하나로, 서사물을 구성하는 기본적 재료가 되는 사건들의 총체**

Ⓐ

러시아 형식주의자들이 구분한 서사물의 필수적인 구성요소 중 하나로, 기본적인 이야기 재료로 서사물 속에 관련된 사건들의 총체를 가리킨다. 서사물에 대한 이런 구분은 토마체프스키의 「테마론」에서 먼저 제시되었으며, 파블라에 대립되는 개념으로 수제트(sjuzhet)라는 용어를 사용한다. 파블라의 경우 그것을 구성하는 사건들은 자연적인 순서, 즉 사건들 자체가 작품 속에 배열되고 소개된 방식과는 전혀 독립적으로 사건들의 시간적 순서에 따라 배열된다. 반면, 수제트는 파블라를 구성하는 것과 똑같은 사건들로 이루어지지만 사건들이 작품 속에 출현하는 순서를 존중하고, 독자에게 그 사건들을 알려준 정보들의 연속을 존중한다. 이를테면 파블라는 실제로 일어난 사건을 말하고, 수제트는 독자가 그 사건을 어떻게 알게 되었느냐의 문제, 즉 그 사건의 인지 방식을 말한다.

작품의 더 이상 쪼갤 수 없는 단위인 주제를 가리키는 모티프 차원에서 볼 때, 파블라는 시간적 순서 및 인과적 순서에 따른 모티프들의 전체로 볼 수 있고, 수제트는 실제로 작품 속에 출현하는 순서에 따른 모티프들의 전체로 볼 수 있다.

Ⓑ

서사물의 구성요소에 대한 러시아 형식주의자들의 이와 같은 구분은 구조주의 서사론의 토대를 제공한다고 할 수 있다.

반드시 일치하지는 않지만, 토마체프스키의 파블라는 스토리에 상응하며 수제트는 포스터의 플롯이나 채트먼의 담화에 상응한다. 채트먼은 서사물의 구성요소를 두 부분으로 나누는데, 서사물의 내용으로서 서사물 속에 묘사되는 그 '무엇'에 해당하는 스토리와, 표현 혹은 내용이 전달되는 방식으로 '어떻게'에 해당하는 담화가 그것이다.

[김중현]

담화(담론), 독자, 러시아형식주의, 모티프,
묘사(기술記述), 서사, 수제트, 스토리, 플롯

참고문헌

· 롤랑 부르뇌프, 레알 웰레, 『현대소설론』, 김화영 역, 현대문학, 2006.
· 빅토르 어얼리치, 『러시아 형식주의』, 박거용 역, 문학과지성사, 2001.
· 오탁번, 이남호, 『서사문학의 이해』, 고려대학교출판부, 2006.
· 츠베탕 토도로프, 『러시아 형식주의』, 김치수 역, 이화여자대학교출판부, 1981.
· 시모어 채트먼, 『이야기와 담론』, 한용환 역, 푸른사상, 2006.
· 포스터, 『소설의 이해』, 이성호 역, 문예출판사, 2000.

파생

F: dérivation *E:* derivation *D:* Ableitung(Derivation)

✻ 1. 하나의 어근에 구속형태소인 접사가 결합되어 새로운 어휘를 형성하는 조어법
2. 문체론에서 파생은 한 문장 안에서 하나의 동일한 어근으로부터 파생된 어휘의 사용

A

파생은 새로운 어휘를 만들어 내는 데 유용하게 쓰이는 보편적인 어휘 생성 방식으로 하나의 어근이 접사(affix)와 결합되어 새로운 어휘를 이루는 것을 말하며, 접사 첨가법(affixation)이라고 부르기도 한다. 대부분의

파생어는 접사에 의한 명사의 파생으로 만들어진다. 파생의 유형에는 결합 위치에 따라 접두사 파생법('외-아들', '풋-사랑', '군-소리', '치-솟다', '헛-살다' 등과, 영어의 're-', 'macro-', 'multi-', 'cyber-', 'mini-', 'pre-', 'super-' 등)과 접미사 파생법('대장-장이', '사장-님', '가위-질', '덮-개', '숙녀-답다' 등과, 영어의 '-tor', '-ing', '-ation', '-ism', '-ness', '-phobia' 등)이 있다.

우리나라 컴퓨터 및 인터넷 분야, 또는 이 분야를 응용한 스포츠 분야는 영어에서 차용된 파생어휘가 많다. 그러한 것은 완전하게 새로운 어휘를 만든 것이 아니라, 본래의 영어 어휘를 조합하거나 그 어휘에 접사를 붙여서 의미를 추가하거나 변화시켜 만든 신조어가 많다. 이러한 신조어는 접사화한 어휘 요소가 결합하여 외래어 파생어를 형성하는 방식(멀티플레이어, 파파라치, 네티즌, 테크놀로지, 파이팅, 골인)으로 이루어진다.

B

파생어가 만들어지면 원래 어휘가 갖는 의미와는 다른 의미 변용이 일어난다. 예를 들면 접두사 파생명사의 의미 변용에는 '확대'(super/mega-), '상호협동'(co/inter-), '반대 및 부정'(미/비-, ir/un-), '오류'(mis-), '역할'(ex-), '생태 및 생명'(eco/bio-), '강조'(cor-) 등이 있으며, 접미사 파생명사의 의미 변용에는 '성전환'(성이 있는 언어인 프랑스어(-ère, -euse, -trice)와 독일어(-in, -ice)의 경우), '축소'(프랑스어 -ette, 영어 -ing), '집합'(영어-dom, -hood, -cy) 등이 있다.

이러한 의미 변용은 파생명사뿐만 아니라, 파생동사와 파생형용사에서도 흔히 볼 수 있다. 의미 변용은 기존의 언어기호를 활용하여 새로운 의미의 단어를 만드는 기능으로, 최소의 소비로 언어 활용을 극대화하는 경제적 언어장치이며, 방법의 간편성 때문에 특히 현대 언어에서 자주 쓰이는 주요한 기능이다.

C

문체론에서 파생은 한 문장 안에서 하나의 동일한 어근으로부터 파생된 어휘의 사용을 가리킨다. 이러한 파생은 기존의 어휘와 새롭게 만들어진 파생어휘 간의 결합된 형식과 의미의 인접성에 대한 관심, 즉 라이트모티프에 대한 독자(혹은 청자)의 관심을 끌기 위한 의도적 사용이다. 프랑스어 문장 'Beauté, mon beau souci'(Beauty, my beautiful concern)를 예로 들어보면 명사 beauté(아름다움)에서 형용사 beau(아름다운)의 파생 표현은 대위법의 사용처럼 동일한 의미를 다른 형태로 나타냄으로써 의도한 특정 어휘의 의미를 강조하는 어법이다.

동일한 어근을 가지고 있는 파생어는 공통적인 음(音), 즉 반복되는 음을 갖고 있기 때문에 반향의 효과를 내며, 경우에 따라서는 농담을 유발하는 유희의 효과를 불러일으키기도 한다. 또한 파생은 학술적인 특수어휘나 전문어휘에 쓰이는 철자의 불일치에 의한 모음전환(프랑스어에서 'une analyse structurale et structurelle')보다 더욱 폭넓은 의미를 갖는다. '반대 및 부정'과 같은 의미 대립의 기능을 가진 파생은 대조의 기능을 강화하기도 한다.

[이종오]

대조(법), 라이트모티프, 신조어

참고문헌

· 국립국어원, 『신조어: 사전에 없는 말』, 태학사, 2007.
· 권인환, 『국어의 파생어형성 연구』, 태학사, 1998.
· Michel Arrivé, François Gader, Michel Galmiche, *La Grammaire d'aujourd'hui,* Flammarion, 1986.
· Michel Paillard, *Lexicologie contrastive anglais-français: Formation des mots et construction*, Ophrys, 2000.

· Spencer Andrew, *Morphological theory*. Blackwell, 1992.

파토스(페이소스)

F: pathos *E:* pathos *D:* Pathos

✳ 1. 예술작품이나 예술적 표현이 불러일으키는 정서적인 호소력
2. 아리스토텔레스 수사학의 설득 능력 가운데 하나로, 청중을 설득하기 위해 연설가가 알아두어야 할 청중의 심리적 상태 및 성향들의 총칭

A

파토스(πάθος)란 '열정', '고통', '격정', '비애감' 등을 뜻하는 고대 그리스어다. 아리스토텔레스는 『시학』에서 비극이 유발한다고 보는 연민과 공포의 감정을 파토스라 지칭했다. 현대 비평에서는 독자와 관객에게 연민이나 동정, 슬픔의 정감을 불러일으키는 장면이나 대목을 가리키는 것으로 한정한다. 개인의 기질이나 성격, 나아가 특정한 시대나 지역, 집단의 가치관 및 전통, 관습, 도덕적 규범을 지칭하는 에토스와 대립되는 말로 파토스를 '정서적인 호소력'이라고 규정할 때, 이 말이 갖는 예술적·문화적 현상과의 관련성이 가장 분명하게 드러난다. 즉, 독자나 관객이 어떤 예술작품이나 예술적 표현에 대해 '파토스(페이소스)가 강렬하다'라고 말할 때, 그 작품이나 표현은 정서적인 호소력이 탁월하다는 것을 인정하는 것이다.

파토스를 유발하는 요소가 무엇인지 규정하는 것은 간단하지가 않다. 아리스토텔레스는 관객에게 연민과 공포를 자아내기에 충분한 상황까지 몰고 갔다가 실제적인 극중 행위가 일어나기 직전에 멈추도록 구성하는 것이 파토스를 유발하는 최선의 상황이라고 주장한다. 말하자면 비극적

인식과 반전을 동반하는 복합적인 구성이 파토스를 유발하는 최상의 요소라는 것이다. 이는 그가 플롯을 비극의 요체로 규정하는 것과도 밀접한 관련이 있다.

반면 부룩스와 워렌은, 나약한 인물이 고통을 겪는 장면에서 파토스가 발생한다고 주장함으로써 파토스를 유발하는 자질들과 고전극의 비극적 자질들은 구별되어야 한다는 의견을 피력한다. 그러나 무엇보다 중요한 것은, 작가가 작품 속에서 파토스적 요소를 표현하고 그 효과를 기대할 때는 그것이 합리적인 근거 위에서 나타나도록 해야 한다는 것이다. 그렇지 못할 경우, 그 요소들은 파토스를 유발하기보다는 감상적인 것이 될 가능성이 높다.

B

아리스토텔레스의 수사학에서 세 가지 설득 능력(에토스, 파토스, 로고스) 가운데 하나로, 청중을 설득하기 위해 연설가가 알아두어야 할 청중의 심리적 상태 및 성향들을 총칭한다. 그는 연설가가 청중의 이런 점들을 파악하여 정서적으로 통할 필요가 있다고 생각하며, 유능한 연설가는 추상적인 지식 대신 청중의 '정서'를 이해할 줄 알아야 한다고 믿는다.

또한 연설가가 청중을 효과적으로 설득하기 위해서는 감정이나 정서로 구성되는 인간의 정념에 대해 이해해야만 한다고 주장한다. 수사학에서 정념은 도덕적이거나 윤리적인 차원이 아니라 설득의 도구이며, 청중의 유형에 연관된 정념은 논거의 선택을 유도하고 결정짓는다. 수사학이 기본적으로 고려해야 할 정념으로는 분노, 평온함, 우정과 증오, 불안과 신뢰, 수치심과 파렴치, 호의, 연민, 분개, 시기심, 경쟁심과 멸시가 있다. 키케로는 『연설가』에서 파토스를 "청중의 공감을 얻어내는 것"으로 설명한다.

수사학의 주된 기능이 설득이라면, 이를 위해 논증과 감동의 두 가지 방법이 동원될 수 있다. 논증을 통한 설득이 논리적인 측면이라면 감동을 통한 설득은 정감적이며 심리적인 측면이다. 아리스토텔레스의 세 가지 설득 능력 가운데 로고스가 전자에 속한다면 에토스와 파토스는 후자에 속한다. 수사학에서는 이 두 측면을 분리하여 고려할 수 없다. 연설가의 기술의 핵심은 설득하는 것에 있으며, 다만 연설가가 다루고자 하는 화제나 청중의 정서에 따라 이 두 측면(또는 세 가지 설득 수단인 파토스와 에토스, 로고스)의 혼합 비율이 달라질 뿐이다.

C

작가와 작품의 우위성에 근거한 작가 중심주의 문학사관이 에토스적인 개념과 관련이 있다면, 문학 텍스트의 이해 즉 구체화는 끊임없는 문학적 소통 과정에서 이루어진다고 주장하거나 '텍스트를 통해서 독자에게 무슨 일이 일어나는가'를 생각해 보아야 한다고 주장하는 독자 중심적 문학 연구는 파토스 개념과 관련이 있다고 할 수 있다.

[김중현]

로고스, 에토스, 인물/인물구성, 텍스트, 플롯, 행위

참고문헌

· 박성창, 『수사학』, 문학과지성사, 2000.
· 박우수, 『수사학과 문학』, 동인, 1999.
· 박찬기 외, 『수용미학』, 고려원, 1992.
· 아리스토텔레스, 『수사학』(I, II), 이종오 역, 리젬, 2007.
· 양태종, 『수사학이 있다 -수사학의 이해』, 유로, 2009.
· 티모시 보셔스, 『수사학 이론』, 이회복 외 역, 커뮤니케이션 북스, 2007.

판타지

F: le fantastique *E:* fantasy(the fantastic) *D:* Phantasie(Phantasma)

✳ 1. 사실적 재현을 우선으로 하지 않는 문학적 경향
2. 사실에 반대되는 조건을 오히려 '사실' 그 자체로 변형시키는 서사적 결과물

Ⓐ

'환상적'이라는 말은 '가시화하다, 명백하게 하다'라는 뜻을 가진 라틴어 '판타스티쿠스(phantasticus)'에서 유래했다. 일반적 의미에서 보면 상상 활동은 모두 환상적이며, 따라서 모든 문학작품은 판타지(환상물)라는 결론이 도출된다. 그러므로 판타지를 정의하기란 쉽지 않다.

비평적 용어로서 판타지는 대체로 사실적 재현을 우선으로 하지 않는 문학적 경향으로 정의한다. 이렇게 정의할 때, 인간적인 것과는 '다른' 영역을 표현하는 서사들, 즉 민담이나 전설, 동화, 신화, 초현실주의 텍스트, 유토피아적 알레고리, 과학소설, 공포물 등이 판타지에 포함된다. 최근에는 마술적 사실주의(환상적 리얼리즘) 작품도 이에 포함된다.

Ⓑ

잭슨(R. Jackson)에 의하면, 판타지의 가장 중요한 특징은 '실재적인 것' 또는 '가능한 것'의 일반적인 규정에 대한 완강한 거부다. 그러므로 판타지는 일반적으로 가능한 것으로 받아들여지는 것에 대한 명백한 위반에 기초하고 또 그것에 의해 지배되는 이야기다. 즉 판타지는 사실에 반대되는 조건을 오히려 '사실' 그 자체로 변형시키는 서사적 결과물이다. 지배적인 규정에 대한 이러한 위반은 기존의 사회 규범이나 관습을 전복하려는 시도이며, 예술적 재현 행위의 '규칙들'을 깨뜨리고 '사실적인' 것의 문학적 재생산을 방해한다.

이러한 생각은 환상성에 대한 러브킨(E. Rabkin)의 다음의 주장과도 일맥상통한다. "진정한 환상성은 하나의 서사에 있어 그 토대가 되는 규칙들이 180도 전도될 때, 우세한 관점들이 직접적으로 모순을 일으킬 때 발

생한다. […] 환상성은 그것이 직접적으로 전복시키게 될 배경에 저항하면서 존재한다.”

C

베시에르(I. Bessière)는 판타지를 실재적인 것과의 ‘관계성(relationality)’에서 연구한다. 그녀에 의하면, 환상적인 것은 현실적이고 합리적인 것과 밀접하게 연관되며, 비합리성(irrationality)과 동일시되지 않는다. 또한 반합리적인 것(antirational), 즉 이성이 지니는 정통성에 대한 전도로서, 이성과 리얼리티가 자의적이고 전환 가능한 구성물임을 보여준다. 이성이 전통적으로 대면하기를 거부해 온 모든 것들과 어쩔 수 없이 대면해야 할 때, 모순은 표면 위로 모습을 드러내고 이율배반적으로 유지된다. 환상적 서사의 구조는 모순들 속에서 축조된 어떤 것이다. 이처럼 베시에르는 이율배반적 구조를 판타지의 한 형식적 지배소로 이해한다.

어윈(W.R. Irwin)은 판타지의 이율배반적인 구조를 좀 더 일반적인 용어로 설명한다. “판타지는 하나의 반사실(antifact)을 설정하고 발전시키는, 즉 불가능한 게임을 하는 확장된 서사다. […] 판타지는 일반적으로 가능성으로서 받아들여지는 것에 대한 명백한 위반에 기초하며, 또 그것에 의해 통제되는 이야기다.” 이러한 관점에서 보면 판타지의 가장 기본적인 수사법은 모순어법이다. 현격히 모순되는 두 단어를 긴밀히 결합시켜 이분법적 구도를 깨뜨리고 두 단어가 가지고 있는 명료한 의미에서 벗어나 새로운 의미를 창출해 낼 수 있는 수사적 문채가 바로 모순어법이기 때문이다. 따라서 반대되는 것들 위에 구조화된 서사인 판타지는 다의미적인(polysemic) 것이 된다. 단일하고 환원적인 ‘진실들’에 기반한 공간을 위반을 통해 다양하고 모순된 ‘진실들’을 밝혀내기 때문이다.

D

판타지의 구조적 효과를 분석함으로써 그에 대해 진지한 비평 작업을 고무시킨 토도로프는 정신병(psychosis)과 신경증(neurosis)은 판타지의 주제가 아니라고 주장하면서 정신분석학적 접근을 거부한다.

그는 특히 '환상'의 수용적 측면에 주목하여, 독자와 작중인물 들이 환상적(초자연적) 사건을 받아들이는 방식에 따라 환상(환상문학)을 설명한다. 초자연적 현상(들)을 접한 독자가 이 현상을 인정하고 자신의 세계관을 수정하거나 선택을 강요당하는 동안 '주저'가 계속되고, 이 불확실한 시간 동안 환상은 지속된다. 즉 '경이(merveilleux)'와 '괴기(étrange)', 두 가지 중 하나를 선택하는 순간까지 환상은 계속되고 일단 선택이 이루어지는 순간 독자는 둘 중 하나로 빠지게 된다.

포스트모더니즘적 상호주관성은 판타지를 개인 간의 한 소통 형식으로 간주하는 경향이 있다. 21세기의 현대인들은 사실이나 반복의 억압을 넘어 감성과 상상으로 소통하고 있는 까닭이다. 각자의 판타지를 발전시키고 드러냄에 따라 개인의 생각들이 진정으로 소통할 수 있다는 것이다.

[김중현]

모순어법, 상호주관성, 서사, 알레고리, 재현(표상, 대표), 포스트모더니즘

참고문헌

- 로지 잭슨, 『환상성 - 전복의 문학』, 서강여성문학 연구회 역, 문학동네, 2004.
- 송태현, 『판타지 - 톨킨, 루이스, 롤링의 환상 세계와 기독교』, 살림, 2003.
- 최기숙, 『환상』, 연세대학교출판부, 2003.
- Eric S. Rabkin, *The Fantastic in literature*, Princeton University Press, 1976.
- Irène Bessière, *Le Récit fantastique: La Poétique de l'incertain*, Larousse Université, 1974.
- Tzvetan Todorov, *Introduction à la littérature fantastique*, Seuil, 1970.

· William R. Irwin, *The Game of the impossible: A Rhetoric of fantasy*, University of Illinois Press, 1976.

패러디

F: parodie *E:* parody *D:* Parodie

✳ 1. 원 텍스트의 소재나 태도, 문체, 표현 등을 흉내 내는 풍자적이고 익살적인 조롱조의 글

2. 러시아 형식주의자들은 '낯설게하기'의 대표적인 기법으로 패러디를 크게 부각시켰으며, 포스트모더니스트들은 창작 기법이나 전략적 차원에서 패러디를 핵심적인 예술 장치로 이용한다.

Ⓐ

'곁노래', 또는 '반-노래(counter-song)'라는 뜻을 가진 그리스어 '파로디아'(parôdia, παρωδια; '반대하는', '곁에', 혹은 '가까이'의 뜻을 가진 'para'와 '노래'라는 뜻을 가진 'ôdé'의 합성어)에서 유래한 말로, 이미 잘 알려진 노래를 모델 삼아 창조된 제2의 노래를 가리킨다. 이 말은 이미 아리스토텔레스의 『시학』에 등장하며, 그리스의 풍자시인 히포낙스를 패러디의 시조로 꼽는다.

Ⓑ

제라르 주네트는 아리스토텔레스가 언급한 패러디를 당시 "음유시인들이 자신이 읊고 다니던 서사시에 극히 적은 변화를 주거나 고상한 투를 구어투로 바꿈으로써 새로운 의미를 부여하고 문체상의 변화를 가져오게 한 노래로, 결과적으로 저속하고 우스꽝스러운 주제를 서사적 문체로 다룬 노래"(『팔렘프세스트(Palimpsestes)』)로 추측한다.

옥타브 델르피에르(O. Delepierre)는 당시 호메로스의 『일리아드』나 『오디세이아』를 노래하고 다니던 음유시인들이 청중의 기분전환을 위해 자신들이 읊었던 것과 거의 유사한 내용에 극히 적은 변화를 주어 막간극의 형태로 지어 읊어준 짧은 형태의 시를 패러디라 불렀다고 주장한다. 그러므로 아리스토텔레스 시대의 패러디는 그때그때 행해지는 일시적이고 일회적인 작업이었다. 그런데 아리스토텔레스의 『시학』 이후, "모든 패러디 작품들은 공통되게 서사시(기존 작품)에 대해 조롱과 빈정거림"을 보여준다.

C

고전주의 시대에는 패러디가 유행은 했지만 문학적 가치는 크게 인정받지 못했다. 영감과 천재성을, 즉 독창성과 창조성을 미의 제1원리로 간주하던 낭만주의 시대 역시 패러디가 갖는 반복성과 모방성을 미학적으로 열등한 것으로 인식하여 문학 창작의 기생 장치 정도로, 기존 텍스트의 명성이나 권위에 빌붙어 잔재주나 부리려는, 창조적 상상력이 빈곤한 작가들의 이차적 담론 정도로 다분히 부정적으로 평가했다.

그러나 세기말에 이르자, "창조는 더 이상 불가능하다"는 레옹 블루아(L. Bloy)의 말과 "이미 다 행해져 할 것이 무엇이 더 남아 있으며, 이미 다 말해져 할 말이 무엇이 더 남아 있는가?"라는 모파상의 물음에서 보듯 작품 소재의 고갈과 소진의 인식은 이미 널리 알려진 원 텍스트의 개작이나 모방을 다시 창작의 불가피한 단계로 간주하게 함으로써, "세기말 정신에 제2차 문학은 하나의 숙명"으로 받아들여진다.

D

패러디는 20세기에 들어와 러시아 형식주의자들에 의해 문학사에 크게 부상된다. 쉬클로프스키(V. Chklovski)는 패러디를 기법적 '장치'로 부각시키면서 기존 문학 형식에 대한 '낯설게하기(defamiliarization)'의 대표적인 기법이라고 주장한다. 이를테면 "시어란 일상적이고 관습적인 용법을 탈피해 낯설게 제시하는 과정 속에서 생성되는 것이며, 나아가 예술이란 행위도 자동화된 지각 작용을 방해하거나 최소한 그 방해의 기법에 주의를 쏟게 하는 기술을 다양하게 발전시키는 작업"인데, 패러디야말로 원 텍스트의 전경화와 관습화된 문학 규범들로부터의 일탈을 통해 '낯설게하기'의 효과를 극대화할 수 있는 최상의 장치라는 것이다. 티니야노프(L. Tynianov)는 패러디를 문학의 발전과 계승의 주요 동인으로 파악하면서 기법적 '장치의 변증법적 작용'으로 확대한다. 발전을 위한 변화를 위해서는 "무엇보다 투쟁, 즉 모든 낡은 것의 파괴와 낡은 요소들의 재건(재조직)"이 전제되어야 하는데, 패러디야말로 과거의 관습화된 진부한 기법과 내용의 파괴가 아닌 부자연스럽게 반복을 통한 새로운 지각을 가능케 함으로써 "과거의 부정과 계승이라는 '문학적 연속성의 이중적 본질'을 표출하는 기능을 담당한다"는 것이다. 바흐친은 '말의 형식'이나 '낯선 말의 심오한 원칙'까지도 패러디화할 수 있다고 말한다. 한 텍스트 안에 패러디된 서로 다른 여러 사회집단의 언어 체계 사이에는 부조화와 낯섦과 갈등이 존재하는데 그 속에는 사회계급과 이데올로기 간의 대립이 내포되어 있다. 그리하여 "변두리 언어의 본질인 저항과 위반의 힘을 낯설게 끌어들이는 패러디는 은폐된 모순이나 진실을 드러낼 수 있는 이데올로기적 담론이 될 수 있다." 이처럼 패러디는 위반을 통해 문체상의 혼란을 가져옴으로써 창조적 해방을 경험하게 한다.

E

포스트모더니스트들에게 패러디는 창작의 기법이나 전략 차원에서 핵심적인 기능을 수행한다. 앞서 언급한 19세기 말의 여러 작가들처럼 작품 소재의 고갈을 인식한, 이를테면 모더니즘 예술의 가치, 즉 창조자의 독창성과 고유성에 대한 한계 의식에 도달한 포스트모더니스트들은 작품 자체의 독창성을 부정한다. 이처럼 포스트모더니즘은 근본적으로 원 텍스트의 고유성이나 권위를 부정하고 원 텍스트 자체의 의미를 해체하는 것에서부터 출발하는데, 그 상황에서 패러디는 창조 전략으로 이용되는 차용어법들 중 핵심적인 것이 된다.

린다 허천은 "유사한 점보다 다른 점에 유의하면서 비판적 거리를 두는 반복 형식의 작품"을 패러디로 규정하면서 "패러디로서 한 텍스트를 언급하는 것과 인용으로서 텍스트를 언급하는 것은 동일하지 않다. 그러나 패러디와 인용은 모두 '초맥락화(transcontextualization)'시키는 형태이므로 문맥의 모든 변화가 해석상의 차이를 필연적으로 요구한다"고 말한다. 이를테면 비평적 아이러니의 거리를 지니면서 원 텍스트를 모방하는 것이 곧 패러디라고 규정함으로써 비판적 패러디의 양식인 포스트모던 패러디를 명확히 한다.

그러나 포스트모던 패러디와 역시 포스트모더니즘의 배경 속에서 태어난 패스티쉬는 서로의 경계를 넘나드는 경우가 많다. 제임슨(F. Jameson)은 그 둘을 풍자성이 있느냐 없느냐에 따라 구별하는데, 풍자성이나 비판성, 그리고 동기성이 결여된 반면 유희적 기능이 상대적으로 더 부각되는 텍스트를 패스티쉬로 분류한다.

[김중현]

낯설게하기, 다성, 러시아형식주의, 모더니즘, 모방, 문체,
반복(법), 아이러니, 일탈, 전경화(前景化), 텍스트, 패스티쉬,
포스트모더니즘, 해체(해체구성, 해체론)

참고문헌

· 공종구, 「패러디와 패스티쉬 그리고 표절 그 개념적 경계와 차이」, 『국어국문학연구』, 원광대학교 인문과학대학, 1997.
· 김욱동 편, 『포스트모더니즘의 이해』, 문학과 지성사, 1993.

· 문영대, 「포스트모던 패러디 현상연구」, 『교육이론과 실천』, 경남대학교 교육문제 연구소, 2004.
· 정끝별, 『패러디 시학』, 문학세계사, 2002.
· 황석자, 『문체style의 문채figure』, 어문학사, 1997.
· Daniel Sansue, *La Parodie*, Hachette, 1994.

패러프레이즈

F: paraphrase *E:* paraphrase *D:* Paraphrase

✴ 1. 괄호나 주석 등을 이용해 원래의 텍스트에 설명을 붙여 알기 쉽게 풀이하는 것 또는 그렇게 이루어진 글
2. 글의 의미는 간직한 채 글 속의 어구를 다른 말로 바꾸어 표현하는 것
3. 원문의 단어나 구절에 얽매이지 않고 전체의 뜻을 살린 번역(의역)

A

'~의 곁에'라는 뜻의 'para'와 '말하다'라는 뜻의 'frasein'이 결합해 만들어진 그리스어 '파라프라시스(parafrasein, παράφρασις)'에서 유래한 말이다. 우리말로는 바꿔쓰기, 풀어쓰기, 환언, 동의구문, 의역 등 여러 가지 명칭으로 불리지만, 기본적으로 형식(표현)은 변화시키되 내용(의미)은 그대로 지니도록 어떤 개념이나 문장을 다시 진술하는 것이 그 골격이다.

원래 의미의 패러프레이즈는, 원문의 의미를 명료하게 이해시키거나 설명할 목적으로 괄호 등을 텍스트에 삽입하거나 주석(각주, 미주) 등을 덧붙여 텍스트를 부연 상술하는 것을 말한다. 패러프레이즈를 도입하는 부사 '즉'이나 '다시 말해', '환언하면' 등과 함께 쓰일 수도 있다. "글쓰기 그 자체(글쓰기를 문체나 문학과 더 이상 혼동하고 싶지 않다면)는 폭력적인 것이다. [...] 이러한 폭력의 글쓰기(본질적으로 집단적 글쓰기)는 기

호체계를 갖추고 있다”(롤랑 바르트, 『비평 시론 IV』)에서 볼 수 있듯이, 괄호 안에 삽입된 내용은 원래의 주제에서 벗어나는 내용이라기보다 오히려 미묘한 쟁점들을 더 잘 파악하게 해주는 설명의 기능을 한다고 볼 수 있다(원래 주제에서 벗어날 경우 여담 또는 주제이탈로 간주된다). 복잡하고 전문적인 개념들을 더 쉽게 전달하기 위한 설명의 기술로서 패러프레이즈는 강의나 정보기사들에서 흔히 사용된다.

구약 「창세기」나 「시편」처럼 원문의 내용 전체를 일반대중이 알기 쉽게 풀어쓰는 경우도 패러프레이즈에 해당한다. 이 경우는 문학적 표현 방법이라기보다 일종의 문학 형식에 해당하는 것이다. 고전 수사학에서는 이런 패러프레이즈를 일반적 의미의 패러프레이즈와 혼동을 피하기 위해 메타프레이즈(metaphrase)라고 부르기도 했다.

B

널리 알려진 의미에서 패러프레이즈는, 문장이나 텍스트의 기본 아이디어는 간직한 채 단어나 구를 다른 말로 바꿔 표현하는 것을 말한다. ‘내 생각에는 오늘 우리 팀이 이긴다’를 ‘내 느낌에는 오늘 우리 팀이 이긴다’나 ‘오늘 우리 팀이 이길 것이라고 생각해’로 표현하거나, ‘입 다물어!’를 ‘좀 조용할 수 없겠니?’로 표현하는 것이 그 예다. 처음 예문은 일견 동의어와 비슷해 보이기도 하지만, 동의어가 단어 차원에서 이루어지는 것이라면 패러프레이즈는 두 번째 예문에서 볼 수 있듯이 단어보다 절 차원에서 표현을 대체하는 것이라고 볼 수 있다. 능동태를 수동태로 바꾸거나, ‘기차가 탈선했다’를 ‘기차의 탈선’으로 바꾸는 것과 같은 명사화는 패러프레이즈의 대표적인 예다.

‘표현의 대체’로서의 패러프레이즈에서 가장 중요한 것은 의미의 등가성(동의성)이라고 할 수 있다. 의미의 등가성을 보존하는 범위 내에서는 상위어, 하위어, 유의어, 의미근접성을 가진 다른 표현으로 바꾸는 것이 가능해진다.

C

의역은 동일 언어 내에서 이루어지는 표현의 대체라기보다 하나의 언어를 다른 언어로 바꾸는 과정의 패러프레이즈를 말한다. 즉 문장의 의미를 일대일 대응이 성립하는 등가명제(X=Y)의 형태로 직역(축어적 번역)하지 않고, 실재 커뮤니케이션 상황과 문맥을 고려해 의역하는 것이 패러프레이즈라고 할 수 있다. 'I go to school'이라는 문장은 일반적으로 '나는 학교에 간다'는 뜻으로 번역(환언)되지만 그 문장이 '어디 가?'에 대한 대답이 아니라 '요즘 뭐해?'라는 질문에 대한 대답일 때는 '학교 다녀'로 번역하는 것이 전체적 맥락에 어울리는 번역이 되는 것이다. 이런 의역은 논리적, 형식적, 통사적 논리에 근거한 언어적 판단이 아니라, 지시 관계의 동일성에 근거한 화행 의존적 동일화라고 볼 수 있다.

D

패러프레이즈를 문체로 간주하는 것에 대해 이견이 없지는 않다. 패러프레이즈를 의미 확대의 문채로 보는 학자들은 패러프레이즈가 같은 내용을 반복하지만 다른 표현을 사용하는 언술구조로 내용을 구체화하고 이미지를 확산한다고 본다. 그러나 브룩스(C. Brooks)는 패러프레이즈할 수 있는 언어(지시적 언어)와 그렇게 할 수 없는 언어(정서적 언어)로 구별하고, 시는 패러프레이즈할 수 없다고 본다. 즉 시는 논리적 구조가 아니라 극적 구조를 지녔고, 진술이 아니기 때문에 그 형식과 내용을 분리시킬 수 없다는 것이다. 또한 시의 진술들을 패러프레이즈할 수는 있지만, 그 패러프레이즈는 "시의 본질을 구성하는 의미의 진정한 핵심은 아니"라고 본다.

페기(Ch. Péguy)처럼 유려한 패러프레이즈 문체를 자랑하는 작가도 있으나 사실 미학적 문체로서의 패러프레이즈와 원작의 정체성 훼손으로서의 패러프레이즈를 구분하는 경계는 불분명하다. 원문을 바꾸는 정도와 어투, 어조에 따라 패러프레이즈는 단순한 반복(표절)이 되기도 하고, 패러디, 패스티쉬 등과 동의어가 될 수도 있다. 패러프레이즈를 문체적 결함으로 간주하는 견해에는 다시쓰기(바꿔쓰기)가 개인의 창의성을 부각시키지 못하고 기존의 텍스트를 진부하게 모방한다는 생각이 깔려 있다.

E

로마시대 연설가들은 연설가가 되기 위한 준비수업으로 패러프레이즈를 연습했다. 그리스 연설가들의 연설을 라틴어로 번역하거나 라틴 시를 산문으로 바꾸고, 자신이 작성한 연설문을 스스로 고쳐 써보는 훈련을 했다. 이런 식의 훈련은 교육적 효과를 인정받아 오늘날 언어 수업에서도 요약 등의 형태로 지속되고 있다.

[김계영]

글쓰기, 반복(법), 문채, 문체, 상호텍스트성, 여담(주제이탈), 완곡어법, 완서법, 지시(관계)/지시대상, 텍스트, 패러디, 패스티쉬, 형식

참고문헌

· 김화순, 『김종삼 시 연구: 언술구조와 수사법을 중심으로』, 고려대학교 박사학위 논문, 2011.
· 전성기, 『인문학의 수사학적 탐구』, 고려대출판부, 2007.
· Bertrand Daunay, *Eloge de la paraphrase*, Presses Universitaires de Vincennes, 2002.
· Catherine Fuchs, *La Paraphrase*, PUF, 1982.

패스티쉬

F: pastiche *E:* pastiche *D:* Pastiche

✳ 1. 여러 작가의 사상이나 문체, 특성 등을 잡다하게 모방하는 장르
2. 여러 텍스트의 모방으로서 풍자성과 동기성이 결여되어 상대적으로 유희적 성격이 강한 모방 혹은 장르

Ⓐ

허드렛 고기나 생선, 채소 등의 잡다한 재료를 혼합하여 잘게 다져 만든 보잘것없는 파이 요리를 뜻하는 이탈리아어 '파스티치오(pasticcio)'에서 유래한 말로, 여러 작가의 사상이나 문체, 특성 등을 잡다하게 모방하는 부수 장르를 가리킨다. 우리말로는 주로 혼성모방, 또는 짜깁기라고 옮긴다.

Ⓑ

패스티쉬라는 말이 프랑스어에 처음 나타난 것은 17세기 말이며, 과거의 모델이 되는 여러 화가들을 잡다하게 모방한 그림을 지칭했다. 당시의 백과사전은 패스티쉬를 "자신이 직접 그린 원작이라고 부를 수도 없고, 모조품이라고 부를 수도 없는, 다른 화가의 스타일과 기법을 본 따 그린 그림들"이라고 정의한다. 처음에 이 양식은 젊은 화가가 스승의 가르침을 자기 것으로 만들었다는 것을 증명하기 위한 순수하고 정직한 초보자 훈련이었다. 하지만 본래 의미에서의 패스티쉬는 현저하게 모조로 기울면서 순식간에 부도덕성의 상징이 된다.

Ⓒ

18세기 초부터는 독특한 작가의 문체나 기법을 모방한 문학 작품들도 패스티쉬라고 부르기 시작하는데, 표절과 유사한 의미로 사용된다. 이처

럼 어원부터가 그렇듯 여전히 패스티쉬는 특별히 고상하거나 명예로운 측면을 전혀 환기시키지 못한다. 마르몽텔(J.-F. Marmontel)은 『문학의 요소들』(1787)에서 패스티쉬를 "대작가의 양식이나 문체에 영향을 받은 모방"으로 정의한다. 그런데 대작가에 대한 모방에는 두 가지가 있다. 하나는 자신의 모델 작가의 문체만 받아들이거나 부자연스러운 요소들만 답습함으로써 흉내만 내는 모방이며, 다른 하나는 모델 작가를 유명하게 만든 요소들을 자기 것으로 소화함으로써 모델 작가의 수준까지 올려가는 모방이다. 전자가 바로 패스티쉬고 후자가 패러디다. 이렇기에 최근까지 두 모방은 서로 완전히 분리되지 못했는데, 오늘날에는 풍자적 의도가 있는 모방만을 패러디로 간주한다.

D

19세기 말부터 패스티쉬는 대체로 문학, 미술, 음악 등에서 모델을 적절히 비판하면서 모방하는 것으로 이해된다. 패스티쉬 작가로 유명한 프루스트(『패스티쉬와 잡록』, 1919)에게 패스티쉬는 저작 행위가 아니라 독서 행위다. 그러기에 훌륭한 패스티쉬는 그 저자가 특별히 공정한 독자임을 증명해 보여주는 것이지 훌륭한 저자임을 증명해 보여주는 것이 아니다. 프루스트에게 패스티쉬는 선행 텍스트를 읽는 전문적인 독자의 비평 행위이자 이상적인 비평 형식일 수 있다. 하지만 그에게 패스티쉬는 여전히 실제 창작의 준비단계일 뿐이다.

E

포스트모더니즘 시대에 패스티쉬에 대한 논의는 제임슨에 의해 활발해진다. 그는 「포스트모더니즘과 소비사회」라는 글에서 포스트모던 문화에 대해 논의하면서 패스티쉬를 포스트모더니즘의 가장 중요한 특징 혹은 관행의 하나로 간주한다. 모더니즘의 중심 개념인 개성적이고 독창적인 문체의 창조가 더 이상 가능하지 않은 세계에서 찾을 수 있는 유일한 방법은 "죽은 스타일들을 모방하고, 가면을 쓰고 가상의 박물관에 있는 스타일들의 목소리를 빌려 말하는 것"이다. 그런데 모방은 중성적으로 수행되기에 모방의 동기나 풍자적 충동, 나아가 비판성이 결여된다. 당연히 그러한 모방(패스티쉬)은 원작을 조롱하는 모방(패러디)과 구별되는데, 오늘날 포스트모더니즘 사회의 상황을 보면 전자가 후자를 잠식하고 있다는 것이 제임슨의 진단이다. 따라서 오늘날 양산되는 무차별적인 모방은 대부분 '공허한 패러디'이자 '유머감각을 상실한 패러디', 즉 패스티쉬일 뿐 원본에 대한 은밀한 공감을 가지고 그 원본을 풍자하는 모방, 즉 패러디가 아니다. 그에 따르면, 현대의 패스티쉬는 "의미의 세계는 소멸되고 기호만이 부유하고 소비적이고 유희적인 언어를 무한 복제해 낼 수 있는 메커니즘"에 불과하다.

린다 허천(L. Hutcheon)은 "패스티쉬는 다른 작가의 작품으로부터 거의 변형 없이 차용하는 것으로서 주로 구(句), 모티프, 이미지, 에피소드 등으로 구성된다. 표절과는 달리 표면상의 일관되고 세련된 효과를 지향하는 패스티쉬는 남을 속이려고 하지 않는다"고 정의한다. 패스티쉬의 문학적 효과에 대해서는 제임슨보다 호의적인데, 패스티쉬 작가의 창작상의 전략적 의도 및 미학적 자의식을 인정하기 때문이다.

[김중현]

다성, 대화(체), 모더니즘, 모방, 모티프, 문체, 상호텍스트성, 아이러니, 유머, 이미지, 장르, 텍스트, 패러디, 포스트모더니즘

참고문헌

· 공종구, 「패러디와 패스티쉬 그리고 표절 그 개념적 경계와 차이」, 『국어국문학연구』, 원광대학교 인문과학대학, 1997.

· 린다 허천, 『포스트모더니즘의 이론과 전략』, 장성희 역, 현대미학사, 1998.
· 문영대, 「포스트모던 패러디 현상연구」, 『교육이론과 실천』, 경남대학교 교육문제연구소, 2004.
· 정끝별, 『패러디 시학』, 문학세계사, 2002.
· 프레데릭 제임슨, 「포스트모더니즘과 소비사회」, 김욱동 편, 『포스트모더니즘의 이해』, 문학과 지성사, 1993.

페르소나(퍼스나)

F: persona *E:* persona *D:* Persona

✺ **텍스트의 화자, 또는 내포적 작가를 지칭**

고전극에서 배우가 사용하는 '가면'을 지칭하던 라틴어로, 이로부터 극의 등장인물을 지칭하는 드라마티스 페르소나에(드라마틱 페르소나, dramatic persona)와 특정 개인을 지칭하는 퍼슨(person)이 유래한다.

비평가에 따라 가면(mask)이라고도 부르는 퍼스나는 텍스트에서 화자, 또는 내포적 작가(implied author)를 가리킨다. 화자를 굳이 퍼스나라고 칭하는 것은, 화자가 특정의 예술적 목적을 위해 창조된 허구적 인물임을 강조하기 위해서다.

[김중현]

드라마티스 페르소나에, 서술자(화자), 인물/인물구성, 작가(저자), 텍스트

참고문헌

· 김준오, 『시론』, 삼지원, 2003.

· 시모어 채트먼, 『이야기와 담론』, 한용환 역, 푸른사상, 2006.

포스트모더니즘

F: postmodernisme *E:* postmodernism *D:* Postmoderne

✺ **제2차 세계대전 이후 서구 세계에 나타나기 시작한 새로운 문학예술 전통이나 문화적 지배소에서 나타난 새로운 패러다임을 가리킨다.**

Ⓐ

포스트모더니즘은 '모더니즘'이라는 용어에 '후에, 다음에'라는 뜻의 접두어 '포스트(post)'를 붙여 만들어 낸 말로, 이 용어의 의미소인 모더니즘과 깊이 연관되어 있다. 접두어 '포스트'는 학자와 이론가들에 따라 달리 해석되는데, 어떤 일이 다른 일보다 시간적으로 후에 일어나거나 나타나는 현상인 후시성(後時性)을 흔히 가리키는 말이지만, 다른 한편 단순히 시간적 차원만을 뜻하지 않고 비판과 단절을 뜻하기도 한다. 그런 의미에서 포스트모더니즘은 모더니즘의 계승이자 논리적 발전인 동시에 모더니즘에 대한 비판적 반작용이자 의식적 단절이라고 할 수 있다. 린다 허천(L. Hutcheon)이 그러한 점을 잘 지적한다. "포스트모더니즘은 단순히 모더니즘과의 급진적 단절이 아니며, 그렇다고 하여 모더니즘의 일직선적인 연속도 아니다. 포스트모더니즘은 '모두 둘 다'라는 입장을 취하는 동시에 '어느 쪽도 아니다'라는 입장을 취한다."

Ⓑ

반(反)로고스중심주의로 대표되는, 이성과 합리주의의 평가절하를 가장 큰 특징으로 삼는 포스트모더니즘은 서구 사조의 근간을 이루어 온 18세기적 '계몽주의적 기획'에 대한 반발에서 출발한다. 이를테면 포스트모더니즘은 20세기 후반에, 이성을 통해 인식에 도달할 수 있다는 로고스 중심주의에 기초한 세계관이 더 이상 유효하지 않다는 인식과 더불어 시작된다. 예컨대 파편화되어 복잡한 다(多)를 통일적이고 총체적이며 단순한 일(一)로 환원시키고, 모든 것을 질서 속에 층위 지워 정리함으로써 사물의 질서를 찾고자 노력했던 모더니즘과는 달리, 포스트모더니즘은 현실의 파편성과 불확정성을 그대로 받아들이고 탈중심과 다양성을 추구한다.

그 결과, 문화의 경우, 서구 중심 지배문화가 아닌 주변부의 소외집단들과 제3세계의 피지배 문화에 관심을 갖고, 이분법적 위계질서 대신 경계해체와 퓨전 현상이 일어나며, 고급문화보다는 대중문화에 큰 관심을 보이게 된다. 또 일원론이나 경직된 절대성을 배격하고 다원성이나 유연한 상대성에 무게를 두며, 거대담론보다는 미시담론에, 엘리트주의보다는 대중주의에, 순수문화보다는 잡종문화에 더 관심을 갖는다.

C

『포스트모더니즘』(2008)에서는 ① 상호텍스트성 ② 장르 확산이나 장르 해체 ③ 자기반영성과 메타픽션 ④ 대중문화에 대한 관심을 포스트모더니즘의 성격과 특징으로 지적하는데, 이 요소들은 포스트모더니즘과 모더니즘을 구분 짓는 잣대가 될 수 있다.

한 문학 텍스트가 다른 문학 텍스트들과 맺고 있는 상호관련성을 상호텍스트성이라고 하는데, 포스트모더니스트들은 진정한 의미에서 창조적이고 독창적인 작품은 없다고 말한다. 다시 말해 모든 텍스트는 모자이크처럼 여러 인용문으로 이루어져 있고, 다른 텍스트를 흡수하고 변형시키기에 텍스트에서는 작가의 고유한 창조성이나 독창성은 거의 찾아볼 수 없다는 것이다. 텍스트들의 상호 결합과 변형은 언어를 통한 자아와 타아의 대화로 굴절되고 새로운 의미가 생겨나지 않으면 가능하지 않다. 따라서 양자 모두는 전통적인 문학 형태와 다르게 기존의 경계를 허물고 변화를 더욱 긍정하는 형태의 문학 기법인 셈이다.

상호텍스트성은 대화주의와 불가분의 관계에 있다. 대화주의는 자아와 타아가 고정되어 완결된 것이 아니라 계속해서 서로 상호작용하고 있음에 근거하고 있는데, 곧 자아는 타아와의 관계 속에서 열린 의식으로서만이 존재 가능하다는 이론이다.

상호텍스트성은 그 스펙트럼의 폭이 넓다. 다른 텍스트에서 명시적이거나 암묵적으로 인용하는 것에서부터 모방, 인유, 아이러니, 패러디, 그리고 수정에 이르기까지 온갖 형태로 나타난다. 비교적 유희적 성격이 강한 패스티쉬 또한 상호텍스트성과 관련되며 포스트모더니즘에서 주로 많이 사용된다.

사실주의와 모더니즘은 문학 장르가 서로 결합하거나 혼합되는 것을 못마땅하게 생각한 반면, 포스트모더니즘에서는 장르 간 경계가 해체되면서 장르 사이에 전보다 훨씬 더 유동적인 관계가 이루어진다. 시의 산문화 현상, 논픽션 소설, 뉴저널리즘(소설 장르에서 주로 사용하는 기법을 빌려와 저널리즘의 영역을 넓히려는 시도에서 출발하며, 사실성을 희석하기 위해 의식적으로 허구성에 무게를 싣는 저널리즘), '폴리아트' 현상(하나 이상의 예술이 복합적으로 서로 결합된 현상) 등도 포스트모더니즘에서 볼 수 있는 장르 확산이나 장르 해체와 관련된 현상들이다. 더 나아가 문학은 내적인 장르 확산이나 해체뿐만 아니라, 외적으로 영화나 미디어 등 이미지, 영상, 디지털 매체와 상호텍스트적 또는 탈장르적 관계를 이루며 확산되고 있다. 하지만 이러한 확산을 문학의 해체 내지 위축, 쇠락으로 보는 시각도 있다.

포스트모더니즘은 사실주의나 모더니즘의 모방과 재현성, 그리고 표상성에 깊은 의문을 품는다. 포스트모더니스트들은 자연이나 작가의 내면세계를 표현하는 것보다 텍스트의 창작 과정에 좀 더 관심을 기울이며, 특히 텍스트를 창조하는 과정을 독자에게 의식적으로 드러내 보여주려 애쓴다. 따라서 메타픽션은 일반적으로 '픽션에 관한 픽션', '소설(을 쓰는 과정)에 관한 소설'로 볼 수 있다. 1960년대부터 주목받기 시작한 메타픽션은 자기반영적 문학의 형태를 하고 있기에 '자기반영적 메타픽션'이라고도 부른다. 메타픽션은 소설 장르뿐만 아니라 시, 희곡, 나아가 음악이나 미술 등 모든 예술 장르에도 나타날 수 있다.

고답적인 입장을 취하는 모더니즘과 달리 포스트모더니즘은 엘리트주의적인 고급문화보다 좀 더 민주적인 대중문화에 큰 관심을 보인다. 포스트모더니스트들은 탐정소설, 과학소설, 연애소설 등 모더니즘에서 폄하하고 억압하던 장르들에 대해 새로운 가치를 부여한다. 그동안 통속적 오락물로 간주되어 본격 문학의 위치에서 도외시되던 대중문학 장르는 중요한 장르로 재평가받기 시작한다.

D

포스트모더니즘에서는 전지적 시점 대신 주인공 시점 혹은 기타 다양한 시점을 사용함으로써 현실감을 높이고 독자의 상상력을 중시한다. 로티의 주장처럼 작가가 만들어 낸 작품 속에서 독자의 몫이 더 중요해졌다는 것과 일맥상통한다. 포스트모더니즘에 따르면, 작품은 작가만의 산물이 아닌 독자의 산물이기도 하며, 독자는 작품을 능동적으로 자신의 취향대로 해석해 읽을 수 있다. 이러한 시각이 곧 포스트모던 비평의 기반을 이루는 독자반응비평 나아가 수용미학의 기본 논리다.

[김중현]

대화주의, 독자, 로고스중심주의, 메타픽션, 모더니즘, 모방,
불확정성(비결정성), 사실주의, 상호텍스트성, 아이러니,
이미지, 작가(저자), 장르, 패러디, 패스티쉬, 텍스트

참고문헌

· 김계영, 「메타픽션과 18세기 소설의 자의식」, 『세계문학비교연구』 36권, 세계문학비교학회, 2011.

· 김욱동, 『포스트모더니즘』, 민음사, 2008.
· 린다 허천, 『포스트모더니즘의 이론과 전략』, 장성의 역, 현대미학사, 1998.
· 박상선 편역, 『포스트모던의 예술과 철학』, 열음사, 1992.
· 신승환, 『포스트모더니즘에 대한 성찰』, 살림, 2009.
· 장-프랑수아 리오타르, 『포스트모던적 조건』, 이현복 역, 서광사, 1992.

포스트콜로니얼리즘(탈식민주의, 포스트식민주의)

F: postcolonialisme *E:* postcolonialism *D:* Postkolonialismus

✻ 1. 독립을 쟁취한 이후의 시기, 나아가 식민지 상황에서 벗어나 현재에 이르기까지 제국주의의 영향으로부터 자유로울 수 없는 모든 문화를 통칭하는 개념
2. 문학에서는 포스트콜로니얼 비평, 제3세계 비평이라는 용어를 대신 사용하기도 한다.

Ⓐ

민족의식 또는 지역의식을 강조하는 단계로부터 제국주의 중심부와의 차별성을 강화하는 단계를 거치면서 발전해 온 사상사적 흐름으로, 기저를 이루는 주요 논리는 1978년에 출간된 사이드(E. Saïd)의 저서 『오리엔탈리즘』 속에서 피력된다. 문학에서는 식민지를 체험한 국가의 작가들이 쓴 작품들을 분석하는 비평적 도구로 사용된다.

식민지는 주로 프랑스나 영국, 스페인, 포르투갈의 지배를 받은 국가들로서, 대부분의 아프리카 국가들, 인도, 카리브해 국가들, 남미의 여러 국가들이 그에 해당한다. 방글라데시, 말레이시아, 파키스탄, 싱가포르, 스리랑카, 남태평양의 섬나라 등 아시아 지역의 문학도 포스트콜로니얼리즘 문학 범주에 들어간다.

어떤 학자들은 위의 국가들보다 상대적으로 독립이 빨랐던 캐나다, 뉴

질랜드, 호주에서 식민지시대 당시 저술되고 출간된 작품들도 포스트콜로니얼리즘 계열에 속하는 작품으로 규정할 수 있다고 주장한다. 식민지적 상황이 개별문학 속에서 어떻게 재현되었는지를 살펴볼 수 있다는 이유에서다.

B

포스트콜로니얼리즘 이론의 주요 목표는 식민지 관련 담론을 발전시키는 일이다. 그래서 이 이론은 제국주의적 지배, 그 지배의 경험 및 영향의 정도가 피식민지 국가들의 정치, 경제, 문화 영역에, 그리고 사고와 의식 속에 어느 정도 강한 흔적을 남기고 있는가를 분석 비평하는 작업을 주로 한다. 식민주의뿐만 아니라 독립한 후에도 영향력이 계속되는 '식민성'을 규명한 후 그 극복을 위해 애쓴다는 측면에서 포스트콜로니얼리즘 이론은 식민시대가 낳은 억압 구조를 밝혀내는 비평이기도 하다.

포스트콜로니얼리즘 계열의 작품은 종종 정체성 문제에 관심을 가진다. 식민주의가 제국주의의 가치체계를 식민지에 강요했기에, 독립 이후 많은 국가들이 자신을 열등한 존재로 규정한 이 가치체계를 포기하고 민족주의적 사고에 기초한 정체성을 구축하기 위해 많은 노력을 기울였다. 또 정체성 문제는 제국주의로 인한 이민 문제와도 밀접한 연관을 맺고 있다. 이민자들 및 그들의 후손들은 자신의 뿌리에 대해 의구심을 지니면서 식민과 피식민, 가해와 피해, 포획과 수용 문제에 접근한다.

C

사이드는 동양인에 대한 서구인의 편견을 오리엔탈리즘으로 규정한다. 사이드의 이러한 시각은 서구인의 오리엔탈리즘이 서양의 속성과 대립되는 속성을 동양, 더 넓게는 아프리카와 중남미를 포함한 비서구세계 전체의 속성으로 규정한 결과라는 것을 일목요연하게 보여주었다는 측면에서 대단히 중요한 의미를 지닌다. 사이드는 서양이 동양을 어떻게 이질적인 타자로 배제하고 어떻게 타자를 억압해 왔는지를 계보학적으로 추적하면서 서양의 정체성이 동양에 대한 타자성에 근거를 두고 이루어진 표상체계임을 밝혀내고 있다.

D

포스트콜로니얼리즘 비평은 탈식민지화한 사회 내에서 개별 텍스트가 지니는 의미를 밝혀내고 또 그 텍스트들의 특징을 정교하게 분석하면서 기존의 문학 연구방법에 많은 변화를 가져왔다. 또한 식민 모국의 전통적인 텍스트에 대해서도 포스트콜로니얼리즘의 독법과 분석을 행함으로써 텍스트의 기존 의미를 변화시킨다. 오늘날 이 비평은 특정한 포스트콜로니얼리즘의 텍스트를 사회적·역사적 맥락에서 읽어내는 방식과 알레고리, 아이러니, 은유와 같은 비유적 표현을 재검토하면서 읽는 방식으로 양분된 양상을 보여준다. 식민지 담론의 메커니즘을 밝혀낸 주요 인물로는 파농(F. Fanon)과 사이드가 있고, 문학가로는 멤미(A. Memmi), 루시디(S. Rushdie), 네이폴(V.S. Naipaul), 시옹고 응구기(J.Th. N'gugi) 등이 있다.

[외부집필-이상빈]

아이러니, 알레고리, 은유, 재현(표상, 대표), 타자, 텍스트

■ 참고문헌

· 고부응 외, 『탈식민주의 이론과 쟁점』, 문학과지성사, 2003.
· 바트 무어-길버트, 『탈식민주의! 저항에서 유희로』, 이경원 역, 한길사, 2001.
· 스티븐 그린블래트 외, 『경계선 다시 긋기』, 김용권 외 역, 한신문화사, 1998.
· 에드워드 사이드, 『오리엔탈리즘』, 박홍규 역, 2007.
· 존 맥클라우드 , 『탈식민주의 길잡이』, 박종성 역, 한울, 2003.

· Appadurai Arjun, *Après le Colonialisme. Les Conséquences culturelles de la globalisation*, Payot, 2001.

· __________, *Géographie de la colère. La Violence à l'âge de la globalisation*, Payot, 2009.

· Gayatri Chakravorty Spivak, *Nationalisme et imagination*, Payot, 2011.

· Homi K. Bhabha, *Les Lieux de la culture. Une Théorie postcoloniale*, Payot, 2007.

풍자

F: satire *E:* satire *D:* Satire

✳ 1. 객체(대상)의 우행과 악덕을 폭로하고 비판하며, 교화를 통해 성정을 다스리고 참된 본성을 회복하고자 하는 적극적인 문학 표현 양식

2. 코믹(골계)을 반드시 동반하며 과장, 알레고리, 아이러니, 조소, 냉소 등을 사용

Ⓐ

풍자를 뜻하는 라틴어인 'satura(가득 참)'는 '온갖 과일로 가득 찬 접시'(satura lanx)에서 유래하는데, 호라티우스(Horae)가 시의 한 종류에 처음으로 붙여 사용한 이름이다. 이러한 시의 한 형식을 페르시우스(Persius)와 쥬베날리우스(Juvenal)가 발전시켜 인간의 우행과 사회의 악덕을 공격하는 공식 운문인 풍자라는 한 장르가 된다.

18세기까지 서양의 시에서 지배적인 문학 장르로 사용되던 풍자는 쥬베날리우스풍(반은 인간 반은 염소인 더럽고 음탕한 사티루스(satyrus)나 여러 혹성들 중에서 악과 질병을 퍼뜨리는 힘이 가장 강한 토성(saturn)과 연관시킴)의 풍자 전통과 호라티우스풍('가득 참'을 뜻하는 풍자의 어원과 연관해 거친 풍자의 이미지를 약화시키고자 하는 의도를 강하게 내포함)의 풍자 전통으로 나뉜다.

전자는 사티루스에 걸맞게 문체와 내용에서 가혹하고 거칠어야 한다는 원칙과 특성을 강조하기 때문에 잔인한, 신랄한, 통렬한 풍자라 일컫는다. 반면에 후자는 신랄하고 공격적인 풍자를 공손한 담화의 형태로 순화하고, 교훈적이고 도덕적 기능을 강조하기 때문에 희극적, 온화한, 웃음의 풍자라 일컫는다. 시는 물론이고, 모든 문학 장르에서 중요한 역할을 하는 풍자의 사용 변화는 두 전통의 수용과 변용이라고 할 수 있다.

르네상스시대에는 격렬하고, 거칠고, 폭발적인 방식의 풍자가 유행했기 때문에 쥬베날리우스풍의 풍자 전통이 모델이 되었고, 17~18세기에는 중용과 데코룸이라는 신고전주의 원리에 적합한 호라티우스풍의 풍자가 이상적이며 전형적인 규범이었다.

B

풍자 양식은 작가가 외부 세계에 대해 어떠한 태도를 취하느냐의 문제와 직결된다. 풍자는 '비판적' 태도를 견지하는 데 가장 적합하다. 진정한 풍자는 그 시대의 모순점을 공격하고 악을 폭로함으로써 현실의 문제점을 적나라하게 다룬다. 풍자를 속성에 따라 범주화 하면 다음과 같다. 첫째, 풍자는 웃음과 악담을 통해 인간의 어리석음을 치유하고 사회악을 징벌하는 데 의미가 있다. 따라서 풍자는 표면상으로 드러나지 않는 은유로써 사회의 불합리나 부조리를 공격하되, 그 이면에 개선되었으면 하는 교화의 뜻을 내포하고 있다. 둘째, 대조나 비교에 의한 수사적 문제와 관련한 풍자는 알레고리, 아이러니, 과장, 조소, 조롱, 독설, 냉소뿐만 아니라, 이미지와 단어, 구문 등과 같은 문법적 요소를 사용한다. 그런데 풍자에는 반드시 코믹(골계, 滑稽), 즉 웃음과 유머가 동반되어야 한다. 조심해야 할 것은 웃음이 없는 풍자는 악담이나 빈정거림에 불과하고, 웃음이 지나치게 개입된 풍자는 악담이나 조롱, 또는 소극(farce)이 되어 버린다는 것이다.

풍자, 유머, 코믹 중에서 가장 상위범주에 위치하는 것은 웃음을 동반하는 모든 언어와 행동인 코믹이다. 풍자와 유머는 서로 이질적이면서 동시에 동질적인 면도 공유한다. 풍자와 유머는 주체가 객체(대상)를 부정적으로 조망한다는 면에서 같은 범주에 속하지만, 유머는 적대감을 드러내지 않고 대상을 포용한다는 점에서 풍자와 근본적으로 다르다.

C

풍자가 대상으로 삼는 것은 인간성과 사회제도다. 인간성에 대한 풍자(인간 풍자)는 작가가 특정한 인간이나 인간 본성에 대해 그 인간의 어리석은 행위, 위선, 허식, 속물근성 등을 내용으로 하고, 사회에 대한 풍자(사회 풍자)는 적대시하는 특정한 사회가 낳는 모순, 불합리, 악폐, 왜곡 등을 내용으로 한다. 인간 풍자는 등장인물을 통해 인간의 탐욕과 어리석음, 정신과 영혼의 맹목성에 대해 공격적인 태도를 견지하고 표상하는 풍자다. 사회 풍자는 불합리한 시대와 사회 정세를 꼬집는 방향으로, 만연한 사회악, 무능하고 위선적인 사회지도층, 우스꽝스러운 왕실과 귀족의 모습, 지배 권력계층의 부패, 종교의 타락 등에 대한 풍자다.

D

풍자는 그 뜻과 표현 방식 그리고 맥락이나 상황 등을 충분히 고려하여 형식과 내용이 조화롭게 나타날 수 있도록 사용해야 한다. 풍자의 목적과 방법은 어조에 있어 '감정을 상하게 하는' 것이다. 풍자는 신랄함과 거칠음을 본질로 하는, 즉 공격성을 본질로 하는 문학 양식이기 때문이다. 또한 풍자는 공격성에 그치지 않고 교정에 의한 악덕의 개선으로, 교훈적인 예술로 변화시키는 특질을 가진다. 이러한 교훈적 태도로 공격할 때 가장 효과적인 방법은 희극적인 방법이다. 웃음으로 제3자(독자)의 관심을 얻을 때, 그들에게 영향을 줄 수 있는 가능성이 더 높기 때문이다. 따라서 희극성(comedy) 또한 풍자의 주된 특징이다.

풍자의 효과로는 긍정적인 대(對)사회적 기능('징벌'을 통한 '치료'의 효과), 대상에 대한 주체의 우위적 입장을 강화함으로써 심리적으로 자아를 보호, 유지하고자 하는 주체의 심리적 거리 유지 또는 방어기제, 풍자(코믹)로부터 파생한 웃음의 사회적 결속력과 자기해방 등이 있다.

[이종오]

과장법, 데코룸, 아이러니, 알레고리, 유머

■ 참고문헌

· 권순긍, 『고전소설의 풍자와 미학』, 박이정, 2005.
· 아더 폴라르, 『풍자』, 송낙현 역, 서울대 출판부, 1986.
· 포널드 폴슨, 『풍자문학론』, 김옥수 역, 지평, 2002.
· Marc Martinez, Sophie Duval, *La Satire. littératures française et anglaise*, Armand Colin, 2000.

프로조디

F: prosodie *E:* prosody *D:* Prosodie

✻ 1. 그리스어와 라틴어 전통 시법에서 음량 율격의 기본
2. 시의 음향적 효과를 빚어내는 억양, 강세, 음색 등을 포함한 모든 것
3. 언어의 자음적 · 모음적 짜임새

Ⓐ

프로조디는 그리스어 '파로디아(prododia)'에 기원을 둔 용어로, 어원상 '리라의 반주에 맞춰 부르는 노래' 또는 '말에 첨가되는 가락'을 뜻한다.

프로조디는 그리스어와 라틴어 전통 시법에서 음량 율격의 기본이 되었던 것으로, 모음의 길고 짧음과 관련된 모든 규칙들을 가리켰다. 이 용어는 오늘날 서구에서 운율학의 의미로 보다 폭넓게 사용되고 있다.

B

라틴시의 영향을 강하게 받았던 서구 시에서 프로조디는 오랫동안 시의 음향적인 장식 요소로만 여겼지, 의미는 비어 있는 것으로 취급했다. 그러나 러시아 형식주의의 영향을 받은 메쇼닉(H. Meschonnic)은 프로조디 개념을 "언어의 자음적 · 모음적 짜임새"로 새롭게 정의하고, 그것이 리듬과 더불어 시(혹은 담화)의 체계를 만들고 그 체계 속에서 의미가 생성된다고 주장한다. 이러한 관점에서 그는 소리와 의미로 나누는 기호의 전통적인 이원론에 대립되는 '연속성의 의미론'을 제안한다. 그의 프로조디 개념은 또한 음의 장식주의와 상징적 표현성(소리를 담화의 통합적 체계 속에서 고려하지 않고 직접적으로 번역하는 것)으로 구분되는 오랜 전통과도 대립된다.

C

현재 프로조디는 언어학의 연구대상이 되면서 보다 일반적인 의미로 사용된다. 그것은 음성 중에서 발화(發話) 내용을 나타내는 음운 정보 이외의 억양이나 강세, 소리의 크기 및 길이, 높낮이 등을 포괄한다. 모리에(H. Morier)에 따르면, 프로조디는 "의미를 제외한 발화에 관여하는 요소들의 총체"로서 음운론보다는 음성학 영역에 속한다. 이런 의미에서, 프로조디는 '언어에 덧붙여지는 음향적인 효과'라고 할 수 있으며, 시의 범주를 넘어 일반 문장 및 담화로 확장되어 적용되고 있다.

[외부집필-최인령]

담화(담론), 러시아형식주의, 리듬(시),
발화(작용)/발화문, 상징, 시법, 율격

참고문헌

· 앙리 메쇼닉, 『리듬의 시학을 위하여』, 조재룡 역, 인간사랑, 2007.
· Henri Meschonnic, *Pour la Poétique IV, Ecrire Hugo*, t. 1, Gallimard, 1991.
· Maurice Grammont, *Traité pratique de prononciation française*, Librairie Delagrve, 1934.
· Sergio Cappello, *Le Réseau phonique et le sens. L'Interaction phono-sémantique en poésie*, CLUEB, 1990.

프롤로그

F: prologue *E:* prolog(ue) *D:* Prolog

✺ 연극, 소설, 영화가 개막되기 전 맨 처음에 나오는 독백이나 대화

'미리, 전'을 뜻하는 'pro'와 '이성, 말'을 뜻하는 'logos'가 합쳐진 그리스어 '프로로고스(prologos)'에서 유래한 이 말은 연극의 주제나 인물, 상황, 장소 등을 설명하기 위해 연극이 개막되기 전 맨 처음에 나오는 독백 또는 대화를 지칭한다. 이를테면 줄거리와 분리된 형식의 개시부(開始部)를 가리킨다. 극의 끝에 추가된 끝 대사나 보충장면, 배우 중 하나가 연극이 설정해 놓은 틀을 깨고 연극의 세계를 벗어나 관객에게 하는 폐막인사 등을 가리키는 에필로그에 대응하는 용어다.

[김중현]

대화(체), 에필로그, 인물/인물구성

참고문헌

· 베른하르트 아스무트, 『드라마 분석론』, 송전 역, 한남대학교출판부, 1986.

플래시백

F: flash-back(retour en arrière) *E:* flashback *D:* flashback(Rückblende)

✵ 20세기 희곡에서 사용된 영화 용어로 현재 상황과 관계있는 과거의 사건을 삽입해 작품의 시간적 순서를 차단하는 서술상의 기법

Ⓐ

영화의 몽타주 기법 중 하나인 플래시백은 이야기가 연대기적 시간으로 전개되는 도중 갑자기 다른 장면으로 넘어가도록 하는데, 넘어간 그 장면의 시간대는 과거형이 된다. 옛 추억이나 기억을 떠올리는 회상 장면으로 흔히 표현되는데, 푸도프킨(V. Pudovkin)이나 에이젠슈타인(S. Eisenstein)의 영화들이 좋은 예다.

그러나 플래시백이라는 기법 자체는 영화에 의해 창안된 것이 아니라 고대 그리스 문학에서부터 사용되어 왔다. 호메로스의 『오디세이아』에서 오디세우스가 트로이에서 고향으로 돌아오는 길에 겪은 대부분의 모험은 그가 파이아케스의 궁정에 돌아와서 회상하는 방식으로 서술된다. 과거 속으로 되돌아가는 플래시백은 인물들의 이야기 속에서 아주 결정적인 시기에 이루어진다. 작가는 플래시백을 사용함으로써 가장 흥미 있는 대목에서부터 이야기를 시작할 수 있으므로, 사건이 일어난 순서에 따라 이야

기를 진행하는 단조로움을 피할 수 있다.

채트먼은 이야기가 진행되는 현재의 시점에서 과거의 사건이나 모티프를 제시하는 소급제시(회상, 아날렙시스)의 한 형태를 특별히 플래시백이라 부르고, 그 반대의 경우, 즉 현재 시점에서 미래의 사건이 제시되는 형태를 플래시포워드(flashforward)라 부른다.

B

연극에서 플래시백이 처음으로 사용된 것은 살라크루(A. Salacrou)의 『아라스의 미지의 여인』(1932)에서다. 인간의 내면 갈등을 회고적인 탐구로 묘사한 이 작품은 '과거로의 회귀'라는 독특한 '극 시간'을 사용해 지문이나 무대 배경의 도움을 받아 현재의 무대 위에서 과거의 인물을 직접적으로 다루었다. 이러한 시간은 극 전개에서 독자나 관객 들을 미래로 이끌어 가야 하는 사건들의 억제할 수 없는 흐름 속에서 극적 효과를 높이기 위해 인위적으로 삽입된 한 '시기'를 말한다.

이러한 시기는 영화의 플래시백과 똑같은 현상으로 현재 무대 위에서 전개되는 줄거리의 한가운데에 위치하고, 중요한 과거의 사건들을 다시 나타나게 하기 위해 사용된다. 플래시백에서 사건은 회상하는 것이 아니라 다시 체험하는 것이기 때문에 작가는 이야기를 객관적이고 극적인 현재 상태로 유지할 수 있다. 따라서 주인공들이 처한 현재의 미묘한 상황에서 긴장과 갈등을 더욱 고조시킬 수 있는 과거의 '돌발사건'을 관객들에게 재실현하는 데 매우 적절한 방법이다.

C

연극 공연에서 플래시백은 화자에 의해서나, 조명의 변화 또는 몽환적인 음악을 이용해서, 그리고 스크림(scrim, 무대를 인위적으로 분할할 수 있는 투명한 망사 천)과 같은 무대장치를 통해 작품 속에 실현된다. 극의 전개과정에서 플래시백의 사용 시기는 대단히 자유롭고 유연하지만, 사용할 때 몇 가지 주의해야 한다. 우선 행위의 양태와 현실감을 인식할 수 있도록 플래시백의 한계를 분명하게 설정해야 한다. 플래시백은 이곳/저곳, 현재/과거, 진실/허구 등의 단순한 이분법에 따라 작동하기 때문에 항상 관객들이 쉽게 이해할 수 있게 실행되어야 한다. 또한 플래시백 속의 플래시백이라든가 연이어 펼쳐지는 플래시백은 관객을 혼란에 빠지게 할 수 있으므로 주의해야 한다.

[외부집필-한용택]

독자, 몽타주, 시점, 픽션(허구), 후술법(회상, 소급제시, 아날렙시스)

참고문헌

· 세르게이 에이젠슈테인, 『영화의 형식과 몽타쥬』, 정일몽 역, 영화진흥공사, 1990.
· 시모어 채트먼, 『영화와 소설의 서사구조』, 김경수 역, 민음사, 1999.
· 케어 엘람, 『연극과 희곡의 기호학』, 이기한 외 역, 평민사, 1998.
· 황훈성, 『기호학으로 본 연극세계』, 신아사, 1998.
· Anne Ubersfeld, *Les Termes clés de l'analyse du théâtre*, Seuil, 1996.

플롯

F: intrigue　*E:* plot　*D:* Handlung

✻ 1. '구성' 또는 '얽어 짜기'로 지칭되며, 이야기를 구축하는 사건의 틀
2. 작가가 사건들을 서술하는 방식의 총체

Ⓐ

우리말로는 '구성' 또는 '얽어 짜기'라고 부르며, 이야기(narrative)를

구축하는 사건의 틀(frame of incidents)을 가리킨다. 플롯이 '사건의 틀'로 간주될 때, 그 틀 속에 들어가기 위해 사건들은 작가의 의도에 따라 형태가 조정되거나 변조되지 않을 수 없다. 따라서 틀 속에 담겨지는 이야기는 작가가 인위적으로 조작한 구조인 것이다. 작가는 사건들을 그냥 나열하지 않는다. 자신의 의도와 목표에 부합하는 방법으로 손질하고 변조한다. 이를테면 작가는 이야기를 전략적으로 구축한다. 따라서 플롯은 작가의 의도와 목표를 이룩하기 위한 전략이라고 말할 수 있다. 작가가 독자의 결정적인 반응과 아울러 능동적인 참여를 이끌어 내는 데 성공할 수 있는 것은 바로 플롯이라는 전략을 통해서다. 독자는 텍스트가 제시하는 일련의 정보를 조직화하고 해석하면서 작품의 총체적 의미를 탐색하고 구축하는 플롯 형성의 암묵적인 주체이기도 하기 때문이다.

B

아리스토텔레스는 『시학』에서 비극시의 여섯 가지 구성요소를 규정하면서 그중 하나인 플롯(뮈토스)을 '사건들의 배치'라고 정의한다. 작가는 하나의 이야기 속에 있는 사건들을 다양한 방식으로 배치할 수 있다. 어떤 사건은 세세히 다루지만 어떤 사건은 개략적으로 언급하는 데 그치며, 또 어떤 사건은 생략해 버리기도 한다. 작가는 연대기적인 순서를 존중할 수도 있고 흩뜨려 버릴 수도 있다. 이처럼 사건의 구성적 배치는 각기 다른 플롯을 생산하며 하나의 동일한 이야기로부터 수많은 플롯을 만들어 낼 수 있는 것이다.

C

플롯의 정의는 러시아 형식주의자들과 구조주의자들에 의해서 더욱 복잡해진다. 형식주의자들, 특히 토마체프스키(B.V. Tomachevski)는 서사물(narrative text)을 우화(fabula)/주제(sjuzhet)라는 대립된 용어로 구분하여 분석한다. 우화란 "기본적인 이야기 재료로써 서사물 속에 관련된 사건들의 총체"로 사건들이 시간적 순서에 따라 배열되는 것을 가리킨다. 반면, 주제는 우화를 구성하는 것과 동일한 사건들로 이루어지지만 "사건들이 작품 속에 출현하는 순서를 존중하고, 우리에게 그 사건들을 알려준 정보들의 연속을 존중한다". 따라서 완전히 일치하지는 않지만 후자가 플롯에 해당하고, 전자는 스토리에 해당한다.

토도로프는 서사물을 스토리와 담화의 양상으로 구분하는데, 플롯이라는 말 대신 담화라는 용어를 사용한 것이다. 그에 따르면, 서사물은 스토리인 동시에 담화다. 스토리는 글이 되기 이전에 글감이 되는 소재를 말하며, 담화는 사건들이 전달되는 방식을 말한다. 서사물에는 스토리를 전하는 화자가 있고 그의 면전에는 스토리를 인지하는 독자가 있다. 그런 차원에서 보면 중요한 것은 진술된 사건이 아니라 화자가 사건을 전해주는 방식이다.

채트먼의 견해도 토도로프와 크게 다르지 않다. 그는 서사물의 필수적인 구성요소를 크게 두 부분으로 나누는데, 서사물의 내용으로서 서사물 속의 '무엇'과, 표현 혹은 내용이 전달되는 방식으로서 '어떻게'가 그것이다. 후자를 담화라고 부르는데 바로 플롯에 해당하며 전자가 스토리다.

주네트는 서로 다른 서술적 현실을 레시와 스토리, 그리고 서술(행위)이라는 용어를 사용해 구분한다. 레시는 서술의 기표, 언술, 담화, 또는 서술적 텍스트 그 자체를 의미하는 데 반해 스토리는 서술의 내용 또는 기의를 의미한다. 그리고 서술(행위)은 서술적 담화를 생산하는 행위, 더 넓은 의미로는 그 행위가 위치하는 현실적 또는 허구적 상황의 총체를 의미한다.

D

포스터에 따르면, 소설의 기초는 이야기이고 이야기는 연속적인 시간에 따라 배열한 사건의 언급이다. 스토리는 이야기의 재료에 불과한 것으로 시간의 연속대로 정돈해 놓은 사건의 서술이다. 스토리는 문학적 조직 가운데 가장 일차적이고 단순한 것이지만, 소설이라는 아주 복잡한 조직에 공통된 기반 요소이기도 하다. 플롯 역시 사건의 서술이지만 인과관계를 강조하는 서술이다. 인과성은 명시적인 것일 수도 있고 암시적인 것일 수도 있다. 스토리는 플롯의 기반이고 플롯은 더욱 높은 형태의 조직으로서 고도의 발전이 가능한 형식이다. 따라서 플롯은 지력과 기억력도 아울러 요구한다.

[김중현]

담화(담론), 독자, 디에게시스, 러시아형식주의, 레시, 서사, 서술, 서술자(화자), 수제트, 스토리, 텍스트, 파블라, 픽션(허구)

참고문헌

· 롤랑 부르뇌프, 레알 웰레, 『현대소설론』, 김화영 편역, 현대문학, 2006.
· 시모어 채트먼, 『이야기와 담론』, 한용환 역, 푸른사상, 2006.
· 오탁번, 이남호, 『서사문학의 이해』, 고려대학교출판부, 2006.
· 에드워드 모건 포스터, 『소설의 이해』, 이성호 역, 문예출판사, 2000.
· 장소진, 『현대소설 플롯론』, 보고사, 2000.
· 츠베탕 토도로프, 『러시아 형식주의』, 김치수 역, 이화여자대학교출판부, 1981.

피서술자

F: narrataire *E:* narratee *D:* Erzähladressat

✻ 서사에서 서술을 듣는 사람

'서사에서 서술을 듣는 사람'으로, 서사 속에는 한 사람 이상의 피서술자가 있으며, 피서술자는 서술을 하는 한 사람 이상의 서술자와 동일한 서술적 층위에 자리한다. 피서술자는 서술자와 마찬가지로 서사 속에서 (작중)인물로 기능할 수도 있고, 명확히 드러나지 않을 수도 있다.

피서술자는 서사가 아닌 현실에서 추정 기대되는 독자(reader)나 수용자(receiver)와 구별되어야 한다. 또한 내포독자와도 구별되어야 하는데, 피서술자는 서술자의 상대이며 내포독자는 내포작가의 상대다. 내포독자는 내포작가와 마찬가지로 텍스트 전반을 통해 막연히 추정되는 존재다. 하지만 피서술자와 내포독자가 잘 구별되지 않는 경우도 있는데, 서술자가 사실상 부재하거나 드러나지 않아 피서술자 역시 모호해질 때, 자연히 피서술자와 내포독자 역시 구별하기 어렵게 된다.

[류은영]

독자, 서사, 서술, 서술자(화자), 인물/인물구성, 텍스트

참고문헌

· 시모어 채트먼, 『이야기와 담론』, 한용환 역, 푸른사상, 2006.
· Gérard Genette, *Nouveau discours du récit*, Seuil, 1983.
· Gerald Prince, *Narratology: The Form and functioning of narrative,* Mouton, 1982.

피진

F: pidgin *E:* pidgin *D:* Pidgin

✱ 서로 다른 언어를 사용하는 둘 이상의 발화자들이 상호 의사소통을 위해, 특히 상거래와 같은 실용적 목적으로 만들어 낸 혼성어

A

피진의 어원은 확실치는 않으나 영어 '비지니스(business)'의 중국식 발음에서 유래된 것으로 보는 경향이 지배적이며 '피진어'라고도 한다.

B

피진은 예전에 서구 국가들의 식민 통치를 받던 지역에서 흔히 볼 수 있는데, 식민 지배를 받던 사람들이 외부인과의 무역을 위해 서구 언어와 현지 언어를 적절히 혼합해 만든 경우가 많다. 주로 상거래를 목적으로 한 언어이기 때문에 피진은 간략함과 단순함이 가장 큰 특징이다. 문장 구조는 복문 등의 복잡한 구조는 피하고 대부분의 경우 '주어-서술어-목적어'의 단순 구조를 취한다. 어휘는 차용 언어가 대부분이며 짧은 어휘를 선호하고 격변화는 피한다.

C

피진은 어떤 사회나 단체의 모국어가 아니라 2차 언어로 존재한다. 피진은 두 개 이상의 언어가 섞인 혼종성 때문에 종종 크레올과 혼동되는 경우가 있으나 크레올은 피진이 고착화, 현지화 되어 모국어로 된 것이라는 점에서 차이를 보인다.

[원종익]

크레올, 혼성(어), 혼종화/혼종

참고문헌

· Jacques Arends, Pieter C. Muysken, Norval Smith, *Pidgins and Creoles: An Introduction*, John Benjamins, 1994.

· Loreto Todd, *Pidgins and Creoles*, Routledge, 1990.

· Mark Sebba, *Contact langages: Pidgins and Creoles*, MacMillan, 1997.

픽션(허구)

F: fiction *E:* fiction *D:* Fiktion

✻ 현실을 모방하여 마치 실제 사실인 양 꾸며낸 글이나 이야기

Ⓐ

'모양을 빚어내다'란 뜻의 라틴어 '픽티오(fictio)'에 어원을 둔 'fiction'은 후에 '꾸며내다', '만들어 내다', '조작하다', '흉내 내다'라는 뜻을 갖게 된다. 없는 것을 있는 것처럼 꾸며 이야기하는 행위, 즉 거짓을 말하는 행위의 뜻을 지닌 픽션은 문학 텍스트 밖에서는 비도덕적 행위로 간주되어 부정적인 의미를 갖는다. 그러나 작가의 상상력을 통해 허구적 진실을 구현해 내는 소설에서는 사실인 것처럼 꾸며낸 이야기가 용인된다.

허구는 현실을 모방하여 마치 실제 사실인 양 꾸며낸 이야기를 가리킨다. 서사적 허구에 대한 논의는 아리스토텔레스의 『시학』에서부터 시작하여 '허구의 시학' 또는 서사학이라는 이름으로 그 지평을 지속적으로 넓혀 왔다. 20세기 들어 그것의 이론과 기술에 대한 비평적 관심은 러시아 형식주의와 프랑스 구조주의에서 더욱 고조된다.

Ⓑ

픽션은 근대문학의 주요 장르로 부상한 소설의 고유한 변별성이자 본질적 속성이다. 따라서 픽션은 소설의 존재 방식, 소설이라는 특별한 문학적 현상을 지칭하는 데 가장 적절한 명칭이라 할 수 있다. 시 역시 허구성이 있지만 꾸며낸 이야기, 즉 허구라고 하지는 않는다. 우화나 동화 등 일종의 경이문학(현실을 모방하는 소설문학과 달리, 이야기를 현실 세계 밖에서 전개하며, 비논리적인 속성들을 자연스러운 것으로 전제하며 기술하는 문학)도 허구라 할 수 있지만, 소설처럼 이야기를 실제 사실인 양 꾸미는 형태를 갖지 않기에 '허구적'이라 형용하기는 하지만 '허구'라고 하지는 않는다. 따라서 모든 문학이 다 허구는 아니다.

픽션을 대표하는 장르는 소설이지만 모든 소설이 다 픽션은 아니며, 마찬가지로 모든 픽션이 다 소설인 것도 아니다. 오늘날 탈장르나 장르 확산 현상에 따라 소설이 허구에 충실히 의존해 온 전통으로부터 이탈하고 있기 때문이다. 전기와 자서전, 오토픽션, 팩션(faction), 패러디 등에서 보듯이 순수한 허구와 비허구 사이의 경계가 모호해지고 있는 현상이 바로 그 징후라 할 수 있다.

[김중현]

러시아형식주의, 모방, 서사학, 스토리, 오토픽션, 자서전, 텍스트, 패러디

참고문헌

· 김욱동, 『포스트모더니즘』, 민음사, 2004.
· 시모어 채트먼, 『이야기와 담론』, 한용환 역, 푸른 사상, 2006.
· Jean Ricardou, *Problèmes du nouveau roman*, Seuil, 1967.

ㅎ

하이퍼텍스트

F: hypertexte *E:* hypertext *D:* Hypertext

✵ 1. 인터넷상의 글쓰기 환경 혹은 기술
2. 인터넷상에서 비선형적으로 검색, 연결, 재생산할 수 있는 텍스트 혹은 웹문서 전체

A

1960년대 넬슨(Th.H. Nelson)이 'hyper'와 'text'를 합성해 만든 컴퓨터 및 인터넷 관련 용어로, '인터넷상의 글쓰기 환경 혹은 기술'을 가리킨다. 좀 더 풀어 정의하자면, '인터넷상에서 비선형적으로 검색, 연결, 재생산할 수 있는 텍스트 혹은 웹문서 전체'라고 할 수 있다.

B

하이퍼텍스트는 내용이 선형적이고 고정적이며 유한한 종래의 종이책과 달리 사용자가 언제든 마우스 클릭을 통해 원하는 대로 자유로이 읽고 쓸 수 있는 비선형적이고 유동적이며 무한히 열린 텍스트다. 본래 하이퍼텍스트는 현대의 무수한 정보를 빠르고 간편하게 검색, 저장할 수 있는 메멕스(memex)라는 기억확장장치에서 비롯된 시스템이다. 하이퍼텍스트는 순차적인 색인 시스템이 아닌 인간의 자유로운 연상처럼 비선형적인 링크 시스템을 따른다. 인터넷 검색창에 그저 원하는 단어를 넣기만 하면,

혹은 웹문서상의 단어를 클릭하기만 하면 링크된 필요한 텍스트가 바로 뜬다. 이로써 사용자는 고정적인 독서나 인위적인 정리의 부담을 벗어나 자유로이 검색, 연결, 재생산, 저장하면서 무한한 상상력과 창조력을 펼칠 수 있다.

C

기존의 종이책 같은 아날로그 텍스트는 작가가 써 놓은 대로 읽거나, 기껏 독자의 자유라고 해야 몇 페이지를 건너뛰거나 내키지 않으면 책을 덮는 것이 전부다. 하지만 하이퍼텍스트는 텍스트의 원하는 부분만을, 또 텍스트 간을 읽을 수도 있고, 나아가 텍스트를 편집하거나 재생산할 수도 있다. 하이퍼텍스트 문학은 이러한 하이퍼텍스트 환경 혹은 기술을 기반으로 한 문학을 말한다.

기존의 문학 독서는 작가가 서술한 일정한 플롯을 따라 첫 페이지에서 마지막 페이지까지 차례로 읽어 나가는 방식이다. 하지만 하이퍼텍스트 문학의 독서는 무한히 열린 독서이며, 독자는 단지 독자에 머무르지 않고 작가가 될 수도 있다. 독자는 작가가 제시한 이야기를 단순히 읽기만 할 수도 있지만, 이야기를 이어 쓸 수도 있다. 그리고 이어 쓴 이야기를 또 다른 독자들이 계속해서 이어 쓸 수 있다.

하나의 텍스트를 모티프로 다수의 독자들이 저마다의 상상력을 동원해 확대 재생산하는 하이퍼텍스트 문학은 무한한 변형과 결말이 가능한 열린 글쓰기라고 할 수 있다. 전통적인 구비문학의 현장성, 재연성, 상호작용성을 겸비하고 있는 하이퍼텍스트 문학은 대중문학의 현대적 전형이라 할 수 있으며, 전자책(e-book)의 저변화로 더욱 활성화되고 있다.

[류은영]

글쓰기, 독자, 링킹(연결), 모티프, 작가(저자), 플롯, 텍스트

참고문헌

· 김종회, 최혜실, 『사이버문학의 이해』, 집문당, 2001.
· George P. Landow, *Hypertext: The Convergence of contemporary critical theory and technology*, Johns Hopkins University Press, 1992.

함축

F: implicature *E:* implicature *D:* Implikatur

✵ **그라이스(H. P. Grice)가 처음으로 도입한 용어로서 발화문에 의해 실제로 표현되었거나 말해진 것이 아니라, 발화에 의해 암시된 것**

A

함축은 그라이스가 처음으로 도입한 용어로서 '발화문에 의해 실제로 표현되었거나 말해진 것'이 아니라, 발화에 의해 '암시 또는 함축된 것'을 말한다. 예를 들면, 화자가 '교실이 춥네'라고 말하는 것은 문맥적으로 '이 교실에는 난방이 필요하다'는 것을 암시하는 것이다.

넓은 의미에서 보면 함축 의미는 '언어내적 또는 언어외적인 정보의 내용들을 결합하여 발화문으로부터 추론할 수 있는 잠재적인 모든 의미'로 정의할 수 있다. 그러므로 함축 의미의 개념 속에는 전제, 암시 의미, 전의, 간접화행 등을 포괄하고 있다. 그러나 일반적으로 함축 의미는 발화문의 문자 의미에 속하고 명제 내용에서 추론된 전제와 문맥적, 상황적 요인에 의존하는 암시 의미로 간주한다. 이러한 함축 의미를 화용론의 주요 영역으로 끌어들인 언어학자가 그라이스(H.P. Grice)다.

그라이스는 대화에서 전달되는 의미를 코드화된 내용과 추론화된 내용으로 구별하고, 전자를 명시적으로 전달되는 문자적 의미로, 후자를 관습적(conventional) 함축과 대화적(conversational) 함축으로 구분한다.

B

관습적 함축은 발화에 나타나는 특정한 단어나 연결사인 '그래서', '그러므로', '그러나' '혹시', '어쩌면' 등이 갖는 어휘적 특성이나 통사상의 어미의 자질에 의해 일어나는 의미함축이다.

① 휴대전화 벨이 울렸다. 그래서 나는 반가웠다. (원인을 함축)
② 휴대전화 벨이 울렸다. 그러나 나는 반가웠다. (대조나 의외성을 함축)
③ 그는 검소했다. 그리고 부자가 되었다. (연결이나 부가성을 함축)
④ 선생님은 항상 공부를 말씀하신다. (지속성을 함축)
⑤ 선생님은 항상 공부를 말씀하셨다. (일회성을 함축)

위의 예문에서 대화적 함축은 정상적인(즉 특별한 사정이 없는) 담화 상황에서 문장의 발화에 의해 암시되는 것으로 함축을 가질 수 있다. 따라서 실제로 말해진 것과 함축된 것의 구분이 판단의 기준이 된다. 예를 들면, '두부 좀 먹어라'라는 예문이 실제로 식사하는 자리에서라면 권유가 되지만(실제로 말해진 것), 교도소 정문 앞이라면 '더 이상 죄를 짓지 마라'(암시 또는 함축된 것)라는 권유나 경고의 발언으로 해석 가능하다. 그라이스는 대화적 함축을 일반화된 대화적 함축과 특수화된 대화적 함축으로 구분한다.

① 나는 한 대의 차를 가지고 있다.
② 어떤 사람들은 신을 믿는다.
③ 너무 피곤해.

위의 예문들에서 ①은 '나는 한 대 이상의 차를 가지고 있지 않다'를 함축하며, ②는 '모두가 아닌'을 함축하는 것으로 추론된다. 이처럼 의미가 상황 문맥에 의해 좌우되는 것이 아니라, 언어 구조에 의해 추론되는 것을 '일반화된 대화 함축'이라고 한다. 반면에, ③을 놀이터에 가자는 아이에게 발화하면 '날 좀 혼자 있게 해줘'의 의미가, 상점에 가자는 아내에게 발화하면 '난 쇼핑하고 싶지 않아'의 의미가 추론된다. 이처럼 문자적 의미가 대화 문맥에 따라 특정한 의미로 확장되어 추론되는 것을 '특수화된 대화적 함축'이라 한다.

C

일상 담화에서 화자에 의해 전달되는 함축 의미는 두 가지 유형으로 분류할 수 있다. 하나는 함축되는 의미가 화자의 담화 의도(단언, 요청, 권유, 거절, 충고 등)를 나타내는 중요한 정보로서 담화를 추진시키는 기능을 하는 전경함축(foreground implicature)이며, 다른 하나는 전경함축이 올바로 전달될 수 있도록 뒷받침해 주는 배경함축(background implicature)이다.

① 오늘 영화 보러 가자.
② 나는 시험공부를 해야 해.
③ 그래? 그러면 이번 주말에는 어때?

위의 대화에서 '영화를 보러 갈 수 없다'는 거절의 발화 의도를 나타내는 ②의 간접적이고 함축적 의미를 전경함축이라 하고, 이러한 전경함축을 생성하고 이해하는 데 필요한 것으로 추론되는 배경 정보('시험공부를 해야 하기에 시간이 필요하며 영화를 보러 가면 공부할 시간이 줄어들거나 없다')를 배경함축이라 한다. 배경함축은 화자와 청자가 공유한 정보로 청자가 용이하게 추론할 수 있는 정보다. 전경함축은 ①을 제안한 화자의 체면을 손상시키지 않고 ②가 의도한 정보('영화를 보러 갈 수 없음')를 전달할 뿐만 아니라, ③과 같은 후속 발화를 하게 함으로써 담화를 추진시키는 기능을 한다. 이처럼 전경함축은 상대방으로 하여금 후속 발화를 잇게 하는 추진력을 가지며, 대화자들의 공유 지식인 배경함축을 토대로 한다.

두 함축은 구어나 문어뿐만 아니라, 몸짓언어(제스처, 특히 손동작)를 통해서도 전달된다. 이 경우 실제로 보이는 것은 특별한 손의 모양이나 움직임이지만, 청자에게 전달되는 의미는 함축적 의미다. 또 다른 유형으로는, 신문에서 정치적 인물 만평을 통해 전경 함축이 전달되는 것처럼 시각적 표현으로 함축을 전달하는 경우도 있다. 이때 이를 이해하기 위해서는 배경함축이 요구된다. 시각적 표현인 만평은 언어적(글로 하는) 표현보다 적은 지면을 차지하며, 전달되는 정보도 명료하고 생생하게 전달된다.

[이종오]

문맥, 전의(법)

참고문헌

· 스테판 레빈슨, 『화용론』, 이익환·권경원 역, 한신문화사, 1992.
· Catherine Kerbrat-Orecchioni, *L'implicite,* Armand Colin, 1986.
· Dan Sperber, Dreidre Wilson, *La Pertinence: Communication and cognition*, Minuit, 1989.
· Oswald Ducrot, *Dire et ne pas dire*, Hermann, 1972.
· Paul Grice, “Logic and conversation”, *Syntax and Semantics,* vol. 3, Speech Acts, New York Academic Press, 1975.

합성(어)

F: mot composé *E:* compound word *D:* zusammengesetzte Wörter

✺ **둘 이상의 독립적인 단어가 그대로 결합되어 하나의 새로운 단어가 생성되는 조어법, 또는 그 결과로 생긴 단어**

A

합성어는 독립적으로 쓰일 수 있는 둘 이상의 단어가 동등한 자격으로 결합하여, 기존의 단어로는 표현할 수 없는 새로운 의미를 나타내는 조어법이다. 이 경우 본래 단어의 상태는 그대로 보존되지만 의미는 새롭게 태어난다. 가장 대표적인 합성어는 명사와 명사의 결합으로 주로 종속관계나 등위관계로 결합된 합성명사('aircrew', 'alpha girl', 'alpha mail', 일등 또는 최고를 의미하기 위해 그리스 문자의 첫 글자 '알파α'를 사용), '맺음말'과 축약에 의한 합성명사('photo op', photographic opportunity; 정치인이나 유명인의 홍보 및 선전용 사진화면) 등이 있다. 그 밖에 동사+부사('pull over', 머리로부터 뒤집어쓰는 소매 달린 스웨터), 명사+동사('bottle-feed', 우유로 기르다), 동사+명사('뼈아프다') 등과 같은 방식으로 분류된다.

B

두 개의 단어가 '완전하게' 결합될 때 그 결과물은 혼성어가 아니라 합성어다. 그런데 혼성어도 합성어의 한 부류로 간주한다. 예컨대 'breakfast(아침식사)'는 'break(중단하다)'와 'fast(단식)'의 합성어다. 혼성어는 합성어와 비슷하나 결합된 단어의 일부분이 없어진다. 예를 들면 'businary(비즈니스 선교사)'는 'business'와 'missionary'의 혼성어이고, 'brunch(아침 겸 점심)'는 'breakfast'와 'lunch'의 혼성어다.

[이종오]

혼성(어)

참고문헌

· Alain Rey, *La Lexicologie, lectures,* Klincksieck, 1970.

· Louis Guilbert, *La Créativité lexicale,* Larousse, 1975.

해석/해석공동체

F: interprétation/communauté interprétative
E: interpretation/interpretive community
D: Interpretation/communauté interprétative

✳ 1. 모든 의미구조를 파악하는 행위 (해석)
2. 작품에 관한 우리 의식 속에 주어진 사실들을 재료로 삼아, 작품을 납득할 만한 의미체로 만드는 활동 (해석)
3. 작품의 형식적, 의미론적 유형 분석을 통해 나온 언어 계에 대한 해석 (해석)
4. 의미의 성질에 관한 공통의 가정을 갖고 텍스트 읽기에서 공통의 전략을 구사하는 독자 혹은 기호해석자의 집단 (해석공동체)

A

기본적인 의미에서 해석은 '이해'를 뜻한다. 넓은 의미에서 해석은 모든 의미구조를 파악하는 행위다. 그런데 어떤 텍스트든 전체를 이해하려면 그 구성 부분을 먼저 이해해야 하고, 또한 부분을 이해하려면 전체를 어느 정도 파악해야 한다. 이러한 해석 과정을 '해석학적 순환'이라 일컫는다.

해석학적 순환은 해석 행위의 상징일 뿐만 아니라 해석학(해석의 방법과 규칙을 연구하는 학문이다. 성경 해석에서 출발한 전통적인 해석학은 기록된 텍스트, 특히 문학, 종교 및 법 분야에 있는 텍스트를 해석하는 학문을 의미한다. 현대 해석학은 기록된 텍스트와 관련된 문제뿐만 아니라 해석하는 과정에 있는 모든 것들을 함께 포함한다)의 주요 문제이자 초점이다.

예술작품을 해석하는 입장은 크게 일원론적 입장과 다원론적 입장으로 나눌 수 있다. 일원론적 입장은 개개의 예술작품에는 참이 되는 하나의 해석이 있다는 이론이다. 그래서 참 해석이 아닌 해석은 거짓 해석으로 수용되지 못한다. 이에 반해 다원론적 입장은 단일한 참 해석으로 통합될 수 없는 여러 수용 가능한 해석들이 있다는 이론이다. 그래서 양립 불가능하거나 또는 그렇게 보이는 해석일지라도 다른 기준을 통해 수용될 수 있다.

'저자의 의도'라는 개념을 기초로 '저자 지향적 의미 이론'을 전개한 허쉬(E.D. Hirsch)는 텍스트를 저자가 의도한 언어적 의미라고 정의하면서, 해석은 그러한 언어적 의미를 찾는 활동이라고 말한다. 그에 의하면, 해석이란 시대와 사회의 문화적 배경에 따라 달라지는 개개 독자의 반응인 의의(significance)를 넘어서 시간의 경과 속에서도 고정불변한 언어적 의미(verbal meaning)를 찾는 것이다.

전통적인 해석학적 순환을 '대화와 융합'이라는 은유적 표현으로 바꾸어 놓은 가다머(H.G. Gadamer)는 '독자 지향적 이론'을 전개하면서, 해석을 텍스트와 독자가 '나'와 '너'로 만나 질문을 주고받는 지평융합의 문제라고 말한다. 독자가 하나의 '나'로서 하나의 '너'인 텍스트에게 말을 걸고 질문을 하는 개방적 수용 능력이 해석의 근거라는 것이다.

B

일반적으로 문학작품의 해석은 좁은 의미에서 글의 뜻을 풀어 알기 쉽게 바꾸어 쓰는 일, 즉 패러프레이즈를 가리킨다. 넓은 의미에서 해석은 작품의 의미 조직을 밝히는 데 한정되지 않고, 작품의 장르, 구성요소, 구조, 주제, 효과 등의 양상에 대한 설명을 포함한다. 말하자면 작품의 해석이란 작품에 관한 우리 의식 속에 주어진 사실들을 재료로 삼아, 작품을 납득할 만한 의미체로 만드는 활동이라 할 수 있다. 또한 문체론에서 해석은 작품의 형식적, 의미론적 유형 분석을 통해 나온 언어 체계에 대한 해석을 뜻한다.

개별 작품을 비문학적 조건들(사회, 문화 등), 특정 문학적 관습들(장르, 양식 등) 및 저자와의 관계 속에서 의미를 찾아내고 파악하는 것을 '작품 외재적 해석'이라고 한다. 또한 모든 작품 외적 전제조건을 배제한 채, 작품의 구조적 요소들을 기능적 관련성에서 서술하고, 의미와 의미의 문학적 재현 방식을 해명하기 위한 해석을 '작품내재적 해석'이라 부른다.

C

해석공동체는 피쉬(S. Fish)가 정서적(영향학적) 문체론(affective stylistics) 연구에서 처음 제시한 개념으로, '의미의 성질에 관한 공통의 가정을 갖고 텍스트 읽기에서 공통의 전략을 구사하는 독자 혹은 기호해석자의 집단'을 말한다. 피쉬에 의하면, "의미를 생산하고 형식적 특징을 발생시키는 것은 독자나 텍스트라기보다 해석공동체이다. 해석공동체는 해석 전략들을 공유하는 사람들로 구성되는데, 그들은 텍스트를 읽으려고 하기보다는 텍스트를 쓰고 텍스트를 구성하려고 한다. 말하자면, 그러한 전략들은 독서 행위에 앞서 존재하며 따라서 독서 행위의 형태를 규정한다." 이처럼 피쉬가 의미하는 해석공동체는 문학작품에 대해 관점을 같이 하는 개인들의 집단이라기보다는 개인들이 공유하는 관점이나 경험을 조직하는 방식을 뜻한다.

피쉬의 해석공동체 개념을 전제해서 볼 때, 텍스트의 생산과 해석의 과정이 구분되지 못하고 섞여 버린다. 또한 해석공동체는 이해 및 특정한 목표와 목적의 단위로서, 그 관점이 중립적이라기보다는 가치 지향적이기 때문에 하나의 텍스트에 대한 보편적이고 유일한 해석법은 존재할 수 없게 된다.

[문재은]

대화(체), 문체론(문체학), 상징, 은유, 작가(저자), 작품, 장르, 텍스트, 패러프레이즈

■ 참고문헌

· 데이빗코즌스 호이, 『해석학과 문학비평』, 이경순 역, 문학과지성사, 1988.
· 신응철, 『해석학과 문예비평』, 예림기획, 2001.
· 움베르토 에코, 『해석의 한계』, 김광현 역, 열린책들, 2009.
· 임오주, 『예술작품 해석에 관한 상대주의 옹호: 해석의 '참' 개념을 중심으로』, 이화여자대학교 석사학위논문, 2009.
· Stanley Fish, *Is there a text in this class?*, Harvard U. Press, 1980.

해체(해체구성, 해체론)

F: déconstruction *E:* deconstruction *D:* Dekonstruktion

✳ 1. 하나의 틀이 된 일정한 철학적 방법론의 규정적 · 폭력적 양상을 계속적으로 극복해 내고자 하는 태도
2. 부수는 행위와 구성 또는 구축하는 행위를 동시에 지칭하는 용어
3. 데리다에 의해 1960년부터 주도된 문학 비평의 유파나 그 운동 (해체론)

Ⓐ

프랑스어 '테콩스트릭시옹(déconstruction)'을 번역한 용어이다. 데리다(J. Derrida)는 서구의 형이상학적 전통을 벗어나는 비형이상학적 사유와 탈형이상적 삶과 문화의 가능성을 묻기 위해, 그에 대한 전제로 형이상학적 본성과 지배력의 범위를 묻기 위해 이 용어를 사용한다.

데리다가 볼 때 서구 형이상학의 본성은 두 가지로 집약된다. 첫째, 이항대립적인 체계다. 이것은 '이성/감성', '내면성/외면성', '정신/물질', '보편/개별', '필연/우연', '남성성/여성성', '음성/문자' 등의 경우처럼 형이상학의 내부가 형이하학적인 요소들과의 대립으로 구성되어 있음을 말한다. 둘째, 이른바 '현전(現前)의 형이상학'이라는 특징을 지닌다. 이것은 앞의

대립항들 가운데 전자에 해당하는 ‘참된’ 존재의 존재론적 의미가 ‘현재적으로’ 의식 속에 ‘직접’ 드러날 수 있다고 보는 입장이다. 따라서 데리다의 해체적 전략은 서구 형이상학의 두 가지 본성에 내장되어 있는 모순성을 그 내부로부터 폭로하는 데 초점을 맞춘다.

데리다는 이 용어를 ‘해체’하는 행위를 지칭하기 위해서만이 아니라 ‘해체’하는 행위와 ‘구성’ 또는 ‘구축’하는 행위를 동시에 지칭하기(해체구성) 위해서도 사용한다. 데리다는 그 어떤 외적 비판 준거에도 의존하지 않은 채, 다만 언어 텍스트가 스스로 세우고 있는 기준에 비추어 텍스트의 의미와 논리를 분석하고자 이 용어를 도입한다. 보다 구체적으로 말하면, 텍스트가 자체의 논리를 자신도 모르게 스스로 깨뜨리는 순간을 포착하는 동시에, 그 텍스트가 숨기고 있는 엉뚱한 의미와 논리를 추적하고자 이 용어를 도입한 것이다.

이 용어의 도입 배경에는 ‘언어의 불안정성’이라는 개념이 놓여 있다. 소쉬르는 언어를 구성하는 두 요소인 시니피앙(기표)과 시니피에(기의)가 임의적 결합 관계에 있다는 논리를 전개한다. 데리다는 여기에서 한 걸음 더 나아가 기표와 기의는 서로에 대해 임의적일 뿐만 아니라 어떤 경우에도 안정된 관계를 유지할 수 없는 것이 언어 현실임을 주장한다. 바로 이 때문에 언어에서 의미는 불변의 고정적인 것일 수 없다.

사정이 그렇다면, 언어를 통해 특정한 의미와 논리를 세우려는 그 어떤 시도도 만족스러운 결과를 도출해 낼 수 없다. 언어 사용자가 언어를 통해 어떤 의미를 의도하건 이와 관계없이 언어는 전혀 엉뚱한 의미를 드러낼 수 있기 때문이다. 그럼에도 불구하고 언어는 자체의 불안정성을 교묘히 숨긴 채 불변의 고정된 의미를 제공하고 있다는 환상을 제공한다. 바로 이 같은 환상이 환상임을 드러내기 위한 일종의 비판 전략이 ‘해체(해체구성)’이다.

해체론은 하이데거(M. Heidegger)의 해체 개념과 관련해 데리다가 1960년부터 주도한 문학비평의 유파나 그 운동을 가리킨다. 전통적인 형이상학은 이분법을 바탕으로 자체 내에 위계질서(구조)를 구축하면서 진리를 생산하지만, 해체론은 이분법에 내재되어 있는 차연의 운동을 직시함으로써 그 위계질서가 언제든지 전복될 수 있음을 강조한다. 예일학파로 불리는 드 만(P. de Man), 힐리스 밀러(J. Hillis Miller) 등은 이러한 해체론을 문학 텍스트에 활발하게 적용한다.

해체론은 무엇보다 텍스트가 지니는 기존의 개념적 위계질서의 내적 모순성을 폭로한다. 위계질서는 차이와 차별을 통해 구조화되어 있다. 해체론은 이 차이와 차별을 낳는 이분법에 구별과 함께 보완의 원리가 작동하고 있다는 것을 보여주고자 한다. 해체론은 보완의 원리를 동원해 구별의 원리가 선명하지 않다는 것, 구별에 의해서만 의미가 생성되지 않는다는 것, 그리고 이제껏 구별의 원리에 의해 확정된 의미에 한계가 있다는 것, 즉 의미가 무한히 유동적인 차원을 갖는다는 방향으로 논리를 전개해 나간다.

B

문학은 해체의 구체적인 현상과 결과를 가장 잘 제시하고 있다. 왜냐하면, 드 만이 지적한 것처럼, "문학이야말로 가장 잘 진전된 세련된 해체 형식"이기 때문이다. 여기서 간과할 수 없는 중요한 점은 밖(시대적 상황이나 독자의 자의적인 해석)에 의해서 안(텍스트)에 무엇인가 덧붙여지는 과정이 해체를 뜻하는 것이 아니라, 문학 텍스트 자체가 곧 해체라는 점이다.

텍스트 자체가 해체라는 것은 텍스트란 결코 하나의 의미망을 구성하는 것이 아니라 의미망을 불완전하고 불안하게 만든다는 것을 뜻하며, 이런 맥락에서 다의성이라는 중요한 개념이 도출된다. 즉 모든 기호, 구문, 대목 들이 하나의 의미를 향한 운동 속에서 서로 조우하는 것이 아니라 다양한 맥락 속에서 상호 충돌하여 불안한 텍스트를 형성하며, 그 결과 다의적인 망과 층위가 형성된다는 것이다. 다의성 도출과 관련된 해체적 글쓰기는 보통 패러디를 많이 이용한다.

다의적인 텍스트에 대한 해석과 책읽기의 의미도 새롭게 인식된다. 의미를 찾아내는 작업으로서의 책읽기는 텍스트 자체가 이미 해체이기 때문에 더 이상 최종적으로 하나의 의미를 구축할 수 없으며, 의미는 항상 '실패' 내지 '불가능성'과 연결되어 있다. 그래서 해체론에서 해석 내지 책읽기란 해체로서의 텍스트를 있는 그대로 보여주는 행위에 불과하다. 텍스트 자체가 다의적이고 해체이며, 이러한 해체로서의 텍스트와 직면하여 책읽기 또한 해체로 머물 뿐 결코 과학적이고 일관된 구성이 될 수 없는 것이다. 바로 이 지점에서 해체론이 제시하는 책읽기 방식의 새로운 윤리관이 생겨날 수 있다.

해체론은 한 가지 방식에 의해서만 생성되는 권위적인 의미 결정을 용납하지 않는다. 해체론은 모든 책읽기가 '상식'이나 '상호주관적인 책읽기, 즉 마음이 통하는 공통된 감각에 기초한 책읽기'에 의존하는 것이 아니라, 어떻게 읽느냐에 따라 그리고 수사적인 미결정성에 의해 다양하게 전개될 수 있다는 것을 제시한다. 다시 말해 해체론적 책읽기는, 독자가 처음 파악한 의미와 완전히 배치되고 모순되는 의미를 인식할 경우 그와 같은 상호모순성을 그대로 표출해야 하고, 또한 독자가 설정한 이론적인 도식에 부적합한 대목이나 의미가 발견될 경우에도 그 점을 솔직하게 거론해야 한다는 윤리를 제시하고 있는 것이다.

[문재은]

이항대립(론), 차연(差延), 텍스트, 패러디

참고문헌

· 박원재, 「도와 차연」, 『동서비교문학저널』 6호, 한국동서비교문학학회, 2002.
· 자크 데리다, 『그라마톨로지에 대하여』, 김웅권 역, 동문선, 2004.
· __________, 『데리다 읽기』, 이성원 엮음, 문학과지성사, 2002.
· __________, 『입장들』, 박성창 편역, 솔, 1992.

· __________, 『해체』, 김보현 역, 문예출판사, 1996.
· 장정렬, 『매혹과 저항』, 서울대학교출판부, 2007.
· 조규형, 『해체론』, 살림, 2008.
· 최문규, 『문학 이론과 현실 인식』, 문학동네, 2000.

행위

F: action *E:* action *D:* Handlung

✹ 행위자의 동작이나 행위자에 의해 야기되는 상황의 변화

Ⓐ

행위는 행위자(agent)의 동작, 또는 행위자에 의해 야기되는 상황의 변화를 가리킨다. 일반적으로 소설의 이야기에서는 발단에서 결말에 이르기까지 행위들이 전체적으로 하나의 통일된 방향을 따라 연결되고 발전되어야 한다. 따라서 보다 넓은 의미에서 행위는 이야기의 진행, 이를테면 사건의 전개를 함축한다. 그러므로 행위는 플롯 내에서 '무슨 일이 일어났는가'라는 독자의 지속적인 질문에 답하는 모든 것이기도 하다.

이야기에서 행위자는 일반적으로 사람이다. 따라서 행위자, 다시 말해 인물이 수행하는 행위의 유형으로는 비언어적인 물리적 행위나 언술행위, 사고 행위, 또는 느낌이나 인지, 감각 등이 있다. 결국 행위의 본질적인 영역은 인물이나 플롯의 전개 그 자체라고 할 수 있다. 그러므로 오늘날의 서사이론에서 행위는 플롯론이나 인물론으로 수렴된다.

Ⓑ

아리스토텔레스는 『시학』 제2장에서 "예술가는 행위를 수반하는 인간을 모방한다"라고 진술함으로써 극에서 행위를 행위자(혹은 프라톤 pratton)보다 상위의 주요 구성요소로 평가한다. 아리스토텔레스의 시학 연구가 하디슨(O.B. Hardison)은 위 진술을 "그리스 이론에서 강조되는 것은 행위를 수행하는 인간이 아니라 행위 자체이며 [...] 모방의 대상이 되는 행위가 먼저 나온다. 행위를 수행하는 행위자는 그 다음에 온다"라고 해석한다. 따라서 '인간'은 '행위'에 종속된다. 이를테면 '인간'을, 개성을 가진 인물(character, ethos)로 여기는 것이 아니라 오로지 사건을 전개시켜 나가는 행위자로밖에 여기지 않는다. 그러므로 이런 상황에서는 소설의 중심이 사건이나 플롯에 놓이게 되며, 인물은 사건 전개에 필요한 부속물에 불과한 존재가 된다.

C

행위를 인물보다 중시하는 아리스토텔레스의 이 견해는 형식주의자들과 몇몇 구조주의자들에게 영향을 끼친다. 블라디미르 프로프(V. Propp)는 『민담형태론』에서 소설의 인물들을 플롯 내에서의 역할, 즉 기능에 따라 몇 가지로 구분하고, 그 뿌리를 러시아 민담이 제공하는 몇 개의 인물 유형으로 환원시킨다. 따라서 인물들은 전해져 내려오는 민담이 그들에게 요구하는 정해진 기능을 단순히 실행하는 수행자일 뿐이다.

이와 같은 연구가들의 공통된 의도는 모든 서사물을 제한된 모형들로 축소시켜 그 모형의 형식과 결합 방식을 밝혀보자는 데 있다. 따라서 이런 분석이 지향하는 바는 개개의 서사물이 지니고 있는 '이야기 의미'가 아니라 모든 서사물에 보편적인 '이야기 구조'다.

[김중현]

러시아형식주의, 모방, 서사, 인물/인물구성, 플롯, 행위소(행위자)/행위소모델(행위자모델)

■ 참고문헌

· 롤랑 부르뇌프, 레알 웰레, 『현대소설론』, 김화영 편역, 현대문학, 2006.
· 시모어 채트먼, 『이야기와 담론』, 한용환 역, 푸른사상, 2006.
· 오탁번, 이남호, 『서사문학의 이해』, 고려대학교출판부, 2006.
· 에드워드 모건 포스터, 『소설의 이해』, 이성호 역, 문예출판사, 2000.

행위소(행위자)/행위소모델(행위자모델)

F: actant/modèle actantiel　　*E:* actant/actantial model
D: Aktant/Aktantenmodell

✻ 1. 동사가 표현하는 과정에 참가하는 사람이나 물건을 가리키는 구성단위
2. 연속적인 행위들 속에서 인물을 기능적으로 파악한 형상
3. 서사 줄거리의 구성에서 결정적으로 작용하는 힘

Ⓐ

그레마스가 현대비평에서 본격적으로 사용한 이 용어는 행위의 연쇄 속에서 인물을 기능적으로 파악한 형상이나, 서사 줄거리의 구성에서 결정적으로 작용하는 힘을 지칭하는 신조어(프랑스어)다. 이를테면 행위소는 인물, 도덕적 명령, 욕망, 대상, 추상적 개념일 수 있다.

그레마스가 사용하는 행위소 개념의 형성에 중요한 영향을 미친 사람은 테니에르(L. Tesnière), 프로프(V. Propp)와 수리오(E. Souriau)다.

그레마스가 사용하는 행위소 개념은 테니에르에게서 차용한 것이다. 테니에르는 문장을 주부와 술부로 이분하는 전통적 문법 대신, 하나의 동사를 중심으로 여러 항의 행위소들이 관계를 맺는 통사 모델을 제안한다. 테니에르는 "어떤 방법으로든, 단순한 단역(端役)이라도, 동사가 표현하는 과정에 참가하는 사람이나 물건을 가리키는 단위"를 행위소라고 정의한

다. 예컨대 'Tom gives a cake to his son(톰은 아들에게 케이크를 준다)'이라는 문장에서, cake과 son은 행위를 하는 것을 나타내지 않지만 행위소다.

행위소는 항상 실사(명사) 내지 실사의 등가물(等價物)이다. 취할 수 있는 행위소의 수에 따라 동사는 4가지로 분류할 수 있다. 행위소가 없는 동사, 행위소가 하나인 동사, 행위소가 둘인 동사, 행위소가 셋인 동사가 있다. 이러한 동사적 분류 개념을 바탕으로 테니에르는 3개의 행위소를 구분한다. 제1행위소는 주체 또는 문장의 주어로 행동을 수행하는 자이고, 제2행위소는 대상 또는 목적어로 행동을 당하는 자이며, 제3행위소는 수혜자 또는 간접목적어, 그리고 수동문장의 주어를 가리키는 반주어(contrasujet)다.

그레마스는『구조의미론(Sémantique structurale)』에서 테니에르의 행위소 개념을 차용하면서도 테니에르의 행위소 개념들이 비체계적으로 나열되어 있다는 점을 지적한다. 이를테면 주체와 대상은 이항대립으로 맞서고 있는 반면, 제3행위소인 수혜자에 대응하는 행위소가 없다는 것이다. 그러면서 문장에서 동일한 주어라도 대상에 대해서는 주체로 규정하고 수혜자에 대해서는 시혜자라는 행위소로 규정하자고 제안한다. 이렇게 해서 수동문장의 주어인 반주어를 제외한 테니에르의 3개의 행위소는 그레마스에게서 두 개의 행위소 쌍, 즉 주체/대상, 발신자(시혜자)/수신자(수혜자)로 변형된다.

그리고 그레마스는, 담화 속에서 고정적인 역할을 하는 행위소를 처음으로 사용하여 러시아 민담을 분석, 정리한 프로프의 7가지 인물 유형(역할)과, 드라마의 보편적인 6개 배역을 점성술적 용어를 사용하여 정리한 수리오의 6가지 모델에서 조력자/적대자라는 한 쌍을 빌려와 6가지 행위소로 된 행위소모델을 완성시킨다. 그것을 도표로 표시하면 다음과 같다.

발신자 ⇨ 대상 ⇨ 수신자
⇧
조력자 ⇨ 주체 ⇦ 적대자

이러한 행위소모델은 욕망, 전달, 능력이라는 세 가지 축으로 구성된다. 욕망의 축(주체 → 대상)은 문장구성의 주어–목적어 관계처럼 주체가 대상을 추구하는데, 이들 주체와 대상의 관계는 능동과 수동의 관계이며, 서사적 담화가 존재하는 이유이기도 하다. 전달의 축(발신자 → 수신자)은 발신자가 수신자에게 대상을 전달하는 관계이며, 특정한 가치체계에 기반을 둔 계약의 관계이기도 하고, 주체가 무슨 이유로 대상을 얻으려 하는가 하는 욕망에 대한 배경도 된다. 능력의 축(조력자 ↔ 적대자)은 주체가 대상을 추구할 때 주체를 도와주는 조력자와 방해하는 적대자가 존재할 수 있는데 이 둘은 대립적 관계이며, 주체가 대상을 얻고자 하는 욕망을 실현하는 데에 끼어드는 시험의 상황이다.

B

기능적인 관점에서 이야기의 서사적 구조를 파악하는 도구로 활용되는 행위소/행위소모델은 어떤 이야기에도 적용될 수 있는데, 특히 극 분석에 잘 적용될 수 있다. 또한 그것은 심리적 결정보다 기능이나 역할을 강조함으로써 다음과 같은 것들을 가능하게 한다. 첫째, 플롯을 파워게임으로 이해할 수 있게 하여, 그 힘들의 성질과 그것들 간의 상호작용에 대해 주목할 수 있게 한다. 둘째, 인물이 갖고 있는 단순한 성격 이외에 인물의 다른 면을 보도록 함으로써 단순화한 심리주의의 함정들을 피할 수 있게 한다. 셋째, 인물로 환원되지 않은 활동적인 힘들을 규정할 수 있게 한다.

그러나 행위소/행위소모델은 지나치게 기계적이고 도식적이고, 6가지 행위소의 역할과 기능 이외에 인물의 다른 측면들을 설명할 수 없으며, 역할과 기능의 조작 가능성을 과소평가한다는 이유로 비판받기도 한다.

[문재은]

담화(담론), 인물/인물구성, 플롯, 행위

참고문헌

· 알기르다스 줄리앙 그레마스, 『의미에 관하여』, 김성도 편역, 인간사랑, 1997.
· 김성도, 『구조에서 감성으로-그레마스의 기호학과 일반의미론 연구』, 고려대학교출판부, 2002.
· 김태환, 「그레마스의 행위소모델 수용의 문제점」, 『독일어문화권연구』 10권, 서울대학교 독일어문화 연구소, 2001.
· 이희원, 「보편서사구조와 행위의 특수화」, 『기호학연구』 15권, 한국기호학회, 2004.
· 테렌스 호옥스, 『구조주의와 기호학』, 오원교 역, 신아사, 1998.
· Algirdas-Julien Greimas, *Sémantique structurale*, Seuil, 1966.
· __________, *Du Sens 1*, Seuil, 1970.

현동화(실현화)

F: actualisation *E:* actualization *D:* Aktualisierung

✻ 1. 언어학에서 사전의 단어가 실제의 담화에서 사용되는 것을 의미하거나, 추상적 형태를 물리적으로 드러나게 하는 것
2. 서사이론에서 목표를 행동으로 옮기는 단계를 의미한다.
3. 전경화(foregrounding)의 의미와 동일하게 사용되기도 한다.

Ⓐ

실현화 혹은 현동화는 언어학자들이 추상적 형태의 물리적 실현을 언급하기 위해 사용한다. 예를 들어 사전상의 단어 '개(dog)'가 실제 발화상에서 '어떤 개(a dog)' 혹은 '그 개(the dog)'로 실현된다. 또 '복수' 형태소 's'는 /s/(cat-s), /z/(dog-s), /iz/(horse-s) 등으로 실현될 수 있다. 그리고 텍스트는 언어 시스템의 잠재적 실현화라고 말할 수 있다.

Ⓑ

이 용어는 리파테르(M. Riffaterre)의 변형이론을 지칭하기도 하는데, 변형이론은 행동이나 과정에 대한 역동적인 내포(connotation)작용을 통해 시를 구성하게 되는 과정을 담당한다. 시에서 근원적 주제나 아이디어는 어휘적 형태들과 지시(관계)를 통하여 복합텍스트에 실현화된다.

Ⓒ

독자반응 비평에서 '실현화'란 용어는 '물리적 실재' 혹은 '현실태'를 부여한다는 의미로 사용된다. 독자반응 비평에서는 예술작품들이 자체적으로 존재하는 것이 아니라 독서 과정에 존재할 뿐이고 또 그때마다 실현화될 뿐이라고 주장한다. 드라마 비평에서 연극 상연은 텍스트의 독서를 실현화함을 의미한다.

Ⓓ

실현화는 브레몽(C. Brémond)의 서사이론에 나타난다. 브레몽은 행동의 시퀀스를 세 가지 논리단계로 구분한다. 첫 단계는 행동의 목표를 정하는 단계고, 두 번째 단계는 목표를 행동으로 실현하는 단계고, 세 번째 단계는 실현된 것의 결과로서 성공이냐 실패냐의 단계다. 햄릿이 복수를 실현화하지 못하고 망설이는 부분이 바로 두 번째 단계에 해당되는데, 이

때 연극의 긴장 상황이 최고조에 달한다.

E

몇몇 번역-비평가들에게는 실현화란 용어가 프라하학파의 악투알리자세(actualisace)와 비슷한 의미로 사용되는데, 전통적이고 더 대중적인 전경화란 용어와 동의어로 사용된다. 시 언어의 특징적 기능은 일반적으로 자동화되거나 무의식적 친밀성을 자아내는 언어기호나 언술을 '두드러지게 강조하여' 낯설게 하는 것이다.

[고광식]

내포, 전경화(前景化)

참고문헌

· 이종오, 『문체론』, 살림, 2006.

형식

F: forme *E:* form *D:* Form

✳ 1. 사물이나 현상이 겉으로 드러나 보이는 모양
2. 문학에서 통상적 의미의 구조를 말하며, 서사에서는 서술기법을 말함

A

일반적으로 형식은 '사물이나 현상이 겉으로 드러나 보이는 모양', 즉 속내용의 겉모습을 말한다. 흔히 형식은 내용과 대비적으로 제시되지만,

실제로 내용과 형식은 서로 별개가 아니라 불가분의 관계를 이룬다. 소재, 질료, 실질이라 할 수 있는 내용은 형식을 갖추어야만 비로소 하나의 고유한 정체를 이루기 때문이다.

내용에 대한 형식을 설명하는 방식은 학문적 관점에 따라 다양하다. 우선 철학에서 형식은 '내용을 통일하는 본질적 원리'다. 그러나 논리학에서 명제라는 형식은 내용을 설명하는 사유의 틀이다. 또한 언어학에서 형식은 내적 의미(meaning)의 외적 구조나 기능 등을 말하며, 특히 옐름슬레우(L. Hjelmslev)의 경우는 기호체계의 두 층위인 내용(content)과 표현(expression)의 층위에서 여러 단위(단어, 구, 절, 문장 등)를 연계하는 관계체계를 말한다.

B

문학에서 형식은 일반적으로 '통상적 의미에서의 구조'를 말한다. 이때 구조는 흔히 장르와 중첩된다. 단편 형식, 서정 형식, 소네트 형식, 발라드 형식 등 장르의 구조적 관점에서 형식을 구분한다.

장르를 떠나 서사 자체에서 형식을 구분하면, 우선 내용 층위에서 형식이란 이야기 소재(story)의 기반인 인물, 사건, 배경을 시간과 인과 관계에 따라 재구성한 서술 형식, 즉 플롯에 상응한다. 그리고 형식 층위에서 형식이란 '문체를 비롯한 시점, 화법, 묘사 등의 서술기법'을 말한다.

문학 서사의 형식 구조

- **내용**
  - 내용: **스토리(story·fabula·histoire)** - 인물, 사건, 배경
  - 형식: **플롯(plot·sjužet·récit)** - (일반적으로) 발단-전개-위기-절정-결말
- **형식**
  - 내용: **언어** - 문자
  - 형식: **서술기법** - 문체, 시점, 화법, 묘사, 심리분석, 복선 등

C

소설의 전형을 정립한 플로베르는 특히 "형식의 요체는 문체"라고 강조했는데, 많은 현대문학 사상가들 역시 문학적 형식의 정수는 문체라고 말한다. 예컨대 수리오(E. Souriau)는 "우리는 흔히 '형식'과 '내용'을 대별시킨다. 형식은 외양이며, 내용은 형식이 의미하거나 표현하는 바, 즉 형식이 가진 메시지다. 우리가 문학작품에서 내용과 형식을 구별한다면, 내용은 사상의 알맹이이고 형식은 작가의 문체, 즉 기술 양식이다"라고 집약해 설명한 바 있다. 이렇게 형식은 내용과 달리 역사적이 아니라 순수 텍스트적 산물이라고 할 수 있다. 러시아형식주의가 문학은 "순수 형식"이며, "형식이 있어야 내용도 있는 법"이라 주장한 것도 같은 맥락에서다. 러시아형식주의에서 비롯한 형식주의 비평은 오로지 텍스트의 형식적 구조와 관련된 문학성의 문제에 천착하면서 문학은 현실의 반영이 아니라 현실의 의미화, 또는 낯설게하기임을 강조한다.

[류은영]

기능, 낯설게하기, 문체, 묘사(기술記述), 발라드,
서사, 스토리, 시점, 장르, 텍스트, 플롯

참고문헌

· 츠베탕 토도르프 편, 『러시아 형식주의: 문학의 이론』, 김치수 역, 이화여자대학교 출판부, 1997.

· Louis Trolle Hjelmslev, *Prolegomena to a Theory of Language* (translated by Francis J. Whitfield), University of Wisconsin Press, 1961.

· Seymour Chatman, *Story and discourse: Narrative structure in fiction and film*, Cornell University Press, 1978.

형용어구

F: épithète *E:* epithet *D:* Epitheton

✻ 1. 연결어 없이 명사나 명사류를 한정하는 모든 언어 단위
2. 사람이나 사물의 특성을 표현하기 위해 사용하는 형용사, 형용사구 혹은 명칭을 가리킨다.

A

형용어구는 대체적으로 연결어 없이 명사나 명사류를 한정하는 모든 언어 단위를 말한다. 이런 관점에서 보면 '뚱보 철수'와 같은 동격구문('뚱보 철수'에서 '철수'와 동격인 '뚱보')도 형용어구에 포함된다. 일상 용법에서, 형용어구는 사람이나 사물의 특징을 표현하기 위해 사용되는 형용사, 형용사구 또는 명칭, 별명을 가리키며, '어설픈 바보인 너'나 '욕쟁이 순희'와 같이 종종 모욕적인 표현으로 사용될 수 있다.

학자나 언어에 따라 형용어구를 정의하는 방법이 다른데, 밴필드(A. Banfield)는 평가적 명사를 내포한 'X of Y'인 구조를 가지는 명사구들('저 바보 같은 의사(that idiot of a doctor)', '악마 같은 홍행주(devil of an organizer)'가 그 예이다)과 평가 형용사류('지긋지긋한', '맛있는', '불쌍한', '피비린내 나는' 등)에만 이 용어를 사용한다. 프랑스어에서는 전통적으로 동격(교수인 뒤랑(le professeur Durant))을 형용어구로 다루지 않고 형용사나 형용사류의 기능을 하는 단위들('그 애는 '커다란' 아이다(C'est un '<u>grand</u>' enfant)'의 'grand'이란 형용사, '그 사람들은 '좋은' 사람들이다(Ce sont des hommes '<u>bien</u>')'의 'bien'이란 부사. 이 경우 형용사는 명사의 성수에 일치하지만 부사는 명사의 성수에 일치하지 않음)에만 형용어구란 이름을 붙인다.

어떤 형용어구는 오래 전부터 사용되어 그 자체가 어떤 명사와 밀접하게 연결되어 있다. 예를 들어 '구름을 불러오는 제우스(cloud-gathering Zeus)'라는 명사구는 형용어구 '구름을 불러오는'을 포함하고 있는데, 이

명사구는 폭풍을 부르는 주술을 가진 제우스를 가리키기 위해 오래 전부터 사용되었다. 이런 형용어구는 수식되는 명사와 더불어 일종의 클리셰(상투어)를 형성한다.

왕 이름 다음에 오는 형용구는 필수적 형용어구로 생략할 수 없다. 그 이유는 필수적 형용어구가 왕 이름 다음에 오는 서수의 대용으로 쓰여 왕들을 구별해 주기 때문이다. 예컨대 '리처드 1세(Richard I of England)' 대신 '사자왕 리처드(Richard the Lionheart)'로, '찰스 2세(Charles II)' 대신 '대머리왕 찰스(Charles le Chauve)'라고 쓴다. 똑같은 형용어구가 여러 다른 이름에 붙을 수도 있다. '대왕 알렉산더(Alexander the Great)'나 '대왕 세종(Sejong the Great)'이 그 예다.

이와는 달리 해당 대상을 지시하는 데 별 혼란이 없기 때문에 쉽게 생략될 수 있는 장식적 형용구가 있다. 예를 들면 고대 로마 작가 베르길리우스는 자신의 주인공을 습관적으로 '경건한 아이에네스(pius Aeneas)', 아이에네스의 무기 운반자를 '충실한 아카테스(fidus Achates)'라고 부른다. 여기에 쓰인 형용사 '경건한'과 '충실한'은 해당 고유명사에 꼭 필수적인 요소는 아니지만 작가가 나름으로 고유명사의 특성을 드러내기 위해 덧붙여 장식한 것이다.

B

형용사적 형용어구는 의미상으로 볼 때 종종 잉여적이다. '액체 와인(liquid wine)'이나 '황금빛 태양(golden sun)'과 같은 시구에서 형용사는 명사를 수식하고 있지만, 명사 자체에 이미 형용사의 의미가 포함되어 있기 때문에 명사의 의미를 제약하지 못한다. 다시 말해 형용사가 추가적인 정보를 제공하지만, 그 정보가 언급된 대상을 다른 대상과 구별하는 데 필요 불가결한 것은 아니다. 적포도주(red wine) 대 백포도주(white wine)와 같은 명사구의 형용사를 위의 형용사와 대조해 보면 그러한 비제약성이 확연히 드러난다.

Ⓒ

수사학이나 시어에서 형용어구는 '장식적인' 형용사나 형용사구를 가리킨다. 형용어구는 특히 호메로스나 북유럽의 영웅적 전설 이야기에 나오는 고대 서사시의 문체적 특징으로, 이를 특히 정형구라 일컫는다. 제임스 조이스가 '녹색 콧물 같은 바다(the snot-green sea)'라는 문구를 사용한 것은, 호메로스가 사용한 형용어구 '짙은 포도주 빛깔 같은 바다(the wine-dark sea)'라는 구문을 이용해 말장난한 것이다.

수사학에서 고유명사 대신에 형용어구를 사용하는 것이 환칭(antonomasia)이다. '마가렛 대처'를 '철의 여인'으로, '비스마르크'를 '철혈 재상'으로 부르는 경우가 대표적이다. 반대로 어떤 종칭(種稱)적 용어를 대신하는 고유명사도 때때로 환칭이라 불린다. '웅변가' 대신 '키케로'라고 부르는 경우가 이에 해당한다.

[고광식]

기능, 동격, 말놀이(말장난, 언어유희), 문체,
정형구, 클리셰(상투어), 환칭(換稱)

참고문헌

· 박동열, 「한국어 형용사 범주에 관한 연구」, 『프랑스어문교육』 18호, 2004.
· 송경안, 이기갑, 『언어유형론 1』, 월인, 2008.
· Ann Banfield, *Un speakable sentences: Narration and representation in the language of fiction*, Routledge & Kegan Paul, 1982.
· Michael Alexander Kirkwood Halliday, *An Introduction to functional grammar,* Edward Arnold, 1985.

형태소/형태론

F: morphème/morphologie *E:* morpheme/morphology
D: Morphem/Morphologie

✻ 1. 일정한 의미를 가진 최소의 유의적 단위로서 음운론과 형태론의 기본적 문법 단위
2. 단어의 변화와 형성 및 결합관계를 다루는 언어 연구의 한 분야 (형태론)

Ⓐ

형태소는 '의미를 가진 최소의 단위' 또는 '의미를 가진 음소의 연쇄로서 더 작은 단위로 분석되지 않는 것'을 칭하며, 독립형태소(free morpheme, 어간과 어근으로 구성)와 의존형태소(bound morpheme, 접사, 즉 접두사, 접미사 등으로 구성)로 분류된다. 마르티네(A. Martinet)는 최소의 유의적 단위를 '기호소(monème)'로, 국어학자 주시경은 '늣씨'라고 명명한다.

해리스(A. C. Harris)는 이러한 정의에 상보적 분포(complementary distribution)라는 기준을 포함시켜 둘 이상의 변이형태(또는 이형태 allomorph)로 실현되는 형태소를 포함할 수 있도록 형태소 개념을 확장한다. 호켓(Ch. Hockett)은 해리스가 제안한 상보적 분포를 비대조적 분포(non-constrative distribution, 완전하게 또는 부분적으로 상보적 분포를 이루면서 자유교체, 즉 'hoof'의 복수형 'hoofs'와 'hooves'와 같이 두 어형의 교체가 가능한 분포를 말하며, 이를 자유변이(free variation)로 부르기도 함)로 수정할 것을 제안한다. 애로노프(M. Aronoff)는 'permit', 'transmit', 'submit' 등의 어휘에서 공통적으로 나타나는 '-mit'는, 형태(또는 음성 형식)는 있지만 의미가 없는 형태소라고 규정하면서 공형태소(empty morpheme)의 개념을 형태소의 정의에 포함시킨다.

B

형태소는 환경조건에 따라 다양한 변이형태로 실현되는데 이 현상을 일반적으로 교체(alternation)라는 용어로 기술한다. 형태소의 교체, 즉 기본형태소의 변이형태는 ① 음운론적으로 조건 지어진 변이형태(부정형의 접두사 'intolerable', 'impossible', 이 경우에는 음소(phoneme)의 정의와 유사함) ② 형태론적으로 조건 지어진 변이형태('ox'의 복수형 'oxen'에서 /-n/은 'box'의 복수형 'boxes'에서와 같이 음운론적 조건에 의한 변이형태가 아님) ③ 상보적 분포(부정접두사 /in-/, /im-/, 복수형태소 /-z/, 과거의 형태소 /-d/ 등과 같이 형태소가 같은 구조 안에서 공통의 의미를 갖고 있지만 나타나는 환경조건이 다를 때를 말함) ④ 선택적 변이(optional variation) 또는 자유변이(자유변이의 형태소가 있으면 동일형태의 변이형태로 본다. 예를 들면, 'fish'의 복수 'several fish', 'several fishes'에서 /∅/와 /-z/) 등으로 나타난다.

카탐바(F. Katamba)에 따르면 형태소는 어휘의 자질이나 교체의 조건에 따라 문법적 변이형태, 어휘적 변이형태, 보충법(suppletion)으로 세분화된다. 문법적 변이형태는 과거시제에서 'shake-shook', 'sweep-swept'와 같이 어간의 모음이 바뀌거나, 어간의 모음이 바뀌면서 't'가 첨가되는 현상을 말한다. 어휘적 변이형태는 복수어미 '-en'과 같이 'ox'라는 특수명사 뒤에 붙는 변이형태를 말한다. 보충법은 영어에서 'good-better-best', 'go-went-gone'(프랑스어에서의 'bon-meilleur', 한국어에서의 '첫-하나')와 같이 기본 형태와 유사성이 전혀 없는 변이형태를 가리킨다. 하스펠메스(M. Haspelmath)는 보충법에 의한 변이형태성의 유형을 음운론적 변이형태성(영어의 복수어미 '-z, -s'와 같이 교체가 발음규칙에 의해 기술되는 것), 약보충적 변이형태성(유사성이 보이기는 하나 음운규칙에 의해 기술될 수 없는 것 'buy-bought'), 강보충적 변이형태성(유사성이 전혀 없는 것)으로 구분한다.

C

구조주의 언어학에서는 형태소를 '발화에 있어서 최소의 유의미적 요소'로 정의하는 것이 일반적이다. 형태소는 거의 같은 의미를 가지고 반복하여 사용되는 것, 그 이하의 작은 요소로 분할되지 않는 것('older sister'에서 'older'는 'old'와 '-er'로 분할될 수 있으므로 각각이 형태소이며 'sister'는 분할할 수 없으므로 그대로 하나의 형태소가 된다) 두 가지로 규정된다.

1970년대부터 등장한 변형생성문법에서는, 형태소는 음운적 실체를 갖고 있기는 하나 의미의 단위는 아니므로 비교, 과거(sing-sang-sung과 같은 어간의 모음전이), 복수(foot-feet와 같은 모음변이) 등을 나타내는 굴절단위는 대부분 형태소로 간주하지 않으며 통사론 표지(syntactic maker)로만 취급한다. 즉 형태소가 유의미적 최소단위가 아니고, 음운론적으로만 규정된 요소라는 것이다. 다시 말해 유의미적 최소단위는 단어이며 음운구조를 갖는 형태소는 음운구조의 규정을 받는 단위로 설명된다.

D

형태론은 대개 단어의 구조를 다루며, 단어에서 형태소를 가려내고 그 의미와 기능 및 결합관계 등을 기술한다. 구조주의 언어학에서는 어휘론이나 품사론에 해당하는 것을 형태론이라 하면서 '형태소'라는 단위를 설정하고 그것을 바탕으로 단어의 구조를 기술하는 방법을 발전시켰다. 그 후 변형생성문법이 발전하면서 형태론보다는 구문론이 활발히 연구됨에 따라 더 이상 형태소의 단위에 관심을 갖지 않게 된다. 변형생성문법에서 형태소는 심층구조의 요소로 모두 어휘 항목에서 설명되는 단위에 불과하다. 어휘 항목은 어휘 목록의 단위로서, 단독으로 출현할 수 있는 독립형태소일 수도 있고, 다른 요소에 기대서만 출현할 수 있는 의존형태소일 수도 있으며, 몇 개의 성분이 합성되어 특수한 의미를 나타내는 관용어일 수도 있다. 그러므로 변형생성문법에서는 형태소의 정의나 분류, 의미 등에 대해서는 관심을 두지 않고 문장 차원에서 언어현상 연구에 주력한다.

변형생성문법에서 주된 관심사는 어휘 목록(lexicon, 사전)의 새로운 어휘 형성 문제나 어휘 삽입 규칙과 관련되므로, 형태론을 생성형태론이라 부른다. 생성형태론이란 형태론을 구문론의 테두리 안에서 새롭게 자리매김하려는 것이다. 예를 들면 구조주의 형태론에서는 굴절접사나 파생접사와 같은 어휘 형성 요소들을 포괄적으로 다루지만, 생성형태론에서는 선별해서 다룬다.

[이종오]

참고문헌

· 고영근, 『국어형태론 연구』, 서울대출판부, 1999.
· 유진 나다, 『형태론: 단어의 기술적 분석』, 김진형 역, 대우학술총서, 2000.
· 전상범, 『형태론』, 한신문화사, 1995.
· Francis Katamba, *Morphology,* Macmillan Press LTD, 1993.
· Mark Aronoff, *Word formation in Generative Grammar*, MIT Press, 1976.
· Mark Aronoff, Kirsten Fudeman, *What is morphology,* Blackwell, 2005.
· Martin Haspelmath, *Understanding morphology,* Arnold, 2002.

혼성(어)

F: mot-valise *E:* blend-word(portmanteau word)
D: Kofferwort(Portmanteau-Wort)

✵ **둘 이상 단어의 일부 또는 전부가 형태적 또는 의미적으로 융합되어 하나의 새로운 단어로 응축되는 조어법, 또는 그 결과로 생긴 단어**

A

합성어의 하나인 혼성어는 형태적, 의미적으로 관련된 둘 이상의 단어 일부가 혼합, 응축되어 이루어진 새 단어를 가리킨다. 다시 말해서 혼성어는 연관된 두 단어의 앞의 요소 일부와 뒤의 요소 일부가 융합되는 경우를 말한다. 혼성어는 대부분 음절의 삭제로 단어가 가진 본래의 성질, 즉 형태나 의미를 잃을 수 있다. 무냉(G. Mounin)은 혼성어를 시니피앙의 변화를 일으키는 둘 또는 여러 단어들의 중첩된 결합에 의해서 생겨난 변화무쌍한 단어로 지칭한다. 전형적인 혼성어의 예로는 publicity + citizen = 'publizen'(자신을 알리는 신세대), information + entertainment = 'infotainment'(오락성 보도), ecology + museum = 'ecomuseum', breakfast + lunch = 'brunch', network + citizen = 'netizen' 등이 있다.

19세기 영국의 작가이자 수학자인 루이스 캐럴(L. Carroll)은 혼성어를 '포맨토(portmanteau)'라고 불렀다. 포맨토는 본래 프랑스어에서 온 영어로 '두 부분으로 되어 양쪽으로 반절씩 납작하게 열리는 직사각형의 큰 여행가방'이다. 라틴어에서 온 중세 프랑스어 'porte'('나르다carry'란 의미)와 'manteau'('coat상의' 또는 'cloak망토'란 의미)의 합성어인 portmanteau는 cloak carrier(옷을 나르는 것), 즉 '옷 가방'이란 말이다. 열면 둘이 되고 닫으면 하나가 되는 가방처럼 포맨토는 두 개 혹은 그 이상의 단어의 형태와 의미가 융합되어 이루어진 한 단어로 본래의 의미와는 다른 뉘앙스의 의미를 부여한다.

제임스 조이스(J. Joyce) 역시 혼성어를 가리켜 포맨토라는 용어를 사용했으며, 여러 가지 뜻으로 해석될 수 있는 모사어(calque, 외국어 어휘를 차용언어의 어휘로 번역하여 새로운 단어를 만들어 내는 방식)에 지나지 않는다고 했다.

B

정신분석학이나 문학에서 자주 언급되는 혼성어 'famillionnaire'('졸부처럼 거만한'의 뜻에서 '친숙한'으로 나타나는 의미전위, familliére +millionnaire)나, 'intellijuif'(지적인 유태인, intelligent+juif)는 접미사 첨가에 의한 파생으로 형태적 확장이 되거나, 의미적으로 서로 다른 두 낱말의 융합에 의한 언어창조가 된다.

이러한 혼성어의 문체적 의미 해석은 텍스트의 맥락에 따라 매우 복합적이고 풍부한 다의미(plurisignificance)를 가진 특수한 유형의 하나다. 뿐만 아니라, 추상적이며 파격적인 어법(barbarism)을 사용하는 말놀이 형태의 유희적 혼성방식은 작가(화자)의 문체에 영향을 주는 문학 텍스트나 즉흥적인 구어 텍스트에서 시적 효과나 해학적 효과(제임스 조이스의 '나긋나긋하고 끈적끈적한slithy'는 lithe+ slimy), 예기치 않은 의외의 새로운 개념과 의미들을 가진 단어를 생산한다.

또한 혼성어는 음절수를 줄이는 데서 오는 언어의 경제성 원리와 더불어 '욕조효과'(bathtub effect, 단어의 첫 부분과 끝부분이 중간보다 잘 기억되고, 첫 부분이 끝부분보다 더 잘 기억된다는 효과)가 작용하기도 한다.

[이종오]

말놀이(말장난, 언어유희), 모사(어), 합성(어)

참고문헌

· 임지룡, 『인지의미론』, 탑출판사, 1997.
· 진 에이치슨, 『언어와 마음』, 홍우평 역, 역락, 2004.
· Alain Rey, *La Lexicologie, lectures,* Klincksieck, 1970.
· Louis Guilbert, *La Créativité lexicale,* Larousse, 1975.
· Sigmund Freud, *Le Mot d'esprit et sa relation à l'inconscient,* Gallimard, 2000.

혼종화/혼종

F: hybridation/hybrid *E:* hybridization/hybrid *D:* Hybridisierung/Hybrid

✳ 1. 혼종화는 혼합되는 '과정'을 의미하고, 혼종은 이러한 혼종화의 '결과'를 나타냄.
2. 둘 또는 그 이상의 언어의 혼합이며 두 개 또는 그 이상의 다른 언어적 의식의 만남 (혼종화)

A

혼종화는 생물학에서 차용된 용어로 혼합되는 '과정'을 의미하고, 혼종은 이러한 혼종화의 '결과'를 나타낸다.

B

어휘론에서 혼종은 다른 언어 체계에서 온 요소들로 이루어진 단어를 지칭할 때 사용된다. 고대영어의 어근과 프랑스어 또는 라틴어의 접미사가 혼합된 'washable(물빨래가 가능한)', (과학 어휘에서 흔한) 두 외국어 어근이 혼합된 'television(그리스어 tele + 라틴어 vision)'이 그러한 예다.

C

혼종화는 특히 1930년대 소설의 문체나 이어성(heteroglossia)의 다양성에 대해 연구한 바흐친에 의해 심도 있게 논의되었다. 바흐친이 볼 때, 혼종화는 '둘 또는 그 이상의 언어의 혼합이며 두 개 또는 그 이상의 다른 언어적 의식(linguistic consciousnesses)의 만남'이다. 바흐친은 모든 언어가 혼종화를 통해 진화한다고 생각하며, 언어가 가진 이러한 보편적 혼합 성질을 '비의도적 · 무의식적 혼종화'라 부른다.

이와 대조적으로 구체적인 언어생활에서 개인이 어떤 특정한 목적을 위해 여러 계층의 언어를 섞어서 사용하는 것을 '의도적 · 의식적 혼종화'라고 부른다. 그리고 '비의도적 · 무의식적 혼종화'의 결과를 '유기적 혼종'이라 하고, '의도적 · 의식적 혼종화'의 결과를 '의도적 혼종'이라 한다.

D

바흐친은 여러 다른 언어들이 혼종화된 소설언어를 가정하고, 그러한 다른 언어들이 표현하는 의미가 작가의 의도와 협연하는 과정에서 소설문체가 형성된다고 설명한다. 그에 따르면, 소설언어 속의 다른 언어들은 각각 구체적인 사회, 역사적인 배경을 갖고 있는 관점 혹은 견해다. 그 때문에 그것들은 작가의 관점과 견해를 굴절시키는데, 이런 다른 언어들과 그 굴절 각도의 다양성은 작가에 따라 다르게 나타난다.

그러므로 바흐친이 볼 때, 소설문체의 분석은 소설 텍스트에서 혼종화되어 있는 다른 언어들이 구체적인 사회적 · 역사적 맥락에서 갖는 원래의 의미와 어느 정도 분리되어 나타나는지, 그리고 작가의 의도를 어떻게 굴절시키고 있는지를 살펴봄으로써 언어 간의 상호관계를 이해하는 것이다.

E

혼종화는 포스트식민주의에서 활발하게 논의되고 있다. 그것은 맥락에 따라 혼성화(syncretism, 스페인권 카리브 연안 지역에서 종교와 음악의 전통에서 혼종되는 양상을 가리킴), 크레올화(creolization), 혼혈화(mestizaje/mestissage), 크로스오버(crossover) 등으로 다양하게 표현되고 있다.

[문재은]

문체, 이어성(헤테로글로시아), 자유간접화법, 크레올, 텍스트

참고문헌

· 김욱동 편, 『바흐친과 대화주의』, 나남, 1990.
· 박금희, 『디킨즈와 카니발 세계』, 고려대학교 박사학위논문, 2007.
· 성정혜, 『탈식민시대의 디아스포라와 혼종성』, 이화여자대학교 박사학위논문, 2010.
· Mikhail Bakhtin, *The Dialogic imagination: Four Essays,* Trans. Caryl Emerson, Michael Holquist. University of Texas Press, 1981.

화용론

F: pragmatique *E:* pragmatics *D:* Pragmatik

✳ 언어구조보다 문맥에서의 언어 사용에 중점을 두고 연구하는 학문 분야

A

프래그매틱(pragmatic)은 그리스어 '프라그마티스티케(πραγματιστική, 실행, 행위의 의미)'에서 온 용어다. 철학 중에서 아주 실제적 철학이 바로 프래그머티즘으로, 이 학설은 오직 '실제적 결과'에 의해서만 모든 단언을 평가한다. 프래그매틱스(화용론)라는 용어와 학문 분야는 비교적 최근에 발달한 분야로 한마디로 정의하기는 쉽지 않다.

1930년대 후반과 1940년대 초반에 활동한 언어철학자 모리스(Ch.W. Morris)와 퍼스(C.S. Peirce)는 기호에 대한 일반 학문인 기호학 내에 통사론, 의미론, 화용론의 세 영역을 구분한다. 이 분류에 따르면, 통사론은 기호들 간의 형식적 관계를, 의미론은 기호와 기호의 지시 간의 관계를, 화용론은 기호와 기호 사용자들 간의 관계를 다룬다.

이들이 따른 노선을 본받아 화용론은 바로 언어 사용에 관한 연구로 정의된다. 1960년대 이후 촘스키(N. Chomsky)의 변형생성문법이 언어의 형식적인 측면에만 집중하자, 이런 편협한 시각에 대해 많은 언어학자들이 반발하면서 화용론이 활발해진다. 1970년대부터 사회언어학, 담화분석, 기능문법 들이 성장함에 따라 다양한 종류의 실용적 연구가 점차적으로 많아진다.

화용론은 근본적으로 문장 또는 명제보다는 발화문의 의미를 연구하는데 집중한다. 발화문의 의미는 화자와 청자를 포함하는 문맥적 상황, 또는 인간 상호간의 상황에서 발생한다. '창문을 열 수 있습니까?'라는 발화는 문맥과 참여자가 바뀌면 다른 '의미'를 갖게 된다. 즉, 병원에서 팔이 부러

진 환자에게 의사가 물어보는 경우(의사가 환자의 회복 상태를 알아보기 위한 말 그대로의 질문)와 더운 방에서 의사가 다른 동료 의사에게 물어보는 경우(동료 의사에게 문을 열어 달라는 요청)의 의미는 서로 다를 것이다.

리치(G.N. Leech)와 레빈슨(S.C. Levinson)의 작업이 보여주는 것처럼 언어행위이론, 대화함축, 전제이론은 이런 점에서 화용론에 막대한 영향력을 끼치고 있다. 화용론 학자들은 'X가 무엇을 의미하느냐?'를 묻는 대신에 'X로 당신은 무엇을 의미하느냐?'를 묻는다. 다시 말해 X 자체의 의미를 묻기보다는 X가 상황마다 어떻게 다른 의미를 획득하는지를 연구한다. 화용론 학자들은 발화의 기능, 의도, 목표, 효과에 관심이 있고, 궁극적으로 특별한 사회 상황에서 언어가 사용될 때 요구되는 언어 능력에 관심이 있는 것이다.

B

화용론은 언어 연구의 다른 분야들과 필연적으로 겹치고, 문체론이 관심을 보이는 분야와도 겹친다. 화용론은 상황에 따라 같은 문체가 다른 의미를 가질 수도, 또는 다른 문체가 같은 의미를 가질 수도 있다는 점을 연구하기 때문에 문체론과 공통의 관심사를 갖는다.

최근 출현한 역사 화용론은 문학 연구와 관련이 깊다. 역사 화용론은 다양한 역사적 시기에 나타난 텍스트의 의사소통 문맥, 특히 텍스트의 목적을 상황과 연관시켜 세밀하게 연구하거나, 통시적으로 화용론적 특징과 기능의 발전을 추적한다. 역사 화용론은 예를 들어 '공손이론(politeness theory)'과 연관시켜 볼 때 특히 흥미롭다. '다방에서 만나자'라는 평범한 발화가 오늘날보다는 근대 초기에 더 긍정적으로 평가받고 상대방의 체면을 더 지켜주는 것으로 여겨진다. 이런 가치의 변화는 문화 간 화용론에서 중요한 이슈가 된다.

구문을 문맥에서의 언어 사용과 연관 짓는 화용론은 음운론, 통사론, 의미론과 더불어 또 다른 언어 층위에 대한 새로운 학문 분야다. 화용론은 전통적인 언어학의 영역을 벗어나 광고와 영화, 백화점의 전시물까지 의미를 생성할 수 있는 모든 것에 관심을 갖고 연구한다. 이제 화용론은 의미 생성을 연구할 뿐만 아니라 의사소통을 연구하는 학문으로서 언어 영역을 넘어 문학, 문화 영역에 이르기까지 정교한 분석방법론을 제공하고 있다.

[고광식]

공손이론, 기능, 담화분석, 언어행위이론, 전제, 지시(관계)/지시대상

참고문헌

· 구자은, 『화용론과 담화』, UUP, 2009.
· 존 설, 『언화행위』, 이건원 역, 한신문화사, 1987.
· 스테판 레빈슨, 『화용론』, 권경원 외 역, 한신문화사, 1996.

환기

F: évocation *E:* evocation *D:* Evokation(Heraufbeschwörung)

✻ 1. 뭔가 여운을 남기는 표상
2. 인지주의 관점에서는 '기억에 접근하는 2차적 방식의 부름', 즉 '신비로운 세계를 불러일으키는 간접적, 우회적 방식의 부름'
3. 어떤 대상이 절반만 이해되는 경우, 그 불충분한 부분을 각자 상상력을 동원해 해석하는 방식

Ⓐ

환기(喚起)는 '부름'을 뜻하는 라틴어 '에보카시오(evocatio)' 에서 기원

한다. 이 용어는 프랑스에서 14세기까지만 해도 법률 용어로 사용되다가, 17세기에는 '주술이나 신비주의로 영혼이나 악마 부르기'를 뜻했다. 19세기 전반에는 '잊힌 것의 상기'를 뜻하다가 '연상이나 이미지들로 떠올리기'의 의미로 발전되었다. 19세기 말에 이르러서는 '어떤 문제나 주제를 환기하다'는 곧 '무언가를 암시하다'와 동일한 의미로 이해되기 시작했다. 오늘날 이 낱말은 애매모호한·불분명한·미묘한·몽롱한 등의 형용사로 수식될 수 있는 '뭔가 여운을 남기는 표상'과 관련되어 사용된다.

B

환기가 시학의 핵심 개념으로 등장한 것은 20세기 후반 도미니시(M. Dominicy)에 의해서다. 그 전에도 시적 효과 및 예술적 효과를 담아내는 용어로 사용되었지만, 이론으로 정립되지는 않았었다. 예컨대, 바슐라르(G. Bachelard)는, "진정한 시적 이미지는 서술하지 않고 환기하며, 추억과 꿈을 불러일으킨다"고 했고, 뤼베(N. Ruwet)는 "음악과 시의 매력과 풍요로움은 무언가를 무한하게 환기할 수 있는 가능성에 있다"고 했다. 또한 르무안(A. Lemoyne)은 광고 슬로건의 함축성과 간결성에 관해 "환기적, 암시적인 간결한 말"이라고 말했다.

1974년 스페르베(D. Sperber)는 오랫동안 보통명사로 사용되던 환기의 개념을 인지주의 관점에서 새롭게 '기억에 접근하는 2차적 방식의 부름', 즉 '신비로운 세계를 불러일으키는 간접적, 우회적 방식의 부름'으로 정의했다. 그는 새로운 정보를 지각해 개념화하는 차원에서 나타나는 인지메커니즘을 호출인지과정과 환기인지과정으로 구분하고, 전자를 '작업기억'과 후자를 '장기기억'(인지과학에서 제시한 인간 기억의 이분구조)과 연결해 설명한다.

환기와 호출(라틴어 'convocatio'에서 비롯됨)은 어원이 같으면서도 동시에 흥미로운 차이를 나타낸다. 즉, 둘 다 어원상 '부름'을 뜻하나, 호출이 직접적, 직선적, 절대적 방식의 부름이라면, 환기는 신비로운 세계를 불러일으키는 간접적, 우회적 방식의 부름이다. 곧, 환기는 기억에 접근하는 2차적 방식으로, 지각 대상의 개념적 표상을 작업기억에서 즉각 완벽하게 호출하는 데 실패했을 때, 이를 해결하기 위해 장기기억 속에 저장된 경험이나 학습 정보를 더듬어 가며 대상을 이해하는 인지활동이다. 결국, 환기는 어떤 대상이 잘 이해되지 않는 경우, 그 불충분한 부분을 각자 상상력을 동원해 해석하는 방식이라 할 수 있다. 이러한 환기적 해석과정에는 수신자(해석자)가 능동적으로 참여하게 되고, 따라서 환기의 범위는 개인과 시대에 따라 달라질 수 있으며, 이러한 점이 호출과 크게 다르다.

도미니시는 1990년부터 스페르베의 환기 개념을 시학에 처음으로 도입해 인지적 환기시학의 기본 틀을 제시한다. 그는 환기가 특히 시의 해석과정에 당연히 동반되는 인지활동으로 보고 '시에 있어서 형식 원리(등가성)와 인지의미 원리(전형성 및 원형성)의 이중적 필연성'을 주장한다. 이는 야콥슨의 뒤를 잇는 뤼베의 등가성 원리에 인지의미 원리를 추가해 시학의 연구 영역을 확장한 것이다. 그리고 스페르베는 시적 글쓰기가 어떻게 서술적 요소를 제거하면서 압축된 형태의 시를 구성하고, 환기인지 과정을 통해 시 해석을 유도하는지를 규명하는 데 관심을 집중한다.

그에 따르면, 시 창작의 인지과정은 세계 경험의 개별적이거나 특별한 것을 일반적이거나 보편적인 것으로 전환하는 환기 원리를 강화하는 데 있으며, 인지과정이 역으로 진행되는 산문의 서술적 구성요소들을 제거한다. 이러한 환기이론은 아리스토텔레스 시학의 미메시스 개념을 현대 원형(전형)의미론의 표상(representation) 개념에 기초해 재활성화한 것이다.

아리스토텔레스는 시의 본질이 운문이라는 형식 측면이 아니라 내용 측면에서 고려될 필요가 있다고 말했다. 즉, 시인과 역사가의 차이는 운문이나 산문으로 글을 쓰는 것 때문이 아니고, "시는 보다 일반적인 것에 주목한 데 반해 역사는 개별적인 것 혹은 특별한 것에 더 관심을 기울이기 때문이다"는 것이다. 결국, 환기시학은 역사가가 실제로 일어난 사건을 서술한다면 시인은 일어날 수도 있는 사건을 주제로 쓴다는 점에 주목한다.

C

도미니시의 환기시학은 여러 학자들(Aroui, Choi-Diel, Gouvard, Michaux, Neveu 등)이 수정 · 보완하고, 시의 영역을 넘어 속담 및 광고 슬로건, 음악에 적용해 그 연구 범위가 확장되고 있다. 특히, 최-디엘(I.-R. Choi-Diel)은 도미니시의 환기이론을 음악 및 광고 슬로건에 확대 적용해 보다 구체적으로 발전시키고 있다. 그는 '형식상의 등가성 원리와 인지의미상의 원형성 및 전형성 원리의 상호작용을 이용해 환기 효과를 극대화'하는 시를 좋은 작품으로 볼 수 있음을 강조한다.

시의 해석과정에서 등가성 원리와 전형성(원형성) 원리의 상호작용을 통해 빚어진 상징적 환기 효과를 발견하고 음미하는 것은 독자 혹은 해석자의 몫이다. 여기에는 시의 형식적 효과 및 은유·환유·암시·함축 등의 다양한 수사법과 시적 허용이라 일컫는 비문이 포함된다. 이를테면 숨은 독자는 시의 해석에 능동적으로 참여한다는 것이다.

> Il pleure dans mon coeur (내 가슴 속에 눈물 내리네)
> Comme il pleut sur la ville. (도시에 비 내리듯.)
> Quelle est cette langueur (어인 것일까 내 가슴을)
> Qui pénètre mon coeur? (파고드는 이 우수는?)
>
> 폴 베를렌(P. Verlaine), 「잊힌 아리에타(Ariette oubliée) III」

위의 예문은 베를렌의 시 「잊힌 아리에타(Ariette oubliée) III」의 첫 연이다. 정보처리적 관점에서 첫 두 시행은 통사적으로는 완전한 문장이지만 동음이의어 'Il(그, 그것)'의 사용은 의미론적으로 모호함을 자아낸다. 하지만 수신자는 이 문구가 시 구절이라는 맥락에서 작업기억에서 충족되지 않는 부분을 환기과정을 통해 장기기억 속에 저장된 백과사전적 정보들을 더듬어가며 상징적 해석을 시도하게 된다. 1행의 'Il'의 정체가 인칭대명사인지 비인칭대명사인지 분명하지 않다. 'pleurer(울다, 눈물 흘리다)' 동사는 사람 혹은 동물을 주어로 사용한다는 점에서 'Il'을 인칭대명사로 볼 수 있다. 그렇다면 이 시행은 '그가 내 가슴 속에서 울고 있다(Il pleure dans mon coeur)'가 된다.

하지만 담화연쇄에서 인칭대명사는 선행하는 동작주 없이 바로 사용될 수 없다. 여기서 우리는 이 두 시행의 긴밀한 등가관계에 주목할 필요가 있다. 이들은 주어(Il/비인칭 il) + 동사(pleure/pleut) + 장소 상황보어(dans mon coeur/sur la ville)의 동일한 통사구조로 이루어졌고, 그리고 'Il pleure[plœr]'와 'il pleut[plø]'의 음운 구성이 매우 유사하다. 더욱이 인지의미론적 관점에서, 눈물은 상하 수직으로 내리는 비의 원형적 특징(trait prototypique)을 공유한다는 점에서 매우 흡사한 심적 이미지를 연상케 한다.

이와 같은 등가적 구성으로 볼 때 1행의 주어는 2행의 영향을 받아 비인칭화되고, '가슴 속에 눈물 내리네/ 도시에 비 내리 듯'과 같은 상징적 해석이 가능해진다. 즉, 눈물로 표상되는 슬픈 감정이 비 내리는 풍경에 빗대어 환기된 것이다. 이처럼 시인은 개인적 감정을 직접적으로 서술하기보다는 환기하고, 독자의 기억과 상상력을 자극해 독자 스스로 시 세계를 해석하고 표상할 수 있도록 유도한다.

이 이론이 시학의 발전에 미친 가장 중요한 학문적 기여는 구조주의의 한계점이던 시의 창작과정 및 의미론적 해석과정에 대한 논리체계를 제공했다는 데 있다. 더 나아가 이 이론은 시의 본질을 논하며 시와 음악과의 관련성에 대한 연구를 심화시켰고, 또한 시와 속담 및 광고 슬로건과의 관련성에 대한 심도 있는 고찰을 통해 시의 영역을 일반담화와 대중문화로 확장시키는 데 기여했다.

[외부집필-최인령]

담화(담론), 독자, 미메시스, 암시/인유(법),
원형, 은유, 재현(표상, 대표), 환유

■ 참고문헌

· 아리스토텔레스, 『시학』, 김한식 역, 웅진씽크빅, 2010.

· 최인령, 「"한숨Soupir"를 통해서 본 시적 환기, 음악적 환기 - 말라르메 시와 드뷔시, 라벨 음악 분석」, 『프랑스문화예술연구』, 제19집, 2009.

· __________, 「광고에 나타난 시와 속담의 모방 및 변형에 관한 인지주의 연구」, 『프랑스학연구』, 제54집, 2010.

· __________,「인지적 환기시학의 형성과 전개」,『한국프랑스학논집』, 제78집, 2012.

· Dan Sperber, *Le Symbolisme en général*, Hermann, 1974.

· __________, *Le Contagion des idées*, Odile Jacob, 1996.

· In-Ryeong Choi-Diel, *Evocation et cognition. Reflets dans l'eau*, Presses Universitaires de Vincennes, 2001.

· __________, "Retoucher la poésie. Le Processus d'évocation chez Apollinaire et Mallarmé", *Degrés*, no. 121-122, 2005.

· Marc Dominicy, "Prolégomènes à une théorie générale de l'évocation", M. Vanhelleputte, L. Somville, *Sémantique textuelle et évocation*, Peeters, 1990.

· __________, *Poétique de l'évocation*, Classiques Garnier, 2011.

· Nicolas Ruwet, "Théorie et méthodes dans les études musicales: Quelques remarques rétrospectives et préliminaires", *Musique en jeu*, no. 17, Editions du Seuil, 1975.

· __________, "Parallélismes et déviations en poésie", J. Kristeva, J.-C. Milner, *Langue, discours, société. Pour Emile Benveniste*, Seuil, 1975.

환유

F: métonymie *E:* metonymy *D:* Metonymie

✳ 1. 한 낱말을 인접한 속성의 다른 낱말로 대체하는 수사법

2. 한 대상의 이름을 통사론적 관계가 있는 다른 속성이나 존재의 이름으로 대체하는 문채 혹은 전의

3. 한 낱말을 원인, 결과, 전체, 부분, 장소, 시간, 대상, 도구, 용기, 내용물 등의 관계에 따라 다른 낱말로 바꿔 표현하는 문체

Ⓐ

환유는 그리스어로 'μετωνυμία(metonumia)'다. 'meta(change)'는 '~을 바꾸기', 'onuma(name)'는 '이름'을 뜻하므로, 어원적으로 환유는 '한 지시대상을 다른 이름으로 바꿔 부르기'를 의미한다. 따라서 환유는 일차적으로 '한 낱말을 인접한 속성의 다른 낱말로 대체하는 수사법'을 가리킨다. 이를 좀 더 논리적으로 규정하면, 환유는 '한 대상의 이름을 통사론적 관계가 있는 다른 속성이나 존재의 이름으로 대체하는 문채 혹은 전의'다. 환유는 은유와 함께 각각 유사성과 인접성에 입각한 수사적 이원성으로, 은유가 A를 유사한 '의미'의 B로 '전이'시키는 문체라면, 환유는 A를 인접한 '관계'의 B로 '대체'하는 문체다. 이러한 논리의 연장선상에서 은유와 환유는 종종 계열체와 통합체의 대비와 관련하여 논의되기도 한다. 야콥슨은 서사란 본래 환유적이라고 말하는데, 왜냐하면 모티프나 기능이 주로 인접관계에 따라 시퀀스로 통합된다고 보기 때문이다.

Ⓑ

환유를 구체적으로 정의하면, '한 낱말을 원인, 결과, 전체, 부분, 장소, 시간, 대상, 도구, 용기, 내용물 등의 관계에 따라 다른 낱말로 바꿔 표현하는 문체'다. 다시 말해 환유는 관계를 축으로 하여 이름을 대체하는 수사법으로, A와 B는 통사론적 관계를 지니며, 또한 전후 인접관계에 있다. 예를 들어 "나는 땀으로 성공을 일구었다"라고 말할 때, '땀'은 노동의 결과로서 '노동'을 대체하는 환유다. 또한 "그녀는 한 병을 모두 마셨다"라는 표현의 경우, 한 병은 용기(用器)로써 그 속에 담긴 내용물인 '물'을 대체하는 환유다. 그리고 탄생에서 죽음에 이르는 삶의 여정을 뜻하는 '요람에서 무덤까지'라는 표현은 도구나 대상관계에 따른 환유의 유형이다. 그리고 '나는 빵이 없다'라고 말할 때 '빵'은 부분으로서 전체인 '식량'을 대체하는 환유로, 이 경우는 환유인 동시에 제유가 된다. 제유는 전체가 부분을 대신하는 경우도 있지만, 대개 부분이 전체를 대신하는 수사법으로, 부분의 이름이 전체의 이름을 대신하는 환유의 유형은 곧 제유가 되는 것이다. 그런데 환유와 제유는 사실 정확히 구분하기 어려운 경우가 많아서 상당수 학자들이 환유와 제유를 엄밀히 구분하지 않고, 제유를 포괄하여 환유로 보기도 한다.

야콥슨에 따르면, 환유는 은유와 더불어 문학작품뿐만 아니라 일상생활에서도 흔히 쓰이는 언어의 두 일반 과정이다. 예컨대 '언론'이라고 하면 '신문', '무대'는 '극장', '왕관'은 '군주'의 환유다. 일상적으로 가장 널리 쓰이는 환유는 공간적 인접성에 따른 환유다. A와 B가 공간적으로 서로 인접하거나 의미관계가 있을 때 환유가 성립한다. 예를 들어 미국의 행정부를 흔히 '백악관'이라 칭하는데, 백악관이 (하얀 건물이라는 어의적 사실과는 상관없이) 행정부의 수반인 대통령이 거주하는 공간이기 때문이다. 이렇게 환유적인 A와 B의 관계는 본래 어떤 필연적인 관계로 성립되기보다 우연적인 의미관계가 굳어져 밀접한 상관성을 지니게 되는 경우가 대부분이다.

가장 널리 쓰이는 환유는 공간적 인접성에 따른 경우지만, 시간적 인접성에 따른 환유도 가능하다. 예를 들어 "나는 내일을 기다린다"라는 표현에서 '내일'은 곧 '미래'를 가리키는 시간적 인접성에 따른 환유라고 할 수 있다. 또한 환유는 공간적, 시간적 인접성뿐만 아니라 논리적 인접성에 따라 성립될 수도 있다. 앞서 예를 든 "나는 땀으로 성공을 일구었다"의 경우와 같이, 사건의 인과관계에 따른 '노동'과 '땀'의 대치가 논리적 인접성에 따른 환유라고 할 수 있다.

사실 환유의 유형은 인간의 사유가 다양한 만큼이나 다양하다. 원인이나 결과, 용기나 내용물, 공간이나 시간 등의 관계뿐만 아니라 품사관계로도 환유는 성립될 수 있다. 환유는 명사가 명사를 대치하는 경우가 일반적이지만 은유와 마찬가지로 형용사나 부사로 대치되는 경우도 있다. 예를 들어 '눈물 나는 이야기'는 이야기를 듣고 슬픈 나머지 눈물을 흘리는 결과에 따른 환유로 '슬픔'이라는 명사가 '눈물 나는'이라는 형용사로 대치된 경우다. 또한 동사로 대치되는 환유도 있다. "차 한잔 하시겠어요?"라는 표현은 곧 호감을 나타내는 동사 환유라고 할 수 있다.

C

기호학적 관점에서 환유는 지표기호다. 기호학은 언어기호를 지표기호, 특성기호, 보편기호로 나누는데, 지표기호는 하나의 기호가 하나의 대상만을 가리키는 기호를 말한다. 환유가 지표기호인 것은 하나의 대상과 그 대상을 지시하는 낱말이 서로 직접적이거나 논리적인 인접관계로 일치를 이루기 때문이다. 문학사조의 관점에서 학자들은 암시적으로 의미를 표현하는 은유를 낭만주의적 문체로, 그리고 직접적인 인접관계에 따라 의미를 표현하는 환유를 사실주의적 문체로 본다.

현재 해체론 및 인지언어학에서는 은유와 환유의 구별이 사실상 무의미해지고 있는 추세이며, 많은 은유들이 기본적으로 환유를 전제하는 것으로 간주한다. 이는 정신분석학의 경우와도 일맥상통하는 것이다. 프로이트는 은유와 환유라는 언어의 원리 대신 무의식적인 꿈이나 노이로제의 원리인 압축(condensation)과 전치(displacement)를 논했으며, 라캉은 언어의 원리인 은유와 환유를 욕망의 관점에서 재해석해 고유의 논리로 정립했다. 라캉은 욕망의 논리는 환유라고 밝히는데, 이는 정신분석학의 정론이 되었다. 욕망의 담론인 정신분석학은 우연성에 입각한 환유를 욕망의 재현 원리로 삼는데, 왜냐하면 욕망은 유추를 초월하는 충동이기 때문이다. 그리고 무의식적인 욕망의 왜곡된 발현인 노이로제를 은유로 간주하는데, 이는 노이로제가 욕망의 암시적이고 반복적인 재현이기 때문이다. 정신분석에서 반복적인 재현은 곧 일정한 의미의 암시로서 치료의 단서가 되며, 따라서 라캉은 반복을 의미이고 상징이며 은유라고 역설한다. 실제로, 분석을 통해 노이로제의 병인을 치유한다는 것은 노이로제가 유추 가능한 일정한 원리를 따르고 있다는 것을 의미하는 것이다. 이와 같이 노이로제(은유)는 병인인 욕망(환유)을 전제하며, 이러한 정신분석학적인 논리는 은유가 기본적으로 환유를 전제한다고 하는 해체론 및 인지언어학의 논리와 일맥상통하는 것이라고 할 수 있다.

환유와 제유를 하나로 보려는 시각이나, 전통적으로 엄밀히 구분하던 은유와 환유를 선후의 과정으로 보려는 시각, 더구나 은유보다 환유를 중심 논리로 하는 시각 등은 결국 문체의 기능과 가치는 절대적인 것이 아니라 시대의 변화, 말하자면 문화와 인식 그리고 매체의 변화에 따라 상대적일 수 있다는 사실을 의미하는 것이라고 할 수 있다.

[류은영]

기능, 모티프, 문채, 시퀀스, 은유,
전의(법), 제유(提喩), 지표,

참고문헌

· 辻幸夫 외, 『언어의 인지과학 사전』, 임지룡 외 역, 박이정, 2008.
· Albert Henry, *Métaphore et métonymie*, Klincksieck, 1971.
· David Lodge, *The Modes of modern writing: Metaphor, metonymy, and typology of modern literature,* Cornell University Press, 1977.
· Jacques Lacan, *Ecrits*, Seuil, 1966.
· Michael Riffaterre, *Essais de stylistique structurale*, Flammarion, 1971.
· Michel Le Guern, *Sémantique de la métaphore et de la métonymie*, Librairie Larousse, 1973.
· Roman Jakobson, *Essais de linguistique générale*, Editions de Minuit, 1963.
· Sigmund Freud, *Introduction à la psychanalyse*, Payot, 1961.

환칭(換稱)

F: antonomase *E:* antonomasia *D:* Antonomasie

✻ 고유명사를 보통명사처럼 쓰거나 보통명사 대신 잘 알려진 고유명사로 대체하는 표현법

A

라틴 수사학에서 환칭이라는 뜻을 가진 '안토노마지아(antonomasia)'는 '다른 이름으로 부르다'는 뜻의 그리스어 'antonomazein(ἀντονομάζειν)'에서 나온 것이다. 이 말은 '~ 대신에'라는 뜻의 'anti'와 '명명하다'는 뜻의 'onomazein'가 결합된 말이다. 인명, 지명, 상품명 등의 고유명사가 보통명사처럼 쓰이거나, 반대로 사람이나 장소 등의 고유명사를 나타내기 위해 보통명사(또는 명사구, 형용사구)를 대신 사용하는 표현기법이다. 많은 이론가들은 고유명사를 사용해 보통명사를 나타내는 표현이 진정한 환칭이라고 보며, 이런 유형의 환칭은 은유나 환유로 분석할 수 있다고 말한다.

우리가 일상적으로 가장 흔하게 접하는 환칭은 고유명사가 보통명사로 쓰이는 경우다. '샌드위치'나 '기요틴(단두대)'처럼 발명한 사람의 이름이 그대로 발명품의 이름으로 쓰이거나, '보이콧'처럼 처음 그 행동을 한 사람의 이름을 따서 그 행위 자체를 지칭하게 되거나, 까망베르 지역에서 생산된 치즈가 '까망베르'로, 보르도 지방에서 생산된 포도주가 '보르도'로 불리는 것처럼 생산지의 이름이 그대로 생산품의 명칭으로 쓰이는 경우다. 이 경우, 에포님(eponym, 장소 · 발명품 · 발견물에 붙은 명칭의 기원이 된 사람이나 사물)과 관계가 깊다.

상표등록이 된 상표 이름이 보통명사가 되는 경우도 있다. 미국 회사의 상표명인 '클리넥스(Kleenex)'가 일회용 휴지를 의미하는 보통명사가 되거나 자동차 경적 제조회사의 이름 '클랙슨'이 그대로 경적을 의미하게 되는 경우, 일본 상품명인 '정종'이 일본식 청주를 의미하는 경우 등이 대표적인 예다.

잘 알려진 실제 또는 허구 속 인물의 이름(고유명사)이 개인의 자질이나 재능, 결점 등의 유사성에 따라 일반적인 보통명사로 사용돼 어떤 유형이나 부류를 지칭하게 되는 것 역시 환칭에 속한다. 바람둥이 기질이 있는 사람을 '카사노바'로, 독재자를 '스탈린'으로, 스승이나 인생 선배를 '멘토'(『오디세이아』에 나오는 인물로 오디세우스의 친구, 조언자이자 그의 아들 텔레마코스의 교육을 담당한 인물)로 표현하는 것 따위가 대표적인 예다. 이 경우는 사물의 일부분이나 그 특징으로 전체를 나타내는 제유의 변형으로 간주할 수 있다.

널리 알려진 고유명사를 사용하면, 많은 수식어를 동원해 일일이 특성을 열거하지 않아도 그 고유명사에 포함된 속성들이 보통명사의 속성으로 압축되어 전달되고 반복을 피하는 효과를 얻을 수 있다. 르 게른(M. Le Guern)은 고유명사가 환칭어로 사용될 수 있으려면 이 고유명사가 단순한 하나의 고유명사가 아니라 사람들이 그 안에서 의미소를 파악해 낼 수 있어야 한다고 말한다.

B

보통명사(또는 명사구, 형용사구)를 사용해 사람이나 장소 등의 고유명사를 대신 표현하는 환칭은, 보통명사를 대신해 고유명사를 사용하는 환칭에 반대되는 환칭으로, '역환칭'이라 불리기도 한다. 비스마르크를 '철혈재상'으로, 마가렛 대처를 '철의 여인'으로, 예수를 '구세주(메시아)'로, 사탄을 '어둠의 왕자'로, 대한민국을 '한반도'로, 마이클 잭슨을 '팝의 제왕', 등으로 표현하는 것이 대표적인 예다. 이런 표현은 에둘러 완곡하게 표현하는 우언법(périphrasis)과 비슷하지만, 환칭은 고유명사를 출발점으로 삼는다는 점이 다르다. 이런 식의 표현은 반복을 피하고, 독자의 상상력을 자극할 수 있어 문학 텍스트뿐만 아니라 언론매체나 광고, 일상어에서도 많이 사용된다.

연극 등에서 등장인물의 이름을 그 사람의 특징을 가리키는 보통명사로 대체하는 것 역시 환칭이라고 할 수 있다. 뮤지컬 「지하철 1호선」의 경우 등장인물의 이름이 '제비', '선녀', '걸레', '안경' 등으로 불리는데, 이런 환칭 기법은 이름과 등장인물의 특성 사이의 관계를 강화시킴으로써 인물의 성격과 심리 상태, 작가의 의도를 분명하게 드러낸다. 동시에 관객은 등장인물과 내용에 대해 쉽게 이해할 수 있게 된다.

C

환칭이 정확히 이해되기 위해서는 발화자와 수신자가 공통적인 문화유산을 공유할 필요가 있다. 서구에서는 매우 부자인 사람을 '크로이소스'(리디아의 마지막 왕, 갑부로 유명하다)로 부르고, 수전노를 '아르파공'(몰리에르의 희극 『수전노(L'Avare)』의 주인공), 위선자를 '타르튀프'(몰리에르의 희극 『타르튀프(Tartuffe)』의 주인공)로 부르지만, 프랑스가 아닌 다른 문화권에 속하는 나라에서는 다른 고유명사를 사용하는 것이 더 이해하기 쉽다. 우리나라에서 갑부는 '빌 게이츠'로, 구두쇠는 '자린고비'로 표현하는 쪽이 더 이해하기 쉬울 것이며, 같은 프랑스어권이라 하더라도 퀘벡에서는 수전노를 '아르파공' 대신 '세라핀(세라피나)'이라고 표현하는 경우가 더 많다. 세라핀은 일반적으로 프랑스어권에서 '천사'를 의미하지만 캐나다의 경우 유명 인터넷 소설에 수전노로 등장하는 인물의 이름이기 때문이다.

중세 후기에서 르네상스 시대까지 '철학자'라고 하면 통상 아리스토텔레스를 지칭하고 '시인'이라고 하면 '베르길리우스'를 지칭하는 것이었지만, 현대에는 거의 쓰이지 않는다. 이처럼 보통명사로 고유명사를 표현하는 환칭은 시대의 흐름에 따라 더 이상 유효하지 않게 되거나 의미전달이 달라질 수도 있다. 바르트(R. Barthes)는 고유명사에 수많은 의미가 함축되어 있고 특히 사회성과 상징성을 가지기 때문에 늘 주의 깊게 관찰해야 한다고 말한다.

D

서구에서는 고유명사를 보통명사로 환칭하는 경우, 대부분 대문자를 사용하고 관사를 붙이지만, 사람들이 원래 환칭이 일어나게 된 관계를 더 이상 의식하지 않게 되는 경우, 환칭어(고유명사)는 문법적으로 완전히 독자적인 보통명사가 되어 어휘화된다. 이런 경우 대문자를 사용하지 않고 복수가 될 때는 's'를 붙인다.

[김계영]

은유, 인물/인물구성, 제유(提喩), 함축, 환유

참고문헌

· Bernard Dupriez, *Gradus, les procédés littéraires*, coll. Domaine français, 10/18, 2003,

· César Chesneau Dumarsais, *Des Tropes ou des différents sens dans lesquels on peut prendre un mème mot dans une mème langue* (1816), Adamant Media Corporation, 2001.

· Jean Cohen, "Théorie de la figure", *Recherches rhétoriques*, Seuil, 1994.

· Michel Le Guern, *Sémantique de la métaphore et de la métonymie*, Larousse, 1973.

· Roland Barthes, "L'Ancienne rhétorique", *Recherches rhétoriques*, Seuil, 1994.

· Sarah Leroy, *De l'Identification à la catégorisation: L'Antonomase du nom propre en francais*, Editions Peeters, Louvain-Paris, 2004.

활사(活寫)

F: hypotypose *E:* hypotyposis *D:* Hypotyposis

✷ 말(글)로 표현하는 대상, 풍경, 존재, 장면 들을 마치 살아 있는 것처럼 생생하게 묘사해서 읽는 사람에게 그 이미지를 보여주는 것을 목적으로 하는 묘사 또는 그러한 기법

Ⓐ

말(글)로 표현하는 순간의 장면을 직접 두 눈으로 보고 있거나 실제로 체험하는 것처럼 느끼게 만드는 생생하고 사실적인 묘사 또는 그러한 기법을 의미한다. '누군가의 눈앞에 밑그림, 윤곽을 보여주다'는 뜻으로 해석될 수 있는 그리스어 동사 '이포티포시스(ὑποτύπωσις, hupotupôsis)'에서 유래했다. '유형'이나 '모델'을 의미하는 'type'의 어원인 그리스어 'typos'는 '주형(원형)이 남긴 요철 흔적'을 의미한다. 따라서 'hypotypose'는 독자의 기억에 이미지나 인상을 각인한다는 의미가 된다.

퓨르티에르(Furetière)는 'hypotypoo'라는 동사가 '무언가를 보여주다'를 의미한다고 한다. 로마의 웅변가이자 수사학자 퀸틸리아누스는 "말로 너무나 잘 표현되어서 그것을 듣는다기보다 본다고 믿게 되는 사물의 이미지"라고 말하고, 뒤마르세(C. Dumarsais) 역시 이 그리스어가 '이미지', '그림'을 의미하는 단어라고 말한다. 결국 문채로서의 활사(법)의 정의는 눈으로 보는 이미지, 보게 만드는 것과 관계가 깊다. 많은 수사학자, 시인들은 활사(법)를 '에너지', '그림', '이미지' 등과 연관시켜 말하고, 로브리외(J-J. Robrieux)는 "서술이나 묘사를 생생하게 사실적으로 만들어 주는 다양한 방법과 절차 전체"를 말하는 것으로 본다.

생생한 묘사나 서술을 통해 (우리 영혼에) 우리가 말하고 있는 것들을 보고 있는 것 같은 환상, 실제와 같은 착각을 만들어 낸다는 면에서 활사(법)는 미메시스의 중심이 되는 문채라 할 수 있고, 바르트가 말하는 '현실 효과'에 근거한 문채라고 할 수 있다. 활사는 특히 독자의 기억과 상상력에 크게 호소하고, 외부와 내부, 자연과 그것을 관조하는 사람의 감정 사이의 관계를 정립한다. 르불(O. Reboul)은 "활사의 설득력은 그것이 파토스와 로고스를 결합시켜 논증을 보게 만드는 데서 나온다"고 말한다.

연극에서는 실제 무대에서 직접 보여주기 힘든 전투 장면이나 다른 곳에서 일어난 사건을 그것을 보지 못한 다른 사람에게 말로 전하거나, 과거의 일을 회상하는 독백 등에서 많이 사용된다. 사실주의나 자연주의 문학작품에서도 생생한 묘사가 많이 드러난다. 라신의 『페드르(Phèdre)』에서 테라멘이 이폴리트의 죽음을 이야기하는 장면이나 졸라의 『목로주점』에서 증류기를 묘사하는 장면 등이 대표적인 활사의 예로 인용되곤 한다. 로브그리예(A. Robbe-Grillet)는 『지우개(Les Gommes)』에서 접시 위에 놓인 토마토를 묘사하면서 근대적인 활사법을 사용했다고 평가받고 있으며, 미쇼(H. Michaux)는 마약에 취한 상태에서 환각에 의한 해체적 글쓰기를 통해 활사가 원래 추구하는 환각, 환상에 접근한다.

B

계속적인 이미지의 전개로 나타나는 활사(법)는 하나의 문장에 그치지 않고 여러 개의 문장으로 이어질 수 있고 심지어 몇 페이지에 걸쳐 나타날 수도 있다. 이 경우 활사(법)는 일반적으로 한 문장 차원에서 성립되는 문채라기보다 내러티브에 속하는 문학적 표현 방식이라고 할 수 있다. 부분적인 묘사들이 만화경처럼 연속되면 마치 영화를 보는 것 같은 효과를 줄 수 있다.

C

"너무나도 생생해서 눈앞에 그 모습을 보는 것 같거나, 그 형상이나 색채가 현실의 것으로 여겨지는 묘사"라는 모리에(H. Morier)의 정의는 사실 주관적 판단에 근거한 것이기 때문에 모든 형태의 묘사에 해당될 수 있는 것이다. 베르제(D. Bergez)는 활사와 일반적인 묘사를 구별하는 요소로 현동화(actualization)와 특징묘사가 전제되어야 한다고 말한다. 명사나 동사 같은 언어적 요소뿐 아니라 현재의 장면 역시 독자의 것으로 현동화되어야 하고, 그런 이유로 활사에는 묘사의 현실과 독서의 현실을 중첩시킬 수 있는 서술적 현재가 흔히 사용된다. 명사는 형용사로 수식되고, 동사는 부사로 수식되는 등의 특징묘사 역시 활사의 본질적 요소다. 또한 구체적인 감각의 연속으로 이루어진 부분적이고 단편적인 이미지, 디테일이 연속적으로 제시된다.

모리에는 "서술적 현재를 사용하거나, 주제에 관한 서술자의 입장을 짐작 또는 알게 해주는 언급이 있어서는 안 되는 점이 활사의 특성이기는 하지만, 무엇보다도 생동감이 특히 강조된다"고 말하고, 활사는 주제 전반에 관한 정보 중에서 일부만을 선별해 감각적이고 강렬하게 보여주는 묘사 기법으로, 단편적 특성과 조형적 특성을 갖는다고 강조한다.

D

에크프라시스(ekphrasis)와 유사하게 여겨질 수 있지만 에크프라시스가 기존의 예술작품을 생생하게 묘사하는 기법이라고 할 수 있는 반면, 활사(법)는 일종의 '재창조'로, 에크프라시스보다 한층 더 독자의 상상력에 호소한다. 또한 허구의 인물이나 무생물, 추상적 개념 들을 살아 있는 것으로 생생하게 표현하는 활유와 혼동될 수도 있지만 활유는 말하는 능력이 강조된다는 점에서 활사(법)와 차이가 있다. 지형묘사(topographie)는 장소의 묘사라는 점에서, 인물묘사(portrait)는 인물의 신체적 외관을 묘사한다는 점에서, 에토페이아(ethopeia)는 인물의 도덕적 특성을 묘사한다는 점에서 활사와 구별된다. 비유나 알레고리가 '이미지'를 보는 것과 같은 효과를 만들어 낼 때는 활사라고 할 수 있다.

[김계영]

로고스, 묘사(기술記述), 문채, 미메시스, 사실주의, 서술, 서술자(화자), 알레고리, 이미지, 에크프라시스, 파토스(페이소스), 현동화(실현화), 활유(活喩)

■ 참고문헌

· Bernard Lamy, Benoît Timmermans, *La Rhétorique ou l'art de parler*, coll. Interrogation Philosophique, PUF, 1998.
· Michel Meyer, *Histoire de la Rhétorique des Grecs à nos jours*, coll. Biblio-Essais, Le Livre de Poche, 1999.
· Olivier Reboul, *Introduction à la rhétorique*, PUF, 1991.
· Yves Le Bozec, "L'Hypotypose: Un Essai de définition formelle", *L'Information grammaticale*, no. 92, 2002.
· __________, "Les Frontières de l'hypotypose. Le songe d'Athalie et la prophétie de Joad", *L'Information grammaticale*, no. 100, 2004.

활유(活喩)

F: prosopopée *E:* prosopopeia *D:* Prosopopöie

✳ **부재하거나 죽은 사람, 동물, 사물이나 추상적인 개념 등의 무생물을 마치 살아 있는 존재인 것처럼 행동하고 말하게 하는 기법**

Ⓐ

'이야기 속에서 인물이 말을 하게 만드는 행위'라는 뜻을 가진 그리스어 '프로조포페이아(προσωποποιία, prosopoieia)'에서 유래한 말이다. 이 단어는 '의인화하다'라는 뜻의 'prosopopoiein'에서 파생한 말인데, 'prosôpon'은 얼굴이나 사람(person), 연극에 사용되는 탈, 역할, 나아가 연극의 등장인물 등을 뜻하는 말이며, 'poiein'은 '만들다'라는 뜻이다.

어원에서 볼 수 있듯이 활유는 의인화(의인법)와 혼동될 여지가 많다. 의인화는 동물이나 무생물, 추상적 개념에 인간의 행동이나 감정 등 인간적 속성을 부여해 인간인 것처럼 표현하는 반면, 엄밀한 의미에서 활유는 부재하거나 죽은 사람, 동물, 사물이나 추상적인 개념 등의 무생물을 마치 살아 있는 존재인 것처럼 행동하게 하고, 그중에서도 특히 말을 하게 만들거나 그들에게 말을 거는 기법으로, 몇 가지 특별한 발화조건이 전제된다. 즉 "오 악마여,/나의 기나긴 불행을 불쌍히 여겨다오"(보들레르, 「악마의 연도(Les litanies de Satan)」, 『악의 꽃』)처럼 화자가 죽은 사람이나 허구의 인물, 무생물의 이름을 부르는 돈호법이 사용되거나, "나는 작가의 파이프예요./ 아비시니아 또는 카프리아 여자와 같은/ 새카만 내 얼굴 들여다보면,/ 우리 주인 골초인 줄 당장 알지요."(보들레르, 「파이프」, 『악의 꽃』)에서 볼 수 있듯이 의인화를 동반해 무생물의 발화가 가능한 상황을 암묵적으로 설정하기도 하고, "숲이 말했다. '언제나 희생당하는 건 나예요./ 사람들은 나를 귀찮게 하고, 나를 가로질러가고, 도끼로 나를 잘라요'(쥘 쉬페르비엘, 「온순함」, 『세계의 우화』)"처럼 의인화된 대상의 발화가 직접화법의 문장(또는 간접화법의 문장)으로 표현되기도 한다. 활유가 궁극적 단계로 나아가면 의인화된 허구의 인물과 작가가 대화를 나누는 형태로 나타난다.

B

활유는 의인화나 알레고리와 함께 나타날 수 있는 문채로, 의인화의 확장 또는 변형으로 간주되기도 한다. 바크리(P. Bacry)는 활유를 의인화의 최종 단계, 혹은 직접화법에 근거를 둔 알레고리의 변형으로 보고, 발화가 이루어지는 순간에 부재하는 존재(죽은 사람이나 허구의 인물)나 실제로 말할 수 없는 존재가 말하는 상황을 서술의 필요에 의해서 연출하는 것이기 때문에 그 바탕에는 언제나 허구가 깔려 있다고 말한다. 활유는 텍스트에 생기와 감정을 불어넣고 눈길을 끄는 효과를 만들어 내기도 하지만, 타인의 생각을 화자의 입장에 맞게 변화, 왜곡시킬 수도 있기 때문에 작가의 주관성을 표현하는 문채가 된다.

C

논쟁에 활유가 사용되는 경우, 논증에 강한 설득력과 확신을 불어넣어 준다. 자기 자신이 말하는 대신, 역사적 위인이나 자연, 법, 나라 이름 등의인화된 추상적 개념(이 경우 서구어에서는 일반적으로 대문자를 사용한다)이 말하는 것처럼 만들어 권위를 확보하는 것이다. 활유는 문학 텍스트뿐만 아니라 "프랑스 국민은 ~ 엄숙하게 선언한다", "우리 연합주 인민은 ~ 제정한다"는 식의 법조문이나 의정서 등에서 흔히 사용된다. 우리가 일상어에서 접하는 '내가 서 있으면 그는 누워 있고, 내가 누워 있으면 그는 서 있습니다. 나는 누구일까요?'(답: 발) 식의 수수께끼 역시 활유법을 사용한 것이라 볼 수 있다.

[김계영]

대화(체), 돈호법, 발화(작용)/발화문, 서술, 서술자(화자), 알레고리, 인물/인물구성, 의인법(의인화), 작가(저자), 텍스트, 픽션(허구)

참고문헌

· Olivier Reboul, *Introduction à la rhétorique*, coll. Premier cycle, PUF, 1991.

후경화(배경화)

F: en mettant en fond *E:* backgrounding
D: in den Hintergrund (stellen)

✻ 언어의 심미적 기능, 즉 표현행위 자체를 전면에 내세우기 위해 언어의 지시적 측면과 논리적 측면을 배경으로 삼는 것

전경화와 반대되는 개념으로 러시아형식주의자와 프라하학파가 많이 사용한 문체론 용어다. 전경화가 언어를 비일상적으로 사용해 언어의 심미적 기능, 즉 표현행위 자체를 전면에 내세우는 것이라면, 후경화는 표준 언어로 정보를 전달하는 것과 같은 언어의 지시적 측면과 논리적 측면을 배경으로 삼는 것을 일컫는다.

[문재은]

전경화 (前景化)

■ 참고문헌

· 서혜련, 「쉬클로프스키의 낯설게하기」, 『어문학연구』 3호, 우석대학교 어학연구소, 1999.
· 이규정, 『현대소설의 이론과 기법』, 박이정, 1998
· 조주관, 『러시아 문학의 하이퍼텍스트』, 평민사, 2005.

후방(역행)조응

F: cataphore *E:* cataphora *D:* Katapher

✷ **뒤에 오는 표현이 앞에 위치한 표현의 해석에 필요한 정보를 제공하는 언어장치**

Ⓐ

할리데이(M.A.K. Halliday)와 하산(R. Hasan)은 지시관계(reference)를 분류하면서 상황조응(exophora)과 문맥조응(endophora)으로 나누고, 다시 문맥조응을 전방조응(순행조응, anaphora)과 후방조응(cataphora)으로 나눈다. 조응이란, 문장 혹은 일관성 있는 연쇄 문장 속에서 두 개의 언어 표현이 공지시관계(coreference)를 맺고 있는 것을 의미한다.

공지시관계에 있는 둘 이상의 표현이 되풀이 될 때, 두 개의 표현 중 하나는 의미 내용의 잉여성이 완전히 혹은 부분적으로 제거된 다른 언어 형식으로 대체되는 경우가 흔히 발생한다. 이때 대체되어 나타나는 언어 표현을 조응어라 하고, 조응어에 의해 지시되는 요소를 선행어(antecedent)라 한다. 조응어는 본래 고유한 실질적 의미가 없는 것을 특징으로 하며 항상 선행어에 의해 그 뜻이 해석된다. 또한 조응어는 선행어가 가지는 구체적인 뜻 대신에 그것을 형식적으로 가리키기만 하는 부류적 의미(영어의 'he', 'she'는 남성과 여성만을 구분한다)를 지닌 것이 특징이다.

조응은 선행어와 조응어의 위치관계에 따라 분류하는데, 선행어가 조응어에 앞서는 조응을 전방(순행)조응이라 부르고 그 반대의 경우를 후방(역행)조응이라 부른다. 후방조응어는 특정 대상이나 사람보다는 담화 자체의 여러 양상들을 지시하는 데 흔히 사용된다. 영어의 대명사 'it'은 특정적으로 뒤에 따라오는 절이나 문장 들을 선행하고 있다. 'It's a pity that she can't come with us(그녀가 우리와 함께 갈수 없다니 유감이다)'에서 'it'이 'that'절 이하의 내용을 가리키며, 혹은 'I don't like it: The cat's gone missing for the third day running(고양이가 3일 동안 보이지 않으니 꺼림칙하다)'에서 'it'이 콜론 다음에 오는 절의 내용을 가리킨다. 한국어의 후방조응어로는 다음 예문 ①, ②에서 보듯이 '이'가 많이 사용된다. ① 처음엔 그가 입을 꾹 다물고 있더니 나중엔 '이'와 같이 말하더라. '나는 잘못이 없다. 절대로 내가 한 일이 아니다.' ② '이'는 듣기만 하여도 가슴이 설레는 말이다, '청춘'!

B

문학에서는 정관사, 대명사, 직시어 들을 사용하는 후방조응 기법이 흔히 사용된다. 신경숙의 소설 『엄마를 부탁해』의 2장은 "그가 나눠준 전단지를 받아든 한 여자가 잠시 걸음을 멈춘 채 사진을 가만 들여다보았다. 엄마가 그를 기다리곤 하던 서울역 시계탑 아래서다"처럼 대명사 '그'로 시작해 끝 무렵까지 대명사의 정체를 밝히지 않는다. 독자는 '그'라는 대명사를 서두에서 읽고는, '그'가 가리키는 지시체가 존재하는 어떤 세계가 창조되어 있을 것이라는 환상을 갖고서 계속 읽게 된다. 후방조응어는 더 정확한 정보를 지연시킴으로써 독자에게 긴장감을 불러일으키는 문체적 효과를 자아낸다.

이렇게 삼인칭 대명사나 한정명사(definite noun)로 소설의 서두가 시작되는 기법을 '인 메디아스 레스'(In medias res)라 부른다. 이 용어는 독자를 아무런 준비 없이 사건의 한가운데로 뛰어들게 해 마치 사건에 이미 연루된 것 같은 느낌을 갖게 하는 현대 문체론과 소설 비평의 오프닝 기법이다. 후방조응어는 순서상 정체가 확인되지 않은 대명사가 먼저 나타나고 뒤에 정체가 밝혀지는 명사구를 사용하기 때문에, 초점화 장치로 유용하게 사용되기도 한다.

[고광식]

공지시, 문체론(문체학), 조응, 지시(관계)/지시대상, 직시, 초점화

■ 참고문헌

· 방종수, 「역행조응에 관한 연구」, 『현대문법연구』 3권, 현대문법학회, 1993.
· 제이콥 메이, 『화용론 개관』, 이성범 역, 한신문화사, 2007.
· 홍순성, 「조응어와 선행어 - '이, 그, 저'를 중심으로 -」, 『한국학논집』, vol. 15, 계명대 한국학연구원, 1988.
· Michael Alexander Kirkwood Halliday, Ruqaiya Hasan. *Cohesion in English*, Longman, 1976.

후술법(회상, 소급제시, 아날렙시스)

F: analepse *E:* analepsis *D:* Analepse

✳ 주네트의 서사학 용어로, 이야기 전개에서 한 사건을 이야기한 뒤에 그 사건보다 먼저 일어난 일을 나중에 이야기하는 시간교란의 한 방법

Ⓐ

주네트는 스토리와 레시 사이의 불일치, 즉 사건의 순서와 그 사건이 제시된 순서의 불일치를 말하기 위해 선술법(예상, 사전제시, 프롤렙시스)과 후술법이라는 두 가지 시간교란(anachrony) 방법을 사용한다. 후술법은 이야기가 진행되는 현재의 순간에 현재 이야기를 중단하고 그보다 먼저 일어났던 일을 이야기하는 것으로, 영화에서의 회상(플래시백)과 비슷하며, 장차 일어날 사건을 현재 시점에서 미리 알려주는 선술법과 반대되는 개념이다. 주네트는 현재 시간 이전에 발생한 과거 사건을 제시하는 것을 외적(external) 시간교란으로, 현재 시간 이후의 사건을 제시하는 것을 내적(internal) 시간교란으로, 현재 사건 이전에 시작되어 현재 사건 이후에 끝나는 시간교란을 혼합적(mixed) 시간교란으로 본다.

Ⓑ

"철수는 불같이 화를 내기 시작했다. 몇 년 전, 절대 화를 내지 않겠다고 맹세했건만, 그는 다시 신경질적으로 소리를 지르기 시작했다"는 문장에서 볼 수 있듯이, 한 문장 안에서도 후술법이 사용될 수 있고, 호메로스의 『일리아드』에서처럼, 트로이 전쟁이 한창인 와중에 아킬레스와 아가멤논의 분쟁으로 전체 이야기가 시작되고, 그보다 먼저 일어난 일들이 회상의 방식으로 나중에 설명될 수도 있다.

『일리아드』처럼 이야기가 사건의 한가운데(in medias res)에서 시작되

는 대부분의 이야기는, 그 시점까지 스토리가 어떻게 진행되었는가를 설명하기 위해 회상 방법이 사용된다. 후술법은 이야기 전개에서 공백처럼 보이는 부분을 메우는 식으로 이루어지는 경우가 많으며, 현재 상황이나 새로 등장한 인물의 과거에 대한 보충 설명을 통해 인물이나 사건에 관한 배경적 정보를 보충해 준다.

일반적으로 후술법이 선술법보다 훨씬 더 폭넓게 사용되는 것은, 선술법을 사용할 경우 이야기가 피할 수 없는 미래를 향해 간다는 느낌을 주는 반면, 후술법을 사용하면 서술자가 시간 조작의 자유로움을 누리는 동시에 이야기의 서로 다른 시간을 원근감을 살려 보여줄 수 있기 때문이다.

[김계영]

담화(담론), 레시, 서사학, 서술, 서술자(화자),
선술법(예상, 사전제시, 프롤렙시스), 스토리, 시점,
아나크로니즘/아나크로니(시간교란), 인메디아스레스, 플래시백

참고문헌

· 시모어 채트먼, 『이야기와 담론』, 한용환 역, 푸른사상, 2006.
· Gérard Genette, *Figure III,* Seuil, 1972.

사 전

김병옥 외 엮음, 『도이치문학용어사전』, 서울대학교출판부, 2001.
이상섭, 『문학비평용어사전』, 민음사, 2009.
이은정 편, 『국어학•언어학 용어사전』, 국어문화사, 1994.
장하늘, 『수사법사전』, 다산초당, 2009.
조성식 외, 『영어학사전』, 신아사, 1990.
한용환, 『소설학사전』, 문예출판사, 2009.
한국문화예술위원회 엮음, 『100년의 문학용어사전』, 도서출판아시아, 2008.
한국문화예술진흥원, 『연극사전』, 예니, 1995.
한국문학평론가협회, 『문학비평용어사전』 상/하, 국학자료원, 2006.

딜런 에반스, 『라깡정신분석사전』, 김종주 외 역, 인간사랑, 1998.
르불 모쉴레르, 『화용론백과사전』, 최재호 외 역, 한국문화사, 2004.
메이어 하워드 에이브람스, 『문학용어사전』, 최상규 역, 예림기획, 1997.
빅터 E. 테일러, 찰스 E. 윈퀴스트, 『포스트모더니즘백과사전』, 김용규 외 역, 경성대학교출판부, 2007.
알기르다스-쥘리앙 그레마스, 『기호학용어사전』, 김두한 외 공역, 민성사, 1988.
유키오 추지 편, 『언어의 인지과학사전』, 임지룡 외 역, 박이정, 2008.
장 라플랑슈, 장 베르트랑 퐁탈리스, 『정신분석사전』, 임진수 역, 열린책들, 2005.
제럴드 프린스, 『서사론사전』, 이기우 외 역, 민지사, 1992.
제레미 호손, 『현대문학이론용어사전』, 정정호 외 역, 동인, 2003.
조셉 칠더즈, 게리 헨치 엮음, 『현대문학•문화비평용어사전』, 황종연 역, 문학동네, 1998.
미국정신분석학회, 『정신분석용어사전』, 이재훈 외 역, 한국심리치료연구소, 2002.

ABRAMS, Meyer Howard, *Glossary of literary terms*, Harcourt College Publishers, 1981.
ANGENOT, Marc, *Glossaire pratique de la critique contemporaine*, Hurtubise HMH, 1979.

AQUIEN, Michèle, *Dictionnaire de poétique*, Livre de poche, 1993.

ARCAND, Richard, *Les Figures de style*, Les Editions de l'Homme, 2004.

AYTO, John, *Oxford dictionary of slang*, Oxford University Press, 2003.

AYTO, John, SIMPSON, John, *Oxford dictionary of modern slang*, Oxford University Press, 2008.

BACRY, Patrick, *Les Figures de style*, Berlin, 2003.

BENAC, Henri, *Guide des idées littéraires*, Hachette, 1988.

BERGEZ, Daniel, GERAUD, Violaine, ROBRIEUX, Jean-Jacques, *Vocabulaire de l'analyse littéraire* [1994], Armand Colin, 2008.

CORVIN, Michel, *Dictionnaire encyclopédique du théâtre à travers le monde*, Bordas, 2008.

DUBOIS, Jean et al., *Dictionnire de linguistique*, Larousse, 1973.

DUCROT, Oswald, TODOROV, Tzvetan, *Dictionnaire encyclopédique des sciences du langage*, Seuil, 1972.

DUPRIEZ, Bernard, *Gradus. Les procédés littéraires*, 10/18, 2003.

EVANS, Dylan, *An Introductory dictionary of lacanian psychoanalysis*, Brunner-Routledge, 1996.

GARDES-TAMINE, Joëlle, HUBERT, Marie-Claude, *Dictionnaire de critique littéraire*, Armand Colin, 1993.

GIBBS, Raymond W. Jr. (Ed.), *The Cambridge handbook of metaphor and thought*, Cambridge University Press, 2008.

GREEN, Jonathan (Ed.), *Chambers slang dictionary*, Chambers Harrap, 2008.

HAWTHORN, Jeremy, *A Glossary of contemporary literary theory* [4th Ed.], Hodder Education, 2000.

HERMAN, David, JAHN, Manfred, RYAN, Marie-Laure, *Routledge encyclopedia of narrative theory*, Routledge, 2005.

JARRETY, Michel et al., *Lexique des termes littéraires*, Le Livre de poche, 2001.

LAPLANCHE, Jean, PONTALIS, Jean-Bertrand, *Vocabulaire de la psychanalyse*, PUF, 2009.

MAUREL, Anne, *La Critique*, Hachette, 1994.

MAZALEYRAT, Jean, MOLINIE, Georges, *Vocabulaire de la stylistique*, PUF,

1989.

MOLINIE, Georges, *Dictionnaire de rhetorique*, Le Livre de poche, 1992.

MORIER, Henri, *Dictionnaire de poetique et de rhetorique*, PUF, 1989.

PAVIS, Patrice, *Dictionnaire du théâtre*, Messidor/Editions Sociales, 1987.

PEYROUTET, Claude, *Style et rhétorique*, Nathan, 2000.

PIERRON, Agnès, *Dictionnaire de la langue du théâtre,* Le Robert, 2002.

PINEL, Vincent, *Vocabulaire technique du cinéma*, Armand Colin, 2008.

PREMINGER, Alex et al. (Ed.), *The New Princeton encyclopedia of poetry and poetics*, Princeton University Press, 1993.

PRINCE, Gerald, *Dictionary of narratology*, University of Nebraska Press, 2003.

RICALENS-POURCHOT, Nicole, *Dictionnaire des figures de style*, Armand Colin, 2005.

ROBERT, Paul et al., *Le Nouveau Petit Robert de la langue française 2008*, Dictionnaires Le Robert, 2007.

SHIPLEY, Joseph Twadell, *Dictionary of world literature: Criticism, forms, technique*, The Philosophical Library, 1943.

SOURIAU, Étienne, *Vocabulaire d'esthétique*, PUF, 2009.

SUHAMY, Henri, *Les Figures de style*, PUF, coll. Que sais-je?, 1981.

SVENSEN, Bo, *A Handbook of lexicography*, Cambridge University Press, 2009.

VIALA, Alain, ARON, Paul, SAINT-JACQUES, Denis, *Le Dictionnaire du littéraire*, PUF, 2002.

WALES, Katie, *A Dictionary of stylistics* [3rd Ed.], Longman/Pearson Education, 2011.

The First English dictionary of slang 1699, Bodleian Library, 2010.

한국어색인

ㄱ

ㄴ

ㄷ

ㄹ

ㅁ

프랑스어색인

A

B

C

D

E

J

K

L

M

R

S

T

V

Z

영어색인

A

B

C

D

E

F

G

H

I

N

O

P

Q

R

S

T

V

W

Z

독일어색인

A

B

C

D

E

F

G

H

I

J

K

L

M

R

S

T